煤炭企业转型发展研究与探索

中国煤炭工业协会
徐州矿务集团有限公司　编

中国矿业大学出版社
·徐州·

内 容 简 介

近年来，面对错综复杂的经济形势和艰巨繁重的改革发展任务，煤炭行业贯彻新发展理念，深入推进供给侧结构性改革，不断完善体制机制，持续激发创新动力活力，产业结构得到优化升级，转型发展取得积极进展。为总结成果，推广经验，探索新出路，中国煤炭工业协会组织开展了“煤炭行业转型发展”论文征集活动，共收到煤炭企业和科研院所撰写的论文162篇，经专家审查，遴选出优秀论文91篇，并汇编成本论文集。本书共分产业升级与数字化转型、人员安置和人才队伍建设、生态修复与采煤沉陷区治理三部分，展示了煤炭企业在转型发展实践中所取得的新成果、新技术、新进展，并提出了许多具有指导性的建议和意见，对“十四五”期间煤炭企业进一步优化路径、加速转型提供了借鉴和启示，可供煤炭行业的科研人员、管理人员、工程技术人员等学习参考。

图书在版编目(CIP)数据

煤炭企业转型发展研究与探索 / 中国煤炭工业协会，徐州矿务集团有限公司编.—徐州 ：中国矿业大学出版社，2021.6

ISBN 978-7-5646-5036-0

Ⅰ.①煤… Ⅱ.①中… ②徐… Ⅲ.①煤炭企业－企业发展－研究－中国 Ⅳ.①F426.21

中国版本图书馆CIP数据核字(2021)第102681号

书　　名 煤炭企业转型发展研究与探索
编　　者 中国煤炭工业协会　徐州矿务集团有限公司
责任编辑 李士峰　黄本斌　吴学兵　张　岩　李　敬
出版发行 中国矿业大学出版社有限责任公司
（江苏省徐州市解放南路　邮编221008）
营销热线 (0516)83884103　83885105
出版服务 (0516)83995789　83884920
网　　址 http://www.cumtp.com　**E-mail**:cumtpvip@cumtp.com
印　　刷 苏州市古得堡数码印刷有限公司
开　　本 889 mm×1194 mm　1/16　**印张** 35　**字数** 941千字
版次印次 2021年6月第1版　2021年6月第1次印刷
定　　价 157.00元

《煤炭企业转型发展研究与探索》编委会

编 委 会 主 任　梁嘉琨

编委会副主任　冯兴振　张　宏　孙守仁　赵立群

编 委 会 委 员　解宏绪　刘　峰　王虹桥　石炳华

李正军　陈伟东

主　　　　编　孙守仁　李正军

副　主　编　陈伟东　郭中华　铁旭初

主要编写人员　（按姓氏笔画排序）

王　文　王景亮　孙博超　杜　江

李　佳　李石坚　李迎春　苏传荣

张　磊　杨　玲　杨　涛　杨五毅

杨显峰　杨晓东　陈养才　郭　黎

郭公安　唐秀银　贾江锋　曹文君

葛维明

前　言

煤炭作为我国的主体能源，是保障国家能源安全的重要基础，煤炭产业在国家经济社会发展中处于举足轻重的地位。煤炭产业的转型发展意义重大，影响深远。特别是在“碳达峰”“碳中和”目标下，如何坚持新发展理念，统筹煤炭低碳转型和能源安全保障，构建绿色智能开采和清洁高效利用煤炭发展新格局，促进煤炭行业由生产型向生产服务型转变，实现煤炭由传统能源向清洁能源的战略转型，将是煤炭行业“十四五”实现高质量发展需要持续发力的重点。

近年来，我国煤炭行业以新发展理念为引领，以高质量发展为主题，坚持深化改革与创新发展相结合，坚持产业升级与转型发展相结合，坚持绿色开发与清洁利用相结合，紧紧围绕理念创新、模式转变、动力转换，深入研究煤炭行业转型升级发展的重点、难点问题，探索思路、方法和途径，在推动产业结构调整、转型升级发展方面取得了丰硕成果。为系统宣传新发展理念在煤炭行业落地生根、开花结果的生动实践，全面展现煤炭行业转型发展的思路举措和进展成果，中国煤炭工业协会组织开展了“煤炭行业转型发展”论文征集活动，共收到煤炭企业和科研院所撰写的论文162篇，经专家审查，遴选出优秀论文91篇，其中产业升级与数字化转型论文37篇，人员安置和人才队伍建设论文28篇，生态修复与采煤沉陷区治理论文26篇。

这些优秀论文展示了煤炭企业在转型发展实践中所取得的新成果、新技术、新进展，并提出了许多具有指导性的建议和意见，对“十四五”期间煤炭企业进一步优化路径、加速转型具有重要的参考价值和现实意义。现将其编纂成《煤炭企业转型发展研究与探索》一书，供煤炭行业的科研人员、管理人员、工程技术人员等学习参考。

本书的论文征集和编辑工作，得到了煤炭行业管理部门、协会、煤炭企业、科研机构、大中专院校和有关专家的大力支持和帮助，在此，谨向所有为本书编写工作给予热情支持和帮助的有关单位和专家表示衷心感谢！由于编者水平所限，加之时间仓促，书中难免有疏漏、错误之处，敬请各位读者给予批评指正。

编　者

2021 年 6 月

目　次

1　产业升级与数字化转型

2 人员安置和人才队伍建设

3　生态修复与采煤沉陷区治理

1 产业升级与数字化转型

坚持党的领导　坚定产业报国　坚守为民情怀
坚定不移服务江苏能源安全保障

冯兴振

（徐州矿务集团有限公司，江苏 徐州　221018）

摘　要　面对煤炭去产能、市场持续低迷等诸多挑战以及受资源枯竭、矿井关闭等因素叠加影响，徐州矿务集团有限公司（以下简称“徐矿集团”）一度陷入前所未有的发展困境。在企业最为艰难的历史关口，徐矿集团新一届领导班子团结带领 4 万名职工，以习近平新时代中国特色社会主义思想为根本指南，以高质量发展走在全国行业前列为鲜明导向，以服务江苏省能源安全保障为最大使命，稳大局、破困局、开新局，走出了一条资源枯竭型企业转型重生的“徐矿之路”，破解了产业接续、人员安置和环境治理“三大难题”，创出了全国老工业基地国企转型、关闭矿井重生、衰老矿区生态修复“三大样本”，“十三五”圆满收官，企业迈上高质量发展轨道，“五强”新徐矿建设取得重大历史性成就。

关键词　徐矿集团；转型发展；高质量发展；煤企转型；能源安全

0　引言

徐矿集团是具有 139 年煤矿开采历史的百年企业，是中国民族工业的启蒙。作为华东地区重要能源供应基地，徐矿集团跻身煤炭企业全球竞争力 30 强、能源企业全球竞争力 500 强、中国大企业 500 强。1970 年以前隶属于原煤炭工业部，后为保障江苏能源供应划归江苏省政府管理；1998 年经省政府批准改制为国有独资公司，是江苏省政府授权的国有资产投资主体，是集煤炭、电力、煤化工、矿业工程、煤矿装备、能源服务外包于一体的特大型能源企业，拥有分公司 18 家、全资及控股子公司 36 家，在职职工 4 万人，总资产 500 亿元。

1　徐矿之源——民族工业的引领者

徐州煤矿是全国著名、历史悠久的矿区之一，徐矿集团的前身——徐州矿务局历史上为全国十大矿务局之一。谈起徐矿之源，可以概括为三句话：

（1）中国民族工业的启蒙。徐矿是中国规模化开采最早的煤矿之一。1077 年，苏东坡从密州调任徐州知州，为解决徐州百姓冬季御寒问题，在徐州西南白土镇发现煤，并写下千古名篇《石炭诗》。1881 年，两江总督左宗棠为抵御列强入侵，两次上书光绪皇帝，陈述开采江苏利国驿煤铁之利。1882 年，徐州道员程敬之奉左宗棠之命，选派南京候选知府胡恩燮筹集商股，在徐州利国开办全国最早的煤矿之一——徐州利国驿煤铁矿务总局，成为徐矿集团的前身，开启了中国煤炭工业化开采的先河，扛起了发展中国民族工业的重任，加快了近代中国工业化的进程。

(2) 煤炭工业改革的先锋。农村的改革从安徽小岗村开始，煤炭工业的改革则从徐矿起步。1983 年 2 月 24 日，徐州矿务局向江苏省政府递交实行为期五年经济总承包的报告，在全国煤炭行业率先实行经济总承包，当年就实现了扭亏为盈，成为全国煤炭行业典范。1992 年，国务院决定从当年 7 月 1 日开始，徐州矿务局在全国煤炭行业率先放开煤价走向市场。1985 年，徐州矿务局“光爆锚喷新技术在矿井支护中的推广应用”获国家科学技术进步奖一等奖，首创煤矿巷道支护新方式在全国推广并沿用至今，推动了煤矿支护改革。

(3) 具有纯正的红色基因。1928 年，根据中共江苏省委指示，共产党员鹿周继到徐矿从事矿区工人运动和党组织发展工作，在徐矿成立了江苏企业第一个党支部——“中共贾汪特别支部”，翻开了徐州煤矿革命、建设、发展崭新的一页。1948 年，国民党第三“绥靖”区副司令官、中共地下党员张克侠、何基沣在徐矿夏桥井率部起义，史称“佩剑将军起义”，被毛主席评价为淮海战役的“第一个大胜利”。1951 年，徐矿职工开展“搞好增产节约，捐献飞机大炮，支援朝鲜前线”主题劳动竞赛活动，集资 15 亿元(旧人民币)捐献“贾汪矿工号”战斗机。

2 徐矿之魂——“五满理念”的创新者

深入贯彻习近平新时代中国特色社会主义思想，把新思想新理念与徐矿集团实际相结合，形成了具有徐矿特色的“五满理念”，成为企业走出困境的生动实践、创新理念和指导思想。

(1) 以满怀对党的忠诚举旗定向，引领企业发展始终保持正确的政治方向。广泛开展旗帜鲜明讲政治、忠诚担当作表率活动，增强“四个意识”、坚定“四个自信”、做到“两个维护”，把对党的忠诚转化为推动企业高质量发展的坚定信念和对职工的深情厚爱。扎实开展“不忘初心、牢记使命”主题教育活动，引导党员干部围绕“解放思想深不深、思维能力强不强、担当精神足不足、为民情怀浓不浓、政治能力硬不硬”进行深刻反思。大力实施党建强基、铸魂、战略、人才、护航“五大工程”，把支部建在创业一线、生产一线和产业链上，基层党组织战斗堡垒和广大党员先锋模范作用显著。

(2) 以满眼都是资源理念经营企业，在把方向管大局保落实上体现高质量发展成效。坚持融入经济抓党建、抓好党建促发展，以党建高质量推动经济建设、转型发展高质量。综合采取创效“造血”、扭亏“止血”、创业“补血”、防控“抑血”、融资“活血”等“五血疗法”，扭亏减亏成效明显，生产经营质量持续提升。2017 年，徐矿集团扭亏为盈创利 6.59 亿元，2018 年利润增幅超过 70%，2019 年 27 家亏损企业基本实现扭亏，全集团消灭了经营性亏损，2020 年克服疫情影响实现经营利润 18 亿元。四年来，累计实现经营性现金净流入超 140 亿元，实际创造经营利润 100 亿元，上缴税费 102 亿元，偿还债务及利息 84 亿元。

(3) 以满眼都是人才的理念选人育人用人，严管厚爱打造忠诚干净担当的干部队伍。坚持党管人才、因事选才、担当用才、胸襟容才、用情待才，形成了人人是人才、人人能成才、人人展其才的良好格局，为全面从严治党奠定了人才基础。坚持大力培养选拔优秀年轻干部的战略方向，实施“5145”年轻干部培养工程(推荐 50 名正处级后备干部、100 名副处级后备干部，选拔 400 名“80 后”科区级干部、50 名“90 后”科区级干部)和“1111”人才培养计划(力争 3～5 年内，引进各类人才 1 000人、培养内部人才 1 000 人、储备资本和国际商务运作等人才 100 人、保持专业技术人才 10 000人)，建立了六大人才培养基地，重视在创业一线发现干部，重视在重点工作推进中锻炼干部，重视在重大项目建设中选拔干部，为企业发展提供强有力的人才支撑，选人用人满意度大幅提升达到100%。

(4) 以满腔家国情怀造福职工，兴企为民凝聚起推动转型发展的强大力量。坚持走群众路线，创新开展"走访转"活动，党员干部带头走进基层、走进职工、走进困难群体，访民情、访问题、访对策，转变作风、转换思路、转型发展，征集到推进企业转型发展1 422条"金句"，确立了以煤电化产业为主体、以盘活存量资源和开发无形资源为两翼的符合徐矿实际的"一体两翼"发展战略。坚持把让全体徐矿人都能过上好日子作为不懈追求，建设"家"文化，重视弱势群体、困难职工、特困户"三大群体"，抓好底线、基本、质量"三大民生"，做好涨工资、提待遇、美环境"三件大事"，四年来在岗职工平均工资实现翻一番，用于改善民生支出超过30亿元。

(5) 以满满正能量凝聚人心，一体推进不敢腐不能腐不想腐的保障机制。创新开展具有徐矿特色的"讲大局、讲责任、讲规矩"主题教育活动，在省属国企率先启动内部巡察，率先实现巡察全覆盖，首创安全环保、资产处置专项巡察，徐矿集团纪检监察工作综合成绩位居江苏省前列。坚持传承徐矿百年红色基因，讲好徐矿好故事、传播徐矿正能量，大力开展劳模、工匠和好人评选活动，集中宣传"矿山铁人"陆金龙、"矿山爱迪生"殷春银等老一代劳模事迹，先后推出江苏大师工匠夏伯党、"天山守护神"许玉明、"忠孝两全好人"王玉久等一批新时代典型，激发起4万职工爱党爱国爱岗热情。

3 徐矿之路——三大样本的创造者

徐矿集团以服务江苏能源安全保障为最大使命，以融入地方发展为最大责任，以让全体徐矿人都能过上好日子为最大追求，稳大局、破困局、开新局，奋力推动企业实现困境突围、转型重生的历史性蝶变，走出了一条资源枯竭型企业转型重生的徐矿之路。

(1) 解决产业接续问题，创出了老工业基地转型样本。紧扣国家能源战略、行业规划和江苏省发展大局，布局建设了"蒙电送苏"、"陕电送苏"、"晋焦入苏"、新疆煤电化、"一带一路"能源服务、省内清洁能源"六大基地"。在新疆，拥有全疆最大的井工煤矿——年产750万t的新疆天山矿业有限责任公司俄霍布拉克煤矿；在陕西，建成中国煤炭工业首个第四代矿井——年产500万t的陕西郭家河煤业有限责任公司；在甘肃，平凉新安煤业有限责任公司产能核增至150万t，进入大型矿井行列；在内蒙古，拥有国内首个百万褐煤发电机组项目——锡林郭勒盟乌拉盖2×100万kW项目，填补了我国百万级褐煤发电机组空白；在江苏省内，获得射阳港单台百万机组建设运营管理权。

(2) 解决人员安置问题，创出了关闭矿井重生样本。矿关了，品牌还在、人才还在。徐矿集团树立满眼都是人才、满眼都是资源理念，充分发挥百年徐矿的品牌、技术、人才等优势，大力开展以技术和管理为主的服务外包产业，并从煤炭电力向物业、工程、救援等多领域延伸，加快推进徐矿集团向能源综合服务商迈进。截至2020年年底，徐矿集团以技术、管理为主的服务外包走向"一带一路"6个国家和国内8个富煤省区，拥有项目36个，安置1万多名职工就业，把人员"包袱"变成了创效财富，破解了"矿关了人怎么办"的行业难题。

(3) 解决生态治理问题，创出了衰老矿区生态修复样本。牢固树立绿色发展理念，把融入地方发展作为最大责任，在与地方政府协同融合中盘活存量资源、修复治理生态，着力把衰败的采煤迹地变成绿水青山、金山银山。按照宜景则景、宜居则居、宜商则商的原则，累计投入生态治理和村庄搬迁资金 47.9 亿元，配合地方政府在往日的采煤塌陷地上相继建成了潘安湖、安国湖、九里湖等国家生态湿地公园，采煤搬迁集中建设的马庄村、车村、汉居雅苑成为乡村振兴的亮丽名片。

4　徐矿之新——改革创新的担当者

面对新时代守正与创新的双重要求，徐矿集团坚持把破解历史遗留问题作为根本担当，把加快改革创新作为根本动力，在处僵治困上加力，在上市进程上加速，在煤矿“四化”建设上提档，在“产改”工作上突破，在“平台建设”上优化，为百年徐矿注入了发展生机和内在活力。

(1) 混改上市速度快。徐矿集团成为江苏省第一批国有企业混合所有制改革试点，2019 年 11 月确定“混改＋上市”的实施路径，明确资产重组、股权转让、推动上市“三步走”工作计划，徐矿股份公司先后两次举办混改上市推介会，成功引进 7 家战略投资者，徐矿集团多年“上市梦”迈出关键一步。

(2) 处僵治困效果好。对存续 40 多年的集体企业进行全面改革，55 家、占江苏省 78.6％的集体企业全部平稳清理退出，1 708 名集体职工全部得到妥善安置。按照“统一领导、稳妥有序、分步实施”的原则，2017 年以来共计清理“四类企业”“三类参股投资”等劣势企业 80 家，实现了瘦身健体、提质增效。对 2014—2016 年投资设立的 11 家非主业公司进行改革清理，稳妥退出 7 家，止损减亏近 10 亿元。

(3) 产改工作示范强。确立“政治上有地位、经济上有待遇、社会上受尊重”的徐矿集团产业工人队伍建设改革方向，出台具有江苏特点、徐矿特色产改“十条”，产改工作荣登《工人日报》头版头条，江苏首趟“产改直通车”开进徐矿集团，产改经验在长三角“一市三省”进行交流，产改做法在江苏省领导干部产业工人队伍建设改革专题研究班上进行授课交流，打响了徐矿集团产改品牌。

(4) 科技创新标准高。“孟加拉国巴拉普库利亚煤矿强富水含水层下特厚煤层安全高效开采关键技术”项目，荣获中国煤炭工业科学技术特等奖，入选 2020 年煤炭企业、煤炭科技新闻“双十佳”。获批设立国家级博士后科研工作站，全国煤矿绿色开采地质保障研究基地在陕西郭家河煤业有限责任公司成立，张双楼煤矿获批成立江苏首家煤矿冲击地压防治工程技术研究中心，全集团建成 13 个劳模创新工作室，其中吴建群劳模创新工作室获评国家级技能大师工作室。先后在江苏、新疆、陕西建成 3 个智能化工作面，张双楼煤矿、新疆天山矿业有限责任公司被列入国家首批智能化示范煤矿建设，树起了全国煤炭行业智能化建设“徐矿标杆”。

(5) 平台运作优势显。成功组建江苏华美建设投资平台，实现了专业化运营与管理。做实江苏能源投资平台，将原来独立的控、参股电厂纳入统一管理，实行运营统一管理、煤炭统一采购。理顺了淮海医院管理(徐州)有限公司管理体制，获得公司实质性管控权，扭转了三大股东三驾马车方向不一的乱象。

5　徐矿之治——“五强”徐矿的践行者

未来几年，徐矿集团坚定不移扛牢扛稳扛好保障江苏能源安全重大使命，大力实施“五大倍增”计划，着力推进“十大重点体系”建设，努力建设政治能力强、发展能力强、治理能力强、创新能力强、为民能力强的“五强”新徐矿，奋力实现百年徐矿强起来的历史性跨越。

(1) 实施“五大倍增”计划，强化发展能力。实施煤电化产能倍增计划，煤炭方面核增产能 700 万 t，复建矿井 700 万 t，新建矿井 700 万 t；电力方面，加快江苏射阳港电厂和内蒙古乌拉盖电厂项目建设，新增300万kW装机容量；化工方面，稳步推进陕西长青能源化工有限公司甲醇二期项目建设，积极探索延伸煤化工产业链。实施物流贸易倍增计划，组建能源贸易平台，推动大贸易、发展大物流。实施服务外包倍增计划，以输出技术、管理、品牌为主，推动服务外包平台化、规范化、高质化、品牌化发展。实施工程建设倍增计划，盘活开发存量土地资源，积极跟进地方棚改和基础设施建设。实施“高大上新”倍增计划，打造徐矿集团自有高端服务业、大数据、新材料和混改上市品牌。

(2) 健全“十大重点体系”，强化治理能力。健全党的领导体系，加强党对企业各方面工作的领导。健全公司治理体系，实现加强党的领导与完善公司治理相统一。健全安全生产体系，建立“意识＋责任＋标准化”安全管理体系。健全经营管理体系，抓住质量核心、突出管理关键、盯住细节重点，不断提高质量效益水平。健全投资管理体系，建立统一投资预算管理平台。健全科技创新体系，完善科技创新投入、激励和考核机制。健全风险管理体系，完善风控、内控、合规、法务“四位一体”防控机制。健全平台管理体系，对分散的资源和业务，以产业链和价值链为纽带进行整合，发挥资源协同效应。健全民生保障体系，全面推进产改“十条”落实见效。健全管党治党体系，压实全面从严治党主体责任。

(3) 聚焦“五大创新”工程，强化创新能力。聚焦科技保安工程，围绕煤电化安全难题开展科研攻关和技术创新，形成一批具有行业影响力的科研成果。聚焦智能提升工程，加强煤矿“四化”建设，基本实现掘进工作面减人提效、综采工作面少人或无人操作、固定岗位无人值守和远程监控。聚焦技术升级工程，重点掌握煤炭安全高效绿色开采技术、超超临界燃煤发电机组建设和运营技术等。聚焦清洁低碳工程，深入落实“四个革命、一个合作”能源发展新战略，推动能源企业低碳发展。聚焦产业培育工程，着力推进大数据、新材料、机械制造等产业健康发展，适时发展新能源与清洁能源发电项目。

(4) 坚持“五个着眼”，强化为民能力。着眼更稳定的工作，正确处理好深化改革和职工利益的关系，为职工提供更稳定的工作和更良好的预期。着眼更满意的收入，完善职工工资与企业效益同步增长机制，在效益增长的基础上稳步提高职工收入水平。着眼更普惠的待遇，关切好职工的新期盼，兴办好民生实事，认真落实好各项福利待遇，进一步增强职工的获得感和自豪感。着眼更舒适的环境，深化徐矿特色“家”文化建设，让职工工作生活更舒心。着眼更可靠的保障，把倾情关注弱势群体、困难职工和特困户作为民生保障的重中之重。

(5) 推进党建“五大工程”，强化政治能力。推进铸魂工程提升政治引领力，深入学习贯彻习近平新时代中国特色社会主义思想，始终保持正确的政治方向。推进强基工程提升组织战斗力，落实“五聚焦五落实”基层党建三年行动计划，打造组织力、执行力、战斗力强的战斗堡垒。推进战略工程提升发展领导力，用好“三项”机制，让广大干部心无旁骛、放开手脚干事创业。推进人才工程提升人才支撑力，加大复合型人才培养力度，用好存量、把控增量，确保徐矿集团事业人才辈出。推进护航工程提升廉洁保障力，一体构建“三不”(不敢腐、不能腐、不想腐)机制，着力营造风清气正、干事创业的政治生态。

传承创新基因　实施五大工程 引领百年徐矿科技创新走在行业前列

石炳华

（徐州矿务集团有限公司，江苏 徐州　221018）

摘　要　徐矿集团是江苏省属特大型能源企业，作为中国民族工业的启蒙、中国煤炭工业改革的先锋，自1882年工业化开采以来，至今已走过139年的历史，自主研发光爆锚喷支护技术（获国家科学技术进步奖一等奖）引领煤矿支护革命并沿用至今，率先试验和使用水力采煤、薄煤层刨煤机采煤和综合机械化采煤，为煤炭工业发展提供了诸多徐矿方案。进入新时代，徐矿集团紧扣安全生产主题和高质量发展主线，继承百年徐矿改革创新基因，实施科技创新“五大工程”，充分发挥科学技术的支撑、引领和保安作用，取得了中国煤炭工业科学技术特等奖等一批重大科技成果，重塑百年徐矿科技创新品牌，为推动企业转型发展提供了坚强支撑。

关键词　徐矿集团；科技创新；五大工程

0　引言

创新是引领企业发展的第一动力。2017年以来，徐矿集团深入贯彻新发展理念，积极落实习近平总书记科技创新重要论述，坚持创新发展第一理念，强化科技创新第一引领，凝聚科技创新第一动力，大力实施科技创新“五大工程”，积极培育企业核心竞争优势，实现冲击地压防治、绿色闭坑、生态修复等6项技术国际领先，“孟加拉国巴拉普库利亚煤矿强富水含水层下特厚煤层安全高效开采关键技术”项目荣获2020年中国煤炭工业科学技术特等奖，对企业转型升级和高质量发展发挥了极大的保障作用，衰老矿区焕发生机，百年企业逆势重生。

1　实施“科技保安工程”，打造本质安全型徐矿

安全是企业的生命。近年来，徐矿集团深入学习贯彻习近平总书记关于安全生产重要指示精神，认真落实党中央、国务院和上级安全生产决策部署，围绕制约企业发展的安全生产难题开展课题攻关，切实提高生产系统效率和本质安全水平，为企业健康持续发展保驾护航。深耕安全开采技术，解决行业重大难题。结合企业发展实际，有效解决煤矿安全生产的水、火、瓦斯、冲击地压等灾害治理技术难题。针对徐州本部矿井冲击地压防治行业难题，不断完善创新防治冲击地压技术工艺，配置防治冲击地压矿长、机构，建成江苏省煤矿冲击地压防治工程技术研究中心，“徐州矿区采区冲击地压危险性评价及防冲设计规范研究与应用”首次系统地对冲击地压危险性评价、采区

设计优化、冲击地压危险监测与防治技术标准等做出全面规定，冲击地压防治核心技术国内领先，张双楼煤矿连续五年实现安全生产。针对整体承包的孟加拉国巴拉普利亚煤矿防治水问题，建立了“防强疏弱、分段波及、精准预测、可控疏排”水害防控技术体系，形成了强含水体下厚煤层分层“上保下疏”开采模式，首次给出了“厚煤层多分层协调减损开采”的科学含义，连续16年实现了安全高效开采，累计生产煤炭1 100多万吨，为孟加拉国培育了第一代产业工人，社会及经济效益显著，打响了中国煤炭企业国际品牌，荣获中国煤炭工业科学技术特等奖。除此之外，矿井深部软岩支护、热害治理等多项核心技术处于国际、国内领先水平，为保障企业安全生产稳定奠定了坚实基础。创新绿色闭坑技术，解决行业重大课题。在化解煤炭过剩产能、关闭衰老矿井过程中，针对矿井收缩关闭面临的问题，率先开展徐州矿区绿色闭坑技术研究，形成了4个研究领域、6个系列、21项有关矿井“绿色闭坑”的关键技术，尤其是2016年完成徐州6对矿井安全无震荡闭坑，妥善安置2.13万人，实现了煤矿安全、科学、绿色关闭和矿井水、深井热能资源及地下采空区空间的综合开发利用，填补了行业技术空白，成果整体达到国际领先水平，累计产生经济效益3.18亿元，得到了国务院督查组的充分肯定，并在全国煤炭去产能工作座谈会上进行了交流发言。

2 实施“智能提升工程”，打造智能高效型徐矿

智能化矿井建设是煤炭企业高质量转型发展的必由之路，对于提升煤矿安全生产水平和企业竞争力具有重要意义。近年来，徐矿集团严格按照国家发展和改革委员会等八部委印发的《关于加快煤矿智能化发展的指导意见》文件要求，将智能化矿井建设摆在更加突出的位置，突出“管用实用”原则，瞄准实现安全系数高、生产效率高、经济效益高、行业影响高、幸福指数高的“五高”目标，加速煤矿智能化建设，打造智能高效徐矿。① 顶层设计系统化。本着“系统规划、一矿一策、分步实施、由点及面、突出重点、示范先行”的原则，制定《徐矿集团煤矿“四化”建设指导意见》，成立领导机构和工作专班，投入专项资金，充分发挥新技术、新装备、新工艺对安全生产的重要支撑作用，推动企业煤矿开采新技术革命。2017年以来，累计投入科技研发、“四化”建设资金17.3亿元，完成煤矿“四化”建设项目49项，更新或改造升级设备1 437台(套)，全集团采煤和煤巷掘进机械化实现100%，综合机掘率87.67%，较2017年提高了23.45%，所有矿井全部完成了安全监控系统升级改造。② 示范先行实效化。投入1.9亿元高质量建成3个智能化采煤工作面，其中张双楼煤矿、新疆天山矿业有限责任公司被列入全国首批智能化示范煤矿建设，智能化开采装备与技术达到国内先进水平，创出了“徐矿速度”，树起了“徐矿标杆”。张双楼煤矿74104工作面是江苏省首个智能化工作面，工作面单班人员缩减至5人，有效降低了安全风险和生产成本，在江苏省煤炭系统率先迈入智能化建设新阶段。③ 信息融合数字化。世界正在进入以信息产业为主导的经济发展时期。要把握发展契机，以“鼎新”带动“革故”，以增量带动存量，在打造数字化、自动化、智能化矿井上下功夫、求突破。加快“三网”深度融合，加快探索“5G＋智慧矿区”建设，目前全集团通过应用自动化控制、远程遥控技术，建成采煤生产过程自动化控制系统，实现了矿井提升、供电、通风、排水等无人值守和远程集控，完成对生产系统、设备工况环境在线预警和安全信息自动分析处理。依托“云端大数据”技术，建成设备招标采购、人力资源管理、财务软件开发、集团办公等系统，生产管理进入数据时代，从勘探数据、产量数据到运营数据实现贯通融合，建立自我评价和持续改善机制，促进了科研技术水平质的飞跃。

3 实施“技术升级工程”，打造科技先进型徐矿

科技决胜未来，关乎企业命运，煤炭企业转型升级要义在技术创新。近年来，徐矿集团密切跟踪煤炭科技发展前沿，开展前瞻性、示范性技术研究，加强重点领域科技攻关，突破制约企业转型发展的关键技术难题，促进科技与企业发展的深度融合，持续提高自主创新能力，创出一批国际先进、国内领先、行业内有重大影响的科技成果。① 搭建平台，促进技术培育升级。积极整合内部资源，累计建成国家能源深井安全开采及灾害防治重点实验室、江苏省老工业基地资源利用与生态修复协同创新中心、博士后科研工作站、全国煤炭行业地质研究基地、江苏省企业院士工作站、江苏省深部开采综合技术研究工程中心等一批科研创新平台，并成为企业产业关键技术研发主平台、技术成果转化主渠道和技术推广服务主载体。制定实施《徐矿集团科技创新工作指导意见》《徐矿集团科技研发工作实施意见》《徐矿集团科学技术进步工作管理办法》，高标准、高水平、高效率推进科技创新工作，对科研攻关、煤矿“四化”建设等重点工作相关费用单独列入年度资金预算。建立健全科技人才成长进步的培养机制、使用机制、激励机制，创新实施人才提升工程，设立科技创新奖励专项基金，用于激励科技研发成果优秀团队和先进个人，每年组织科技进步奖项评审，对特等奖及一、二、三等奖分别给予每项 20 万元、10 万元、5 万元、2 万元奖励。现有各类专业技术人员 7 000 余人，享受国务院政府特殊津贴专家 1 人，3 人入选江苏省“333 高层次人才培养工程”，8 人获得煤炭行业技能大师称号。鼓励引导干部职工贴近岗位实际，深入持久开展小发明、小创造、小革新、小设计、小建议等“五小”活动，首创职工岗位流程卡、安全双排查制度在全国煤炭行业推广，得到国务院督导组高度评价，建成 13 个劳模创新工作室，其中吴建群劳模创新工作室获评国家级技能大师工作室，在创新实践中提升全员素质水平。② 借助“外脑”，推进技术合作升级。本着“优势互补、资源共享、共谋发展”的原则，与中国矿业大学、西安科技大学、中煤科工集团西安研究院有限公司等高校和科研院所签订合作协议、共建技术合作平台，实现招才引智、借力发展。先后与中国矿业大学等科研单位合作 40 多项科研项目，积极推广先进适用技术，取得了较好成效，积累形成了系列行业内可复制、可推广的技术经验和创新成果。与中煤科工集团西安研究院有限公司、山东科技大学等合作，开展郭家河煤矿防治水难题技术研究，为有效解决陕西黄陇煤田水砂溃涌机理研究及灾害防治技术难题提供了成功借鉴。与中国科学院武汉岩土力学研究所、淮南东华欧科矿山支护设备有限责任公司等合作，开展新安煤矿煤巷全锚索支护参数优化研究与应用，年节约材料和修护费用约 1 400 万元。③ 聚焦实际，加快成果转化升级。2017 年以来，累计完成科研鉴定项目 227 项，获各类科技进步奖 179 项次，其中省部级特等奖 1 项、二等奖 5 项、三等奖 20 项次，有 6 项成果达到国际领先水平，获得授权专利 157 项，其中发明专利授权 11 项。新疆天山矿业有限责任公司完成技改顺利通过 750 万 t 产能核增，成为新疆最大的井工煤矿，年创利 10 亿元以上。江苏华美热电有限公司获评国家优质工程奖，成为国内循环流化床示范电厂。江苏徐矿综合利用发电有限公司采用煤泥、一般固体废物掺烧，年节约成本约 5 000 万元。张双楼煤矿布局优化增加资源回收 500 万 t，改造系统年节省费用约 700 万元。江苏省矿业工程集团有限公司5 项技术获评煤炭行业工程建设工法，成为行业施工标准。

4 实施“清洁低碳工程”，打造绿色生态型徐矿

清洁能源大规模开发、高效利用，对于调整我国能源结构、保障能源安全具有重要意义。徐矿

集团认真践行绿色新发展理念，坚持以习近平生态文明思想为指导，深化煤电一体化、煤化一体化协同技术研究，切实推进绿色智能、可持续发展。① 坚持出煤不见煤，建设生态文明矿井。坚定走生态环保优先、绿色发展之路，将环境保护融入企业发展全过程。在陕西宝鸡建成的我国首个第四代智能化矿井郭家河煤矿，“出煤不见煤、是矿不像矿”，被评为全国第七家生态文明矿井。在新疆阿克苏建成的新疆天山矿业有限责任公司被誉为“戈壁滩上的花园式矿井”，为新疆地区产能最大、现代化程度最高、生态环境最和谐的井工煤矿。② 坚持低碳零排放，推行循环高效利用。大力实施节能减排，围绕超低排放、生物质发电、一般固体废物掺烧、机组运行效率提升等开展科研攻关，建成多座资源综合利用热电联产电厂，创造了超临界循环流化床机组的 5 项全国纪录，投资近亿元实施烟气除尘降湿“脱白”工程和超低排放改造工程，实现绿色环保运行，达到华东地区最新火电排放标准，控股电厂清洁高效和经济效益位居同类型机组前列。其中江苏华美热电有限公司替换徐州市区 100 多台小锅炉，建成江苏省首家可连续运行烟气“脱白”工程项目。江苏徐矿综合利用发电有限公司每天处理焚烧污泥达 480 t，接近徐州市日污泥产生量的 80%，被评为 2020 年度全国节能减排先进单位。③ 坚持绿色创样本，开展生态修复治理。牢固树立绿色发展理念，认真践行“两山”理论，在与地方政府协同融合中盘活存量资源、修复治理生态，成功探索出了塌陷地复垦、基本农田整理、生态环境修复和湿地景观再造的治理技术和实施路径，累计投入资金 47.9 亿元，治理采煤塌陷地 22.4 万亩（1 亩＝667 m^2，下同），搬迁村庄 274 个，安置村民 16.9 万人，配合地方政府成功建成潘安湖、九里湖、安国湖等一批国家级湿地风景区，创出了衰老矿区生态修复的“徐矿样本”。

5　实施“产业培育工程”，打造实力强劲型徐矿

大力发展新能源与可再生能源是我国能源行业发展的重大战略决策，是促进煤炭行业结构调整、高质量发展的重要契机。近年来，徐矿集团积极应对“碳达峰”“碳中和”行业发展形势要求，全面加强衰老矿井存量资源综合利用、新能源与可再生能源关键技术等研究，积极培育新能源项目，为企业健康可持续发展培育新动能、增添新优势。① 探索发展高新技术产业。先后建成 3 家国家高新技术企业，在聚焦主业、清理新设立公司过程中，注意培育、发掘成长型企业，其中江苏威拉里新材料科技有限公司近五年营业收入增长 20 倍，创造了全国金属粉末领域唯一生产大气环境中具有霍尔流速铝合金粉末、唯一拥有稳定生产 CuCrZr 粉末技术、唯一拥有多体系高熵合金生产技术的“三个唯一”，致力打造中国新材料行业“隐形冠军”，先后获得“国家知识产权优势企业”“科技型中小企业”等称号。陕西长青能源化工有限公司有效破解了空分装置入口二氧化碳高、粗甲醇中乙醇含量高等行业难题，能源利用水平和生产成本水平保持行业领先，成为陕西省首批甲醇汽车燃料供应商。徐州信智科技有限公司自主研发的煤矿安全监控系统通过国家矿用产品安全标志中心检验认证和现场评审，成为国内首家取得煤矿安全监控系统安标证书的煤炭企业。② 做强做优服务外包产业。充分发挥百年徐矿的技术、品牌、人才、管理等独特优势，积极培育服务外包产业走出去，走出江苏到国内山西、陕西、新疆等富煤省区，走出国门到“一带一路”沿线国家，开展以技术和管理为主的服务外包，既转移了“战场”，创造了效益，又打响了品牌，锻炼了队伍。目前拥有煤炭、电力运维外包项目 36 个，涉及“一带一路”6 个国家，年煤炭服务外包产量 3 000 万 t，安置就业 1 万余人，2017 年以来累计创收 77 亿元、创利近 10 亿元。③ 积极培育新型能源产业。在原庞庄煤矿工业广场建设淮海大数据中心，向徐州市智慧城市建设及淮海经济区提供数据储存、

灾备、计算、分析等信息化服务，2017 年建成调试并获中国质量认证中心 A 级认证。响应国家电力体制改革，成为国家第三批增量配电业务改革试点，售电规模水平稳居江苏省属企业前列。借助省级合作平台，对接青海、内蒙古、陕西、新疆等区域，参与送电端新能源项目布局，跟踪推进配套风电、光伏等清洁能源项目。推进分布式光伏发电、“渔光互补”光伏发电、燃气热电等项目开发，在本部单位厂矿屋面、闲置工业广场建设运营光伏项目，积极开展周边垃圾发电、生物质发电等项目收购，综合能源供给能力得到不断提高。

混改上市推动高质量发展

朱　涛

（江苏徐矿能源股份有限公司，江苏 徐州　221122）

摘　要　混合所有制改革是国企改革的重头戏，是实现国企发展方式转变、经济结构优化、增长动力转换的必然选择。2017 年下半年以来，徐矿集团深入贯彻新发展理念，坚持党的领导、坚定产业报国，融入江苏省高质量发展大局中找定位、谋发展，把准政策要点、学好榜样经验，“五位一体”推进混改上市工作，不断推动企业高质量发展。

关键词　徐矿集团；混改上市；高质量发展

0　引言

改革激活动力，创新引领未来。混合所有制改革（以下简称“混改”）是国企改革的重头戏，是实现国企发展方式转变、经济结构优化、增长动力转换的必然选择。当前，在新时代、新形势下，国企混改是贯彻落实习近平总书记关于国企改革重要指示精神的重要实践，也是促进企业高质量发展的重要举措，更是培育具有全球竞争力世界一流企业的重要途径。

1　党建领航，在守初心中增定力

党建是国企的“根”和“魂”，徐矿集团牢牢地将党建作为混改上市工作的风向标，以满怀对党的忠诚举旗定向，听党话、跟党走，确保混改上市工作不走偏、不走样，始终保持深化改革正确的方向性。

一是党建入“形”。充分发挥企业党委领导核心和政治核心作用，确保党的治理融入公司法人治理中，实现体制对接、机制对接、制度对接和工作对接，确保党组织把方向、管大局、保落实的作用有效发挥。把企业党组织内嵌到公司治理结构之中，实现党的领导与公司治理的有机统一，做到组织落实、干部到位、职责明确、监督严格。

二是党建入“制”。党组织通过党建工作制度纳入企业管理制度体系，实现党建与运营管理的无缝对接，确保了党在企业管理体制和管理制度中发挥重要作用。组织开展常态化、长期化的党建督导检查，杜绝混改上市工作管理的任意性，切实增强了混改上市工作思想的统一性、行动的坚定性。

三是党建入“章”。建立党组织讨论研究企业重大经营事项和改革发展问题的前置程序，党建工作总体要求纳入混改上市主体公司章程，与完善公司治理统一起来，党委成员通过“双向进入、交叉任职”成为上市公司董事、监事、高管人员。

2 创新赋能,在明路径中激活力

创新是混改上市的“推进器”和“动力源”,徐矿集团精心耕耘好改革“试验田”,创新理念、创新路径、创新体制,推动企业实现质量变革、效率变革、动力变革,以“混”的高水平确保了“改”的高质量。

一是聚焦路径,规划实。2018年,经江苏省发展和改革委员会批准,江苏徐矿能源股份有限公司成为省首批国企混改试点单位,2019年最终确定“混改+上市”实施路径:第一步,以提高下属股份公司独立性、盈利能力、消除同业竞争为目的,实施业务重组;第二步,以股权转让方式出让不超过40%的股权,实现股权多元化;第三步,抓住资本市场机遇,推动江苏徐矿能源股份有限公司上市。明确了资产重组、股权转让、推动上市“三步走”计划,该路径突出集团煤电主业优势,强化“混改”与“上市”联动作用。

二是聚焦目标,推进实。江苏徐矿能源股份有限公司混改通过股权转让和增资相结合,加快不同板块业态资源整合,形成股权结构多元、股东行为规范、内部约束有效的经营机制,建立了权责对等、运转协调、有效制衡的决策执行监督机制,增强了企业可持续发展能力,提高了国有资本配置和运行效率,放大国有资本功能,实现了国有资产的保值增值。

三是聚焦上市,运作实。按照有利于上市的原则,进一步调整集团公司与上市主体业务架构,实施业务重组,形成业务独立、完整的拟上市主体。通过资产置入、置出等措施,实施资产重组,同时按照业务重组及战略投资引进、进入上市辅导备案、上报上市材料、挂牌上市四个工作节点,形成有目标、有步骤、有项目、可操作的工作方案,积极推动上市工作。

3 “引战”突破,在高协同中聚合力

“引战”是混改上市的关键和重点。江苏徐矿能源股份有限公司混改目的是寻求在资本市场的进一步发展,因此在战略投资者选择环节,着力引进实力强、技术新、业绩优、价值理念趋同的战略投资伙伴,确保战略投资者引得来、来得好。

一是引进“门当户对”好朋友。江苏徐矿能源股份有限公司作为掌握优质能源资产的省属国企,战略投资引进强调企业资质、体量、层次匹配,着重沟通对接大型国企和知名金融机构。在实际引进战略投资过程中,江苏徐矿能源股份有限公司在徐州及南京接连举办了多场水平层次高、参与范围广、效果影响大的省级推介会,吸引了大型央企、省市企业、银行基金以及政府投资公司近50余家意向战略投资者。

二是引进“志同道合”好战友。注重选择目光远大、有责任感、有事业心的战略投资者参与江苏徐矿能源股份有限公司混改,通过合作实现资本融合、管理融合、技术融合、市场融合,实现双促、双赢、双荣。经过优中选优,江苏徐矿能源股份有限公司引进了7家战略投资者,实现了涉及总资产150亿元、净资产90亿元的江苏徐矿能源股份有限公司混改项目落地,成为2020年江苏省属企业混改“第一单”,这是徐矿集团改革发展中的重要里程碑。

三是引进“优势互补”好伙伴。着眼于双方长远可持续合作,注重选择与主业优势互补、发展潜力大、成长性强的战略投资者参与混改,坚持在引资的基础上引制、引治、引智,激活潜势、放大优势、协同发展。此次江苏徐矿能源股份有限公司混改战略投资引进企业,涉及银行机构、省属国企、政府投资平台公司等不同层级、不同专业领域、不同管理制度的战略投资伙伴,引进了现代企业管理的新机制、新模式和新业态。

4　治理提升，在促转型中提动力

治理体系和治理能力现代化，是国企深化改革的重中之重。混改上市的过程，是一个不断规范管理行为、完善治理体系、提升管理水平的过程。在推动企业高质量发展的实践中，形成了以“五满理念”为根本、“六大基地”为布局、“十大体系”为保障的“徐矿之治”的高质量发展新格局。

一是“五满理念”统思想。发扬改革先锋精神，总结凝练出“以满怀对党的忠诚举旗定向，以满眼都是资源的理念经营企业，以满眼都是人才的理念选人用人，以满腔家国情怀造福职工，以满满正能量重塑政治生态”符合时代精神的具有徐矿特色的“五满理念”，一举稳定了大局、统一了思想，为江苏徐矿能源股份有限公司混改上市提供了指导思想和发展遵循，重塑了正确导向，推动和实现了思想解放。

二是“六大布局”聚优势。布局“六大基地”，在全省大局中找定位。紧扣国家能源战略、行业规划和全省发展大局，布局建设了“蒙电送苏”、“陕电送苏”、“晋焦入苏”、新疆煤电化、“一带一路”能源服务、省内清洁能源“六大基地”。新疆天山矿业有限责任公司产能成功核增至750万t，建成全疆最大井工煤矿；甘肃平凉新安煤业有限责任公司产能核增至150万t，进入大型矿井行列；国内首台百万褐煤发电机组——乌拉盖2×100万kW项目于2020年9月2日通过核准，填补了我国百万级褐煤发电机组空白；开发36个“一带一路”能源服务外包项目，累计创收58亿元、创利6亿元。

三是“十大体系”强管控。在“五满理念”的引导下，聚焦企业党建、治理、管理等关键重点，徐矿集团搭建了党的领导、公司治理、安全生产、科技创新、平台管理、投资管理、经营管理、风险管理、民生保障、管党治党十大体系，对制度体系进行了优化和完善，推动治理理论向治理实践迈出关键一步。

5　规范管理，在夯基础中强内力

合规管理是首发上市的“命门”、关乎上市工作的全局。江苏徐矿能源股份有限公司以规范管理为重要载体，把合规经营作为公司管理“硬指标”、领导干部“硬约束”，以公司章程为行权履责的基本准则，以“三重一大”决策制度实施办法为重大决策根本遵循，确保各项活动有法可依、有章可循、有据可查。

一是机构设置严管控。按照协调运转、有效制衡、权责对等原则，参照同类型上市公司模式，紧密结合公司自身特点及实际，科学设置分工明确、职责清晰、内控完整的部门机构。

二是规范管理严整改。与上市中介机构和有关部门建立常态化沟通咨询机制，对企业规范管理漏洞进行“问诊把脉”，集中精力推动环保、矿权、资产权属、劳务用工等重点领域的规范管理，需整改的问题明确节点计划、责任人及有效措施，加快各项工作进度。当前，江苏徐矿能源股份有限公司上市主体生产型企业全部具备生产资质，创新自主开展环保督查和安全环保巡查，建立环保问题排查长效机制。

三是内控流程严把关。建立健全管理监督为重点的内控体系，制定将预算管理、投资管理、财务管理、党建管理等业务单元的具体事项明确责任部门、明确审批权限、明确决策流程，实现“强内控、防风险、促合规”的管控目标，保障经营的高效性、财务报告的可信性、对法律和规章制度的遵循性。

实施智能开采是煤矿现代化建设的客观要求

张建华

（江苏徐矿能源股份有限公司张双楼煤矿，江苏 徐州　221616）

摘　要　智能化示范矿井建设是适应经济发展新常态、转变煤炭经济发展方式、提高发展质量的客观需要，是行业发展必然趋势，也是企业发展的必然选择。张双楼煤矿作为江苏徐矿能源股份有限公司徐州本部唯一的生产矿井，代表着徐矿集团煤矿管理的形象和水平，实现智能化开采对矿井来讲具有特别重要的意义。文章以张双楼煤矿智能化示范矿井建设为例，从适应煤炭行业发展新趋势、加快推进企业高质量发展的角度予以撰写。该矿坚持立足时代大背景、发展大趋势、行业大视野，以问题为导向，深化"走访转"调研，加强顶层设计，广泛开展科技创新，大力提升职工综合素质，加快智能化示范矿井建设，促进生产方式根本性变革，提高安全管理水平和工作效率，努力实现矿井高质量发展走在行业前列。

关键词　智能化；示范矿井；探索；实践

0　引言

近年来，我国煤炭行业由持续高速增长进入"需求增速放缓期、产能过剩和库存消化期、环境制约强化期、结构调整攻坚期"的"四期并存"发展阶段。目前，各大型煤矿企业持续加大投入，坚持产学研用相协同，广泛开展科技创新，推动智能化矿井建设并取得了积极进展。在煤炭科技发展进入加速腾飞、日新月异的创新发展时期，张双楼煤矿紧跟时代步伐，大力推进智能化示范矿井建设，一键启动采煤、TDS智能选矸、井下远程操控综掘机等新技术的应用正成为矿井高质量发展的新引擎。特别是，2020年8月，张双楼煤矿被国家能源局、原国家煤矿安全监察局审核确定为首批71家智能化示范煤矿建设矿井之一，全面开启智能化建设的新征程。

1　智能化矿井建设的重要意义

《2019年国务院政府工作报告》中提出，要打造工业互联网平台，拓展"智能＋"，为制造业转型升级赋能。特别是2019年1月，原国家煤矿安全监察局发布了《煤矿机器人重点研发目录》，提出重点研发应用掘进、采煤、运输、安全控制和救援5类、38种煤矿机器人，大力推进煤矿机器人应用。2020年3月，为推动智能化技术与煤炭产业融合发展、提升煤矿智能化水平，国家发展和改革委员会、国家能源局等八部委制定了《关于加快煤矿智能化发展的指导意见》，明确了我国煤矿智能化的发展方向，吹响了我国煤矿智能化建设的号角。这些政策的出台都有力地促进了煤矿的智能化建设。

1.1　安全管理的需要

当前，我国煤炭企业正处于由劳动密集型向人才技术密集型转变的阶段，全国煤矿安全生产存在的突出问题是不符合安全生产条件小煤矿多、灾害严重矿井多和下井作业人员多，要解决这些问题，实现煤矿"零死亡"，必须依靠科技进步，依靠智能化建设，达到"无人则安、少人则安"的目的。2018年12月25日，原国家煤矿安全监察局制定下发了《煤矿井下单班作业人数限员规定(试行)》，引导和推动煤矿企业通过加强智能化建设，减少井下作业人数，从源头上防控群死群伤事故风险。张双楼煤矿采深大、环节多，冲击地压、高温热害、水害、火灾等自然灾害叠加，单纯依靠管理手段无法有效保证安全生产，迫切地需要转变观念、优化简化系统、更新系统装备，加快推进智能化示范矿井建设，从根本上提升安全保障能力。

1.2　生产组织的需要

煤矿智能化代表着煤炭工业先进生产力的发展方向。由于井下地质条件复杂，断层发育、火成岩侵入、煤层变薄等时有出现，开采难度增大，推进煤矿智能化开采，采用先进的技术与装备，可实现生产过程的精细化，更加集约、高效、环保地开采煤炭资源。2020年6月，张双楼煤矿率先建成了江苏省煤矿首个智能化工作面，拉开了智能化建设的序幕，目前矿井两个综采工作面均实现智能化开采，综掘率达到80%以上，井下泵房变电所全部实现无人值守，主井等原煤主运输系统、辅助运输系统实现可视化及"无人值守、有人巡视"功能。

1.3　关爱职工的需要

煤矿井下作业现场环境差，劳动强度大，不少人员因受不了煤矿的辛苦而放弃了煤矿工作，同时也反映了招工难的问题。目前，张双楼煤矿50岁以上职工1 305人，占总人数的34.1%，2021—2025年期间退休人员将达到1 061人，对安全生产有一定影响。只有通过加快推进智能化，上装备、强管理，改变现场作业环境的苦、脏、累，大幅度降低职工劳动强度，提高职工的获得感、幸福感、安全感，才能保证职工队伍的稳定。

1.4　提升形象的需要

煤矿是徐矿集团的主体产业、支柱产业，只有煤矿发展好了，徐矿集团才有高质量发展的根基。徐矿集团为贯彻习近平总书记关于安全生产系列重要指示精神，提升矿井"四化"建设水平，制定下发了《矿井"两优四化"建设指导意见》，明确了总体目标，下达了智能化建设计划。张双楼煤矿作为徐矿集团本部唯一的生产矿井，其工作水平体现的是集团公司水平，甚至是江苏省的水平。这是一项政治任务，张双楼煤矿要坚定地扛起主力矿井的使命担当，擦亮徐矿集团"窗口"、展现徐矿集团形象，努力打造全国煤炭行业的"徐矿品牌"。

2　智能化矿井建设面临的问题

2.1　认识上存在误区

有的同志片面地认为矿井地质条件复杂，煤层赋存条件不好，高精尖的智能设备在矿井不适用，不宜推广应用；也有同志认为建成了智能化工作面就是建成了智能化矿山，不学习、不了解智能化矿山的内涵，对矿井智能化建设漠不关心。

2.2　思想上有待解放

面对智能化建设这个新事物，有一部分人存在一定的守旧思想、畏难情绪，解放思想不够，固守陈规，不接受或被动接受新事物，对智能化建设的政策和建成智能化示范矿井的意义理解不够深刻。

2.3 自适用性还需增强

煤矿智能装备是煤矿智能化的核心，煤矿智能化对装备适应性和可靠性的要求极高，有些设备虽好，但不能完全与井下现场相符，有时需要另行加工或返厂改造。智能化从业人员素质也有待进一步提高。要实现智能化运行与矿井工作面生产精准契合，做到设备合理匹配、调试融合、智能高效，接下来还有大量的工作要做。

2.4 创新氛围不够浓厚

大多数职工认为创新是一小部分人的事，与他们并无关系，只看眼前，不看长远。推进智能化示范矿井建设，每一名职工都是参与者、不是旁观者，都是主角、不是看客，都必须知责、履责、尽责，积极投身到智能化示范矿井建设中来。

3 智能化矿井建设坚持的原则

3.1 坚持以人为本、安全第一原则

安全是煤矿的“天字号”工程，推进智能化建设，要以对职工高度负责的态度，充分调研论证，做到不安全不立项、不安全不实施、不安全不运行，认真开展装备升级、自动化升级、智能化升级，优化作业环境，不断提高企业的安全保障能力和职工幸福感。

3.2 坚持创新驱动、实事求是原则

破除“唯条件论”，打破思维定式，加强与国内外前沿的科研机构合作攻关，科学组织，有序推进，突破技术瓶颈，提升科技创新能力，坚决落实好上级主管部门及徐矿集团智能化建设的各项决策部署。

3.3 坚持问题导向、突出实效原则

智能化建设是一项系统性、综合性的工作。善于发现制约智能化建设的突出问题，从问题出发，深入研究分析，创造性地提出解决方案，注重实效，简单可行，实现安全效益、经济效益的双提升，以实实在在的成效来检验智能化建设的效果。

4 智能化矿井建设的探索和实践

近年来，张双楼煤矿上下深入贯彻落实习近平总书记关于安全生产重要论述和“四个革命、一个合作”能源安全新战略，坚持科技兴矿强安，迅速掀起了创新驱动与智能化建设深度融合的高质量发展新篇章。尤其是进入2020年，面对大疫大考，勇担奋进新时代的使命，坚持“整体规划、试点先行、分步实施、全面推进”的原则，加强智能化矿山建设顶层设计，科学谋划，准确定位，创新举措，重点突破，有序稳妥地推进智能化建设。在我国煤矿智能化建设的初级阶段，构建形成“1236”的智能化发展总体思路，取得一大批科技创新成果，建成了江苏省煤矿首个智能化工作面，推动煤炭生产方式根本性变革，为全面开启“五高”智能化示范矿井新局面奠定了坚实基础。

4.1 推进思想解放，大力营造智能化示范矿井建设浓郁氛围

当前世界正处于第三次工业革命与第四次工业革命的历史交汇期，煤矿智能化从根本上改变了传统煤矿工人作业方式和条件，是煤矿工人最大的福祉，也是煤炭企业发展的内在要求。面对智能化建设这个新领域、新课题，全矿干部职工步入新时代，勇担新使命，清醒地认识当前面临的

挑战和任务,以主动的心态、前瞻的眼光,站在行业看张双楼煤矿、站在省内看张双楼煤矿、站在徐矿集团看张双楼煤矿,勇于打破传统惯性思维,坚持“两条腿”走路,既主动到行业先进企业学习调研、借助网络媒介学习前沿理论,又请进专家学者讲学授课,开阔了眼界、找准了差距、看到了方向,求新求变的思想坚定而强烈,积极把思想和行动统一到集团公司及矿的决策部署上来,用现代化理念和系统化思维认真谋划矿井发展,思想统一,步调一致,居安思危,未雨绸缪,埋头苦干,锐意创新,以思想大解放推动智能化示范矿井建设高质量。

4.2 坚持系统谋划,构建形成“1236”智能化发展总体思路

面对当前日新月异的新技术,张双楼煤矿立足当前,谋划未来,坚持思路优先、观念转变、紧贴实际、系统谋划的原则,在探索和前行中明晰了“1236”智能化发展的总体思路。

“1”,树牢“一个理念”。坚定“生命至上、安全第一、智能高效、和谐幸福”的新安全发展理念,通过装备升级和科技创新,煤炭生产向更安全、更高效、更集约的方向加速迈进。

“2”,坚持“两个导向”。本着先急后缓、先易后难、依次推进的原则,由实现单一采煤工作面智能化向采掘工作面全部实现远程控制智能化延伸,由灾害治理单一系统智能化向矿井全系统智能化及信息化集成拓展。

“3”,实施“三步走战略”。第一步,全面部署矿井智能化建设项目,实施智能化矿井发展战略。第二步,建成首个远程控制智能化工作面,全面推进远程控制钻机等冲击地压治理智能化装备,智能化建设取得阶段性成效。第三步,建成智能化示范矿井。

“6”,遵循“六个结合”。坚持企业主导与上级引导相结合,强化主体责任,激发自身智能化建设的积极性和内生动力;坚持统筹规划与分步实施相结合,按照单一突破、全面推行、持续提升三个阶段分步推进智能化建设;坚持单一头面智能与全面实现智能相结合,根据生产布局等情况,分类推进,全面实现;坚持突破重点与全面推进相结合,以冲击地压头面智能化建设为突破点,先行先试,逐步延伸,全面推进;坚持创新推动与合作共享相结合,加强科技创新、科研院校合作,推动智能化技术向纵深发展;坚持井上下相结合,同步推进智能化建设,做到井上下全面开花结果。

4.3 聚焦重点难点,大力推进智能化示范矿井建设步伐

以矿井智能化建设“需求、问题、目标、结果”为导向,以“安全、少人、提效”为目标,坚持聚焦重点、攻克难点、快速推进,近年来,矿井智能化建设亮点频现、成色更足。

4.3.1 让安全基础更加稳固

张双楼煤矿加强顶层设计,全面贯彻“意识+责任+标准化”安全生产管理体系,健全机构充实力量,重点围绕智能化综采工作面、智能化掘进工作面、冲击地压防治、原煤主运输系统和辅助运输系统、固定场所集中控制和无人值守、通防系统、洗运系统、煤矿信息管理网络等“四化”建设8个重点领域加速推进,提升智能保安效果。“自动控制+远程干预”的智能化工作面、掘进机远程遥控、远距离定向钻机、远程控制钻机等30余项“四化”建设项目在井下落成,推动了矿井治理体系治理能力现代化建设。

4.3.2 让生产模式更加高效

智能化不仅带来了生产效率的大幅提升,还引发了一场生产方式的深入变革。张双楼煤矿坚持集约高效的生产模式,建成了江苏省煤矿首个智能化工作面,实现了多元灾害工作面智能协调开采,开启了江苏省煤矿智能化建设新时代。74104智能化工作面生产期间由原来的16人减至5人,煤炭生产的“人海战术”已成为过去。矿方水到渠成地在两个综采工作面实施“三六工作制”,

取消夜班生产，而在掘进单位探索实行“四六工作制”等管理模式，使得职工幸福感、获得感显著增强。为提高煤巷、半煤岩巷生产效率，在－1 000 m 西三下山采区轨道上山投入使用扒渣机，攻克大倾角斜巷掘进机械化难题，使出研效率大大提升。选煤厂 TDS 智能分选系统投入运行。主井等原煤主运输系统、辅助运输系统实现可视化及“无人值守、有人巡视”功能。

4.3.3　让科技成果更加丰硕

冲击地压是张双楼煤矿安全管控的重中之重，该矿高度重视冲击地压防治，与科研机构联合建成了江苏省煤矿冲击地压防治工程技术研究中心，先后引进了远程控制自动卸压钻车，搭建了冲击地压多参量综合预警云平台，投入了冲击危险区域智能限员装置，从而提高了冲击地压智能化治理水平。仅 2020 年，张双楼煤矿就完成科研项目 9 项，其中“千米深井实体煤巷道掘进冲击机理及防治技术”成果达到国际先进水平，获得中国煤炭工业协会二等奖；“近距离上覆复杂遗煤区域综合防灭火技术研究”和“冲击倾向性煤层顶板动态大数据精准管理技术研究”成果达到国际、国内先进水平，获得中国煤炭工业协会三等奖。2021 年，中国煤炭工业协会对 2020 年科研项目进行成果鉴定，“徐州矿区松散含水层下提高煤层开采上限关键技术与应用”和“千米深井复杂条件工作面智能协调开采技术研究”成果达到国际领先水平，“深井开采冲击地压机理与防控成套技术研究”、“煤层群残采条件下强扰动巷道围岩控制技术研究及应用”和“千米深井破碎小煤柱漏风封堵及工作面防灭火技术研究”3 个科技成果达到国际先进水平。

4.3.4　让人才保障更加有力

全国智能化示范矿井建设离不开技术革新，更离不开强有力的人才队伍作支撑。智能化开采装备的安装、检修、使用、改造升级等对既熟悉煤矿生产工艺又了解自动化、智能化知识的复合型技术人才的需求越来越大，人才培养成为不容忽视的问题，需要同步跟进。为此，张双楼煤矿积极探索符合矿井实际的智能化人才培养体系、培养方案，通过校企研企合作、订单式培养、企业内部挖潜、技能大师工作室带动，逐步建成一批智能化班组、智能化团队，打造出一支数量充足、技能娴熟、素质过硬、满足矿井智能化发展需要的干部职工队伍。张双楼煤矿坚决落实徐矿集团关于人才基地建设文件精神，坚持“走出去”“引进来”战略不动摇，充分依托高校、科研院所、创新工作室及安全培训机构，全面开展生产经营管理人才素质提升工程、专业技术人才知识更新工程、技能型人才培养培训工程，不断提高队伍整体业务技能素质。建成集劳模创新工作室、工匠创新工作室、机器人创新中心、大学生创新中心、QC 质量管理创新中心于一体的智能协同创新中心，搭建了空间更大、功能更多的创新平台，最大限度地整合智力资源。坚持把“产改”作为科技立企、人才兴企、创新强企的根本依托，出台产改“三十条”，成功承办江苏省“产改直通车”首站活动，完善专业人才激励措施，提高专业人员工作待遇，建立完善双重晋升机制，重点培养和引进一批生产技术专业人才，为矿井行稳致远提供坚实的人才保障。

5　结束语

建设智能化示范矿井是一项久久为功的时代使命，将促进煤炭行业由传统资源依赖型、劳动密集型转变为技术密集型、知识密集型的高科技行业，彻底将煤炭人从危险复杂的井下环境中解放出来。张双楼煤矿将紧紧抓住国家加快煤矿智能化发展的政策机遇期，把准发展脉搏，躬身践行再出发，加快推进智能化示范矿井建设，切实推动人工智能、大数据、5G 等新技术与矿井安全生产深度融合，不断开创矿井高质量发展新局面，在全国智能化示范矿井建设上争做示范，努力打造全国煤炭行业的“徐矿品牌”。

加快动力煤企业转型发展
积极应对碳中和愿景下煤炭能源市场新变化

张文辉，陈为高

（国家能源集团中国神华能源股份有限公司，北京 东城区 100011）

摘　要　在国家明确“碳达峰、碳中和”目标，加快发展新能源，逐步压减煤炭等高碳能源的形势下，动力煤企业应坚决贯彻习近平总书记提出的“四个革命，一个合作”的能源战略思想，转变发展理念，加快转型发展，推进煤炭定制化生产，推进动力煤从燃料市场向燃料与原料市场并举转变，推进动力煤企业向绿色高效发展方式转变，在做好安全生产的基础上，强化煤炭生产全过程环保管理，生产助力用户节能减排的高质量煤炭产品。在现有矿井机械化的基础上，根据地质条件，动力煤企业利用先进的自动化技术、信息化技术和智能化技术等，对现有煤炭生产矿井和分选系统进行改造和升级，提高绿色发展水平，提高煤炭生产效率，提高安全生产水平，建设绿色高效的煤电一体化模式，降低煤炭生产成本，为燃煤电厂实施 CO_2 捕集和封存开拓足够的成本空间，提高煤电产业链在未来清洁能源市场中的竞争力。

关键词　碳中和；动力煤；新能源；市场

0 引言

2021 年是“十四五”开局之年，在中国的新能源产业迎来前所未有的发展空间的同时，煤炭企业，尤其是动力煤企业，将面临严峻的市场形势。习近平总书记在 2020 年 9 月和 12 月两次表态，定下了我国二氧化碳排放在 2030 年前达到峰值、2060 年前实现碳中和，以及 2030 年非化石能源占一次能源消费比重达到 25%、风电和太阳能发电装机达到 12 亿 kW 以上的新目标[1]。

当前，气候变化已是国际政治的核心议题，这是《巴黎协定》签订后我国首次承诺提高自主贡献力度。对中国而言，改变以煤炭为主的高碳能源、电力结构，转向清洁能源为主的低碳能源结构，是大势所趋和必由之路。煤炭作为能源的动力煤市场将急剧萎缩，煤炭企业如何生存发展将是煤炭企业未来主要考虑的问题，尤其是动力煤企业，要重视我国能源结构的变化，积极主动适应我国能源市场低碳能源结构变化新形势，加速动力煤企业转型发展，在低碳能源发展新形势下，开拓动力煤企业新的生存发展空间。

在国家加快发展新能源，压减煤炭等高碳能源生产规模的形势下，国内动力煤企业转型发展任务繁重，因此，动力煤企业必须贯彻习近平总书记提出的“四个革命，一个合作”的能源战略思想，转变发展理念，推进煤炭定制化生产，转变煤炭市场，推进动力煤从燃料市场向燃料与原料市场并举转变，转变发展方式，推进动力煤生产向绿色高效发展方式转变，积极主动适应低碳能源发展新形势，开拓新的动力煤企业市场生存发展空间。

近年中国风电和光伏发电装机容量发展变化如图 1 所示。

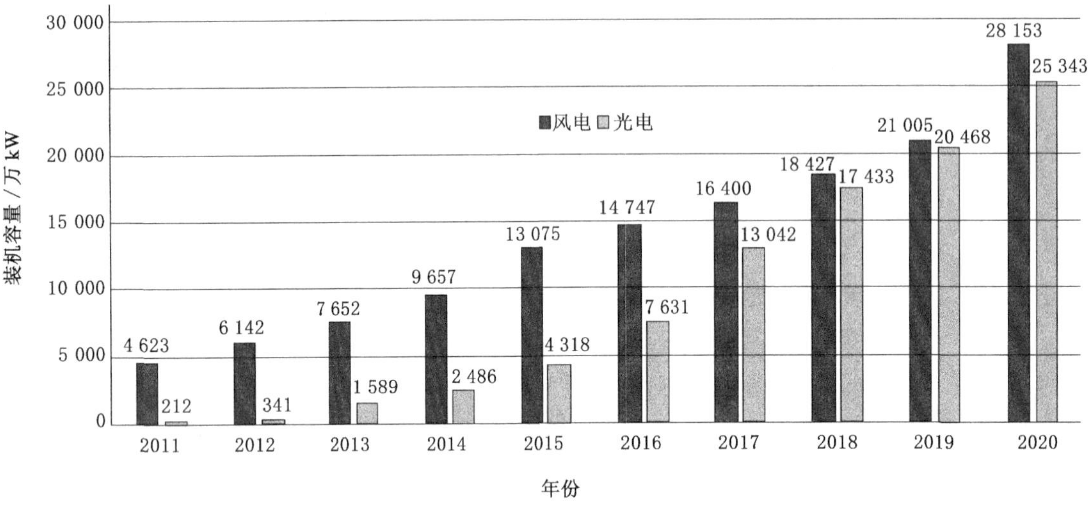

图 1　近年中国风电和光伏发电装机容量发展变化

（数据来源:《中国能源大数据报告(2020)》、中国电力企业联合会网）

1　转变发展理念，积极推进动力煤企业向煤炭定制化生产转变

1.1　转变发展理念

积极贯彻“四个革命，一个合作”的能源战略思想，以消费革命促进技术革命，推动动力煤供给和管理机制体制革命。煤炭是高碳能源，压减煤炭在能源市场中的占比，已是不可逆转的发展趋势。美国煤炭产量已从 2008 年的 12 亿 t，下降到 2020 年的 5.4 亿 t，美国最大的煤炭公司皮博迪能源公司煤炭产量，已从 2011 年的 2.5 亿 t 左右，下降到 2020 年的 1.3 亿 t 左右[2]。未来能源市场的竞争，是煤电和新能源的市场竞争，煤矿和燃煤电厂是利益共同体，面对新能源大发展，带来逐渐萎缩的煤炭能源市场，动力煤企业应积极贯彻“四个革命，一个合作”的能源战略思想，积极发展煤炭定制化生产，以市场为导向，用安全高效的绿色煤炭生产技术，低成本生产满足用户质量需求的高质量煤炭产品，助力煤炭下游发电企业实现节能减排，并降低煤炭使用成本，提高煤电在未来能源市场中的竞争力。

1.2　推进煤炭定制化生产

煤炭定制化生产是坚持“质量第一、效益优先”原则的生产方式[3]，是以消费革命促进技术革命，落实党的十九大精神，推进煤炭企业向高质量转型发展的具体措施。实现煤炭定制化生产，首先，要做到煤炭市场需求信息和生产信息共享，现代化信息技术的进步为我们提供了这种可能；其次，要深入调研了解煤炭产品市场信息，根据不同行业不同用户需求，细分产品种类，推进产品标准化和生产过程标准化，为满足不同用户需求奠定坚实基础。

以市场用户需求为导向，推进煤炭生产技术和选煤加工技术创新发展，开发清洁煤炭产品，丰富企业煤炭产品结构，实现煤炭生产企业和用户双赢，为发展清洁煤炭能源作出贡献，因此，动力煤企业应研究应用煤炭定制化生产模式，提高煤炭生产经营效率，提高煤炭清洁化水平，推动煤炭生产销售向“煤炭生产销售＋服务”转变，提高煤炭产品竞争力。

加强信息化建设，提高煤炭产运销一体化管理效率。定制化生产就是坚持客户至上的理念，把满足用户质量需求放在第一位的生产方式，因此，实现煤炭定制化生产的首要条件，是做到生产信息与煤炭产品需求信息共享。面对复杂多变的煤炭市场，国家能源集团利用国内外先进的信息化技术，打造了智能煤质管控平台，使煤炭生产、分选、运输与销售做到了信息共享和沟通，实现了煤炭生产、分选、运输与销售一体化运营，以市场需求为导向，科学组织生产，共同应对复杂多变的煤炭市场，最大限度满足用户的质量需求，为国内外用户提供满意放心的产品。

强化标准化管理，规范煤炭生产和分选加工过程管理。充分利用市场信息，在市场需求引导下，改进煤炭生产系统和分选系统，实施卓越绩效等全面质量管理，强化标准化管理，推进结果管理向过程管理转变，提高煤炭生产管理质量，以低成本生产市场需求的清洁煤炭产品，提高神华煤炭产品的市场竞争力。

推进技术创新，加快发展动能转换。为了提高国家能源集团煤炭产品盈利能力，鼓励和引导各分（子）公司创新改造选煤工艺，增产高附加值的特种煤产品，开发超清洁煤炭产品，提高生产煤炭品种与市场需求品种的匹配率，减少产品积压，提高煤炭产品的盈利能力，走质量第一、效益优先的高质量发展道路，形成了以信息化、标准化为基础的煤炭定制化生产模式，提高了国家能源集团煤炭产品的市场竞争力，为集团经济效益稳定增长作出重要贡献。

2 转变煤炭市场，积极推动动力煤向煤炭燃料与原料市场并举转变

2.1 推进动力煤企业煤炭产品向燃料与原料市场并举转变

2020年，我国生产煤炭39亿t，虽然总量同比增长1.4％，但其中用于燃煤发电的动力煤约21.4亿t，同比下降6.5％，动力煤市场萎缩初现端倪，因此，面对“碳中和”带来的煤炭能源市场的变化，我国动力煤企业煤炭产品市场转型任务繁重。煤炭除了作为动力煤用于燃煤发电，还大量用于钢铁冶炼、煤化工生产等领域，因此，应深入研究煤炭性质和用户需求，增加高炉喷吹煤、化工用煤等原料煤的市场比重，推进动力煤企业煤炭产品向燃料与原料并举转变。国家能源集团神东煤炭集团公司（以下简称“神东煤炭集团”）和胜利能源公司大力发展煤炭定制化生产，推进煤炭产品市场转型，开拓原料煤市场，积极生产高炉喷吹煤、块煤等特种煤产品，作出了有益的探索，树立了很好的典范。

2.2 根据用户质量需求，生产高炉喷吹煤和块煤等原料煤产品

随着煤炭和钢铁去产能工作的深入推进，行业上下游工序关系也发生了变化，需求定制成为企业拓展市场、提升效益的主要手段。神东煤炭集团坚决落实习近平总书记“四个革命，一个合作”的能源战略思想，积极推进煤炭定制化生产，以煤炭消费革命引领技术革命，推动能源机制体制变革，主动与北京科技大学和国内重点钢铁企业合作研究神东烟煤中CaO在高炉喷吹中的作用。研究表明，神东烟煤的高CaO含量特点可有效提高高炉风口区域煤粉的燃烧效率，同时减少高炉炼铁过程中助熔剂添加量，提高炼铁效率，降低生产成本，以此为基础，开发了神东高钙烟煤与无烟煤/兰炭混合喷吹技术、混合燃料灰渣配伍技术、富氧强化燃烧技术、高炉理论燃烧温度与

炉腹煤气量协同控制技术，保证了神东高钙烟煤喷吹过程中的高炉安全稳定，有效提升了高炉喷吹煤粉燃烧率和高炉冶炼效率，降低了高炉渣量和燃料比，工业使用中实现了神东高钙烟煤喷吹量突破 50%，高炉每喷吹 1 t 神东高钙烟煤可为钢铁企业带来 40～120 元的经济效益。该项研究开发基于高炉冶炼的神东高钙烟煤精准分选与高效喷吹技术，以合理的煤炭分选—高炉喷吹工序联动对接，打通煤炭生产和钢铁冶炼之间的技术壁垒，实现互利共赢和利润最大化，在激烈的市场竞争中占据先机，促进了神东煤炭集团动力煤向原料煤应用的转变。神东煤炭集团用于冶金和化工生产的特种煤产量高速增长(表 1)，从 2016 年的 2 754 万 t，增长到 2020 年的 4 312 万 t，占神东煤炭集团总产量的 29.8%，为神东煤炭集团利润增长作出了重要贡献[4]。

胜利能源公司积极发展煤炭定制化生产，主动建设块煤生产系统，根据煤化工用户产品质量需求，生产符合用户质量要求的高质量块煤等特种煤产品，近几年，块煤产品产量急剧上升(表 1)，从 2016 年的 262 万 t，增长到 2020 年 585 万 t，占胜利能源公司煤炭总产量的 27.4%，为集团公司经济效益增长树立了典范，推动了煤炭产品从动力燃料向原料转变，提高了该公司产品抗市场风险的能力。

表 1　神东煤炭集团和胜利能源公司特种煤产量和总产量表　　单位：万 t

年份	神东煤炭集团		胜利能源公司	
	特种煤	总产量	特种煤	总产量
2016	2 754	15 377	262	1 580
2017	2 705	15 298	382	1 921
2018	3 132	14 885	463	1 872
2019	3 939	14 455	480	2 000
2020	4 312	14 469	585	2 134

3　转变发展方式，积极推动动力煤企业向绿色高效发展方式转变

3.1　提高绿色高效发展水平

在未来绿色高效煤电产业链中的“绿色”，是安全＋环保＋质量，即在安全生产的基础上，强化煤炭生产全过程环保管理，生产助力用户节能减排的高质量煤炭产品。安全生产是对煤炭企业的基本要求，在保证安全的基础上，要采用环保工艺进行生产，在煤矿生产中实施矸石减量化，在选煤生产中实施煤泥减量化和有价矸石排放减量化，最大限度减少煤炭生产过程中各种污染物的排放，并对排放污染物进行高标准达标治理，不仅符合今天的环保要求，而且要符合政府未来的环保要求，最大限度减少煤炭生产对环境的扰动，采用定制化生产模式，生产用户需求的高质量煤炭产品，不仅利用煤中的有机组分，而且利用煤中的无机组分，助力用户节能减排，提高煤炭资源的利用率，保护生态环境。

在未来绿色高效煤电产业链中的“高效”，是自动化＋信息化＋智能化，即在现有矿井机械化的基础上，利用先进的自动化技术、信息化技术和智能化技术等，根据地质条件，对现有煤炭生产矿井和分选系统进行改造和升级，提高生产效率，降低生产成本，提高安全水平，减少危险生产区域的用工量，创造以安全高效为基础的绿色高效生产模式，提高煤电产业链在未来能源市场中的竞争力。

3.2 推动绿色高效的煤电一体化模式发展

面对“十四五”及更远未来，虽然新能源将高速发展，在未来能源结构中占据主导地位，但由于新能源发电“靠天吃饭”的本性，决定其是不稳定、波动性电源，需要其他电源弥补新能源发电的波动性来维持电网系统的稳定性，而新能源发电比例越高，则波动越大，其他调节电源需要做出的调整也越大。此外，新能源发电的出力曲线往往与负荷曲线并不匹配，极端情况下甚至呈现相悖的特点，新能源发电出力往往呈现“极热无风，极寒无光，晚峰无光”的特点，而极寒、极热和晚高峰恰恰是需要电源加大出力的时候，而新能源中风和阳光却往往顶不上。在新能源发电高度发达的欧盟，煤炭市场逐步缩小，但也没有完全退出能源市场，2019 年欧盟消耗煤炭约 5 亿 t，其中德国消耗煤炭约 1.66 亿 t。因此，煤电虽在清洁方面不如新能源，但其具有稳定性好和廉价的优势，在能源市场中将占有一席之地，其市场大小关键取决于煤电的清洁生产成本，是否具有实施碳封存的成本空间。因此，动力煤企业应积极发展煤电一体化运行产业链，主动强化煤电一体化运行，煤矿和电厂相互依托，共享公用工程，采取一切从技术到管理的措施，生产助力发电企业节能减排的价廉质优的煤炭产品，减少煤炭生产和发电过程中污染物排放，建设绿色高效煤电产业链，提高绿色高效发展水平，降低煤电成本，为燃煤电厂实施 CO_2 捕集和封存开拓足够的成本空间，提高煤电在未来清洁能源市场中的竞争力，开拓在“碳中和”形势下新的煤电市场空间。

4 结论

在国家明确“碳达峰、碳中和”目标，加快发展新能源，逐步压减煤炭等高碳能源的形势下，动力煤企业应坚决贯彻习近平总书记提出的“四个革命，一个合作”的能源战略思想，转变发展理念，加快转型发展，推进煤炭定制化生产，推进动力煤从燃料市场向燃料与原料市场并举转变，推进动力煤企业向绿色高效发展方式转变，提高绿色发展水平，提高煤炭生产效率，提高安全生产水平，建设绿色高效的煤电一体化模式，降低煤炭生产成本，为燃煤电厂实施 CO_2 捕集和封存开拓足够的成本空间，积极主动适应低碳能源发展新形势，开拓新的动力煤市场生存发展空间。

参考文献

[1] 韩舒淋，徐沛宇.碳中和，中国的雄心与软肋[J/OL].财经，2021(3)[2021-04-14].http://magazine.caijing.com.cn/20210414/4755782.shtml.

[2] PEABODY ENERGY. Peabody reports results for quarter and year ended December 31,2020 [EB/OL]. [2021-02-04]. https://www. prnewswire. com/news-releases/peabody-reports-results-for-quarter-and-year-ended-december-31-2020-301221779.html.

[3] 赵永峰，张文辉，崔高恩，等.以信息化、标准化为基础的煤炭定制化生产模式研究与应用[C]//中国煤炭工业协会.2018 煤炭企业管理创新成果.北京：企业管理出版社，2019.

[4] 张文辉，张建良，王伟，等.神东烟煤中 CaO 在高炉喷吹中的作用及有价矸石排放减量化研究[J].煤炭加工与综合利用，2021(1)：78-80，84.

智能化矿井平台建设的构想

吴建忠

（开滦能源化工股份有限公司煤炭机电部，河北 唐山 063000）

摘　要　随着大数据、人工智能等技术的发展，我国煤矿企业在智能化信息平台、智能化开采、智能化掘进、智能化无人值守、智能化辅助运输、5G与机器人创新几大领域进行了智能矿井建设和实践。本文主要阐述智能化矿井平台建设的一种构想，从智能化矿井建设目标、架构、实施及平台设计等方面描述了智能化矿井平台应具有的功能和效果。现阶段的煤矿智能化建设还处于技术规范与标准体系不断探索和完善的阶段，在整合物联网、大数据、人工智能等先进设备、先进技术的同时，还需要在软件系统的“量身改造”上，与煤矿开采环境、工艺方法、围岩控制手段等进行完美融合，这样才能跟得上矿井发展需求。

关键词　智能化；矿井；数据接口；一张图；万兆工业环网

0　引言

2020年年初，国家发展和改革委员会等八部委联合印发《关于加快煤矿智能化发展的指导意见》，文件指出“煤矿智能化是煤炭工业高质量发展的核心技术支撑，将人工智能、工业物联网、云计算、大数据、机器人、智能装备等与现代煤炭开发利用深度融合，形成全面感知、实时互联、分析决策、自主学习、动态预测、协同控制的智能系统，实现煤矿开拓、采掘（剥）、运输、通风、分选、安全保障、经营管理等过程的智能化运行，对于提升煤矿安全生产水平、保障煤炭稳定供应具有重要意义”。以流程驱动为核心的系统转变为流程和数据驱动的混合模式，并在煤矿安全、生产、管理及决策中的作用将日益凸显。在智慧矿山阶段，基于云计算、大数据和数据挖掘技术，能够实现高效、快速、精准的时空数据挖掘与分析，服务于煤矿安全生产和管理决策。将互联网企业的新技术逐渐下沉到传统矿山信息化行业，为矿山信息化技术创新带来了新的契机。

1　智能化矿井现状

国外主要应用防碰撞、基于3D虚拟现实的远程可视化控制、人员接近保护等技术，在地质条件较好的矿区实现高效自动化开采。建设的煤矿生产综合监控系统将所有的井下开采生产数据集成到一个中央控制中心，使所有井下生产的监测、控制和决策工作都可在地面中央控制中心进行。

国内随着矿山物联网技术开始在煤矿进行应用，并在行业内逐渐对矿山物联网的架构、功能等达成共识，随着大数据、人工智能等技术的发展，我国煤矿企业在智能化信息平台、智能化开采、智能化掘进、智能化无人值守、智能化辅助运输、5G与机器人创新几大领域进行了智能矿井建设和实践。矿山的生产组织方式正在向“安全、高效、绿色、智能”发展。

2　智能化矿井建设目标

完成智能化矿井基本建设，煤炭开采主要工作面实现自动化、信息化和智能化，井下重点部位引入机器人巡检技术，基本形成煤矿智能化建设技术规范与标准体系，实现地质保障、采掘机运、分选加工等系统的智能化决策和自动化协同运行，形成完整配套的智能化生产管理体系。实现对所有信息的精准实时采集、高可靠网络化传输、规范化信息集成、实时可视化展现、生产环节自动化运行；形成多产业链、多系统集成的煤矿智能化系统，建成智能感知、智能决策、自动执行的智能化煤矿体系。

3　智能化矿井架构

按照“6+1+1”总体建设理念，搭建智能化矿井总体架构(图1)。其中，“6”是指6个“一”，即：

图1　智能化矿井建设“6+1+1”模型

一个标准：统一的数据接口与编码标准。

一个中心：智能化矿井运营管理中心。

一个数据库：统一计算存储管理库。

一个平台：综合管控信息平台。

一朵云：矿山云服务平台。

一系列装备：诸多智能化子系统与装备。

"1",即一张网:全面感知与高速传输网络。

"1",即一张图:煤矿地理信息系统。

智能化矿井总体架构示意图如图 2 所示。

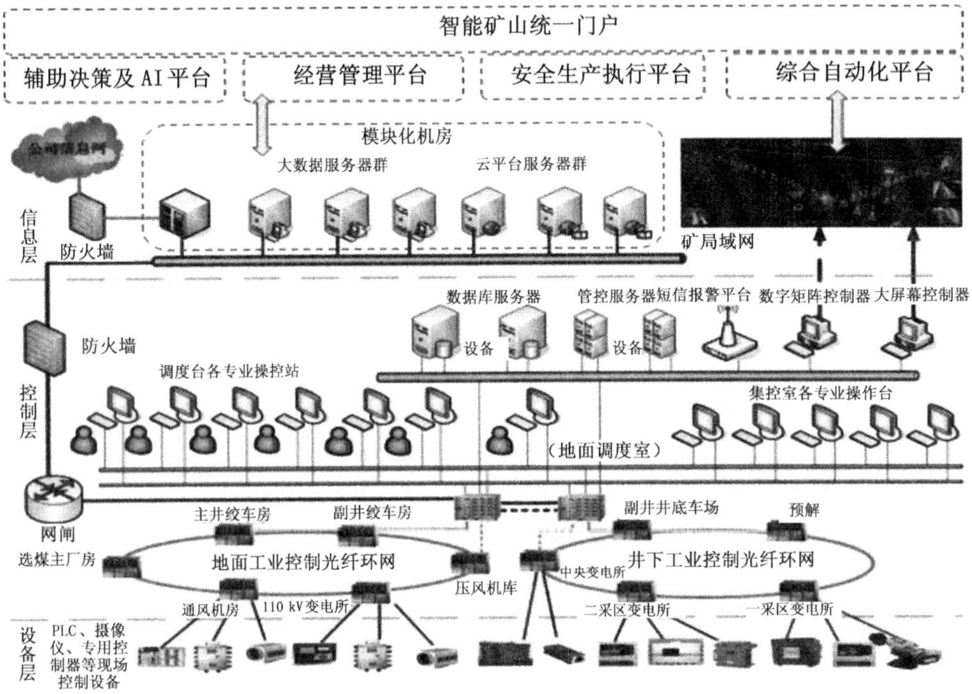

图 2 智能化矿井总体架构示意图

智能化矿井建设以煤矿综合管控信息平台建设为核心,打通数据链条、贯穿业务流程、统一技术标准;以基础设施建设为前提,为智能化系统提供完善的信息传输、数据存储、安全防护能力;以业务系统建设为主干,全面提升矿井自动化、信息化、智能化水平。

4 智能化矿井实施方案

4.1 万兆工业以太环网建设

万兆工业以太环网采用三环加支线的有线架构,整个网络系统采用万兆工业以太环网和井下 Wi-Fi 无线通信系统的混合架构。从大巷、运输巷一直延伸到工作面,为各个子系统接入提供千兆网络接口,满足多系统数据的安全、稳定、高效传输。万兆工业以太环网建成后,各个智能化矿井建设中的子系统全部以网络接口方式接入万兆工业以太环网,逐步停止使用百兆本安型光网络终端设备。

4.2 关键区域 5G 通信建设

应用无线传感器通过 5G 网络对采煤环境的智能感知,视频监控或智能巡视机器人的动态监测,由采煤装备自动、独立完成煤炭开采。智能化矿井 5G 网络智能感知示意图如图 3 所示。

4.3 私有云平台建设

采用虚拟化云平台方式建设,满足多套业务系统的云上运行环境要求。增强数据中心的可管

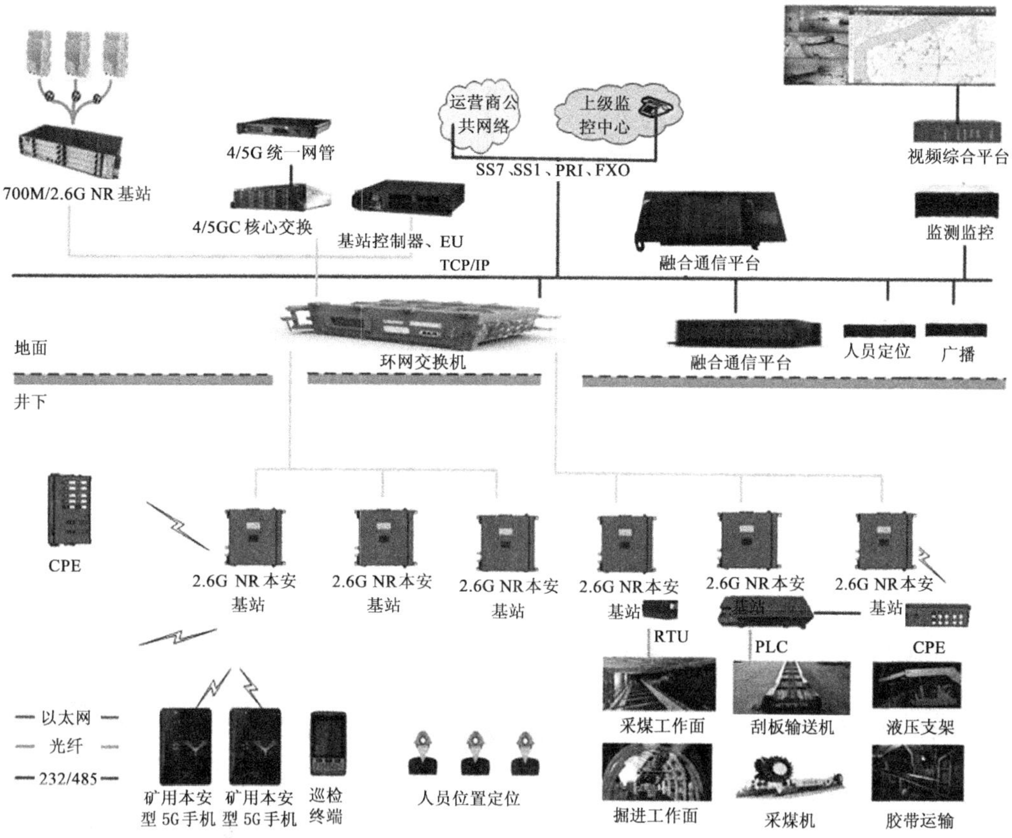

图3 智能化矿井5G网络智能感知示意图

理性,提高应用的兼容性和可用性,加速应用的部署,提升硬件资源的利用率,降低能源消耗,动态伸缩,满足业务应用随时增长。其架构如图4所示。

4.4 大数据平台建设(DAAS)

包含9个子平台:大数据交换汇集平台、大数据治理平台、大数据存储计算平台、大数据智能运维平台、大数据智能分析平台、大数据可视化平台、大数据知识认知平台、大数据应用驾驶舱、大数据基础架构。其示意图如图5所示。

4.5 运营管理中心建设

运营管理中心的建设是实现云化架构下所有运行系统的集中运维管理工作。其架构如图6所示。

5 智能化矿井平台设计

5.1 数据接口建设

综合管控信息平台与各业务系统的接口主要是通过网络实现信息交换与信息共享,要求在网络级和串口级提供多种符合国际主流标准的接口方式,便于各种子系统的接入,能够集成不同厂家的硬件设备和软件产品,实现监测与控制,并将各系统数据汇集存储。子系统有以下5种接入

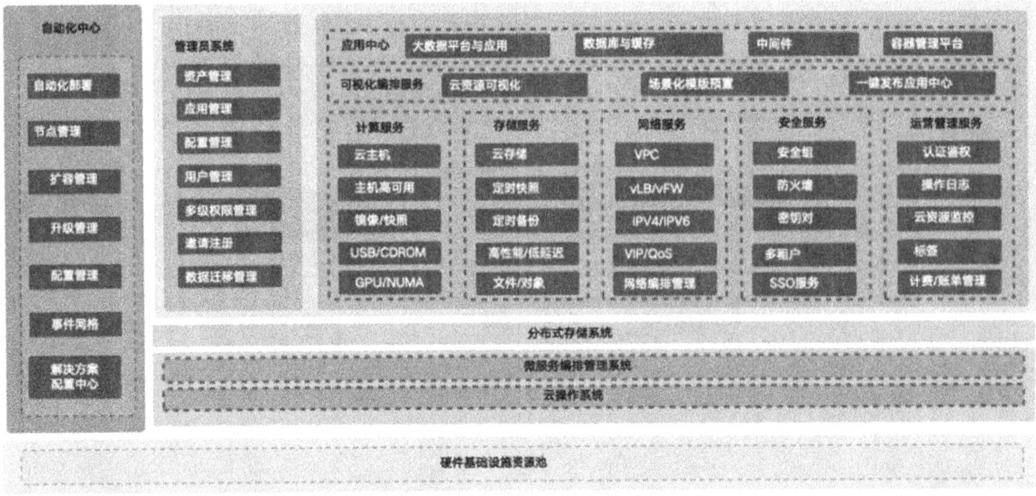

图 4　云平台架构图

图 5　大数据平台示意图

方式：

（1）PLC 接入：有些子系统采用 PLC 进行控制，通过对 PLC 增加以太网模块，与交换机进行物理上的网络连接，如图 7 所示。

（2）上位机接入：有些子系统没有以太网接口，但有上位机，可以在该上位机上增加通信网卡支持，与附近的交换机进行物理上的网络连接，如图 8 所示。

（3）以太网接入：有些子系统自成网络，对外有统一的以太网接口，可以通过以太网接口与交换机进行物理上的网络连接。

（4）OPC 通信：如果子系统具有上位机，并且上位机软件支持 OPC SERVER，则可通过上位机软件的 OPC 方式进行通信。

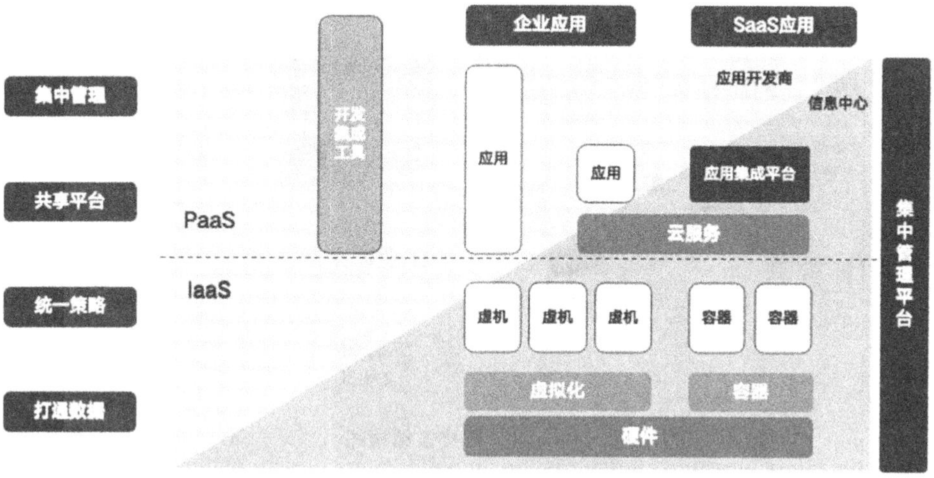

图 6 运营管理架构图

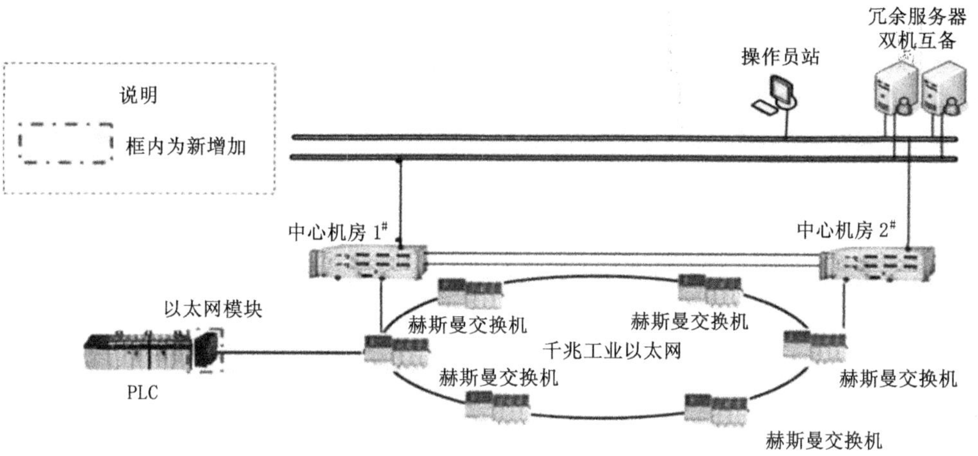

图 7 PLC 接入结构图

（5）驱动通信：如果生产综合监控平台软件支持该子系统的 PLC 的驱动，或者 PLC 有基于 OPC SERVER 的驱动，则可以通过该平台软件直接与 PLC 通信进行数据交换。

5.2 智能矿山统一门户建设

（1）建立一个统一的监控、安全、生产、经营等信息的综合管理门户平台，提供统一的信息访问入口和系统运行管理。

（2）在一张时空三维地图上，实现直观管理、透明管理，并以此为基础，设计打造一个基于数据汇总、加工、分析于一体的安全生产调度管理门户，如图 9 所示。

（3）一张图综合信息展示：

① 基于遥感影像一张图展示企业基本情况，用文字、图片介绍煤矿地址、性质、业务范围等企业信息。

② 以矿井地理空间数据库为基础，对矿井的空间位置数据分析坐标定位。

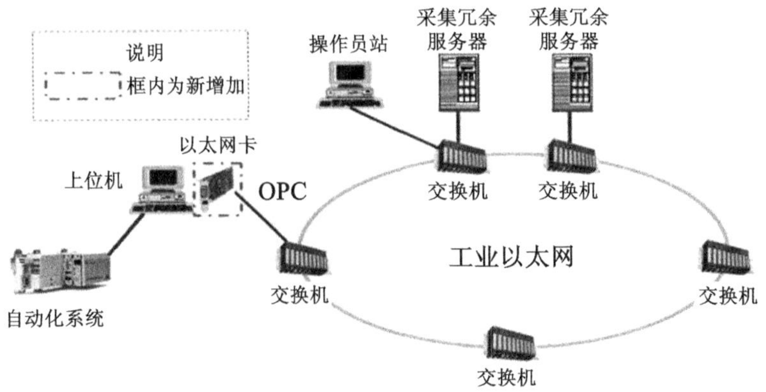

图 8　上位机接入结构图

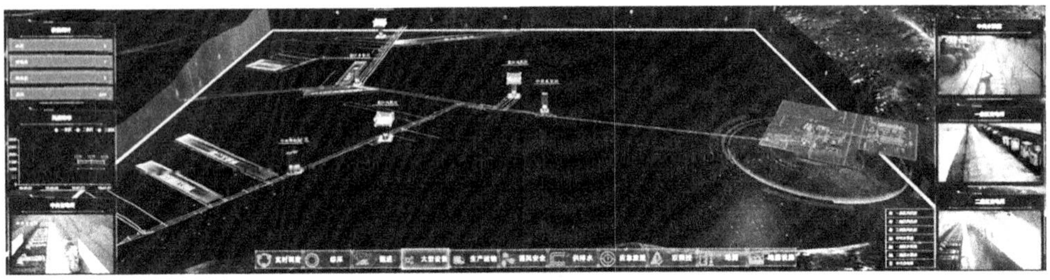

图 9　安全生产调度管理效果图

③ 利用矿井导航定位功能动态查询显示矿井的重要基础信息。

④ 基于矿井 GIS 一张图实现矿井的分布。

⑤ 基于一张图遥感影像与地形图叠加，反映井上下对应关系。

⑥ 基于一张图遥感影像宏观反映全矿井的安全生产重要指标及当前矿井动态诊断安全状况。

⑦ 生产协同一张图。建立生产空间数据库，将地测、通风、机电、生产等专业的图形数据、属性数据进行统一数据库管理。

⑧ 经营管理一张图。建立经营基础数据库，在一张图基础上实现产销存和人财物的统一数据显示。

⑨ 安全评估一张图。基于矿井 GIS 一张图动态显示生产企业的安全状况，实时分析评估安全动态自动评价打分。

⑩ 应急救援一张图。基于全矿井一张图建立应急值守、应急响应、应急处置、应急救援、应急管理(预案管理、物资管理、救护队管理、日常应急演练)等。

5.3　智能矿山生产管控

智能矿山生产管控应用信息技术、自动化技术、网络技术、计算机技术和煤矿生产工艺技术对矿井生产过程实现全面监控，运用 GIS 三维可视化和 AI 技术对系统设备进行建模仿真，通过对采掘生产设备监控系统、辅助生产设备监控系统、机电运输监控系统等子系统运行状态、参数等数据进行集中展示，实现对各系统集中监控和高效联动。

建立采掘、机运、分选等系统的过程管理和 3D 再现实时数据驱动的动态仿真，通过趋势、报警、报表、分析等方式实现管理驾驶舱，如图10所示。

图10　驾驶舱效果图

5.4　智能矿山安全管控

智能矿山安全管控包括：安全监测监控、火灾束管监测、人员定位、井下应急广播、水文监测、智能双控、智能应急指挥。

(1) 安全监测监控

采集井下的瓦斯数据，同时设置限值，对超限或异常的监测点进行报警和及时提醒相关部门采取应对措施。实时上传监控数据、报警数据、设备故障信息等数据。按照数据关联情况，及时向相关监管人员及数据监控异常区域（如瓦斯超标等）进行联动报警提示。

对各监控节点进行全寿命管理，对即将达到或已达到寿命周期的监控节点进行报警，以便相关管理人员及时进行更换。

(2) 火灾束管监测

通过获取火灾束管监测系统中数据，实现对所有井下气体火情数据的监测与智能分析。

(3) 人员定位

通过获取人员定位系统中数据，实现对所有人员位置数据的监测与智能分析。

① 实时监控井下人员信息，相关管理人员随时随地了解井下作业人员变化情况。

② 动态展示实时井下人数曲线，让管理人员对井下各班次人数变化情况了如指掌，防止各班次入井人数超过规定人数。

③ 对当班人员进行动态监控，如果其未出现在工作区域，而是在别的区域，则实时报警，以便相关管理人员及时掌握井下人员动态。

④ 对人员误入危险区域或关键区域实时报警，防止意外人身伤亡事故发生。

(4) 井下应急广播

提供专门的井下应急广播图层，支持二维、三维、图表形式实时显示所有广播设备运行情况、安设位置，采用调用广播预案的方式，向现场发送紧急指令。

(5) 水文监测

实时监测井田范围内各含水层的水位和水温，监测井下各涌水地点的水量和水温，监测地面河流的水位和水温，实现超限报警，建立水文动态观测数据库。

（6）智能双控

系统融合接入已建设的智能“双控”安全管理系统，实现安全风险分级管控、隐患排查治理、不安全行为管控、开工许可证签批、规程措施审批等功能。结合煤矿“一张图”展示区域风险分布、隐患台账、管控记录，融合安全监测监控系统数据动态评估显示全矿与各区域安全风险水平。

（7）智能应急指挥

智能应急指挥包含应急预案管理、救援队伍管理、救援装备管理、应急救援案例、智能避灾路线分析、应急演练计划等功能。实现应急指挥从预案到演练、到救援、到全面管理。

5.5 智能矿山经营管控

智能矿山经营管控平台可以展示全矿经营管控数据。建设机电设备管理系统对全矿井的设备资产信息进行维护记录。在设备全生命周期的过程中，所产生的有关设备的业务信息，可通过自动更新或手动记录的方式在设备档案中体现。并且可对设备资产净值按月进行计算，达到一定净值金额后，进行报废流程处理等。智能矿山经营管控展示图如图 11 所示。

图 11　智能矿山经营管控展示意图

5.6 智能分析

将人工智能（AI）引入智能辅助决策业务场景，在基础设施、调度管理、计算框架、模型算法、系统管理、服务管理的基础上，训练模型、发布模型，使模型发布后与具体的综合管控信息平台功能进行对接，实现人员行为分析、安全动态分析、设备能耗分析、大型机电设备健康诊断分析、设备寿命周期预测、视频 AI 分析、语音 AI 分析等功能，如图 12 所示。

6 结束语

建设智能化矿井，是煤炭企业高质量转型发展的必由之路，对于提升煤矿安全生产水平和企业竞争力具有重要意义。现阶段的煤矿智能化建设还处于技术规范与标准体系不断探索和完善的阶段，需要“摸着石头过河”。笔者认为，要牵住智能化矿井建设的“牛鼻子”，坚持“一张蓝图绘到底”，必须找准三个着力点，才能久久为功，收到实效。

（1）要紧盯生产实际，把技术升级作为着力点。煤矿智能化建设是一个不断发展进步的过程，要想实现“采掘设备智能化、系统运行自动化、岗位巡守无人化、设备监控可视化、诊断预警自动化、信息传输集成化”的目标，在整合了物联网、大数据、人工智能等先进设备、先进技术的同时，还要在软件系统的“量身改造”上，与煤矿开采环境、工艺方法、围岩控制手段等进行完美融合，这样才能跟得上矿井发展需求。

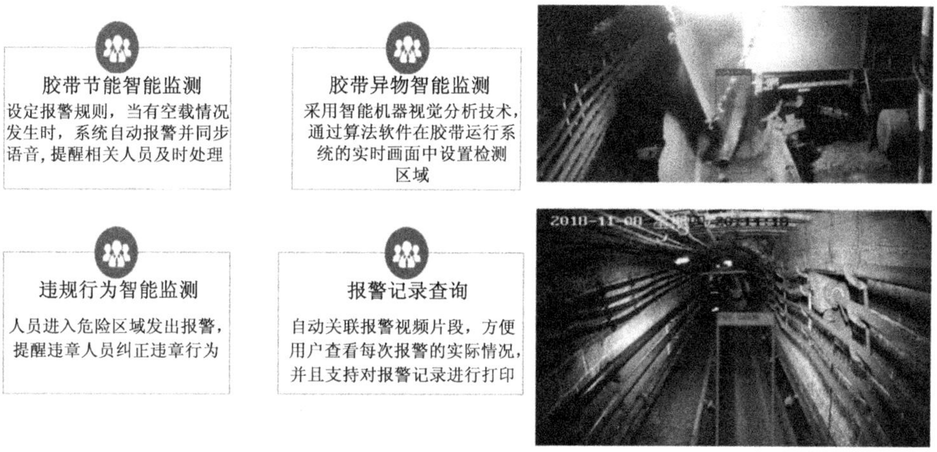

图 12　智能分析效果图

（2）要紧跟时代步伐，把“5G＋智慧矿山”作为着力点。5G 是信息时代技术的深度革命，“5G＋智慧矿山”的智能化开采系统，将全面赋能支撑煤炭开采、运输、分选和设备维护等一切作业过程的智能控制，是智能化矿井建设高质量推进的必然选择。

（3）要紧贴管理需求，把培养高技能人才作为着力点。推动智能化矿井发展，必须突破优秀人才储备“瓶颈”，努力在培养、选拔、激励等环节上下功夫、做文章、求实效，唯此，才能建立起一支符合智能化矿井建设的人才队伍。

老矿转型发展的探索与实践
——以霍州煤电集团丰峪煤业为例

赵　华，李晓峰，马　鹏

（霍州煤电集团丰峪煤业有限责任公司，山西 霍州　031499）

摘　要　随着矿井不断开采，煤矿企业发展到一定阶段必然要面临资源枯竭，如何在矿井关闭后实现企业的可持续发展，企业人员的合理分流，土地、房屋、设备等资源的有效利用，老矿区的和谐稳定是摆在资源枯竭矿井面前的一道难题。霍州煤电集团丰峪煤业有限责任公司（以下简称“丰峪煤业”）利用企业60余年发展所积淀的人才、资源、文化等优势，不等不靠、提前谋划、积极探索，大力拓展矿井托管、动漫传媒、超市零售等新项目，推动企业转型发展，初步形成了“以煤为基、多元发展”的产业布局，重新焕发了企业的生机，成为老矿转型的示范基地。

关键词　老矿区；转型发展；分流

0　引言

煤矿是资源型生产企业，受资源贮藏量制约，煤矿企业大多需要经历筹备、建设、繁荣、衰竭四个阶段过程。煤矿企业资源衰竭后井口关闭是必然的，但大型国有煤炭企业关井后职工如何安置，矿区各类资源如何有效利用，如何保持一个和谐稳定的矿区环境，都是亟待探索和解决的问题。丰峪煤业在这方面探索出了一条企业转型发展的新路子，经多年的实践，成效显著，将企业打造成老矿转型的示范基地。

1　煤炭企业转型发展的责任性

丰峪煤业为霍州煤电集团有限责任公司（以下简称“霍煤集团”）全资子公司，位于山西省霍州市辛置镇。公司前身为曹村煤矿，矿井始建于1958年，1970年7月投产，1990年改扩建，1999年9月与南下庄矿合并成立煤炭化工综合开发公司，2000年12月南下庄井口关闭，2003年又恢复曹村煤矿名称。2009年公司积极响应国家资源整合的政策要求，在集团统一部署下，完成了对周边韶钢煤业、宋庄煤业的资源整合，成立丰峪煤业新公司运营，产业涉及煤炭生产、矿山工程、汽车运输、铁路维护及电视动漫等多种产业。但是由于老企业包袱重、生产效率低等原因，公司被国家纳入去产能序列，井口于2018年10月关闭退出。成立60多年，先后经历三次艰苦创业，企业一步步发展壮大，肩负着越来越多的经济责任、政治责任和社会责任。

1.1　经济责任

经过不断的兼并重组、改建扩建，丰峪煤业管理曹村、下庄两个矿区，赤峪、宋庄、养路、汽运四个工区，以及杨柳、锦绣家园、兴安、兴雅、兴盛苑、汽运六个居民小区。大量的土地、房屋及设施等固定资产需要维护，企业如果关闭将面临资产的贬值或流失。站在资产保值的角度，需要丰峪煤业的转型发展来实现国有资产的保值增值。

1.2 政治责任

丰峪煤业在矿井生产期间共有在册职工 2 400 多名，离退休职工 1 600 多名，居民 14 700 多人。矿井关闭退出后，公司职工需要转岗分流，退休职工需要相关单位负责管理，矿区居民的诉求也需要人员来协调处理。类似这些问题若处理不好则极易引发社会矛盾。站在营造和谐稳定矿区的角度，需要丰峪煤业的转型发展来维护矿区稳定。

1.3 社会责任

丰峪煤业不仅担负着矿区居民的“三供一业”管理工作，还因为种种历史原因，担负着周边社区的供水供电管理工作，特别是矿井关闭后，生活污水的处理、原煤矸石山的治理等环保问题不会因此而消失，还需企业承担相关责任。虽然国有企业分离办社会职能政策已经全面下达，各项工作也在有序推进，但至今尚未能全部实现责任分离。站在加快国有企业分离社会责任的角度，需要丰峪煤业的转型发展来落实此项工作。

2 煤炭企业转型发展的必要性

2.1 经济发展环境

“十三五”开局之年，国家就确定了供给侧结构性改革方案，明确了“三去一降一补”相关政策。2017 年 6 月，习近平总书记视察山西时，明确提出了推进经济发展方式转变和转型综改试验区建设的时间路径及工作重点。2017 年 9 月 1 日，国务院印发《关于支持山西省进一步深化改革促进资源型经济转型发展的意见》，明确提出山西要“建成资源型经济转型发展示范区”“打造能源革命排头兵”的目标。同年，山西省出台了《关于深化国企国资改革的指导意见》及相关配套文件，围绕深化国企国资改革，坚持问题导向、目标导向，提出了一系列具有革命性意义的重要举措。山西焦煤集团有限责任公司（以下简称“山西焦煤集团”）和霍煤集团根据上级国企改革及经济转型文件精神，下发了文件，提出了企业转型发展的具体要求。从国家到省委、省政府，再到两级集团公司，均大力提倡转型升级，转型发展已经成为大势所趋和发展必然，特别是丰峪煤业已被列为去产能矿井名单，企业到了非改不可、不彻底改不行的地步。

2.2 行业发展环境

《煤炭工业发展“十三五”规划》中明确指出，未来一段时间虽然煤炭作为我国主体能源地位不会变化，但煤炭工业发展面临的内外部环境更加错综复杂。国际方面，能源格局发生重大调整，能源结构清洁化、低碳化趋势明显，煤炭消费比重下降，消费重心加速东移，煤炭生产向集约高效方向发展，企业竞争日趋激烈，外部风险挑战加大。国内方面，经济发展进入新常态，从高速增长转向中高速增长，向形态更高级、分工更优化、结构更合理的阶段演化，能源革命加快推进，油气替代煤炭、非化石能源替代化石能源双重更替步伐加快，生态环境约束不断强化，煤炭行业提质增效、转型升级的要求更加迫切，行业发展面临历史性拐点。未来留给煤炭产业转型发展的时间已经非常紧迫，煤炭企业必须抓住“依托煤、延伸煤、超越煤”这一转型发展的历史机遇。

2.3 企业内部环境

丰峪煤业作为一个发展了 60 多年的老矿井，先后经历了建矿投产、改扩建、资源整合三次创业，受去产能政策影响及矿井煤层薄、地质条件复杂等因素制约，加之老矿井人员多、摊子大、社会负担重，已被列为去产能矿井，2018 年面临矿井井口关闭。如果企业因此关闭，2 400 余名职工的安置问题需要考虑，公司几十年发展建设的各类设施还需管理维护，上下两个矿区人员管理问题需要解决，若处理不妥则极易引发各类社会矛盾纠纷。

3 煤炭企业转型发展的可行性

几年前丰峪煤业就开始未雨绸缪、不等不靠、主动作为，利用企业人员、技术、设备、管理、文化等优势，积极争取集团公司的大力支持，拓展了各类转型发展项目，形成了独具丰峪煤业特色的转型发展模式和管理模式，并总结出转型发展的优势所在。

3.1 在证照经营范围方面

丰峪煤业经营范围较广，各类资质办理齐全，包括：煤炭开采；矿山工程施工；机电设备维修及安装工程；煤矿技术开发服务；铁路、公路养护工程；房地产租赁经营；机械设备经营租赁；煤炭及制品批发；谷物、蔬菜、水果种植；造林绿化工程；牲畜、家禽饲养；内陆养殖；普通货物道路运输；机动车维修；电视专题、电视综艺、动画故事节目的策划、制作、发行；煤矿技术管理咨询服务；矿用产品销售；煤质检验检测；钢材、五金交电、机械设备、电子产品、化工产品、建材、家庭用品、文化体育用品及器材、纺织品、针织品及原料批发；纺织、服装及日用品零售；互联网批发；互联网零售；食品、饮料批发及专门零售；餐饮业；娱乐场所经营；室内娱乐活动；通用仓储、低温仓储；会议、展览及相关业务。营业范围的广泛为产业延伸、更新和多元化发展提供了广阔的发展路径。特别是 2017 年、2020 年，丰峪煤业通过努力先后取得了矿建施工总承包三级和二级资质，实现了对外施工的合法合规运营。

3.2 在基础设施方面

(1) 基础设施配置齐全。丰峪煤业共有土地面积 87 万 m^2，职工住宅面积 32 万 m^2，生产厂房、库房、办公区域面积 4.3 万 m^2，公司建有设施完善的职工公寓、澡堂、食堂、体育馆、大型综合活动中心、园林广场、矿山公园，“三供一业”等基础设施配置齐全，并有矿区医院、学校、银行、生活超市、通信公司服务点等配套服务机构。

(2) 交通条件优越。矿区内有两条公路与外界相连，曹下公路途经南矿区商贸中心与 108 国道连通，沿曹霍公路 10 min 可到达霍州市商业区，通往市区及南矿区均配有公交车辆，交通出行十分便利。

3.3 在企业管理方面

丰峪煤业通过 60 多年来的发展，在党建、安全管理体系建设、企业经营管理、人员素质提升培养、转型发展等方面均形成了非常完善的管理体系和独具丰峪煤业特色的管理理念。特别是 2018 年丰峪煤业顺应企业发展形势，全面推行了契约化管理，构建了“$1+N$”的管理模式，为企业的转型升级奠定了坚实基础。

3.4 在企业文化方面

丰峪煤业经历了创业初期的艰辛，摆脱了煤炭市场低迷的困境，克服了资源枯竭的困惑，凝聚形成了“永不满足、争创一流”的企业精神。丰峪精神的传承，激励着一代又一代丰峪人不断地拼搏进取，不断地战胜各类困难和挑战，为企业的全面转型发展提供了源源不断的动力。

3.5 在人才建设方面

（1）公司管理人才结构合理。公司中高层管理人员中，研究生以上学历 3 人，本科以上学历 78 人，专科以上学历 19 人。另外，公司取得专业职称人员 260 人，其中工程专业 134 人，政工专业 79 人，财会经济专业 47 人。

（2）煤炭高技能员工队伍成熟。通过多年的培养及教育，丰峪煤业锻造了一大批专业技术精湛的煤炭高技能员工队伍。这支队伍不仅技术过硬，而且作风扎实，60 多年的风雨洗礼，丰峪人培育了扎实苦干、团结一心、敢于担当、锐意进取、以矿为家、无私奉献的优良作风，为企业转型发展提供了坚强的队伍保障。

4 煤炭企业转型发展实施路径

从 2014 年开始，丰峪煤业就确立了“立足煤炭主业、实现多元发展”的发展战略，在保证原煤生产的基础上，井下优化生产系统，减头、减面、减队伍，井上积极研究部署转型项目，稳步推进企业转型和职工转岗分流相关工作。丰峪煤业在原有煤炭生产、汽车运输、铁路养护项目的基础上，通过多年的努力，逐步拓展实施了文化传媒、矿井托管、机械化安装、超市零售、培训教育等转型项目，形成了“1＋6＋N”（“1”指丰峪煤业总部，“6”指紫晟煤业有限责任公司、兴盛园煤业有限责任公司、综采装备安装分公司、山西凯硕文化传媒有限公司、丰裕昇商贸分公司、汽运工区 6 个板块，“N”指培训教育、种植养殖、修旧利废创效等转型新项目）多元化转型的发展模式。概括起来，转型发展大致可分为以下 7 个阶段。

第一阶段：2014 年，丰峪煤业大力实施井下生产布局调整，瘦身提效，在保持百万吨生产规模不变的同时，矿井逐步形成“一井一区一面”的集约高效的生产格局。同时，还通过开展汽车运输（集团公司内调煤）、铁路养护项目为企业创收增效，保证了企业平稳有序的生产经营秩序。

第二阶段：2015 年，丰峪煤业瞄准工业动漫安全教育产业这一商机，对原党委宣传部安全教育 3D 动漫项目小组进行升级，注资 500 万元（丰峪煤业占股 70.9%、职工占股 19.1%、山西奥嘉雅标识制作有限公司占股 10%），成立了山西凯硕文化传媒有限公司，成为集团内部首家实施混合所有制改革的企业。项目发展至今，文化传媒从无到有，从小到大，形成了 5 大系列 12 类产品为主的多元文化传媒产业体系。公司安置职工从创立初期的 40 多人，发展到今天的 150 多人；销售收入也从 2016 年的 200 万元，跃升到 2017 年的 1 000 万元，2018 年达到 3 000 多万元，目前年创造产值 4 000万元，利润 1 000 万元。

第三阶段：2016 年，丰峪煤业按照集团公司专业化发展的思路和部署，有序规划组织井下富余人员，组建成立了 4 支专业化的安装回撤队伍，分流安置职工 346 人，另于 2018 年 12 月对集团内部 3 支队伍 208 人进行了专业化整合，成立了拥有 7 支专业化安装回撤队伍的综采装备安装分公司，全面承揽矿井综采工作面安装回撤业务。项目成立至今，转战集团公司各矿区，为各单位提供了安全、专业、高效的安装回撤施工服务，有效缓解了各矿井单位生产衔接难题，综采装备安装分公司年创造产值 8 000 万元以上。

第四阶段：2017 年，为了解决丰峪煤业井口关闭后矿井接替发展的问题，丰峪煤业成立了由 95 名优秀管理干部和 819 名专业化员工组成的矿井托管项目部（紫晟项目部），全面托管了年设计生产能力为 90 万 t 的紫晟煤业有限责任公司,开创了集团公司矿井托管的先河。丰峪煤业进驻不到两年,紫晟煤业有限责任公司井下技改、地面工程等重点工作(工程)取得了突破性进展,进入联合试运转。目前矿井质量标准化达到二级,年生产能力达到设计标准,托管工作立竿见影、收效明显。

第五阶段:2017 年,在充分考察了解霍州市零售市场的情况后,丰峪煤业结合自身实际,启动实施了超市零售项目,并在同年 11 月,成立粮油配送中心,采用"批发+零售"的模式面向企业和社会开展粮油等产品的配送、销售工作;2018 年,又先后完成了曹村矿区店、开元小区店、霍州城区综合超市以及多家矿区班中餐等多个门店的开业工作,累计安置职工 254 人。项目运行以来,通过采取"线上线下""网购+配送"的销售模式,年销售收入过亿元,取得了较好的经济和社会效益。

第六阶段:2019 年初,在紫晟煤业有限责任公司托管储备相关经验后,丰峪煤业对集团公司的另一座资源整合矿井兴盛园煤业有限责任公司进行了全面代管。适时启动了对兴盛园煤业有限责任公司证照手续办理、债权债务核查等工作,进一步摸清底数,加快矿井开工报告各项前置工作的办理进度,为矿井早日复工复建奠定了基础。

第七阶段:2020 年,丰峪煤业在继续做大做强现有产业的同时,深挖闲置土地、房产等市场化潜力,充分盘活企业内部生产、生活设施资源。适时启动了教育培训项目,引入了霍州市文昌学校租赁场地办学,盘活了部分场地和房屋;启动了修旧利废项目,有效盘活了矿井关闭回撤出的各类材料和设备资源;围绕公司其他优质资源,积极探索和培育其他转型项目。

丰峪煤业按照"以煤为基、多元发展"的工作思路,在煤炭主业和非煤产业两大块上做文章,扎实推进企业转型发展和职工分流安置两项工作,经过 5 年的时间,丰峪煤业原有职工全部分流,并安置集团内部职工 300 余人。企业也从 2016 年亏损 3.1 亿元的严重亏损状态逐步转盈,2020 年实现了收支持平、略有盈余。通过实施企业转型,原煤炭主业富余人员和新项目需求人员实现了稳步对接,达到了人员不失业、可自养的目标,企业逐步扭亏脱困,转入高效、良性、健康发展的轨道。

煤炭产业链延伸及新产业培育

高军奇，冯晓剑

（霍州煤电集团河津杜家沟煤业有限责任公司，山西 河津　043300）

摘　要　煤炭在我国能源结构中占比较大，在全球范围内中国不仅是煤炭生产大国，也是煤炭消费大国。为进一步实现可持续发展，煤炭企业需要不断推陈出新，构建新业态，发展新产业。本文首先针对在煤炭企业构建新业态、发展新产业进程中存在的问题进行归纳，然后对所存在的问题展开针对性的分析并根据实例提出适合煤炭企业构建新业态、发展新产业的几点战略部署。

关键词　煤炭企业；经济体制；新业态；新产业

0　引言

煤炭在我国能源结构中占比较大，在全球范围内中国不仅是煤炭生产大国，也是煤炭消费大国。21世纪以来，在经济全球化的推动下，我国经济不断深入改革与升级，其对煤炭行业的影响较为深远。为进一步实现可持续发展，煤炭企业需要不断推陈出新，构建新业态，发展新产业。本文以山西焦煤集团为研究对象，对其进行深入的调查，立足于提高矿区经济效益和产品附加值，并对产业链基本内涵、理论，煤炭转化产业未来发展趋势及煤炭分选加工深入了解和掌握后，研究了山西焦煤集团的产品产业链问题。通过不断地深入了解和调查可知，煤炭产业链的延伸途径可大致分为以下几个方面：水煤浆生产规模的适度控制、分期建设煤炭液化产业、促进焦化产业持续发展、煤炭分选加工优先发展、规模化发展电力产业、企业强强联手发展下游产业、实施滚动发展模式。本文以产业链理论分析为基础，展开对矿区开发模式的研究，明确构建煤炭产业链模式，并根据山西焦煤集团真实情况实施了产业链模式构造的运用。

1　煤炭产业链延伸模式

煤炭产业链的延伸升级主要可以分为纵向延伸和横向拓展两种，前者就是通过对生产技术的改进来优化产品的结构形式，进而提高产品附加值，推动产业发展；后者就是通过不断探索替代产业，对全新发展领域进行拓展。首先以煤炭为原材料、科学技术为动力，加大清洁高效能源的发展力度。以煤气化和煤热解为基础，发展包括煤制烯烃、煤液化、煤制油、煤制甲烷气、煤制二甲醚和煤制乙二醇在内的先进工艺技术；确保在转化进程中的排放零污染，高效综合利用伴生资源。其次是充分利用现代互联网技术创新销售模式。电商平台的建立不仅能有效地降低煤炭企业的库存成本，还能拓展销售渠道，有利于企业的可持续发展和良性经营。立足于互联网，对一次能源、二次能源、电网及终端用户展开统筹规划，建立与智能能源系统相结合的科学化体系。最后是促进煤炭和新能源及可再生能源技术的联合。从我国的实际情况来看，将煤电、煤化工多联产技术与可再生能源、风电、水电、在建核电等新能源相结合，能够有效地控制成本，最终实现协同发展。

2 产业链的合理构建能够促进煤炭产业结构升级和地区经济转型

煤炭资源的开采及其分选初加工是传统煤炭行业的主营业务，结构固定且单一，产业链有限。对传统煤炭产业链进行研究并不断拓展和延伸有助于煤炭行业发展新型产业，促进整个行业的的可持续发展。煤炭资源中化学元素丰富，高达 80 余种，不同的元素具有不同的用途，经过深加工的煤炭可以制造出包括表面活性剂、医药和染料等在内的生活中应用较为广泛的产品。针对煤炭开采造成的矿区塌陷问题进行填充复垦意义重大，不仅能够进一步发展农业和畜牧业，还能够推动房地产业及休闲旅游业在当地的发展，为更多从业人员提供相关的工作岗位。不仅如此，这一举措也能够进一步对当地煤炭工业的产业结构进行优化，提升产业的行业竞争力，从而发展本地区经济。对于山西焦煤集团而言，想要增强企业在行业内的竞争力，提升市场份额，就必须积极、主动地提升价值链和延伸产业链。电子商务和先进智造在互联网时代及现代科技的推动下得到了快速的发展，地区之间几乎不存在时空差距，资金流和信息流十分顺畅，供给侧与需求侧无缝连接，市场前景广阔。在新一轮科技与产业革命来临之际，企业想要抓住机遇有必要主动提升价值链和延伸产业链，一改传统产业调存量。

3 煤炭企业发展新产业、构建产业链具有必要性

首先从某种意义上来说，煤炭作为不可再生资源意味着未来某一天将会枯竭，因此煤炭企业想要未来持续发展就必须将转型工作提上日程，将产业的重心和劳动力的重心进行转移；其次是通过对新产业的积极发展为产业的后续发展奠定基础；最后是基于我国的经济社会发展需求也有必要发展煤炭新产业，实现资源配置的优化及产业结构的调整是发展我国煤炭产业的不二之选。

3.1 创新意识不足

首先，固有计划经济思维根深蒂固，存在严重的“等靠要”思想，每当企业出现困难时不去市场找原因，而是习惯依附于政府的帮助，这种情况在国有企业长期存在；其次，受到“官本位”观念的禁锢，很多企业管理者并不享受“企业家”，而热衷于讲行政级别，企业内部具有浓厚的行政化色彩；再次，夜郎自大的思想严重，对于过去曾创造的奇迹与辉煌念念不忘；最后，因循守旧的意识较为严重，干部群众穷困不知思变，落后不知图新，缺乏新时代下正确的马克思主义劳动观念，缺少开拓创新精神。

3.2 产业集中度不高

作为全国第一产煤大省，2020 年山西省的原煤产量高达 9.75 亿 t，其中 4.74 亿 t 来自国家能源，占据了近一半。山西省煤炭企业与国家能源集团相比存在三点差距，首先是缺少市场话语权，其次是人均效率低，最后是产业链条短。第一点差距是山西煤炭资源整合不够彻底导致煤炭产业集中度低；第二点差距是山西省煤炭企业虽然矿井多但是单井的规模小且用人多，数据显示国家能源集团的单井平均规模目前已达到 690 万 t/a，而山西省煤炭企业仅有 185 万 t/a；第三点差距是国家能源集团拥有完整的产业链条，包括煤、电、油等纵向延伸产业以及路、港、航等横向延伸

产业。

3.3 科技创新能力不强

山西煤炭产业目前存在较为突出的一个问题是科技创新能力不强，这在自主创新和消化吸收能力、科技投入力度、创新人才和科技成果转化率等方面均有所体现；缺少自主知识产权核心技术，煤炭产品附加值有待进一步的开发，如煤建材、煤化工、煤电和煤机装备在内的煤基产业优势表现不明显，而且在整个产业链体系中多数为低端产品，不利于煤炭产业的革新与升级。

4 煤炭企业产业链延伸及新产业培育的策略

4.1 树立自主创新意识

自主创新意识无论是对于国家的兴旺来说，还是对于民族的进步而言都意义重大。在具体的实践进程中科学技术可以引进，但是自主创新能力并不能引进。为了建设创新型国家，提升自主创新能力，煤炭企业有必要积极、主动地加强自主创新意识。煤炭企业需要积极引导广大干部和员工，让他们看清形势，树立危机意识和市场观念，通过不断拓展创新策略，构建新业态、发展新产业。实现自主创新是引进技术的主要目的，企业要不断学习、引进并消化先进技术，实现自主创新，提升市场竞争力。

4.2 提供资金保障

煤炭企业在实际开拓新产业的过程中需要有充足的资金作为保障。基于此，煤炭企业可以通过产业升级、节能减排、结构调整、技术改造和品牌建设等方法争取专项补偿的资金支持以及国家的优惠政策，积极开拓融资渠道。完善和优化合作平台，加强与银行之间的合作，增强双方的沟通协调。与此同时，煤炭企业还要不断加强建设金融平台，通过对平台的构建吸引更多金融机构的加入，提升资金支持的可靠性。最后煤炭企业还要进一步提升内部的财务管理能力，加强财务控制水平，降低经营风险。

4.3 构建新型产学研合作

构建新型产学研合作是在创新能力提升方面展开合作的一种模式。为提升煤炭企业自主创新能力，应利用市场机制和科研院所的研发能力，为进一步创新发展提供技术支持。煤炭企业在未来的持续发展进程中要以知识为基础形成新型的产学研合作模式，确保有充足的人力资源供新产业发展。在建设与规划人才队伍时可从三方面进行培养，分别是高技能人才、经营管理人才和专业技术人才，煤炭企业也可以在产学研合作中积极引进这三类人才。

4.4 提升新兴产业发展水平

4.4.1 物流贸易产业

煤炭企业想要发展好物流贸易产业需开展以下三点工作：首先，构建物流贸易运作平台，以实际运作情况为基础逐步拓展物流贸易区，设立物流贸易公司；其次，完善和优化物流贸易的区域布局，主要是通过专业市场繁荣、信息流聚集和区域经济可持续发展支撑物流贸易区域布局的完善与优化；最后，积极、主动地推进物流贸易的网络发展，基于此，有必要加强开展商业模式创新的工作力度，充分发挥网络的宣传带头作用，整合电商资源，推动物流贸易产业的发展。

4.4.2 新能源产业

首先，煤炭企业的可持续发展对省内的新能源项目开发速度有一定的要求，比如太阳能光伏发电、风力发电以及生物质发电等项目的开发；其次，煤炭企业要积极、主动地拓展省外新能源领域，以西部大开发战略和“一带一路”倡议为依托，不断开发省外地区新能源项目；最后，煤炭企业还要主动推动相关新能源的合作开发，不断向大型新能源公司学习并与其合作，适当引进高素质人才。

4.4.3 矿山技术服务

煤炭企业为应对当前业务量减少的趋势需要不断提升技术服务水平，具体的实施方法主要有以下三点：首先是开展统一对外的服务，煤炭企业需要调研矿山建设和对外生产煤炭等工作，充分发挥项目优势，可以在前期采取项目总包、劳务输出和业务托管等方法；其次是对生产服务机构的构建，煤炭企业需要主动、积极地调整当前的组织机构，基于市场化背景，整合矿建、安装、设计和勘探等业务资源组建专业的队伍，通过有效措施和技术的输出实现经济效益；最后是专业服务水平的提升，煤炭企业想要提升知名度，获得市场份额，要提供给客户可靠的矿山技术服务，获得客户认可，从而提升其在行业内的影响力。

4.4.4 生态园产业

煤炭产业与生态环境息息相关，煤炭的大量燃烧会导致大气污染，造成酸雨等问题。为进一步缓解生态环境恶化问题，煤炭企业要主动发展生态园产业。以山东能源临沂矿业集团有限责任公司为例，其所开发的王楼煤矿喻兴农业园，是其在主动探究治理塌陷地的新模式进程中打造的现代农业园区，并成了非煤产业战略部署的试点项目。通过对全新模式的运用，目前此生态园成了农业休闲观光生态园。山东能源临沂矿业集团有限责任公司秉持“循环经济、绿色生态”的发展理念，主动探索和研究现代畜牧渔养殖模式及都市化生态农业的发展模式，并充分利用矿井水余热资源。据悉，目前此生态园成功开发了乡村旅游、生态水稻、有机鳜鱼、浅塘莲藕和热带水果种植等六大项目板块，并成了山东省生态休闲农业示范园区，获得了山东省国家采煤塌陷地复垦治理示范基地的荣誉称号。可以说，这一生态园区的构建不仅改善了当地的环境，更推动了煤炭企业的可持续发展。

5 结论

根据以上研究与分析可知，新时代下煤炭企业构建新业态、发展新产业已势在必行。为推动煤炭企业的可持续发展，煤炭企业可采取加强新型产业的研究合作、加大资金保障力度、建立自主创新意识和提高新兴产业发展水平等措施。目前，物流贸易产业、新能源产业、矿山技术服务产业和生态园产业在部分煤炭企业得到了一定的发展并取得了一定的成效，其他煤炭企业可结合自身实际情况并借鉴成功经验来发展此类产业。

参考文献

[1] 任世华.我国煤炭业态未来发展趋势分析[J].煤炭经济研究，2016，36(4)：57-60.

[2] 刘本建.利用“互联网＋”打造困难时期企业新商业模式：以煤炭企业为例[J].现代商业，2015(21)：191-192.

基于设备寿命衰退的煤炭企业设备管理数字化转型研究

吴 波

（国家能源集团神东煤炭集团公司，陕西 神木 719315）

摘 要 在智慧型矿山建设中先进的传感器技术、通信技术、物联网技术得到了很好的应用，设备数据也有了较深层次的积累和存储，然而从数据到信息再到价值的转化过程仍然有很大的差距。本文对煤矿设备管理的发展进行总结，提出煤炭企业设备管理应采用设备寿命衰退为理论依据，确立设备的故障和剩余寿命预测为核心，挖掘从物联网采集的大数据，建立设备管理预测维修的数字化模型。

关键词 设备管理；寿命衰退；剩余寿命；预测维修

0 引言

《2021年国务院政府工作报告》中指出，加快数字化发展，打造数字经济新优势，协同推进数字产业化和产业数字化转型[1]。近年来随着《中国制造2025》的实施，国内煤炭企业的生产、经营和管理必将向数字化转型。而智慧型矿山建设是解决煤炭企业发展和数字化的唯一出路。智慧型矿山建设首先要通过对煤矿全产业链设备进行自动化升级和物联网（LOT）建设，进而将设备产生的各类数据进行大数据统计，人工智能分析，实现信息物理系统（CPS）的一体化，从而将传统的机电设备管理全面推向定额量化和数字化管理。目前如火如荼的智慧型矿山建设中，先进的传感器技术、通信技术、物联网技术在煤矿中得到了很好的应用，设备数据也有了较深层次的积累和存储，然而从数据到信息再到价值的转化过程仍然有很大的差距。企业拥有数字化竞争能力的不只是数据存储的数量，更重要的是数据的利用程度[2]。据调查，国内目前很多煤炭企业智慧型矿山建设的数字化大屏展示的通常是一系列设备电流、电压、温度、过煤量等一些间接检测来的原始数据，并没有深度的数据挖掘，也没有展示设备本质状态的量化指标。也就是目前的大数据分析和展示仍然是以设备状态监控为核心，不是以智慧化决策为核心的信息服务[2]，距离煤矿设备数字化管理还缺乏可靠、完整的理论支撑和实验成果。这就需要我们从事煤矿设备管理的研究者对煤矿设备管理的发展进行认真的研究，深度的数据挖掘，从而建立设备管理的模型，方可实施机电设备管理数字化转型升级。

1 神东煤炭集团设备管理的发展

机电设备是煤矿企业最重要的物质和技术基础，科学高效的机电设备管理手段是提高企业节能降耗、安全运营的基本保障,也是改善企业经营,提高企业经济效益的重要基础,更是提高企业竞争力的最重要途径[3]。我国煤炭企业设备管理的发展也主要经历了以下几个阶段(现以神东煤炭集团作为最早实现安全高效矿井设备集中管理为例进行阐述):

(1) 事后维修阶段:即设备发生故障后进行设备修理,恢复设备运行。在神东煤炭集团建设初期与世界主要工业体系的设备管理步调一致,主要煤矿采掘设备投产后一般都是采用发生故障后紧急维修的手段。

(2) 预防性维修阶段:即设备安装前大修、项修处理。随着煤炭市场的发展,2002 年神东煤炭集团设备管理中心成立,作为专业的煤矿企业设备管理组织,通过 EAM 资产管理系统等信息化手段,建立了成套煤矿整体维修、配套计划模型,神东煤炭集团对煤矿设备在采掘回撤后即进入维修厂进行维修,在企业发展的重要阶段帮助企业赢得了市场先机。

(3) 综合管理阶段:即设备的视情维修。设备运行时采用信息化手段监控,设备回撤前调研,根据设备维护数据分析,对更换后周期不足的配件优先搬到新采场使用,对更换部件少的设备和部件状态差的设备回撤后视情况维修。2010 年开始,随着设备管理经验的积累,神东煤炭集团开始对设备全寿命进行深度管理,即设备选型、监造、配套、运行、报废资产处置等设备全寿命阶段进行深度的干预和管理。

(4) 预测维修阶段:神东煤炭集团在管理理念上结合“5S”管理理念,实施上线设备资产管理系统和智能化检修系统,对系统产生的设备数据进行人工统计分析,为设备维护保养、配套安装、大修决策形成综合管理体系,并逐步开始了数据挖掘和数字化决策的研究。随着传感器技术和设备信息化检测的进一步发展,后续将逐渐形成以 5G 技术、物联网技术为基础,人工智能大数据分析为手段,设备维修和管理将基于设备性能退化、物理寿命衰退的设备剩余寿命预测性技术来进行。

因此,结合产业的发展和当今科技的日新月异,设备管理的下一阶段必将是全面数字化的量化管理,这也是符合当下智慧矿井建设的需求[4]。

2 预测性维修实施的必要性

通过维修手段可以提高设备的可靠性和安全性,减少或避免设备故障发生,保障人员安全、设备安全,降低设备故障造成的损失,实现设备资产的保值。但设备维修也需要巨大的费用支持,据统计,2010—2020 年神东煤炭集团的设备维修费用年均达到 153 749 万元(图 1),占年均设备资产总价值的 30%以上。

根据 R. K. Mobley 统计,美国工业界每年 30%的维修成本是由低效率的维修方式造成的[5]。据此统计,则神东煤炭集团每年低效率的维修方式造成的损失费用高达近 5 亿元,但根据国内实际工业发展水平,神东煤炭集团在维修方面造成的过度维修浪费和低效率维修造成的损失或许更大。

神东煤炭集团将通过维修保证系统正常运行并使设备的维护费用尽可能地降低这样的理念贯穿整个设备管理的发展史,维修方式从起步的事后维修,基于时间和生产接续的计划维修,设备综合管理的视情维修,发展成现在的预测维修。预测维修在国内引起了广大企业设备管理者的关注,早在我国 863 计划先进制造技术领域就将“重大产品和重大设施寿命预测技术”列为亟待发展的前沿技术之一[3]。

智慧型矿山的设备管理主要是为了给企业提供高可靠、长寿命、长期在线使用的或多运行状

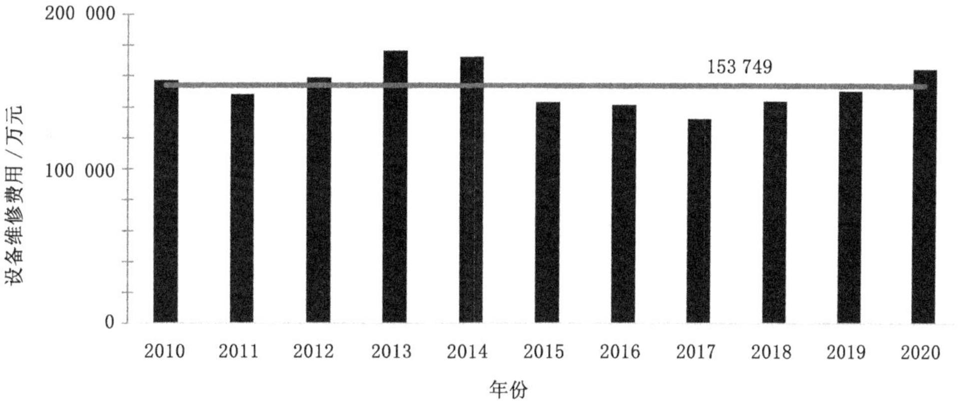

图1　2010—2020年神东煤炭集团的设备维修费用

（数据来源：神东煤炭集团设备管理中心）

态交替转换的大型复杂的掘进、采煤、运输生产设备系统，矿井设备一旦投入生产，需要在井下连续运行3年以上。在工业4.0时代中，面对高压状态下的订制化生产，设备一旦在运行中出现故障，不仅影响设备系统的运转，更会给企业安全管理、市场机遇造成不可估量的影响。如何保证煤矿企业掘、采、运系统安全可靠运行成为目前建设智慧型矿山，实现采掘现场无人化、少人化目标的重要难题。虽然容错可以部分解决此类问题，但需要增加系统的成本和复杂性。利用实时在线故障检测诊断技术，可以及时检测设备故障，同时配合适当的维修策略，对设备发生的故障可以做到及时处置，但这类方法常常需要故障发展到一定程度且暴露时才会有较好的效果。实际上，人们更希望把故障的处置措施做在事前，即如果能在系统出现故障的苗头和趋势时就提前对系统进行预防性检修，对于避免或预防设备故障发生将更有效，且不会发生传统的预防性检修造成的过度维修[6]。设备性能退化规律建模、剩余寿命预测与预测维护是支撑实现设备故障与健康管理（PHM）的核心关键技术。

煤矿设备智慧化管理必须要借助煤矿设备物联网布局（数据采集），5G网络应用（数据传输），人工智能大数据分析（数据挖掘、数据分析和决策）等手段实现设备故障与健康管理。设备故障与健康管理是利用煤炭工业系统中产生的各类数据，经过信号处理和数据分析运算手段，实现对复杂的煤炭工业系统的健康状态精选检测、预测和管理的系统性工程。把设备的健康管理从传统的设备故障管理转变为衰退管理[7]，通过预测性维护，实现设备的零宕机和持续可靠的运行。要实现设备故障与健康管理则必须做好科学计算和评估设备剩余寿命的基础性理论的研究。

综上所述，作为实现预测维修的核心技术，建立科学可靠的设备剩余寿命（RUL）预测模型，是煤炭企业设备管理数字化转型的核心基础，不仅能给企业带来巨额的经济效益，也是提高企业科技水平的正确方向。

3　设备剩余寿命的主要研究方法

设备的寿命通常包括物理寿命、技术寿命和经济寿命。

（1）技术寿命。由于科技进步，设备在其物理寿命尚未结束之前，就被技术上更先进的设备所代替。这种从设备投入使用，到因技术落后而被淘汰为止所经历的时间，称为设备的技术寿命。

每次重大的加工制造技术升级，就会造成前期产品技术寿命断崖式下跌。因此，设备的技术寿命相对短暂，可通过设备技术改造延长设备的技术寿命。

(2) 经济寿命。在设备物质磨损的后期，由于设备的老化，需要依靠高额的使用费（维修费、能源消耗等）来维持设备的使用，这时如果对原设备报废进行更新，在经济上将更为合理，这种由使用费用决定的设备使用寿命，称为经济寿命。

(3) 物理寿命。又称自然寿命，是指从设备使用开始，到完全失去效能报废为止所经历的时间。这是由物质磨损的原因决定的设备使用寿命，可通过维修来延长。

3.1 设备技术寿命评测

煤矿设备的技术寿命评测手段主要从设备采场适应能力、设备能耗、设备效率等方面进行量化判断。如神东煤炭集团早期使用液压支架，工作阻力均是 8 600 kN 左右，目前随着采场地质条件变化，液压支架工作阻力已经提升到 18 000～20 000 kN，再如煤矿用的液压耦合器等都是由于能耗高且稳定性和适应性低，被后来的变频驱动所代替。

3.2 设备经济寿命评测

设备经济寿命评测通常使用设备固定残值来估算，而设备固定残值一般采用使用期年均折旧法来计算。尤其在评价设备是否可以报废时，设备的经济寿命是一项很重要的衡量指标。

由于设备的技术寿命和经济寿命相较易于判断和量化，成熟和固定的计算模型较多，本文不再赘述。

3.3 设备物理寿命的预测

由于设备寿命在故障发生和寿命衰退过程中按照浴盆曲线分布，在曲线的各个阶段发生故障呈随机特征。设备寿命预测是指在当前设备状态和历史状态数据已知的条件下，去预测在一个或多个失效发生之前设备还剩下多长可工作的时间。胡昌华教授等在文献[4]中将剩余寿命定义为随机变量[4,7]：

$$T-t \mid T>t, Z(t) \tag{1}$$

式中 T——失效时间的随机变量；

t——当前运行时间；

$Z(t)$——当前时刻为止的历史检测条件。

另一种情况是求设备剩余寿命的期望，即：

$$E(T-t \mid T>t, Z(t)) \tag{2}$$

利用性能退化数据进行寿命预测的一个重要前提就是对设备的失效进行准确的定义。通常认为，当性能退化数据达到一个失效阈值时即认为其失效。比如神东煤炭集团对历史使用的多套液压支架超过 10 万次循环，采煤机行驶里程超过 6 万 km 后的事实给定了这一阈值。

3.3.1 新研发设备寿命确定的技术

新研发的设备主要包括两类：一类是在已有设备基础上升级而来的设备，比如在神东煤炭集团对 2.8～6.3 m 采高的设备已经有成熟的使用经验和相关运行数据累积的基础上，采用新材料后重新加工的该类设备。这类设备主要依靠同型号设备信息再结合新材料的部件应力结构增加权重的计算来预测和类推新设备的寿命。

另一类是通过重新设计获得的设备。比如神东煤炭集团联合开发的 8.8 m 超大采高和 0.8 m

等高采煤设备。这类设备就需要利用设备运行机理、部件及整体结构信息，通过加速寿命试验和工业性试验来获取。

3.3.2 工作状态下设备剩余寿命预测

工作状态下设备剩余寿命预测是指在工作一段时间后利用相关信息对设备的剩余寿命进行预测。司小胜等在文献[7]中总结出预测的方法有三种：

(1) 基于失效时间数据的剩余寿命预测方法

在获得设备失效时间数据的情况下，可利用统计推断的方法对设备寿命分布的参数进行估计，进而获得该设备工作一段时间后的剩余寿命分布。常用的寿命分布形式有指数分布、正态分布、韦伯分布等。高洁等基于此建立了轴承剩余寿命模型并进行了寿命预算[8]，彭博等进行了基于剩余寿命的潜在故障优化维修方法的研究[9]。神东煤炭集团设备管理中心相关研究人员也结合有关理论进行了研究，其中统计液压支架报废的循环次数分布如图 2 所示。

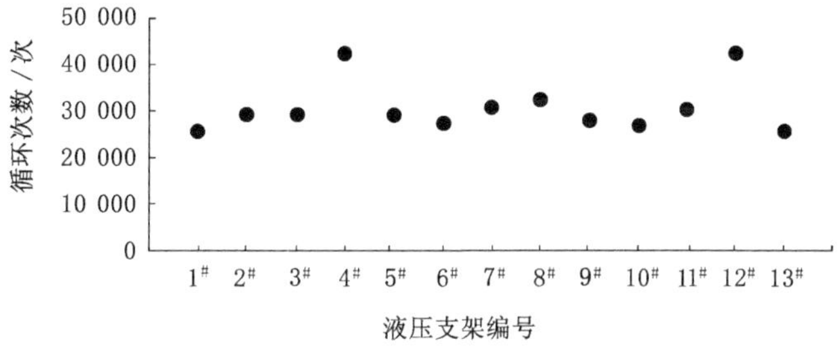

图 2 液压支架报废的循环次数分布

通过对历史报废的液压支架循环次数分布观察，可以作为参考，来判断目前在用液压支架的剩余循环次数。但这种方法只能对设备的总体寿命分布进行研究，没有考虑设备运行过程中的退化信息，导致回归结果较为笼统。

(2) 基于性能退化数据的剩余寿命预测方法

根据设备的历史工作信息可以建立设备性能的退化轨迹。在此基础上，确定设备的性能退化量超过失效阈值时，进而确定设备的剩余有效寿命。该方法要综合考虑从设备上直接检测和间接检测的数据[9-11]。

① 直接检测数据主要指可以直接反映设备的性能或健康状态的检测数据，如矿用刮板输送机的中板和槽帮磨损、疲劳裂纹数据。因此利用这类数据进行寿命预测就是预测检测数据首次达到失效阈值的时间。这种预测方法又需根据设备实际状况进行时间序列建模和随机过程建模。

② 间接检测数据主要指只能间接或部分反映设备性能或健康状态的检测数据。这类数据包括设备的轴向振动、横径向振动、竖径向振动、油液分析、电流、温度等数据。基于间接检测数据驱动的剩余寿命预测方法包括随机滤波、比例风险模型、隐马尔可夫模型、隐半马尔可夫模型等[12-13]。基于随机滤波的剩余寿命预测方法在煤矿设备中主要适用于矿井主要通风机、主排水设备等固定、没有经过维修和替换且一直发生退化的设备，而且设备退化性能的退化数据呈现出一定的趋势。总结出该方法的使用模型为：

$$\begin{cases} x_t = \alpha x_{t-1} + \varepsilon_t \\ y_t = \beta x_t + \eta_t \end{cases} \tag{3}$$

式中 x_t，y_t——t 时刻设备的实际性能退化量和性能检测数据；

α，β——模型相关参数；

ε_t，η_t——相应的噪声。

W.Wang 等根据专家知识和间接检测数据利用随机滤波方法对轴承的剩余寿命进行了预测[14]。

（3）基于多源信息融合的剩余寿命预测方法

在对设备进行寿命试验时，通常只有一部分设备在规定的时间内发生了失效，而另一部分设备仍能正常工作。此时获得的数据不但有设备的失效时间的数据，还有未失效设备的性能退化数据。尽管只利用失效时间数据也可以获得该类设备的总体寿命分布，但若能将性能退化数据也利用起来，那么可以获得更加准确的剩余寿命预测结果。

上述三类设备剩余寿命预测方法也是目前神东煤炭集团建立煤矿设备数据分析平台和实现最优维修决策的主要理论依据。

4 神东煤炭集团在设备剩余寿命预测方面的研究

神东煤炭集团是国家能源投资集团旗下规模最大的煤炭生产企业，在煤炭企业中拥有最大体量的煤矿设备，并且在近 20 年的发展过程中对千万吨矿井群设备的集中管控和专业化管理，形成了现在集设备技术选型、现场监造、配套调剂以及运行管理、项目维修、资产处置等设备全寿命周期的管理体系。汇集了国内外先进煤矿装备制造企业如 JOY 环球、EKF、DBT、比塞洛斯、郑州煤矿机械集团股份有限公司、中煤张家口煤矿机械有限责任公司等生产的煤矿设备，并在设备使用的过程中通过 EAM 系统和 ERP 系统精益化管理，积累了丰富的设备使用记录数据。建立了基于备件寿命的设备管理模型，通过统计单台设备上每个备件的物理寿命，结合设备机理模型、数据驱动、场景校验等，以此总结设备备件物理寿命衰退规律和剩余寿命的概率分布曲线。

5 结语

面对智慧型矿山建设的宏伟蓝图，我们需要严守科学发展观，对煤矿设备管理进行深入的研究，确立科学的管理理论，然后再针对性地进行智慧化物联网的布局，做到需要什么数据采集什么数据，杜绝有用的数据遗漏，防止无用的数据过多采集，从而造成系统存储空间的浪费和系统的重复建设。因此，在煤炭企业设备管理中急需对核心业务进行分析理论的确立，才可以实施设备管理数字化转型升级。

参考文献

[1] 李克强.2021 年国务院政府工作报告[R/OL].(2021-03-05). http://www.gov.cn/guowuyuan/zfg-zbg.htm.

[2] 李杰.工业大数据：工业 4.0 时代的工业转型与价值创造[M]. 邱伯华，等译.北京：机械工业出版社，2015.

[3] 李锦生，谢明荣，李存芳.现代煤矿企业管理[M].徐州：中国矿业大学出版社，1996.

[4] 胡昌华，樊红东，王兆强.设备剩余寿命预测与最优维修决策[M].北京：国防工业出版社，2018.

[5] MOBLEY R K.An introduction to predictive maintenance[M].2nd ed.Burlington，MA：But-

terwoth-Heinemann Elsevier Ltd.,2002.

[6] 陈奇.矿山设备的剩余寿命预测技术研究[D].兰州:兰州理工大学,2010.

[7] 司小胜,胡昌华.数据驱动的设备剩余寿命预测理论及应用[M].北京:国防工业出版社,2016.

[8] 高洁,沈江.轴承剩余寿命模型的建立与寿命预算[J].北京石油化工学院学报,2012,20(1):10-12.

[9] 彭博,金星,杨洋,等.基于剩余寿命的潜在故障优化维修方法研究[J].兵工学报,2012,33(4):483-487.

[10] 史华洁,薛颂东.退化数据驱动的设备剩余寿命在线预测[J].计算机工程与应用,2016,52(23):249-254.

[11] 何俊,张清华,孙国玺,等.旋转机械剩余寿命预测的回顾与展望[J].广东石油化工学院学报,2015,25(3):91-94.

[12] 李首滨,刘道园.基于工业互联网的智能矿山研究与设计[J].中国煤炭,2021,47(2) :59-65.

[13] 吴波,贺英波.设备全寿命数据分析在提升设备管理方面的应用及研究[R].榆林:神东煤炭集团公司设备管理中心,2019.

[14] WANG W,ZHANG W. AN asset residual life prediction model -based on expert judgments [J].European journal of operational research,2008,188(2):496-505.

煤矿智能化转型发展的探索与实践

于在川

(国家能源集团神东煤炭集团公司锦界煤矿,陕西 神木 719300)

摘 要 煤矿智能化转型发展是煤矿发展的必由之路,也是煤矿解决安全管理难的治本之策。本文以锦界煤矿智能矿山建设的探索与实践为研究对象,对煤矿智能化转型发展的背景、现状以及面临的问题进行剖析,结合煤矿智能化技术,对综采、掘进、固定场所以及安全系统进行系统性的智能化升级,通过智能化转型发展解决煤矿安全管理、绿色发展以及高效运行的问题。对于煤矿智能化的建设目标、建设方式以及建设过程中遇到的实际问题,提出了探索性的解决方案,对推进煤矿智能化转型发展具有一定的借鉴意义。

关键词 煤矿;智能化;转型发展

0 引言

煤矿作为传统的高危行业,面临着水、火、煤尘、瓦斯、顶板等灾害,同时由于复杂的地质环境影响,还存在着冲击地压、瓦斯突出以及地热等危害,给煤矿的安全管理工作带来了很大的隐患。煤矿的安全管理就是对自然灾害、物的危险状态以及人的危险行为的治理,从而达到本质安全的目标。煤矿的安全应一切以人为本,正如习近平总书记指出:“发展决不能以牺牲安全为代价。”随着各项技术的发展,应用于煤矿井下的技术也在不断更新,煤矿智能化发展成了煤矿发展的必然趋势,将人工智能、工业物联网、云计算、大数据、机器人智能装备等与现代煤炭开发利用深度融合,建设煤矿智能化协同控制系统,实现煤矿各生产环节的智能化运行,对实现井下少人化和无人化作业具有积极的推动作用。

1 锦界煤矿简介

锦界煤矿属于神府经济开发区国华锦能煤电一体化配套项目,矿井位于榆神矿区东北部,地处陕西省榆林市神木市锦界镇境内。井田东西宽 12 km,南北长 12.5 km,面积 141.8 km^2,可采储量 15.78 亿 t;目前主采 31 煤层,总体倾角小于 1°,煤层厚度 2.9～3.1 m,水文地质类型为极复杂型。2015 年 6 月,原国家煤矿安全监察局核定生产能力为 1 800 万 t/a,剩余服务年限为 50 a。

2011 年,原神华集团提出了建设神华数字矿山示范矿井,并在锦界煤矿部署实施。2013 年,建成了国内首座数字矿山示范矿井[1],是煤矿信息化与工业化融合的重要标志,是煤矿转型发展的基础。锦界煤矿数字矿山创新应用“一个平台,两个系统”,实现了煤矿各系统的融合与联动,消除了信息孤岛,实现了采掘、机运、“一通三防”、分选、装车等各系统的数据采集与远程集中控制,数据采集点超过 7 万个，将矿井生产状态与信息化进行全面融合，为实现煤矿的转型发展开辟了新路径，为推动煤矿智能化转型发展奠定了坚实基础。

2 搭建井下万兆环网

网络作为煤矿智能化发展的中枢神经，是实现煤矿各系统联动、各设备协同的基础。根据矿井的开拓方式以及采掘布局，搭建井下万兆工业环网，以万兆交换机为节点，实现井下各工作面的网络覆盖。智能矿山建设的方向应为“化繁为简”，尽可能实现设备集成与多网融合，能满足智能矿山设备接入点多、接入面广、接入形式多样等特点；矿井“一网一站”配合万兆工业环网，实现了网络与业务的融合，具有无线通信、精确定位、WiFi 覆盖以及多业务、多接口接入功能，简化了矿井通信网络和线缆敷设网络，提高了系统的可靠性，同时降低了运行维护难度，为智能矿山的发展提供了重要保障。

3 建设智能化管控系统

煤矿地面的智能化管控系统作为煤矿调度指挥的核心，同时兼顾集成展示和远端控制功能，既展示了煤矿井下设备的实时运行状态，也实现了远程集中控制。锦界煤矿搭建的智能化管控平台，实现了跨系统融合和联动控制，实现了设备信息的横向连接和纵向贯通，横向实现多系统的信息交互，纵向实现了跨系统的统一控制；同时也为煤矿实现大数据分析提供了平台，对实时数据进行存储，从而进一步提高煤矿各系统的整合性和关联性，为煤矿智能化提升提供了保障。锦界煤矿分别搭建智能一体化生产控制系统和生产执行系统，实现了控制功能与执行功能，两系统基于一个平台，打破了信息壁垒，解决了数据共享不及时的问题。

综合智能一体化生产控制系统，主要应用于控制层，按系统实现设备信息的采集上传，设备运行状态的实时监控，改变了“上传下达”的传统调度模式，提升了调度的管控能力；系统本身具备报警联动、趋势分析与远程监控等功能，实现了采集数据的初步分析，很大程度上解决了人为判断的工作量，对实现矿井无人值守和智能调度提供了探索。

综合智能一体化生产执行系统，将煤矿各业务管理流程进行固化，以实现电子化办公和线上审批为主，提升了便捷性和高效性。生产执行系统实现了生产、机电、调度、“一通三防”、综合分析、能耗管理等功能模块的集成，具有数据共享与自动统计等功能，为管理者提供了数据支撑和管理依据。

4 智能化实践成果

（1）智能化综采工作面

综采系统具有工艺固定、设备相对集中等特点，锦界煤矿综采工作面地质条件较好，煤层相对稳定且近水平，在探索综采智能化的实践中，主要建设目标是在传统记忆割煤的基础上，应用多种、大量的传感器，尽可能地代替人工跟机，实现设备自身的稳定运行。对于地质条件较好的煤层，工作过程中突发情况较少，煤机割煤以平缓过渡为主，在综采数据中心增加 AI 算法，通过对截割历史数据分析，判断煤层变化趋势，通过对邻架、邻刀等数据对比，以及对传感器实时数据进行 AI 分析，应用分析结果反向控制煤机自主运行，很大程度上可实现煤机截割的平稳过渡，煤机与支架的自主运行能力提高，综采控制方式逐渐由就地操作向跟机监护以及远程监护运行转变，形成了“自主预测、局部干预、远程控制”的割煤新模式。笔者认为，综采智能化的发展将逐步趋向于设备的联动控制与监护运行，通过设备间的自主“对话”，实现设备的最优控制，更加全面的设备状态自检功能为综采的高效运行提供了依据。

(2) 掘进运输系统智能化

掘进智能化起步较晚，大多是掘进过程中的多变和多动性造成的，神东煤炭集团的掘进智能化发展，以掘进运输系统为起点，投用掘进长运距单点永磁变频驱动胶带机，以固定设备远程控制、移动设备联动控制为主，实现了胶带机的远程集中控制以及梭车、破碎机的联动控制；通过视频分析与智能保护等手段，提高对胶带机固定设备的监护能力，取消了固定岗位，由此开始了连掘智能化的探索；连采机实现了基于惯性导航和激光雷达的自主掘进技术，锚杆机实现了自主定位，连掘智能化在神东煤炭集团已取得了初步成效。

(3) 主运系统无人值守

主运系统作为煤流运输的核心，远程集中控制技术已趋于成熟，主运设备相对固定不变，为实现主运系统无人值守提供了便利条件。主运系统无人值守的重点在于对主运系统本身的检测以及对外物损伤的及时判别和控制。巡检机器人的逐步成熟，完全可代替人工巡检，设备的监护可通过检测与识别技术实现，如设备在线点检、钢丝绳无损监测、防纵向撕裂技术、胶带机防灭火技术以及智能视频识别技术等，相较而言，主运系统实现无人值守已逐步趋于成熟。

(4) 供电系统智能化

供电系统智能化主要以实现高低压设备智能控制和高可靠性为主，通过实现高压设备的“五遥”功能以及防越级跳闸，实现高压供电的稳定；低压设备的远控与持续可控性需要依托于网络通信设备，并通过配备后备电源的方式，实现断电可控，确保送电功能的实时有效。对于固定的变电所宜采用轨道式或轮式机器人，根据需要搭载各类型传感器，实现代替人工巡检，具备固定供配电场所无人值守和定位巡检。对于供电线路，宜采用感温类、检测类或智能视频等技术，实现防灭火功能，提高系统可靠性。

(5) 矿井排水系统智能化

矿井排水系统智能化需要建立多系统集成的排水模型，将地表水、裂隙水以及老空水等多种补充水源情况通过探测数据建立供给水导向趋势模型，同时将采集、中转、处理等过程和工艺建立联动关系，通过水位、水质变化，实现自主运行和关联控制。锦界煤矿建立了基于水量、水质与设备能力的均衡排水模型，将地面污水处理厂处理能力与排水泵进行关联，辅以管路自动切换功能，以保证污水处理质量，提高矿井排水能力，避免环保事件发生。

(6) 矿山的绿色转型

① 矿山的绿色开采也依托于煤矿的智能化发展，需要智能化技术作为支撑。锦界煤矿于2018年投用的全国首套纯水支架，通过改变综采液压设备的介质，将难降解的乳化液更换为纯水，再解决密封自润滑、油缸的防锈等问题。该套系统成功回采两个综采工作面，环保效益显著，是建设绿色矿山的有益实践。

② 利用新型热管系统取代燃煤锅炉，将矿井回风流中的低温热焓通过工质相变进行回收；通过间壁换热实现气-气直换方式提取乏风热能交换给矿井新风，将矿井新风由室外温度加热到所需温度(不低于2 ℃)，以保障矿井井筒冬季生产安全，并带来了环保效益。

(7) 辅助装备智能化提升

① 随着煤矿智能化技术的推广应用,煤矿的从业人员对智能化的认知不断加深,煤矿智能化装备的需求不断增加。目前锦界煤矿首次投用巷道巡检机器人,通过搭载的各类传感器与视频智能分析系统,实现了巷道巡视、多气体采集以及异常状态报警等功能,同时也将进一步探索围岩变化分析以及巷道其他装备的智能识别分析等功能,进一步代替人工巡视,提高了矿井巷道安全系数。

② 矿井的其他辅助类工作还不能完全实现无人化,对辅助类装备的自动化提升,对降低员工劳动强度、提高工作效率有重要意义,如巷道修复车、掏槽机器人以及履带式液压自动钻机等,代替人工使用风动工具作业,提高安全系数的同时,改变了作业模式。同时应用多种单兵作战装备,如智能矿灯、智能防爆终端和智能安全帽等装备,辅助提高矿井安全管理能力,对煤矿的智能安全发展有着重要意义。

5 智能化矿井关键技术

(1) 建设智能化管控平台

基于现有的生产控制平台存在的问题,进一步开发融合大数据、智能分析等技术的智能化管控平台,充分利用采集的多源异构的海量数据,充分挖掘数据价值,利用平台既可以实现远程的集中控制,又可以实现检修任务的自动编制以及指导检修。智能化管控平台将具有更丰富的接口和数据处理能力、异常诊断能力以及故障处理能力,改变传统的检修与运行模式,变被动抢修为主动维护,提高设备有效运行时间,对煤矿企业的效益提升具有促进作用。

(2) 关键技术应用

① 矿井5G技术。5G技术的出现,使得矿井的无人化进程进一步加快,将煤矿井下的重要系统通过5G实现物联网,具有低延时、大带宽、高可靠性和高速率的特点。5G技术本身的跳跃式升级带来了很大的技术提升,但同样也存在很多问题,在应用过程中,应着重解决传输距离、接入性和网络兼容性等问题,距离成熟使用还需要进一步探索。

② 惯性导航技术。煤矿井下作业空间以及作业环境受限,作业环境复杂多变,惯性导航技术对实现综采工作面调直以及掘进自动化具有重要意义,辅助激光雷达、定位以及激光识别等技术,为自动掘进技术的突破提供了方向。

③ 智能视频分析技术。随着视频识别技术的不断成熟,其在煤量检测、电子围栏和异常状态检测等方面得到广泛应用。在应用场景的不断扩展下,通过深度学习,视频识别技术将对煤矿的智能化发展具有重要作用。

6 存在困难与探索

(1) 人员培养方面

煤矿智能化的发展需要技能型人才的支持,同时也需要转变传统的工作方式。首先,当前煤矿智能化发展中存在使用的技术不成熟,探索性和不适用性很普遍,员工存在抵触心理,制约了其发展;其次,人才队伍技术力量相对薄弱,对煤矿智能化整体发展方向把握不清,技术提升方式探索不足,相应的制度不够完善,这些都是推进煤矿智能化发展的阻力,需要正确引导和持续地提升人员素质。

（2）制造企业与设备方面

煤矿智能化装备不足，传感器检测精度不够，功能不齐全，现有传感器多为单变量传感器[2]，不能满足监测需要；定制化需求较多，需要厂家投入较大的科研力量，导致成本较高且短期内效果不明显；煤矿作业环境的特殊性也导致可应用的煤矿井下设备相对较少，与实现煤矿的全面感知仍存在较大的差距，需要国家进一步扶持，采用多种方式促进厂家与企业的合作，逐步改善现状。

（3）矿井灾害方面

煤矿的各类型灾害防治技术仍然不健全，各系统仍处于分散独立状态，关联性较差，对煤矿的灾害与救援存在较大的制约性；同时煤矿生产所导致的地表影响仍不能彻底解决，影响地面生态平衡，仍需进一步投入科研力量解决，这也是煤矿智能化发展所欠缺的部分。

参考文献

[1] 韩建国，杨汉宏，王继生，等.神华集团数字矿山建设研究[J].工矿自动化，2012，38(3)：11-14.

[2] 潘涛，赵永峰，丁涛，等.国家能源集团智能矿山建设实践与探索[J].中国煤炭，2020，46(5)：30-40.

神东煤炭集团数字化转型面临的机遇与挑战

白明亮，崔亚仲，王彦斌

（神东煤炭集团公司信息管理中心，陕西 神木　719315）

摘　要　本文阐述企业数字化转型的背景及意义、概念及目的，结合神东煤炭集团现状，介绍了神东煤炭集团数字化转型的机遇，以及传统企业数字化转型的风险，尤其是神东煤炭集团数字化转型面临的挑战，最后提出了神东煤炭集团数字化转型应重点抓好战略规划、路径选择、生产设备更新改造、“企业上云”、数据打通、人才保障、体制机制改革等六个方面工作的建议。

关键词　神东；数字化转型；转型升级；机遇；挑战

1　背景及意义

神东煤炭集团作为国家能源集团煤炭板块的核心骨干企业，煤炭生产具有工艺流程复杂、故障风险较高、资本设备密集、生产条件多变等特征，面临着生产风险高、环保压力大、设备管理难等行业痛点，亟须加快数字化转型步伐，全面提升生产流程、安全管理、综合管理、生态保护等环节的数字化水平。同时神东煤炭集团作为国家能源集团创建世界一流企业的示范企业，推动煤炭产业围绕生产无人化、管理集成化、运输联网化、环保数字化等方向加速数字化转型，也是贯彻落实党中央、国务院关于培育具有全球竞争力的世界一流企业战略部署和“四个革命、一个合作”能源安全新战略，落实国家能源集团“一个目标、三型五化、七个一流”发展战略，实现神东煤炭集团“创建世界一流煤炭生产企业”的必由之路。

2　企业数字化转型的概念与目的

2.1　数字化转型的概念

对于数字化转型，不只是传统企业对概念模糊，就连世界知名咨询公司及科技领先企业对其的理解与定义也不尽相同。从实现层面来讲，我们对“数字化”的理解依然是“信息化”的延续，而并非一个全新概念。信息化从定义和实践两个方面看，都更偏重于信息的采集、加工和传递，通过对信息处理方式的持续改良提升生产力和生产效率。信息化最初是聚焦在人类行为中的片段上，而非整体。数字化代表比信息化更高的生产力形式，也就必然要求更高的生产关系形式。数字化可理解为信息化的“第二曲线”（图 1），它是信息化的延续，并以信息化成果为基础。

综上，数字化是指通过各类手段，将人类行为最大限度地向虚拟空间转移，并在虚拟空间中完成与物理世界的必要互动，这其中，数字化技术将起到关键性作用，因为数字化技术是最主要的生产力。

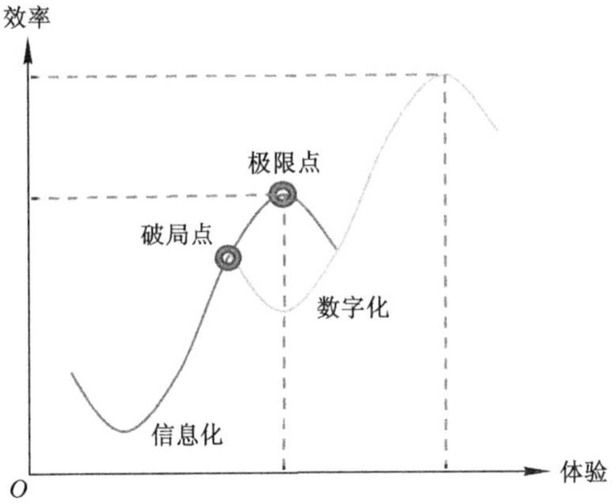

图 1 数字化是信息化的“第二曲线”

那么,数字化转型,就是充分利用数字化技术“快速响应、高效优化、敏捷转身、精准落地”的特点,全面优化和提升企业获利能力、发展能力、竞争力和生存力,在快速变化的时代潮流中保持基业长青[1]。

2.2 数字化转型的目的

数字化的目的是更大程度地释放个体人的潜力,最大限度抵消对真实环境,尤其是空间因素对人的限制,大量依靠可与人互动、协调的设备进行各项人类活动,从而将距离对人类活动的限制降至最低。转型的初心是帮企业解决问题,创造价值[2]。

神东煤炭集团作为传统企业,数字化转型的目的是为建设世界一流煤炭企业,数字化是技术手段,针对煤炭生产业务,努力提升生产效率、降低生产成本、大幅度提高煤炭生产安全水平,构建企业核心竞争力,引领行业发展。

3 神东煤炭集团数字化转型的机遇

3.1 神东煤炭集团数字化现状

神东煤炭集团在 30 多年的发展建设过程中,在企业管理信息化、生产自动化、矿井智能化、决策数据化等方面做出了大量的探索与创新,一直引领着行业的发展。

神东煤炭集团一直非常重视信息化、数字化、智能化建设,十几年的持续发展积累了相当雄厚的数字化基础,数字化设备在生产层面广泛使用,集团公司统建的信息系统已经覆盖了主要的业务领域,生产层面智能化建设正在大规模投入,经营管理层的信息化建设和应用广泛覆盖,移动应用正在普及,网络信息安全基础设施布设齐全,形成了安全可靠的数字基础设施,正着手积极探索应用 5G、云计算、大数据、人工智能、自动驾驶、虚拟现实等现代信息技术在煤矿企业应用。这些都为神东煤炭集团数字化转型打下了坚实的技术基础。

但在当今世界拥抱数字化转型的时代中,神东煤炭集团在推动煤炭产业围绕生产无人化、管理集成化、决策数据化、运营智慧化等方向加速数字化转型上还有诸多困难。如图 2 所示,神东煤炭集团生产相关的信息系统数据孤岛较多,系统间的数据交互相对较少,数据流通较少,且有很多底层信息系统都是孤岛。尽管神东煤炭集团在自建信息系统——神东煤炭集团业务系统平台上应用了部分主数据共享(图 3),即神东煤炭集团自建的主数据分发系统将人员和组织机构两类主数据分发给 21 个信息系统,实现了人员与组织机构数据的共享,但是与国家能源集团的主数据系统(MDM)里面的 12 类主数据共享分发给 189 个信息系统(图 4)相比,神东煤炭集团的主数据共享种类数只有国家能源集团的 1/6。

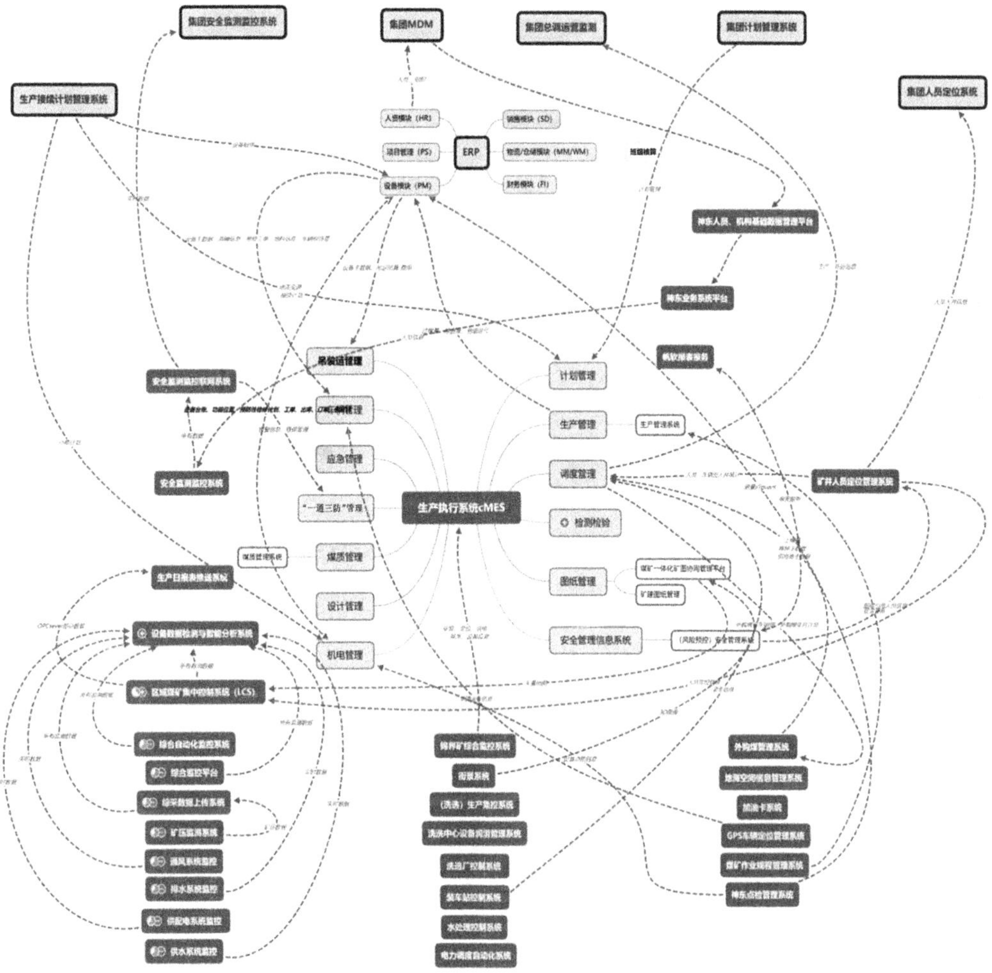

图 2 神东煤炭集团生产相关信息系统数据流向关系示意图

3.2 神东煤炭集团数字化转型的机遇分析[3]

从神东煤炭集团信息化发展的现状出发,充分考虑企业组织架构、运营模式和业务发展的特点,企业数字化转型可以分为赋能、优化、转型、再造四个层次。

3.2.1 赋能

赋能是指对传统业务的信息化、数字化赋能。如神东煤炭集团已经随着国家能源集团统一建成 ERP(HR、BCS、MM、PM、PS)、SRM、MES 等系统,以及自建的 LCS 等数十个应用系统,为企业精细化管理赋能,加大了集团管控力度,提高了企业运行效率。通过生产设备实施的自动化、数字化更新改造,实现了高风险作业的减人、无人,从而间接简化高危人群管理难度,实现煤矿企业的本质安全化,降低了人力成本,此外还大幅度提高了生产作业效率。

赋能阶段的特征就是企业的数字化,越来越多的业务、流程、管控及设备、装置等逐渐实现数

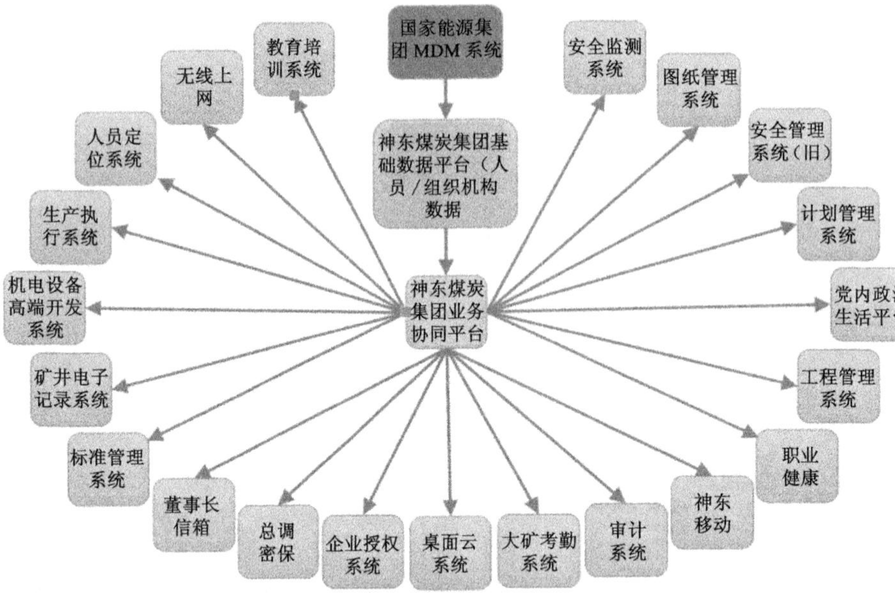

图 3　神东煤炭集团基础数据平台主数据传输示意图

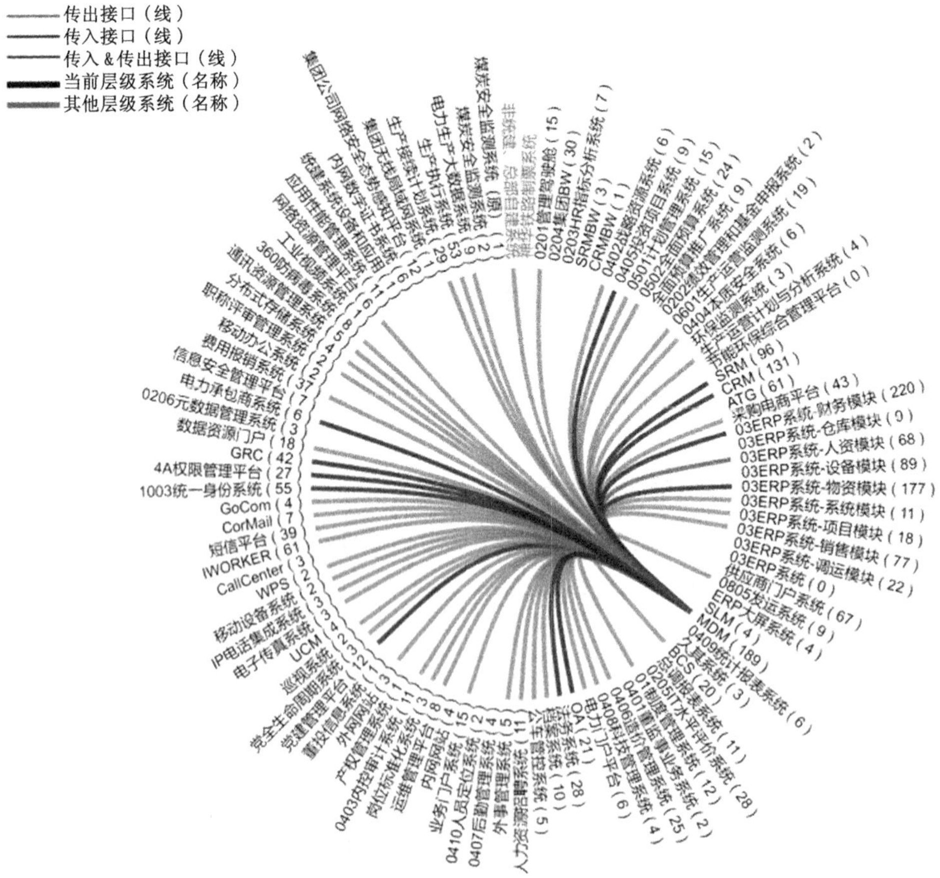

图 4　国家能源集团主数据系统(MDM)数据接口简略示意图

字化，对企业数据的计算能力和存储能力建设提出了更高的要求。充分数字化赋能的企业，业务标准化、管控流程化、组织透明化等方面的工作水平会得到明显提升。数字技术赋能业务，包括对个人的赋能、对设备的赋能、对组织的赋能。赋能一般是点状的，但是很多点也可以连成面。

3.2.2 优化业务

业务实现数字化之后，系统的云化、数据流打通，采用大数据技术，就可以对单项业务、业务流程乃至跨业务板块开展数字化建模，进行数学优化，进而实现智能化生产、智慧化管理。优化产生的价值是不言而喻的，特别是跨业务领域的全局优化，价值巨大，是提升企业竞争力的有效途径。如生产计划排程的优化，能够针对神东煤炭集团十几个煤矿的不同采场、煤层、煤质、产能、设备状况等特点以及其他企业内部数据，兼顾煤炭产品价格、需求、销售、运输等外部数据，优化全公司的煤炭生产、分选加工计划，实现全局效益的最大化。矿井层面通过智能化过程控制系统，能够通过机理模型优化矿井各大系统的协同运转，实现精准调控，达到产出效益的最大化。以前我们组织一个流程，不管是煤矿安全、生产或者其他业务，许多时候是拍脑袋决定的。我们量化选煤厂原煤入选率为多少合适，以前靠经验，现在要靠技术、靠数字说话，这是针对流程的优化。

这一阶段的特征就是数据资产化，企业积累下来的越来越多的数据逐渐变成企业新的"煤炭"，企业对这些数据的挖掘和使用，就像传统企业对设备和装置的使用一样，为企业带来利润，从而使数据逐渐成为企业运营发展的核心资产。持续优化，促进流程变革，进而引发企业的组织架构变化，最终必然导致企业再造，实现组织的扁平化、轻量化。如某选煤厂通过智能化建设后，促进流程变更，由智能分析执行系统＋值长，代替了原来的调度指挥中心等职能部门，用专业工程师及共享的检修团队代替了原煤、选煤、检修、装车等车间机构职能，顺理成章地完成了组织的扁平化变革，如图 5 所示。

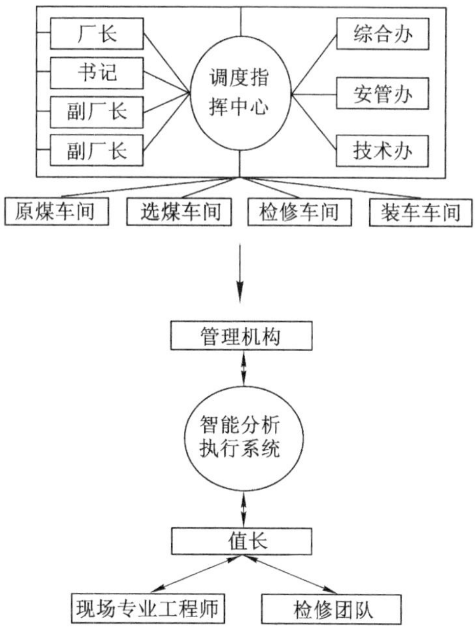

图 5 某选煤厂组织机构变革示意图

3.2.3 转型

在行业里面发展了多年的企业，一般会形成自己的优势，如果能够通过数字化平台把该优势转移到其他地方去，产生新的价值，这就是转型。特别是顶尖行业、领头企业，以实现业务营运模式的变化。

神东煤炭集团作为国有大型煤炭生产企业，在煤炭领域深耕多年，在经营管理、专业技术、科技创新、人才培育等各个领域都有丰厚的经验积累，利用这些优势，可以借助数字化技术，挖掘新潜力，产生新价值。

如神东煤炭集团在煤矿生产管理运营服务、矿井搬家倒面服务、矿井规划设计服务、矿井设备维修再制造服务、高端设备研发服务、信息化研发服务，以及煤质、矿井水、润滑油等检测服务方面，通过多年的实践培育出了一支支实力过硬的煤矿管理、运营、设计等专业队伍和技术服务专家团队。通过信息平台，把这些队伍、团队的服务能力社会化，可为整个煤炭行业提供服务。

3.2.4 再造

打破企业边界的商业模式再造，这就是彻底的转型。再造就是利用企业在本领域内打造的一些优势，侵入或扩散到临近业务或者行业中去，从而达到扩展业务领域、获取新的价值的目的。如中国石油化工集团公司的智能工厂建设，打造了服务大型机组的“石化智云”平台，可以广泛地服务于其他使用同样大型机组的行业，形成新的价值增长点[4]。

4 神东煤炭集团数字化转型面临的挑战[5]

4.1 来自企业外部的挑战分析

4.1.1 成功者少

数字化转型成功的企业不足10%，成功者很少，说明企业实现数字化转型确实不是一件容易的事，同时，可供后来者参考借鉴的模式和经验也很少。

4.1.2 传统行业转型风险

传统行业数字化转型面临着政策法律风险、转型模式的选择把握程度不足、观念难转变、组织架构的不适应、技术储备不足等五个方面的风险与挑战。

4.1.3 行业发展压力

当前，我国煤炭行业面临空前的生存发展压力，主要有资源的压力，环境保护的压力，能源革命以及碳达峰、碳中和目标的压力，数字革命带来的压力等。

4.2 神东煤炭集团数字化转型的挑战分析

对于神东煤炭集团这样传统的煤炭企业来说，除了面临以上挑战外，还面临以下挑战。

4.2.1 战略层面的挑战

在战略层面上需要直面以下三个方面的挑战：

(1) 企业的战略雄心。转型是企业发展战略，不可能一蹴而就，必须有企业战略层高级管理人员的亲力推动、持续发力，需要战略层统一的认识、长远规划和周详的顶层设计。

(2) 企业的数字文化培育。麦肯锡公司和Gartner公司的分析报告企业数字化转型失败的关键因素是企业数字文化的缺失。数字技术的发展速度超越了传统意义上任何行业技术的发展速度，而越是行业领导型公司，就越是专注于行业专业技术，也就越是具备深厚的专业文化氛围，对数字文化的学习和接受的阻力也就越大。

（3）适应数字转型的组织变革。数字化转型是企业信息化发展的高级阶段，很多信息系统的建设和应用必须有相应的组织保证才能取得预期效果，否则只能是摆设。譬如有的企业建设了跨流程的业务优化平台，但没有专门的优化团队，用户还是分散在流程的各个环节，平台无法正常投用。信息化建设其实已经进入深水区，信息化要么引领组织架构的变革，要么被传统的组织架构束缚而走向失败。

4.2.2　业务与数据的挑战

数字化转型，必须实现业务流程标准化、数据流打通，而实现业务流程的标准化问题以及实现数据流打通的数据治理问题，也是神东煤炭集团面临的巨大挑战。此前神东煤炭集团开展过业务流程相关的项目，但是效果未达到预期。作为数据治理的一部分——数据标准化工作，神东煤炭集团也开展了部分项目，但是没有持续投入开展，说明在此道路上存在诸多障碍。

4.2.3　人才挑战

（1）传统的人力资源管理逻辑是“战略—组织—人才”，即基于企业战略目标，构建企业组织，在组织的基础上再选拔人才、培养人才、管理人才，人才再集中力量实现企业战略目标，而人力资源管理数字化转型就是要改变传统的人力资源管理逻辑，运用数字化思维建立以人才为中心的“战略—人才—组织”管理逻辑[6]。

（2）神东煤炭集团作为煤炭行业企业，本身数字化人才相对更缺乏。

5　神东煤炭集团数字化转型关注的重点[7]

神东煤炭集团数字化转型是系统工程，需要体系化推进，针对以上机遇与挑战分析，建议重点抓好以下几方面的工作。

5.1　战略规划是数字化转型的思想引领

数字化转型是企业发展理念、组织方式、业务模式、经营手段等全方位的变革，需要统筹规划、顶层设计、系统推进，做好企业战略规划则是保障数字化转型成功的关键。要做好企业业务发展规划，适应数字社会和网络时代发展趋势，充分分析市场和用户的需求变化以及能源革命、碳达峰和碳中和目标等国家宏观政策，国家能源集团战略，以及内外部资源条件禀赋，谋划好数字化条件下企业业务新的发展模式。

5.2　路径选择是神东煤炭集团数字化转型成败的关键[8]

路径选择关系到企业数字化转型的成败，不同行业、不同规模的企业因其资金保障、技术支持、业务模式等不同，其数字化转型的路径也有所不同，合适的转型路径选择有利于企业更好地充分利用各类资源加快推进数字化转型。针对神东煤炭集团，煤炭行业大型企业，企业数字化转型不仅要考虑企业自身需求，还需要统筹产业链上下游，除了采用社会通用的信息技术服务之外，还需要依托自身体量优势，积极发展面向行业的专业性公共信息服务，依托专业性公共信息服务完成企业行业角色的转变。

5.3　生产设备数字化更新改造是神东煤炭集团数字化转型的基础

生产设备实施数字化更新改造属于煤矿智能化底层——感知层建设，所以是基础。虽然神东煤炭集团在建设了锦界数字化矿山、覆盖五矿六井的区域集中智能控制(LCS)系统、电气设备智能化改造等数字化工程项目后，实现了部分井下设备设施的数字化改造、升级，建立了井下万兆环网、4G无线网络覆盖，开展了5G试验，初步搭建起了矿山工业互联网的雏形，但是还没有做到所有的主要设备(如掘进机、锚杆机、梭车、钻机等)实现数据采集与通信控制，大部分必要的设备及环境传感器(水文监测、矿压监测、各种管道流量、压力等)没有实现联网，甚至没有传感器。而智能化就要求更多的感知到生产现场的情况。所以神东煤炭集团距离全面数字化，实现感知矿山，在生产设备、设施更新改造方面还有很长的路要走。

5.4 “业务上云”是神东煤炭集团数字化转型的首要任务

“业务上云”是转变企业数字化发展模式的重要途径，是推进企业数字化转型的关键步伐，企业信息系统上云上平台，有利于业务信息系统升级改造和互联互通，有利于业务数据的自由流动，有利于数字化建设成效更好地发挥。一是按照国家能源集团一体化集中管控系统建设，将人财物等核心数据实现云端化。二是按照先易后难、先外部后内部、促进业务创新等原则，做好神东煤炭集团细分企业(非集团统建覆盖业务)上云规划，谋划好云端业务信息系统部署需求和部署方式。三是积极推进已建信息系统通过升级改造向云平台迁移，更好地提高其业务弹性负载、运维安全保障和系统互联互通等能力。四是基于云平台开展企业新建业务系统规划。

5.5 数据打通是企业数字化转型的技术路线

数据流是企业生存的血脉，是企业构建数字经济时代核心竞争力的关键。打通企业各个环节留存数据，促进业务数据在企业各个环节的快速流动，有利于降低数据使用成本，有利于企业信息流引进物资流、资金流、人才流和技术流，有利于更好地促进企业业务创新和发展方式转变。一是构建企业基于上述云架构的大数据平台，在充分运用国家能源集团数据库的基础上，统筹规划神东煤炭集团自建系统数据资源，建立企业基础信息库、业务信息库等，推进各类业务信息系统数据和系统分离，实现企业数据资源统一规划、统一存储和统一管理。二是根据业务数据流动需求，加快企业信息系统升级改造，推进企业信息系统互联互通，确保数据能够根据业务应用需求实现无缝流动。三是构建企业数据开发利用统一支撑平台，完善数据开发利用规则，健全数据治理机制，以数据应用创新推动业务创新变革[9]。

5.6 人才保障是企业数字化转型的核心竞争力

企业竞争归根到底是人才比拼，企业数字化转型不是简单的信息技术应用，而是需要为企业打造一支能够适应数字时代业务发展的战略军，企业只有拥有了一批具备先进数字理念、数字技能、数字业务能力的人才，企业数字化转型才会有源源不断的动能。一是加强企业数字化战略人才保障，成立企业数字化转型战略研究团队，持续推进企业数字化转型研究。二是加强企业数字科技创新人才保障，提高煤矿智能化、信息技术研发、集成应用和运维保障等领域人员比例，增强信息服务部门保障能力，以技术创新和先行应用引领企业数字化转型。三是提高企业全体员工信息素养，加强员工信息技能培训，弘扬信息文化，营造人人拥抱数字技术的企业发展氛围。

5.7 体制机制改革是企业数字化转型的持续保障

企业数字化转型不是简单的新一代信息技术应用，是企业构建数字化条件下经营管理模式的一次大变革，需要从体制机制层面加快改革创新，构建适应数字化发展的企业运行体制、机制。一是构建适应企业数字化运行的组织机制，适应信息技术发展特点，创新企业组织管理机制，加快企业管理层级的扁平化和放权，畅通企业信息流通渠道，消除管理冗余，提高效率。二是构建适应企业数字化发展的激励机制，加强对煤矿智能化人才、信息技术研发人才、新技术创新应用人才、数字化转型管理放权等的激励，调动各方面推进数字化转型的积极性。三是构建引领企业数字化发展的投入机制，持续加大生产设备设施升级改造、新技术试验应用等方面的投入，以新技术试验应用投入引领企业业务数字化转型[10]。

6 结论

（1）进行数字化转型是神东煤炭集团生存发展的必由之路，也是神东煤炭集团贯彻落实党中央、国务院关于培育具有全球竞争力的世界一流企业战略部署和“四个革命、一个合作”能源安全新战略，落实国家能源集团“一个目标、三型五化、七个一流”发展战略，实现神东煤炭集团“创建世界一流煤炭生产企业”的必由之路。

（2）神东煤炭集团数字化转型面临诸多挑战。如：数字化转型难度大，成功的企业较少；神东煤炭集团作为传统央企的子公司，所面临政策法律风险、转型模式选择把握程度不足、观念转变困难、组织架构不适应性、技术储备不足等五大风险，以及煤炭行业的共性风险；还面临战略层面的三大挑战以及业务、数据、人才等层面的挑战。

（3）神东煤炭集团数字化转型有基础，有机遇，可以通过赋能、优化、转型、再造等手段实现，采用循序渐进的原则在不同阶段进行不同的建设。当前的重点工作是，把数字化转型战略规划作为思想引领，统筹规划、顶层设计、系统推进，选好业务转型路径，实现生产设备设施数字化更新改造、业务云化、数据流打通，同时做好人才保障和体制机制改革等工作。

参考文献

[1] 中国信息通信研究院.数字经济治理白皮书（2019）[R/OL].（2019-12-26）[2019-12-30]. http://www.cbdio.com/BigData/2019-12/30/content_6153998.htm.

[2] SOLIS B.全球数字化转型现状研究报（2018—2019）[R/OL].[2019-10-14]. https://www.docin.com/p-2266654310.html.

[3] 肖旭，戚聿东.产业数字化转型的价值维度与理论逻辑[J].改革，2019（8）：61-70.

[4] 国务院发展研究中心课题组.传统产业数字化转型的模式和路径[R/OL].（2018-03-27）. https://www.xyz-research.com/uploads/20201216/0316a4cf2b80fcfd96ee335238a8fc0a.pdf.

[5] 江美霖.探讨关于数字时代国企转型面临的机遇和挑战[J].低碳世界，2019（4）：299-300.

[6] 周丹.数字化转型，人才管理上演重头戏[J].人力资源，2019（21）：56-59.

[7] 神东煤炭集团公司.神东煤炭集团创建世界一流示范企业行动方案[R].榆林：神东煤炭集团公司，2020.

[8] 周信.宝钢股份数字化转型路径探讨[J].冶金经济与管理，2019（6）：10-14.

[9] 王世明，李彩云.建筑行业数字化转型研究[J].科技创业月刊，2019，32（10）：29-32.

[10]《新理财》编辑部.埃森哲：数字化时代的 CFO 新使命[J].新理财，2018（5）：76-77.

国家能源集团乌海能源公司改革治困经验与启示

王玉坤，孙雨欣

（国家能源集团乌海能源有限责任公司，内蒙古 乌海 016000）

摘 要 习近平总书记高度重视国有企业改革，指出“国有企业要搞好就一定要改革，抱残守缺不行，改革能成功，就能变成现代企业”。近年来，国家能源集团乌海能源有限责任公司（以下简称“乌海能源公司”）这个具有63年开采历史的老煤炭企业，通过推进“僵尸”企业和特困企业治理，着重压缩管理层级、减少法人户数，大力化解产能过剩等一系列改革措施的实施，一举甩掉了亏损大户的帽子，连续六年严重亏损的企业在2018年度实现了首度盈利，使一个资不抵债的特困企业转变成了“新公司”。本文对乌海能源公司在不同阶段实施的改革措施、取得的成效和积累的经验进行了深入剖析，期望能让国有老煤炭企业深化改革有所借鉴。

关键词 国有；煤炭企业；改革治困；经验与启示

1 企业基本情况

乌海能源公司始建于1958年，由原煤炭工业部直属乌达矿务局、海勃湾矿务局两个矿务局发展而来。20世纪90年代，由于产品单一、生产能力弱、外运受限、市场竞争能力不强等问题，公司逐渐陷入了发展困境。最困难时，曾连续11个月拖欠职工工资，企业生产和职工生活都到了难以为继的地步。1998年，国家将上述两局划归原神华集团管理，更名为神华集团乌达矿业公司和神华集团海勃湾矿业公司。经过十年的发展，神华集团海勃湾矿业公司、乌达矿业公司与原神华集团在乌海的蒙西煤焦化公司和乌海煤焦化公司共同成为乌海市的利税大户，缴纳的各项税费占乌海市财政收入的30%以上。2008年10月，原神华集团将乌达矿业公司、海勃湾矿业公司与乌海煤焦化公司、蒙西煤焦化公司四家企业重组，成立了神华乌海能源有限责任公司。此时的乌海能源公司成为内蒙古乌海市名副其实的“旗舰”企业。2017年8月28日，神华集团和国电集团实施联合重组为国家能源集团，神华乌海能源有限责任公司更名为国家能源集团乌海能源有限责任公司。

乌海能源公司成立之初，两大矿务局职工及家属20多万人。2008年，合并重组后在职职工总数约2.64万人。从2011年开始，随着钢铁、煤炭产能严重过剩，市场下行，供需矛盾突出，煤焦价格断崖式下跌，全国煤炭市场骤然突变，遭遇十年来最为严重的“寒潮”袭击。像乌海能源公司这种底子薄、人员多、负担沉重的煤炭老企业受到的冲击更大，加之面临深部资源获取困难、矿井年限较长、生产系统复杂等问题，企业的经营状况持续恶化，再度陷入连年亏损的“泥潭”。从2012年开始，企业连续6年出现严重亏损，至2017年年底，公司累计亏损141.11亿元，资产负债率高达162.96%，曾一度拖欠职工工资长达4个月，欠缴“五险一金”最长达1年多。包括公司总部在内共有14家所属单位被列为“僵尸”企业、特困企业。

在严峻的考验面前，乌海能源公司高举改革发展旗帜，全面深化改革，经过多年一系列改革和“处僵治困”措施的落实，实现扭亏为盈。2018年公司盈利1.23亿元，结束了连续6年的亏损历史，打赢了扭亏脱困攻坚战。2019年公司盈利1.53亿元，2020年公司盈利2.58亿元，通过持续巩固改革成果，企业负债率大幅度下降，经营状况明显好转。

2 扭亏脱困措施及成效

为早日走出困境，扭转被动局面，乌海能源公司先后实施了“对外传导压力、向内挖掘潜力”经营策略，“走出去、引进来、减肥瘦身”基本战略，以及去产能、安置职工、转型发展“三位一体”改革、“五步走”战略等一系列扭亏脱困措施，期间得到集团公司的大力支持与帮助。乌海能源公司坚持以党的建设为统领，贯彻落实集团公司党组重大决策部署，把党委研究讨论作为决策重大问题的前置程序，充分发挥公司党委在改革发展、战略规划、安全环保、生产经营等重大决策上“把方向、管大局、保落实”的领导作用，保证了乌海能源公司“处僵治困”治理、扭亏脱困和改革发展的正确方向。

2.1 第一阶段改革进程(2013—2016年)

2.1.1 实施“对外传导压力、向内挖掘潜力”经营策略

乌海能源公司从2013年开始，全面实施“对外传导压力、向内挖掘潜力”的经营策略，取得了比较明显的降本增效成果。一是在“对外传导压力”方面：重点是严把物资采购、铲装运费、修理费、工程造价、外委服务、原料煤采购质量等入口。二是在“向内挖掘潜力”方面：采取了积极挖掘生产潜能、创新经营体制、优化产品结构和配煤方案、加强成本管控节约资金成本、严控各项非生产性支出，以及公司领导及中层管理人员连续4年带头降薪(公司领导、中层管理人员及科级人员工资分别下浮40%、30%、15%)等一系列管控措施。

2.1.2 实施“走出去、引进来、减肥瘦身”基本战略

2015—2016年，面对煤炭市场持续低迷、煤价低位徘徊和持续亏损的双重压力，乌海能源公司实施“走出去、引进来、减肥瘦身”基本战略。该战略的实施提振了广大员工的士气，增加了“走出去”员工的收入。一是“走出去”方面：公司党委不等不靠主动“找米下锅”，多方寻求外委业务和劳务用工岗位，公司共有9个单位的上千名员工到新疆、陕西、宁夏等地去承揽采掘业务，既增加了职工收入又稳定了职工队伍。二是“引进来”方面：引进西部煤化公司展开煤气供应合作，为甲醇组织生产创造条件。三是“减肥瘦身”方面：公司总部部门由23个整合为16个，并按照“六统一”原则，实施生产单位科队机构精简工作。对蒙西煤焦化公司等6家生产单位下放经营自主权，实行内部市场化管理，激发内在活力。通过“走出去、引进来、减肥瘦身”基本战略的实施，转变了职工思想和观念，增强了公司上下改革的迫切性，为公司后续内部改革奠定了基础。

2.1.3 酝酿形成“三位一体”改革方案

2015—2016年，乌海能源公司面对极度困难的生产经营环境，积极想办法、找出路，经过反复酝酿，与集团公司及乌海市政府充分沟通，形成了去产能、安置职工、转型发展“三位一体”改革方

案，该方案的形成为“五步走”战略的制定奠定了基础。一是去产能方面：按经济效益测算情况，将公司所有单位分为三类，即继续发展的有效矿厂及项目、需停产限产维护的矿厂及项目、关闭或退出的无效矿厂及项目；按照不同类别，对相关厂矿及项目逐步进行处置。二是安置职工方面：对于去产能后富余职工的分流安置，根据决策报批审议程序，采取循序渐进原则分步实施，提出的主要分流路径包括提前退养、专业化成建制劳务输出、公益性岗位、自主创业、转岗培训、停薪留职、解除劳动合同等。三是转型发展方面：生产方式转型，即由传统的生产型转为生产与对外提供专业化服务并举的发展模式；经营方式转型，即重新优化产业布局、有序推进公司总部“减肥瘦身”、转变产销模式；盘活存量带动增量，即以盘活存量资产（资源）为重点，本着“一企一策”原则，积极探索混合所有制发展模式。

2.2 第二阶段改革进程(2016—2017 年)

在进行了第一阶段一系列的改革后，2016 年年底，公司党委在深入调查研究、科学论证的基础上，进行了大刀阔斧的改革，制定实施了“五步走”发展战略。

第一步：充分用好国有企业脱困和去产能等相关政策，做好职工安置工作，离岗休养共安置人员 8 723 人。

第二步：剥离焦化板块，实现专业化管理。将乌海能源公司原有的焦化板块剥离，与巴彦淖尔公司整合成立了新的煤焦化公司，剥离焦化板块后的乌海能源公司成了一个主要集煤炭生产、分选为一体的专业化煤炭生产企业，推动煤矿精干高效。

第三步：科学定位未来发展方向，制定符合公司实际的长远发展规划。以 2017 年为起点，分为 3 年近期发展规划、4～8 年中期发展规划、9 年以后远期发展规划三个类别，该规划将指导乌海能源公司未来 10～20 年的发展方向。

第四步：实施全员公开竞聘上岗，优化队伍结构。本着“一线充实，二线精干，三线瘦身”，以及“先机关后基层”的原则实施全员竞聘上岗，精简机构，压缩管理人员，精干各类操作人员。

第五步：妥善安置富余人员，切实保障维护职工利益。出台富余人员安置政策，确保每名员工都得到妥善安置。

2.3 集团公司对改革的支持

在乌海能源公司扭亏脱困、改革发展的进程中，集团公司党组倾注了大量心血，对其给予了极大帮助。集团公司加强对乌海能源公司改革的组织领导，原神华集团董事长张玉卓、总经理凌文及国家能源集团公司领导李东、王树民、高嵩、陈斌多次到公司深入调研和现场办公，解决企业面临的诸多困难和问题。特别是 2016 年年底，委派中国神华能源股份有限公司副总裁张子飞任公司党委书记兼董事长，组织实施了大刀阔斧的改革。

1998—2017 年，集团公司共向乌海能源公司贷款 169.91 亿元。乌海能源公司的贷款主要用于解决历史负担（冗员费用、贷款利息、清产核资、棚改费用）形成的债务问题。为支持公司扭亏脱困、深化改革，集团党组将贷款转为了资本金。

3 不同阶段实施改革的作用

3.1 第一阶段改革调动了员工寻求变革的强烈意愿

第一阶段的改革延缓了亏损形势的进一步加剧，调动了广大干部员工寻求变革的强烈意愿，酝酿了切实可行的改革举措，为下一阶段“五步走”改革营造了浓厚的氛围、创造了十分有利的条件，使接下来的改革顺理成章、水到渠成。

3.2 第二阶段改革使老国企转变为“新公司”

“五步走”战略的实施彻底解决了乌海能源公司人员冗余的问题，企业实现了精干瘦身；全员竞聘上岗，使企业构建起灵活的选人用人机制；编制中长期发展规划，为企业未来的发展确定了方向。退税、去产能、三供一业移交、法人压减、处僵治困及管理水平提升等重点工作的高效推进，大幅改善了乌海能源公司的运营质量。乌海能源公司逐步从艰难的困境中走出来，由一个老国企转变为充满活力的“新公司”。

3.3 集团公司对改革的支持，确保了企业轻装上阵

集团公司的组织领导有利支持了乌海能源公司的各项改革工作；集团公司对乌海能源公司进行注资有效解决了企业历史债务沉重的问题，使乌海能源公司具备了对外融资的能力。

经过一系列改革，乌海能源公司逐渐从“病情危重”状态中走出来，但此时的企业还背负着沉重债务；集团公司的注资为企业卸下了包袱，注入了新鲜血液，确保企业能轻装上阵，后续实现平稳、可持续发展。

4 改革取得的成效

乌海能源公司改革力度大、效果好、亮点多，形成了“1234”的改革实践成果。

4.1 打造了一种煤炭企业扭亏脱困的新模式

强化党的领导，深入研究自身问题，找准症结所在，在第一阶段改革的基础上，经反复调查研究论证，形成了“五步走”战略，完成了“瘦身健体”，妥善安置了富余人员，维护了地方稳定，为同类煤矿扭亏脱困打造了一种新模式。

4.2 解决了资产负债率高和“瘦身健体”两大问题

坚持问题导向，找到了资产负债率高和机构臃肿人员冗余两大根本性问题，并通过顶层设计和基层探索，精准施策、协同推进，彻底解决了两大根本问题。其中，集团公司为乌海能源公司注资，将企业资产负债率由163%降至65%，解决了资产负债率高的问题；实施“五步走”战略，大力削减了机构，大幅度精简了人员，使企业实现了“瘦身健体”。

4.3 完成了机构、人员、考核三项关键性改革

(1) 公司及煤矿削减机构改革。剥离了煤焦化板块，整合煤矿、选煤厂一体化运营。乌海能源公司总部机构由23个进一步精简为16个，撤销、合并7个生产单位。

(2) 精简人员改革。乌海能源公司经过两阶段的改革，员工总人数由24 703人精简为6 823人；管理费由13.39亿元降低为8.30亿元。

(3) 考核制度改革。乌海能源公司机关实施联动的考评机制，机关整体与乌海能源公司在集团公司的考评得分联动，员工与部室的考评得分联动，部室绩效工作的变动幅度可达40%，充分调动了干部职工工作的积极性。优化煤矿薪酬分配体系，着重提升一线员工薪酬标准，按照一线、辅助、地面薪酬3∶2∶1标准进行分配。

4.4 实现了思想、精神、作风、氛围四大转变

(1) 思想认识发生了翻天覆地的转变。改变了以往“等靠要”的观望、依赖思想，实现了敢于自

我改革、勇于解决难题、主动创新作为。

(2) 精神状态发生了根本性的转变。工作热情高涨、积极进取,干劲十足、勇于担当,且责任心更强、执行力更好,干部员工有着极强的成就感、获得感、归属感。

(3) 工作作风发生了巨大转变。改变了以往推诿扯皮、不积极、不主动、执行力不高的工作作风,形成了有压力、有动力、有活力的工作作风。

(4) 干事创业的氛围发生重大转变。通过竞聘上岗、提高待遇、奖励先进等措施,为广大干部员工营造了风清气正、充满希望的良好氛围,让大家在轻松愉悦的环境中去干事创业。

5 改革实践的五大启示

乌海能源公司经过一系列的改革和"处僵治困"措施的落实,从2012—2017年连续6年严重亏损141.11亿元的艰难局面,到2018年实现盈利1.23亿元的逆转,再到2020年实现盈利2.58亿元,主要经营指标创新高,营业利润、职工收入等均创10年以来最高水平,充分印证了一个历经曲折的老企业如今已成了一个具备持续、稳定盈利能力的"新公司"。显著的改革成效也给我们带来了以下几方面的启示。

5.1 战略目标明确

乌海能源公司解决了资本和人事问题后,明确了未来发展方向,提出了"3年办证、4年改造提升、11年维持2 190万t/a产量、在产业萎缩后利用2年开发内蒙古阿拉善盟天荣煤炭有限责任公司以弥补公司后续产量"的发展目标,为企业深入转型升级、保持可持续发展提供了行动指南,给了干部员工奋斗的希望和信心。

5.2 产业升级系统优化

乌海能源公司面对深部资源获取、灾害威胁严重、系统落后复杂等局面,严格落实原国家煤矿安全监察局"一优三减"部署,并按照"管理、装备、系统、素质"要求,通过产业升级、技术改造、系统优化,形成一井一面格局,实现收缩战线、减头减面、合理集中生产;同时,取消了矿井沿袭了几十年的夜班生产,避免了夜班生产带来的安全风险。

5.3 干部能上能下

乌海能源公司贯彻落实习近平总书记关于"领导干部能上能下"的要求,创造性地探索了领导干部能上能下的路子并得到稳妥实施。主要做法包括:实施各级干部员工全部竞聘上岗,采取了就高、就低、平级三种竞聘方式,采用"基础分+奖励分+考试分"积分竞聘方法,推出落选者自主择业或转岗培训的路径。通过竞聘,公司处级人数减少了57%。"领导干部能上能下"的做法为其他企业人事改革提供了参考。

5.4 充分享用国家优惠政策

乌海能源公司深入研究国家、地方有关去产能、税收等政策,掌握了享用条件,获得补助、退税、减费等红利。税务退回及抵顶多缴税款8.63亿元,争取3年稳岗资金1.25亿元,获得去产能专项奖补资金1.58亿元。给企业带来资金支持,保证公司的资金需求。

5.5 想改革敢改革善改革精神

乌海能源公司各级领导干部把改革作为政治责任,坚定决心和信心,增强思想自觉和行动自觉,立足全局通盘考虑,创新工作方法,调研员工所需,推出改革方案,逐项进行落实,取得较好成果，树立了勇于自我改革的示范，形成一种想改革敢改革善改革的精神风尚。

6 结语

乌海能源公司经过一系列的改革，已经走上了良性发展的道路。在深入实施“五步走”战略的基础上，乌海能源公司加快产业升级，增强发展后劲，适时提出了党建引领能力提升、安全环保水平提升、产业发展水平提升、经营管理水平提升、员工幸福指数提升“五个提升”发展战略。乌海能源公司将立足新发展阶段，践行新发展理念，以奋发有为的崭新姿态和只争朝夕的实干精神，乘势而上全面开启高质量发展的新征程，为集团公司建设具有全球竞争力的世界一流能源集团贡献力量，以优异成绩向建党100周年献礼！

参考文献

[1] 臧贻敏.西部放歌竞风流：国家能源集团乌海能源公司改革发展纪实[J].中国煤炭工业，2019(10)：6-12.
[2] 孟荣，付兰伟.踏平坎坷成大道：乌海能源公司以党建促发展纪实[N].乌海日报，2020-07-07(2).
[3] 臧贻敏.乌海能源公司：蓄力改革脱困攻坚[N].中国煤炭报，2021-02-04(2).

基于SWOT-AHP探讨准能集团转型发展战略选择

李依帆[1]，张云峰[1]，高　蕾[2]

（1.神华准能资源综合开发有限公司研发中心，内蒙古 鄂尔多斯　010300；
2.神华准格尔能源有限责任公司设备维修中心，内蒙古 鄂尔多斯　010300）

摘　要　在“做好碳达峰、碳中和工作”背景下，煤炭企业积极践行新发展理念，全面发展绿色经济，深度推进生态治理，加快企业转型升级成为重中之重。本文运用SWOT-AHP模型，以国家能源集团准能集团公司（以下简称“准能集团”）转型发展为目标层，以优势、劣势、机会、威胁为准则层，以技术优势、资源优势等12个因素为指标层，用系统的思想加以分析，进而探讨准能集团转型发展战略选择，提出坚持一个理念，着力打造两个品牌，紧紧把握三个抓手，全力打造煤炭行业转型发展示范企业。

关键词　准能集团；SWOT-AHP模型；转型发展

0　引言

准能集团是集煤炭开采、坑口发电、循环经济、“采-复-农-园”为一体的综合能源企业，公司拥有年生产能力3 400万t和3 500万t的露天煤矿各一座，并拥有配套的选煤厂，还有装机容量96 MW的煤矸石发电厂、年产4 000 t氧化铝中试厂和3 000余公顷复垦绿化区。2020年，准能集团以习近平新时代中国特色社会主义思想为指导，坚决贯彻党中央“六稳”“六保”决策部署，积极践行“两山理论”，在中央经济工作会议要求“做好碳达峰、碳中和工作”背景下，积极探索新发展理念，全面发展绿色经济，深度推进生态治理，加快企业转型升级，实现自产商品煤5 269万t，发电32.9亿kW·h，营业收入149.32亿元，同比增加10.58亿元，利润完成21.31亿元。本文以SWOT-AHP模型为工具，全面梳理准能集团转型发展中各要素，用系统的思想加以分析，进而探讨准能集团转型发展战略选择，提出坚持一个理念，着力打造两个品牌，紧紧把握三个抓手，全力打造煤炭行业转型发展示范企业。

1　准能集团SWOT分析

SWOT分析是指把研究对象内部所具有的优势和劣势以及外部所面临的机遇和威胁罗列开来，全面系统分析，常被用于制定、分析企业发展战略[1]。

1.1 优势分析

1.1.1 资源优势

准能集团矿区位于内蒙古自治区鄂尔多斯市准格尔旗，该地区矿产资源富集，探明煤炭储量582亿 t，远景储量 1 000 亿 t 以上[2]。本地区煤中氧化铝含量为 10%～13%，燃烧后产生的粉煤灰中氧化铝含量达 40%～55%，为国内外罕见，潜在高铝粉煤灰的蕴藏量达 110 亿 t，相当于我国铝土矿保有储量的 5 倍。同时，煤中潜在镓的蕴藏量达 86 万 t，占世界镓探明储量的 80%以上，具有极其重要的综合利用价值和开发前景[3]。

目前，准能集团对 3 000 余公顷排土场全部进行了复垦绿化，按照现在开采进度，复垦面积以每年 220 公顷左右的幅度增加。准能集团矿区面积总计 18 万亩[1 亩＝(10 000/15) m^2)，这意味着准能集团拥有潜在良田 18 万亩。

1.1.2 技术优势

在煤炭绿色高效开采方面，准能集团露天煤矿属首批“国家级绿色矿山”试点单位，为我国单矿开采能力最大的露天煤矿，在国内首次采用了抛掷爆破＋吊斗铲倒堆工艺及端帮采煤工艺技术，填补了该技术在我国露天采矿业的空白，成为我国露天采矿业发展历史上的里程碑。

在煤炭的高效利用方面，通过采用以抛掷爆破＋吊斗铲倒堆工艺为主的现代露天煤矿综合开采工艺，实现煤炭分采、分选、分运、分销；分选得到的劣质煤、煤矸石用于矸石电厂循环流化床机组发电，产生的粉煤灰可提取氧化铝、镓及氧化硅等，初步实现了“减量化、再利用、资源化”的循环经济模式，使劣质煤和煤矸石得到就地转化。

在粉煤灰综合利用方面，准能集团具有自主知识产权的“粉煤灰酸法协同提取有价元素高值化利用关键技术”，针对粉煤灰提取氧化铝常规技术存在的能耗高、渣量大、伴生有价元素难以协同提取等问题，首次提出了粉煤灰盐酸法协同提取铝镓技术路线，攻克了酸性高浓度铝盐溶液中多组分有价元素协同提取，以及高温、高浓度盐酸、高固含复杂体系下防腐耐磨工业化装备开发等一系列科学和技术难题，整体技术属国内外首创，达到了国际领先水平。

1.1.3 政府支持

准能集团积极响应“碳达峰”“碳中和”号召，以资源合理利用、保护生态环境和节能减排为目标，大力发展煤-电-下游产品全产业链，积极探索“采-复-农-园”＋光伏、风电和储能等新能源项目建设落地，符合国家循环经济产业和国家环保政策，受到地方各级政府的高度重视。目前，地方政府已同意划拨 35.69 km^2 工业用地，累计获得国家资金支持超 15 亿元。其中，“神华准格尔矿区煤炭绿色开采及伴生资源综合利用示范基地”获得原国土资源部和财政部专项经费 8.4 亿元，“神华准格尔矿区煤炭伴生资源循环经济产业项目”获得国务院国有资产监督管理委员会专项经费 7 亿元。

1.2 劣势分析

1.2.1 思维模式需进一步拓宽

长期以来，煤炭行业粗放型的经济发展模式限制了人们的思想，致使企业重资源开采，轻可持续发展。准能集团目前正在积极探索转型发展路径，但仍有部分员工依赖传统发展模式，思想观念转变较慢，集团基本处于以原煤及初级煤炭产品为主的格局，粗放型生产方式没有彻底改观，深加工水平较低，高附加值产品短缺，缺少煤炭产品采、选、深加工的纵向一体化和具有多种煤炭伴生资源经营项目的横向一体化等核心技术，产业链条效应、品牌效应不足。

1.2.2 人才培养环境需进一步优化

准能集团高度重视人才队伍建设工作，大力实施人才发展工程，人才发展环境、队伍结构不断优化，员工综合素质持续提升。但面对中美贸易战持续升级，国有企业作为中国特色社会主义的重要物质基础和政治基础，作为治国理政复合型人才的重要来源，对人才队伍建设提出了更高标准的新要求。对于准能集团来说，能源产业结构调整持续优化，落后产能加速淘汰和退出，清洁、安全、高效的先进产能鼓励和释放，循环经济项目核心技术不断突破，为准能集团未来发展带来了新的更大的发展机遇，也对准能集团各类人才提出了更高的要求。从目前人才整体情况来看，依然存在新构建板块的人才短缺、人才年龄结构不均衡、高层次高技能人才及复合型人才数量相对不足、学历结构偏低等问题，在建成一流的清洁能源企业进程中，人才发展尚不能完全满足公司的发展需要。

1.2.3 庞大的投资限制了产业链的延伸

煤炭企业要真正将煤炭就地向高附加值产品转化，突破目前绝大多数煤炭企业销售煤炭初级产品的困难局面，在技术经济条件许可的情况下，需要投入庞大的资本来完成面向未来的产业结构和产品结构调整。截至 2019 年，准能集团已累计投入 15.2 亿元，用于露天煤矿复垦绿化、生态保护、水土保持，若发展光伏发电，需额外投资装机成本约 1.2 万元/kW。发展最小规模产业链循环经济，需投资近 30 亿元。这种投资需求仅单单依靠一个煤炭企业自身的积累，是无法完成煤炭产业链向高附加值方向布局的。并且此类投资的回收期较长，短期内经济效益不明显，存在一定的风险，这直接抑制了好的项目上马。

1.3 机遇分析

1.3.1 践行新发展理念的需要

习近平总书记明确提出，必须坚定不移地贯彻创新、协调、绿色、开放、共享的发展理念，实现更高质量、更有效率、更加公平、更可持续的发展。在改革开放的 40 多年里，我国经济的持续高速增长创造了世界瞩目成绩的同时，也付出了高昂的代价。据统计，2017 年我国煤炭和钢铁的消费量分别占世界总消费量的 65.2%和 46.7%。这种高耗能型的发展模式已不符合高质量发展要求。在保证人民群众对美好生活向往的前提下，最大限度地节约资源，提高资源利用效率，把对环境的损害降到最低，才是企业未来生存之道。基于生态经济原理和系统集成战略的减物质化经济模式，发展煤-电-下游产品全产业链，积极探索“采-复-农-园”+光伏等新能源项目，在利用资源和保护环境方面显得更加卓有成效。

1.3.2 实现矿产资源战略开发的需要

我国能源资源结构的基本特点是富煤、富水、贫油、少气，呈现以煤为主的显著特征。2020 年，煤炭在一次能源消费中的比重约为 57%，在今后的一个时期，煤炭仍将是我国的主要能源，在保障我国能源安全中的地位不会发生改变，具有战略地位。铝作为国民经济建设和事关国家安全的重要物资，其应用范围广阔，消费规模将会迅速扩大。但我国铝土矿储量少且品位低，资源短缺与需求旺盛矛盾突出。据中国海关统计，2020 年上半年中国铝土矿进口量约为 5 830 万 t，较去年同期增加 30.28%。另外，稀有金属镓在电子、电气、国防等国民经济各领域中广泛应用，并因在高科技和绿色能源科技行业的应用不断扩展，需求量急速增长。但镓很少单独成矿，多为伴生，我国储量虽现居世界第一，但其资源开发利用不足，浪费现象严重。准能集团矿区煤中伴生丰富的铝、镓等有价元素，具有极大的开发前景。

1.3.3 国际大宗商品价格持续走高

国际大宗商品价格和世界经济紧密联系。短期而言，受全球性量化宽松和通胀的影响，大宗商品价格处于上升通道。此外,疫苗加速接种,疫情缓和,经济预期改善,全球经济逐步重启的预期开始升温,也在一定程度上助推了大宗商品需求预期的升温和价格的上涨。

1.4 威胁分析

1.4.1 非煤能源的快速增长

2020 年,全国天然气、水电、核电、风电等清洁能源消费量占能源消费总量的比重为 24.3%,较 2016 年提升了 5.2%;非煤能源消费总量占 43%,非煤能源将会是未来能源产业的重要支柱,是未来主要发展的能源产业。科技的进步将会推动产业的进步,非煤能源产业的发展步伐也会逐步加快,技术水平和能源转化效率会大大提高,预计将会在能源消费占比达到 60%,届时会有大量的煤炭企业主动转型发展或被替代[4]。

1.4.2 循环经济考核指标缺失

循环经济考核指标体系的建立需要具有科学性、针对性和实用性。不同地域、不同行业、不同循环经济模式考核指标应存在差异化。对于准能集团,国家的“两利三率”经济指标考核体系属于宏观考核体系,缺失循环经济专项考核指标。同时,净利润指标和利润总额指标进一步限制了煤炭产业链延伸的投资。

1.4.3 产业链规模对成本影响较大

循环经济产业链的完整程度和生产规模对成本影响较大。如:高铝煤炭循环经济主产业链包括煤-电-氧化铝-铝-铝型材,如果不能实现自建电厂或自供电,不仅影响循环经济产业特殊情况下的用电需求,而且会提高企业的用电成本。再者,建设生产规模通过影响单位投资,进而影响折旧、修理和财务费用等。规模越小,单位投资增加幅度越大。常规氧化铝厂建设规模从100 万 t/a 降至 50 万 t/a 时,平均成本增加约 90 元/t,建设规模从 50 万 t/a 降至 25 万 t/a 时,平均成本增加约 170 元/t。

2 SWOT-AHP 模型分析

2.1 分析模型的建立

确定了准能集团战略选择的影响因素后,下一步对各因素进行相对重要性判断。AHP 中的矩阵判断标度(1～9 标度法)见表 1。

表 1 判断矩阵标度及内容

标度	(X_i/Y_j)
1	同样重要
3	稍微重要
5	明显重要
7	强烈重要
9	极端重要
2,4,6,8	两相邻判断中间值

结合 SWOT 分析的 12 个指标,建立以准能集团转型发展战略研究定为目标层的层次分析模型,见表 2。

表 2　准能集团转型发展战略研究层次分析模型

目标层	准则层	指标层
准能集团转型发展战略研究	优势(S)	资源优势(S_1) 技术优势(S_2) 政府支持(S_3)
	劣势(W)	思维模式需进一步拓宽(W_1) 人才培养环境需进一步优化(W_2) 庞大的投资限制了产业链的延伸(W_3)
	机遇(O)	践行新发展理念的需要(O_1) 实现矿产资源战略开发的需要(O_2) 国际大宗商品价格持续走高(O_3)
	威胁(T)	非煤能源的快速增长(T_1) 循环经济考核指标缺失(T_2) 产业链规模对成本影响较大(T_3)

2.2　权重值计算

通过调研相关人员，包括政府人员、企业领导、高校教授、相关行业人员等，对每个指标的打分值进行统计，运用层次分析法进行权重分析，得出指标的相对重要度判断矩阵，见表 3～表 7。

表 3　准能集团转型发展战略研究判断矩阵

指标	S	W	O	T	权重	CR
S	1	3	2	5	0.472 3	0.018 9
W	1/3	1	1/2	3	0.169 7	—
O	1/2	2	1	4	0.285 4	—
T	1/5	1/3	1/4	1	0.072 6	—

表 4　准能集团转型发展战略研究优势判断矩阵

指标	S_1	S_2	S_3	权重	CR
S_1	1	1/2	2	0.297 0	0.007 9
S_2	2	1	3	0.539 6	—
S_3	1/2	1/3	1	0.163 4	—

表 5　准能集团转型发展战略研究劣势判断矩阵

指标	W_1	W_2	W_3	权重	CR
W_1	1	1/3	1/5	0.109 5	0.003 2
W_2	3	1	1/2	0.309 0	—
W_3	5	2	1	0.581 5	—

表 6　准能集团转型发展战略研究机遇判断矩阵

指标	O_1	O_2	O_3	权重	CR
O_1	1	2	5	0.569 5	0.021 2
O_2	1/2	1	4	0.333 1	—
O_3	1/5	1/4	1	0.097 4	—

表 7　准能集团转型发展战略研究威胁判断矩阵

指标	T_1	T_2	T_3	权重	CR
T_1	1	2	1/4	0.218 4	0.093 0
T_2	1/2	1	1/3	0.151 5	—
T_3	4	3	1	0.630 1	—

2.3　AHP 评价指标一致性检验

通过公式 $CI=(\lambda_{max}-n)/(n-1)$ 来计算一致性指标(CI)，在查表得到 RI 值以后，根据公式 $CR=CI/RI$ 是否小于 0.1 来判断一致性。当 $CR<0.1$ 时，判断矩阵具有令人满意的一致性；当 $CR\geqslant0.1$ 时，需要调整判断矩阵，直到通过一致性检验为止。由表 3～表 7 可知，所有的 CR 值均小于 0.1，说明所有的判断矩阵均具有高度一致性，可以进行层次总排序。

2.4　评价指标组合权重计算

在对准则层和指标层权重分别运算的基础上，进一步计算出组合权重即层次总排序，见表 8。

表 8　准能集团转型发展战略研究各因素排序

目标层	准则层	分权重	指标层	分权重	总权重	总排序
准能集团转型发展战略研究	优势(S)	0.472 3	资源优势(S_1)	0.297 0	0.140 3	3
			技术优势(S_2)	0.539 6	0.254 9	1
			政府支持(S_3)	0.163 4	0.077 2	6
	劣势(W)	0.169 7	思维模式需进一步拓宽(W_1)	0.109 5	0.018 6	10
			人才培养环境需进一步优化(W_2)	0.309 0	0.052 4	7
			庞大的投资限制了产业链的延伸(W_3)	0.581 5	0.098 7	4
	机遇(O)	0.285 4	践行新发展理念的需要(O_1)	0.569 5	0.162 5	2
			实现矿产资源战略开发的需要(O_2)	0.333 1	0.095 1	5
			国际大宗商品价格持续走高(O_3)	0.097 4	0.027 8	9
	威胁(T)	0.072 6	非煤能源的快速增长(T_1)	0.218 4	0.015 8	11
			循环经济考核指标缺失(T_2)	0.151 5	0.011 0	12
			产业链规模对成本影响较大(T_3)	0.630 1	0.045 7	8

结合表 8，可知在优势中影响因素最大的是“技术优势”(S_2)，在劣势中影响因素最大的是“庞大的投资限制了产业链的延伸”(W_3)，在机遇中影响因素最大的是“践行新发展理念的需要”(O_1)，在威胁中影响因素最大的是“产业链规模对成本影响较大”(T_3)。利用四象限分析法构建准能集团转型发展战略研究的 $S_2W_3O_1T_3$ 战略四边形，如图 1 所示。

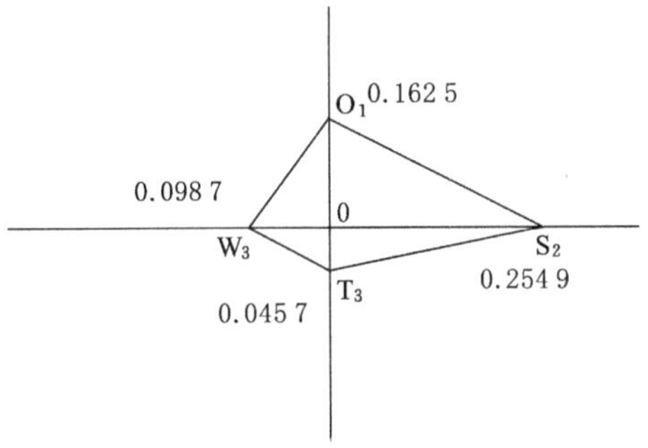

图1　准能集团转型发展战略研究的战略四边形

根据图1,可以计算出战略四边形每个象限中的三角形面积,得出三角形$\triangle_{0S_2O_1}$面积为0.041 4,三角形$\triangle_{0S_2T_3}$面积为0.011 6,三角形$\triangle_{0W_3O_1}$面积为0.016 0,三角形$\triangle_{0T_3W_3}$面积为0.004 5,分析得出准能集团转型发展策略是$S_2O_1>O_1W_3>S_2T_3>T_3W_3$,应选择$S_2O_1$发展战略,立足自身,把握机会,同时注意$W_3$、$W_2$因素的影响。

3　准能集团转型发展战略选择

3.1　坚持一个理念——新发展理念

今年是"十四五"谋篇之年,是我国开启全面建设社会主义现代化国家新征程的一年,也是煤炭企业在"碳中和""碳达峰"背景下顺势而为、融入新发展格局、推动高质量发展之年。煤炭消费逐渐进入峰值平台期,新能源和可再生能源替代作用增强,煤炭市场下行压力加大。同时,生态环境对煤炭、电力生产的约束越来越大,煤炭清洁高效利用的标准越来越严,影响生产经营的不确定因素越来越多。因此,煤炭企业以习近平新时代中国特色社会主义思想为指导,坚持稳中求进工作总基调,坚持高质量发展,落实"四个革命,一个合作"能源安全新战略,切实增强忧患意识、机遇意识、改革意识,立足于煤炭开采的源头,以"开采方式科学化、资源利用高效化、企业管理规范化、生产工艺环保化、矿山环境生态化"为基本要求,积极识变应变求变,凝心聚力开启"十四五"奋斗新征程。

3.2　打造两大品牌——循环经济、绿色经济

充分利用准能集团现有技术优势,发展煤电铝循环经济,加快企业转型升级。充分利用自有技术、煤炭、土地、电厂等资源,有效规避"庞大的投资限制了产业链的延伸"等劣势因素,综合统筹煤-电-下游产品全产业链,积极开展煤-水煤浆-发电燃料等专题研究,打造煤炭伴生资源综合利用大循环经济产业模式,实现煤炭清洁高值化综合利用。

积极探索农牧+光伏、风电和储能等新能源项目,全面发展绿色经济。坚持落实"生态保护红线、环境质量底线、资源利用上线"的要求,充分发挥露天矿复垦土地的资源优势,做优做强"产业生态化,生态产业化"模式,稳步推进复垦区生态农牧业和生态旅游业建设,积极探索农牧+光伏、风电和储能等新能源项目,全力推动"国家矿山公园"和"国家能源集团生态林"建设,增进矿山生态环境保护与区域经济协调发展,努力建成"国内第一、世界一流"的绿色矿山示范区。

3.3　强化三个抓手——创新、管理、人才

大力实施创新驱动发展战略,坚持"四个面向",按照国家煤炭产业"全面建成安全绿色、高效

智能矿山技术体系，实现煤炭安全绿色、高效智能化生产”的要求，以加快实现更高水平科技自立自强为目标，坚持聚焦主业、瞄准先进、做精做专，全面提升科技创新能力，抓好重大科技攻关，完善体制机制，为国家能源集团建设具有全球竞争力的世界一流能源集团提供战略引领和科技支撑。

持续完善管理体制机制，坚持服务国家战略，立足行业发展，着力构建以企业为主体、市场为导向、产学研深度融合的科技创新体系。深化科研体系改革，用好自治区级工程技术研究中心，积极备战国家能源集团级、国家级研发平台和重点实验室，提升研发效能，争取更大作为。加强协同创新，统筹利用准能集团内外科技资源，加强行业交流合作，进一步整合科研院所、高等院校研发力量，打造特色鲜明的协同创新中心，促进人员互通、协同攻关、收益共享，打通基础研究、技术研发与工程应用的创新链条。

积极推进人才队伍建设，坚持把人才作为企业转型发展的第一资源，在转型实践中发现人才，在升级发展中培养人才，在创世创业中凝聚人才。将思想观念从“人事”管理向“人才”管理转变，抹去人事管理中的计划经济和行政管理色彩，从刚性、共性和静态管理向柔性、个性和动态管理转变，进一步激发人员发散思维，提升系统整合能力。坚持以人为本的发展理念，积极宣传贯彻企业文化，着力拓展与延伸以“你能、我能、大家能、准能!”为核心内涵的企业文化体系，全力打造“七个准能”，激励员工为成就准能集团的未来凝心聚力，共同奋进。

4　启发

受新冠肺炎疫情影响，全球经济呈明显下行趋势，国内经济增速放缓，使作为基础能源的煤炭需求下降，煤炭企业面临着严峻的生存考验。传统煤炭企业粗放型的开采利用方式弊端愈发凸显，煤炭企业如何把握可持续发展本质，拓展新的经济增长点，实现经济转型已是当务之急。准能集团的转型升级发展，为其他煤炭企业提供了借鉴和参考。如准格尔矿区周边的东胜、卓资山、晋北等矿区煤炭也属高铝煤炭，经电厂燃烧产生的粉煤灰中氧化铝含量普遍高于40%，在这些地区完全可采用准能集团发展模式，一旦周边的煤炭资源充分利用起来，将彻底改变我国铝工业战略格局，为煤炭企业注入新的活力。

参考文献

[1] 黄晓兵，贾密源，龙涛，等.基于SWOT模型下刚果(金)矿业投资环境分析[J].中国矿业，2017，26(11)：96-102.

[2] 尹占义.做好现代能源经济这篇文章 推动经济高质量发展[EB/OL].(2019-12-30)[2019-12-31].http://www.mao005.com/m/lvsenenyuan/2697348.html.

[3] 郭昭华.粉煤灰“一步酸溶法”提取氧化铝工艺技术及工业化发展研究[J].煤炭工程，2015，47(7)：5-8.

[4] 杨昌德.贵州省煤炭产业发展的对策建议[J].理论与当代，2016(11)：38-39.

以转型创新激发活力　实现资源枯竭型企业浴火重生

——煤炭资源枯竭企业转型发展的探索与实践

刘志华

(内蒙古平庄煤业(集团)有限责任公司矿建工程分公司,内蒙古 赤峰　024076)

摘　要　在资源类企业中,煤矿作为典型的资源枯竭型企业,如何在开采结束后,有效盘活利用企业闲置人才、设备、设施、土地等资源,实现企业转型和可持续发展,是企业亟待解决的重要课题。因此,做好煤炭企业顶层设计、谋篇布局,审时度势、精准施策,提升管理、坚持创新,“三位一体”、共同发力,对企业焕发青春,增强活力,实现可持续发展和高质量发展,具有十分重要的现实意义。

关键词　资源枯竭型企业;转型;创新;发展

0　引言

作为资源类企业,资源的不可再生性,决定着企业在资源枯竭后若要继续生存,就必须进行转型发展或转移发展,煤炭企业作为典型的资源枯竭型企业,如何有效盘活利用企业闲置的人才、设备、设施、土地等资源,实现可持续发展,是企业亟待解决的重要课题。因此,积极探索,认真分析,科学规划,合理安排,谋定而动,对做好煤炭企业转型,推动创新发展,促进企业焕发青春,增强活力,实现可持续发展和高质量发展,具有十分重要的现实意义。

1　做好转型发展的重中之重是顶层设计,谋篇布局

俗话说“运筹帷幄,谋定而动,才能决胜千里”,做好顶层设计,谋划整体布局,可谓是做好一项工作乃至取得良好成效的关键基础,从笔者所在的内蒙古平庄煤业(集团)有限责任公司矿建工程分公司(以下简称“平庄煤业矿建公司”)由原西露天煤矿的转型发展过程来看,加强顶层设计,做好谋篇布局,制订一个良好的方案,在企业顺利实现转型、焕发青春活力过程中有着至关重要的作用,它可使企业转型统一思想,明确方向,有的放矢。

平庄煤业西露天煤矿始建于1958年,是我国自主设计开发建设的第一座露天煤矿,2016年末,露天部分开采结束,2017年3月,按照平庄煤业的总体部署,西露天矿进行转型,成立一个集矿山采剥、设备检修、矿产品加工、劳务输出、技术输出为主要内容的平庄煤业矿建公司,但由于老矿转型,历史遗留问题多,员工年龄普遍偏大,专业技术单一,思想陈旧,素质不高,走不出去,转岗从事一些新工作适应能力差等问题,加之企业转型没有先例可循,转型发展面临着前所未有的稳定压力和各种困难。面对这些情况,党政一班人充分认识到要实现企业可持续发展,必须把握稳定

重点，做好顶层设计，改变过去以煤炭生产为主的观念，紧紧依靠平庄煤业发展平台，按照“三步走”发展战略，以承揽涉煤工程、劳务输出、矿山建设服务为主，推进转型，实现重生。第一步健全机制，平稳过渡。设立“五部一室”6个基层单位，实行新企新制，彻底改变过去厂段横向管理，实行项目部负责直线管理体制；利用现有人员、设备承揽平庄煤业部分土石方剥离工程、煤线清理、车皮整理、选煤设备运转、风选破碎、洗衣房及储运设备使用与维护等劳务输出工作；以原内燃检修段、机修厂为基础成立设备检修中心，承揽矿建公司及平庄煤业设备维护和大中修任务。第二步培育人才，壮大队伍。利用2～3年时间培养锻炼各类人才，接收平庄煤业其他煤矿转岗人员并进行培训，重点培养设备操作人员，同时积极向平庄煤业申请增添购置新设备，以采取购置和租赁设备的方式，承揽平庄煤业更多外委选采工程。第三步拓展业务、打造品牌。积极申办矿山建设施工资质，加大劳务和技术输出力度，承揽平庄煤业外部剥离工程，进入国家能源集团内部市场，逐步承揽系统外涉煤工程业务。推进绿色矿山建设，对排土场和矿坑进行开发治理，恢复绿色环保自然生态。与此同时，以各种形式广泛宣传，认真贯彻平庄煤业“一家人、一盘棋”理念，让全体员工认清形势，统一思想，从而对企业的转型发展树立信心，为企业平稳过渡、转型发展奠定强有力的基础。由于谋划设计组织周全，2017年，企业2 200多名员工顺利转移置换身份到平庄煤业矿建公司的新体制之中，人力资源和闲置资产得到有效盘活和利用，顺利实现了平稳过渡。几年来，企业发展规模不断壮大，一年一个台阶，逐步形成了涉煤业务覆盖“三企四地五大类”的发展格局，在平庄煤业2020年度经营业绩考核中被评为A级，荣获平庄煤业年度先进单位、安全环保先进集体、“安康杯”竞赛优秀组织单位、班组建设先进单位等全部荣誉称号，走出了一条具有自身特色的转型发展道路，步入了良性发展轨道。

2 实现转型发展的关键之处是审时度势，精准施策

现代企业要实现健康发展和高质量发展，就必须主动适应内外部环境变化，及时对所属资源进行有效配置和利用，不断调整系统活动的内容，以达成既定目标。审时度势，精准施策，让企业轻装上阵，对煤矿开采结束后进行转型发展显得尤为重要。

平庄煤业矿建公司是一个国有大型老矿转型成立的新企业，面对老矿转型带来的员工基数大，“老弱病残”人员多，部分职工劳动技能单一，技术素质不高，观念落后，市场就业和分流安置难度大等历史包袱和问题，平庄煤业矿建公司审时度势，精准施策，准确把握利用国家实施化解煤炭过剩产能和专项整治特困企业政策的有利时机，积极争取平庄煤业政策性支持，率先积极稳妥地打开内部退养主渠道，较好地解决了制约企业发展的难题。一是深调研，订方案，做好总体设计。积极主动与平庄煤业公司领导和相关职能部门沟通协调，制订分流方案，完善整体规划。二是解疑虑，重宣传，加强思想引领。紧紧把握企业人员多、基数大、员工思想动态复杂等关键点、风险点，提前做好思想动员。三是同启动，分步推，本埠试点先行，外埠项目部随后跟进，稳步实施方案。四是“先开渠，后放水”，推进竞争上岗。全员解聘，全体择岗，明晰择岗上岗条件，划分不同就业状态（择岗、待岗）下的薪酬待遇，让职工自主选择。五是打开窗，接地气，坚持公平公正，不断总结经验，及时调整策略。截至2018年末，企业911名符合条件员工退出岗位，到2020年末，累计接收平庄煤业内部转岗分流人员728人，平稳顺利地解决了人员分流安置难题，为其他去产能单位提供了成功的借鉴经验，起到了示范引导作用，此项工作荣获了平庄煤业总经理奖励基金培育项目一等奖。

3 转型企业焕发活力的动力是提升管理,坚持创新

党的十九大报告强调,“创新是引领发展的第一动力,是建设现代化经济体系的战略支撑”,转型企业创新活力的提升,是检验其高质量发展的一个重要标尺。只有把创新贯穿于企业一切工作,摒弃传统等靠思维,切实提高自身生存能力,转型才能获得持续发展的深厚力量,进而焕发活力。

一是坚持理念创新。平庄煤业矿建公司在企业发展上始终坚持战略思维,推进三步走发展战略实施。首先,确立了发展理念,即强基固本、提升“四效”、做优做强。明确了企业定位,即履行生产经营、人员安置再就业两大职能,推进企业健康发展和解决历史遗留问题两大任务。制定了经营策略,即以煤为主,先煤后土,先内后外,绿色发展。其次,运用法治思维,坚持以人为本,建立和完善扎实的管理基础工作,采用适应市场需求的新的管理方式和管理方法,有效运用企业资源,把管理创新与技术创新和制度创新有机结合起来,形成完善的动力机制、激励机制和制约机制,推进人力资本提升和产业转型升级的良性循环。

二是坚持制度创新。优越的管理制度是企业组织活动合理化、有效化的根本前提。企业要走正规化、现代化和可持续发展的道路,就必须加强企业内部的管理制度创新。为此,平庄煤业矿建公司始终坚持破除制约要素合理流动的堵点,不断进行制度“废、改、立”工作,先后建立健全、修订了覆盖人力资源、生产成本、财务、技术和安全生产等188项管理制度,从而有效发挥了内部资源配置的最大效益化。

三是坚持管理创新。在基础管理方面,平庄煤业矿建公司针对由于企业闭坑转型过渡期长,大批技术骨干外流,导致公司基础薄弱的现实,按照一年一主题,年年有目标,一年一变化,年年有提升,进行学习培训创新,构建人才“蓄水池”,开展了“强基础、提素质,查不足、补短板,严制度、转观念”系列管理提升活动,编制完成涵盖各领域的106项工作业务的“管理流程汇编”,形成了人人学业务、全体提素质的良好发展氛围,较好地满足了工作所需。① 在经营管理方面,加强成本控制,强化预算管理;落实管理责任,强化精细管理;坚持问题导向,强化清单管理;做好修旧利废,深化节约挖潜。② 在安全管理方面,坚持以构建“本质安全型,内涵增效型,队伍精干型,管理创新型,和谐发展型”为主题,以文化“蓄”电、安全“蓄”航,开展技术技能学习培训创新,以现场拍摄视频进行教学,开展岗位练兵、技术比武和安全知识竞赛、班前有奖答题等活动,激发员工的学习热情,提升全员安全思想责任意识和整体素质,员工在平庄煤业技能大赛中获奖人数逐届递增。③ 在拓宽发展方面,高处谋局,细处落子,进行超前谋划创新,抓住先机,主动出击,改变传统等待思维,积极与平庄煤业相关部门和相关业务单位沟通协调,提前做好工程量落实,人员、设备准备,转型初期顺利承接了平庄煤业所属元宝山露天矿选采280万 m^3 剥离工程、破碎200万 t、选煤筛分系统运转400万 t等工程项目,承接了白音华露天矿储运600万 t,锡林河锅炉供暖、维修等业务,为“三企四地五大类”的发展格局奠定了坚实基础。

4 转型创新的根本保证是“三位一体”,共同发力

国有企业最大的优势就是党的领导,良好的政治生态,对增强企业的竞争力具有积极的促进作用,而做好企业转型发展工作,关键在于有一个良好的工作机制,因此,党政工“三位一体”,责任共担,共同发力,对企业转型创新,实现高质量发展具有必不可少的重要保证作用。

一是充分发挥党委把方向、管大局、保落实的核心作用。建立以党委统一领导，党政交叉任职、共同负责，工会积极参与，各级管理人员充分发挥作用的“三位一体”工作体系，党政工各负其责，找准坐标，选准方位，瞄准“靶心”，找到落实工作的着力点。平庄煤业矿建公司顺利转型，创新发展，就是得益于充分发挥党组织的政治核心作用，把破解管理难题，清醒认识转型发展工作中存在的问题不足，及时有效解决员工思想上的不良苗头和倾向，做好情绪疏导，作为思想政治工作的重中之重抓实抓好。在人员分流安置期间，党政工领导带头深入基层，紧扣企业转型发展实际，从不同层面、不同角度，讲实情、交实底，把国家政策、企业面临的内外部形势、发展要求向员工讲清楚，说明白，统一思想、提高认识，得到了员工的理解支持，保持了平稳状态。

二是坚持思想政治工作方式创新。健全“党建思想政治工作责任”制度，明确领导人员、各职能部室人员责任。确立思想政治工作党委书记负总责，班子成员一职双责，确立管业务必须管思想的指导思想；制定思想政治工作包保责任制，明确思想政治工作分管区域、工作职责和连带处罚；坚持“宣传教育下基层、活动到班前、慰问到一线”，自上而下形成了由平庄煤业矿建公司分管领导负责直达班组的思想教育网络。在及时了解掌握员工思想动态的同时，积极做好人员分流安置政策、方法的宣传工作，做好“摸、排、管、控”情绪疏导。同时，开展多种形式寓教于乐的文体活动，搭建安全思想政治教育活动平台，形成和谐稳定的发展局面。

三是注重解决员工诉求，化解历史矛盾。以党委领导，行政主抓，工会配合，坚持梳理问题，抓住重点，新官理旧账，着力解决事关员工切身利益问题。针对大龄青年补缴转招前从事临时工工作期间养老保险费连续工龄问题，平庄煤业矿建公司设专人成立了专项工作小组，积极与平庄煤业沟通协调，并按照平庄煤业有关会议精神及相关工作要求，组织了 58 人多方搜集查找证明资料，历时 33 d 共录入信息 29 万多条。抽调 9 人配合平庄煤业社保处两次到内蒙古自治区煤炭社会事业保险局进行审批，为 188 人补缴社保，办理了工龄认定，在员工群众中产生了极为深远的影响。各级工会组织抓住稳定工作的关键，化解特殊群体矛盾。把以情感人、解决难题作为重点，关心帮助员工群众，解决生活和工作中遇到的难题，每年都投入 100 多万元帮扶困难员工，让员工群众充分感受到党组织的温暖，筑牢了和谐稳定的“同心圆”。

财务机器人的应用分析与实践

程　鹏

（中煤新集能源股份有限公司，安徽 淮南　232001）

摘　要　国家“十三五”时期提出的“创新、协调、绿色、开放、共享”的新发展理念，体现出“创新”是贯彻新发展理念、推动企业高质量转型升级、实现企业高质量发展的第一动力。作为新时期国家重要发展战略的人工智能自动化技术，已成为企业改革、创新的一种新动力。而财务机器人的出现无疑是企业财务职能转型的新机遇，自动化与人工智能技术势必将重塑企业财务管理职能和未来财务管理模式。本文以财务机器人的应用为切入点，以中煤新集能源股份有限公司（以下简称“中煤新集公司”）财务机器人项目实施过程为背景，对财务机器人的出现、目前国内企业财务机器人的应用、企业财务机器人应用条件以及人工智能未来在企业财务领域应用发展趋势进行了探析。

关键词　财务机器人；实施应用；人工智能

0　引言

人工智能的迅速发展将深刻改变人类社会生活。人类对人工智能的研究起源于20世纪50年代英国计算机科学家艾伦·图灵提出的图灵问题，1956年计算机科学家首次正式提出“人工智能”的概念，点燃了人们对未来的幻想。2006年3月15日，韩国九段围棋名将李世石1∶4憾负谷歌公司的AlphaGo，人工智能逐渐走入我们的现实生活。2017年7月8日，国务院印发《新一代人工智能发展规划》，人工智能发展已提到国家战略发展层面。人工智能将深刻影响企业管理的方方面面。德勤财务机器人的问世，着实让全国2 000多万会计从业人员为自己是否面临失业而捏上一把汗。那么究竟什么是财务机器人，它有什么特点，可以完成哪些类型的工作，应用前提条件和范围是什么？让我们来具体认识一下财务机器人。

1　对财务机器人的认识

1.1　RPA的含义

目前通常所说的财务机器人，是指机器人流程自动化，英文全称为robotic process automation，英文缩写为RPA。根据机器人流程自动化和人工智能研究所（IRPAAI）的定义，RPA描述了这样一种技术应用：“让公司员工能够配置计算机软件或‘机器人’，采集和解释现有应用，以便处理交易、操纵数据和触发响应，并与其他数字系统通信”。通俗一点说，就是一款可以模拟人与计算机通过界面操作交互信息的应用软件。

1.2 RPA 的主要特征

(1) 它没有像人一样的物理外形,而是一款基于桌面记录的自动化软件,能够完成大量重复性、定义清晰、有固定逻辑而少有意外情况的工作。

(2) 它能够 24 h 无间隙地工作,比人工操作工作效率可提高 10 倍、100 倍甚至更高。

(3) 它以外挂形式部署在企业现有企业信息系统中。

(4) 它可以模拟人工用户进行计算机操作并实现信息交互。

(5) 它有较强的管控能力,可实时追踪所有流程步骤。

(6) 在虚拟环境下复制人机交互行为的 RPA 机器人无须人工操作、不会发生错误并可提供自动校验和流程检查,可以说,它是低成本、低风险的财物流程改造首选工具。

1.3 RPA 适用的工作范围

(1) 适合完成结构化的、可重复的工作。

(2) 基于规则预定义的工作。

(3) 可以跨多平台、多系统进行工作,不需要在原系统间开发系统接口。

(4) 适合数据查询、收集和更新相关的工作任务。

(5) 适合完成逻辑性强的工作任务。

1.4 RPA 的工作领域

从以上几点分析可以看出,RPA 主要适用于重复性高、业务规则标准化程度高、基于明确规则的业务流程。而在实际工作过程中,财务管理领域的银行对账、报表管理、预算管理、税务管理、财务流程控制等财务运营管理的各环节,其实都具有这样的特点,因此,在财务领域得到了广泛应用。实际上,RPA 在企业管理中可运用的场景非常多,如各类业务运营、人力资源、行政事务等,没有业务领域和行业限制,只要企业认为在这个岗位中有大量跨系统跨平台、重复有规律的工作都可以应用。在企业管理的各个方面,流程的规范化、标准化程度不同,RPA 技术应用的范围也不同。

1.5 RPA 的应用条件

基于 RPA 的上述特点,RPA 仅是最纯粹的自动化形式,主要是针对企业现有信息系统提供的外挂自动化软件,不必改变现有业务流程,只是用机器替代人工来执行高度可重复的工作,提高了工作效率。但 RPA 必须依托企业现有的信息系统形成的业务规则、标准化程度、明确规则的业务流程。RPA 的适用场景、范围和成效受限于企业已有信息系统的应用成熟度。企业信息化应用水平越高,RPA 的适用场景、范围就会越广,应用成效就会越大,反之则相反。同时企业实施 RPA 应用项目,需要对企业现有业务流程进行梳理,以实现 RPA 应用过程中的流程风险管控、节约开发项目成本、便于 RPA 程序的运行等,从而进一步促进企业业务流程的规范与优化。

2 国内企业的 RPA 应用案例分析

由于 RPA 流程自动化所具备的天生优势,自其问世以来,像雨后春笋,在各类中国企业中得到了广泛应用。作为互联网巨头企业阿里巴巴自然不甘为人后,阿里云 RPA 机器人自 2011 年开始研制,于 2016 年正式上线,应用范围较广,涉及零售、金融、制造、政务等多个领域,据测算能为企业提高效能达到 500%以上;2017 年 5 月 26 日,中化国际(控股)股份有限公司作为首家试水机器人流程自动化的中央企业，在其财务共享中心引进了普华永道财务机器人，用于财务共享中心，从 SAP 系统中提取日记账数据，完成 15 家银行 80 个银行账号的对账和调节表打印工作；大连华锐重工集团股份有限公司作为东三省重工行业的领军企业，于 2018 年 7 月聘请德勤财务机器人“小勤人”上岗，为其解决银行对账产品成本费用结转及从 SAP 系统中提取财务数据生成报表模板，完成财务快报填制工作。电力和石油化工企业纷纷上线财务机器人，在 2017 年底至 2019 年初，多家企业上线了财务机器人，如 2018 年 10 月国网青海省电力公司“青电智羚”财务机器人上线、2019 年 3 月 19 日国网浙江省电力有限公司财务机器人上线、2019 年 4 月 2 日中石化西北油田分公司采油三厂自主研发的财务机器人上线。

通过以上案例分析，不难看出，上线财务机器人的企业至少具备两个共同特征：一是企业的财务信息化水平都较高，企业集团内部都有统一的财务信息管理系统，且很多企业都建立了财务共享中心，企业财税融合的成熟度与财务业务流程规范化水平较高；二是除互联网巨头企业阿里上线的 RAP 财务机器人涉及业务范围较广外，其他企业上线的财务机器人主要集中在财务业务领域范围内，且解决的都是银行对账问题。因此，使用财务机器人解决银行对账问题，应是一个较成熟的应用。

在中煤新集公司实施财务机器人项目之前，煤炭行业鲜有财务机器人应用案例报道，也从侧面说明煤炭行业相对于其他行业的财务管理信息化水平相对落后，石油、电力等财务信息化水平走到了能源行业前列，因此，中煤新集公司财务机器人项目的应用实施，可以说是开启了财务机器人在煤炭行业应用的开端。

3 中煤新集公司财务机器人项目实施及应用

在全国煤炭行业坚决贯彻党中央新发展理念，实现煤炭行业高质量转型升级的环境下，煤炭企业要向高质量发展，而高质量发展的煤炭企业需要高质量的财务相匹配和支撑。敢于、善于利用人工智能、互联网、大数据等现代数字技术，实施应用流程再造、业财融合、财务共享、互联网+财务等举措，促进自身财务组织和职能的升级转型与价值创新，必将成为煤炭企业财务管理工作的重点方向与发展趋势。作为国家信息化 500 强、全国首批 200 家通过两化融合管理体系评定的中煤新集公司，深知引进和利用新技术是企业改革、创新的动力源泉，自然不会错过人工智能技术在公司财务领域的应用与尝试，以解决财务管理流程机械重复性的操作，释放更多的人力。中煤新集公司于 2019 年 5 月启动并实施了“银行自动对账与电子票据管理项目”，将机器人流程自动化技术应用到公司资金风险防控业务中，吹响了财务机器人在中国煤炭行业应用的号角。

3.1 中煤新集公司简介

中煤新集公司是以煤炭采选为主、煤电并举的大型能源企业。公司井田面积为 1 092 km^2，煤炭储量约 101 亿 t。中煤新集公司 A 股于 2007 年在上海证券交易所成功上市，资产总额 300 多亿元。新集矿区依靠技术与管理创新，创造了闻名全国的新集速度、新集经验和新集模式，新集矿区被作为“煤矿建设中投资省、造价低、建设快的范例”写入《中国的能源政策(2012)》。中煤新集公司荣获过国家信息化 500 强企业、全国工业企业管理现代化创新成果奖、科技先导型企业等国家级荣誉。按国务院国有资产监督管理委员会对煤炭央企“做强做专”的规划，2016 年 9 月，中煤新集公司管理权划入中煤集团统一管理。中煤新集公司围绕中煤集团“12355”发展思路和“两商”战略，进一步加快公司管理体制、经营机制、人事制度、转型发展等改革进程，利用中煤集团平台优势，快速向建设现代化新型能源企业迈进，全力打造中煤集团华东地区新型清洁能源基地和煤电一体化基地。

3.2 中煤新集公司上线财务机器人项目的背景分析

中煤新集公司财务管理部在中煤新集公司的快速发展过程中不断改革与创新，2003 年实现了财务的集中管理，统一了所属分(子)公司及二级单位的财务管理信息系统，2007 年上线了资金管理系统，实现资金集中统一管理、银企直连和无现金办公。2016 年，中煤新集公司管理权划入中煤集团统一管理，进一步统一了包含中煤新集公司控股的所有分(子)公司和二级核算单位的财务管理信息系统和资金管理系统，实现了财务与人资薪酬、采购库存信息系统的集成应用，在公司总部成立了会计核算中心，进一步统一了会计核算与资金管控，提升了财务信息化管理水平。

此外，中煤新集公司每月有近万笔资金往来业务，如此繁重的资金往来核对工作均由财务管理部资金管理科的会计人员按月逐一进行手工核对，且集团公司 ERP 系统在每月 2 日前要关闭上月账期，时间要求紧，因此，月末经常需要组织多名会计人员加班加点才能完成核对业务，工作效率较低，工作量大，而且仅能做到每月进行一次集中核对，不能实时掌握资金情况，存在一定的资金管理风险。

中煤新集公司具有较高的财务信息化水平，企业集团内部都有统一的财务信息管理系统，业财融合的成熟度与财务业务流程规范化水平也较高，具备了财务机器人的应用环境。同时财务机器人可提高公司资金对账频率与质量，减少差错，实现对公司资金的实时监控，降低公司资金管理风险，因此实施财务机器人具有现实应用需求。

通过以上案例分析可知，财务机器人在企业银行对账方面的应用已经非常成熟，因此中煤新集公司经研究决定上线实施财务机器人项目，减少财务人员的对账工作量，提升公司资金风险防控能力。

3.3 财务机器人项目开发与实施

项目开发与实施主要过程：目标设定、围绕目标收集具体需求与问题、针对目标制订业务梳理和规范方案及程序设计方案、程序开发、机器人上线测试、机器人与手工并行、机器人正式上线单独运行等。

(1) 项目的总目标。利用财务机器人实现中煤新集公司及所属二级单位、分(子)公司的银行账户的对账工作，提升对账效率，降低资金风险。财务机器人项目实现的总体目标如图 1 所示。

图 1 财务机器人项目实现的总体目标

（2）根据目标进行具体需求的收集及制订对应的解决方案。

① 收集具体的银行账户信息及查询各账户需要登录的网银平台，开发自动登录网银平台、查询下载银行账户流水的程序。实施项目组按照不同的网银平台定向开发，实现财务机器人每天自动登录各网银平台，按照法律主体及账户逐个查询各银行账户交易清单并下载到本地。

② 为了保障资金的安全，登录各类网银平台前都需要在电脑上插入 UKey 进行身份认证，而财务机器人程序一般仅布置在一台电脑中，在认证操作人员的身份时因涉及各家银行的 UKey 较多，一台电脑根本无法同时插入，因此配置一台集中管理各网银平台的 UKey 的网络连接设备，把所有 UKey 集中插到 RFS Network USB Server 上，通过网络将 UKey 远程映射到安装财务机器人程序的电脑上，物理上将 UKey 和人员隔离开，但逻辑上与原来直接插在电脑上完全一样。

③ 收集需要登录的财务核算系统，定向开发自动登录、查询、分账户下载各财务核算系统单位银行日记账的程序。为简化财务机器人下载银行日记账的下载程序开发量，使用财务核算系统“汇总查询职责”，一次性将财务核算系统中所有分账户的银行日记账信息全部从集团公司财务核算系统下载到本地。

④ 开发数据处理与自动对账程序。制定从网银平台下载的银行流水明细与从财务核算系统下载的银行日记账的核对规则，确定收、付业务的单位名称、发生金额、时间、银行账户号、日记账摘要等作为核对关键字。开发自动数据结构化处理和数据核对程序，自动处理从不同网银系统下载的银行日记账流水及从财务核算系统下载的银行日记账数据，并导入数据库中进行比较，按核算单位账户生成银行余额调节表。

⑤ 按方案制定的核对规则，规范财务核算系统中与银行自动对账的相关的日记账各类信息格式，例如修改费用报销系统中日记账摘要产生规则，利用财务核算系统中常用摘要功能，规范手工录入日记账摘要等方法等，提升银行与公司银行日记账分录勾对成功比例。

⑥ 建立资金业务管理人员与财务机器人信息交换机制，财务机器人每日将按日核对的结果，通过公司办公平台将核对信息定时发送给资金业务管理人员，资金管理人员根据核对结果查看是否有即定规则外的业务发生，发现规则外的未成功勾对业务，如果是个别事例，资金管理人员可以直接勾对，将勾对结果反馈机器人，机器人接收到反馈信息后，会记录下已勾对成功信息，在日后的核对过程中默认为成功核对信息；如果资金管理人员发现规则外的未成功勾对业务是日常业务，则要求技术开发人员增加核对规则。

⑦ 机器人根据法律主体及账户进行汇总整理，按账户生成余额调节表，通过公司 OA 办公平台，发送给相关资金管理人员。

实施财务机器人项目具体需求收集、制订对应的解决方案详见图 2 和图 3。

（3）财务机器人主要工作流程如图 4 所示。每日财务机器人通过中煤新集公司 OA 办公系统自动将银行对账结果发送给相关资金管理人员，如图 5 所示。财务机器人自动分核算单位，如图 6 所示。财务机器人自动分明细账户，如图 7 所示。

3.4 中煤新集公司财务机器人项目应用成效

从 2019 年 5 月初到 8 月底，经过中煤新集公司财务人员与技术开发人员 3 个多月的努力，财务机器人成功上线，实现了按日进行资金往来核对，对账频率较人工提高了 90 多倍；同时积累了大量的公司资金往来数据，为公司进行资金系统的大数据分析提供了重要数据源，并实现了对公司资金往来数据的实时监控，有效提高了公司资金风险防控能力。中煤新集公司财务机器人成功

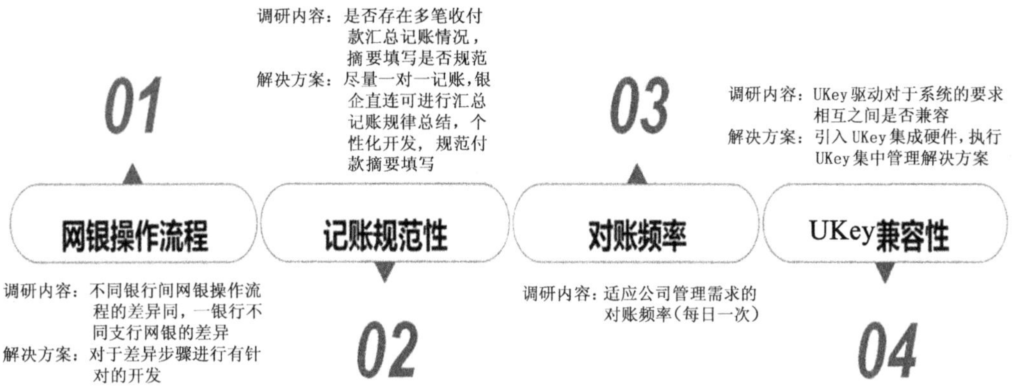

图 2　调研内容及解决方案 1

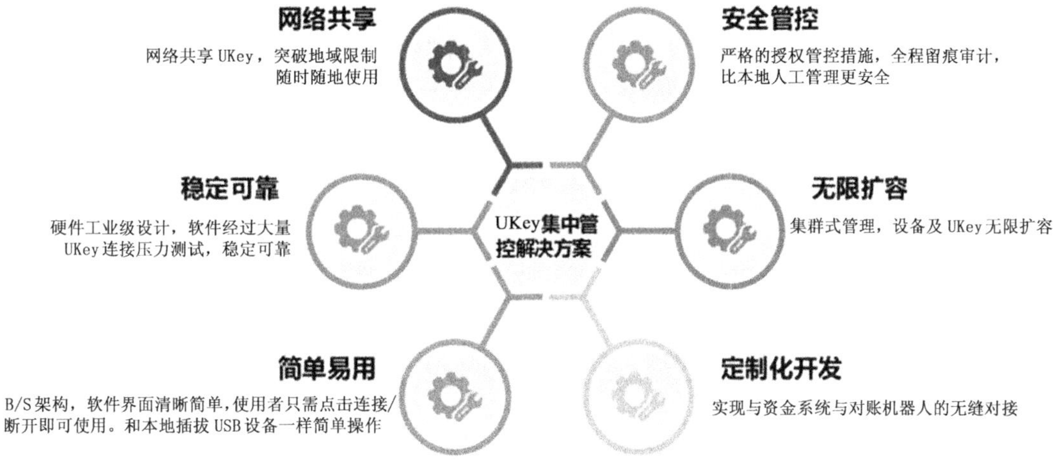

图 3　调研内容及解决方案 2

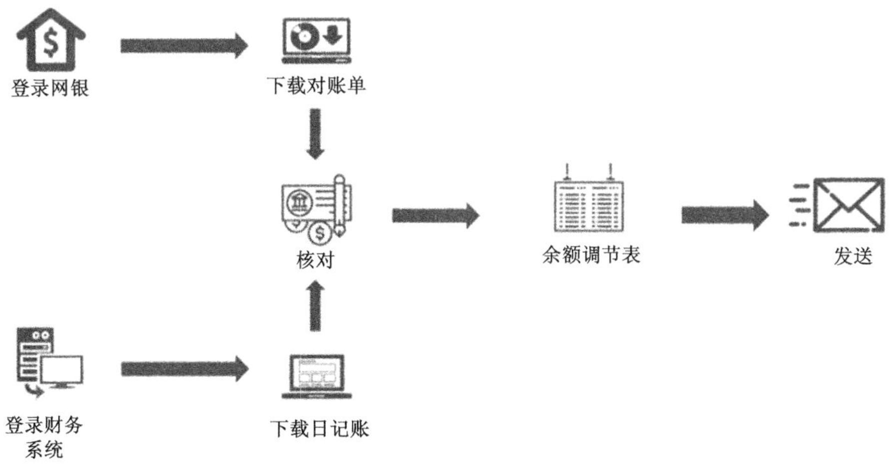

图 4　财务机器人主要工作流程

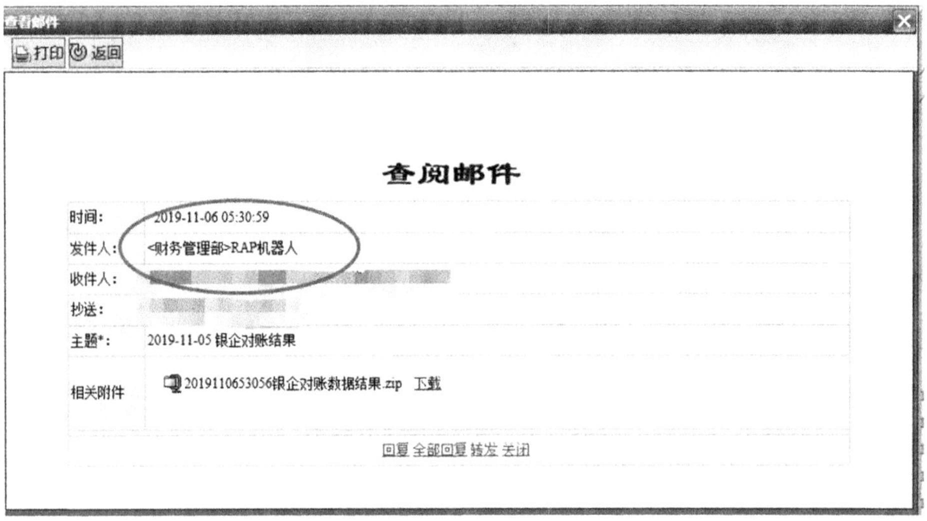

图 5　财务机器人每日自动发送对账结果给相关资金管理人员

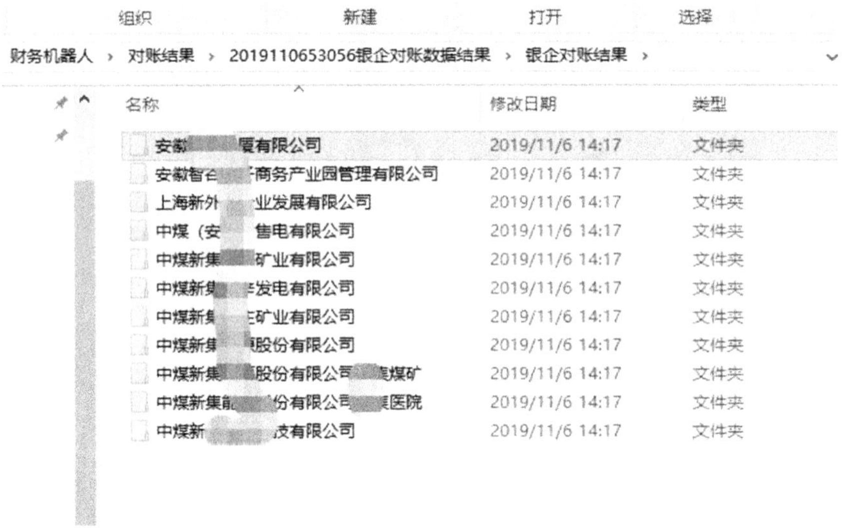

图 6　财务机器人自动分核算单位

上线开启了数字科技“机器人流程自动化技术”在中煤新集公司、中煤集团乃至全国煤炭行业应用的开端。

4　人工智能在企业财务的应用前景展望

RPA 并非人工智能(AI)的顶级发展技术,也称不上“智能财务”的高级模式,RPA 仅仅只能算作财务领域最基础的应用。未来企业的“智能财务”应向以下三个层次发展。

(1) 第一层是搭建企业财税深度融合的智能财务共享平台

在传统的财务管理模式下,受限于技术和业务模式,大多数企业的财务是与业务交易隔离的。

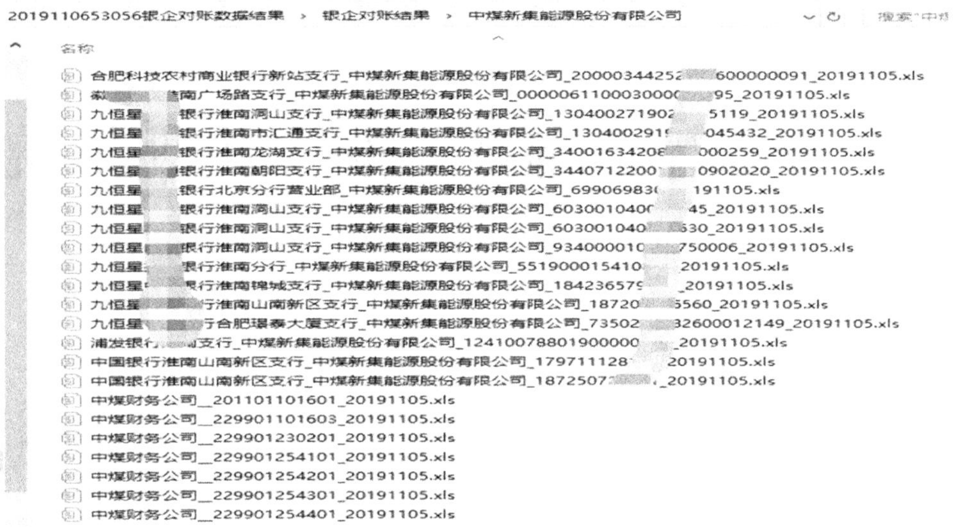

图 7　财务机器人自动分明细账户

会计工作存在大量的简单重复劳动，尽管智能机器人 RPA 提高了工作效率，但本质上并没有消除不增值的会计处理环节。企业可以通过搭建云端企业商城，利用电商化平台实现与供应商、客户之间无缝连接，实现交易透明化、流程自动化、数据真实化。

（2）第二层是搭建基于商业智能的智能管理会计平台

商业智能（BI）是一套商业方面辅助决策的解决方案，它通过组建企业级数据仓库，得到企业数据的全局视图，在此基础上，再利用合适的查询工具、数据挖掘、联机分析处理等对数据进行分析和处理，形成有用的信息。通过构建基于商业智能的智能管理会计平台，企业可以获得贴合不同用户需求的多维度、立体化的数据信息，对管理者的决策过程实现智能化支撑。

（3）第三层是搭建基于人工智能的智能财务平台

随着人工智能的深度发展，将来财务智能机器人必然可以进一步消除财务人工作业流程，基于强大的深度学习能力、计算能力和反应能力，甚至像人类一样进行自主信息搜集、信息分析，并代替人类作出经营决策。随着人工智能技术的不断发展，相信在不久的未来，财务管理上必将实现全面的智能化。

智能化是煤矿未来发展趋势，智能化煤矿是以实现机械化、自动化、信息化为前提。中煤新集公司财务管理部将在中煤集团走进世界 500 强、实现全面智能化的进程中，不断利用现代信息技术提升财务信息化水平，促进公司财务管理工作逐渐走向智能化，为中煤新集公司建成智能化矿山添砖加瓦。

综采工作面智能化建设实施保障措施设计研究

张现余，胡家龙，李井柱，桂久超，杨　军，吕　磊

（中煤新集能源股份有限公司，安徽 淮南　232001）

摘　要　针对当前因技术准备、建设和运行过程管理不到位，影响工作面智能化开采技术应用和发展的问题，从系统管理的角度，采用精益管理思想和团队协作组织方式对综采工作面智能化系统建设应用过程的组织保障措施、制度体系建设、人员培训等进行了系统设计。同时，对影响综采工作面智能化开采技术应用的技术问题进行了分析，对下一步的建设重点进行了探讨，并为综采工作面智能化系统的建设发展提供了一种切实可行的方案。

关键词　综采智能化；组织保障；制度保障

0　引言

滚筒采煤机综合机械化一次采全高开采方式是我国厚煤层主要的开采方式之一，推进综采工作面开采的智能化水平是减少工作面用工数量、改善作业人员工作环境、保障作业人员安全的必由途径，能从根本上提升我国煤矿总体安全水平和经济效益。近年来，国家对智慧矿山建设的大力推动，促进了国内煤机装备制造水平的提升，物联网、信息技术、自动化和智能化控制技术在煤矿生产管理中普遍应用。2020年2月25日，国家发展和改革委员会、国家能源局等八部委联合下发了《关于加快煤矿智能化发展的指导意见》，明确了我国煤矿开展智能化建设的指导思想、基本原则、重点任务和保障措施。综采工作面作为煤矿的主要生产环节，是智能化矿山建设的重点和难点[1]。

综采工作面智能化系统是煤矿智能化开放巨系统的三大核心之一，子系统多、层级多，子系统相互之间的关联度高且复杂[2]。坚持以科技创新为根本动力，持续开展系统优化升级，推动智能化技术与企业融合发展，不断提升开采生产智能化水平，牢固树立煤矿智能化是煤炭行业发展的必由之路，是支撑我国未来煤炭行业生产方式转型的核心技术支撑[3-6]，也是煤炭企业持续健康发展的基础。为做到综采工作面智能化系统设计到位、实施到位、应用维护到位，需要从组织、制度、培训等方面做好保障，在技术上做到不断地优化升级。

1　智能化开采技术应用现状

1.1　应用效果

综采工作面智能化协同控制技术除依赖煤研识别、采煤机三维精确定位和工作面精准煤层分

布信息的功能尚需验证外，以设备的智能协同运行控制，设备与人员的安全闭锁为主的工作面系统智能协同控制，在工作面顶板条件较好，工作面切向倾角较小条件下的工作面已广泛应用。通过综采工作面智能化协同控制方案的实施，综采工作面操作岗位减少60%以上，除监护岗，基本消除司机岗位，起到了明显的减人提效效果。

1.2 存在的问题

已实现的智能化开采功能与工作面跟随煤层自动导航控制的智能化开采还存在较大差距。以设备智能协同控制与人员安全闭锁为主的工作面智能化开采适应复杂开采条件的能力差，只适用于煤壁直立性好，煤层厚度稳定，走向和切向倾角小或接近于水平的各类条件都较为理想的工作面，对煤层变化和地质条件复杂的工作面难以常态化应用。

在管理上，智能化开采工作面存在智能化系统维护不到位，系统功能经常不能保持完整，影响智能化控制系统正常应用，进而影响工作面生产的情况，并导致在生产管理层存在智能控制技术应用与产量和生产节奏稳定是对立的思想。工作面智能化控制系统的建设，使原有司机岗位转为巡视或其他工种，岗位转换后的人员因年龄较大、知识面窄，缺乏专业知识及持续学习的态度、思维定式严重等问题，对新岗位的适应存在困难，影响综采队伍思想稳定。智能化控制系统的建设在工作面增加了大量的信息采集、传输、处理及集成控制设备，增加了工作面操作和技术人员的工作量，同时他们对新增设备的熟悉需要较长时间，普遍对新系统的应用存在畏惧和排斥情绪。在固定的产能任务压力下，传统野蛮操作意识在工作面生产过程中根深蒂固，对智能化开采技术应用影响生产时的原因缺乏分析，在处理上通常都是简单粗暴地对自动化和智能化功能进行抛弃，缺乏持续完善的态度。

1.3 客观和技术原因

(1) 在工作面切眼倾角较大的情况下，液压支架在自动推移过程中容易偏斜和咬架，现有装备难以实现支架偏斜姿态的精确监测和自动调整。

(2) 受顶板破碎，工作面煤壁片帮、漏顶较大等问题影响，液压支架护帮板实际工作位置与设计工作位置难以保持一致，因护帮板实际工作位置检测在工程上尚存在困难，导致护帮板与采煤机滚筒的干涉自动判断存在较大风险，影响采煤机自动割煤。

(3) 目前工作面采煤机精确定位技术以澳大利亚LASC系统为主，国产工作面采煤机精确定位技术尚不成熟，澳大利亚LASC系统的引入价格昂贵且受限较多，不便采用。同时受限于国内井下煤层精确勘探精度较低，煤层分布地理信息不准确，导致基于煤层分布和精确定位的煤机智能导航控制难以在地质较为复杂条件下的工作面生产中常态化应用。

(4) 受限于国内采煤机精确定位技术和算法的不成熟，液压支架的长时自动校直在倾角较大条件下的成熟应用还存在一定差距。

(5) 现有工作面两巷空间布局、支护与采煤工艺方式难以实现工作面回采过程的两端斜切进刀自动化。

(6) 现有工作面设备相互干涉影响，基于人员位置的人员安全闭锁控制等以逻辑判断形式表现，精度低，不直观。

(7) 目前缺少工作面回采过程包括设备动作状态、工作面空间信息、环境状况等整体状况的回放和后续过程模拟的手段，不利于工作面回采过程的优化。

1.4 主观和管理原因

(1) 现有工作面人员构成不合理,知识、技能水平普遍较低,与智能化开采所需的能力水平存在差距。

(2) 工作面采用传统的生产组织模式,岗位和工种固定,工作面工作人员技能单一,不能适应智能化工作面对工作人员一专多能的需要。

(3) 工作面智能化开采系统建设以机电部门为主,生产管理、安全管理、经营管理、地质等部门不参与或较少参与,生产单位只有电气技术员参与,生产管理及生产单位等对智能化系统缺乏系统认识。

(4) 煤矿针对工作面智能化开采的运行和维护管理的制度体系缺失、不健全或不合理,针对工作面智能化建设的技术标准体系不够完备。

(5) 公司缺乏针对工作面智能化建设的监督、评价机制,缺少针对智能化开采技术推行的示范和激励机制。

(6) 满足工作面智能化开采需要的安全运行保障体系建设滞后。

2 管理保障及技术改进措施

2.1 保障措施设计原则和目标

以人为本,全员参与,遵循精益管理思想,通过高绩效团队建设,有效配置、合理分配资源,做到持续改善[6-7]。围绕服务安全生产和提质增效,以在公司范围内树立智能化开采可行、可靠、有效及智能化开采技术推行势在必行的共同认知,形成通过智能化开采技术应用提升安全与效率的共同目标,推动智能化开采技术应用成为生产单位的内生需求。以团队为基本组织形式,以精益化管理理论、方法为建设指导工具,为工作面智能化系统高质量建设和应用保驾护航。

2.2 组织保障

运用系统论的观点和方法,对工作面智能化建设、运行组织进行整体设计,成立工作面智能化建设保障管理组织、实施和运行组织、技术支持组织、实施监督组织、后评价组织、运行机构优化组织,明确工作面智能化建设管理目标,形成工作面智能化建设整体合力。

2.2.1 矿级管理组织

建立以矿长为组长,生产矿长和机电矿长为副组长,其他矿领导为成员的工作面智能化建设管理小组,明确工作面智能化建设管理目标,形成工作面智能化建设整体合力。统筹工作面智能化建设的成本管控、生产组织、机电管理、安全管理、标准化建设、组织机构优化、智能化及柔性管理等各个方面的精益优化。

2.2.2 实施和运行组织

建立以综采队长为组长,矿智能化业务和调度负责人为副组长,其他职能科室负责人、综采和智能化业务技术人员为成员的实施和运行组织。凝聚矿井各业务部门共识,促进工作面智能化建设跨业务合作。

2.2.3 技术支持组织

由公司总工程师牵头,智能化业务分管领导或机电信息管理部(含智能矿山研究所)具体负责,公司生产技术部、地测水文部、"一通三防"部、安监局等安全生产技术部门共同参与的智能化工作面建设技术支持团队，同时聘请高校及专业机构专家提供咨询服务。充分发挥各自专业领域优势，实现协同创新、跨业务融合发展，为工作面智能化建设在技术路线、技术方案、技术难题攻关等方面提供技术支撑。

2.2.4　实施监督组织

由公司生产技术部牵头，公司机电信息管理部和科技环保部参与对工作面智能化建设的全过程进行监督，重点监督工作面智能化建设和应用过程中矿井的组织、制度建设及智能化建设方案落实情况。

2.2.5　后评价组织

由公司经营管理部牵头，公司生产技术部、机电信息管理部、人力资源部、科技环保部参与，对工作面智能化建设的效能进行评价，对工作面智能化建设参与单位进行定量考核。

2.2.6　运行机构优化组织

由公司人力资源部牵头，公司生产技术部及矿相关部门参与，针对智能化工作面的运行需求，设立与之相适应的工作面生产运行组织机构并持续优化。

各个组织以团队形式开展工作，各组织之间的工作关系如图1所示。

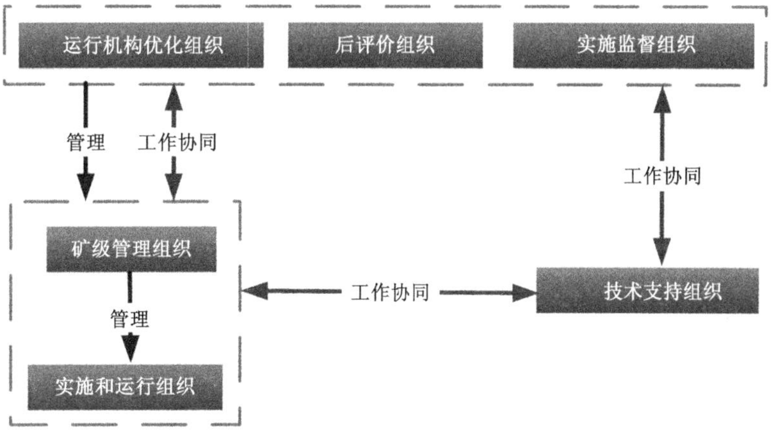

图1　智能化工作面保障组织工作关系图

2.3　制度保障

2.3.1　技术标准体系建设

建立智能化工作面建设技术标准体系，按工作面分类、分级技术条件对工作面智能化建设的总体功能目标[3]，子系统功能设计，系统间的协同控制规则，子系统间的协议接口，不同子系统的协同配合责任，系统变量命名规则及人机界面设计等进行详细规范。

2.3.2　执行监督制度

按工作面分类、分级技术条件结合各矿实际情况，制定各矿智能化工作面建设年度指标体系，将工作面智能化建设与应用纳入矿井年度考核指标，作为公司质量标准化和机电检查内容纳入日常管理。

2.3.3　后评价制度

以促进工作面智能化项目管理规范化、科学化，提高管理的效率和效益，保障项目实施后的应用效果为目标;以提升工作面开采的效益与效率为根本原则,注重实效,大力推广新技术、新装备、新工艺的应用。参照《中煤新集能源股份有限公司“四化”建设项目管理办法》,由工作面智能化建设后评价组织开展工作面智能化建设后评价。

2.3.4 运行和维修管理制度建设

针对工作面智能化开采的特点,以保障智能化工作面安全高效运行,消除传统落后的规定对工作面智能化开采效能发挥的不利影响为目标,由公司生产技术部牵头,公司安监局、机电信息管理部及其他职能部室、矿相关部门参与,建立智能化工作面的运行和维修管理制度体系并持续优化和完善。

2.3.5 安全保障体系建设

智能化安全保障体系是工作面智能化建设的重要组成部分[8]。由公司安监局牵头,公司生产技术各职能部室及矿参与,针对工作面生产存在的风险因素,建立与工作面智能化水平相适应的工作面安全保障体系。以全面的数据平台、实时的风险评估和智慧的灾害处置为重点,形成数字式、一站式、智能式的工作面风险辨识、预警、处理闭环的安全保障体系。对工作面智能化安全保障体系在感知层面、风险层面、设备层面和管理层面的架构进行系统规范。

2.3.6 激励机制

从公司层面加大矿井进行工作面智能化建设的政策支持力度,建立公司智能化发展长效机制。成立公司智能化建设奖励基金,对在公司组织的后评价中得分优良的智能化工作面,对所在矿井和生产区队进行物质奖励,所在区队负责人和主要技术人员优先获得年终评优机会。以综采队为主体,制定工作面智能化建设应用指标体系,树立综采队全员参与工作面智能化建设的理念,做到人人有指标,人人有考核。

2.4 培训

工作面智能化开采作为一种新的技术手段其应用普及有一个过程,尤其是煤矿生产操作及管理人员对智能化开采技术及理念的接受需要一个过程。工作面智能化开采是对传统开采方式的颠覆,它打破了传统工作面操作人员间的分工界线以及调度指挥模式。传统操作岗被巡视岗替代,针对单一设备、系统操作的简单技能需求被多设备、系统基础故障判断和应急操作知识需求替代。以电话沟通和凭经验进行生产调度指挥的工作方式被通过智能控制系统实时获取信息和智能辅助调度指挥替代。

工作面智能化建设要重点做好矿领导、矿井生产调度、综采队技术人员及综采操作人员的培训。针对矿领导的培训以智能化开采技术发展,能够实现的功能和能达到的效果等效果性内容培训为主,重点提升对智能化开采技术的认知,培养采用智能化技术进行开采的信心;技术人员以工作面智能化开采涉及的安全、信息、自动化和智能化控制等各类技术为主;生产调度人员以熟悉智能化工作面运行机制,工作面智能化控制系统与生产调度相关的功能等为主;巡视人员以工作面多设备综合运行管理、操作和应急故障处理知识培训为重点。各类人员的培训都以树立大局意识,打破专业界线,培养多干一点和协同配合工作的意识为基础。

2.5 下一步技术改进措施

针对以设备智能协同控制和人员安全闭锁为核心的工作面智能化开采系统方案存在的问题,下一步计划在以下几个方面进行改进:

(1) 进一步完善工作面信息采集手段,重点提升和改进液压支架高度和姿态监测的精度及可靠性，基于对人工处理液压支架防咬架和咬架过程的处理，对液压支架智能化控制系统进行优化，提升液压支架智能控制的适应性。

（2）建立工作面数字孪生系统，基于数字孪生系统优化工作生产过程的跟踪、复现及生产过程优化模拟，建立和形成基于数字孪生系统的故障预判和处理专家系统。

（3）基于煤层和地质条件，装备和生产工艺情况，对工作面两巷的支护材料和工艺的变更进行探讨，探索采煤机可切割支护材料和工艺应用的可行性。

（4）在积极合作开展工作面定位和煤层精准勘探技术应用研究的同时，针对工作面的实际工况开展灵活的智能化开采运行策略并持续优化。

3 结语

综采工作面智能化系统的建设、应用、持续完善是一个复杂的系统过程，笔者针对工作面智能化建设提出的组织措施、制度措施、培训和技术改进方案符合当前煤矿实际需要，从系统管理的角度为综采工作面智能化系统的建设发展提供了一种切实可行的保障措施。

参考文献

[1] 王国法，杜毅博，任怀伟，等.智能化煤矿顶层设计研究与实践[J].煤炭学报，2020，45(6)：1909-1924.

[2] 葛世荣.智能化采煤装备的关键技术[J].煤炭科学技术，2014，42(9)：7-11.

[3] 王国法，赵国瑞，胡亚辉.5G 技术在煤矿智能化中的应用展望[J].煤炭学报，2020，45(1)：16-23.

[4] 王国法，刘峰，孟祥军，等.煤矿智能化(初级阶段)研究与实践[J].煤炭科学技术，2019，47(8)：1-36.

[5] 王国法，王虹，任怀伟，等.智慧煤矿 2025 情景目标和发展路径[J].煤炭学报，2018，43(2)：295-305.

[6] WOMACK J P，JONES D T，ROOS D.改变世界的机器[M].余锋，张冬，陶建刚，译.北京：机械工业出版社，2015.

[7] WOMACK J P，JONES D T.精益思想[M].沈希瑾，张文杰，李京生，译.北京：机械工业出版社，2017.

[8] 李爽，薛广哲，方新秋，等.煤矿智能化安全保障体系及关键技术[J].煤炭学报，2020，45(6)：2320-2330.

煤炭企业运用指数定价实践与探索

冯　雨[1]，冯华敏[2]

（1.中国煤炭运销协会，北京　100013；
2.中国煤炭市场网，北京　100070）

摘　要　煤炭价格指数作为反映煤炭市场供需关系，衡量煤炭价格水平变化的重要经济指标，在表征经济形势、指导市场定价、引导产业健康发展等方面发挥着重要的作用。本文认真回顾了我国煤炭价格指数的发展历程，系统梳理了煤炭价格指数的发展现状，深刻剖析了目前存在的主要问题，提出应加快推动建设全国煤炭交易数据平台、持续优化中国煤炭价格指数体系、加强对煤炭价格指数行为的监管，从而实现指数市场高质量发展，增强我国煤炭产业的国际定价话语权。

关键词　煤炭价格；价格指数；发展情况

0　引言

煤炭是我国的主体能源和重要的工业原料，煤炭经济平稳运行关系能源供应安全和经济社会持续稳定健康发展。煤炭行业宏观调控的重要目标之一是保持煤炭价格水平稳定合理，因而，煤炭价格指数作为衡量煤炭价格水平变化的重要经济指标，受到包括政府、企业和公众在内的各方经济主体的广泛关注。同时，我国作为世界上最大的煤炭生产国、消费国与进口国，通过编制和发布煤炭价格指数，也能增强我国煤炭定价话语权。

随着煤炭行业供给侧结构性改革的持续推进、煤炭市场化改革不断深入，煤炭市场定价机制趋于成熟完善，煤炭价格指数在指导市场实践方面的重要性愈发凸显，政府机构、行业协会、区域煤炭交易中心等市场参与者均对价格指数的理论和实践的发展给予了高度重视，煤炭价格指数进入快速发展期。在各有关机构的共同努力下，目前已经基本形成了能够客观反映我国煤炭市场波动的全国性煤炭价格指数体系，对煤炭及相关产业发展都产生了深远的影响。因此，通过对煤炭价格指数的发展和实践情况进行总结，将有助于提升煤炭价格指数工作水平，实现煤炭行业高质量发展。

1　煤炭价格指数的发展历程

回顾历史，可以将我国的煤炭价格形成机制划分为三个阶段，即计划经济定价阶段、价格双轨制阶段和市场化阶段。在不同的阶段，虽然都出现过一些煤炭价格指数，但是其编制方法、表达的内涵均不尽相同。

在计划经济定价阶段，国家为保持市场稳定，这个时期内国家制定全国统一计划价格指数，编制的依据是与其他主要生产资料的比价，没有与市场联系，因此这一时期的价格指数不能及时和充分地反映市场供求及资源价值。

改革开放后的较长时期内，由于煤炭在国民经济中的特殊性，并没有直接全面市场化，而是实行市场价和计划价并存的双轨制，但是由于长期受计划经济影响，随着国家对价格的逐步放开，市场煤的价格开始变化剧烈，供需双方对于如何合理定价无所适从，用煤价指数参与定价开始成为一种探索，不过这一时期的价格指数编制仍受到计划价格的影响，因此其市场化程度较低，市场应用性较差。

自 2013 年起取消重点电煤合同，取消电煤价格双轨制，确立了按市场机制确定煤炭价格的定价原则后，我国煤炭行业市场化及国际化进程明显加快，煤炭价格对煤炭交易的影响越发明显。在此背景下，由于破除了计划价格的约束，我国的煤炭价格指数编制工作市场化水平显著提升，各种煤炭价格指数如雨后春笋般层出不穷，价格指数已经频繁参与供需双方定价，特别是进入 2017 年，煤炭行业市场化改革提出了中长期合同制度，在此基础上，形成"基础价＋浮动价"的定价新机制，一批有公信力的煤炭价格指数成为浮动价参考指标，标志着煤炭价格指数已经得到了政府和市场的广泛认可。

2 煤炭价格指数的发展现状

2.1 指数编制机构持续增加

截至 2019 年，公开编制发布煤炭价格指数的机构已经达到 20 余家(见图 1)，从机构分布类型来看，有行业协会、煤炭交易中心、信息咨询公司和事业单位等。其中，煤炭交易中心和信息咨询公司是编制发布指数的主力军，编制发布了占总量 2/3 以上的煤炭价格指数。

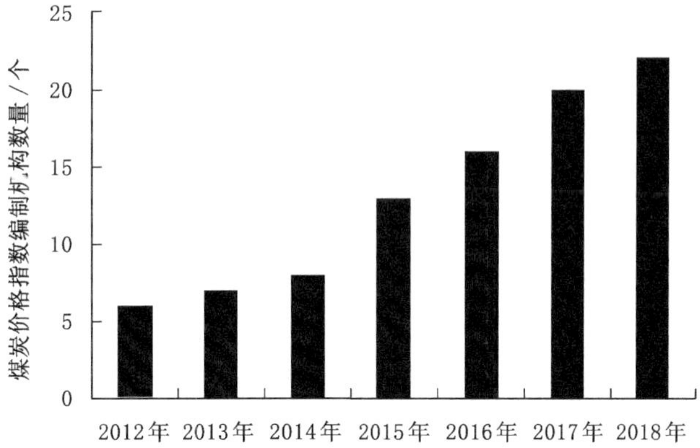

图 1 近几年煤炭价格指数编制机构数量变化情况

目前，在行业内有较大影响力的指数编制机构有国家发改委价格监测中心、中国煤炭工业协会、中国煤炭运销协会、中国电力企业联合会、中国煤炭市场网、中国(太原)煤炭交易中心、陕西煤炭交易中心、内蒙古煤炭交易中心、秦皇岛海运煤炭交易市场、山西汾渭能源咨询有限公司等。

2.2 全国煤炭价格指数体系基本形成

截至 2019 年，国内煤炭价格指数从数量和丰富程度上看，已经基本能够满足市场需求。国内主要的煤炭价格指数见表1。

表1 国内主要的煤炭价格指数

指数名称	英文简称	编制单位
中国煤炭价格指数	CCPI	中国煤炭工业协会、中国煤炭运销协会
中国电煤价格指数	CTCI	国家发改委价格监测中心牵头
中国电煤采购价格指数	CECI	中国电力企业联合会
CCTD秦皇岛动力煤价格指数	CCTDPI	中国煤炭市场网
环渤海动力煤价格指数	BSPI	秦皇岛海运煤炭交易市场
太原煤炭交易价格指数	TCPI	中国(太原)煤炭交易中心
陕西煤炭价格指数	SCPI	陕西煤炭交易中心
内蒙古煤炭价格指数	—	内蒙古煤炭交易中心
中价·新华山西焦煤价格指数	—	国家发改委价格监测中心、新华社中国经济信息社
重庆动力煤价格指数	CQSCPI	陕西煤炭交易中心
榆林煤炭价格指数	—	榆林煤炭交易市场
Mysteel焦煤价格指数	—	上海钢联电子商务股份有限公司
易煤长江口动力煤价格指数	YRSPI	易煤网
CCI系列煤炭价格指数	CCI	山西汾渭能源咨询有限公司

依据不同的分类方法，指数可以划分为多种类型。按区域划分，有反映主产地、中转地、消费地及全国情况的价格指数；按煤炭用途划分，有反映动力煤、炼焦煤、化工用煤的价格指数；按市场类型划分，有反映现货煤交易、长协煤交易的价格指数；按采集的价格类型划分，有坑口价格指数、车板价格指数、港口平仓价格指数；按计算方法划分，有绝对价格指数、相对价格指数；按发布周期划分，有日度、周度、月度价格指数。

各类煤炭价格指数既相互印证、又互为补充，形成以中国煤炭价格指数为主体，各区域、各品种、各市场类型价格指数为补充，综合指数与分项指数相衔接的全国煤炭价格指数体系，从而能够全方位地对煤炭市场进行监测，推动煤炭市场供需动态平衡，保障行业平稳健康可持续发展。

2.3 煤炭价格指数深入参与市场定价

2.3.1 指数定价被市场认可

煤炭作为大宗商品，其定价机制一般有三种形式：期货定价、谈判定价和指数定价。期货是高度市场化条件下的产物，我国目前煤、电、运的市场化进程与此尚有不小的距离，同时煤炭供需企业参与期货交易的程度仍然不高，期货价格难以全面反映供需关系，另外目前煤炭期货品种较为单一，而市场交易品种则多样。谈判定价由于涉及的市场参与主体不多，易受供需双方关系、谈判技巧等影响，同时容易被暗箱操作，缺点较多，也难以大面积推广。

相比期货定价、谈判定价的局限性，以透明、合理、能够准确反映市场基本面的煤炭价格指数为定价依据，制定出一个能为供需双方所接受的结算价格和调价机制，显然有助于建立长期稳定的煤炭供需关系，因此用指数定价已经成为现阶段供需双方签订短期现货交易合同和中长期交易合同的普遍选择。近年来政府管理部门也鼓励采用指数定价，在《国家发展改革委办公厅关于推进2018年煤炭中长期合同签订履行工作的通知》(发改办运行〔2017〕1843号)中，明确将环渤海动力煤价格指数(BSPI)、CCTD秦皇岛动力煤价格指数(CCTDPI)、中国电煤采购价格指数(CECI)列为煤电双方签订中长期采购合同的定价依据。部分煤炭价格指数市场应用情况见表2。

表2　部分煤炭价格指数市场应用情况

指数名称	市场应用情况
中国煤炭价格指数(CCPI)	众多煤炭购销企业将该指数作为定价依据
中国电煤价格指数(CTCI)	众多煤炭、电力企业将该指数作为定价依据
CCTD秦皇岛动力煤价格指数(CCTDPI)	被国家发改委列为电煤中长期采购合同浮动价参考指标。众多煤炭购销企业将该指数作为内部结算或招标采购的价格依据
中国电煤采购价格指数(CECI)	被国家发改委列为电煤中长期采购合同浮动价参考指标。众多电力企业将该指数作为内部结算或招标采购的价格依据
环渤海动力煤价格指数(BSPI)	被国家发改委列为电煤中长期采购合同浮动价参考指标。众多煤炭供需及贸易企业将该指数作为下水煤内部结算或招标采购的价格依据。部分进口煤参考该指数进行定价
太原煤炭交易价格指数(TCPI)	山西省部分内外销长协合同以该指数为调价依据
陕西煤炭价格指数(SCPI)	陕西省内外销长协合同多以该指数为调价依据
内蒙古煤炭价格指数	内蒙古大型煤企采用该指数作为评估价格及调价依据
中价·新华山西焦煤价格指数	部分煤炭、钢铁、焦化企业采用该指数作为调价依据
重庆动力煤价格指数(CQSCPI)	重庆区域部分煤炭购销企业采用该指数作为定价依据
Mysteel焦煤价格指数	部分贸易企业采用该指数作为购销定价依据
易煤长江口动力煤价格指数(YRSPI)	部分煤炭购销企业采用该指数作为定价依据
CCI系列煤炭价格指数(CCI)	部分煤炭购销企业采用该指数作为现货交易定价依据

2.3.2　指数定价的主要方式

现阶段,用煤炭价格指数参与定价的主要方式主要有以下几种:

一是直接采用价格指数定价。即以单个价格指数或多个价格指数的平均值或加权平均值作为定价依据,也可以采用价格指数上浮或下浮的方式定价。能被用来直接定价的价格指数一般为绝对价格指数(反映在某一特定时期内的绝对价格水平)。如一些动力煤购销企业采用上浮或下浮一定价格的CCTD秦皇岛现货交易价作为现货合同定价依据。

二是采用指数变化幅度定价。即供需双方确定首期价格后,之后可以根据指数的变化幅度进行价格调整。该定价方法既适用于绝对价格指数也适用于相对价格指数(两个不同时期价格变动的相对数)。目前国内大部分煤炭和电力企业均采用这种定价模式。

三是"基准价+指数浮动价"的方式。即供需双方确定一个一定时期内保持不变的基准价格,再配合指数浮动价综合确定。目前我国重点电煤中长期合同多采用这种定价机制。

2.3.3　指数定价效果显著

在政府管理部门、行业协会的引导和市场的选择下,我国煤炭价格指数参与市场定价已经取得了显著的效果,特别是煤炭中长期合同采用煤炭价格指数作为浮动价的参考指标后,不仅使得价格稳定在合理水平,也解决了市场经济条件下困扰供需双方多年的中长协合同定价难的问题,促进了煤炭市场的平稳运行。

图 2 为 2018 年环渤海港口 5 500 kcal/kg(煤)年度长协下水电煤价格走势,可以发现采用指数作为浮动定价指标后,全年价格处于煤电双方均可以接受的正常区间(500～570 元/t),最高最低价差仅为 13 元/t,基本保持平稳运行。

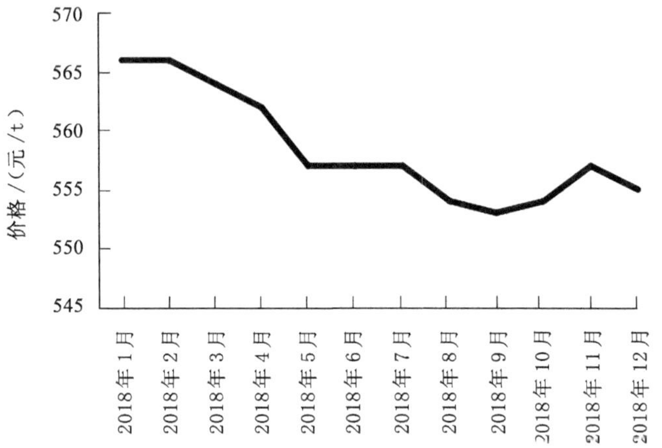

图 2　2018 年环渤海港口 5 500 kcal/kg(煤)年度长协下水电煤价格走势

2.4　指数编制发布工作水平明显提升

近几年,我国的煤炭价格指数编制发布工作水平明显提升,体现在以下几个方面:

一是指数数据质量明显提升。及时获取客观的基础数据是指数质量的保障,目前多数指数编制单位均建立起领先的现货交易平台,煤炭供需企业通过交易平台进行询价和竞价,产生了大量及时准确的数据,从根本上保障了采集数据的真实性。如太原、陕西、内蒙古、榆林等区域煤炭交易中心以及焦煤在线等交易平台。

二是价格指数编制发布标准显著提升。近些年,煤炭价格指数开始能够明显影响到期货和现货市场运行,因此为避免劣质指数对市场产生不良影响,国家相关管理部门对一些有影响力的价格指数进行了检查,并多次召开有关价格指数监管方面的会议,公开整顿了个别存在以偏概全、数据失真现象的价格指数,行业协会也多次呼吁价格指数编制单位规范相关行为。2018 年,为了进一步规范价格指数行为,国家发改委价格司还公开发布了《价格指数行为管理办法(征求意见稿)》,在这些措施的综合影响下,我国的煤炭价格指数编制发布标准显著提升,相关行为明显规范化。

三是指数编制技术达到国际水平。我国早期的煤炭价格指数对煤质指标、价格类型、地点约定等细节的重视程度不足,导致指数可参考性较差,近些年我国煤炭价格指数编制机构在总结国内外大宗商品价格指数编制经验的基础上,结合煤炭贸易实际情况,在指数编制中广泛使用升贴水技术,使得价格指数的可比性、应用性显著加强,指数编制技术已经达到国际水平。

2.5　国际定价话语权明显增强

虽然我国很早就成为全球最大的煤炭生产国、消费国以及进口国,对全球煤炭市场的影响非常大,但是长期以来却缺乏有影响力的煤炭价格指数,因此在国际市场和国内市场的定价上,企业多采用国际指数机构编制的价格指数参与定价,导致我国的煤炭定价话语权缺失。

近些年,随着我国煤炭价格指数的快速发展,影响力的提升,正在迅速打破由国外指数机构垄断定价权的局面,定价话语权明显增强。截至2019年,国内煤炭市场定价所用的煤炭指数基本已经被我国的煤炭价格指数占据,而外贸煤炭市场定价虽然还未有实质性的进展,但是一些知名的国外能源信息咨询机构已经开始采用我国的煤炭价格指数来评估市场,我国的煤炭价格指数在国际上的影响力已经不能被忽视。

目前,中国煤炭运销协会、中国电力联合会等机构已经开始着手进行进口煤价格指数的编制工作,随着这些指数的编制发布,我国煤炭价格指数在国际定价上的话语权将进一步增强。

3 煤炭价格指数市场存在的问题

3.1 总体散乱小,有影响力的指数偏少

近些年,煤炭价格指数市场快速发展,很多机构开始参与煤炭价格指数的编制发布工作,编制发布了大量指数,种类繁多,但是相当一部分指数均没有形成市场影响力。特别是一些小型的指数编制机构,既缺乏编制发布的实力,也迫于生存压力,很难做到客观、公正,以至于扰乱了市场预期、扭曲了市场信号、加剧了市场波动,给行业带来不好的影响。整体来看,目前国内煤炭价格指数市场集中度偏低,能够得到市场广泛认可的指数仍然偏少,更缺乏有国际影响力的价格指数,导致我国煤炭产业在国际市场的定价话语权缺失。

3.2 指数编制较为随意,质量参差不齐

目前的价格指数市场未设定任何准入门槛,各类市场主体均可以编制发布价格指数,无须通过申请、审核、备案等获取资格。因此,尽管一些指数在编制方法、样本采集、样本容量等方面存在明显缺陷,但是仍能够持续发布。一些指数发布机构鉴于自身行业影响力,无法采集到企业真实合同成交数据,只能依靠打电话询问,或者通过企业信息员报价,这种方式采集上来的价格大多为挂牌价格或者意向交易价格,与真实价格存在较大差距,这类价格经常扮演助涨杀跌的角色,影响了煤炭市场平稳运行。

3.3 指数发布平台同质竞争严重

目前,国内煤炭价格指数编制机构缺乏共享和交流机制,很多指数编制机构盲目发展,随意编制指数,同质化竞争较为明显。以环渤海地区为例,大量机构均发布环渤海地区煤炭价格,同质化竞争特别明显,不仅造成了社会资源的浪费,也让市场一头雾水,难以摸清楚真实的市场情况。

4 指数市场发展展望

为解决煤炭价格指数市场发展过程中的问题,推动指数工作高质量发展,进一步提升我国煤炭价格指数体系的公信力和国际影响力,未来的指数工作应该在创新数据采集方法、提高指数运营水平、打造指数编制标准、加强指数行为监管等方面展开。具体建议如下。

4.1 推动全国煤炭交易数据平台建设

要打造开放、共享、高效的全国煤炭交易数据平台,积极吸纳各个区域交易中心数据,同时鼓励煤炭产业链上的供需企业通过此交易平台进行询价和竞价,从而打破数据孤岛,解决数据体系不完善、采集渠道不畅通、数据时效性不强等问题,以此进一步提升煤炭价格指数基础数据的采集质量与效率。同时,借鉴国际上知名指数编制发布机构领先的运营模式,将该平台建设成公开、透明、专业的全球性煤炭价格指数发布平台,快速推进中国煤炭价格指数体系在国内外市场上的影

响力和话语权。

4.2 优化中国煤炭价格指数体系

一是要深入推进煤炭价格指数供给侧结构性改革，让市场淘汰一批质量较差、同质性严重的价格指数，优化市场资源配置，进而集中行业资源打造一批市场认可度高的价格指数，形成价格指数品牌效应。二是要由政府、行业协会、企业共同参与，出台统一的煤炭市场交易规则，从而充分保障市场交易活动的规范性，在此基础上打造科学统一的价格指数编制标准，推动指数市场有序发展，从而形成更深层次上的、有机统一的中国煤炭价格指数体系。

4.3 加强对煤炭价格指数行为的监管

煤炭价格指数的平稳健康发展离不开有效的监管。国际上看，欧美一些知名的价格指数常被用作国际现货贸易、金融市场远期交易和衍生品结算的基准价格，这离不开他们有一套完善的监管规范制度。因此，管理机构要遵循价格指数独立、公开、透明的要求，逐步建立完善监管框架，强化规范监管，覆盖指数各种行为，并重点监管发挥基准价格作用和重要行业的价格指数。指数编制单位也要积极配合来自政府、行业协会、企业以及社会的全面监督。

参考文献

[1] 杜金富，等.价格指数理论与实务[M].北京：中国金融出版社，2014.
[2] 范林泉.我国争取大宗商品国际定价权困境及路径[J].现代商贸工业，2014，26(9)：58.
[3] 韩显男，刘刚.煤炭价格指数研究综述与展望[J].中国物价，2018(12)：73-75.
[4] 姜智敏.煤炭中长期合同制度是市场的“稳定器”“压舱石”[J].中国煤炭工业，2018(5)：7-8.
[5] 李博.我国煤炭价格形成机制及煤炭价格影响因素[J].中国战略新兴产业，2018(12)：82-83.
[6] 杨显峰.建立中国煤炭价格指数的探索[J].中国煤炭，2006，32(7)：12-14.

鹿洼煤矿智能化工作面建设创新实践

贾广海，李修磊，谢　群

（山东鲁泰控股集团鹿洼煤矿，山东 济宁　271300）

摘　要　本文主要围绕智能化工作面改造进程展开，主要介绍了鹿洼煤矿如何建成济宁市地方煤矿首个智能化工作面，以及智能化工作面建设的背景、目的、意义和预期目标。随后从建设智能化工作面的实践过程、智能化工作面的优势及实施效果进行叙述总结。智能化工作面的建设，不但为该矿带来了直接经济效益，而且也带来了潜在的安全效益，并为该矿下一步智能化矿山建设指明了方向，提供了动力。

关键词　智能化；工作面；建设

0　引言

当前，鹿洼煤矿面临体量大、条件差等因素，职工整体年龄偏大，井下一线职工部分退居二线，已出现一线工作人员不足现象；随着安全生产周期的延长，安全形势进一步紧张，影响矿井安全生产的因素逐渐增多，以往传统的生产模式已不能很好地满足该矿安全、高效、绿色、高质量发展要求。近年来，该矿认真贯彻落实关于加快新旧动能转换的安排部署相关要求，按照“机械化换人、自动化减人”理念，持续加大设备投入，提升企业装备高端化、自动化、信息化、智能化水平，大幅减少高负荷、易疲劳岗位作业人员，降低劳动强度，同时提升工作效率和人均贡献率，确保实现长期安全稳定运行。

1　智能化工作面改造的目的与意义

创建智能化工作面，既是加快新旧动能转换的重要举措，也是按照上级部门的要求，建设幸福矿井的迫切需要。实现智能化工作面无人开采，将矿工从艰苦的环境中解放出来，达到以装备促安全，少人则安、无人则安的目的，实现矿井安全生产。

2　智能化工作面改造的预期目标

开采设备具有智能化的自主开采作业能力；实时获取和更新采煤工艺数据，包括地质条件、煤岩变化、设备方位、开采工序等；能根据开采条件变化自动调控开采过程；智能化开采设备与自动调度决策集为一体，形成智能化开采工作面。

在综采工作面自动化监控中心通过显示器观察到工作面设备的运行情况，通过语音通信进行调度、联络、调控，通过操作台远程操控工作面上的相关设备，实现在监控中心对所有综采设备进行远程控制。地面调度指挥中心对综采设备的远程监控将综采工作面采煤机、液压支架、运输机、泵站及供电系统等有机结合起来，实现了在地面调度指挥中心对综采工作面设备的远程监测、操作以及各种数据的实时显示等，为地面生产、管理人员提供实时的井下工作面生产及安全信息。

3 智能化工作面创建的原则

安全性：利用智能化提高采煤安全系数，减少风险和隐患。

经济性：选择系统及设备时，要充分考虑其经济性，做好调研及预算，将系统及设备价格控制在预算范围以内，确保系统及设备性能达标的同时，节约成本。

先进性：选择系统及设备时，要充分考虑其先进性，保证在符合煤矿基本特点的情况下，走在行业前列，从而达到提高工作效率的目的。

可行性：充分研究、分析智能化装备是否适应该矿基本条件，重点把智能化装备设计用在一分层工作面，有利于充分发挥智能化装备的效能。

兼顾性：选择装备时，要考虑矿井接续规划，提高智能化装备利用效率，不能只考虑当前。

渐进性：创建智能化工作面是一个系统工程，要根据矿井的条件逐步选择安装的设备。

匹配性：要充分考虑三机（采煤机、液压支架和刮板输送机）配套问题，确保采煤机、刮板输送机和液压支架之间在性能、结构、采面空间要求、强度和尺寸等方面相互适应和匹配。同时，要确保自动化控制系统与各种设备之间相互兼容，运行正常。

实用性：选择系统及设备时，要充分考虑其实用性，确保整套系统、设备真正能实现减轻职工劳动强度、提高工作面安全系数的作用。

4 智能化工作面总体功能实现

4.1 集控系统功能实现

（1）具有在井下顺槽集控中心对综采工作面设备按照煤流顺序“一键”启停功能，具备单设备远程启停功能，且在任何可控设备远程启停前必须具备在工作面进行语音预警功能。

（2）实现在顺槽集控中心对工作面设备的集成控制，能够对采煤机、液压支架、刮板运输机、转载机、泵站设备、带式运输设备等集中监控和自动化控制。

（3）具有工作面千兆级工业以太网，在工作面实现数据的高速传输。具有工作面视频系统，实现对主要综采设备进行实时监控，实现视频系统跟机。

（4）每台支架具备支架精确姿态监测功能，集控中心自动化软件平台能够实时反馈支架高度、支架姿态。

（5）具备井下数据上传功能，能够将综采设备通过井上下数据传输系统上传到地面调度中心，实现井上下同步监控综采工作面设备运行，并采用标准 OPC 协议将数据发布，方便接入矿井自动化系统。

（6）具备综采设备运行状态数据任何时段自动分析功能，对采煤机、液压支架、刮板输送机、转载机、泵站等设备关键运行状态以图表的形式进行显示。

（7）具备综采设备开机率、停机率统计功能，确定系统停机原因、故障原因、故障点和故障位置。

(8) 当综采工作面自动化控制系统出现故障时，各子系统不受综采自动化系统控制，以保证在检修和综采自动化控制系统出现故障时，各子系统能单独开车，确保生产不受影响。

4.2 采煤机功能实现

(1) 能够实现在工作面顺槽集控中心、地面集控中心对采煤机的监测控制功能，采煤机及附带的自动控制系统预留 485 通信接口，提供通信协议。

(2) 具有在地面集控中心对采煤机的"一键"启停控制和远程干预操控功能，在顺槽监控中心对采煤机工况监测与远程控制功能，以及采煤机的数据集成、处理、故障诊断、故障类型显示、管理等功能。

(3) 保证在检修和综采工作面自动化控制系统出现故障时，能单独开车，确保生产不受影响。

(4) 通信方式上采用应答、重发、序列等机制，防止在通信系统中产生错误的信号，导致误操作。

(5) 操作模式互锁安全可靠，采煤机保护锁定时，不允许启动及操作。具备就机操作、远程分机自动控制、远程集成自动控制模式，几种模式实现互锁。采煤机自动记忆截割模式下，各项操作均可以人工干预，人工干预具备高优先级。

(6) 依据采煤机主机系统，实现对采煤机的记忆割煤功能启动/关闭，实现煤流平衡控制。当刮板运输机负荷超限时，能够自动实施对采煤机闭锁控制。可实现采煤机与液压支架干涉自动闭锁控制，当采煤机前端液压支架未升起、端头支架前探梁未收回或超前支架未及时拉移时，采煤机能够自动闭锁。

(7) 可实现三机(采煤机、液压支架和刮板输送机)之间的协作运行，使得综采工作面生产过程能够顺利进行，共同完成综采工作面的生产任务。

(8) 在采煤机记忆割煤功能基础上，通过采集采煤机机身倾角、俯仰角、滚筒高度、机身位移等传感器数据，结合支架高度等数据，在监控中心建立截割模板数据库，实现采煤机滚筒高度的自动调节，达到采煤工作面自动控制系统实时监测采煤机的滚筒高度、液压支架的绝对高度和相对高度，实时预测调整采煤机的高度，实现自动化操作。

(9) 与刮板输送机配合，实现综采设备的负荷平衡控制。根据综采设备历史数据，对下一时间范围内的装备运行参数进行预测，根据预测结果，对采煤机运行速度进行优化控制。

4.3 液压支架功能实现

(1) 以电液控计算机主画面和工作面视频画面为辅助手段，通过支架远程操作台实现对液压支架的远程控制；跟机自动化启停控制；控制延时不超过 500 ms；远程操作台采用本安型操作台。可实现成组程序自动控制，包括成组自动移架、成组自动推溜、成组自动喷雾等。可实现邻架及隔架电控的手动、邻架电控的自动操作，实现本架电磁阀按钮的手动操作。

(2) 配备红外线发射、接收装置，可与工作面采煤机实现联合自动动作，支架能满足与采煤机、刮板输送机进行自动割煤要求。

(3) 对支架的姿态及高度、立柱的工作压力、推移千斤顶的行程、采煤机的位置与方向进行监测，在井下自动化主机上能够对上述信息进行显示和存储，能将数据传输至地面调度中心并显示。

4.4 顺槽集中控制功能实现

(1) 全自动控制模式：将综采自动化控制系统设置为"全自动化"工作模式，通过"一键"启停按键启动工作面综采设备。

(2) 启动过程:泵站启动→带式输送机启动→破碎机启动→转载机启动→刮板输送机启动→采煤机启动(上电)→采煤机记忆割煤程序启动(需采煤机开放相应接口)→液压支架跟随采煤机自动化控制程序启动,全自动化启动。

(3) 运行过程:实时监控工作面综采设备运行工况,当设备运行异常时,可以通过人工干预手段对设备进行远程干预,如液压支架远程干预等(采煤机的远程干预需要采煤机厂家开放控制端口)。

(4) 停机过程:液压支架动作停止→采煤机停机→刮板输送机停机→转载机停机→破碎机停机→带式输送机停机,全自动化停止。

(5) 急停:按下工作面“急停”按钮,工作面所有设备停机。

(6) 分系统自动控制模式:将自动化控制系统设置为“单机”工作模式,可以单独对综采设备进行自动化控制。

4.5 工作面刮板输送机、转载机、破碎机、带式输送机集中自动化控制功能实现

(1) 单设备启停功能,包括刮板输送机、转载机、破碎机、带式输送机(需解除连锁)。

(2) 顺序开机功能,启动顺序如下:带式输送机→破碎机→转载机→刮板输送机→采煤机(存在连锁关系)。

(3) 顺序停机功能,停机顺序如下:采煤机→刮板输送机→转载机→破碎机→带式输送机。

(4) 具有急停闭锁功能。

(5) 运输机故障报警(包括带式输送机、破碎机、转载机、刮板输送机):对设备的每台减速器及电动机进行温度、压力、流量、位移、转速等参数的检测,并对这些参数进行分析处理,实现设备运行数据的实时显示、报警、传输,同时对带式输送机、转载机、破碎机和相关泵站实现集中顺序启停控制和工作面沿线的语音预警和对讲功能。

4.6 监控中心安全功能实现

(1) 系统安全:自动化集成控制系统支持密码权限控制,只有经过授权的用户才可以进行集成自动控制。

(2) 当操作台处于无人值守时,系统自动报警,到达设定时间后,将自动停机保护;支持闭锁保护,当操作台检修时,将自动化集成控制系统设为“闭锁”模式,防止人为误操作;支持急停功能,当工作面出现异常时,按下自动化集成控制系统“急停”按钮或工作面沿线“闭锁”按钮、电控现场“急停”按钮,系统自动停机保护。监测各分机子系统的通信状态,当通信中断时,系统自动报警,并退出联动控制模式,转换到分机控制模式。

(3) 单机安全:实时通信检测、设置检测及校验,当通信失败或校验出错的情况下,采煤机保护锁定,不允许启动及操作(就地模式除外)。

(4) 具备就地操作、远程分机自动控制、远程集成自动控制模式及几种模式互锁功能,在就地模式下,不允许远程分机自动控制、远程集成自动控制;在远程分机自动控制模式下,不允许远程集成自动控制;在远程分机自动控制、远程集成自动控制模式下均允许就地控制,用以保证采煤机操作的安全性。

(5) 采煤机上电前发出预警信号,预警后方可启动电机。对机组状态和各种参数分别设置报警值和保护动作值,提示系统操作员。

（6）液压支架动作前声光报警功能，在支架执行动作前，支架控制器会有声光报警通知工作人员离开本架范围，防止支架动作时发生危险。

（7）采煤机位置限制：在支架跟机自动化时限制采煤机的位置跳变，当位置跳变大于设定值时，则支架跟机自动化会自动停止，防止发生危险。

5 智能化工作面改造的优势

5.1 全方位视频监控的优势

智能化工作面能够实现工作面、两超前、带式输送机机头全方位的视频监控。工作面视频监控主要有支架视频监控与煤壁视频监控两种监控方式。为便于监控中心远程干预，采煤机与液压支架监控视频会跟随采煤机前移不断切换画面，为监控中心工作人员提供视频画面。超前支护支架与带式输送机机头视频为监控中心远程监控设备运行提供信息，确保监控中心能够更好地操作设备。

5.2 水处理设备的使用优势

智能化工作面液压支架性能与工作面乳化液质量和水质有很大关系。为提高乳化液质量，对水进行多层净化，通过水质过滤、酸碱中和后再进行配比，并远程监控配比情况。同时在乳化液进入工作面前进行二次过滤，一是通过高压过滤器，二是在液压支架上安装反冲洗过滤装置，确保乳化液浓度达到要求。经过多层过滤的乳化液，质量优良，对液压支架损坏较小，极大地提高了液压支架使用寿命。

5.3 变频调速的优势

智能化工作面大量使用变频调速，并根据现场实际情况进行调整，从而减小启动时对设备的机械冲击和动张力，不仅可提高设备的使用寿命，而且可跟随工作面煤量的大小自动调节速度。相比普通综采工作面，每年可节约电费约 100 万元。

5.4 安全可靠性的优势

智能化工作面生产过程中可实现自动割煤、移架、推溜等工艺，原来需要操作的职工，现只需作为巡视员进行巡视，增加了对工作面环境的了解，提高了安全系数；同时，在工作面安设摄像仪，工作面发生突发性情况时，监控中心人员可通过视频画面及时干预，不需要操作员对设备进行直接操作，消除设备误动作或各种不安全因素对操作人员的伤害。

5.5 工艺流程的优势

智能化工作面可实现采煤机自动记忆割煤，在日常生产作业中第一刀煤需采煤机司机进行操作，由系统进行记忆，以后生产按照采煤机的记忆截割曲线进行割煤，工作面巡视员只需进行干预即可。同时，进行三角煤记忆截割时，在液压支架电液控制系统进行设置，采煤机运行至设置的各个点后，液压支架按照设计好的模式进行移架、推溜，自动形成斜岔，保证采煤机对三角煤的正常回采作业，实现工作面的自动截割。

5.6 数据集中化共享

智能化工作面设备通过设备远控、视频监控和信息采集等系统，对设备数据进行采集、储存和分析，并实现井下、地面的信息共享，完成整个工作面的远程操控管理。

6 结论

通过智能化工作面的建设，不但为该矿带来了直接经济效益，同时也带来了潜在安全效益，两大效益的实现，确保了该矿的安全高效生产和提升了工人的幸福指数。同时，也对济宁市周边煤矿智能化矿井建设提供了依据，为该矿下一步智能化矿山建设指明了方向、提供了动力。

参考文献

[1] 高为民.综采设备现状与发展方向浅析[J].山东煤炭科技，2012(5)：111-112.
[2] 王伟.智能化综采设备可行性试验推广的管理要求及条件论证[J].科技情报开发与经济，2009，19(21)：173-175.
[3] 魏志龙.综采设备管理信息系统研究[D].西安：西安科技大学，2013.

新常态下煤炭行业的转型发展与实践应用

胡智鹏

（河南能源永煤公司顺和煤矿，河南 永城 476600）

摘 要 煤炭行业为保障国家能源安全稳定供应做出了重大贡献，在新常态下，仍需进一步转型发展。本文从新常态下国家政策、对外经贸、国际煤炭产销研究入手，分析煤炭行业转型发展的机遇和挑战，并对我国在国际煤炭价格方面还缺乏相应的发言权和影响力的问题进行了分析并提出了解决思路。同时结合作者所在的煤业公司、煤矿企业和煤炭加工单位在转型发展中的实践应用，以及各项行之有效的管理技术措施，为煤炭行业产业链的各层级提供了可参考的经验。

关键词 新常态；转型发展；国际影响力；煤炭产业链；实践应用

我国煤炭行业为保障国家能源安全稳定供应做出了重大贡献，如何在新常态下实现进一步转型发展成为当下亟须思考的问题。为解决这一问题，从新常态下国家政策、对外经贸、国际煤炭产销等影响行业发展的重要因素入手，是十分必要的。由此可以对我国在国际煤炭价格方面还缺乏相应的发言权和影响力的问题进行分析并提出解决思路，同时也便于结合煤业公司、煤矿企业和煤炭加工单位在转型发展中的实践应用，为煤炭行业产业链的各层级提供可参考的经验。

1 新常态下煤炭行业的重要影响因素

1.1 新常态的政策引领

2014 年 5 月，习近平总书记在河南考察时首次明确提出新常态，他指出："我国发展仍处于重要战略机遇期，我们要增强信心，从当前我国经济发展的阶段性特征出发，适应新常态，保持战略上的平常心态。"同年 7 月 29 日，习近平总书记在党外人士座谈会上又一次使用"新常态"，他指出："要正确认识我国经济发展的阶段性特征，进一步增强信心，适应新常态，共同推动经济持续健康发展。"

新常态下的中国经济，正在向形态更高级、分工更复杂、结构更合理的阶段逐步演化。习近平总书记在中国经济发展上所做的这一重大战略性判断和部署，不仅引领当前经济发展，也为未来经济发展指明了方向。

1.2 国家对外经贸的新常态

国内煤炭价格行情受煤炭进出口行情直接影响，而煤炭进出口既受国家经济政策影响，也受国家对外经贸形势的影响，在一定情况下，国家会削减煤炭等国内可以自给自足产品的进口量。以下就国家外汇收支数据进行分析探讨。

2021年3月26日，国家外汇管理局公布的2020年末中国全口径外债数据显示，截至2020年末，我国全口径(含本外币)外债余额为24 008亿美元。从机构部门看，广义政府外债余额为3 795亿美元，占16%；中央银行外债余额为381亿美元，占2%；银行外债余额为10 918亿美元，占45%；其他部门外债余额为等值8 914亿美元，占37%。

2020年6月23日，国务院新闻办就2020年前三季度外汇收支数据举行发布会，数据如下：2020年6月底，我国对外资产7.9万亿美元，对外负债5.7万亿美元，净资产2.2万亿美元。从主体看，在全口径外债中，银行和企业等民间部门外债1.8万亿美元，与此对应的是对外资产2.4万亿美元，所以民间部门的资产是大于负债的。同时从资产负债结构看，7.9万亿美元对外资产中有3.1万亿美元储备资产，5.7万亿美元对外负债中有接近3万亿美元是外商直接投资。

由于我国特色结售汇制度，让中国人民银行持有绝大多数外汇资产(3.1万亿美元外汇储备以及国家对外投资、国企对外投资等保守估计2.4万亿美元)，但也需要对所有外汇债务负责。

1.3 国际煤炭产销的新常态

2020年全球煤炭需求下滑，产量下降，国际煤炭贸易萎缩，煤炭价格在上半年大幅下降。随着欧美发达国家绿色能源替代水平进一步提升，以及亚洲地区相对强劲的经济增长带动的煤炭消费增长，预计未来几年，煤炭出口和消费重心向亚洲转移的趋势将更加明显。

(1) 全球煤炭产量有所下降

2020年，全球煤炭出口量排名第一的印尼全年出口煤炭4.07亿t，同比下降11.3%；其次是澳大利亚，预计全年出口煤炭3.61亿t，同比下降8.9%。

(2) 亚洲地区进口消费需求强劲

2020年全球主要煤炭进口国家和地区中，中国、越南、泰国、巴基斯坦和土耳其煤炭进口量实现正增长，其他国家和地区煤炭进口量均呈现不同程度的下降，其中德国的降幅最大，为-27.3%。整体来看，亚洲市场煤炭进口需求量占据主要份额，并在全球宏观经济低迷的情况下，以中国、泰国、越南等为代表的亚洲国家依旧市场潜力较大。

2 国际竞争下煤炭行业的问题与思考

中国是世界上最大的煤炭生产国、消费国和进口国，而且已经有自己上市的煤炭期货交易平台，理应说中国才是拥有煤炭定价权的国家。但在国际竞争中，国产煤炭无法充分发挥自己庞大的产量优势，特别是在决定国际煤炭价格方面还缺乏相应的发言权和影响力。

2.1 中国煤炭产业当前存在的主要问题

(1) 煤炭产业的产业链很长，从上游的煤炭开采，到中游的煤炭仓储、煤炭加工，再到下游的煤制品的消费，形成了一个极为庞大的产业链，如果再加上横向的煤炭副产品的循环利用产业，这个产业链就更长。从当前中国煤炭产业的状况来看，产业链的纵向整合能力还比较弱，使得各个产业之间的纵向联系不够，煤炭产业的整体规模效应还很难发挥出来，这与当前我国煤炭产业资本发育的阶段是有关系的。相比国际上一些大型煤炭企业集团，我国煤炭企业上下游的贯通整合能力不强，纵向一体化程度低。

(2) 在吸引外资能力方面，由于煤炭城市的产业结构单一、科技进步水平偏低，因破坏性的开采行为而造成一系列的生态环境问题表现突出，在投资环境上的不尽如人意状况可想而知，这就在一定程度上削弱了煤炭行业的对外开放程度而影响其转型发展能力。

(3) 尽管中国是世界最大的煤炭生产国、消费国和加工国，但是我们在煤炭的全球定价方面基本没有发言权，这导致中国产业在全球煤炭价格波动中处于被动应对的状态，价格风险极大。同时，我国在煤炭产业的风险预警机制、信息发布和监控机制方面也比较滞后，不利于整个煤炭产业链条及时调整供求，避免市场风险。

2.2 中国煤炭产业当前问题的解决思路

随着中国"一带一路"倡议的推进和国内产业政策的调整，煤炭产业在中国基础产业中的地位更加重要。但是，我们也要看到我国煤炭产业发展面临着瓶颈，技术水平还有很大的提升空间，煤炭生产加工企业的规模效应不足，全产业链整合和统御能力不足。为提升我国煤炭产业在全球的竞争力，笔者提出以下的解决思路。

(1) 加强煤炭产业的信息监测以及监测指标设计，对全国煤炭产量和单产、各地区煤炭产量和单产、煤炭生产成本和物流成本、煤炭库存、煤炭消费量、国内和国际煤炭市场现货与期货价格、全球煤炭消费趋势和产业发展趋势等信息进行及时的搜集、整理和发布，利用煤炭协会等中介组织广泛联系煤炭全行业相关者，进行全方位的信息服务。

(2) 加强技术层面的创新，提升煤炭生产和加工效率，降低生产成本；在煤炭加工等领域对标美国和澳大利亚等先进煤炭生产国进行技术创新，提升加工质量，降低成本，提升全球竞争力。

(3) 要通过制度创新，实现煤炭行业的组织化、集团化、标准化、机械化、智能化。政府要建立长效机制和扶持政策，为集团化和组织化提供制度基础。要在煤炭副产品等横向产业链体系中尽快构建大型企业集团，引领和带动全行业市场竞争力提升和整体发展水平的提高，而大型企业在技术创新和产业链整合方面具备较大的优势。

3 煤炭企业的转型发展实践

河南能源化工集团永煤公司(以下简称"永煤公司")成立于 1997 年 10 月 17 日，注册地位于河南省永城市光明路中段。经营范围包括煤炭开采，煤炭洗选加工，煤炭销售，煤炭产品的深加工，煤化工产品的生产、销售，自建铁路运输，电力分配(限集团内部)。

顺和煤矿隶属于永煤公司，是其在永城市建设的第五个煤矿，生产规模为 100 万 t/a，主要产品为精煤(灰分 $A_d \leqslant 11\%$)、末煤[发热量 5 500 大卡(1 大卡＝4.186 kJ)左右]和块煤(粒度 13～50 mm)。顺和煤矿生产工艺完善，自动化程度较高，具有先进的控制调节系统，可实现生产全系统的检测与监控。

3.1 煤业公司的转型发展策略

永煤公司年产无烟块煤 300 万 t 左右，无烟块煤主要采用地销销售，可根据运力情况和市场情况做适当调节。目前从供需关系来看，全年无烟块煤属于供不应求。但无烟块煤市场化程度高、行情变化快，销售季节性明显，价格较其他品种煤波动幅度大。针对市场销售季节性的变化，维护无烟块煤市场有序发展和企业效益的提高具有深远影响。根据上述煤炭行业的当前现状和问题思考，永煤公司采取了以下转型发展策略：

(1) 产品的多元化发展。永煤公司生产的煤炭包括精煤、末煤和块煤，仅块煤产品就包括中块、小块、小粒，而且无烟煤的各品种煤有一定的销售互补性。永煤公司利用各品种煤之间的互补关系，根据销售市场变化情况，及时调整产品结构。在块煤销售旺季，通过调整高价位块煤的销售量来增加公司整体效益；在块煤销售淡季，合理控制块煤销量来稳定价格、维护效益。

（2）永煤公司通过自建铁路运输，加强公路与铁路运输的联动，切实满足客户的多样性需求并保障了公司的稳定生产。在煤炭资源紧张或者个别矿井生产不正常时期，通过公司资源的统一调配，调整对客户的发运力度，最终有效培育客户忠诚度，进一步提高公司市场竞争力和市场占有率。

（3）统筹重点市场和民用市场。永煤公司无烟块煤的重点市场是化工企业、冶金加工企业，民用市场受季节性影响极大，市场风险较高。在块煤资源比较紧张的情况下，公司针对不同目标市场做到运筹帷幄、重点突出，既要保证销售安全，也要追求效益最大化。一般要求重点市场发运占比不低于40%，民用市场客户发运占比一般控制在20%左右。

3.2 煤矿的转型发展实践

永煤公司顺和煤矿在实现安全生产的基础上逐步推进转型发展。该矿根据原国家煤矿安全监察局在2020年7月印发的《煤矿安全生产标准化管理体系考核定级办法（试行）》，形成了自主运行、持续改进的内生机制，推动煤矿事业发展的不断转型升级，以下介绍主要的行之有效的管理措施。

（1）规范检查验收程序

① 各煤矿管理专业制定了本专业的安全生产标准化达标规划，采煤、掘进、机电、运输、地测、通风、职业卫生等专业每月至少组织现场检查验收一次，并结合日常动态检查情况，将自评结果及时录入安全生产标准化管理系统。

② 安全生产标准化按照“系统抓、抓系统”的工作要求，充分发挥专业特长，检查验收采用日常检查和月度检查相结合的方式。日常检查由各专业系统组织有关人员自行检查，月度检查由专业组组长或副组长组织开展。

③ 自评结果报送。各专业由牵头责任科室负责完成自检自评工作，并经专业组组长签字审核，于当月月底前完成，次月3日前将纸质版和电子版报送矿安全生产标准化办公室，并导入标准化信息管理系统，每月按时报送、上传安全生产标准化相关资料且不能出现问题或错误。

（2）把握好管理的关键点

① 在思想上高度重视。煤矿安全生产标准化管理体系是对原有安全生产标准化的继承与发展，是一次管理水平的提升，将推动煤矿更好地转型发展。

② 切实发挥领导作用。特别是矿长，切实发挥“一把手”的带头作用，顺和煤矿将煤矿理念目标的制定和实施，安全承诺的实施和兑现与矿长的工作紧密联系在一起；矿长做到带头抓、亲自抓、持续抓，有效推动安全管理水平不断提高。

③ 强化各岗位应知应会内容的学习考试。顺和煤矿安全生产标准化管理体系中推行“逢查必考”，从矿长到普通作业人员全部设置了考试内容，有效促进了作业人员掌握本岗位的相关知识和要点，做到入脑、入心。

（3）严格落实执行奖罚

① 采取季度考核、月度兑现的方式。专业组考核名次位列本部矿井第一名时，对通风、安全风险分级管控、事故隐患排查治理、地质灾害防治与测量、采煤、掘进、机电、运输专业组奖励5 000元；专业组考核名次位列本部矿井第二名时，对上述专业组奖励3 000元；专业组考核名次位

列本部矿井第五名时，对上述专业组处罚 2 000 元，对牵头科室双基处罚 500 元。

② 在代表永煤公司参加集团公司标准化评比中取得优异成绩的，参考以上奖励标准进行奖励翻倍执行或制定专项奖励办法。

3.3 煤炭加工单位的转型发展实践

顺和选煤厂是顺和煤矿的下属单位，属于煤炭行业产业链中的煤炭加工环节，选煤厂在生产经营过程中自主权较高，进行市场开发和产品结构调整时，受到上级单位经营决策和要求影响较小，能够积极探索实践一些转型发展措施。

顺和选煤厂充分利用行业转型发展契机，积极开拓创新，以精简高效管理为目标，走出了一条企业转型发展的新道路，同时为其他类似企业在发展转型时提供一定的参考。

（1）智能化、无人化生产现场的建设

顺和选煤厂强化现场基础设施建设，建设了智能化、自动化、信息化集中控制系统，通过先进的集中控制系统，保障了现场生产的安全稳定。

① 实现了生产过程的无人操作，设备的启停及工艺参数的调整均由集中控制系统完成，实现了所有生产设备操作的远程控制。

② 实现了设备管理设备，保证了生产系统的安全稳定。传统的选煤厂岗位人员主要负责启停设备，此外还要监控设备的运行情况。顺和选煤厂在设备上安装了传感器等信息采集元件，实时监控设备运行情况，并将采集到的信息输入设备 PLC 控制模块，对设备进行自动控制，同时利用现场的点对点视频监控系统，真正实现了设备管理设备。

③ 不断进行技术革新，实现了生产过程的自我改造。为强化现场基础设施管理，顺和选煤厂根据实际生产过程中遇到的问题，进行了许多技术革新，使得选煤厂的控制系统更适合实际情况。到目前为止，顺和选煤厂自行改造设计了多项应用技术，比如刮板输送机断链自动保护装置、水泵防空转保护系统设计、负重输送带“一键双机”启动、光控开关在溜槽防堵中的应用、快开压滤机自动防呲包装置等。

（2）培养复合应用型员工

复合型员工，是指具有两个（或两个以上）专业能力的员工，其主要特征是专业基础扎实，知识运用能力强，素质全面，能够胜任不同的工作岗位。应用型员工，是指具有将专业知识和技能应用于所从事的专业社会实践的一种专门的员工类型，他们熟练掌握社会生产或社会活动一线的基础知识和基本技能。

复合应用型员工培养的主要步骤如下：① 对进厂人员进行专业工种确定，分别是：电气维修工、机修工、浮选司机、跳汰司机、车辆运行工、集控操作工、压滤机司机等 7 个工种。② 根据工种划分让人员进入专业班组，进行专业学习。③ 根据不同的业务技能及学习要求的周期，制定各工种的轮岗周期。④ 在学习过程中，加强导师带徒及联保互保制度执行，实现工作过程中的本质安全。⑤ 在一轮的轮岗结束后，进入循环轮岗阶段，接受更多的专业学习和现场实践。

（3）打破班组的固定性

顺和选煤厂采用“三个生产班、两个维护班”的组织结构。由于各班组均配备了充足的复合应用型员工，因此在日常工作过程中能打破班组的固定性，每个班组实现“能聚能散”。“聚”则形成一支强大的设备检修队伍，可处理大型机电维修业务，“散”则可以把有限的人员充实到每个岗位以完成生产任务。

例如，一旦生产过程中出现设备故障，生产班班长立即召集班组内员工会同维护班人员 4 人，共同处理现场故障，现场检修力量可达到 12～13 人，几乎能处理选煤厂全部检修业务。一旦故障处理完毕，人员可立即返回岗位，继续进行生产。

(4) 诊断式走岗促管理，闭环式检修保安全

在上述智能化、无人化生产现场的建设与管理、复合应用型员工的培养和生产组织上聚散灵活高效便捷的基础上，为强化设备的超前维护，顺和选煤厂实行全员诊断式走岗管理。

员工每天在工作时间内必须对所辖区域内设备进行至少一次全方位巡视，在设备运转期间，至少巡视一次。巡视实行 24 h 保障责任制，即巡视过后设备须保证 24 h 无故障运转。巡视人员对发现的问题只汇报不处理，由单位安排进行集中处理，问题汇报后该设备一旦出现故障，对责任尽到位的巡视人员不予追究，只追究管理人员和问题处理人的责任。

4 结语

煤炭是基础性能源，我国煤炭产业规模未来依然很大，转型发展体现为发展模式变革，实现真正意义上的煤炭精益管理是关键。一方面，要力争服务升级，将促进服务细分，带动煤炭供应链管理的相关服务业专业化发展，例如煤炭库存服务、加工服务等。另一方面，发挥产业大军优势，积极向分布式光伏等新能源领域转型。这种转型是煤炭企业转型发展的切实可行路径，煤炭供应还要与新能源供应相匹配，共同保障能源安全，使市场资源配置更趋合理和高效。

中国经济、煤炭行业新常态是宏观经济、行业发展进入新阶段后新矛盾、新问题的集中体现，煤炭行业在新常态下发展也呈现新的特征，认识新常态首先要辩证地看待新常态。新常态的内容不宜过分扩大，不宜把发展中需要解决的矛盾和问题都纳入新常态，不能把新常态当成回避矛盾的借口，那样会失去解决矛盾、问题的时机和动力；也不宜把一些短期现象纳入新常态，那样会导致长期政策、企业战略发生偏离。面对新常态，既要有坚持不懈的信心、百折不挠的决心、奋发作为的事业心，又要认识到新常态提出新挑战，新常态蕴含新机遇，通过科学认识新常态、积极应对新常态、主动适应新常态，共同努力创造永煤公司发展新的辉煌。

参考文献

[1] 陈雪枫.中国无烟煤利用技术[M].北京：化学工业出版社，2005.
[2] 杨显峰.煤炭营销手册[M].徐州：中国矿业大学出版社，2009.

基于自动化、信息化融合的智慧矿山建设研究及应用

陈坤鹏，郑伟卫，闫志强

（河南能源永煤公司车集煤矿，河南 永城 476600）

摘 要 通过自动化、信息化融合，以“安全监控实时化，过程控制自动化”为目标，构建全矿井统一、稳定、高效的集控平台，使各自动化子系统数据在异构条件下可进行有效集成和有机整合，实现真正意义上的“管控一体化”。基于自动化、信息化两化融合的研究与应用为矿井提供了包括采煤、掘进、机电、运输、通风、排水、安全监测等自动化、信息化系统的数据接入、集成与综合分析，充分利用大数据、云计算、人工智能等新一代信息技术进行数据融合和智能分析。实现了煤矿生产过程的智能感知、信息及数据融合分析、远程集中控制、联动预警、视频人工智能应用分析，并提供决策支持，建成了智慧化矿山，实现了生产过程自动化和管理流程自动化，进一步完善了过程自动化、综合调度指挥等功能，有效提高了矿井的管理水平和生产效率。

关键词 数据融合；智能分析；管控一体化；智慧矿山

0 引言

两化融合是指以信息化带动工业化、以工业化促进信息化，走新型工业化道路，是信息化和工业化的高层次的深度结合，其核心就是以信息化为支撑，实行可持续发展模式。根据车集煤矿综合自动化系统现状，通过自动化、信息化升级融合，以“安全监控实时化，过程控制自动化”为目标，构建全矿井统一、稳定、共享、高效的智慧管控平台，以原煤生产为主线，对“采、掘、机、运、通、人、财、物、产、供、销、地测、瓦斯、防治水”等主要安全生产、经营环节，进行多要素全流程的集中、协同、优化控制与智能运行，以 GIS“一张图”为依托，以大屏、PC 和移动终端为载体，服务于煤矿安全生产，具有立体化展示、协同办公、超前预测、智能报警与联动、应急救援与指挥、智能决策与分析功能，构成面向矿井安全、生产、经营及调度指挥的综合性智慧管控平台。

1 智能化采煤工作面

智能化采煤工作面主要由井下、井上集控中心，工作面视频监控系统，智能乳化液泵站，支架电液控制系统，三机设备集中控制系统，工作面及地面语音通信系统，人员定位系统，采煤机控制及惯性导航系统组成。通过由以太网液压支架控制器组成的工作面以太网数据传输平台，将各子系统集成到工控自动化平台上。如图 1 所示。

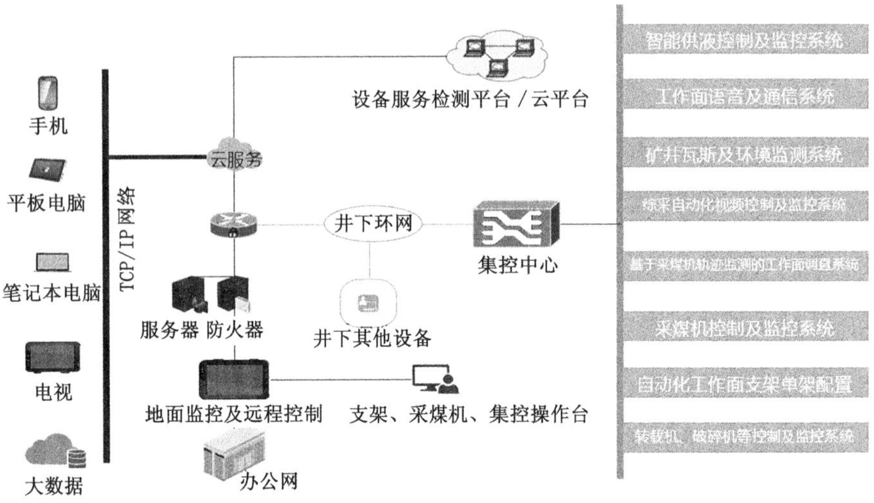

图 1　智能化采煤工作面系统组成

(1) MG500/1130-MD3 型采煤机配有 DSP 电控系统实现自动化控制，装配有 18 种精确传感器，实现姿态感知，机身倾角、俯仰角、采高、位置数据等采集功能，同时实现截割电机、牵引电机的远程启停及牵引电机换向、加减速、摇臂升降调节等功能。其中安装的高精度惯性导航装置，能够生成采煤机位置曲线，集控计算机根据采煤机位置曲线与支架当前推移行程差值计算，使工作面刮板输送机逐步达到直线度要求，实现了采煤机三维定位及工作面自动找直功能。

(2) ZY6800-16/35D 型电液控型液压支架及 ZE0704 型电液控制系统，每台支架配备有控制器、电磁换向阀组、人员精确定位器、报警三色灯和 7 个监测传感器等辅助设备，能够实现工作面人员精确定位、声光报警以及支架姿态感知功能。每 6 台支架配置 1 个云台摄像仪，实现工作面视频自动跟机监视、人员动态捕捉、语音实时通信和视频图像采集功能。电液控制系统可根据采煤机位置自动完成支架伸收护帮、移架等操作，能够实现自动补压。每台支架安装有自动喷雾，当支架降架动作期间，喷雾自动开启降尘。

(3) SGZ800/2×700 型刮板输送机配有 37DCD 型工况监测系统，主要由 KXJ127 型控制器构成的监测主站和监测分站、液控系统及各传感器等组成，能够实现刮板输送机关键零部件运行参数的在线监测，实现刮板输送机机尾伸缩的手动和自动控制功能。

(4) BRW500/31.5 型变频一体机乳化泵，实现终采线外远距离供液布置。乳化泵保障系统采用净化水装置、乳化液自动配比装置、自动高压反冲洗过滤装置以及回液过滤站，设备状态能够实时监控，实现自动化操作。

(5) 集控系统采用地面调度集控中心和井下顺槽集控中心两种集中控制方式。地面集控中心配备 2 台自动化主机、2 台 Web 服务器、4 台 32 英寸显示器，分别显示采煤机、液压支架等运行工况。装配采煤机、支架和三机泵站操纵台，通过自动化主机软件实施对井下采煤机、液压支架和三机泵站的开停、监控等操作。井下顺槽集控中心配备 2 台自动化控制器、6 台 21.5 英寸显示器，通过万兆网与地面集控中心同步显示运行工况，实施开停、监控与操作功能。同时建立可语音通信的视频监控，实现对工作面设备全覆盖以及固定转载点视频监控功能，并能根据采煤机运动实现视频自动跟机功能。支持 Web 访问功能，配备智能矿山手机 App 软件，可通过手机终端实时查询信息。整套设备实现了采煤机和液压支架远程操作，整个工作面设备实现顺序启动、一键启停，同时还具备运输转载机、机组电缆、输送带尾自移集控，煤流铁器清理集中控制，煤仓煤位连锁控制等多项自动化控制功能。

2　智能化掘进工作面

211 采区轨道下山智能化掘进工作面构建的以掘进机自主截割、带式输送机机尾自移、远程可视化监控及井下万兆环网传输为基础，以智能化控制软件为核心，以机械化支护及辅助运输为助力的整套智能化综掘系统，具有以下功能及优势。

(1) 具备四种操作方式及一键启停功能。智能化掘进机及自移式带式输送机机尾均具备本机操作、离机视距操作、离机超视距操作及地面集控操作功能。可通过遥控器一键启停掘进机、带式输送机自移机尾。

(2) 实现四种模式截割及机尾一键自移。掘进机装备惯性导航及三维扫描成像系统，根据不同的工况，可通过上位机选择人工操作截割、定位截割、记忆截割和自动截割模式，实现机器决策为主、人工干预为辅的远程可视化断面成形控制。通过设定循环进尺和步距，实现带式输送机机尾一键自移。

(3) 做到人员本安生产及闯入预警停机。专用操作硐室及地面集控中心均可远程遥控操作工作面设备，体现了无人则安的理念，实现了本质安全型生产。同时，设备安装人员安全管控系统，做到人员误入、闯入预警及停机，切实保证人员安全。

(4) 利用辅助运输及机械化支护提高工效。顺槽安装蓄电池单轨吊及液压锚杆钻车，解决工作面机械化支护及后配套辅助运输问题，减轻职工劳动强度，降低噪声危害，提高支护效率及物料运输效率。

(5) 通过多数据实时监测传输预测指导生产。实时监测掘进机的工况性能，出现故障时能及时预警，预判故障点和原因，并提供最佳的解决方案。预警信息可上传至手机等终端，对工作面生产进行实时监控及关键参数查询，可以定期分析解读、预测预判、指导生产。

智能化掘进工作面系统组成如图 2 所示。

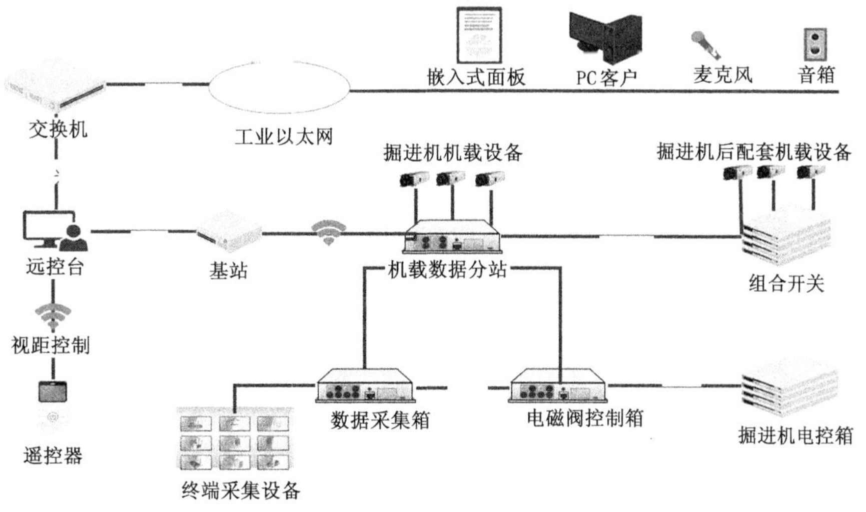

图 2　智能化掘进工作面系统组成

3 工业控制安全

互联网出口安全域具备外网攻击防护、互联网审计等整体安全防护模块，包括从 L2～L7 的整体安全防护、互联网访问日志审计，解决了业务系统将来面临的安全防护困扰、违法违规等问题。

部署 1 台第二代防火墙，满足等保“边界防护”“访问控制”“入侵防范”“恶意代码”等安全控制要求；针对边界进行隔离和访问控制，保护内部网络，从 L2～L7 层对攻击进行防护，实现对入侵事件的监控、阻断，保护整体网络各个安全域免受外网恶意攻击。部署 1 台上网行为管理设备，一方面实现合规审计，满足网络安全法和等保 2.0 日志留存不低于 6 个月，另一方面实现流量管控和应用管控，基于业务匹配带宽的流控策略，保障业务带宽和业务正常访问。

在核心业务区边界网桥部署 1 台第二代防火墙，做边界隔离防御和访问控制，同时开启 IPS 和 WAF 模块，实现流量双向防护，检测内网僵尸主机，抵御病毒、木马、DDOS 等攻击行为，针对黑客攻击链所有环节均可持续检测，实现 L2～L7 安全检测与防护。部署数据库审计系统，针对数据库访问进行审计，针对等保 2.0 中安全计算环境、安全管理中心控制类中安全审计控制点要求，满足合规要求。部署终端安全检测与响应软件，客户端部署在服务器或者虚拟机等主机上，能够提供虚拟机的东西向防护、主机访问控制、主机入侵防范、主机杀毒等功能。

针对办公网和工控网之间设置数据交换区，根据《工业控制系统信息安全防护指南》，关于“边界安全防护”中“通过工业控制网络边界防护设备对工业控制网络与企业网或互联网之间的边界进行安全防护，禁止没有防护的工业控制网络与互联网连接。”“通过工业防火墙、网闸等防护设备对工业控制网络安全区域之间进行逻辑隔离安全防护。”分别部署 1 台工业防火墙和 1 台工业网闸，边界安全隔离设备功能包括应用代理、文件交换、数据库同步、视频交换、视频点播、Web 代理等，使用户可以在网络隔离的同时做适度的数据交换，解决网络隔离与数据交换的问题；部署于办公网与工业网络边界。

工业控制安全系统组成如图 3 所示。

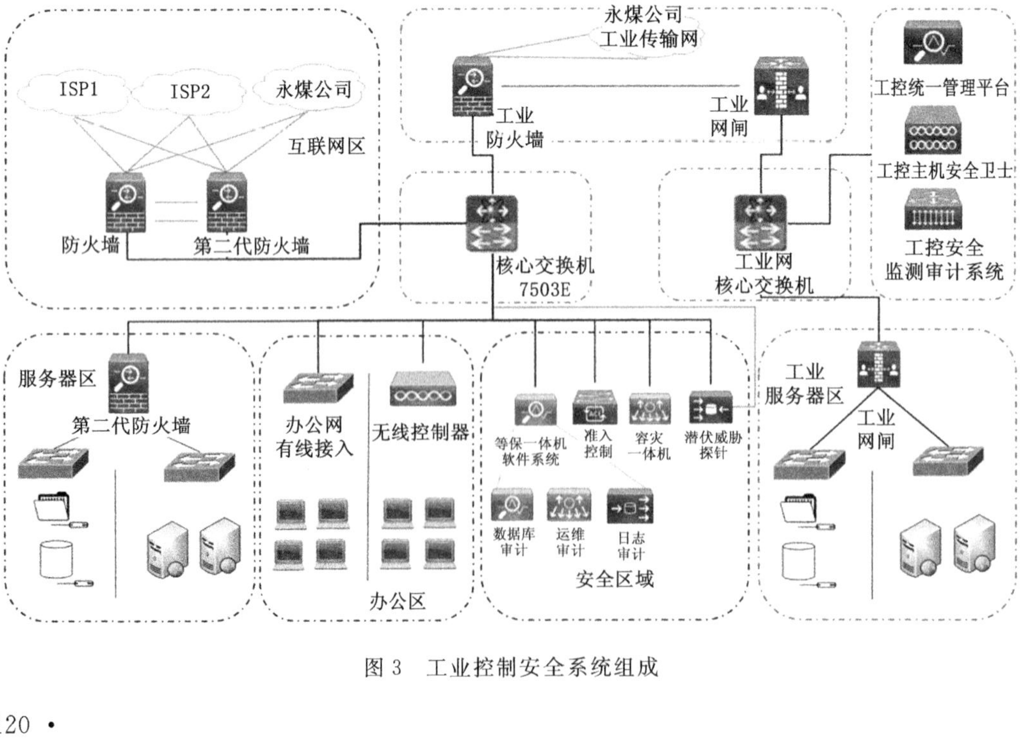

图 3　工业控制安全系统组成

4 安全生产智慧管控平台

车集煤矿智能管控平台采用最新空间信息、大数据、计算机网络、分布式协同“一张图”等技术，构建煤矿一体化管控的新型安全生产管理体系。平台通过将煤炭业务基础数据标准化、业务流程标准化，实现煤矿地测储量、生产技术、机电运输、安全管理、监测监控、综合自动化等业务数据在矿井内部以及矿井到上级公司的横向、纵向流通，形成安全生产信息共享平台。同时，建立基于大数据的煤矿安全生产智能诊断模型，实现安全生产管理的协同调度、集中管控及科学决策，彻底改变煤矿安全生产现有的管理模式。

(1) 调度决策指挥管控中心将煤矿企业生产中的“采、掘、机、运、通”“水、火、瓦斯、顶板”等专业纳入调度的管理范畴，基于二、三维地理信息平台，采用空间信息、大数据、边缘计算、人工智能、移动互联等最新技术，对生产过程、调度通信、环境监测、设备感知等各类系统进行全方位数据采集、高速传送、信息共享和联动控制。利用“云＋边”结合的实时、弹性计算能力赋能给各系统；通过“图形＋生产过程＋环境＋感知＋业务＋视频”数据的有效关联挖掘和处理，图文并茂地展现煤矿企业安全生产状况，综合生产态势，帮助用户实时掌握矿井安全、生产、管理等多方面的整体态势，最终实现对矿井安全生产的智能辅助决策、调度指挥、即时管控。

(2) GIS平面“一张图”以地理空间数据库为基础，实现一张图的矿区导航、跨平台看图，协同在线更新等功能，将图形信息、感知信息、生产过程信息、视频信息、业务信息等各类安全生产信息高度集成、集中展示、统一管控。真正做到了各司其职、以图管量、以图管矿、以图救灾。

(3) 安全生产信息共享中心基于“一张图”管理理念，按照统一GIS平台、统一管理平台、统一数据存储的思路，建立煤矿生产、地测、调度、机电、安全、通防、监测监控等安全生产部门的业务管理系统，实现安全生产信息集成共享、业务协同和一体化管理。

(4) 采用组件式开发技术和统一的GIS平台，实现了地测、采矿、机电、通风、安全、监测、调度管理等专业功能的组件化管理，可依据用户需求进行采矿、机电、通风、安全、给排水、监测等应用系统的组合定制。

(5) 基于TGIS＋BIM的透明化矿山，通过二、三维一体化机制和TGIS关键技术，建立可动态构建、更新的煤矿三维地质模型、巷道模型、机电设备模型、开采环境模型以及监测监控数据的算法，实现多部门、多专业、多层面空间业务数据、机电设备运行状态实时数据的集成与可视化展示，使远程可视化井下实时巡查成为现实，为智能工作面提供数据基底，为智能开采及智能掘进远程可视化控制系统服务。

安全生产智慧管控平台组成如图4所示。

5 结论

(1) 通过建设高精度地质模型，由高精度地质模型生成采煤机割煤线，导航采煤机割煤，解决了复杂采煤工作面地质条件对采煤机记忆割煤技术的限制，减少采煤机人工干预。

(2) 通过二、三维一体化机制建立了高精度的煤矿三维地质模型、巷道模型和机电设备模型以及监测监控数据的算法，可实现多部门、多专业、多层面空间业务数据集成与应用。

(3) 结合GIS“一张图”和风险分级预警管控理念，实现安全生产管控信息的采集汇聚、数据挖掘和融合分析，实现风险隐患、违章作业的智能辨识、监测预警和信息发布，提高了煤矿安全管控水平。

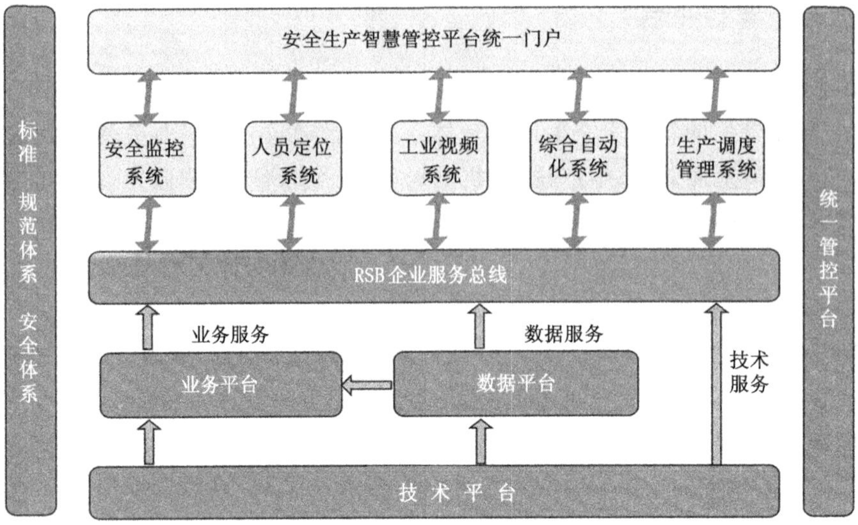

图 4 安全生产智慧管控平台组成

(4) 实现了可控的分布式协同 GIS“一张图”(包括移动 GIS)图形处理和服务技术以及软件系统：基于协同化、流程化、一体化的思路，研究实现了“采、掘、机、运、通”和“水、火、瓦斯、顶板”相关图形处理与分析技术，构建了煤矿协同图形处理的网络数据传输通信机制与协同作业体系结构，解决了煤矿地理信息的共享性、一致性、完整性和现势性问题。

(5) 构建了基于“两化”融合的车集煤矿智能管控平台，通过对“采、掘、机、运、通”等主要安全生产环节进行多要素全流程的系统集成、功能优化、控制协同，运用万兆工业以太环网技术和煤矿“一张图”技术，实现了智能矿山建设的目标。

(6) 通过矿井自动化、信息化系统建设，实现了井下变电所、泵房、压风机房、主井提升机房、主运输带式输送机全自动、无人化运行，累计减少岗位工 112 人，每年可减少工资投入 873.6 万元。安全性、可靠性、经济性效果显著，实现了少人、无人的目标，达到了少人则安的效果。同时，利用手机 App 软件移动办公、学习等功能，实现了无纸化办公，提升了矿井对外形象。

综上所述，基于自动化、信息化两化融合的研究与应用为矿井提供了包括采煤、掘进、机电、运输、通风、排水、安全监测等自动化、信息化系统的数据接入、集成与综合分析，充分利用大数据、云计算、人工智能等新一代信息技术进行数据融合和智能分析，实现了煤矿生产过程中的智能感知、信息及数据融合分析、远程集中控制、联动预警、视频人工智能应用分析，并提供决策支持，进一步完善了过程自动化、综合调度指挥等功能，有效提升了矿井的管理水平和生产效率。

参考文献

[1] 王树奇.煤矿信息化平台建设[M].北京：煤炭工业出版社，2014.

[2] 信江艳.企业信息化规划[M].北京：清华大学出版社，2017.

[3] 周剑.信息化和工业化融合：方法与实践[M].北京：电子工业出版社，2019.

煤炭铁路运输企业转型发展研究

李 刚，张德锋

（河南能源义煤公司铁路运输处，河南 义马 472300）

摘 要 “十三五”期间，煤炭市场需求量呈现下降趋势，其中的一个重要原因是各种新能源开发并投入应用。这些新能源符合环境保护要求，而且属于可再生能源，加之人们环保意识的增强，就会优先选择新能源。煤炭市场空间越来越小，必然会对铁路煤炭运输的发展产生直接的影响。铁路要对煤炭市场的发展形势实时监测，优化煤炭运输布局，调整运输价格，提供高质量的物流服务，以推进铁路煤炭运输可持续发展。

关键词 煤炭；铁路运输企业；转型发展

0 引言

近几年，受煤炭市场的影响，矿区铁路外运煤炭任务减少，运量急剧下降，完全依赖煤炭外运的矿区铁路到了生死存亡的关头，因此矿区铁路企业必须实现转型发展，开拓多种经营为一体的新型稳定发展模式。

1 矿区铁路目前面临的困境

1.1 政策因素

近几年来，受国际经济大环境的影响，国内煤炭市场持续低迷，大多数煤炭企业陷入困境。加之国家对作为石化燃料的煤炭等污染较严重的能源采取限制措施，尤其是关掉了一大批小型燃煤发电厂，并对一些大型燃煤发电厂采取了煤改气等措施，降低了市场对煤炭的需求，减少了煤炭消耗总量。通过铁路运输的煤炭总量也随即出现下降，由此导致矿区铁路煤炭外运量的严重下滑。

1.2 矿区因素

经过十几年的高强度机械化开采，尤其是城市建设规模的扩大，城市建筑压覆的煤田面积不断扩大，导致煤矿的可采储量迅速递减，部分企业的煤炭产量逐年下降，使得矿区内铁路煤炭运输的运量也随之不断下降。

2 我国煤炭行业对铁路煤炭运输发展的影响

2.1 能源需求的改变给铁路煤炭运输造成了负面影响

我国经济结构进一步调整，对于能源的需求也发生了变化，煤炭需求量将逐渐减少，这给铁路煤炭运输带来了负面影响。从能源消费情况来看，能源消费结构得以优化，各种替代性能源应运而生，特别是清洁能源进入能源市场，将煤炭行业逐渐推向市场的边缘。从能源消耗中煤炭资源所占有的比重来看，2010 年至 2015 年下降了 5.2%，“十三五”期间，煤炭资源消耗比重已经不足 60%。近年来，电力供应量和需求量都趋于缓和，社会总体电能使用量增长平缓。但核电、水电、风电、光伏发电等产业的大力发展，使得煤炭使用量受到限制，铁路煤炭的运输量趋于下降。

2.2 跨区域的特高压电能传输网络对铁路煤炭运输所造成的影响

我国的跨区域特高压电能传输网络规模化发展，截至 2015 年，我国的特高压跨区输电线路已经超过 16 条，高压线路总长度超过 90 000 km，变电容量超过 8 亿 kW。在跨区域特高压电能传输网络中，途经陕西、山西和云南的线路为 9 条，这些线路将电能传输到京津冀、珠江三角洲和长江三角洲地区。煤炭运输的方向也发生了改变，从“西煤东运”转变为“西电东送”，从“北煤南运”转变为“北电南送”。跨区域的特高压电能传输网络的覆盖对煤炭运输的影响是不可忽视的。比如，内蒙古锡林郭勒盟至山东的特高压输电线路投入运行，煤炭运量平均每年可减少 1 900 万 t；晋北至南京的特高压线路投入运行，煤炭运量平均每年可减少 2 010 万 t。国家规划的输电通道共 12 条，东部地区和中部地区煤炭运量平均每年就减少 2 亿 t。随着西部地区坑口电厂建设力度的加大，东部地区的煤炭产业开始梯度转移，主要的消费群也由东部沿海转向西部地区，原有的煤炭运输方式发生了改变，使铁路煤炭运量受到制约。

3 铁路管理体制的陈旧制约了煤炭运输企业的发展

3.1 铁路管理体制过于陈旧，无法与市场经济发展相平衡

从现阶段发展状况来看，我国铁路运输并不能很好地满足企业对货物运输的需求。铁路运输的价格是由国家制定的，不是市场所决定的，所以说铁路管理体制不灵活，关键的时候不能对运力进行及时的调控。加之铁路运输的价格比较高，所以有时候煤炭企业会在考虑成本的情况下，避免使用铁路运输，这种现象的存在也在一定程度上造成了运力的空闲。还有时候煤炭企业集中采用铁路运输煤炭，这种情况会造成铁路运输能力变得非常紧张，甚至超负荷运转，因此这种集中运输的方式非常容易给铁路运输带来不稳定的因素。传统的运输模式其实对煤炭铁路运输的制约非常大，所以当铁路运输能力提升及煤炭产量提升时，都要对传统的运输计划做出改变，因为市场是在不断地发生着变化的，如果一直固守着传统的煤炭铁路计划不肯做出改变，那就无法适应市场供需关系的发展。不仅铁路运输部门，而且煤炭企业都应对传统的运输计划做出相应的改变，市场是活的，不可能永远不发生变化，所以只有跟随着市场经济发展的变化，才能够与市场经济之间达到一个平衡点。在煤炭运输过程中，货流要遵从车流的现象非常普遍，但是这种现象的出现会造成煤炭运输分流，让本来应该运输到甲地的煤炭最后运输到了其他地方，合同也没有得到及时的兑现，最终的结果就是煤炭企业要在运输上投入更多的资金。

3.2 铁路运输和煤炭企业在职责上不对等

从计划经济时期开始，煤炭企业在承担运输费用的同时还要承担坏账损害带来的风险，而铁路运输部门却早已经将风险转移了。铁路运输部门和煤炭企业在责任的划分和利益的分配上不对等的现象一直都存在，根据有效的数据统计，我国煤炭行业承担的运费高达300亿元左右。这些因素给我国煤炭企业的发展造成了非常大的影响，也导致煤炭运输没有办法完全融入市场经济体制中。

4 转型发展是企业生存的必由之路

4.1 转型发展的总体思路

"靠山吃山，靠海吃海"，矿区铁路只有认识到自己的长处，发挥自身的优势，开发和扩大运输能力，逐步摆脱依靠矿区煤炭的单一运输模式，建立多种经营并存的新型运输模式，逐步实现"以外养内，内外并举，协同发展"的新局面，才能促进矿区铁路企业的可持续发展。从2012年以来，通过对煤炭市场、水泥市场、物流市场的深入调研，充分利用铁路运输处的地域优势和周边的资源优势，将煤炭营销、水泥运输、钢材运输、杂货运输等纳入铁路运输处的生产经营范围，打造多种经营为一体的商业服务模式。

4.2 转型发展具备的条件区位优势

例如，我国济北矿区位于济宁市高新开发区中心区域，矿区铁路紧邻327国道、日兰高速，周边大型企业较多，10 km范围内有山东兖矿国际焦化有限公司、雪花集团、小松山推工程机械有限公司、济宁电厂、德源纱厂、海天物流、太阳纸业、华勤集团等大型企业，产品稳定，进出物资总量庞大，为对外物流服务提供了便利条件。同时，矿区铁路在原有货物线的基础上进行了扩建，建成了设施完善、装备配套、运转规范的新型货场。货场仓库仓储能力达2万t，可堆放散装货物3万t，并配备大型装载机4台，篷布1 000 m^2，以及完善的喷洒水、消防等设施。组建了专业的装卸队伍和市场开发力量，实行公司化运作。

(1) 周边物流市场分析。通过对矿区周边企业的调研，逐步掌握了企业对运输的需求情况，并主动开展物流业务联系，开拓了新的运输市场，为矿区铁路的发展提供了新的生存空间。调研了济宁薛口钢材大市场，该市场是济宁市最大的钢材集散地，辐射济宁、菏泽等周边市场，钢材到达量较大，拥有较多稳定的客户，铁路运输处利用铁路大宗稳定的优势，与其建立了战略合作关系。对海天物流进行了调研，利用该企业庞大的公路运输网络和人脉资源，建立了公铁运输合作框架。调研周边许多民营煤炭经营商，与他们达成了合作意向，利用铁路线路发送他们的小井煤和各种配煤。利用华能运河电厂扩大建设规模而当前其受公路运输限制的良好契机，介绍从专用线接轨的优势，为他们的发展积极献策。

(2) 公路、铁路运价对比。铁路运量的减少，很大原因是公路运量的增加，造成总运量分流。而铁路运量要有所增加，就必须具备与公路竞争的运输价格优势。在对铁路运费及市场汽车运费初步调研的基础上通过综合测算，铁路运费下调20%～30%以后，铁路运输的优势才会显现。目前，通过运输价格的调整计划，公司已经联系了山东岳华能源集团有限公司，计划开展运输业务，每月计划可增运量1万t。

(3) 运输组织的优化。承担外部运输，意味着增加更多的投入，这部分投入必须依靠外部收入来消化。在不增加人员的情况下，铁路运输处优化更多的内部资源为外部运输服务。矿区铁路运输主要业务有行车、调车和货运，生产过程中须实行高度集中统一指挥，在统一的运输组织框架下，使行车作业、调车作业、货运作业实现业务协同，以保证运输生产过程高效有序运转。通过业务交互可以实现行车、货运、调车三大核心业务的一体化协同工作，消除不必要的业务环节，提升整个运输过程的协同能力，继而提升整个系统的运行效率。为了提高工作质量，挖掘运输潜力，更好地完成运输任务，铁路运输处强化了调度指挥和一岗多能制度，对作业人员素质和岗位综合能力进行了强化，确保人员充足、技术达标、设备完善、措施齐全、管理综合；保证职责落实到位，作业过程规范，确保内外作业配合到位、互不干扰、有序运行。

4.3 煤炭经贸分析

不同的企业对煤炭的质量要求不同，尤其是对煤炭的发热量、水分、灰分、固定碳等要求不同，而煤矿生产的产品不可能完全符合每一个用户的要求，因此需要进行一定的配煤作业，这样就能符合不同用户对煤炭产品的需求。对此，矿区铁路利用煤炭资源和铁路运输便利的优势，为客户提供煤炭的存储、装卸、配煤等服务。完善计量工具，统一计量标准。由于小井煤的运输需要计量装车，在没有轨道衡的情况下，采用测密度装车，因此要在生产经营服务场所安装计量器具，为此铁路运输处规范了计量车、取样工具，采用了铁路总公司的密度计算方法，并对货运人员进行了培训，规范装车作业。鉴于铁路运输处既要遵循铁路相关规则，又必须满足客户要求，合理结算运输费用，因此专门建立了联系办公室，协调双方工作，尽量做到让客户满意。经过前期的努力，铁路运输处对外煤炭业务有了较大进展，成为铁路运输处当前重要的发展业务。目前，铁路运输处具体开展的业务主要有如下几个方面：煤炭储存 5 元/t，装卸 6 元/t，经营配煤 15 元/t，进出东庄货场煤炭最大量可达 2 万 t/月。2014 年，矿区铁路东庄货场完成营业收入 1 800 万元，人均产值达到 7.8 万元，占 2014 年全处总收入的 16.4%。2015 年，矿区铁路东庄货场完成营业收入 7 000 万元，占总收入的 47%，成为铁路运输处发展的有力支撑。从用户情况看，主要是济宁电厂、运河电厂等国有大电厂、大客户，虽然这些客户经营的利润低，但由于数量大、信誉好，能够确保资金安全和回款稳定。

4.4 外部运输业务的拓展

拓展外部运输的品类和数量，优化运输业务结构，是实现以外养内的重要途径。随着国家铁路运输体制的改革，行包快运业务的运输市场份额不断增大，为此，铁路运输处积极与国铁兖州西站联系，筹划开展联合行包快运业务，目标市场锁定在矿区铁路 30 km 范围内。利用铁路运输快速、安全、准时、量大价低、不受气候因素影响等有利条件，为周边用户提供非常便利的铁路运输服务。同时，铁路运输处准备在机务段管线机车掉头线北侧建设一场地，与有关物流公司开展合作，开发钢材的达到和经营业务；在东庄站场股线西段，靠近木厂地段建设装卸平台，与小松山推工程机械有限公司、山东鲁抗医药股份有限公司等企业开展运输合作，办理机械设备及药品运输服务；积极与利生面粉和海天物流开展联运业务，开通向东北和新疆的联运通道。开展以上几种外部运输业务不仅能够改善矿区铁路外部运输煤为大的局面，改善外部运输品类和运输业务结构，而且对于矿区铁路的可持续发展也具有非常重要的意义。

4.5 规划开展的铁路接轨业务

我国大多数电厂附近没有铁路接轨，电厂燃煤一直采用汽车运输，不仅运费高而且对城市空气污染严重，一直是政府部门污染治理的重点。对此，济宁运河电厂通过扩大发展的可行性报告，机组容量将增加 200 万 kW，从而对于能源的需求总量提出了更高要求，单纯依靠公路运输无法满足要求，必须依靠更加快捷、稳定、持续的运输方式。因此，铁路运输处积极联系电厂，把矿区铁路的优势发挥出来，做好接轨服务。济宁运河电厂计划每年通过铁路外购煤炭 150 万 t 左右，通过运距运价计算，每吨煤炭的铁路运输可实现专用线运费 30 元，每年可增加 4 500 万元运输收入，真正发挥了矿区铁路的作用。同时从矿区铁路唐口站接轨至济宁运河电厂运输电煤是一个很好的运输方案，不仅解决了电厂运煤污染问题，而且还降低了电厂的运输成本，提升了矿区铁路的经济效益。经过政府、企业几方谈判和协调，已经通过了项目的可行性论证，正在办理相关施工手续。

4.6 建立健全铁路运输体制的策略

铁路运输部门要加强对煤炭企业经营发展的服务意识，首先要改变传统的思想观念。铁路运输部门可以根据煤炭企业的需要，提供适时的帮助。只有当煤炭企业发展越来越好的时候，铁路运输部门才能真正发挥作用。

5 结论

简而言之，通过近几年的探索实践，我国大多数矿业集团铁路运输处突破矿区铁路原有的单一煤炭外运模式，转型开发矿区铁路运输潜力，确定了三个发展方向：第一，稳定矿区煤炭的外运工作。铁路线是矿区的生命线，是矿区稳定发展、维持煤炭销售的重要因素，必须保证在任何情况下煤炭的稳定运输。第二，发挥铁路专用线的运输优势，重点做好接轨单位的煤炭等物资运输，相互依存，做好长远发展规划，发挥矿区铁路设备、人员优势，为社会服务。第三，利用货场、铁路优势，做好煤炭的存储、配煤、发运到达、煤炭经营项目。通过上述努力，最终实现“三个一”的目标，即内部运输、专用线接轨服务、市场营销各占 1/3 的比例，真正实现多元化、互为补充、抗风险能力强的格局，实现煤炭铁路运输企业长期健康发展的目标。

耿村煤矿智能矿山建设的研究与实践

王少波，杜俊涛，王少朋

（河南大有能源股份有限公司耿村煤矿，河南 三门峡 472431）

摘　要　我国部分煤矿已经建立了工业以太网和比较完备的中心机房，自动化生产已实现了单机自动化和信息集成，但还没有实现综合自动化远程集控，各子系统相互独立，没有实现信息共享，因此必须利用已建成的工业以太网，采用成熟的自动化控制技术，探究适合煤矿实际的自动化远程应用方式，它不仅可以解决目前煤矿存在的问题，同时还可以进一步改善煤矿生产现状。

综合智能化总体改造规划中，要统筹兼顾，将近期与远期、基础与应用、现实与扩展、局部与全局综合考虑，力求保证未来投资与已有的投资高效整合，真正为耿村煤矿提高生产的安全水平和生产效率打下良好的基础。

关键词　自动化；智能化控制；智能矿山建设

0　引言

随着煤矿安全生产新技术的不断推广应用和管理水平的不断提高，矿井安全生产综合监控已经不只是考虑加快生产过程中某一环节的速度和效率，而是将整个生产过程作为一个整体来考虑，形成全生产过程的综合监控。我国大多数煤矿生产属井工开采，劳动环境恶劣，劳动强度大，自动化程度低。虽然有些生产环节实现了单机自动化，但煤矿井下生产是一个众多生产环节相互关联的复杂大系统，用人多，要提高生产自动化水平，降低劳动强度，提高生产安全水平，基于网络的全矿井综合自动化是关键。

智慧矿山的核心问题是生产智能控制和安全大数据预测预警开展关键技术研究以及软件平台开发和示范工程建设，做好全面覆盖智慧矿山生产系统、安全监测和应急调度指挥等关键环节，能够有效提高矿山生产效率，增强矿山安全保障水平。

项目符合《国家中长期科学和技术发展规划纲要（2006—2020 年）》关于“安全生产”的战略目标，符合《河南省科技创新“十三五”规划》确定的重点任务和方向，符合李克强总理在第十二届全国人民代表大会政府工作报告中提到的：要实施“中国制造 2025”，促进工业化和信息化深度融合，要实施高端装备、信息网络等重大项目，推动移动互联网、云计算、大数据、物联网等与现代制造业结合的重要思想。

煤炭是我国的主要能源，约占一次能源的 60%，煤矿井下工作环境十分复杂，是高危的生产环境，综采工作面是煤矿生产的第一线，是煤矿生产设备最多、环境最恶劣、工作最复杂的核心生产区域。带式输送机是煤炭开采的主要运输设备，输送过程中，带式运输机经常会出现输送带打滑、断带、过负荷、联轴器断开等故障，给生产和安全造成重大影响。

在生产过程中，不仅要对采煤机、刮板输送机、液压支架、转载机、破碎机、输送机等大型设备的工况进行实时监测，还要对矿山压力、瓦斯、一氧化碳、煤尘等环境参数进行实时监测。目前，实现智慧矿山智能化、无人化的核心技术与瓶颈问题是煤矿主要生产系统的智能控制与安全监测大数据关键技术研究及相关产品的研制。

项目目标产品是研制开发智慧矿山综合自动化监控平台，该平台由多个子系统构成，覆盖矿山主要生产与安全环节，主要包括：① 矿山生产智能化子系统，包括井上/下高速传输网络、主要生产系统（采煤机、液压支架和刮板输送机）协同控制、辅助生产设备（转载机、破碎机、顺槽带式输送机、移动变电站等）集中控制、主煤流运输系统智能控制、工作面视频监控等；② 矿山安全智能化子系统，包括安全监测、人员定位数据实时监测、多网融合通信联络系统等系列产品。

通过项目的实施，能够实现智慧矿山主要生产系统（综采工作面、主煤流运输系统）智能集中控制；实现主要生产区域人员精确定位管理；实现煤矿安全生产实时监测，综采工作面、主运输巷道等关键生产场所安全监测与重大灾害预警；实现多网融合通信、智能化调度。

智慧矿山是我国及河南省重点培育发展的产业之一，“中国制造2025”是我国“十三五”战略规划确立的重点内容，项目的实施将填补耿村煤矿主要生产系统和装备自动化集中控制等领域的研究与应用空白，对探索煤矿无人化、少人化开采，提高煤矿安全生产技术水平具有重大意义。

在国家大力整顿煤炭生产、推动煤炭安全建设的大背景下，智慧矿山综合自动化系统的建设，实现对生产现场的各类动态数据实时在线的采集和高速传输，为煤矿井下安全生产过程的监测、控制和跟踪管理，以及生产统计管理等方面提供有效的科技支撑，使安全管理实时化、系统化、科学化，必将有力地推动煤矿企业的经济发展，产生良好的社会、经济效益。该系统相对于国内同类产品具有很强的技术优势，拥有多项自主知识产权，价格便宜，维护方便，具有很强的市场竞争力。

1　主要研究内容

（1）研发智慧矿山生产与安全一体化综合自动化平台，包括矿山生产系统智能控制、安全大数据实时监测等多个子系统。

（2）研发综采工作面生产设备控制子系统，实现工作面生产及配套设备协同工作、集中控制、故障诊断。

（3）研发主煤流运输自动化控制子系统，实现顺/逆煤流全自动顺序集中控制、故障诊断、音视频联动，实现无人值守。

（4）研发煤矿安全生产监测平台，实现矿山主要生产设备、人员以及环境安全实时监测。

（5）研发多网融合通信系统，实现矿井异构通信系统互联互通、统一调度指挥。

2　达到的主要技术指标或经济指标

（1）基于物联网的智慧矿山模型理论体系

提出基于物联网的智慧矿山理论模型，建立智慧矿山三层平台综合自动化系统层次结构体系和智慧矿山多协议转换网络协议层次模型。

（2）基于物联网的智慧矿山安全生产综合监控系统全覆盖传输平台体系

开发建立了100/1 000/10 000 Mbps工业以太环网＋Wi-Fi＋CAN现场总线全覆盖网络传输

体系，构建基于防爆工业以太网的矿井综合信息传输网络平台模式，实现矿山各种自动化及监测监控子系统的接入和信息共享。

(3) 矿井宽带无线通信支撑平台

本项目研究矿山复杂环境条件下，高效、动态、灵活的组网与实时可靠的信息传输关键技术构建，研究自组织与新型的矿山地下无线传感器网络动态多跳组网技术，给出有效的覆盖和连通性保持及障碍物避免算法，实现快速自组织重构的抗毁路由技术和自适应物理层访问技术。依托高速工业以太网，建立矿山冗余、有重构能力的基于无线传感器网络的救灾应急系统平台。

(4) 智慧矿山安全监控系统及接入关键技术的研究

基于 IP 的煤矿融合通信系统，实现煤矿调度通信的革新和升级换代。

矿井安全生产自动化监控各子系统开发，实现了对井上/下运输、四大运转(通风、压风、提升、排水)、井下供电等对矿井各安全生产环节的“遥测、遥信和遥控”。

多功能综合接入网关开发，实现多种有线/无线矿井安全系统、生产自动化各子系统的互联和多种类型的分站接入功能，实现了矿井安全生产综合监控与联动控制。

流媒体信息传输及控制技术，研制了矿井数字化图像监视系统及数字音视频一体化摄像仪机等设备，解决了矿井上/下之间的远程图像、图形交互传输与控制技术。

(5) 智慧矿山综合监控信息集成软件系统

构建三层平台，以安全生产、自动化等信息系统为其子系统，将实时数据流和管理信息流等各子系统集成统一的信息平台。通过企业内部计算机网络，基于分布式实时数据库、OPC、工控组态技术，实现了各子系统的无缝集成和实时数据 Web 浏览。

(6) 预警及应急救援系统

煤矿是一个特殊的高危行业，其生产环境复杂，作业条件差，自然灾害多，受瓦斯、煤尘、水灾、火灾、顶板、地温、冲击地压等灾害威胁，各种事故和突发事件均有可能发生。关口前移，做到事故的预防是关键，若一旦发生事故，就必须采取有效的应急救援方案，提高应对风险和防范事故的能力，及时、科学、有效地指挥协调应急救援工作，最大限度地减少事故造成的人员伤亡和经济损失。

(7) 矿井融合广播通信及联动系统

系统设计以安全、可靠、先进为原则，可实现在安全生产指挥调度中心对井下的所有区域进行网络监视和控制，做到无通信盲区。

3 采取的技术路线方法及技术关键环节

(1) 提出智慧矿山综合自动化理论模型，建立智慧矿山综合自动化系统平台三层结构体系。

研究提出包括感知层、网络传输层、应用层的三层体系结构，如图 1 所示。感知层解决的是矿山物理环境的信息获取问题，所需要的关键技术包括检测技术、短距离有线和无线通信技术等。网络传输层解决的是感知层所获得的数据在一定范围内长距离的传输问题，所需要的关键技术包括长距离有线和无线通信技术、网络技术等。应用层解决的是信息识别处理和人机交互的问题。

本项目可建立基于防爆工业以太网、宽带无线网络和无线传感网络的矿井物联网平台，如图 2 所示，实现井下人员及移动设备的定位管理、各安全生产过程及设备的实时远程监控、故障诊断、信息集成与综合监控等功能。其目的是建立一个“安全、实用、可靠、先进、开放和高速”的安全生

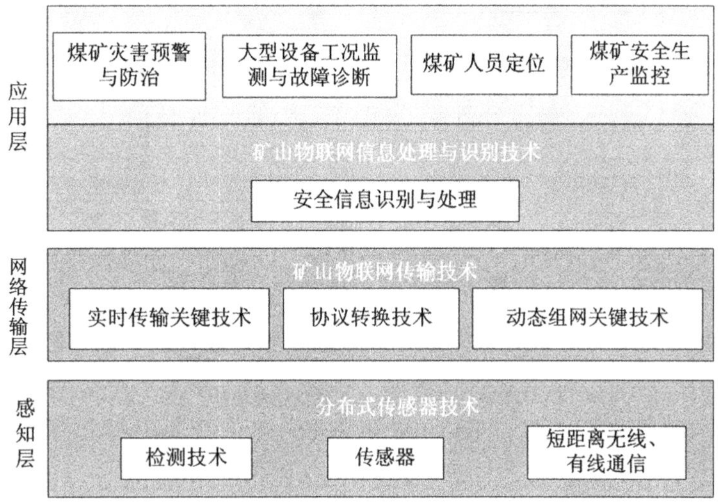

图 1 智慧矿山网络模型

产信息平台，并实现各种安全、生产设备、仪器和系统的网络集成与信息融合，使矿井生产安全可靠，有效地预防和及时处理各种突发事故和自然灾害；实现全矿井的数据采集、生产调度、经营管理、决策指挥的网络化、信息化、科学化。

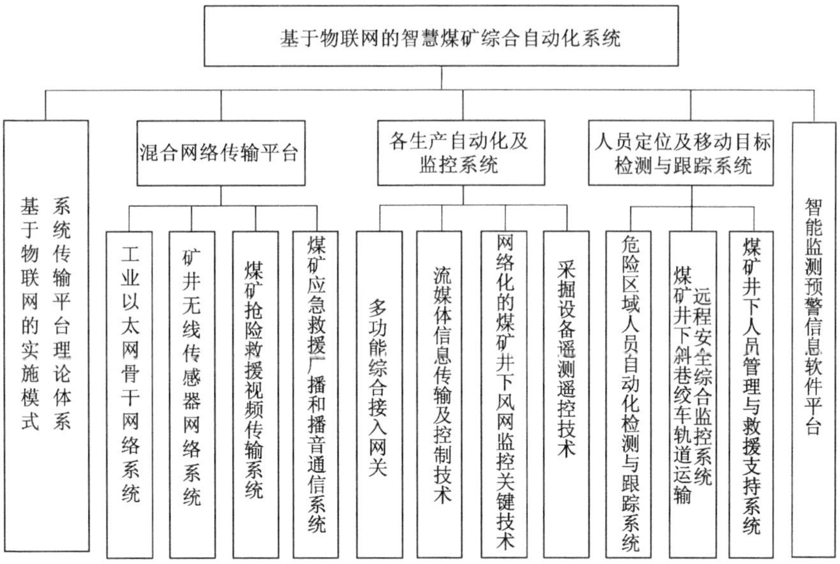

图 2 基于物联网的智慧煤矿综合自动化系统

耿村煤矿综合自动化平台将以信息集成为核心，利用分布式实时数据库，有效整合各种资源信息，从总体角度对矿山信息进行调度管理，形成一个集过程自动化、监控数字化、管理信息化、图像数字化等为一体的统一的软件平台，从而支持各个生产管理层面的不同需求，消除企业内部信息孤岛，为生产经营管理提供有效依据。采用分布式的系统架构，建立数据接入、数据处理、数据表示三层应用体系结构，如图 3 所示。

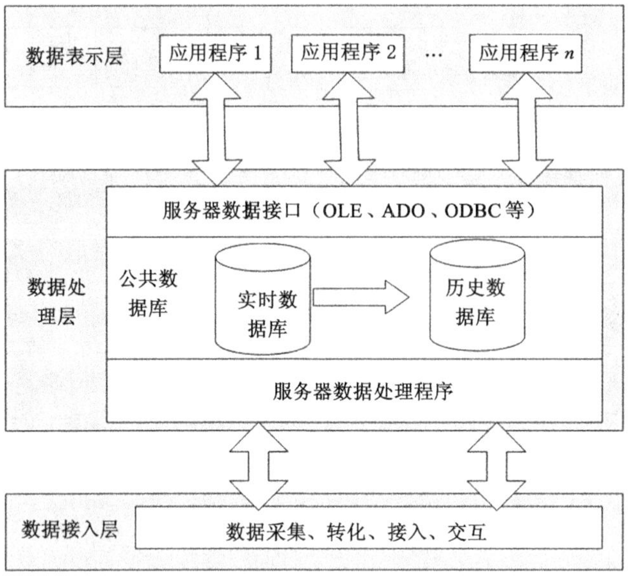

图 3　综合自动化软件平台框架结构

应用表示平台是以组态平台为基础开发的综合应用软件，是集数据通信、处理、采集、控制、协调、综合智能判断、图文显示为一体的综合数据应用软件系统，能在各种情况下准确、可靠、迅捷地做出反应，及时处理、协调各系统工作，达到实时、合理监控的目的，如图 4 所示。

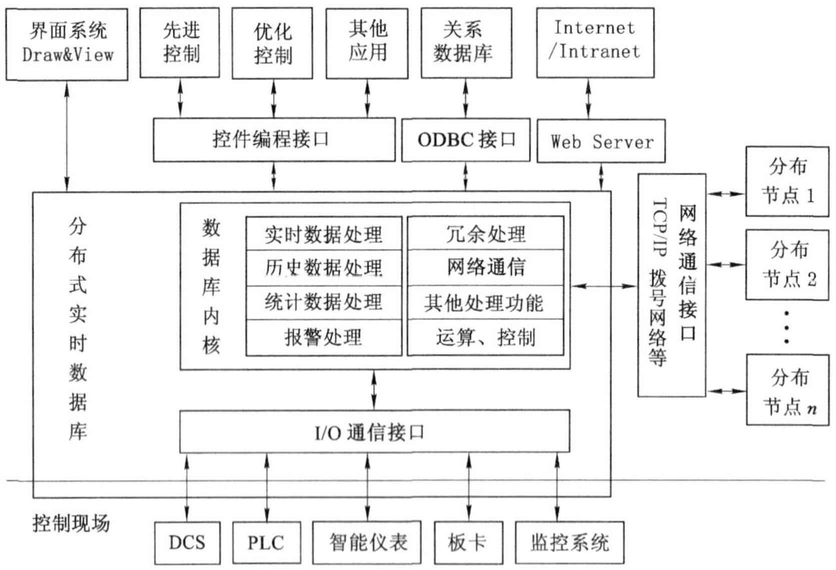

图 4　组态软件体系结构

（2）混合网络传输理论及系统平台实施模式。

进行智慧矿山综合自动化系统井上/下高速物联网传输平台理论体系和关键技术研究。

提出井上/下防爆工业以太网、宽带无线网络、无线传感器网络全覆盖的物联网传输构架，解决了煤矿井下通信盲区的问题。

通信协议层次模型兼容通用 TCP/IP 互联网协议，对不同总线和系统的数据建立通信隧道，实现透明传输，解决了多种协议转换的问题，满足工业控制网络的实时性要求。

（3）进行智慧矿山自动化系统及接入技术的研究和关键装置的开发。

依托现有的综合自动化子系统，进行以下系统的开发：

① 采掘设备遥测遥控技术研究和开发；

② 矿井自组织无线传感器网络关键技术研究和开发；

③ 煤矿井下人员管理与救援支持系统研究和开发；

④ 网络化的煤矿井下风网监控关键技术开发；

⑤ 煤矿井下斜巷绞车轨道运输远程安全综合监控系统研究和开发；

⑥ 煤矿应急救援广播和播音通信系统开发；

⑦ 流媒体信息传输及控制技术研究和产品开发；

⑧ 多功能综合接入网关开发。

建立了基于物联网模式的矿山综合自动化技术体系，促进耿村煤矿采矿技术向可视化、智能化、自动化方向发展。

（4）自主研发智能化监测预警信息系统平台，实现煤矿井上/下人员、设备和环境的实时、安全、高效的协同管理和综合监控，提升了煤矿安全监控智能化水平，实现灾害预警、安全生产、无人/少人开采的智慧模式。

4 项目完成后所产生的社会效益或经济效益预测分析

（1）直接经济效益

智慧矿山综合自动化系统的建设与应用，提高了劳动生产率。项目实施后预计可使耿村煤矿生产能力提高 1.5%以上，按目前的产量 300 万 t/a 计算，每年至少可以多生产原煤 2 万 t，2 万 t×300 元/t ＝ 600 万元，新增利税 180 万元，同时，每年避免因事故造成的直接损失、原材料浪费等而增收节支 240 万元，具有明显的经济效益和社会效益。

该系统建成后，实现了减人提效，可减少约 40 人，按 2020 年度煤矿人均工资 4.0 万元计算，每年可节约工资及其他福利约 160 万元。

（2）间接经济效益

智慧矿山综合自动化平台的建设，不仅使煤矿生产效率大幅度提升，亦使工程的施工质量、人员的正规操作水平等方面得到了显著提升，而且降低了煤矿企业安全管理成本，安全水平跃上了一个新的台阶。

该系统的建设，能够适应煤矿安全工作新形势的需要。该系统以灾害预防、事故救助、电子信息化管理为主要目标，将提高安全管理效率，满足安全策略综合性、预见性、跨区域的管理要求，为井下安全生产管理提供实时、可靠的技术保障。

义煤集团转型发展的探索与实践

蒋　楠

（义马煤业集团股份有限公司经济运行部，河南 义马　472300）

摘　要　为突破发展瓶颈，义马煤业集团股份有限公司（以下简称“义煤集团”）主动转变发展方式，进行积极探索与实践，实施战略引领和改革创新，并取得了显著成效，推动了企业又好又快发展。义煤集团的探索实践有典型的代表意义，具有创新性和可复制性，为大型国有企业转型发展提供了一种可参考的模式。

关键词　转型发展；战略引领；改革创新；探索实践

义煤集团是国有控股的特大型煤炭企业，始建于1958年，2008年12月改制为义马煤业集团股份有限公司，注册资本31亿元，现有在册职工4.1万多人；矿区煤炭资源保有储量15.87亿t，现有生产矿井13对；以煤炭采选为主业，物流贸易和相关产业为辅业。为了打造卓越企业，义煤集团采取了一系列转型发展措施，取得了显著成效。

1　科学制定前瞻性战略，实施战略引领

义煤集团根据内外环境和企业实际，科学提出了“以建设‘新义煤’为目标，以实施‘一体两翼’为路径，以开展‘两化两提’为抓手，以改革创新为动力，打好‘深化改革、对标提升、风险化解’三大攻坚战”战略发展目标，力争用三年时间实现双两千（2 000万t煤炭产销量、2 000万t煤炭吞吐量）。

企业战略是企业发展的方向和旗帜。上述企业发展战略的制定，进一步厘清了发展思路，使义煤集团走出了一条在发展中顺应调整、在调整中谋求发展、实现又好又快发展的新路子。

2　着力推进五个结构优化调整

（1）着眼于战略性，推进企业价值观的优化创新。企业坚持以“重在持续、重在提升、重在统筹、重在为民”指导企业科学跨越，做到立场上到位、观念上到位、方法上到位。落实“重在持续”，就是紧紧扭住发展第一要务不动摇，咬定科学跨越目标不改变，保持企业科学发展、持续发展，把义煤集团做大做强；落实“重在提升”，就是进一步转变经济发展方式，实现量的扩张与质的提升相统一，提高经济运行质量；落实“重在统筹”，就是协调好发展的速度与质量、改革与稳定、经济工作与党建工作等方面的关系，做到总览全局、协调各方、统筹推进、形成合力；落实“重在为民”，就是始终坚持全心全意依靠职工办企业的方针，让职工充分享受企业发展带来的实惠，实现义煤集团企业价值观的升华。

(2) 着眼于持续性,推进产业布局和结构的优化调整。对资源型企业来讲,掌控更多的资源,就掌控住直接的经济效益,也就为企业创造了更强的生命力。对义煤集团而言,要打造百年长青基业,产业布局和结构优化需要考虑的首要因素就是煤炭资源。要通过扩编等方式占有更多的煤炭资源,同时要着眼于物流贸易板块和相关产业的协调发展,扩大企业发展的内涵和外延。

(3) 着眼于竞争性,推进产品结构的优化调整。产品结构调整是义煤集团当前增加利润、抗击市场风险、提升竞争力、做强做优主业的有效的措施和办法。深化义煤集团煤炭供给侧改革,提高煤炭供应的质量和灵活性,以效益为导向,加快煤炭产品结构调整,实现产品多元化,目前初步形成了以电煤、化工煤、高炉喷吹煤、炼焦煤为主的产品体系。

(4) 着眼于价值性,推进企业人才、技术和资金结构的优化调整。人是生产力中最活跃的因素之一,建设一支高素质的职工队伍是加快转变发展方式的基础性工作。在优化调整人才结构方面,加大高技能人才的引进,带动职工队伍整体结构的优化;大胆使用高素质员工,以高带低,发挥人才的倍增效应;加大岗位培训,鼓励岗位成才。在优化调整技术结构方面,强化"科学技术是第一生产力"观念,完善企业自主创新体系;加大生产所急需的技术攻关力度,加强科技成果的推广和转化,使科技成果成为企业新的经济增长点;瞄准行业高新技术的发展动向,掌握其他企业无法复制的技术优势。在优化调整资金结构方面,通过加强资金管理和优化资金结构来保证企业正常生产经营的资金需求,确保资金安全。

(5) 着眼于创新性,推进企业管理的优化升级。要适应企业做强做大的形势变化和要求,以提高经济效益为中心,以履行社会责任为原则,以健全现代企业制度为抓手,不断创新管理理念、管理体制、管理机制、管理形式、管理方法和手段,再造管理流程,优化管理模式,推进企业管理的优化升级,实现管理创新。

3 坚持改革创新,转变发展机制

(1) 科学管理模式对企业的贡献日益突出。义煤集团构建"两化两提"管理模式,通过建立精细化、市场化管理体系,重塑义煤管理模式,对现有制度进行梳理、优化,建立以效益为导向的体系科学、特色鲜明、运行高效、机制长效的管理模式,实现效率、效益双提升。

(2) 科技创新体系进一步完善。义煤集团实施科技兴煤战略和科技兴安战略,通过技术创新和产学研合作,建立以企业为主体,产学研相结合的科技创新体系。近 3 年来,共对外签订各类技术合同 254 项,完成各类科技项目 957 项,在制约企业发展的关键技术攻关方面取得了重大突破,瓦斯综合防治、冲击地压防治和压力增透技术使用等达到了国内先进水平。

(3) 人才支撑体系进一步加强。义煤集团树立"人才是第一资源"的思想,实施"人才强企"战略;按照"引得进、留得住、用得好、重培养、压担子、高待遇、快成长、资本化、输得出"的要求强化人才队伍建设,对内"双通道"管理,对外招纳贤良。近 3 年来,引进高层次、高技能人才 30 多人,为企业迅速发展提供了强有力的人才支撑。

4 推进自主创新,全面提升企业核心竞争力

(1) 加快建立和完善技术创新研发体系。义煤集团积极推行项目合同制和中期评审制,共完成各类科技项目 3 587 项,创造了义煤集团有史以来最高纪录。建立了以企业为主体,产、学、研相结合的科技创新体系,针对生产、安全实际中的重点和难点开展科研攻关。

(2) 不断加大科技投入,逐步提高科技创新能力。义煤集团坚持“多上设备少上人”原则,不断提高装备水平。积极推广应用新工艺、新技术、新材料、新装备,加强与科研单位的合作,加大对影响生产发展的技术问题进行攻关的力度。针对制约生产发展的瓦斯、矿压、地温、水、火等主要问题,制订中长期课题规划,有计划、有步骤、有重点开展研究,为生产发展提供坚实的技术支撑。近年来,义煤集团在综采放顶煤技术,煤巷支护技术,防治瓦斯、煤尘、火灾、冲击地压事故技术,洁净煤技术和建设高产高效矿井技术上均取得突破,尤其是在瓦斯综合防治、冲击地压防治和压力增透技术使用方面取得了重大突破,走在了河南省前列,达到了国内先进水平,有效地解决了制约企业发展的突出问题,有力地推动了企业发展。

(3) 不断加强企业管理创新,管理水平不断提高。义煤集团对下属单位采用混合型管控模式,降低企业运营风险。实施财务、销售、供应集中统一管理,有效降低了经营成本。强化财务集中统管,实施会计委派制度,建立规范、完善的内控体系。公司煤炭产品对内实行收购制,销售部门统一销售、统一定价、统一回收货款。实施物资统一管理,发挥集团采购优势,推行战略供应商制度,规范招投标管理。

5 创新安全管理,打造本质安全型煤炭企业

(1) 加大安全投入,提高生产现场安全技术装备水平。义煤集团进一步完善了矿井通风、瓦斯抽采、防灭火、综合防尘、监测监控、供电等系统,加大了无煤安标志设备的更换力度,消除和整改了一批重大安全隐患。

(2) 不断加强矿井防突管理。义煤集团确立了“加强预测、超前防范、消除显现、杜绝突出”的工作原则,对煤与瓦斯突出矿井健全了防突管理机构,投入大量资金购进防突设备,加强与科研院校的联合技术攻关,聘请防突专家进行授课培训,有计划地组织职工进行全员学习,使企业总体防突管理水平迈上了一个新台阶;与科研院校密切合作,加大科研攻关力度,深入开展了水力压裂技术研究和利用底板岩巷向煤层实施高压注水,增加了煤的透气性,提高了抽采效果,为有效预防煤与瓦斯突出事故提供了技术支撑。

(3) 加强瓦斯治理,实现理念突破。义煤集团坚持“瓦斯超限就是事故”,按照严于、高于《煤矿安全规程》的要求,狠抓超前治理、超前防范;深入开展全国瓦斯综合治理示范化矿井创建活动,探索出“保、压、冲、注、抽”的全方位区域瓦斯治理新方法,瓦斯超限次数实现了大幅度下降。经过实践,义煤集团瓦斯治理理念由原来的“瓦斯超限是不可避免”,逐步转变为“瓦斯是可防、可控、可避免的”,实现了历史性突破。

(4) 强力推行大断面支护。义煤集团结合各矿井实际,要求中部矿井巷道断面不低于 24 m^2,东西部矿井巷道断面不低于 18 m^2 和 14 m^2。通过实施大断面支护,彻底解决了巷道压力大、影响行人、运输困难等一系列难题。

6 加快信息化建设,推动企业管理的战略转型

(1) 建立数字传输高速通道,实现瓦斯监测网络化。义煤集团建成了环形传输网络,做到了矿到集团的传输三网合一。对集团网络中心进行了大的改造升级,初步实现了网络监测管理、网络系统全方位监测。实现了集团公司内各生产矿井安全瓦斯监测数据统一管理、统一上传、集中监测的安全监测系统,为企业的安全生产管理提供了高科技的监测监控手段。

(2) 快速推进数字化矿山建设。义煤集团建成了远到青海义海能源有限责任公司在内的25个点的视频会议系统。已在部分生产矿井建成了井下移动通信、人员定位、井下供变电水泵自动控制以及综合OA(办公自动化)系统。各矿先后都建成全国一流的大屏和生产工况监测调度系统。

(3) 搞好企业微信公众号运营。义煤集团先后成立了义煤之声、义煤职工微家、义煤集团招聘、义煤组织人事等微信公众号,通过有效运营,树立了企业的良好形象、宣传了企业文化和发展动向,丰富了职工的业余生活,支持了企业发展。

7 大力发展循环经济和实施节能减排,实现低碳发展

(1) 采用先进工艺、技术和装备,提高资源节约率。坚持高效综采,加强对薄煤层、边角煤和"三下煤"开采工艺研究,最大限度提高煤炭资源回采率。同时,在煤炭生产中提高块煤率,调整产品结构,提高产品附加值,优质优价,企业效益明显提升。

(2) 围绕矿区"三废"治理,实施综合利用工程。一是实施煤矸石综合利用工程。先后建成了5条年产6 000万标块矸石砖生产线,年可利用煤矸石80多万吨,目前煤矸石的综合利用率达到70%。二是实施矿井水综合利用工程。建设完善了10套矿井水净化设施,年处理矿井水达到1 300多万吨,实现了对水资源的循环利用。三是实施瓦斯综合利用工程。先后建成了3套4 500 W瓦斯发电机组,年利用瓦斯1 200万 m^3,年发电量3 500 kW·h,实现了电、热、冷三联供,为提高瓦斯利用率探索了新途径,也大大降低了瓦斯对环境的污染。

(3) 以循环经济理论为指导,建设循环经济园区。在渑池县张村镇构建了煤电铝循环经济园区,形成了义煤集团的矿井水、电入园使用,园区企业间产品、副产品互相循环使用,园区废弃循环利用的循环经济模式,给当地带来了巨大的环境效益和社会效益。在义马市建成了跃进煤电汽建循环经济工业园,形成了利用煤矸石、煤泥和矿井水发电,电厂热电联供,矸石制砖的循环经济模式。

(4) 大力推进节能技术和余热余压利用。近年来,积极采用国内外成熟的变频调速、无功补偿技术及电子自动化控制系统,对矿井机电设备实施变频改造;对矿井供电系统进行节能改造,对节能电动机进行节能技术更新改造。优化了电机系统的运行和控制,年节电率达到15%以上,年可节电6 000多万千瓦时,年节约标煤近3万t。大力推行余热余压利用,年节省标准煤22 000 t,每年减少二氧化碳排放量65 000 t。

义煤集团积极推行转型发展,并进行了不断探索与实践。转型发展是一项艰巨复杂的系统工程。义煤集团既要激发转型发展的内在动力,又要利用转型发展的外部压力,还要创造加快转型发展的良好条件,不断推动转型发展取得新突破。即通过转型发展,着力建设新义煤,实现安全基础更加牢固,企业自主创新能力明显增强,资源利用率明显提高,环境保护成效显著。

作业成本法在地勘企业经营管理中的应用探究

葛红晔

（义马豫西地质工程有限公司，河南 义马 472300）

摘 要 按照省委省政府关于河南能源化工集团"稳住当前、刀刃向内、断臂求生"的指示要求和河南能源化工集团、义煤公司年中工作会安排部署，全面落实"六稳""六保"，坚持目标导向、问题导向、结果导向相统一，坚持市场化、契约化、精细化相促进，坚定必胜信心，激发全员活力，增强内生动力，狠抓增收节支，强推增盈提效，坚决打赢义煤"生存保卫战"和"扭亏增盈"攻坚战。在此基础上，公司全面推行作业成本管理，科学合理划分作业单元，建立"横向到边、纵向到底"作业成本责任目标控制机制，完善作业消耗定额标准及作业成本费用核算、预算体系，构建科学规范的业绩评价考核体系，挖掘公司降本增效作业点，引导公司提升"算账搞生产、算账搞经营"和"管安全生产同时管经营"的意识，提升公司在作业预算、过程控制、对标管理、效果考核评价等方面精细化成本管理水平，实现公司统筹协调发展。

关键词 作业成本法；成本动因；成本核算

1 作业成本法的特点

在我国传统的成本核算方法中，仍然存在一系列问题，导致成本核算的准确性不是很高。在传统的作业核算中，间接成本需要严格按照成本对象消耗某种资源占当期此类资源总消耗量的比重实施统一化配置。但是在作业成本法当中，间接成本需要依据成本动因被规划到各自的成本库中去，并且需要具体依据不同类型的成本动因实施单独配置。一般情况下，传统的作业核算模式运用单一化的标准开展分配活动，比如按照生产工时与材料消耗等一些指标实施合理分配。在综合运用作业成本法实施核算的过程中，将分配形式调整成在不相同的成本库当中实现分配，并且所采用的分配标准通常是成本动因。对于传统的成本核算手段而言，并未把产品当成信息来源来把握，而仅仅是将其当成单一化的产品进行考量，这势必会在一定程度上造成产品所需要承担的费用不够确切和明晰，进而还会对企业决策与进一步发展造成不良的影响，但是作业成本法却能够对费用来源做出较为明晰的划分，以确保结果的准确计算。

2 企业全面推进作业成本法的必要性

目前，大部分企业采用的成本管理的手段、方法较为落后，成本管理方法不科学。企业传统的成本模式是上级公司制定基层企业的成本目标，然后基层企业将目标逐一分解至各个基层部室，期末再对各个基层部室的成本项目执行情况进行审核。上述的成本管理方法实质上属于一种事后管理，在现代经济发展如此迅速的大环境下，如果企业成本管理仍只能做到事后分析是根本不行的。科学合理的成本预算是成本管理的基础，而很多企业现行的传统成本管理模式在全面性和科学性上都存在着诸多不足。

(1) 在成本管理流程的科学性和完整性上，现行的成本管理方法只是在成本发生后对于已经发生的成本进行核算和评价，其成本计划是由上级单位指定的，缺乏事前科学的成本预算制定和事中的成本控制，成本管理的科学性难以落到实处。

(2) 大部分企业没有成本项目责任负责机制和成本责任业绩考核流程。科学的成本管理流程是先制定某部门的成本预算同时该部门对其成本负有责任，然后通过对某部门实际成本数与预算数进行对比来考评某部门的成本业绩情况，同时采取奖罚有度的刺激措施来提高员工参与成本管理的主动性。然而，由于目前很多企业缺乏完善的成本责任负责制度，同样也缺乏成本业绩考核，导致成本管理的作用无法得到发挥。

(3) 企业运用作业成本法能够提高其成本管理水平。首先，通过运用作业成本预算的原理，可以制定企业经营期的预算成本和各个作业中心的预算成本，并建立成本负责机制，设计一定的奖惩措施，每个作业中心对其产生的成本费用负责。其次，对每个作业中心负责的成本责任实施业绩考核。通过对比各个作业中心的作业成本预算和实际发生的成本，考核其成本责任履行情况，做出相应的惩罚或者奖励以提高员工参与成本管理的积极性。最后，企业实施作业成本法能够弥补传统成本管理方法的不足，提升其成本管理水平。

3　企业实施作业成本法的现实意义

(1) 有利于还原生产过程中发生的真实成本。根据成本动因归集成本，提高了成本预算的准确性，使管理者更精确地掌握煤炭企业的生产成本，可以避免产品定价失误的风险。

(2) 有利于提升其成本管理水平。首先，通过运用作业成本法可以制定煤炭企业每个作业中心的成本预算，同时明确每个作业中心的成本考核目标和成本责任边界。然后，对作业成本出现的偏差进行深度挖掘，能够准确发现产生偏差、误差的作业及产生原因进而优化、改善作业工艺并反馈到下一期作业中心成本预算的编制。最后，每个作业中心对其产生的成本负责并设置奖惩机制，对每个作业中心实施成本业绩考核并与薪金挂钩激励员工参与成本管理的主动性。因此，运用作业成本法能够形成一整套连贯的管理流程，从而提高管理的科学性。

(3) 有利于形成成本优势。通过进行事中控制和事后差异分析，可以找到作业成本产生偏差的原因，通过作业移除、作业优化、作业减少等方法尽可能减少误差作业，改造工艺，合理降低成本从而大大提高成本管理效率，有助于帮助煤炭企业适应快速的经济发展形势并取得竞争优势。

4　作业成本法在地勘企业经营管理中的应用

(1) 加强组织建设。企业在推进作业成本法时，会遇到一定的阻力，所以应成立以单位负责人为第一责任人的领导小组，负责指导、协调、推进作业成本管理方法和实际应用，评价作业成本管理的实施效果。

(2) 强化定额管理。公司要根据生产作业环节，组织生产、技术、企管、财务等多个部门对生产作业成本现状进行全面梳理和认真研究，对水文地质灾害情况和煤层附存状况进行深度剖析，健全内部生产、安全、地质、水文等基本信息资料，测定各类生产作业的人工定额、材料定额、电力消耗定额等定额标准，实现定额标准的科学性、先进性，以有效指导和评价生产作业成本控制。

(3) 加大计划管理力度。要充分依托企业内部定额，从严、从紧制定各项作业成本预算、月度作业计划，各月度作业成本预算之和不得高于年度作业成本预算。作业成本预算下达后，不得随意变更，维护作业计划的严肃性。

(4) 作业成本目标责任分解。依据生产经营计划，相关部门分解作业成本目标，做到公司下达预算与内部分解预算相匹配、内部工程预算与财务预算相匹配、物资采购预算与生产作业预算相匹配，实现作业成本责任目标层层分解到位、落实到位。

(5) 建立作业成本核算对象。作业成本核算对象是公司需要计量成本的对象，按照公司作业成本核算的需求，将各项成本对象按作业的不同类型划分。公司按类型划分如下：

① 地质对象类，地质钻孔、煤层气孔、水文钻孔、取样送样、测井。

② 生产系统类，地面勘探系统、地面注浆系统、测井系统、物探系统、测绘系统、岩土系统。

③ 动力供给类作业，包括电力供应等。

④ 信息化类作业，包括信息化系统、设施维护。

⑤ 生产保障类作业，包括设备维修、物资供应、自制加工、修旧利废等。

⑥ 其他类作业，包括后勤服务、生产机关费用、管理机关费用、其他作业。在实际操作过程中，公司将以上各类成本对象具体化到明确的钻探、测量、勘察、物探等，归集每项作业项目发生的人工、材料、电费、修理、维护等内容，并保持成本对象、核算内容在各核算期间一致。

(6) 实施。作业成本管理办公室根据各单位作业成本实施进度，对作业成本预算节约超支情况进行分析，分析内容应细化到生产作业，对于作业成本管理过程中发现的问题，建立问题台账，实行闭合管理。同时，还应深度挖掘作业成本优化措施，引导业务部门优化生产技术方案、优化产品质量、细分市场产品等开源节支措施，最大限度提高企业经济效益。

(7) 监督评价。作业成本管理办公室每季度对公司成本管理制度执行情况以及预算目标分解、过程控制、现场管理、结果运用等环节进行客观评价、监督考核。还应以作业成本管理为基础，形成对标分析报告，在对标分析的基础上，生产业务部门形成生产工艺分析报告，提出存在的问题、改进的建议并整改落实。

5 作业成本法在企业经营管理应用中存在的问题

(1) 选用成本动因时存在主观性

在通过作业来确定成本动因的过程中，不同的工作人员，其所得到的结果是有所差异的，如果这种差异较为显著，那么作业成本信息的可信度必然会受到影响，出现较大幅度的下降。工作人员经常是以主观意识去选择企业的成本动因，使作业成本法不能发挥更好的科学效用。

(2) 复合型专业人才较为匮乏

作业成本法具有复杂性特征，不仅需要得到企业技术的支持，还需要专业素质高的人员予以有效落实，不然势必会影响自身作用的充分发挥，从而严重制约管理能力的提升。从目前的应用情况来看，公司缺少能够准确地判断作业成本库、成本动因等方面复合型人才为企业的发展做出准确的判断。

(3) 外部环境的制约

外部环境的制约主要是来源于我国会计准则方面的制约，会计准则方面的正式认可和规定的缺乏导致作业成本法在实施的时候也会遭遇一些限制。

6 作业成本法在企业经营管理应用中的解决对策

(1) 加强成本动因分配的客观性

首先,需要把间接费用的统计单位确定为“作业”,进而最大限度地确保产品成本核算结果的准确性。与此同时,还应该把与产品无任何关联的间接费用纳入其中,然后综合运用分配手段将其附加于产品当中,让产品成本信息变得更加准确、真实。其次,要把作业、作业中心当成核算对象,充分考虑顾客与市场因素的影响,构建出一整套较为全面的核算对象系统,为企业提供更为丰富的可参考信息,便于其优化管理模式,实现更进一步的发展。最后,把生产流程当成核算系统的一个重要组成内容,并针对各个间接部门的费用进行分配,然后计算到最终成本当中去,让各个部门都能够参与到成本核算活动当中去,充分体会到成本压力,进而去重视产品生产工作。

(2) 加强复合型专业人才技术培训

高素质的复合型专业人才是实施作业成本法的关键因素,应当加强现有人员的专业技能,采取定期培训方式以进一步提升员工们的专业水平,进而引导相关部门参与成本管理活动当中,确保企业成本管理能力得到较大幅度的提升。

(3) 完善内外部环境

首先是外部的会计制度环境的提升,只有提升了作业成本法在整个会计制度体系当中的地位,企业才能够更加自觉主动地更新自身的管理观念。其次是企业内部还要加强内控体制、计算机信息系统等方面的配套提升,为作业成本法的科学应用提供更好的环境。同时企业还应当加快转变自身的管理理念,将战略目标放得更加长远,不能因为短暂的眼前利益而做出短期行为选择,影响企业长期可持续发展。

7 总结

作业成本法是一种非常高效率的成本核算方式之一,能够科学合理地分析企业成本,保证生产过程中成本的准确性,进而在一定程度上为管理者了解成本信息提供必要的保障,从而进行更有效的成本管理,降低企业成本,增加企业的经济效益。

参考文献

[1] 丁红梅. 关于作业成本法在成本管理中应用的探究[J]. 财经界(学术版),2016(23):41.
[2] 张洁. 作业成本法在企业成本管理中的应用研究[J]. 时代金融,2017(33):98.

河南能源义煤集团矿山救护队转型发展之路探索

朱江涛

（河南能源义马煤业集团股份有限公司矿山救护大队，河南 义马 472300）

摘　要　中华人民共和国成立后，我国煤矿救护事业的兴起与发展，是与救护队的建立、发展和壮大紧密相连的。矿山救护体制一直跟随煤炭行业领导体制的变迁进行了多次调整，在实践中得到了不断发展和完善。随着时代的发展，国家方针、政策的变化，特别是在国家实施去产能政策以来，煤矿关停数量不断增加，矿山救护队的生存和发展也面临着严峻挑战。本文结合河南能源义马煤业集团股份有限公司（以下简称"义煤集团"）矿山救护大队实际，对队伍转型发展之路进行了探索，并提出了个人见解。

关键词　矿山救护队；转型发展；探索

1　义煤集团矿山救护大队的队伍概况

1.1　队伍现状

义煤集团矿山救护大队始建于1959年5月，正处级单位，原国家一级资质，特级救护质量标准化救护大队，河南省重要的骨干救援队伍。

救护大队每天保持有14个战斗小队24 h处于战备状态。

自建队以来，处理煤矿、非煤矿山、道路交通、桥梁、隧道、地质灾害、危险化学品、民兵预备役等事故千余起。譬如：近年来，救护大队先后处理了2007年陕县支建煤矿"7·29"透水、2007年卢氏汤河"7·29"特大洪灾抢险救灾、2010年伊川县国民煤业"3·31"瓦斯突出爆炸、2010年巨源煤业"12·7"瓦斯爆炸、2013年连霍高速"2·1"渑池义昌大桥坍塌事故、2017年中国黄金灵宝杨砦峪秦岭金矿"3·24"火灾事故、2017年新安县"8·19"引水工程隧道淹没事件、2018年义马市"2·13"涧河水污染、2019年义马煤气化"7·19"爆炸等灾害事故；同时还参加处理过湖南等省外多起外援事故。尤其在处理陕县支建煤矿"7·29"透水抢险中成功解救出69名被困矿工，得到了原国家安全生产监督管理总局和河南省委、省政府的褒奖，并荣立"集体一等功"。

1.2　组织机构

义煤集团矿山救护大设立了战训科、综合办等职能科室，主要负责救援队伍的战备训练、装备维护保养、安全培训、救援实战和服务保障等专业性一体化综合服务职能；下设了6个专业救护中队、23个战斗小队，在岗306人（大中队指挥员46人，战斗员215人，司机27人，后勤人员18人）。目前6个专业救护中队中，直属专业救护中队行政上隶属于大队领导，其余5个专业救护中队行政上隶属于所驻矿井领导，业务上统一受救护大队和矿井的双重领导。

1.3 队伍素质

各专业救护中队日常训练严格按照救护大队年度训练计划开展。同时按照《矿山救护队质量标准化考核规范》(AQ 1009—2007)界定项目实施，救护指战员均达到军事化队伍管理要求。救护大队配备有高级工程师和高级技师，以及从事救护工作30余年的指战员；大部分救护指战员均多次参加处理过顶板垮落、水灾、火灾、瓦斯爆炸及突出等不同种类的大型灾害事故，经验较为丰富。

1.4 基础设施

营区建设较为完善。战备值班室、待机室、装备室、学习室、400 m^2 大型训练馆、娱乐室、食堂等基础设施齐全完备。

1.5 救援装备

义煤集团矿山救护大、中队根据《矿山救护规程》(AQ 1008—2007)的要求配备救援技术装备。譬如：救护大队配备指挥车、矿山救援车、气体化验车、装备车、大型惰气灭火装置、高倍数泡沫灭火机、专业破拆工具、蛇眼生命探测仪、自动复苏器、多种气体检测仪、灾区通信系统、应急发电机以及高压灭火装置等。集团公司领导对救护队伍高度重视，救援装备每年都有补充和更新；除满足处理煤矿事故外，也基本满足非煤矿山灾害事故、坍塌、泥石流、道路交通事故、森林火灾等灾害事故的处理要求。

2 转型发展背景

近年来，义煤集团在煤炭形势低迷下滑的大形势下，积极响应国家去产能的号召，关闭了6座矿井，年产量也由3 000万t压缩到1 500万t左右。矿山救护大队作为企业一支抢险救灾专业性救援队伍，面对关井压产和服务范围缩减，其生存也随之面临巨大危机。想要避免被缩减并实现队伍的可持续发展，唯有转型才是出路。如不加快煤矿救护队伍的转型，经过多年培养出来的救护队伍也会随着煤矿企业的去产能而无用武之地。因此，当务之急，我们要以重组并入为抓手，主动出击寻找突破口。近年来，尽管救护大队经常处理事故救援，但其抢险救灾工作量不饱和，部分救援装备闲置，是一种资源浪费。可是换一个角度来看，这也为队伍的转型发展提供了内部条件。

根据2020年9月19日河南省人民政府办公厅发布的《河南省应急救援队伍建设管理办法(试行)》第六条：省、市、县级政府应当按照“资源整合、共建共用、区位互补、行动快速、救援高效”的原则，建立完善以国家综合性消防救援队伍为主力、专业应急救援队伍为协同、军队应急救援力量为突击，基层组织和单位应急救援队伍、社会应急救援力量为辅助的应急救援队伍体系……在这种形势下，义煤集团矿山救护大队应积极响应上级号召，以“平战结合、地企结合、企企联合、指挥灵便、专业性强、反应快速”为发展要求，在履行国有企业社会责任的同时，主动面向社会，努力建设成为一支立足矿山“一专多能”服务社会多元化的综合救援队伍。

3 转型理念

初步设想，寻找救护队伍转型发展出路的途径有三条：政府行为、企业行为、队伍行为。

3.1 政府行为

自2018年国家机构改革，成立了应急管理部以来，赋予企业救护队伍更多的社会责任，承担更大的历史使命，在服务好本企业的前提下，也肩负社会的应急职责。目前全国各省、直辖市和自治区都成立应急管理厅，各地市、县相继成立了应急管理局，把矿山救护大队纳入国家应急管理队伍，最大限度地满足企业和社会的安全需求。

义煤集团矿山救护大队按照目前国家救护队伍的管理体系，还要承担着社会救援任务及突发事件救援任务。这样一来，义煤集团矿山救护大队不仅要积极主动抢险，而且还要投入大量的人力、物力，既担负风险又支出大量的费用。

就豫西区域来讲，三门峡市和新安县附近辖区原有的救护队已撤销。随着地方政府应急管理部门的建立，政府缺少这样职业化、专业化的应急救援队伍。

《煤矿安全规程》和《矿山救援规程》的规定：矿山企业（包括生产和建设的企业）均应设立矿山救护队，地方政府或矿山企业，应根据本区域矿山灾害、矿山生产规模、企业分布等情况，合理划分救护服务区域，组建矿山救护大队或矿山救护中队。河南煤矿安全监察局豫西监察分局可行使其行政执法权，进行执法检查，让所有煤矿及非煤矿山与矿山救护大队签订救护服务协议，可以按照原河南省发改委制定的标准收取服务费用。

同时，救护大队也可列入当地政府应急管理部门供其调用，每年政府可列入财政计划，让地方政府给予一定的救援资金，解决当前队伍经费的不足。一方面可减少企业负担，另一方面也可减少队伍的重复建设，达到救护资源的共享。这样做不仅可以保障队伍健康发展，而且还能够承担更多的社会责任，更好地服务社会。

具体工作由公司相关部室及救护大队积极主动与当地应急管理部门协商，并由当地应急管理部门牵头，救护大队踊跃配合，对辖区煤矿和非煤矿山进行统计，按照规模大小、生产能力收取救援服务费用。

3.2 企业行为

创新安全生产应急救援队伍发展方式。构建形成了“党委政府统一领导，应急管理部门统筹协调，相关部门协同行动，社会力量广泛参与”的格局。在有些煤矿和非煤矿山各方条件欠缺、尚未建立专职应急救援队伍的条件下做好安全生产应急救援队伍建设的新路子，探索企业化管理、市场化运作的新模式。

据统计，目前豫西地区三门峡、洛阳辖区非煤矿山和非煤生产公司多达 70 个，其中：三门峡辖区非煤矿山 15 座，非煤生产公司 7 个；洛阳辖区非煤矿山 23 座，非煤生产公司 25 个。

近三年来救护大队收取外部救护服务费约千万元，而这仅仅是很少一部分。如果下步按照正常渠道收取，这部分额外收入在原有的基础上预计每年还可增加很多。这样一来，不仅可以减少公司的负担及资源浪费，充分发挥救护队伍的救援优势，还可以在第一时间保证豫西地区的灾害处理。

义煤集团救护大队服务范围以外，一旦某辖区发生灾害事故，灾害单位需向多个部门的汇报、请示，易延误最佳救援战机，造成不可估量的损失。因此，某区域发生灾害事故时，对方可就近向最近的救护大队求助，在救援成功结束后，根据灾害大小、复杂程度等因素向救护大队另外支付救援抢险费用。

3.3 队伍行为

随着国民经济发展，社会能源结构调整，单一的矿山救援队伍已不能满足社会应急救援队伍发展的需求，并且还造成了人力、物力、救援资源的浪费。因此，建立一支以矿山救援为主、多种职能为辅的矿山救护队才能够合理配置资源，确保矿山救护队的长远发展。

在矿山救护队逐渐向多职能化发展的今天，应清醒地认清当代形势，强化责任意识，要居安思危，敢于突破，争取多方的支持，尽快规划蓝图，积极融入地方应急管理队伍序列，拓展救援服务范围。

4 转型后职能转换

(1) 健全救援体系，形成完整的救援网络。目前，义煤集团共有 12 对矿井，矿山救护大队下属 6 支中队已覆盖各个生产矿井。目前，公司安全生产形势较好，救援力量庞大，资源利用率较低，纳入三门峡市应急管理局双重管理，可减少地方政府重复建设救援队伍，实行救援联动，达到统一指导、统一管理，形成片区救援网络化。充分调动各种因素，促进矿山抢险及其应急救援体系的完善和发展，实现资源共享。

(2) 拓展豫西地区应急安全技术培训，减少地方不必要支出。随着煤矿科学技术装备的运用和发展，对救护人员科学技术和文化知识要求越来越高，因此，可通过举办培训班、讲座等多种形式，加大对牵涉应急救援的企业的救护人员进行专业技术培训，提高他们的应急救援知识和事故现场的分析、判断及处理问题的能力，切实达到防与救的目的。

(3) 积极配合地方应急管理局，扎实推进预防检查工作。协助地方政府收集整理服务企业的应急救援预案和图纸资料，让队伍熟悉服务企业动态及安全设施等情况，针对企业中的安全隐患及时提出整改，实现由被动抢险向主动预防转变，为企业安全生产保驾护航。

(4) 参与地方政府应急救援演练工作。积极做好政府各类救援的演练工作，通过演练检验队伍的应急能力、组织能力和队伍之间的协调能力。对演练中出现的问题，提出整改措施，并协助矿井做好预案修订工作，进一步增强企业在应对安全生产事故风险和事故灾难应急管理的能力。

(5) 救护抢险实现有偿服务，走职业化发展之路。救护队应充分利用自己的技术装备、特殊工种优势，建立起面向社会的安全抢救服务体系。通过有偿服务，把公司的支持和自我经营结合起来，创造利润，形成新的救护发展机制。

(6) 推进综合救援信息化建设。通过计算机网络对三门峡市辖区各类企业的生产条件、生产布局、地质条件和工作环境等信息进行收集、加工、传输，实现资源共享，为抢险救火服务。

5 转型后的预期效益

(1) 签订收取救护协议费。《煤矿安全规程》规定，所有煤矿必须有矿山救护队为其服务……并与就近的救护队签订救护协议或者联合建立矿山救护队；否则不得生产。如果与地方商定后，救护大队可与所有救援服务企业签订救护协议，按照救护协议新标准每年收取救护服务费。

(2) 收取日常安全技术服务费用。矿山救护队不仅能从事抢险救灾工作，而且还能处理日常的矿井排放瓦斯、震动性爆破、启封火区、隐患排查、反风演习和其他需要佩戴氧气呼吸器才能完成的安全技术工作。对于这些日常工作，矿山救护队可收取一定的技术服务费。

(3) 扩大服务范围，获取一定培训费。按照上级规定，救护大队还肩负年度救援行业职业培训任务，也可额外收取一定费用。

(4) 拓展救援空间带来的效益。救护大队还可兼职消防职能，譬如服务辖区内焦化厂、发煤站、电厂等企业的消防安全，可收取一定的服务费用。

(5) 按照国家相关规定收取其他救援服务费用。

6 长远规划

根据新时期救护工作的特点,制定义煤集团救护大队中长期发展规划,把队伍建设、救护培训和装备管理等各个方面工作纳入规划发展的轨道,积极吸收国内外先进的矿山救护技术和理念。首先,注重培养救护指战员在井下事故现场对安全状况分析判断、施救的独立作战能力;其次,救护队伍转型后救护指战员还要具备对地面各类事故分析判断、施救的综合能力。

(1) 进入国家应急救援队伍行列。义煤集团矿山救护大队所处的地理位置与其他队伍有所不同,它可辐射晋、陕、豫部分经济区,救援范围极大,一旦某个地区出现重大事故,可便于国家统一调遣,因此,应逐步申报成为国家应急救援队。

(2) 建设国家一流应急综合救援队伍。适应社会大应急,可探索成立"矿山及地下工程应急救援义马基地"和"豫西城市轨道交通应急救援大队",承担豫西矿山地下工程应急救援任务。一是发挥政府专项资金效能,加快救护大队建设,拓展模拟井下巷道和地下隧道等救援训练系统,扩建专业救援装备库,配备所需救援装备,提高应急救援队伍战斗力。二是协调地方政府努力争取国家、省应急资金,配备水上救援、陆地搜寻、危化救援、森林消防等救援装备,完善基础设施,拓宽队伍应急救援服务领域。

7 结束语

总之,矿山救护队多职能化转变已成为发展的必然趋势,尤其是在企业发展困难的特殊时期,救护队伍转型发展已迫在眉睫。因此,矿山救护队下步的努力方向就是建设成为一支兼具矿山救援和多种职能的一体化救援队伍,并让救护队走出企业,融入社会应急救援体系之中。

优化劳动组织与生产系统助推生产效率提高

张小青

（鹤壁煤业运输带有限责任公司，河南 鹤壁　458030）

摘　要　优化企业的劳动组织与生产系统，从而促进企业能够不断发展。企业要想发展必须得创新，就要提高企业的生产效率，转变企业发展方式，规范企业管理模式。在企业发展中最主要的因素是劳动组织与生产系统，也就是把企业人力资源与生产系统的问题作为重点来进行优化设计，用科学化的管理方式进行优化与改造。本文主要对优化劳动组织与生产系统以助推劳动生产率的提高进行分析探讨。

关键词　劳动组织；生产系统；优化；劳动生产率

0　引言

日益激烈的市场竞争对众多企业的发展造成了很大的压力，因此，企业的管理创新势在必行。要想发展，企业应不断进行创新，紧跟市场的发展形势，从企业的组织性和整体性着眼，优化企业的劳动组织和生产系统，以增加经济利润和提高管理效率为目的，实现企业劳动效率的提高。

1　优化企业劳动组织与生产系统的主要原因

企业劳动组织优化管理一定要经过详细的规划设计，以企业的发展为核心，加强对人力资源的管理力度，对工作进行创新改革，以此来促进企业的总体发展，从而更快地实现企业经济发展的总体目标。在对企业劳动组织进行管理的过程中，只有通过对劳动组织的优化管理，才可以保证工作运转的规范化，对企业劳动定员标准以及劳动定额标准进行完善，以此来实现人力资源的优化管理以及创新管理。在对劳动组织进行优化管理的过程中，需要从机构、人员以及岗位这三个方面进行考量，从不同角度进行针对性的分析设计，只有这样才可以保证劳动组织优化管理的合理性和规范性，为以后企业的稳定发展奠定劳动组织管理的体制基础。企业劳动组织的优化管理，还应该保证责任分配、权力分配以及利益分配的平衡性和公平性，为企业的发展提供有利的制度保障。

1.1　优化企业劳动组织与生产系统是加强企业管理发展的主要措施

提高企业管理水平的要求之一就是优化企业的劳动组织与生产系统。企业往往在管理方面存在着不足，常常会出现一些劳动组织人员混乱、管理不成熟等现象，而这些现象严重阻碍了企业的发展。因此，一方面要建立科学化的管理制度来规范企业的劳动组织人员，通过规范化的人员管理和制度来促进企业不断发展;另一方面要不断地对企业生产技术进行改造与优化,降低员工的劳动强度,提高员工对工作的满意度和积极性,进一步加强企业的人力资源管理。

1.2 优化企业劳动组织与生产系统是提高企业管理发展的手段

对于大多数的企业来说,在进行劳动组织的优化和生产系统优化设计时通常是从两方面来着手的,一是要进行合理分工,使员工履行好自己的职能,优化劳动组织结构,二是要改进生产系统,取消多余的岗位,安排好员工劳动时间。从这两个方面可以看出,企业内的劳动组织优化与生产系统优化设计是提高企业发展的重要手段。

1.3 优化企业劳动组织与生产系统是建设劳动组织、提高工作效率的需要

加强员工的组织建设,提升员工的个人能力和组织的整体素质,是建设劳动组织、提高工作效率的需要。对企业内的劳动组织人员进行规范化的队伍建设,改革企业管理制度、创新生产技术,对员工的能力和素质等方面进行实时培训,通过员工个人能力的提高来推动企业的整体发展。

2 优化企业劳动组织与生产系统的背景

2.1 环保投入逐年加大,生产成本持续增加

首先,近几年随着我国环保形势严峻以及人们对环保的重视,公司根据国家政策采用天然气锅炉代替燃煤锅炉供热并投入了100多万元购买了两套VOCs环保设备处理生产废气。天然气锅炉相比燃煤锅炉供热每年增加费用400万元,VOCs环保设备每年维护保养费用为20万元,这样大大增加了产品成本。

其次,受环保影响,原材料厂家停产或限产,造成原材料供应紧张,采购价格持续上涨,公司主要原材料涤纶丝、悬浮树脂、辛酯价格逐年上涨,而且其他原材料价格也有不同程度的上涨,造成采购成本逐年增加,进而导致公司利润空间越来越小。

公司是环保管控单位,根据地方法规,当空气污染高于黄色预警时,公司要停止浸渍和挤擦生产线。其中浸渍生产线是半成品生产,浸渍生产线一旦停产,后续工序将无法进行。这无形中降低了公司的生产能力和效率,影响正常生产和发货,给公司生产经营带来巨大压力。

2.2 设备老化,生产效率低

鹤壁煤业运输带有限责任公司(以下简称"鹤壁运输带公司")于1967年建厂,是原煤炭工业部投资建设的我国第一家整芯阻燃输送带生产单位,企业已有50多年历史,设备比较陈旧。带芯编织机采用粉笔每米划线计数、人工折叠存储带芯,这种生产方式误差大、出错率高,并且由于需要弯腰划线和叠带芯,导致每班至少有一个小时编织机处于无人监管状态,致使编织机出错率高、维修频繁。胶片冷却机是传统的八辊立式冷却机,用棉帆布带传输胶片,配合风扇冷却,这种设备胶片冷却效果不好,且冷却后的胶片窟窿多、疙瘩多,质量不好。采用平板法自动化程度低,劳动强度大、生产效率低,且人为因素影响产品质量较多,产品质量难于控制。挤擦法能连续化生产,但过头工艺过程复杂,废带头产生量大,产品质量不易控制。

3 优化企业劳动组织与生产系统的实施措施

3.1 创新劳工组织管理的方式

鹤壁运输带公司人力资源部和生产技术部解决自然减员后在不补充人员的情况下,协调组织

生产,从而达到减人提效的目的。将各车间人员及有相关工作经验的员工统一调配和管理培训,通过一岗多能、增收提效体系建设,把固定人员“流动”起来,建立“以岗定薪、岗变薪变、收入能增能减”的分配机制,促进员工发挥工作积极性和创造性。

(1) 采取合岗、兼岗等措施。小班维修工进驻平板车间既充当生产工又监护平板的日常维修工作,这样在不增加车间定员的情况下,节省了2名维修工去参与设备搬迁。由于维修工进驻到车间参与生产,能更好地了解设备运行状况,做到提前预防、及时维修。同时,根据“以岗定薪、岗变薪变、收入能增能减”的分配机制,使车间员工工资得到提高,设备维修率降低,提高了生产效率,增加了公司效益。

(2) 采用包岗的方式。首先,针对编织车间每个月必须花费6 000元安排3次整线问题,将编织车间3个班组进行责任划分,对每一台编织机实行每天上班打胶整线,并且把整线结果拍照发到车间微信群,接受监督,此项工作循环作业,只要开机生产就要整线,形成生产常态。通过长期运行,员工每天上班整线工作逐步进入良性循环,车间也不定期利用微信群对发照片人员次数进行统计公布,表扬先进者,激励落后者,编织机维修率大幅度减少,工人劳动强度降低,节省了整线费用,提高了生产效率。其次,环保设备维修采用包岗的方式承包给半成品车间炼胶人员。由于环保设备零部件较贵且维修复杂,而且国家环保法律规定只要环保设备停止运行,生产必须停止,因此减少环保设备的故障率,就能更好地保持连续性生产。半成品车间人员能及时查看设备运行情况,对设备及时进行清理维修,减少了环保设备的故障率,生产很少因为环保设备故障而停产,同时工人工资也得到了提高。

3.2 加强企业人力资源的管理创新

制度创新是管理创新的基础,管理创新是技术创新的基础。因此,公司按照集团“管理提升年”活动要求,明确目标,强化落实,扎实推进,务求实效,促进全方位管理提升,消除管理短板,突破管理瓶颈,推进管理创新,提高质量效益。提升项目共完成11项,修订公司成本对标管理实施办法等制度14项,新建制度3项,重新修订了标准、职责和流程。制定了专项提升工作方案,狠抓落实、不搞形式主义,将公司排查的问题及时落实到人、整改到位,并将活动成果做好总结。按集团公司要求将管理提升活动当成可持续任务长期坚持下去,将管理提升中取得的成绩保持下去并继续提升管理水平。

3.3 优化计长方式,降低员工劳动强度

原编织机计长方式是采用粉笔每米划线计数。这种方式存在如下弊端:① 人为误差大,职工看错、写错或个别人员投机取巧导致计量长度经常不准;② 职工用粉笔每米划线,每个班平均弯腰60余次,弯腰次数多、劳动强度大,导致车间员工大部分都出现腰间盘突出病症;③ 带芯计量不准,给后道工序生产安排带来不便。针对上述问题,我们借助现有编织机结构,通过计数器齿轮与实际带芯级别厚度情况,对带芯计长方式进行技术改造,即在针辊轴头将一套变速齿轮与Y952型计数器连接使用,使Y952型计数器数字同步显示带芯生产长度(图1),并校准了每台编织机的计数器。改进后带芯计长简单、方便、直观,省去了弯腰在地面划线记录的步骤。17台编织机全部安装调试完毕后,生产后道程序反馈长度准确稳定,员工劳动强度大大降低,腰部劳损症状减轻。

3.4 优化改造卷取方式,提高生产率

编织车间整体带芯原采用在特制铁架上多层叠放储存和转运,这种方式既占用空间又增加员

图 1　编织机计数器

工劳动强度。而且折叠时容易叠反，如果后道工序没有检查出来，会造成重大质量事故。为了降低员工劳动强度，减少带芯存放占地面积以及便于搬迁，公司技术人员决定将原来叠放带芯方式改为卷曲收卷方式，这样整体带芯下线后可以摞起存放，有效节约空间，大大降低员工的劳动强度，而且杜绝叠放出错率。但在选用卧式双辊卷取方式还是 A 字架单辊卷取方式方面，技术人员没有现成数据参考。为此，鹤壁运输带公司技术人员借鉴印染行业布匹收卷方式，充分考虑公司原有卧式双辊卷取装置弊端，决定采用 A 字架单辊卷取方式，利用公司原有闲置倒开架、1.5 kW 电磁调速电机、ZQ250 型减速机以及 50 型安全夹头，设计制作了 A 字架单辊带芯卷取装置如图 2 所示，并反复用车间带芯进行卷取试验，带芯卷取装置能够正常收卷，完全满足生产需求，达到了设计目的。

图 2　A 字架单辊带芯卷取装置

通过改进编织机计长方式和卷取方式，编织工不用弯腰划线和叠带芯，能专心监管编织机，减少了编织机维修率，同时提高了生产效率和带芯质量，每班每台编织机可以多生产 6 m，每天可多生产 102 m，每年可多生产 3.06 万 m。

4 优化企业劳动组织与生产系统的实施成果

鹤壁运输带公司通过优化劳动组织和生产系统，修订管理制度，更新标准和规程，改进设备，实现了安全、节能、环保、经济效益共赢。同时，鹤壁运输带公司推进生产方式变革，在厂区搬迁的同时实现生产、利润、营业收入、工业总产值同比增长。

5 结束语

企业通过优化劳动组织与生产系统来促进企业的发展，主要从以下几个方面着手：建立完善合理的企业管理制度，培养复合型的劳动组织人才，优化生产系统进行设备升级，从而降低劳动人员的成本支出，提高员工的工作积极性和企业的生产效率，从而促进企业不断发展。

“智能化110工法”开采技术在韩家湾煤矿的应用

冯泽伟，白铭波，霍军鹏

（陕西陕北矿业韩家湾煤炭有限公司，陕西 神木 719315）

摘　要　本文以韩家湾煤矿中厚煤层开采为工程背景，系统介绍了韩家湾煤矿“智能化110工法”开采技术应用情况。通过分析井下应用“110工法”过程中面临的切顶卸压爆破、挡矸护帮、临时支护、稳定区支护、通风防灭火等一系列关键技术难题，总结得出优化爆破工艺、改进挡矸装置、可调式钢管混凝土柱优化支护工艺，优化防灭火技术等，解决了实际生产中面临的各项技术难题，形成了首个陕北矿区中厚煤层地质条件下“智能化110工法”成套技术。这为同类地质条件下矿井应用“110工法”提供了参考。

关键词　智能化110工法；切顶爆破；可调式钢管混凝土柱；墩柱支护

1　矿井基本概况

陕西陕北矿业韩家湾煤炭有限公司（以下简称“韩家湾煤炭公司”）位于陕西省神木市大柳塔镇境内，井田面积12.42 km^2，矿井核定生产能力300万t/a，矿井剩余可采储量约3 800万t，服务年限约12 a。自2007年技改以来，一直采用“121工法”开采技术，目前上组煤层（1-2煤、2-2煤）已回采完毕，正在开采下组煤层（3-1煤、4-2煤），煤层平均厚度2.7 m和1.9 m。

2　“110工法”实施背景

传统的开采工艺“121工法”，指的是一个工作面、两条巷道、一段煤柱，采用此开采方法会造成工作面间煤柱损失、巷道掘进工程量较大，成本投入较高，工程管理复杂等缺点。中国矿业大学何满潮提出“110工法”，该开采方法以切顶短臂理论为指导，采取恒阻锚索对巷道顶板进行加强支护，通过切顶卸压形成一条回采巷道，取消了区段煤柱，实现了无煤柱开采。应用“110工法”开采技术，可以在一个工作面上比传统开采工艺减少了一条巷道，实现无煤柱开采，提高资源回收率，创造可观的经济效益。

现阶段，韩家湾煤矿面临资源枯竭、服务年限缩短、采掘关系紧张、经济效益下滑等发展瓶颈问题，为提高公司生产经营发展质量，公司引入“110工法”开采技术，经考察研究论证，在下组煤层全面推广应用“110工法”，这将为公司提升安全管理、促进资源回收、降低开采成本、增加经济效益等方面做出突出贡献，对公司发展产生积极影响。

3 “110工法”工作面布置

目前，韩家湾煤矿下组煤层剩余可采工作面共25个，“110工法”推广应用分为两个阶段，第一阶段在4-2煤层首个工作面开展试验性研究，待实践成熟后，将在4-2煤层全面推广应用；第二阶段根据试验技术成果，结合矿井生产接续安排，将在3-1煤层剩余工作面全面深入应用。

214201首采工作面倾向长度293.8 m、走向长度2 000 m、煤层厚度1.9 m，运输巷采用切顶卸压留巷技术，留作下个工作面回风使用。该工作面于2020年初建成，4月份开始试采，第一阶段（4—6月份）为收集各项技术数据、分析论证，第二阶段（7—9月份）为全面应用实施，并优化各环节开采工艺，第三阶段（10—12月份）为总结论证，为后期安全开采提供技术支撑。现累计推采并留巷750 m，稳定区长度达450 m，留巷整体效果较佳，帮部较平直，巷道最大下沉量170 mm，达到预期目标。

4 智能化建设

为建设成全国首个中厚煤层“智能化110工法”综采工作面，其配套应用智能化开采技术，实现设备的逆煤流一键启动、顺煤流一键停止，支架可自动跟机拉架推溜。工作面采煤机具有自动记忆割煤和自动割三角煤功能，通过智能视频监控跟随采煤机自动切换。“三机”故障诊断等配套系统，对工作面设备进行实时监测，并对故障信息进行检测分析，及时推送预警，高效保障了安全生产。

工作面每8台支架安装一台矿压实时监测设备，设备通过环网将监测数据上传至调度中心，实时监测工作面液压支架初撑力，为后巷支护起到了预警作用。在沿空留巷段安装有顶板实时监测系统，系统对沿空留巷段锚杆、锚索和单元支架受力进行综合分析，判别顶板受压情况，并对顶板多点位移进行分析，分区段进行离层监测，辨别顶板各个层位稳定情况，指导异常区域进行针对性处置，确保沿空留巷安全。

5 施工技术问题及对策

5.1 切顶爆破

切顶爆破时利用切顶卸压技术，将药包放入两个设定方向有聚能效应的聚能装置，炸药起爆可实现爆破体按照设定方向拉裂成缝，切出一定高度的预裂面，工作面推采后，在矿山压力作用下使顶板发生切落断裂。在初期施工过程中，采用单孔连续满装药爆破方式，该爆破方式在施工过程中存在损坏支护锚索、采后落矸块大等问题。针对此问题，技术人员认真分析讨论，经过多次现场爆破验证，分析214201工作面顶板结构及岩性分布特征，采用了单孔满装药连续爆破、满装药隔孔爆破、间隔装药爆破方式进行现场实践比对。经过各50 m区段的效果对比，满装药爆破存在切缝侧锚索或锚杆被炸断、孔口顶板有炸坑、切缝侧顶部出现离层及采空区大块矸较多等不利因素，而采用单孔间隔装药效果较佳，最终得出采用“5—4—4—3—2”不耦合间隔装药爆破工艺时，采空区无大块矸且随采随落，效果最佳，为切顶卸压自成巷奠定了基础，如图1所示。

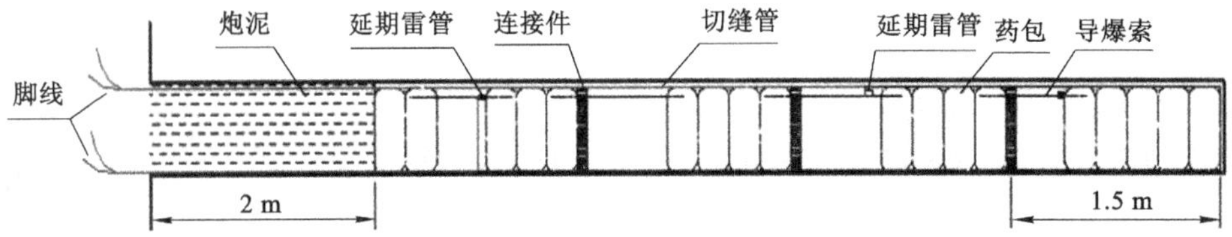

图 1 “5—4—4—3—2”装药结构图

5.2 阻挡矸石装置

原设计沿空留巷挡矸板采用 2 块 δ30 mm 钢板，挡矸长度 10 m。在实际应用中，发现采用该方式挡矸留巷帮部成型差、自身承重大、拉移困难、易变形等。结合综采工作面实际情况，将挡矸板优化为一整块长×宽×厚=1 800 mm×700 mm×20 mm 钢板，如图 2 所示。同时利用液压支架自身装卸孔，加焊 4 个穿销固定装置，将挡矸板组装固定在第二台端头支架侧面。通过现场应用，采用此挡矸装置后，沿空留巷帮部成型平直，挡矸板移动便利、固定牢靠且无任何变形，具有极好的推广价值。

前期留巷挡矸网采用两层网组成(钢筋网+铁丝网、网目 100 mm×100 mm)，存在采后漏矸、喷涂材料浪费、喷涂质量差等问题。为解决问题，采用三层挡矸网(钢筋网+金属筛网+铁丝网)、两层挡矸网(钢筋网+金属筛网、网格 5 mm×5 mm)进行现场实践对比，均能有效解决存在的问题，最终选用两层组合式挡矸网，如图 3 所示。选用两层组合式挡矸网后，杜绝了采后沿空留巷后巷帮漏矸、喷涂材料浪费现象，提高了喷涂封闭质量，降低了材料成本投入。

图 2 挡矸板

图 3 挡矸网

5.3 自主设计可调式钢管混凝土柱

原设计在后巷稳定区现浇柔模混凝土支柱进行支护，但这种方式存在凝固周期长、无法重复使用等弊端。为解决这一问题，将现浇混凝土柱变更为预制混凝土柱，通过技术理论计算，自主完成钢管混凝土柱设计，并进行抗载压力试验，单根钢管混凝土柱支护强度达 2 000 kN，满足支护需求，且可重复利用，现场施工效果如图 4 所示。另外，在实际支设环节，针对钢管混凝土柱接顶困难，技术小组自制了可调式接顶装置与多参数钢管混凝土柱配套使用，解决了该难题，保证了留巷稳定区支护质量。

图 4　可调式钢管混凝土柱支护效果

5.4　墩柱支护技术

原设计在切眼大断面交叉点现场浇筑 1 m×10 m×2.6 m 混凝土墙体，但存在现场施工受空间限制、工序烦琐、凝固周期长、接顶不严、劳动强度大等问题。技术小组通过施工安全、支护强度、施工效率等多方面综合分析研判，采用高水材料墩柱支护技术进行大断面交叉点永久支护，施工用时 16 h、终凝时间 2 h、支护强度 8 000 kN，现场施工效果如图 5 所示。该技术在保障大断面交叉点支护质量的同时，亦可推广应用在工作面末采支护区，具有稳定可靠的支护效果。

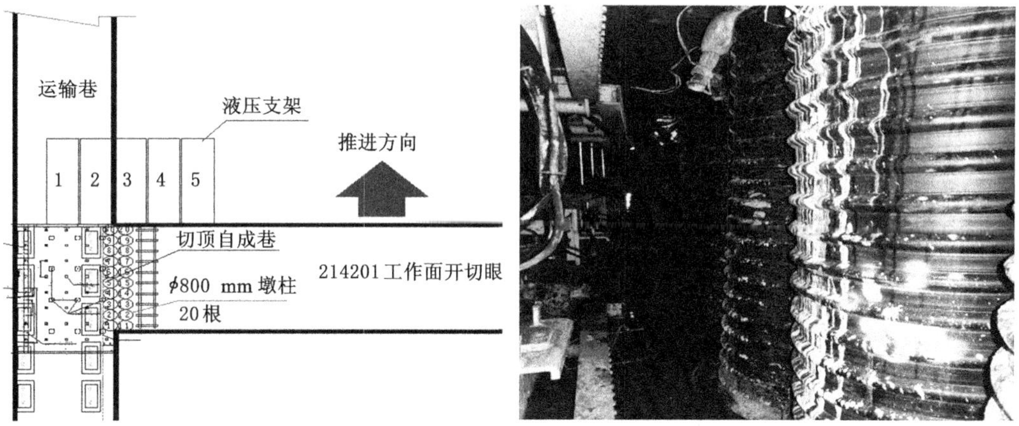

图 5　墩柱支护效果

5.5　倒运支架矮型专用叉车

在沿空留巷临时支护及交替循环倒运单元支架环节，先后尝试小绞车、铲板车等方式倒运，但存在长距离钢丝绳拖拽不安全、倒运效率低、大型运输装备空间受限等实际困难。根据井下沿空留巷实际情况，采用多功能矮型轻便专用叉车，有效降低了安全风险，提高工作效率约 50%，实现了工作面推采、留巷支护环节的有机衔接。

5.6 沿空留巷顶板支护工艺

第一阶段临时支护采用双排单元支架+2根Π形梁，第二阶段临时支护采用单排单元支架+2根Π形梁+4根专用单体支柱，稳定区钢管混凝土柱支设间距2.5 m，存在支护劳动强度大、支护材料投入多、留巷运输空间受限等问题。经矿压监测分析研判，最终确定在临时支护260 m范围内，采用单排单元支架+1根Π形梁+1根专用单体支柱进行支护，稳定区钢管混凝土柱支设最佳间距为6.5 m，在确保支护质量达标的基础上，实现提高支护效率、降低劳动强度的目标，形成了最佳留巷支护工艺。初采初放区支护工艺和正常推采区支护工艺效果图如图6、图7所示。

图6 初采初放区支护工艺效果图

图7 正常推采区支护工艺效果图

5.7 锚索保护装置优化改进

在工作面推采期间，超前支架和端头支架顶梁存在带压接触并损坏锚索支护的问题，造成巷道永久支护失效。为解决此问题，在超前支架焊接钢槽，在端头支架上部放置油浸木、大块松木进行试验，但油浸木或大块松木受压后存在易损裂、更换频次高、劳动强度大等问题，影响工作效率，造成大量材料浪费。经过多次材料选型试验，最终选择超高分子量聚乙烯垫块，该垫块抗压强度达25 MPa。通过增大垫块强度，保证了端头支架顶梁面与锚索锁具之间的有效空间，成功地保护了沿空留巷顶部永久支护锚索。目前，工作面推采过程中该垫块仍完好无损，有效地保障了端头支架和超前支架顶梁与锚索锁具之间的空间，巷道永久支护锚索完好率达95%以上。

5.8 细化"一通三防"管理

工作面推采期间，采空区存在遗煤，沿空留巷段漏风给工作面防灭火工作带来困难。针对此问题采取以下措施：一是采用KA-GK高分子材料及时对沿空留巷采空区侧进行了封闭，有效预防了采空区漏风；二是完善采空区黄泥灌浆和阻化剂喷洒系统，并按照防灭火专项设计开展相关工作；三是工作面及沿空留巷采空区安装有束管监测、红外测温监测系统（留巷采空区间隔100 m，采用人工采样分析）；四是工作面通风系统由原来的"两进一回"调整为"一进两回"，有效控制了采空区氧化带范围。

6 结语

韩家湾煤矿通过技术创新、工艺改进，不断试验对比和凝练总结，形成了本矿独有的"110工法”切顶留巷各环节最佳工艺与实践技术，取得了较高的经济效益。

(1) 推广应用“110 工法”，每个工作面可多回收 9 万 t 煤柱，按照 220 元/t 计算，可实现经济效益 1 980 万元。同时少掘进一条巷道，按每条巷道平均长度 2 300 m，单个工作面节约掘进费用 1 035万元。

(2) “110 工法”切顶留巷成本投入 3 500 元/m，单个工作面投入费用 770 万元。单个工作面可创造经济效益 2 245 万元，矿井按照 20 个工作面应用“110 工法”开采技术计算，将可创造经济效益约 4.5 亿元。

(3) 优化了采掘关系，减少掘进队伍及工作面个数，可缓解采掘接续紧张，采掘比由原来 1∶3 降至 1∶2，下组煤半煤岩巷掘进工程量整体减少了约 1/3，压缩巷道掘进 46 000 m。

参考文献

[1] 高玉兵，杨军，王琦，等.无煤柱自成巷预裂切顶机理及其对矿压显现的影响[J].煤炭学报，2019，44(11)：3349-3359.

[2] 何满潮，高玉兵，郭志飚，等.柠条塔煤矿浅埋厚煤层快速回采 110 工法应用研究[J].煤矿支护 2016(3)：153-156.

[3] 何满潮，马资敏，郭志飚，等.深部中厚煤层切顶留巷关键技术参数研究[J].中国矿业大学学报，2018，47(3)：468-477.

[4] 何满潮，宋振骐，王安，等.长壁开采切顶短壁梁理论及其 110 工法：第三次矿业科学技术变革[J].煤矿支护，2016(3)：3-12.

[5] 何满潮，张国锋，苗沛沛.大同地区坚硬顶板 110 工法应用研究[J].煤矿支护，2016(3)：135-139.

[6] 何满潮，张国锋，苗沛沛.芙蓉矿区复合顶板煤层 110 工法原理及应用研究[J].煤矿支护，2016(3)：122-128.

[7] 宋润权，谢家鹏.切顶卸压技术在工作面及沿空巷道维护中的应用[J].煤炭科技，2012(3)：52-54.

[8] 汤建泉，刘吉存，宋文军，等.切顶卸压沿空留巷预裂切缝技术指标研究[J].煤炭技术，2017，36(6)：174-176.

[9] 王克权.“110 工法”在金凤煤矿倾斜厚煤层的研究及应用[J].神华科技，2019，17(1)：17-20.

[10] 王建文，王世彬，杨军，等.切顶卸压沿空留巷顶板破坏机理及控制技术[J].煤炭科学技术，2017，45(8)：80-84.

“新基建”背景下推进煤炭产业数字化转型的案例及启示
——“煤亮子”煤炭生产综合服务平台的构建及运营

乔少波

（陕煤集团神南产业发展有限公司，陕西 神木 719300）

摘　要　陕煤集团神南产业发展有限公司（以下简称“神南产业公司”）是一家省属股份制国有企业，2008 年创建之初的企业定位是保障陕煤集团内部煤炭生产运营服务。在 13 年的发展进程中，神南产业公司历经集团内部服务能力开放化、传统线下业务模式平台化、产业服务互联互通数据化三个里程碑式的转型发展阶段。尤其在国家“新基建”开启，拥抱数字创新驱动产业链变革的时代背景下，企业通过致力运营“煤亮子”产业互联网平台（以下简称“煤亮子”平台），不断解放思想、创新顶层设计，推动自身商业模式与技术创新双向迭代，构建起覆盖煤炭领域全产业链的价值服务体系，将自身从传统煤炭生产服务提供者转变为互联网基础设施搭建者、区域产业链标准规则输出者和跨产业生态赋能者。本文深度剖析了煤炭领域数字化转型升级的意义，阐述了神南产业公司数字化转型实践案例，提出了转型升级的新构想，对于传统企业高质量发展极具启示意义。

关键词　数字化；区块链；联盟；转型

1　煤炭领域推进数字化转型升级的意义

1.1　国家供应链改革、“新基建”发展带来的新机遇

对于煤炭行业而言，从以往的物理世界到今天的数字世界，跨越的分水岭已然呈现。自 2013 年起，煤炭领域内渐进式的转变带给煤炭经济发展的启示是：工业文明下煤炭是能源，而数字经济时代下数据取代了煤炭，成为“新能源”。2015 年国务院发布的《关于积极推进“互联网＋”行动的指导意见》提出：鼓励能源、化工、钢铁等行业企业，积极利用电子商务平台优化采购、分销体系，提升企业经营效率；推动各类专业市场线上转型。2019 年政府工作报告明确提出：加强新一代信息基础设施建设。2019 年中央经济工作会议强调：加强战略性、网络型基础设施建设。国家“新基建”的序幕逐渐开启。云计算、大数据与企业发展之间的耦合越来越紧密、落地越来越迅捷，并正在成为数字经济时代下各行业发展，尤其是煤炭行业企业探索转型升级与高质量发展的“新法宝”。

1.2　煤炭领域壁垒分明与行业蜕变转型形成的新矛盾

现阶段煤炭领域主要矛盾是产业链众多参与方自有营销模式、自成管理体系，产业链相对“共容”而不充分“兼容”，形成固有的信息与资源壁垒，导致整体运作效率难以实现高效。主要表现

为：信息协同低效、投资协同低效、存货供需协同低效、资金融通低效、科研成果孵化/转化低效等。在当前煤炭全行业处于深度调整阶段，既有的产供销模式也在发生深刻改变的形势下，煤炭能源领域所反映出的壁垒分明、协同低效，一定程度上表明整个产业链自上而下信息流、实物流和资金流的不通畅与割裂，限制了产业链上价值的高效传递和边际收益，链属企业在市场竞争加剧环境下，有限的利润空间逐渐被压缩，生存发展的压力日益加剧，产业链高效运作问题亟待解决。

1.3 企业经营管理高质量发展的新内涵和新要求

新经济模式持续增长带来的连锁反应是越来越多的制造业企业、互联网型企业等展开跨界合作，探索数字化转型之路，利用技术创新和数字化理论获得竞争新优势与经济新活力，成为不同行业转型升级的重要途径。一个重要的变革是，数字经济时代下，生产性服务业呈现体系化、数字化、品质化、个性化、平台化的发展趋势日益明显，如何突破发展的“天花板”，培植新的服务市场、培育新的供给力，成为传统企业增强发展新活力、竞争新实力的探索课题。神南产业公司在经历能源煤炭领域市场价格低迷、经济增长乏力、环保压力和替代能源冲击等多重挑战后，开始重新思考自身营销模式的创新、核心业务的升级、企业发展的转型。从 2014 年尝试推行市场化服务运作后，企业运营能力与品牌质量逐步获得区域内客户认可，企业在区域行业的重要性、影响力逐渐凸显，内生发展潜力得到跨越式提升：服务产能从内部市场的 7 000 万 t 增加到区域行业的 2 亿 t。接踵而至的是在较大生产服务市场空间下，企业自身安全保障与管理升级的强烈需求。如何改变原有的狭隘性“重资产运营”发展模式，防范“资金投入大、资产管理风险高与回报率低、市场风险抵抗力弱”等管理弊端，成为企业经营管理改革的重心。

2 神南产业公司推进煤炭领域数字化转型的创新实践

神南产业公司作为煤炭生产服务行业内规模庞大的专业化服务商之一，对区域内服务市场做了充分调研，并在运用互联网思维、技术推进企业转型升级方面进行积极探索。神南产业公司基于“互联网＋数字化”转型升级的核心定义是将业务重点置于煤炭产业痛点、行业供给需求等情境下的理解，借助“煤亮子”平台的运营，积极建立新型服务合作关系，为煤炭产业链创造全新消费渠道；通过创新发展商业模式，将企业各项服务能力输出给产业链各方主体，做产业链建设性要素的提供者、赋能者，从而在推动产业链高质量发展进程中处于领跑者地位。神南产业公司基于“煤亮子”平台运营发展，推进煤炭领域数字化转型阶段可以归结为新技术融合应用、数据集成应用、运营模式创新三个部分。

2.1 新技术融合应用——“互联网＋”平台式综合服务形成

神南产业公司从 2015 年开始着手推进煤炭领域内传统服务业务的线上化进程，融合“互联网＋”理念，将传统线下服务线上化、数字化，构建灵活多样的经营管理体系，尤其是 2016 年“煤亮子”平台的上线运行，为企业业务战略转型提供了有力支撑。“煤亮子”平台的核心任务是探索“平台化、互联网化”的煤炭产业创新服务，通过集聚产业链各方资源与优化配置，进行交易撮合，提升供需双方交易效率，同时推进企业自身供给侧改革。这一阶段被称为企业推进产业数字化转型的第一阶段。

在这一时期，神南产业公司更多侧重于对“煤亮子”平台基础能力的建设，核心竞争力在于资源信息化以及匹配整合，通过完善线下客户注册、身份认证、业务线上申请、订单线上提交、线上电子合同签署等功能模块，将交易业务触点全面线上化，推动产业链各方主体在信息沟通、流程优化、契约形成等方面进行改变，提高链上运营效率，减少交易阻力，精简交易流程。在“煤亮子”平台各业务板块架构下，区域全产业链开始产生并形成一定时期下一定规模的经济效应。

2.2 数据集成应用——“数字化”转型下的赋能

神南产业公司前期建立形成的“互联网＋”平台式综合服务，更多是基于B2B(电子商务中企业对企业的交易模式)行业模式发展，是一种简单的信息平台服务，即为区域全产业链上各方主体提供产品信息发布和搜寻渠道，依靠“增值服务”谋求盈利，而真正交易是在线下完成，很难突破发展瓶颈，特别是当产业服务把靠关系、靠信息不对称、靠单一服务赚的钱都赚过以后，都会面临获客成本增加、客户黏性降低、服务成本攀升的问题。受限于客户线上交易量、点击率、留存率等不足影响，“煤亮子”平台的运营并未完全体现出其在产业链的核心价值。正如“互联网＋数字化”改变的不仅仅是技术应用，更多是决策方式、思维方式、发展模式的转变，特别是在“新基建”的发展背景下，大数据、物联网及人工智能应用与拓展，使传统行业生产力得到进一步释放，加速了能源行业业务领域的数据产业化，煤炭行业企业要想获得更可持续、更高质量的发展，就必须与数字化技术深度融合。

神南产业公司基于“煤亮子”平台的运营服务向数据集成应用服务转变也成为企业内部的共识，即侧重于数据应用分析，具备高附加值发展特点，提供给各个垂直行业客户创新性的应用服务，促进煤炭产业创新加速。得益于“煤亮子”平台前期实践探索，神南产业公司逐步部署并完善企业转型发展下的商业模式创新和产品服务优化，集聚500余家煤炭产业链上下游客户，拥有多达14万个线上商品品类，积淀了大量的信息交易数据、产品数据。通过综合评估，企业认为在“矿用设备物资生态圈”建设方面可另行切入，尤其是在备品备件业务领域，通过仓储、寄售、集中采购、拍卖以及与融资业务结合，可从用户、产品、技术、资金、管理等多个层面拓展并形成设备物资的产业大数据。

神南产业公司借助“煤亮子”平台致力于建设“矿用设备物资生态圈”的数据集散应用中心，实现对产业链上数据采集、分析、运行执行、行业应用与服务的闭环管理，平台内所有行业用户均可共享数据，继而寻求更多的合作机会。通过对产业链上多方主体基于数据使用权的有效管理，用户层实现对煤矿、维修厂、设备厂等不同主体的数据应用服务，如库存数据，通过监管仓共享应用，帮助产业解决库存成本高，设备配套应急能力差的问题；产品层实现对仓储、物流等不同业务的服务重组赋能，如物流数据推动物流服务智能化，降低产品服务流转成本，采购数据驱动跨企业集采、联采进行，降低企业生产运营成本。“煤亮子”平台依靠在线实时数据完成的供需优化的价值链新环节，为行业用户带来全新的价值体验。这一阶段亦被称为企业推动产业数字化转型的第二阶段。

2.3 运营模式创新——区块链技术加持下的供应链服务迭代升级

随着区域能源市场逐步开放，更多的市场参与者和更高的市场活跃度增加了交易复杂性和信任壁垒。区块链技术作为继互联网之后最具颠覆性的创新技术之一，本身具有的“密码算法、共识机制、智能合约、分布式记账”等特点，可保证煤炭交易链中所有参与者达成“信任、安全、隐私”等合作诉求，为推进跨界融合以及在更大范围内的一体化协作提供了可行性。神南产业公司通过对行业发展的深度理解分析，提出基于“煤亮子”平台运营的服务模式创新，即基于区块链技术的供应链服务迭代升级，通过搭建可信贸易流转平台、大数据智能风控平台和智能融资服务平台，链接平台内所有参与用户的行为价值，激励用户在不同场景下的正向行为，加速实现煤炭产业链的共创共建、互惠互信、合作共赢,推动产业数字化转型步入新阶段。

可信贸易流转平台:利用区块链技术的可追溯性、不可篡改性及平台系统账户管理机制,将平台内参与用户从目前效率相对较低的贸易后环节中解放出来,帮助完成交易回顾、确认、形成合同、物流和开票等从交易达成到最后结算的过程,实现贸易流程全自动化,并解决贸易流转过程中的基础信用问题,包括交易数据真实性,有效提升价值定位和市场效应。

大数据智能风控平台:通过搭建"煤亮子"平台信用大数据和智能风控体系、数字化可信仓单体系和可信贸易区块链多级流转体系,及时共享交易各方异常信息,延展至交易流程前、中、后各阶段,建立起煤炭产业联盟内的企业数据交互渠道,更加精准地对企业进行画像,进而协助平台内各方开展风险可控的业务营销。企业同时联合腾讯、蚂蚁金服等多家企业进行多层级业务风险管理,增强流转渠道的法律效应,为煤炭产业链上参与各方提供交易风险最小化的线上服务。

智能融资服务平台:借助可信交易和风控体系,协同多类金融机构开展各类资金服务。特别是在"煤亮子"平台运营的支持下,将煤炭产业链上大宗商品(如矿用设备物资等)变成一种流动性强的可交易资产时,基于存货或货物抵押的融资方式,对大宗商品经营实体融资产生巨大变革。基于区块链技术加持下的智能融资服务,把整个产业链上商业体系信用变得可传导、可追溯,最大程度帮助煤炭企业打通交易端与融资端,实现产业的普惠金融。

3 "新基建"下推进煤炭产业数字化转型升级设想

煤炭产业链发展具有自身特点,也包含跨行业的发展共性。区块链技术应用潜力,是技术赋能,更多是机制赋能,推动协作机制、信任机制、管理机制创新。神南产业公司通过平台化转型,成功实现从传统国有企业到服务整个煤炭产业链的综合服务商的转变,自身发展突破了经营规模的"天花板",跻身于一个千亿级的服务市场。在对煤炭、钢铁、电力、冶金等行业诸多企业提供服务的过程中,神南产业公司发现这些行业客户对于信用、金融、物流、数据等服务均有类似需求,也有跨区域资源调配、互联网产业赋能等产业需求,这些行业在过往发展中都探索产生了各自的产业互联网平台,但都处于相互割裂生态下。

基于以上研判,结合"煤亮子"平台发展实践经验,神南产业公司通过深入研究各行业发展特点及优劣势后,敏锐洞察到未来在基础工业互联互通方面存在的巨大商机,并大胆提出设想:利用大数据、区块链等技术及"煤亮子"平台,链接基础工业下的不同对象,建设一个基于区块链技术的跨产业互联平台,利用"煤亮子"平台提供给各产业所需的包括信用、金融、物流、数据在内的通用服务,通过链接基础工业的各产业平台,提供各类专业性服务,同时进行跨产业资源调配,实现基础工业资源的最佳优化配置。这将会创造万亿级规模的市场,且能有效提升基础工业的整体运作效率,助推参与行业及企业的高质量发展。

4 结语

神南产业公司在推进煤炭产业数字化转型进程中,始终坚守解放思想,坚持核心竞争力锻造,历经十余年发展,成为业内领先的平台型、科技型、数字型综合服务企业。企业转型升级的发展历程为传统能源企业高质量发展提供了参考借鉴,更重要的是致力于通过"煤亮子"平台应用赋能基础工业各领域的互联互通,必将在工业互联网时代走出一条具有产业特色、属于基础工业领域高质量发展的新路径。

党建工作在衰老矿井实现跨越发展中的作用研究

周成恩

(平顶山天安煤业股份有限公司二矿,河南 平顶山 467000)

摘 要 党建工作是经济工作和其他一切工作的生命线。企业作为社会的基本经济单元,其主要目的是获得最大的经济效益。随着国有企业管理体制改革、经营机制转换和法人治理结构等的不断完善,企业更加需要将党建工作融入企业安全生产和经营管理等活动中。如何使党建工作融入企业改革、发展和生产经营的全过程,在企业管理中发挥优势、发挥效力?如何才能把企业的党建工作做好、做实,真正发挥党建工作的能动作用,提高企业党建工作的有效性?近年来,平顶山天安煤业股份有限公司二矿党委着眼于企业改革发展实际,在继承传统工作方法的基础上解放思想,树立融入发展理念,准确定位,强化核心引领作用,坚持不懈地创新党建工作方式、方法和载体,展现党建工作活力。党建工作铸企业之魂,聚发展之力,为矿井持续、健康发展提供强有力的思想保证、智力支持和精神动力,使这座始建于1955年、曾一度濒临破产重组的衰老矿井跨入中国平煤神马集团骨干矿井行列。

关键词 党建工作;企业管理;发展;创新

平顶山天安煤业股份有限公司二矿(以下简称“二矿”)是平顶山地区开发最早的一对矿井,于1955年建矿,原设计年生产能力只有21万t。二矿矿井小、煤层薄(平均煤层厚度只有1.3 m左右)、断层多,曾经是平煤集团公司生产经营最困难、条件最差的矿井之一,一度濒临破产重组。近年来,二矿加快内部改革,整合矿井资源,不断提升矿井综合生产能力和核心竞争力,矿井年产能达到300万t水平,各项经济指标屡创历史新高,跨入中国平煤神马集团骨干矿井行列。二矿荣获了全国煤炭工业“五精”管理样板矿、国家级安全质量标准化矿井、全国煤炭工业行业一级安全高效矿井、全国煤炭系统文明煤矿、全国煤炭系统企业文化示范矿、中国煤矿康居建设“小康杯”、河南省“五优”矿井、河南省文明单位、河南省省管国有企业“五好”基层党组织等多项荣誉称号,实现了跨越式发展。

1 解放思想,树立融入发展理念

从2003年开始,二矿党委充分利用党委中心组学习会、支部书记会、大党课、党员教育日等多种教育载体,探讨党建工作融入矿井管理工作的目的和意义,引导二矿党员解放思想,与时俱进,牢固树立党建工作的“四个新理念”。

一是树立党建工作只有融入经济工作，才有生命力的理念。在矿井改革、发展、调整的攻坚和关键时期，党组织只有在经济舞台上发挥政治和组织优势，才能有所作为，体现生命力，确立党组织在矿井改革和发展中的重要地位和作用。

二是树立党建工作只有融入经济工作，才有创新力的理念。离开了经济工作，党组织的工作只能是无本之木、无源之水。在经济化、信息化的社会发展大背景下，企业体制建设和制度建设都面临着脱胎换骨的变化。只有适应现代企业制度的发展变化，与改革发展相互交融、渗透，相互促进，党建工作才有抓手，发挥作用才有保证。

三是树立党建工作只有融入经济工作，才有带动力的理念。党建工作服从、服务于经济工作，就是确保党和国家的方针、政策在企业的贯彻执行，这是《中国共产党党章》赋予党组织的职责，体现了党的先进性和经济组织赢利性的统一。

四是树立党建工作只有融入经济工作，才有凝聚力的理念。党组织代表和维护职工的根本利益，只有引领大家谋发展、奔小康，提高经济效益，才能凝聚职工群众，保障发展。

2　准确定位，强化核心引领作用

企业党建工作必须把促进企业发展作为出发点和落脚点，自觉融入企业发展的全过程。二矿党委认真把握基层党委工作定位，在落实好党委的政治核心作用、基层党组织的战斗堡垒作用、党员的先锋模范作用“三个作用”上下功夫，着力提高创新力、带动力和凝聚力。把建设一支强有力的领导班子作为二矿党委的重要任务，坚持中心组理论学习，定期组织召开民主生活会，班子成员共同围绕矿井发展这个中心任务开展工作，为二矿发展提供了有力的组织保证。在矿井决策上，二矿党委从健全制度入手，制定完善《党委议事规则》《领导班子议事规则》，规范党委和矿领导班子的工作程序，为搞好矿井决策提供了强有力的制度保证。重大问题和矿井决策由矿领导班子集体研究，做到统一思想，统一目标，合作共事，共谋发展，使党委的政治核心作用得到较好体现和落实。

3　改善机制，创新党建工作方式

二矿党委立足矿井发展实际，明确提出了“四抓四强”工作方针，即抓党建强班子、抓作风强管理、抓文化强素质、抓基层强基础。

在党建工作实践中，二矿党委积极探索、实施党建工作融入经济建设的有效方式和途径，把党委的政治核心作用融入领导班子建设和矿井决策，把基层党支部的活动融入日常管理工作，把党员队伍建设融入人才队伍建设，实现党建工作由虚到实的转变，逐步形成规范化、程序化、制度化的具有二矿特色的党建工作运行机制。

在完善党建工作机制上，一是在制定党建工作目标时，突出围绕矿井经济建设，以加强矿井管理、促进矿井发展为前提；二是对基层党建工作实行“四位一体”（主体指标、支部建设、区队管理、文化建设）考核，由侧重对常规党建工作的考核向侧重企业发展的重点工作考核转变，由单一的党建工作考核向是否融入经济工作双向考核转变，鼓励基层支部个性化、创造性开展工作；三是把党建工作目标、要求、措施等与经济工作一起量化，融入矿井的目标任务和矿队两级班子建设，与相关部门和人员的经济责任紧密挂钩，党政工团各级组织、各个干部在矿井经济发展中都有明确的任务，承担相应责任，使党建工作与经济工作同步规划、部署、实施、考核，相互融入，互相促进。

4 创新载体，展现党建工作活力

二矿党委结合企业自身实际，紧紧围绕矿井中心任务，精心设计活动载体，采用多样的活动方式，在活动时间、形式、内容上服务于企业安全生产、经营管理、和谐建设，为发挥党委、基层党组织和党员作用提供广阔的平台。

一是在矿、队两级领导班子中开展以“好搭档、好助手、好班子”为内容的“三好”活动，以“政治素质好、经营业绩好、团结协作好、作风形象好”为内容的“四好”领导班子创建活动，不断增强班子成员的政治意识、大局意识、发展意识和创新意识，提高决策能力、经营管理能力、开拓创新能力和领导干部整体素质。

二是基层党组织的活动始终围绕现场安全生产和经营管理等日常工作，深入开展以“领导班子好、队伍建设好、工作机制好、群众反映好、发展业绩好”为主要内容的“五好党支部”创建活动，不断提高基层组织的凝聚力、战斗力、创造力，使全矿党组织的战斗堡垒作用得到提升和发挥。

三是充分发挥党员的先锋模范作用。把党员安全生产责任区作为党员发挥作用的主要载体，引导党员立足本职岗位创先争优。为使党员安全生产责任区活动具体化、规范化，具有可操作性，二矿党委把它规范为“三个三”，即“班前三个带头，班中三个自觉，日常三个坚持”。“三个带头”，就是带头参加班前礼仪，带头集体入井，带头排查整改隐患；“三个自觉”，就是自觉按章操作，自觉熟练运用“双述”，自觉搞好自保互保；“三个坚持”，就是坚持参加安全培训，坚持参加“八条线”活动，坚持参与“三违”帮教。

四是积极实施“把党员培养成人才、把人才培养成党员”的“双培养”工程。在推进党员政治素质教育的同时，加大了技术、业务、技能的培训，让党员成为政治上的榜样、技术上的能人、业务上的带头人。

5 凝心聚力，促进企业和谐发展

一是深化精神文明建设。为贯彻落实《公民道德建设实施纲要》，二矿党委开展了以“讲社会公德，在社会做个好公民；讲职业道德，在企业做个好职工；讲家庭美德，在家庭做个好成员；讲个人品德，在人生中做品德高尚人”为主要内容的“四讲四做”、争当道德先行者活动，将职工道德教育从8 h之内延伸至8 h之外，扩展至职工家属、离退休人员。二矿党委用身边人、身边事，教育引导职工立足本职岗位，从日常生活做起，从小事做起，持之以恒，尽职尽责，干好每一件事情，做好每一项工作，争当道德先行者。每季度由基层单位向矿推荐，经评选公示后，获提名奖，从获得提名奖者中，择优年度道德先行者。

二是繁荣矿区文化建设。大力倡导和鼓励职工参与读书学习、文艺创作、体育娱乐等活动，享受文艺体育的快乐。大力开展读书活动，引导、吸引职工多读书、读好书。发挥《文化二矿》《常青藤》等内部刊物文艺阵地作用，通过优秀文学作品赏析会、书画摄影展等不同形式，鼓励文艺爱好者创造更多反映职工工作生活和精神风貌的优秀作品。发挥文体协会作用，成立文学创作、音乐舞蹈、书画、摄影、篮球、羽毛球、乒乓球、围棋、象棋等9个文体协会，利用体育馆、展览馆、图书室等文化体育活动平台，开展文体活动，实现天天有娱乐，周周有节目，月月有活动，季度有赛事，年度有文化节。

三是认真落实“职工是第一牵挂”。始终坚持发展依靠职工，发展为了职工，发展成果由职工共享，最大限度地为职工办好事、办实事、解难事。努力改善职工居住条件，实施矿区文明建设提档升级工程。开通 24 h 帮扶热线，建成爱心超市，方便困难职工。落实“三不让”（不让一名职工生活过不下去，不让一名患大病职工看不起病，不让一户困难职工子女上不起学）目标，大力开展送温暖、结对帮扶、爱心助学、困难救济、生活补助等多种形式的帮扶活动。各党总支、支部对本单位有困难的职工家庭，及时捐资相助，使困难职工切实感受到企业的关爱和温暖。这些工作持久、深入的开展，使全矿始终保持和谐的党群、干群关系，以及长期、稳定的良好局面。

二矿党委一方面要求党建工作与生产经营工作始终处在同一个坐标点上，其出发点、着力点和落脚点都不能脱离企业经济效益这个中心；另一方面，要求行政工作必须以党的路线、方针为导向，在党委的政治领导和监督下，依法经营，规范运作，健康发展。这些党建工作在企业管理方面的新思想、新探索，不仅是企业党建工作不断创新、探索和发展的过程，同时也是促进企业党员干部思想观念不断转变、不断推进的过程，是企业党建工作融入企业管理的一次有益尝试。二矿党委的党建工作使全矿党务工作者工作思路和目标进一步清晰，着力点进一步明确，实现了由务虚向务实转变，使党组织的政治功能和矿井的经济建设紧密结合在一起，把党组织的政治优势和组织优势转化为管理优势和发展优势，促使企业的向心力、凝聚力不断增强，职工队伍风正、气顺、心齐、劲足，全矿形成了团结一致谋发展的良好局面。

6 关于党建工作融入企业管理的几点思考

党建工作融入企业管理之所以在促进矿井管理和发展中起到了重要作用，关键在于二矿党委要求各个党支部认真落实党建工作融入企业管理的基本要求，并不断规范运作、健全机制，使党建工作融入企业管理成为矿党务工作与经济工作一体化运行的基本程序。归结起来，党建工作融入企业管理主要有以下特点：

在机制落实要求上，环环相扣，步步深入。一是转变观念，改变“经济工作是硬指标、党务工作是软任务”的思维定式，这是全面落实党建工作融入企业管理的前提；二是始终坚持党政目标一致、思路一致、步调一致，这是全面落实党建工作融入企业管理的关键；三是坚持深入开展“三好”活动、“五好党组织”创建活动和“四好领导班子”活动，全面提升党组织的凝聚和带动能力、领导班子的决策和领导能力、全矿干部的管理和执行能力以及广大职工的学习和行为能力，这是全面落实党建工作融入企业管理的保障；四是以人为本，在加强班子建设、队伍建设、矿井管理和三项考核（对基层、管理人员、职工的考核）上不断出思路、谋良策，这是全面落实党建工作融入企业管理的目标。

在机制运作程序上，不断丰富，细化完善。一是制定出台关于实施党建工作融入企业管理的程序化方案和实施细则，规范党建工作融入企业管理的基本运作程序，明确党建工作融入企业管理的具体措施和目标，使党建工作融入企业管理进一步规范化、程序化，运作机制和运行规律有章可循；二是在制定党务工作目标时，突出围绕矿井经济建设，以加强矿井管理、促进矿井发展为前提；三是对基层党务工作的考核，由侧重对常规党务工作的考核向侧重企业发展所要求的重点工作考核转变，由单一的党务工作考核向是否融入经济工作双向考核转变，鼓励基层支部个性化、创造性地开展工作；四是把党务工作目标、要求、措施等与经济工作一起量化，融入矿井的目标任务和矿队两级班子建设、领导干部的岗位职责，与相关部门和人员的经济责任紧密挂钩，使党政工团各级组织、各个干部在矿井经济发展中都有明确的任务和相应的责任，做到党务工作与经济工作同步规划、同步部署、同步实施、同步考核，达到相互融入、相互促进。

在机制实施过程中，全方位融入，求实求效。创新思路，丰富载体，把党组织的作用融入丰富多彩的群众性活动之中，渗透、融合到生产经营各个环节，不断深化以提高职工学习力为目标的“三个一”工程，以提高职工技能为目标的全员技能竞赛活动，以建设高素质人才队伍为目标的“116”工程，以培养团队精神为目标的团队学习活动，以建设文明和谐矿井为目标的矿区文明建设提档升级工程。逐项规范和完善各项活动的运作程序和考评办法，实行部门负责，基层支部主抓，发动职工广泛参与，党委月抽查、季考评，纳入管理干部和基层单位两个“四位一体”考评体系。建立政工挂队联责制度，由检查督促型向指导服务型转变，总结推广亮点，关注职工热点，找准工作重点，帮助解决难点，推动了矿井管理水平的不断提升。

参考文献

[1] 卜俊水.国有企业党建工作融入管理的探索与实践[J].现代工业经济和信息化，2014(4)：42-44.

[2] 李学涛，吴跃峰.国企党委工作散论[M].郑州：河南人民出版社，2010.

[3] 秦海清，杨志安.辉煌五年路[M].郑州：河南人民出版社，2012.

[4] 魏玉荣.党建工作融入企业管理的有效策略探讨[J].商场现代化，2015(18)：110-111.

基于突变理论的煤炭行业上市公司财务风险评价研究

杨彬彬

（中国平煤神马集团资金管理中心，河南 平顶山　467000）

摘　要　本文从煤炭行业上市公司财务风险现状入手，通过识别煤炭行业上市公司财务风险的主要影响因素并筛选出相应的财务指标，采用突变理论构建风险评估模型进行分析，结合评价结果以及煤炭行业特点，提出适合煤炭企业财务风险防控的具体措施，为煤炭企业加强财务管理以及实现高质量发展提供了一定的理论基础。

关键词　煤炭行业上市公司；财务风险；突变理论

0　引言

伴随着中国企业市场化进程不断加快，企业发展面临着日益复杂的财务问题，而煤炭行业作为我国现阶段首要能源供应行业，煤炭企业的成长成为关系着国计民生的大事。煤炭企业的发展受到多方面因素的影响，这些影响因素汇总体现为财务风险，因此煤炭企业要加强对财务风险的重视程度，及时发现财务指标异常波动，对企业的稳健经营以及长期发展具有重大的意义。

1　财务风险概述

企业财务风险是指企业在进行生产经营活动中，由于不可控或预料外因素影响致使企业财务状况对企业是否产生损失的不确定性。财务风险一般包括筹资风险、投资风险、资金营运风险以及收益分配风险四类[1]。

（1）从筹资角度来看，煤炭企业在生产经营中往往需要大量的资金支持，筹资过程中导致负债攀升，资产负债率过高，而且虽然资金筹措方式很多，但是大多数煤炭企业依然采用银行借款方式，企业面临的偿债压力以及风险较大。

（2）从投资角度来看，煤炭企业为了增加利润以及分散风险，其发展趋势均是以煤为基础原料，向产业链下游延伸，但是实际投资是否能产生预期的收益，依然缺乏投资前的论证以及投资过程的监督。

（3）从资金营运角度来看，一些煤炭企业为了提高经营业绩，扩大市场占有率，导致企业应收账款大量增加，甚至有时候缺乏对客户的信用程度了解，导致应收账款长期无法收回，直至形成坏账，严重影响企业资产的流动性及安全性。

(4) 从收益分配角度来看，公司的股利分配政策会传递出不同的信号，若股利分配水平过低或者持续多年不分红，股东利益得不到满足，对企业发展会失去信心；而股利分配水平过高，虽然有利于提振股东信心、激励投资者，但不利于企业长期发展。

因此，从企业自身发展的角度，在维护企业稳定发展的前提条件下，采取积极有效的举措，降低财务风险迫在眉睫。

2 财务风险评估体系构建

2.1 突变理论模型

考虑到煤炭企业财务风险的突变性，本文在突变理论的基础上采用模糊动态分析法进行煤炭行业上市公司财务风险评价研究。突变理论以拓扑学为基础，利用拓扑面在三维空间中的位置描述跃迁、突变等过程的模型[2]，克服了综合评价法中权重定量对专家评分法的主观影响，只需要对所选取的指标进行相对重要性排序，然后使用突变理论中的归一方程加以评定，评价结果更加客观合理。

突变理论包括折迭型突变、尖点型突变等7种初等突变，根据控制变量的数量，常用的模型通常是尖点型突变、燕尾型突变以及蝴蝶型突变[3]。在数理模型中，$f(x)$为系统状态，x为状态变量，根据重要性程度控制变量依次表示为a、b、c、d。

尖点型突变的控制变量数量为2，势能函数为：$f(x)=x^4+ax^2+bx$

燕尾型突变的控制变量数量为3，势能函数为：$f(x)=\frac{1}{5}+\frac{1}{2}x^3+\frac{1}{2}x^2+cx$

蝴蝶型突变的控制变量数量为4，势能函数为：$f(x)=\frac{1}{6}x^6+\frac{1}{4}ax^4+\frac{1}{3}bx^3+\frac{1}{2}cx^2+dx$

根据突变理论，求解势能函数的一阶导数，得到状态变量的临界点集合，也即平衡曲面方程；求解势能函数的二阶函数，得到势能函数的奇点集，也即奇点集方程。联立两个方程，可以得到分歧点方程。通过分解形式的分歧点方程可以导出不同势能函数的归一公式，具体如表1所列。

表1 常用模型的分歧点方程以及归一公式

突变类型	分歧点方程	归一公式
尖点型突变	$a=-6x^2, b=8x^3$	$x_a=\sqrt{a}, x_b=\sqrt[3]{b}$
燕尾型突变	$a=-6x^2, b=8x^3, c=-3x^4$	$x_a=\sqrt{a}, x_b=\sqrt[3]{b}, x_c=\sqrt[4]{c}$
蝴蝶型突变	$a=-10x^2, b=20x^3, c=-15x^4, d=4x^5$	$x_a=\sqrt{a}, x_b=\sqrt[3]{b}, x_c=\sqrt[4]{c}, x_d=\sqrt[5]{d}$

2.2 指标选取及层次分解

基于财务数据的可得性，本文的指标数据来源于煤炭行业上市公司对外公布的财务报表数据[4]，结合煤炭行业特点以及相关文献，从偿债能力、盈利能力、营运能力以及发展能力四个角度进行指标选取[5]，指标间均具有相关关系，具体指标以及指标公式如表2所列。

表2 财务风险评价指标

指标类型	指标代码	指标名称	指标公式
偿债能力	X_1	流动比率	流动资产/流动负债
	X_2	速动比率	(流动资产－存货)/流动负债
	X_3	资产负债率	负债总额/资产总额
	X_4	利息保障倍数	(净利润＋所得税费用＋财务费用)/财务费用
盈利能力	X_5	净资产收益率	净利润/股东权益平均余额
	X_6	销售净利率	净利润/营业收入
	X_7	成本费用利润率	利润总额/(营业成本＋销售费用＋管理费用＋财务费用)
	X_8	长期资本收益率	(利润总额＋财务费用)/长期资本额
营运能力	X_9	应收账款周转天数	(应收账款平均余额×360)/销售收入
	X_{10}	存货周转率	营业成本/存货平均占用额
	X_{11}	总资产周转率	营业收入/平均资产总额
发展能力	X_{12}	净利润增长率	(本年净利润－上年净利润)/上年净利润
	X_{13}	资本积累率	(期末股东权益－上年末股东权益)/上年末所有者权益

2.3 数据标准化处理

由于各指标的性质不同,需要对原始指标数据进行标准化处理。对于适度指标,如流动比率(1∶1)、速动比率(2∶1)以及资产负债率(40%～60%),处理方法为:使用公式 $X_t=\frac{X_m-|X_i-X_m|}{X_m}$ 进行转换,其中 X_t 为处理后的数值,X_i 为原始数值,X_m 为适度值。对于其他指标,数值越大越好,按照公式 $X_t=\frac{X_i-X_{min}}{X_{max}-X_{min}}$ 进行处理,其中 X_t 为处理后的数值,X_i 为原始数值,X_{max} 为区间内最大值,X_{min} 为区间内最小值。

2.4 评价分级等级标准

本文参照已有相关风险评估类文献,结合煤炭行业自身特点和实际风险数据区间,使用分层聚类法对煤炭企业的财务风险进行评价分级,具体如表3所列。

表3 评价分级等级标准

总评价值	偏小	适中	偏大
等级	Ⅰ级	Ⅱ级	Ⅲ级

3 样本数据处理及计算

3.1 样本企业选取

本文选取按照证监会行业分类划分的煤炭开采业的上市企业作为研究样本,得到28个样本数据,剔除3家公司(ST永泰、＊ST大洲、＊ST平能),最终确认25家样本企业,如表4所列。

表 4　煤炭开采业上市企业样本

股票代码	企业名称	股票代码	企业名称	股票代码	企业名称
601088	中国神华	601666	平煤股份	600123	兰花科创
600985	淮北矿业	601699	潞安环能	000552	靖远煤电
601225	陕西煤业	000983	山西焦煤	601918	新集能源
600188	兖州煤业	600395	盘江股份	601101	昊华能源
002128	露天煤业	600971	恒源煤电	600403	大有能源
600508	上海能源	600546	山煤国际	600397	安源煤业
600997	开滦股份	601898	中煤能源	600758	辽宁能源
600348	华阳股份	000937	冀中能源	600121	郑州煤电
601001	晋控煤业				

3.2　样本企业计算示例

本文以淮北矿业2019年度财务数据为基础，解释突变级数的计算过程。首先根据财务报表求解各项财务风险指标的数值，具体计算结果如表5所列。

表 5　财务风险评价指标

指标类型	指标代码	指标名称	指标数值
偿债能力 A	X_1	流动比率	0.481
	X_2	速动比率	0.417
	X_3	资产负债率	0.644
	X_4	利息保障倍数	4.519
盈利能力 B	X_5	净资产收益率	0.168
	X_6	销售净利率	0.061
	X_7	成本费用利润率	0.074
	X_8	长期资本收益率	0.106
营运能力 C	X_9	应收账款周转天数	7.770
	X_{10}	存货周转率	33.356
	X_{11}	总资产周转率	0.988
发展能力 D	X_{12}	净利润增长率	1.875
	X_{13}	资本积累率	0.091

经过数据标准化处理后数据结果如表6所列。

表 6　财务风险评价指标标准化处理结果

指标类型	指标代码	指标名称	指标数值
偿债能力 A	X_1	流动比率	0.475
	X_2	速动比率	0.208
	X_3	资产负债率	0.711
	X_4	利息保障倍数	0.130

表 6(续)

指标类型	指标代码	指标名称	指标数值
盈利能力 B	X_5	净资产收益率	0.885
	X_6	销售净利率	0.804
	X_7	成本费用利润率	0.743
	X_8	长期资本收益率	0.575
营运能力 C	X_9	应收账款周转天数	0.023
	X_{10}	存货周转率	0.711
	X_{11}	总资产周转率	0.912
发展能力 D	X_{12}	净利润增长率	0.953
	X_{13}	资本积累率	0.049

偿债能力、盈利能力与各自 4 个变量指标均构成蝴蝶型突变模型，带入归一公式计算可得：

$X_1=\sqrt{0.475}=0.689$

$X_2=\sqrt[3]{0.208}=0.593$

$X_3=\sqrt[4]{0.711}=0.918$

$X_4=\sqrt[5]{0.130}=0.665$

$X_5=\sqrt{0.885}=0.941$

$X_6=\sqrt[3]{0.804}=0.929$

$X_7=\sqrt[4]{0.743}=0.928$

$X_8=\sqrt[5]{0.575}=0.895$

偿债能力的状态变量为 $X_1 \sim X_4$ 四者均值，也即 $A=0.716$；盈利能力的状态变量为 $X_5 \sim X_8$ 四者均值，也即 $B=0.924$。

营运能力与其 3 个变量指标构成燕尾型突变模型，带入归一公式计算可得：

$X_9=\sqrt{0.023}=0.152$

$X_{10}=\sqrt[3]{0.711}=0.823$

$X_{11}=\sqrt[4]{0.912}=0.977$

营运能力的状态变量为 $X_9 \sim X_{11}$ 三者平均值，也即 $C=0.674$。

发展能力与其 2 个变量指标构成尖点型突变模型，带入归一公式计算可得：

$X_{12}=\sqrt{0.953}=0.976$

$X_{13}=\sqrt[3]{0.049}=0.365$

发展能力的状态变量为 X_{12}、X_{13} 两者平均值，也即 $D=0.671$。

偿债能力、盈利能力、营运能力与发展能力四者变量与财务风险构成蝴蝶型突变模型，通过计算得到最终的突变级数为 0.912。

3.3　指标计算

按照上述过程依次计算所选 25 家样本企业 2015—2019 年数据，最终得到煤炭行业上市公司财务风险估值，如表 7 所列。

表 7　2015—2019 年煤炭行业上市公司财务风险度量值

企业代码	企业名称	2015 年	2016 年	2017 年	2018 年	2019 年
601088	中国神华	0.917	0.917	0.921	0.921	0.926
600985	淮北矿业	0.909	0.919	0.916	0.922	0.922
601225	陕西煤业	0.914	0.927	0.945	0.931	0.929
600188	兖州煤业	0.919	0.921	0.931	0.927	0.923
002128	露天煤业	0.925	0.926	0.926	0.924	0.919
600508	上海能源	0.901	0.904	0.903	0.909	0.911
600997	开滦股份	0.915	0.916	0.924	0.93	0.926
600348	华阳股份	0.925	0.924	0.924	0.933	0.933
601001	晋控煤业	0.907	0.925	0.932	0.924	0.919
601666	平煤股份	0.894	0.903	0.909	0.905	0.899
601699	潞安环能	0.902	0.909	0.922	0.923	0.916
000983	山西焦煤	0.902	0.892	0.903	0.903	0.899
600395	盘江股份	0.916	0.918	0.921	0.908	0.907
600971	恒源煤电	0.899	0.917	0.921	0.913	0.908
600546	山煤国际	0.873	0.898	0.906	0.898	0.896
601898	中煤能源	0.888	0.895	0.903	0.906	0.905
000937	冀中能源	0.926	0.915	0.918	0.928	0.904
600123	兰花科创	0.889	0.867	0.883	0.887	0.879
000552	靖远煤电	0.92	0.887	0.911	0.895	0.91
601918	新集能源	0.829	0.859	0.873	0.878	0.882
601101	昊华能源	0.904	0.904	0.906	0.891	0.884
600403	大有能源	0.852	0.816	0.902	0.916	0.927
600397	安源煤业	0.933	0.851	0.848	0.896	0.89
600758	辽宁能源	0.885	0.897	0.906	0.894	0.899
600121	郑州煤电	0.902	0.903	0.901	0.895	0.907

对计算出的煤炭行业样本企业财务风险度量值进行分层聚类，可以得到各家企业的风险等级，具体如表 8 所列。

表 8　2015—2019 年煤炭行业上市公司财务风险等级

企业代码	企业名称	2015 年	2016 年	2017 年	2018 年	2019 年
601088	中国神华	Ⅱ级	Ⅰ级	Ⅰ级	Ⅰ级	Ⅰ级
600985	淮北矿业	Ⅱ级	Ⅰ级	Ⅰ级	Ⅰ级	Ⅰ级
601225	陕西煤业	Ⅱ级	Ⅰ级	Ⅰ级	Ⅰ级	Ⅰ级
600188	兖州煤业	Ⅱ级	Ⅰ级	Ⅰ级	Ⅰ级	Ⅰ级
002128	露天煤业	Ⅱ级	Ⅰ级	Ⅰ级	Ⅰ级	Ⅰ级

表 8(续)

企业代码	企业名称	2015 年	2016 年	2017 年	2018 年	2019 年
600508	上海能源	Ⅰ级	Ⅱ级	Ⅱ级	Ⅱ级	Ⅲ级
600997	开滦股份	Ⅱ级	Ⅰ级	Ⅰ级	Ⅰ级	Ⅰ级
600348	华阳股份	Ⅱ级	Ⅰ级	Ⅰ级	Ⅰ级	Ⅰ级
601001	晋控煤业	Ⅰ级	Ⅰ级	Ⅰ级	Ⅰ级	Ⅰ级
601666	平煤股份	Ⅰ级	Ⅱ级	Ⅱ级	Ⅱ级	Ⅲ级
601699	潞安环能	Ⅰ级	Ⅲ级	Ⅰ级	Ⅰ级	Ⅰ级
000983	山西焦煤	Ⅰ级	Ⅲ级	Ⅲ级	Ⅲ级	Ⅲ级
600395	盘江股份	Ⅱ级	Ⅰ级	Ⅰ级	Ⅱ级	Ⅲ级
600971	恒源煤电	Ⅰ级	Ⅰ级	Ⅰ级	Ⅲ级	Ⅲ级
600546	山煤国际	Ⅰ级	Ⅲ级	Ⅲ级	Ⅱ级	Ⅲ级
601898	中煤能源	Ⅰ级	Ⅲ级	Ⅲ级	Ⅲ级	Ⅲ级
000937	冀中能源	Ⅱ级	Ⅱ级	Ⅰ级	Ⅰ级	Ⅲ级
600123	兰花科创	Ⅰ级	Ⅲ级	Ⅱ级	Ⅱ级	Ⅱ级
000552	靖远煤电	Ⅱ级	Ⅱ级	Ⅲ级	Ⅱ级	Ⅲ级
601918	新集能源	Ⅲ级	Ⅱ级	Ⅱ级	Ⅱ级	Ⅱ级
601101	昊华能源	Ⅰ级	Ⅲ级	Ⅲ级	Ⅱ级	Ⅱ级
600403	大有能源	Ⅲ级	Ⅱ级	Ⅲ级	Ⅲ级	Ⅰ级
600397	安源煤业	Ⅱ级	Ⅱ级	Ⅱ级	Ⅱ级	Ⅱ级
600758	辽宁能源	Ⅰ级	Ⅲ级	Ⅲ级	Ⅱ级	Ⅲ级
600121	郑州煤电	Ⅰ级	Ⅲ级	Ⅲ级	Ⅱ级	Ⅲ级

通过上述风险等级划分结果可以看出，2015 年较低风险的企业有 12 家，风险适度的企业有 11 家，较大风险的企业有 2 家；2016 年较低风险的企业有 10 家，风险适度的企业有 7 家，较大风险的企业有 8 家；2017 年较低风险的企业有 12 家，风险适度的企业有 5 家，较大风险的企业有 8 家；2018 年较低风险的企业有 10 家，风险适度的企业有 11 家，较大风险的企业有 4 家；2019 年较低风险的企业有 10 家，风险适度的企业有 4 家，较大风险的企业有 11 家。各家企业风险等级划分结果与企业当年的财务业绩具有一定程度的相符性，财务业绩好的企业财务风险等级较低，财务业绩差的企业财务风险等级较高，说明本文中所构建的风险体系划分具有一定的适用性。这主要是由于财务风险等级较高的企业普遍财务指标中偿债能力和盈利能力较差，因此，根据研究成果提出以下结论及建议。

4 结论及建议

4.1 增强风险防范水平

煤炭企业应该提升自身危机意识，增强风险防范水平，全方位预判和识别企业财务风险，对企业重点财务指标进行日常监测预警。在此基础上，切实提升企业应急处突能力，定期梳理潜在财务风险因素，确定风险事项，高度关注资金支付风险和偿债风险，出现紧急情况时，启动应急预案，迅速组织协调，及时采取措施化解，确保风险可控，促进企业良性发展。

4.2 提升资金管理水平

煤炭企业应该根据煤炭行业特点以及企业内部组织结构模式，确定科学合理的资本结构，既要防止权益资本过高产生的经营风险，又要避免债务比率过高形成偿债风险。通过建立和完善企业层面资金管理体系，及时掌握资金动态和存量情况，实现对资金统一管理、统一调度和使用，实现资金的统筹安排，减少资金的沉淀和占用，提高资金运作效率，降低企业财务风险。

4.3 优化企业资本结构

优化煤炭企业资本结构，建立良好的财务约束机制，从源头上介入企业运营的具体环节，减少各类事项上传下达的中间环节，提高财务监管的有效性。通过优化企业资本结构，既能整合优质资源，扩大业务范围，又能放大资产总额，拓宽融资渠道，使企业拥有足够的资金支持，进而促进企业做强主营业务、拓展新兴业务，更好、更快地发展。

参考文献

[1] 陈晶璞，刘南南.基于因子分析法的上市煤炭企业财务风险评价研究[J].燕山大学学报，2012(4):71-74.

[2] 邓庆彪，郑涛.基于突变理论的煤炭供应链风险模糊动态评价[J].辽宁工业大学学报，2017(4):31-33.

[3] 柴瑞，骆佳佳.层析分析法与模糊数学在财务风险评价中的应用研究[J].财会研究，2020(23):169-172.

[4] 吴战篪，李晓龙.企业集团资金安全预警体系研究[J].会计研究，2013(2):63-68.

[5] 鞠超.煤炭企业财务风险评估与预警指标设计[J].财会学习，2020(17):91-93.

复杂地质灾害条件下智能化矿井建设关键技术分析

张益玮

（陕西彬长矿业集团有限公司，陕西 咸阳　712000）

摘　要　为了提升彬长集团灾害治理能力，建设本质安全型矿区，本文从集团下属煤矿实际情况出发，按照总体规划、分步实施、因地制宜、效益优先的建设思路，探索适合彬长集团自身智能化矿井建设的新模式，分析了智能化矿井技术架构、复杂地质灾害条件下智能化矿井关键应用、风险评估分析系统、多元灾害分析预警及决策智慧共享平台等。

关键词　复杂地质灾害条件；智能化；关键技术

0　引言

陕西彬长矿业集团有限公司（以下简称“彬长集团”）隶属陕西煤业化工集团有限责任公司，是全国 14 个大型煤炭基地之一——彬长矿区的开发主体，拥有煤炭资源储量 50.3 亿 t。彬长矿区煤层开采条件复杂，水、火、瓦斯、冲击地压等灾害耦合叠加，是全国煤矿灾害最严重、治理难度最大、安全风险最高、有效防范和遏制重特大事故任务最繁重的矿区之一。

近几年，彬长集团为进一步提高矿井“四化”建设水平，提升公司灾害治理能力，建设本质安全型矿区，稳步推进了复杂地质灾害条件下智能化矿井建设，从煤矿实际情况出发，按照总体规划、分步实施、因地制宜、效益优先的建设思路，探索适合彬长集团自身智能化矿井建设的新模式。

1　智能化矿井技术架构

彬长集团基于工业互联网平台的建设思路，设计 4 个“1”+N 个应用技术架构，即 1 个综合管控平台、1 张全面感知网络、1 套标准体系、1 个大数据应用中心，面向不同业务部门实现按需服务的 N 个业务应用，围绕监测实时化、控制自动化、管理信息化、业务流转自动化、知识模型化、决策智能化的目标进行相应的业务应用设计，实现煤矿地质勘探、巷道掘进、煤炭开采、主辅运输、通风、排水、供液、供电、安全防控等各业务系统的数据融合与智能联动控制。

1.1　矿山装备及智能感知层

执行对外部环境参数、机电动力设备运行工况及位置信息的主动感知，并根据要求分布式执行相应控制命令。制定基于物联网信息编码规范的可靠传输协议及标准，实现异构系统的集成与互联，解决各个生产安全系统“数据孤岛”问题。建设万兆井下工业以太环网、综合一体化通信网络、位置服务，配套网络安全系统，实现地面井下高速网络全覆盖，融合地面行政通信、矿井生产调度通信、矿井无线通信形成一套综合通信平台，实现一体化语音通信。

1.2 矿山协同管控层

涵盖矿井数据中心与面向传感器、控制器的软件系统，包括智能生产监控相关系统、智能安全管理相关系统、调度指挥协同相关系统，利用统一的监控类平台进行开发，多系统分客户端运行。基于此，实现矿井各类生产系统的集中协同控制，完成矿井原始基础数据的采集、处理和存储，同时为上层的业务处理、AI 和大数据分析等应用提供统一和可靠的基础数据，数据来源于监测监控和安全生产管理的各个环节。结合决策分析结果对进尺指标、开采指标、运力指标、物资需求、排水与用水需求及用电需求进行动态调整，通过协同逻辑计算最佳进刀速度、输送带速度、调度车辆和司机、调整供排水、供配电等，实现对各类资源的最优配置、最大化利用和最少浪费。

1.3 大数据中心层

建立统一的矿山大数据中心，针对不同类型(一般结构化数据、非结构化数据、时序数据、空间地理位置数据)的数据提供相应的高容量、高可用、高性能的存取能力。以数据中心为核心，由运营管理数据中心、空间数据中心、监控数据中心组成，采用数据配置中心，对下层采集的原始数据通过分级分类、过滤、清洗等技术手段，对原始数据进行挖掘分析，在统一的编码体系的支撑下，进行数据质量标准化治理，为管控层数据的利用奠定基础。

1.4 智能分析管控层

抽取生产、安全、经营体系类数据及跨体系类数据，站在企业运营 KPI 的视角进行大数据处理，结合具体专题的算法及模型对矿井生产经营过程进行决策分析，并输出分析结果，提供安全、生产和经营方面的决策参考信息。

2 复杂地质灾害条件下智能化矿井关键应用

2.1 主数据管理平台

建设集团级主数据管理平台，实现主数据生命周期管理，包括数据源定义、数据模型定义、数据映射定义、数据申请、数据审批、数据校验、数据生成、数据变更管理、主数据集成和分发等功能，实现在不同的组织、单位之间提供信息的集成，在集团各系统之间以及集团与矿井之间进行信息的集成和共享，为企业数据标准的日常管理、标准应用、标准服务提供支持工具。

2.2 大数据分析平台

建立大数据分析平台，充分利用数据资源进行分析挖掘。一方面企业管理层面对生产经营情况进行透明、及时、准确的展示，为企业决策提供支撑；另一方面利用大数据技术使信息技术与业务更加紧密结合，建立生产、经营、预警等各方面的业务主题分析模型，揭示企业运行规律，提升企业经营效率。大数据分析平台由数据源、数据仓库、大数据分析、系统集成以及标准规范和安全体系构成。

2.3 智能地质保障系统

采用 3DGIS＋BIM 技术全面构建煤矿的采、掘、机、运、通各专业子系统及工厂建筑仿真模拟系统，实现全矿井“监测、控制、管理”的一体化，最终实现基于三维GIS＋BIM平台的网络化、分布式综合管理系统，为煤矿安全生产管理提供保障。基于3DGIS＋TGIS技术建立透明采掘工作面，实现采掘生产的智能化。基于TGIS的矿井智能开采管控平台，建立高精度的透明化综采工作面及透明化综放工作面，指导工作面装备在复杂地质条件下的少人或无人开采。基于TGIS的矿井智能掘进管控平台，模拟巷道掘进与支护平行作业。在采煤工作面配置感知系统，建立矿井云GIS平台，实施数据孪生，实现地质数据与工程数据融合、共享。

2.4　设备全生命周期管理系统

通过设备在线监测和远程诊断，进行设备全生命周期管理系统建设，推动设备全过程信息化管理。对各矿井机电、运输、综采等设备实现从计划、购置、安装、运维、再制造到报废的全生命周期管理目标。在矿井层，打造“设备智能运维＋设备全生命周期管控”双引擎，带动矿井的设备管理朝智能化、规范化、高效化发展，提升矿井设备预测性维护和精密诊断能力以及设备全生命周期标准化能力和闭环管理能力；在集团公司层，建成“一库（知识库）两中心（设备管理调度中心、远程诊断中心）”，充分提升集团公司集约化管理能力、资源配置与调度能力、智力资源服务能力及科学决策分析能力。

2.5　5G通信系统

建设5G通信系统平台，提高矿山资源和开采环境数字化、技术装备智能化、生产过程可视化、信息传输网络化、管理决策自主化的能力。通过多场景高清视频图像系统、无线全感知安全生产系统、数字孪生工作面生产执行系统的技术研究与开发应用，实现工作面24 h全方位、无死角实时监控，实现工作面设备状态、人员操作、故障报警等的智能分析，实现井下生产图像数据的实时传输和智能呈现，实现矿井环境的瓦斯、通风、地音、微震、应力、矿压、水文等生产安全感知信息的无线化实时采集和传输；解决多类型数据孤立和有线传感网络线缆多，日常巡检、生产搬运和搬家倒面工作量大的问题；形成物理体数据、虚拟体数据和能量信息间的动态交互；实时反映采掘工作面及设备的运行状况、性能、环境参数、突发扰动等的动态过程数据，形成物理模型相关数据，数字模型的驱动因素、环境扰动、运行机制等行为模型相关评估、分析、预测等数据和模型，最终建立工作面生产、设备、安全知识和管理数据。

2.6　VR实训系统

建设VR实训系统，配置系统软件、VR眼镜、培训考试题库、班前会移动考试终端硬件设备以及移动App软件。采用虚拟现实技术多角度、全方位地展现井下安全生产、灾害发生、灾害逃生、灾后救援的全过程。基于虚拟现实技术的矿山交互式操作、专业化学习，实现煤矿岗位工种培训，矿山虚拟现实，应急救援演练、事故模拟等，通过沉浸式实操方式，提高人员培训效果，间接促进煤矿安全。

3　风险评估分析系统

3.1　瓦斯专项风险分析系统

利用地理信息系统和空间动力学理论、采掘情况、瓦斯抽采状态、岩移和地表沉陷、应力应变及瓦斯涌出量等矿井环境实时数据，随时测算出工作面和瓦斯涌出点周围的地质构造、采掘深度、瓦斯含量和瓦斯压力分布、邻近煤层、地质构造、空区和矿柱的空间关系，结合本矿和相关矿井的煤与瓦斯突出事故演化过程监测记录，利用大数据预警系统全息普适性煤与瓦斯突出模态化区域预警方法，实现煤与瓦斯突出事故的在线精确预警。

3.2 火灾专项风险分析系统

综合煤矿火灾采空区光纤测温系统数据、束管监测系统数据及工作面安全监控系统温度监测数据，进行工作面内外因火灾专题分析，包括采空区“三带”(散热带、氧化带及窒息带)分析、最小推进距离确定等。

3.3 水害专项风险分析系统

通过煤矿典型水害大数据分析预警模块实现水灾智能分析的预警技术，是对井地结合立体监测矿区水文等信息进行大数据深入挖掘及专家知识表达，建立地表水体、老窑水、采空区积水、含水层水、底板承压水等典型水害分析模型，研究基于突水系数法、阻水系数法及涌水量的预测方法的水害智能分析预警技术。通过对矿区监测区域的水文参数进行实时监测形成监测数据集，对监测数据集进行处理分析，可以对矿井水害事故的发生进行预警。由于各监测点所监测的数据是对该局部区域水文地质情况的反映，而且其分布较为分散，为了能够真实地反映整个区域水文地质的情况，采用数值方法对具有空间正自相关性的空间数据集进行插值，生成矿区范围的预警数据集，实现对预警数据集的可视化显示。

3.4 顶板专项风险分析系统

结合工作面顶板矿压数据，直接反映顶板围岩运动状态，通过分析有效支架工作阻力，可以间接获得工作面顶板运动步距、顶板断裂时的压力状态以及顶板断裂运动产生的动载效应等矿压显现参数，综合判定工作面来压步距、是否来压、来压比率等。

3.5 防冲专项风险分析系统

将防冲与智能开采技术相结合，开发互联互通、分析决策、动态预测、协同控制的矿压及冲击地压防控大数据分析与智能开采响应控制系统，实现工作面冲击地压危险信息识别与智能开采的动态耦合，构建能量感知、精准响应、智能调控、优化开采的智能防冲开采一体化技术体系。

3.6 设备专项风险分析系统

对通风机、压风机、空压机、绞车、水泵、提升机等重大设备档案数据、在线监测数据(包括振动、轴温、油脂、电流、电压、功率、工况等)和人员点检记录数据的实时分析、特征对比以及故障树分析计算等，实现机组动态监测、运行状态分析图谱、维保分析预测、机电效能分析、评估预测等功能，实现设备故障诊断、缺陷识别和隐患排查，准确定位故障和缺陷类型位置。

3.7 人员专项风险分析系统

融合人员基础信息、培训教育记录、入井岗位对标考试记录、奖惩记录、作业记录情况，建立多维度员工绩效评价。结合网格内人员基础信息、网格内地质构造、人员精确位置、自然灾害、设备运转数据、人员停留时长、人员作业时长、人员违章情况等信息，进行网格内人员危险性分析。

3.8 安全动态评估系统

以云计算、物联网、数据挖掘技术为支撑，以行业、集团公司、矿井制定的各类安全生产规程、规范为知识依据，结合综合自动化、在线监测(水、火、瓦斯、顶板等)以及煤矿安全生产日常获取的动态数据和历史数据，基于动态三维地质模型和虚拟矿井平台，对煤矿安全生产的各类信息进行展示、分析、推理，挖掘历史数据中蕴含的模式和知识，诊断并概括当前安全状态，预测未来安全形势，实现煤矿安全生产的动态诊断和辅助决策。

4　多元灾害分析预警及决策智慧共享平台

围绕“一通三防”、水害等灾害特征案例，研究分析灾害特征规律、灾害态势预警及防治措施经验等，构建安全专家智囊库即“云脑”，为煤矿提供技术支撑与决策依据。基于成熟的 AI 技术，研究并建立自适应、自进化特征的大数据分析模型，通过数据自我分析学习，对已有的预测、分析、决策模型算法逐步进行改进，自我衍化，提升算法精准度，进一步提升平台的预警、预报能力。通过大数据平台中的海量数据案例，进行关联分析、聚类分析、神经网络等训练与运算，分析各流程、工艺、预案、事故等方面的关键因素，分门别类整理形成专家智囊库和规则，设计开发智慧“云脑”。

5　结语

煤矿智能化是煤炭工业高质量发展的核心技术支撑，它将人工智能、工业物联网、云计算、大数据、机器人、智能装备等与现代煤炭开发利用深度融合，形成全面感知、实时互联、分析决策、自主学习、动态预测、协同控制的智能系统，实现煤矿开拓、采掘(剥)、运输、通风、分选、安全保障、经营管理等过程的智能化运行，对于提升煤矿安全生产水平具有重要意义。

参考文献

[1] 李首滨.智能化开采研究进展与发展趋势[J].煤炭科学技术，2019，47(10)：102-110.
[2] 唐恩贤，张玉良，马骋.煤矿智能化开采技术研究现状及展望[J].煤炭科学技术，2019，47(10)：111-115.
[3] 王国法，刘峰，孟祥军，等.煤矿智能化(初级阶段)研究与实践[J].煤炭科学技术，2019，47(8)：1-36.

煤炭企业全面预算机制下内部市场化管理应用与实践

许根胜，王建辉，李　勃，杜　强，于超杰

（陕西彬长矿业集团有限公司大佛寺矿，陕西 彬县　713500）

摘　要　全面预算内部市场化管理作为煤炭企业的一种创新型管理模式，能够有效实现企业预算的硬性约束和内部市场的有序运作，充分发挥预算的全面管控和内部市场化的绩效激励作用。本文以大佛寺矿全面预算内部市场化管理模式为对象，分析了两者之间的关系及其结合的优越性，并介绍了该矿"13610"全面预算内部市场化管理模式及其定价机制等有关特点以及取得的成效，从理论和实践两方面说明了全面预算内部市场化管理模式能够提高煤炭企业的管理水平和经济效益。

关键词　全面预算；内部市场化；煤炭企业；定价机制

1　实施背景

彬长矿区瓦斯、水、火、煤尘、顶板、冲击地压、地热等灾害威胁严重，安全投入多，可控成本占比少，成本管控难度大。多年来，员工重生产、轻效益的意识依旧存在，日常管理中，技术性研究分析多，经济性研究分析少，往往把多出煤作为稀释单位成本的根本办法，习惯用下任务、下指标的方式强制下面完成任务，上下级对抗情绪时常存在，矿井、区队、班组等管理人员效益观念不强。

2014 年以来，受国际、国内经济增速放缓，煤炭产能大量释放造成煤炭生产过剩，进口煤炭数量增加，以及水力、风力和光伏发电快速增长等因素的影响，煤炭价格持续下降，资源禀赋良好的彬长矿业和国内众多煤企一样出现大幅亏损，企业面临前所未有的生存挑战。想要生存发展，唯有走创新发展、降本提效的道路，增强企业竞争力。在经济全球化进程加速、技术创新步伐加快、市场经济日趋完善的形势下，依靠管理创新提高企业的竞争力，已经成为企业求生存、谋发展的重要举措。目前国内一些不同行业如制造业、运输业等管理先进的企业集团已经开始尝试实行内部市场化管理，通过模拟市场交易方式来提高企业内部生产经营效率，国内的个别煤炭企业也在进行实践。

大佛寺矿是陕西彬长矿业集团有限公司（简称"彬长集团"）在彬长矿区开发建设的第一座特大型现代化矿井，设计生产能力为 8.00 Mt/a，矿井于 2006 年建成投产。矿井水、火、瓦斯、煤尘、顶板等灾害威胁严重，开采条件复杂，生产经营更是难上加难。大佛寺矿为进一步落实陕西煤业化工集团有限责任公司（简称"陕煤化集团"）和彬长集团"追赶超越""提质增效"目标任务和陕煤化集团提出的全面预算管理工作"深化、细化、具体化、推进、进步、有提高"的要求，实现全面预算管理细化落地。在学习借鉴淄博矿业集团有限责任公司（简称"淄矿集团"）亭南煤矿经营管理先进经验的基础上，对前期全面预算管理工作进行了认真总结和反思，探索出了一条把内部市场化引入全面预算管理，以内部市场化确保全面预算目标实现的经营管理创新2.0升级版管理思路。思路通过弱化行政管理、强化经济手段、激活组织细胞、激发员工活力，进而实现规范化、标准化、精细化管理，为解决成本效益问题、增强企业核心竞争力打开局面。

2 大佛寺矿全面预算内部市场化管理模式创新内涵

2.1 全面预算内部市场化管理含义

全面预算内部市场化管理是指在全面预算年度目标框架内，按照市场运行规则，将市场竞争机制引入企业内部管理，通过建立内部市场价格体系和内部市场交易机制，将企业内部的经营管理关系转换成买卖关系，通过市场机制实现增效降耗、落实预算目标的一种新型企业管理模式。

2.2 全面预算内部市场化管理理念

全面预算内部市场化管理理念是指将全面预算的战略控制功能与内部市场化的过程控制功能有机融合，充分发挥预算的全面管控和内部市场化的绩效激励作用，形成一种集预算目标可控化、资源配置市场化、绩效考评动态化于一体的现代化企业创新管理模式，能够有效地促进企业转换经营机制、提升管理水平和经济效益。

全面预算管理强调计划性，将企业经营目标分解，在实际运营过程中以此为标准进行控制和考核；内部市场化则更强调执行性，以员工工作量为依据，用内部价格对其进行工资结算。内部市场化缺乏计划性，全面预算管理可以弥补；内部市场化的强执行性又填补了全面预算执行力弱的缺陷。只有将全面预算管理工作与内部市场化相融合，才能深入推进全面预算管理、内部市场化作为全面管理的一个有效载体，是把全面预算指标分解落实到区队、班组、个人的有效手段，从而确立预算化管理、市场化运作的基本理念。

2.3 全面预算内部市场化管理目的

推行全面预算内部市场化管理是将市场机制引入企业内部，依据生产工艺流程形成企业内部各生产部门和生产环节之间直接或间接的服务与被服务关系，通过内部单位结算，使内部市场主体在市场机制的激励下最大限度地节支降耗，从而实现增效创收。

2.4 全面预算内部市场化管理意义

全面预算内部市场化管理是煤炭企业从落后的粗放型管理向现代化集约型管理迈进的转折点，是大佛寺矿转型和创新发展的必由之路。

推行全面预算内部市场化管理是大佛寺矿优化内部组织结构、提升经营管理水平的手段。内部市场化不仅是工资支付形式的改变，而且还涉及企业流程再造、组织结构调整、职能重新界定等深层次的变革，将市场竞争压力同步传递给企业内部每一位员工。

推行全面预算内部市场化管理是企业最大限度深挖内潜、降本增效、实现效益最大化的最佳途径，是大佛寺矿管理创新一项探索，也是一场深层次的管理革命，对全面提升企业的经济效益、实现转型发展具有重要意义。

2.5 全面预算内部市场化管理创新点

基于全面预算内部市场化管理模式内涵，大佛寺煤矿本着先易后难、循序推行的原则，制订了实施方案，确立了以建立内部市场化纵向体系为先导，以构建市场主体和客体、明确市场客体、制定价格体系、完善计量手段、明确结算办法为主要内容的全面预算内部市场化管理推进模式。

该模式认为：将企业经营目标分解与内部市场化运行结算相结合，把内部市场化管理作为全面预算管理向基层单位延伸细化的有效载体，将经营预算总目标全面分解落实成工资、材料、电费、修理费、服务费、管理费、出勤等各项具体指标，再根据预算产量、进尺、工作量等测算出价格，作为内部市场结算价格。通过内部市场化运作把预算指标分解落实到区队、班组直到个人，实行日清月结。把市场的杠杆原理和竞争机制引入内部市场管理模式中，充分发挥自主创新意识，构建以全面预算为统领、以三级市场为对象、以六大保障体系为基础、以十大要素市场为核心的"13610"新型管理模式（图 1）。

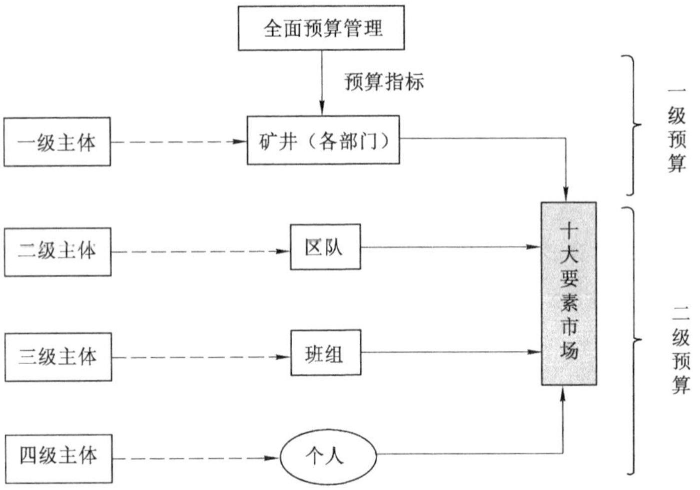

图 1　全面预算内部市场化管理模式体系图

"1"是全面预算管理。全面预算管理在企业生产经营管理中起到统领作用，由全面预算内部市场化管理领导小组组织，财务管理部门牵头，自上而下、自下而上地编制涵盖材料费、电费、修理费、职工薪酬等内容的企业生产经营预算。预算编制过程中，依据内部市场价格体系将预算总目标分解落实到各市场主体，细化到人工费、电费、材料费、运输费、加工维修费等要素组成的工程综合单价中，实现企业内部市场化管理和上级预算指标的高效对接。

"3"是三级市场体系。大佛寺矿内部交易市场的主体由部门、区队、班组、个人四个层次构成，部门及相关领导是市场的管理者，组织调节市场的正常运转，区队、班组及个人是市场真正意义上的交易执行者，他们构成了买方、卖方市场。矿井与区队之间构成一级市场，区队与班组之间构成二级市场，班组与个人之间构成三级市场，最终形成三级市场体系。

"6"是六大保障体系，即组织体系、制度考核体系、计量管理体系、内部价格体系、内部结算体系以及信息化体系。

（1）组织体系：大佛寺矿内部市场管理组织按照职能不同建立了价格管理委员会、经济仲裁委员会、内部市场结算中心，并由其协调完成内部市场运行过程中的日常工作及解决各类经济问题。

（2）制度考核体系：市场的健康发展离不开规则的约束，为保证内部市场的有序、良性运转，大佛寺矿相继制定了《内部市场化管理模式实施方案》《内部市场化结算管理办法》《内部市场价格体系暂行管理办法》等一系列涵盖内部市场化各个管理环节的配套制度。

(3) 内部价格体系：根据内部市场化管理的需要，建立了三级价格体系。一级价格体系是矿井与区队和区队与区队的采掘工程综合单价、单项工程、产品加工维修等价格结算，由矿井价格管理委员会负责制定；二级价格体系是区队与班组和班组与班组之间的采掘工程综合单价、岗位、劳务等价格结算，由各区队制定，报内部市场价格管理委员会备案；三级价格体系是班组与个人价格结算，由二级价格体系分解而成。

(4) 内部结算体系：内部市场结算按照统一性、及时性、总体控制、节支预留、以丰补歉原则进行结算。根据结算主体的不同形成以矿井与区队、区队与区队为一级，区队与班组、班组与班组为二级，班组与个人为三级的三级结算市场。内部市场结算依据产品及服务种类分为采掘直接结算、主导作业与辅助作业之间的链式结算和单项工程结算三种结算方式。

(5) 计量管理体系：计量是全面预算内部市场化运行的前提条件，没有计量内部市场化就无法正常运行。矿井在原有计量的基础上，对独立考核采掘工作面安装水表和电表，集中统一计量，规范考核办法，确保市场化的有效运行。

(6) 信息化体系：在已有的材料审批、原煤计量等系统基础上，将继续完善全面预算、价格制定、工资结算、设备租赁等信息系统，为内部市场化管理模式更加快捷高效运行创造条件。

“10”是十大要素市场，即产品市场、物资市场、资金市场、电力市场、服务市场、加工维修市场、安全质量市场、租赁市场、劳务市场以及技术市场。确立各要素市场的价格体系，完善结算网，做到市场间的无缝衔接，促进岗位的能动性和经营活力的扩张。

内部市场化管理核心：一是明确市场主、客体，构建三级内部交易市场，根据内部市场运行机制和交易原则，实行三级市场运作。二是完善定价机制，价格是否科学合理，直接关系着内部市场化能否正常运行。三是建立要素市场，按照生产、安全、经营管理活动的前后关系、上下游关系，实现各要素市场规范运行。四是工资结算，即对内部市场主体的各项收入、支出及工资指标进行核算，区队工资结算变成“工资＝收入－支出”模式。

3 大佛寺矿全面预算内部市场化管理模式主要做法

3.1 构建三级交易市场

矿井与区队之间构成一级市场，以区队为核算点，模拟会计核算，由原来的单项考核结算改为按工作量和综合单价结算，变矿井与区队行政管理关系为市场买卖关系。区队与班组之间构成二级市场，每个班组成为相对独立的经济实体，这些经济实体以简单的买卖往来促成内部市场的形成，班组按区队要求，完成原煤、进尺及服务，区队根据双方之间的合同约定，按照区队内部价格体系，在综合产品数量、质量、技术要求的基础上确定价格，完成产品交易，进而对班组结算。班组与个人之间构成三级市场，三级市场是内部市场的最小单元，每个人的工作量、工作表现和材料消耗直接与个人的收入挂钩，形成“收入－支出＝工资”的理念，激发全体职工的成本效益意识。

3.2 完善定价机制

稳定的内部市场价格是各市场主体间进行正常结算的有力依据，建立完善的内部市场价格体系是内部市场有效运行的基础和保障。大佛寺煤矿为确保内部市场化有效运行，成立了价格管理委员会：负责制定内部市场价格，建立健全价格体系，解决价格运行中出现的问题，确定价格发布、修订事宜。

为全面规范内部市场管理，应充分发挥价格的杠杆和激励作用，保证价格结算合理。在先进合理、可操作性、稳定可靠、公开公正的原则下，大佛寺矿针对一、二、三级市场对区队分别进行了价格测算。一级市场价格主要由产品综合单价和单项工程单价组成，是对生产单位的结算价格。成立了人工费定额（价格）、材料费定额（价格）、电费定额（价格）、加工维修定额（价格）、运输服务定额（价格）等五个价格测算小组。以 2020 年年初矿井全面预算数据为基础，结合近 3 年来的历史数据，对材料消耗、人工劳动、加工维修、电力消耗、运输服务五个方面，按照有定额的依照定额、无定额的依照历史数据加权平均、无历史数据的现场写实进行科学测算，已经测算出的一级市场价格 4 147 项，为一级市场运行提供了准确、可靠的结算依据。二级市场价格是采掘单位与各班组、岗位之间的结算价格，主要是工序价格、零星工程价格、岗位价格，由生产单位根据工作范围和现场实际，依据一级市场价格测算制定。三级市场价格是班组与职工个人之间的结算价格，主要依据二级市场中的工序价格、零星工程价格、岗位价格结算。

下面以一级市场矿井与综采区队价格的制定为例进行说明：

综合价格计算公式：吨煤综合单价＝人工单价＋材料单价＋电力单价＋加工维修单价＋运输服务单价

① 人工单价：根据采煤工作面生产条件、规程措施、劳动定额定员标准和工资标准制定综合定额测算表，计算吨煤人工单价。

计算公式：吨煤人工单价＝工作面循环折工数×计件工资标准/工作面循环产量

② 材料单价：根据采煤工作面生产条件、规程措施、作业方式以及近 3 年实际消耗数据，制定吨煤材料消耗定额标准，计算吨煤材料单价；其中大型材料因金额巨大，暂由矿井掌握使用。

计算公式：吨煤材料单价＝吨煤材料消耗定额标准×材料价格（计划价格）

③ 电力单价：根据采煤工作面生产条件、规程措施、作业方式以及近 3 年实际消耗数据，制定吨煤电力消耗定额标准，计算吨煤电力单价。

计算公式：吨煤电力单价＝吨煤电力消耗定额标准×电力价格（计划价格）

④ 加工维修单价：根据采煤工作面生产条件、设备新旧程度、设备类别、规程措施、作业方式以及近 3 年实际消耗数据，制定加工维修消耗定额标准，计算吨煤设备加工维修单价。原则上加工维修费由区队维修班组掌握使用。

计算公式：吨煤加工维修单价＝设备加工维修消耗总额/产量数

⑤ 运输服务单价：主要包括胶轮车运输单价、装载机服务单价等。

计算公式：运输服务单价＝岗位定员人数×岗位工资标准/服务对象数量

综采放顶煤综合单价如表 1 所列。

表 1　综采放顶煤综合单价

项目	采放比	人工价格/（元/t）		材料价格/（元/t）	电费价格/（元/t）	加工维修价格/（元/t）	运输服务价格/（元/t）	综合单价/（元/t）	
		推帮煤	放顶煤					推帮煤单价	放顶煤单价
综采放顶煤	1∶（0.5～1）	4.04	5.39	1.68	1.85	1.11	0.18	8.86	10.21
	1∶（1～2）		3.89	1.68	1.85	1.11	0.18		8.71
	1∶（2～3）		3.85	1.68	1.85	1.11	0.18		8.67

3.3　建立要素市场

根据内部市场运行机制的要求，按照煤矿生产要素进行分类，建立了产品市场、物资市场、电力市场、租赁市场、服务市场、安全质量市场、加工维修市场、劳务市场、资金市场、技术市场十大要素市场。模拟真实市场的交易原则提炼出的这十大要素市场基本涵盖了市场交易的所有内容，按照各市场的特点、性质分别对其采取不同的管理方式、结算方式，最大限度地激发市场活力，降低行政命令的干预，让其无限接近自然市场的状态，形成良性竞争，进而促进企业经营业绩的提升。结合矿井实际，下面对十大要素市场进行简要说明。

(1) 产品市场：综采队、掘进队和辅助区队通过组织生产形成的煤炭产量、掘进进尺、计划外工程量、单项工程等内部市场产品。对产品组织有关部门验收，并将验收结果作为与区队结算收入的依据。通过产品生产、验收形成产品市场。

(2) 物资市场：采用物资超市模式建立物资市场，通过对常用物资确定目录，规范材料管理、预算、领用、考核、结算流程；充分利用物资超市来扩大和满足物资供应品种，细化物资供应渠道，为生产环节提供物资保障。通过材料、配件等生产消耗供求关系形成内部物资市场，包括废旧物资的回收及修旧利废，例如让修复后恢复使用功能的物资再次进入废旧物资库，明细目录进入物资超市管理系统，价格从优，优先领用进而再次形成内部物资市场。

(3) 电力市场：以电量为交易对象，由用电单位向矿井支付电费，进行负荷管理、电力系统管理，供用电双方实行等价交换的电力市场。

(4) 加工维修市场：设备的中、小修费用由设备使用单位支付给维修单位；设备大修费根据设备新旧程度、使用时间、生产数量等因素，按照一定比例由矿井与区队承担；加工采用有偿化服务的形式，由矿井机修车间提供的加工产品和服务与接受方进行内部结算。

(5) 租赁市场：将在生产环节所使用移动频繁和共用性强的设备、支护用品等租赁给生产区队使用，根据价值、使用年限、折旧年限等确定租赁价格，区队有偿使用而形成的内部租赁市场。

(6) 服务市场：各区队工作量按服务价格结算，合理界定区队、班组工作性质和工作范围，确定项目种类，测定工作量，承担矿井生产服务活动交易形成的市场。

(7) 技术市场：在生产过程中取得的技术成果、创新成果，出售方取得收入，同时把取得成果的过程中发生的费用作为支出，收入减支出即为各市场主体的报酬。

(8) 安全质量市场：包括安全、质量两项。安全是指以提升安全程度为目标，运用市场化手段，将生产过程中出现的"三违"、隐患等进行收购，按价格体系进行市场化结算。质量是指以提高工程质量为目的，采用工程质量验收的方式，按照优质优价的原则，进行原煤、进尺、服务等产品的购买，提高各级人员质量责任意识。

(9) 劳务市场：在人力资源管理上，要在重点岗位管理上采用薪酬倾斜手段，引入竞争机制，形成素质提升的氛围。利用价值导向，优化配置人力资源，创造平等竞争、择优上岗的竞争环境，体现劳动力自身价值和促进人才内部合理流动，确保内部市场化的正常运营。劳务市场设立待岗站，对出工不出力、安全意识薄弱的人员，以及竞聘落岗、组合不上的人员进行培训、教育和管理，并对培训合格的待岗人员，积极向用人单位推荐，动员待岗人员参与岗位竞争。实施班组长竞选和用人选聘机制，形成能者上、劣者下的格局。

(10) 资金市场：包括资金有偿使用、内部资金结算、成本核算等形成的内部资金市场。各区队分别在内部市场化内部银行开设账户，反映二级市场主体的资金结余情况，实现各市场主体资金有偿占用，承担内部各子市场之间、子市场与矿井之间的虚拟资金交易。

3.4 工资结算

矿井内部市场结算中心负责一级市场主体的内部市场结算，按照日清月结的原则，月末汇总各类结算结果，编制内部市场收、支结算报表，确定各市场主体工资。下面以矿井一级市场工资结算为例进行说明，即综掘一队 2020 年 10 月生产任务结算，其一级市场结算流程图见图 2。

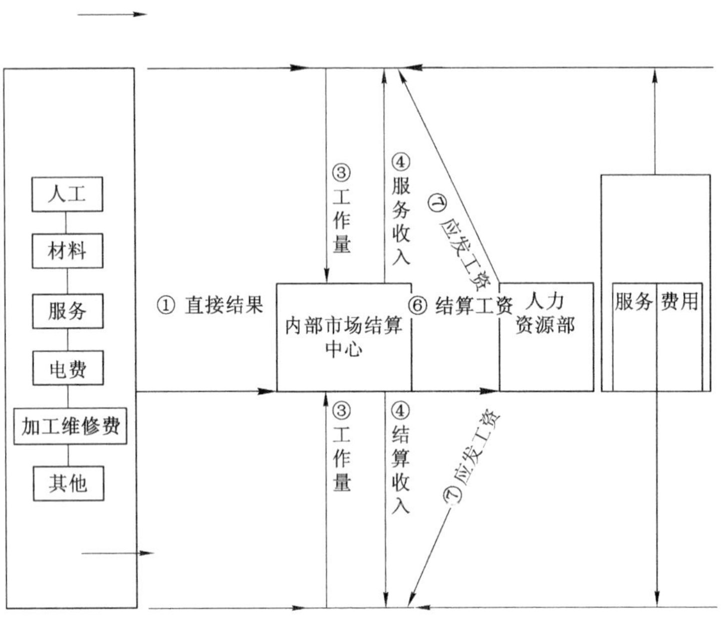

图 2　一级市场结算流程图

综掘一队 10 月份在掘进巷道是 41213 工作面回风巷，掘进断面为 18.9 m^2，巷道煤岩类型为全煤，价格管理委员会测算延米综合价格为 4 914.5 元/m，10 月份计划进尺 240 m，实际完成 267 m，完成计划任务的 111.3%，另在 41211 工作面回撤期间对回撤通道顶板支护 ϕ20 mm×2 300 mm 锚杆 849 套（每套定价 73.96 元）、ϕ18.9 mm×7 100 mm 锚索 246 套（每套定价 231.35 元）、帮部支护 ϕ18 mm×1 600 mm 锚杆 261 套（每套定价 65.44 元）等零星单项工程，运输队配送物料、回收杂物服务 115 车，每车服务综合单价 275 元，机修车间为其加工桁架、修理开关等工程项目。按照内部市场化一级市场工资结算如下：

工资结算：综掘一队的工资＝收入－支出

收入＝巷道收入＋单项工程收入＋技术创新成果收入＋其他收入

支出＝直接费用（材料费、电费等）＋服务费用＋其他支出

综掘一队 10 月份内部市场化结算单见表 2。

表 2　综掘一队 10 月份内部市场化结算单

序号	工程项目	单价 综合单价	数量	金额/元	备注
一	收入				
1	41213 掘进进尺	4 914.50 元/m	267 m	1 312 172	
	单项工程				
2	41211 工作面回撤期间支护回撤通道顶板支护 ϕ20 mm×2 300 mm 锚杆 849 套	73.96 元/套	849 套	62 792	

表 2(续)

序号	工程项目	单价 综合单价	数量	金额/元	备注
3	41211 工作面回撤期间支护回撤通道顶板支护 ϕ18.9 mm×7 100 mm 锚索 246 套	231.35 元/套	246 套	56 912	
4	回撤通道帮部支护 ϕ18 mm×1 600 mm 锚杆 261 套	65.44 元/套	261 套	17 080	
	收入合计			1 448 956	
二	支出				
1	材料费			614 450	
2	电费			68 354	
3	加工维修费			4 094	支付给机修车间
4	运输服务费	275.00 元/车	115 车	31 625	支付给运输队
	支出合计				718 523
三	结算工资总额				730 433

以上结算单由内部结算中心结算完成后报送人力资源部，人力资源部结合企划部结构工资考核资料最终结算出区队应发工资，完成了内部市场化矿井对区队的一级市场结算。

4 大佛寺矿全面预算内部市场化管理实施成效

大佛寺矿自推行全面预算内部市场化管理以来，矿井将产量、成本、费用、安全、质量、设备管理、效益等指标进行层层分解落实，运用市场手段进行价格管理，每个单位、每名员工都在市场运行中变压力为动力，提高了劳动效率，在生产组织、经营效果、员工素质等方面取得显著成效。

4.1 生产组织水平有效提升

推行全面预算内部市场化管理以来，生产组织方式由粗放生产型转变为精细效益型，树立以采煤为“终端”的理念，构建了采、掘、机、运、通协力配合的高效生产管理系统，建立了强有力的生产组织体系，生产准备、组织的质量和效率有了明显提高。2020 年 1—10 月，商品煤产量为 625 万 t，较 2019 年同期 530 万 t 增加了 95 万 t，同期提高 17.9%，达到了历史最高水平，并创造了周产量 18 万 t 的历史记录。

针对机电故障影响生产的顽疾，树立了机电设备管理“一是用、二是备、三是修”的理念，运用市场竞争手段，将“提高检修质量、促进产品生产就是增加工资收入”理念广泛宣传，同时推行机电设备备品备件区队、矿井、公司三级管理制度，确保及时供应；大力推行设备点检制，提高检修水平。2020 年 1—10 月矿井设备完好率、开机率达到 95%以上，一般及以上机电故障影响率较去年同期下降 20%以上，保证了煤炭生产的有序推进。

4.2 追赶超越创造效益

大佛寺矿以全面预算内部市场化管理转型为抓手，深化改革，创新驱动，经营局面持续好转，提前完成“追赶超越”“提质增效”目标任务。2020 年 1—10 月实现利润 107 799 万元，完成全年计划利润 74 750 万元的 144.2%，较去年同期 12 138 万元增加了 95 661 万元。

4.3 控制成本降低支出

为了改变过去只注重生产数量、忽视成本管控的现象，大佛寺矿树立了“一切成本皆可控”的理念，运用市场化＋激励机制，大力开展节能降耗，狠抓成本控制，在价格一定的前提下，成本费用相对不变，各单位超支就要减少收入，节约则增加收入，充分调动全员创收的积极性和主动性。各单位形成“成本就是工资，工资就是成本”的意识，积极开展修旧利废和回收利用。经统计，截至 2020 年 10 月底，回收旧材料使用占比达 18.6%，回收复用价值 633.65 万元，修旧利废价值 465.25 万元，吨煤材料费用同比降低 1.89 元。同时，加大技术革新，优化技术方案，修正支护参数，采用塑钢网代替菱形铁丝网进行帮部支护，节约费用 233 万元；通过推广废皮带替代桁架支护、钻孔封连孔新工艺、通信光端机技术等实现节支 356 万元。

4.4 服务市场运输效率不断提高

大佛寺矿率先推行胶轮车服务内部市场化管理，最明显的效果是胶轮车司机们实现了由“让我学技术”到“我要学技术”，“混着干”到“争着干”，“要我出车”到“我要出车”，“车到站，靠边站”到“搭把手，一起干”，“车坏再修”到“精心保养”的“五个转变”。胶轮车内部市场化管理全面实施后，运输服务质量得到加强，运输效率不断提高，月平均运行数量由原来的 5 900 余趟降低到 3 800 余趟，降幅约为 35.6%；2020 年 1—10 月胶轮车配件及油脂消耗同比节约费用 480.96 万元。

4.5 员工素质持续提升

推行全面预算内部市场化管理以后，通过结算与考核，发挥市场机制作用，改变了以往吃大锅饭得过且过的局面，将员工工资与工作量、工作质量切实挂钩，充分调动员工的积极性、主动性、创造性，倒逼员工自己寻找出路。员工在付出劳动的同时，不断加强自身学习，发掘自身潜力，拓展岗位技能，提高个人收入，实现自身价值的不断提升。

5 结论

人佛寺矿通过实施全面预算内部市场化管理模式，显著提高了企业的管理水平和经济效益。企业管理水平的提高主要体现在预算重心的下移、经营机制的转变和分配方式的改革。预算重心的下移是指大佛寺矿通过三级市场体系将企业的预算指标逐级分解，使企业的预算遍布企业的每一个角落，更好地发挥了预算的管控作用。经营机制的转变是指通过全面预算内部市场化管理将竞争压力和预算控制传递给企业内部的各部门和每位职工，促使企业生产注重效率，降低消耗。分配方式的改革是指全面预算内部市场化管理有效地调节了交易双方的利益分配，较好地体现了多劳多得、不劳不得的分配原则，更好地调动了员工的积极性。

大佛寺矿已充分认识到实施全面预算内部市场化管理既是一次创新，又是一场深层次的管理革命。2021 年，大佛寺矿将继续坚定不移地把推行全面预算内部市场管理作为“一把手”工程，实现大佛寺矿由安全生产型向质量效益型的升级转型。

参考文献

[1] 郭铭礼，郝兴军，高鹏.新形势下煤炭企业市场化管理的探索与实践[J].煤炭经济研究，2016，

36(11):77-80.
[2] 蒋卫东,周倩.浅析内部市场化下煤炭企业预算管理[J].财会通讯,2009(8):106.
[3] 李洪波.煤炭企业实施全面预算管理的探索与实践[J].中国煤炭,2009(6):40-41.
[4] 颜国峰,蒋卫东."23610"全面预算内部市场化管理模式分析[J].中国煤炭,2012,38(11):22-24.
[5] 张祖军,刘爽萍.煤炭企业全面预算内部市场化管理模式及信息系统[J].山东煤炭科技,2013(6):161-164.

一号煤矿智能矿井建设和减人提效工作探索与实践

薛国华，王绪强，荆　琪

（陕西陕煤黄陵矿业有限公司，陕西 黄陵　727307）

摘　要　加强矿井智能化建设，是实现矿井高质量发展的必由之路。本文对矿井目前智能化建设现状进行分析，提出深入推进“四化”建设，通过人工智能 AI 全面感知井下人、机、环、管等的位置和状态，形成 GIM 时空一张图，通过软件定义，实现井上下各业务系统的数据融合与智能联动，构建成人、机、环、管多系统信息的感知融合、动态辨识、有效预警、智能决策和协同控制的智能化建设目标。通过对现阶段矿井人员构成情况进行分析，并“对症下药”实施智能化相关项目建设，实现产业转型升级、减人提效，对矿井智能化建设具有重要的引导作用。

关键词　智能矿井建设；“四化”建设；减人提效；高质量发展

0　引言

按照《国家中长期科学和技术发展规划纲要》、《关于促进大数据发展行动纲要》、《煤矿机器人重点研发目录》（包含了 5 类 38 种机器人）等指导性纲领，国家对现代化煤矿安全生产和管理决策提出了更新、更高的要求：在矿山领域实施“机械化换人、自动化减人”，推广应用工业机器人、智能装备等，减少危险岗位人员数量和人员就地操作；推动矿山企业建设安全生产智能装备、在线监测监控、隐患自查自改自报等安全管理信息系统，推进煤矿安全技术改造；推广应用机械化、自动化、信息化和智能化开采。因此进一步加强智能化矿井建设已逐步成为煤炭企业发展的必然趋势。

但智能化矿井建设是一个多学科交叉融合的前沿研究领域，其理论性、技术性和实践性都很强。一些学者已从智能矿井定义、框架、关键技术、建设标准等方面进行了探索研究，但国内智能化建设主要体现在一些信息化系统的建设上，面临的主要问题有：缺乏总体建设标准，导致建设的很多系统功能不完善、可操作性差；信息资源和系统集成存在困难，“数字鸿沟”和“信息孤岛”现象严重，难以形成统一的信息资源，导致各系统产生的珍贵数据无法得到深度利用。因此，智能化矿井建设需要进一步深化煤矿管理的整体协调优化，从而提高煤炭企业整体效益、市场竞争力与安全生产水平，实现煤炭企业的转型升级和高质量发展。

1　矿井基本概况

陕西陕煤黄陵矿业有限公司一号煤矿位于陕西省黄陵县店头镇，核定生产能力 600 万 t/a，井田面积 184.17 km^2。2 号煤是井田范围内唯一可采煤层，平均厚度 2.18 m，倾角 0°～5°，属于单一近水平煤层，2020 年年底剩余地质储量 3.59 亿 t，可采储量 2.81 亿 t。2020 年矿井瓦斯等级鉴定为高瓦斯矿井，相对瓦斯涌出量11.85 m^3/t，绝对瓦斯涌出量152.38 m^3/min。水文地质类型为复杂型，现阶段正常涌水量390 m^3/h，最大涌水量415 m^3/h。煤层自燃倾向性等级为Ⅱ类，属自燃煤层，最短自然发火期52天；煤尘具有爆炸危险性，爆炸性指数33.85%。2号煤层及顶底板均无冲击倾向性。

2 智能化矿井建设现状与目标

2.1 智能化矿井建设现状

2.1.1 智能化采煤建设现状

矿井于2013年开始实施薄煤层智能化无人开采技术研究；2014年在国内率先实现地面远程操控采煤常态化；2015年建成全国首个中厚煤层智能化无人开采工作面，推动了智能化开采技术的持续升级。2020年完成了《基于动态地质模型大数据融合迭代规划控制策略的智能开采技术》科技项目，将当前基于记忆割煤的智能开采技术1.0阶段提升至基于透明地质规划截割的智能开采技术3.0阶段，实现了由传统的记忆截割向三维空间感知、智能规划和自主截割的技术跨越。

2.1.2 快速掘进建设现状

2020年10月，一号煤矿在1009辅助运输巷完成改造快掘装备工业试验，可实现掘进与支护平行作业，提高掘进效率，掘进单进已达到565 m/月，达到了预期目标。目前正在和相关科研单位合作，开展半煤岩巷道智能掘进机器人系统方案研究项目，该智能掘进机器人系统由截割机器人、临时支护机器人、钻锚机器人、锚网运输机器人、电液控平台以及运输系统和除尘系统等组成，能够进一步提高掘进支护效率，保障安全生产。

2.1.3 生产辅助系统建设现状

一是对矿井自动化系统进行全面的升级改造，建成了地面指挥控制中心，实现了对井下主输送带、主供电设备、主排水泵、主通风机和选煤厂等子系统的远程集中控制、视频监控和数据监测分析等功能，形成了“无人值守、有人巡视”控制模式，保证了全矿井生产控制系统的连续性和可靠性。二是2020年完成了主带式输送机、变电所巡检机器人研究应用工作，实现了主带式输送机、变电所和水泵房的无人巡检，下一步该技术将全面推广和应用，能够全面实现“无人巡视、无人值守”管理模式。

2.1.4 信息化建设现状

2019年完成了矿井安全生产信息共享管理平台建设，通过图件叠加综合直观展现在GIS一张图上，实现了对矿井采掘工程、“一通三防”、机电运输、监测监控、应急救援、安全风险、预测预警等数据的立体化融合，杜绝了矿井“空间数据”和“业务数据”不规范、不统一、不科学等管理漏洞。通过安全生产网数据接入，对矿井风险管控、安全管理、职工健康等数据进行多维度综合性分析和展示，解决了安全管理过程中的诸多问题，达到了隐患双重预防与隐患的深度闭环式管理；通过经营销售网数据接入，对矿井总产量、销售库存、排水用电、煤炭价格等信息进行展示，为矿井精确管理提供了科学依据；通过物流供应网数据接入，达到物资数据与生产信息的集中共享，有效降低了库存物资资金占用。2020年井下建成了4G无线通信系统，实现了矿井4G无线通信、无线WiFi覆盖、zigbee定位等功能，为“智能矿山、智慧矿井”建设无线智能监测、智能机器人巡检、智能维护云服务等高级业务奠定基础；4G通信项目整体设计基于数字矿山“一网一站多系统”的核心理念，通过建设多功能基站并接入现有工业环网，实现井下车辆精准定位、测速、车辆语音通信调度、人员精准定位、4G通信及数据无线传输与井下WiFi覆盖等功能。

2.2 智能化矿井建设目标

(1) 全面感知井下人、机、环、管等的位置和状态，并可以对采掘、运输、供电、供排水、一通三防及监测监控等所有设备进行控制。

(2) 基于GIM时空一张图(GIS，平面图+BIM，建筑模型)为智能化矿井建设提供三维可视化、协同设计、仿真模拟、设备全生命周期管理等服务。

(3) 通过软件定义，实现井上下各业务系统的数据融合与智能联动，达到人、机、环、管信息的实时关联；利用大数据与人工智能AI等技术，迭代升级煤矿安全、生产、经营、物资配送的智能分析与辅助决策。

(4) 规划实施"四化"项目建设，大幅度减少井下生产作业人员，实现生产时井下作业人员不超过100人，实现减人提效，将工人从繁重的体力劳动和危险恶劣的工作场所中解放出来。

(5) 构建成人、机、环、管多系统信息的感知融合、动态辨识、有效预警、智能决策和协同控制，持续保持国内一流智能化矿井标杆地位。

3 智能矿井建设减人提效工作方案

近年来，一号煤矿紧密围绕"做精做优、求实创新、绿色开采，打造美丽和谐、平安智慧新矿山"的建设规划，以"四化"建设为途径，不断深化技术变革，围绕"机械化换人、自动化减人、智能化无人"智能矿井建设目标，使井下现场作业人数大幅度降低。但是由于矿井煤层薄、生产强度大、生产系统长、生产任务重，加之矿井灾害严重，矿井系统维护、零散岗位等相关人员仍然较多，导致井下作业总人数仍然较多。

针对矿井地质条件、智能化建设以及实际生产现状，对目前岗位人员配置情况进行分析，并"对症下药"实施智能化相关项目建设，对矿井下一步智能化建设具有重要的引导作用。

3.1 井下人员配备现状及分析

矿井按规定设有安全监管、采掘技术、"一通三防"等17个管理部室，设有瓦斯抽采、通风、采掘等19个基层区队，基层区队劳动组织为"三八制"，八点班检修，四点、零点班生产。现有在岗职工2 461人，其中井下作业单位1 620人，地面辅助单位581人(含风井人员)，矿领导及各部室管理人员260人。井下具体人员情况见表1，分别介绍如下：

(1) 检修班井下人员现状。检修班井下人员总数一般在395人左右，包括现场作业人员346人(其中一线生产人员220人、辅助人员126人)，安监、瓦检人员23人，部室、区队走动检查人员24人，矿领导、部室跟班人员2人。

(2) 生产班井下人员现状。生产班井下人员总数一般在274人左右，包括现场作业人员244人(其中一线生产人员182人、辅助人员62人)，安监、瓦检人员23人，部室、区队走动检查人员5人，矿领导、部室跟班人员2人。

表 1　黄陵一号煤矿井下人员现状情况表

序号	队伍类型划分		队伍数量/支	检修班人员配置/人		生产班人员配置/人	
				每班人数	总人数	每班人数	总人数
1	一线人员	综采队	2	23	46	17	34
		掘进队	7	16	112	16	112
		准备维修队	1	18	18	18	18
		探放水队	1	13	13	9	9
		抽采队	1	31	31	9	9
2	辅助人员	通风队	1	21	21	9	9
		运输队	1	41	41	18	18
		机电队	1	22	22	10	10
		皮带队	1	32	32	22	22
		信息部	1	10	10	3	3
3	安监、瓦检人员			23	23	23	23
4	部室、区队走动检查人员			24	24	5	5
5	矿领导、部室跟班人员			2	2	2	2
6	合　计			/	395	/	274

随着矿井"四化"建设项目的深入推进，为保证生产系统稳定高效运行，必须加强系统维护管理工作，相应的检修维护人员不能减少，因此检修班已基本没有减人提效空间。另外，矿领导（部室）跟班人员、走动检查人员以及安监、瓦检人员主要从事现场工程质量和安全监督管理等相关工作，根据国家相关规定进行配置，原则上人数已没有下降空间。因此，下一阶段智能化矿井建设要聚焦井下生产作业，开展相应的智能化建设项目，简化生产系统，优化岗位配置，抓好生产作业时的减人提效工作。

3.2　具体减人提效工作方案

3.2.1　采煤生产作业方面

全面推广应用 3.0 版智能化开采技术，并做好持续优化升级工作，实现采煤工作面每班生产时作业人数由 17 人降至 5 人。

优化后生产期间跟班队长 1 人，主要负责当班安全管理、隐患整改监督、工程质量考核等相关工作；现场班长 1 人，主要负责当班隐患落实整改、落实生产任务等相关工作；工作面巡视工 1 人，主要负责巡视工作面顶板、设备及质量等工作；两端头支护工 2 人，负责拉两端头（超前）支护、上下隅角封堵等工作。优化前后岗位人员配备对比见表 2。

表 2　综采队优化前后岗位人员配备表

比较类别	综采队人员配备情况	合计/人
岗位优化前	跟班队长 1 人、班长 2 人、验收员 1 人、液压岗 1 人、"三机"岗 2 人、支护岗 6 人、工作面巡视工 1 人、带式输送机巡视岗 2 人、电工岗 1 人	17
岗位优化后	跟班队长 1 人、班长 1 人、两端头支护工 2 人、工作面巡视工 1 人	5

3.2.2　掘进生产作业方面

一是全面实施并推广应用"110 工法"开采和智能快掘技术，单进水平提升至 560 m/月以上，进一步提高矿井生产效率、降低万吨掘进率，将矿井年掘进工程量降至20 000 m以下，可减少2个掘进队伍。二是开展半煤岩巷道智能掘进机器人系统研发与应用项目，应用成功后可向全矿推广应用，掘进工作面每班生产时作业人数由16人降至7人。

优化后生产期间跟班队长1人，主要负责当班安全管理、施工现场总体协调等相关工作；班长1人，主要负责当班隐患落实整改、落实生产任务等相关工作；验收员1人，主要负责验收隐患整改情况、工程质量检查考核等相关工作；智能掘进系统岗2人，主要负责智能掘进系统运维管理等工作；智能钻机司机1人，负责钻孔施工和监护管理等工作；维修电钳工1人，负责工作面紧急条件下设备检修维护等工作。优化前后岗位配备对比见表3。

表3　掘进队优化前后岗位人员配备表

比较类别	掘进队人员配备情况	合计/人
岗位优化前	跟班队长1人、班长2人、验收员1人、带式输送机岗1人、掘进机岗2人、钻工2人、支护工6人、维修电钳工1人	16
岗位优化后	跟班队长1人、班长1人、验收员1人、智能掘进系统岗2人、智能钻机司机1人、维修电钳工1人	7

3.2.3　探放水作业方面

智能钻机探索应用项目可实现钻孔智能化、自动化施工，钻孔深度自主计算验收和现场实时监控等功能。实施后每台钻机作业人员由3人降至2人，每班3台钻机施工，探放水队生产班作业人员由9人降至6人。

3.2.4　瓦斯抽采作业方面

开展基于高瓦斯矿井智能可视化打钻系统研究与工程实践项目，可实现自动化打钻、轨迹测定、智能识别验钻、可视化监控、语音对讲等功能。实施后每台钻机只需1人现场作业，每班3台钻机施工，抽采队生产班作业人员由9人降至3人。

3.2.5　生产辅助系统建设方面

全面推广应用"无人值守、无人巡视"的新型工作模式，预计可减少岗位作业（巡视）人员35人，包括机电队10人、信息部3人、皮带队22人。同时为保证辅助生产系统高效运行，计划在北一区域、北二（八盘区）区域、西一（二盘区）区域各留守2名值班人员，主要负责生产过程中的设备应急检修维护任务。综上分析，本方案可将生产班作业人员由35人降至6人。

3.2.6　辅助运输管理方面

运输队主要负责全矿人员、物料运送以及系统巷道维护等相关工作，目前基于4G通信的矿井车辆管理项目已全面应用，实现了车辆的可视化管理和高效调配，提高了车辆运行效率。随着智能化矿井建设的不断深入，井下生产时作业人员将大幅度减少，预计减员幅度超过50%，人员运输量大幅度降低，运输队生产班作业人员可由原来的18人降至9人（包括跟班队长1人，无轨胶轮车司机4人，系统巷道维护工4人）。

3.2.7　其他方面

由于掘进工作面减少2个，安监、瓦检人员由23人减少至19人。

通风队主要负责井下通风系统维护、闭墙施工等相关工作，准备维修队主要负责综采工作面安装回撤、巷道维修作业等相关工作，由于工作任务繁杂、零散岗位较多、作业场所不固定等客观因素，原则上生产时岗位作业人数不变。

矿领导、部室跟班人员以及部室、区队走动检查人员，根据国家相关规定配置，原则上人数不变。

按照以上方案，通过实施“110 工法”开采和智能快掘探索，进一步加快智能化矿井建设，简化生产系统，优化岗位人员配置，可实现井下每个生产班岗位作业人员由 244 人降至 96 人，每个生产班井下总人数控制不超过 122 人。优化前后岗位人员情况见表 4。

表 4　智能化矿井建设减人提效预期效果表

序号	实施单位	实施前人员/人	实施后人员/人	减员数量/人	备注
1	综采队	34	10	24	生产作业人员由244 人减至 96 人
2	掘进队	112	35	77	
3	准备维修队	18	18	0	
4	探放水队	9	6	3	
5	抽采队	9	3	6	
6	通风队	9	9	0	
7	运输队	18	9	9	
8	机电队、皮带队、信息部	35	6	29	
9	安监、瓦检人员	23	19	4	
10	跟班及走动人员	7	7	0	
	合　计	274	122	152	

4　预期效益分析

一号煤矿智能矿井建设减人提效方案实施到位后，矿井采煤工作面单产提高 10%；掘进面保持单进提高至 560 m 以上；井下生产作业人员减少达到 50%以上，生产时井下作业人员不超过 100 人；全员工效提高 20%以上；每年节约人工成本约 4 000 万元。

5　结语

一号煤矿智能矿井建设减人提效工作是以云计算、物联网、大数据为代表的新一代信息技术与煤炭行业融合创新，代表煤炭开采进入人工智能的新时代，最终实现从“有人巡视、无人值守”到“机器人巡检、无人化开采”的全新跨越式发展，实现智能化开采技术的“提档升级”。智能矿井建设方案的实施必将促进我国煤炭开采技术的发展，为全国煤炭行业智能化矿井建设提供示范。

参考文献

[1] 方茜.潞安集团现代化安全高效矿井建设的实践与创新[J].煤，2018，27(12)：56-58.
[2] 李刚.煤矿智能化信息系统建设研究[J].能源与节能，2019(6)：139-140.
[3] 张丽峰，张健.智能化矿井建设的探索与实践[J].中国石油和化工标准与质量，2020(20)：145-147.
[4] 赵金升，丁宇辉，王鹏，等.智能化矿山建设[J].科技创新导报，2019(19)：55-56.

黄陵一矿实现数字化矿山转型升级的认识与思考

朱元军,张　骥

(陕西陕煤黄陵矿业有限公司,陕西 黄陵　727307)

摘　要　近年来,我国科技发展在信息化带动工业化的方针指导下,有力促进了制造业生产设备的智能化改造,并很快贯穿于企业开发、生产、销售和服务的全过程。党的十九大又提出把工业化和信息化分开,强调未来一段时期要建立的是"新型工业化",加快建设制造强国,发展先进制造业,推动互联网、大数据、人工智能和实体经济的深度融合。本文通过对数字化矿山建设与发展主要环节进行简单讨论,结合"新型工业化"的建设要点,对煤炭企业实现数字化转型过程中的数据采集与利用阐述自己的观点,提出建立矿井生产系统数据库、从底层数据着手实现煤炭企业数字化向智能化转型的建设思路。

关键词　数字矿山;发展阶段;认识思考

0　引言

2008年,陕西陕煤黄陵矿业有限公司一号煤矿(以下简称黄陵一号矿)启动了数字化矿山一期建设,主要实现在调度指挥、井下各生产系统自动化控制、安全生产作业等方面的煤矿综合自动化管理模式,为井下生产无人值守提供可能。一期建设为黄陵一号矿数字化矿井建设提供了坚实的基础,完成了基础系统改造整合(集成)和基础平台建设,实现了"生产过程自动化""安全监测数字化",为推进精细化管理奠定了基础。2012年,本着"安全、可靠、经济、实用"的原则,黄陵一号矿又对数字化矿山进行了升级,将工业网络升级为万兆工业网络,同时增加了带式输送机运输系统、井下变电所、水泵房、选煤厂的远程控制系统;升级了一体化监控软件平台,将平台控制程序的脚本升级为iCV5.X版本,达到集中控制画面流畅的目标,在通信方面上主要统一通信与协作,统一实时数据获取模式,统一数据存储,统一编码,统一安全、审计管理机制,完成数据接口开放的目标。2018年又启动了安全信息共享平台建设,通过搭建安全信息共享平台,统一矿井管理信息、生产系统的监控信息、地质储备信息,进而迈开了黄陵一号矿"数字化矿山"转向"智慧矿山"的步伐。

1　数字化矿山一期建设情况

黄陵一号矿数字化矿山建设一期工程网络构建见图1。

1.1　建立了1 000 M工业以太环网

一是将综合自动化控制系统接入1 000 M工业以太环网;二是将工业电视监控系统接入

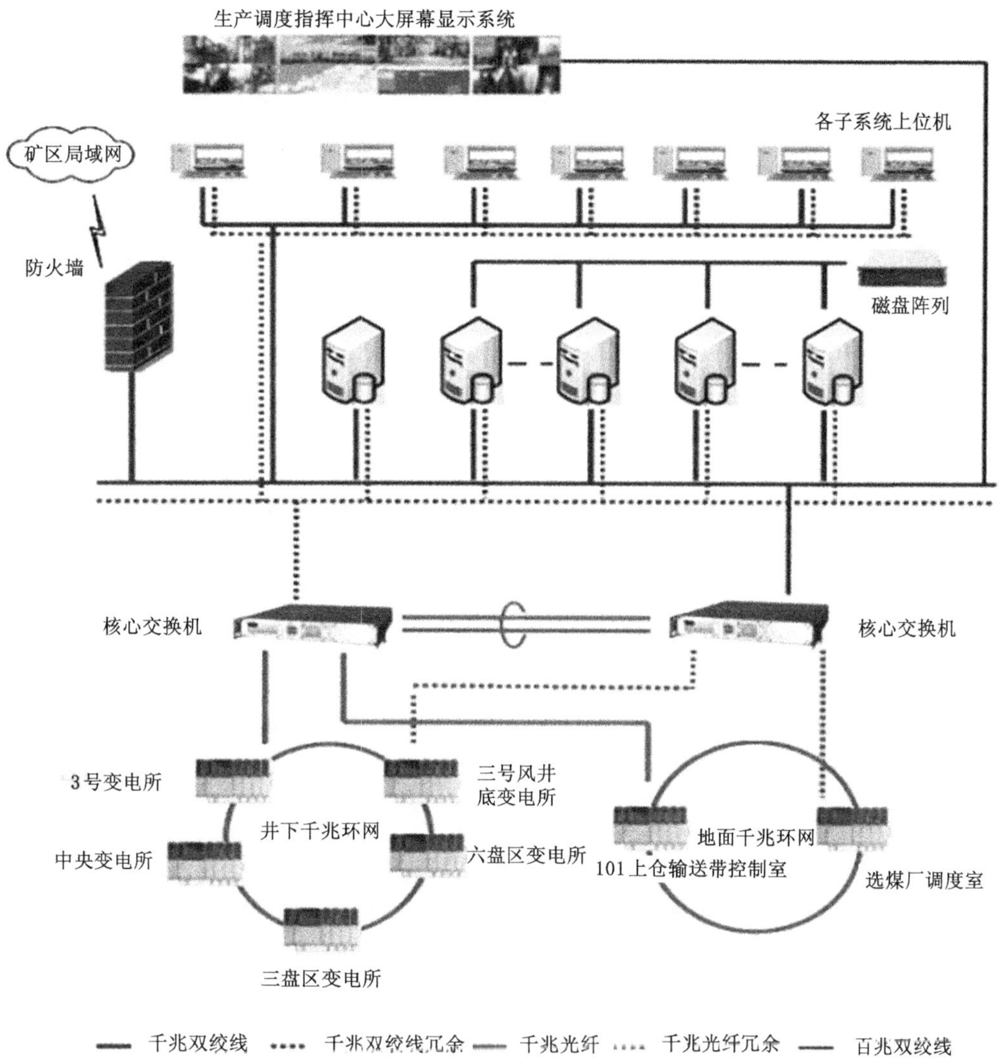

图1　网络构建图

1 000 M工业以太环网(原视频监控系统采用光纤传输的摄像机利用新增的视频编码器接入工业网络,新接入摄像机利用视频编码服务器就近接入环网);三是将调度电话系统采用数字调度电话主机接入1 000 M工业以太环网,按工业以太网交换机分布设立IP语音网关将调度电话终端接入网络;四是以工业以太环网为基础建立控制、语音、视频等信息“三网合一”的基础网络平台,为实现“生产过程自动化”“安全监测数字化”“企业管理信息化”“信息管理集约化”的数字化矿井提供一个统一、开放的网络平台。

工业网络系统采用环间耦合冗余两级网络结构,在地面、井下各建立一个环网平台,地面、井下环网分别由监控中心网关交换机连接,最终形成由一个冗余工业千兆主干环形网、两台工业核心交换机组成Hiper-Ring环网、两个基于双机Coupling冗余耦合技术接入的工业网关交换机组成的整体冗余网络(任一单断点自愈时间快于50 ms)。作为全矿工业以太网的主干网,其主干网络节点提供多种形式的接口方式,方便地面与井下各个子系统的接入,同时方便井上下工业网络的扩展与升级。工业以太网可实现数据、视频、语音三网合一，工业电视系统将采用本项目建立的环网进行视频传输，各监控点将就近接入环网节点交换机。服务器、操作站及单环网与核心交换机均采用千兆口连接，整个综合自动化层达到千兆网水平。工业网络系统采用环网型设计，以保证数据传输，环网自愈时间小于 300 ms，增加了网络的安全性和可靠性。

1.2 搭建一体化监控软件平台系统

一体化集控平台是集数据通信、处理、采集、控制、协调、综合智能判断、图文显示为一体的综合数据应用软件平台，平台能够在各种情况下准确、可靠、迅捷地做出反应，及时处理、协调各系统工作，达到实时、合理监控的目的。它的数据接口采用通用接口发布数据（HTML/XML/COM/DCOM），能够与其他系统集成。其次，一体化的综合数据应用平台能够进行实时监控，能够实时记录操作及事件，统计分析故障报警，综合查询所有的历史数据，可进行趋势图与历史曲线查看。平台本身具有用户管理子系统、资源管理子系统、身份验证和权限验证子系统、报警联动预案系统、应急信息管理系统、Web 浏览功能、Web 平台数据管理系统、Web 画面数据系统、工业电视及大屏显示系统，是一个矿井全面综合信息的管理操控平台。

1.3 矿井各类自动化系统接入

自动化系统接入充分考虑了主输送带及煤流、井下供电、副井提升、水泵房、选煤厂及综采面顶板压力、主通风机、人员定位等矿井辅助生产系统与监控系统。自动化控制系统中对已有的 PLC 子系统用相同品牌的 PLC 升级，其他的控制子系统用 AB 品牌的 PLC，就近接入环网实现集中控制，并在调度监控中心实现远程集控。在远程控制时要充分考虑各个设备的远程/就地单机启停控制、远程闭锁联动启停控制及整个系统的急停控制。例如，带式运输系统可对各种煤流流程进行编程和选择，对给煤机等设备可联机启动也可单机启动，煤流选择具有闭锁保护功能，在远程实现逆启顺停，设备故障时，将设备前的所有输送带及设备停机。自动化系统可实时显示各条输送带相关数据（电机电流、速度、保护动作），储存和查询历史数据，提示、储存所有报警信息，统计输出相应报表，同时将这些数据传送到矿调度室，实现信息的共享及相关数据的 Web 发布，实现远程查询和管理功能。在各类安全监测系统上位机上安装以太网卡，直接接到地面千兆以太环网中，通过编写程序协议转换，读取系统信息，实现安全监测系统与其他生产相关系统相结合，达到煤矿安全生产的目的。

2 数字化矿山二期完善情况

2.1 升级一体化监控平台

黄陵一号矿一体化监控平台设计始于 2008 年，其软件设计采用 IFIX+iCV 模式，大部分自动化系统在 IFIX 平台下集成，部分应用功能在 iCV 下开发，两种软件采用脚本语言互相调用的模式。对于 Web 发布系统采用 Portal 软件，该软件虽然功能强大，但因为煤矿系统多、变量多、每个系统组态画面动态效果多，这样通过远程电脑登录 Web 发布系统的话，响应速度就相对较慢。针对目前存在的以上问题，将平台控制程序的脚本升级为 iCV5.X，消除了系统运行慢等卡顿问题。其平台数据对接关系见图 2。

2.2 网络框架升级

黄陵一号矿工业网络系统以 TCP/IP 技术作为整个系统的通信标准，网络带宽为

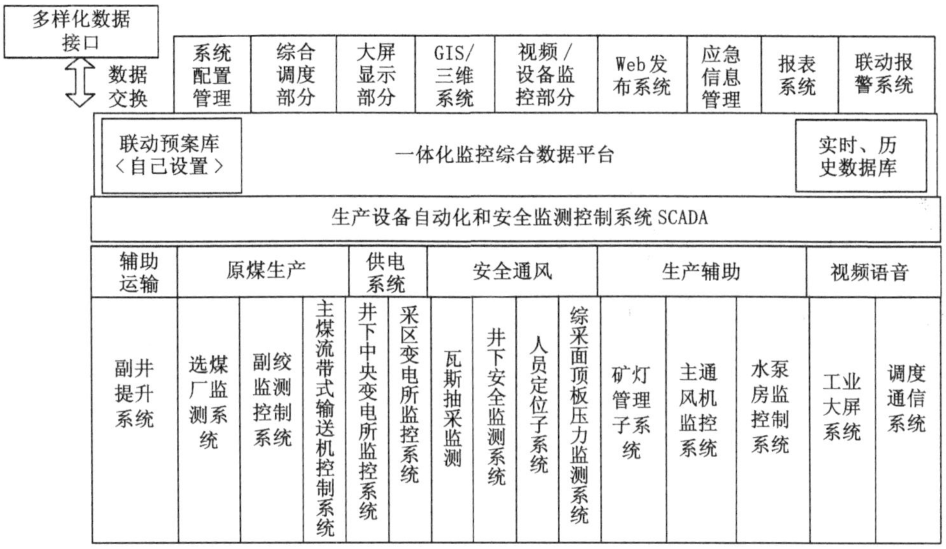

图2　平台数据对接关系

1 000 Mbps，其主要设备采用赫斯曼 MACH 4002-24G-L3E 型和 MS4128-L3E 型交换机。随着矿井建设的不断发展，目前工业网络系统覆盖范围已经不能满足需求，需要增加节点，扩大工业网络的覆盖范围。其次控制设备的数据量与矿井监控系统的数据量不断提升，网络带宽占用率已经达到了 70%左右，出现数据传输拥堵、数据丢包与数据丢失等现象。一期建设处于摸索与探索阶段，工业网络没有考虑主干光纤配线管理问题，造成主干光缆使用上的浪费。针对以上情况，黄陵一号矿对工业网络进行了完善，将工业网络的带宽扩展至万兆，并通过添加设备节点扩大工业网络系统覆盖范围，同时为保障工业网络的稳定性增加了一台大功率的矿用隔爆型备用电源，为网络基础提供了可靠的稳压供电及后备供电。其网络框架和展示页面见图 3、图 4。

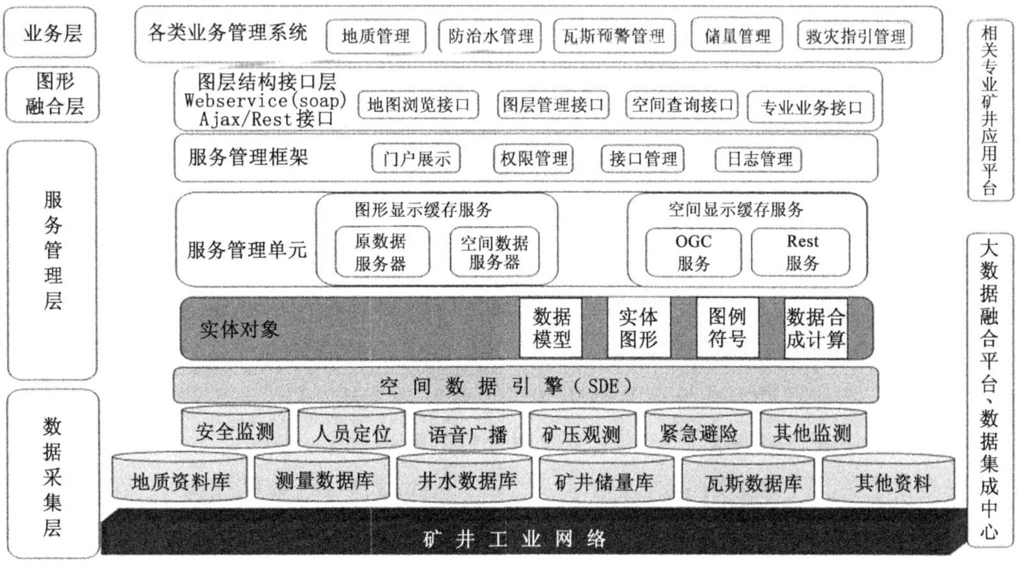

图3　矿井安全生产信息共享平台网络框架

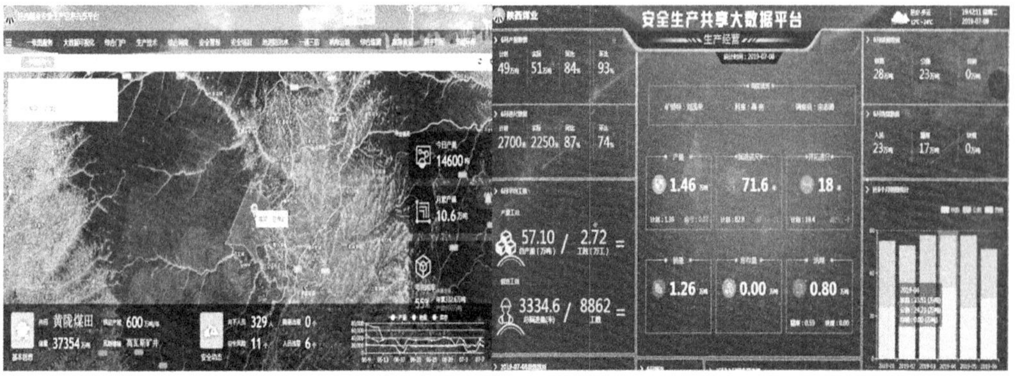

图 4　矿井安全生产信息共享平台展示页面

2.3　矿井各类自动化系统完善

黄陵一号数字化矿山一期工程建设期间自动化子系统存在自动化程度参差不齐的问题，比如二号风井提升系统、三号风井提升系统中采用的 PLC 型号过于陈旧，通信效率低，CPU 处理速度慢，没有通信接口，监测的参数也不是很全面，而且厂商不提供远程控制变量表。针对存在的问题，二期工程完善阶段对原系统进行升级，逐步实现井下主要生产系统无人或者少人化职守。主要完善内容有：

(1) 提升 PLC 控制系统应配置以太网通信模块，以便可以接入环网交换机，实现远程监控功能。

(2) 监控系统和提升监控系统数据实现全方位采集。例如通风机监控系统应包含瓦斯含量、风压、风速、风机电流、电压、电机振动、定子温度、轴承温度等参数的监测功能。提升系统应能够采集提升速度、电机电流、提升量、提升高度、安全回路信息、保护信息等参数。

(3) 井下高爆开关的微机保护装置尽可能选择具备以太网接口的微机保护装置，这样远程控制的话，延时基本上可以降至 1～3 s，如果采用 RS485 接口的微机保护装置，远程控制的延时一般都在 3～6 s。

3　数字化矿山升级转型

近些年来，在“新型工业化”的建设方针指引下，黄陵一号矿“信息化”工作和“智能化”无人开采领域取得了明显的进展和成效。黄陵一号矿在以建设“智慧型数字化矿山”为目标的前提下，数字化矿山不断升级建设，辅助生产系统的各类信息化体系基础设施基本建立完善，设备运行监控数据成立体化，有效保护了各系统的稳定运行，进而保障了矿井的安全生产、管理能力。为了能够有效地提高矿井信息化发展水平与不断创新煤炭企业管理方式，建立了矿井安全信息共享平台，实现了矿井基础设施完善到各类信息的集中应用分析的跨越。

矿井安全信息共享平台采用了地理信息系统、云平台、大数据、物联网等信息技术，通过分布式协同功能，将矿井遥感影像导航、图件叠加显示、基础信息等直观展现在 GIS 一张图上，实现对矿井采掘工程、地质测量、防治水、“一通三防”、机电运输、监测监控、应急救援、安全风险、预测预警、气象信息等数据的在线监测和提醒功能，杜绝了矿井“空间数据”和“业务数据”不规范、不统

一、不科学等管理漏洞，为管理层决策提供了依据。

如图 5 所示，通过接入安全生产网数据，煤炭企业对矿井风险管控、隐患治理、“三违”管理、安全专项管理、职业健康、安全综合管理数据进行多维度展示与应用，解决了隐患排查治理过程中责任落实不到位、问题剖析不全面、现场难预防等问题，堵塞了矿井不安全因素未解决、迟解决的管理漏洞，建立了风险分级管控和隐患排查治理双重预防机制，取得了健康监护自动提醒、职工安全意识不断提升的良好效果，在全矿形成了各级狠反“三违”、全员抵制“三违”、人人远离“三违”的良好态势。如图 5 所示，以隐患治理为例，点击“日常隐患登记”，随机点击一条日常隐患，就可查看该隐患的检查人、责任人及隐患地点、等级、类别和是否验收等信息，实现了隐患闭环式管理。

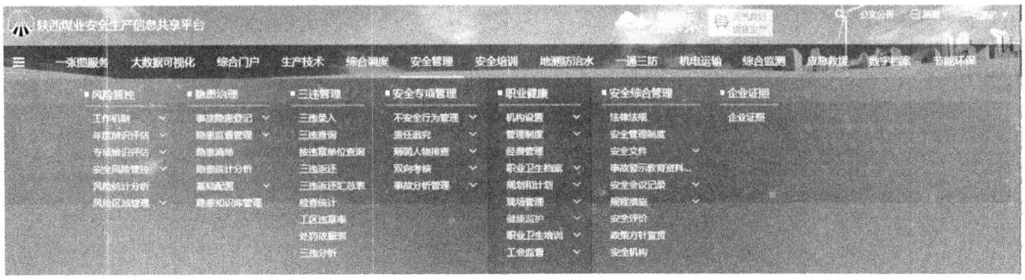

图 5　安全生产网数据展示

如图 6 所示，通过接入经营销售网数据，煤炭企业可以及时掌握矿井总产量、总进尺、开拓进尺、销售库存、排水用电、煤炭价格行情等信息，为管理层准确把握市场动向、制定适应当前形势的生产模式提供了科学依据，避免了“信息孤岛”经营管理漏洞，实现了产品结构的优化、市场核心竞争力的提升、地区价格风向标随时掌握的良好管理态势。

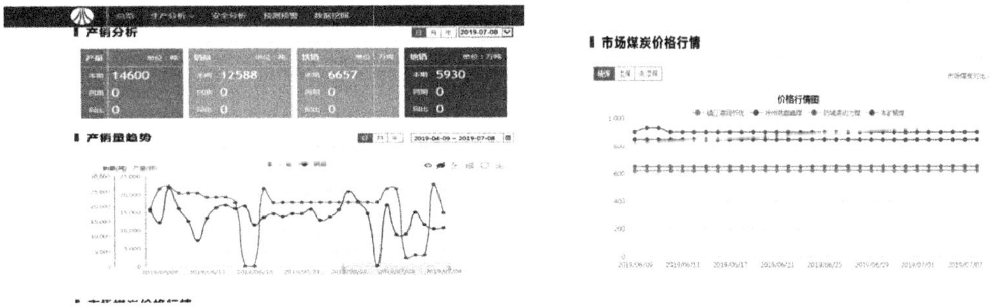

图 6　经营销售数据展示

如图 7 所示，通过接入物流供应网数据，煤炭企业对供应链企业库存和矿井物资库存进行数据整合，借助矿口物资超市，达到物资数据集中共享、代储代销，有效降低库存资金占用率的良好效果，通过与岗位考核管理系统数据共享，对当日材料消耗到岗位进行核算，实现避免物资浪费、降低吨煤生产成本的管理目标。当岗位材料支出大于收入时，岗位价值系数小于 1，为降值；当岗位材料支出小于收入时，岗位价值系数大于 1，为增值。岗位价值系数关系着职工的当日考核得分，因此有效避免了人为因素导致的材料浪费现象。

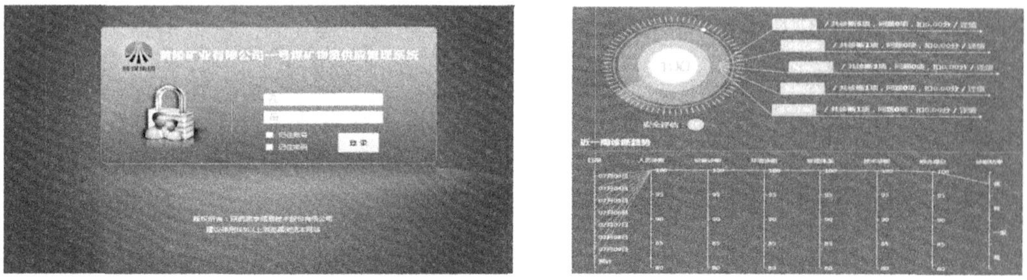

图 7　物流供应网数据展示

4　智慧化矿山建设趋势浅谈

随着煤矿生产环节信息化、自动化、集成化程度不断提高，数字化与自动化建设不断完善，矿井不仅提高了煤炭生产系统的管理水平，而且达到了安全、高效、环保、健康运行。然而辅助生产系统远程操控后，各类生产系统的运行状况全部依靠监测监控数据，当监测数据提示报警时，现阶段系统的自动化程度达不到自我分析、预警、诊断故障类型，无法明确故障处理预案，使矿井的辅助生产系统“无人化”建设仍停留在自动化建设阶段。煤矿智能化辅助生产系统要对监测数据与设备运行状况进行分析，挖掘系统的数据交点，建立辅助生产系统数据库，加强数据的深层次利用，建立分析预警体系，使系统控制程序更加智能化，是智慧化矿山发展方向。

在矿井建立统一的数据采集平台，通过对综采、掘进、供电、运输、环境监测、排水等监测信息的梳理和统一收集，建立数据统一的存储格式。研究和寻找矿井各生产系统运行、报警、故障之间的相互关系，挖掘各系统运行的线性规律，并根据线性规律与参数变化之间的相互关系，整理矿井生产系统数据库中能够产生“蝴蝶效应”的数据源。最后根据“数据源”制定辅助生产系统立体式预警、预案体系，使系统能够针对“异常或变化”提前预判、预报，形成智能感知的预警分析体系。

智慧矿井建设的探索与研究

王 飞，李成西

（陕西陕煤黄陵矿业有限公司，陕西 黄陵 727307）

摘 要 当下，互联网、大数据、人工智能等现代信息技术不断取得新突破，开启了煤炭行业数字化新时代。智慧矿山是煤炭版的“工业4.0”，是煤炭行业的“中国制造2025”，是智能“工业物联网”技术在矿山领域的全面应用。在政策不断加码及技术推动下，智慧矿山的建设是大势所趋，智慧矿山的未来画卷正徐徐展开，智慧矿山的建设可适应新时代人工智能代替现场作业人员，能为煤矿企业实现少人甚至无人提供一种思路，提高企业竞争力。

关键词 智慧矿山；透明地质；机器人；物联网；无人

0 引言

智慧矿山是基于“互联网＋”技术，将采矿技术、人工智能技术和“3S”（地理信息、定位、遥感）技术等融为一体，以建设安全矿山、高效矿山、绿色矿山、机器人矿山、智慧矿山为目标的综合技术体系。目前，我国煤炭企业大多处在感知矿山建设阶段，部分煤炭企业在尝试进行数字矿山的建设。煤矿数字化开采和煤矿物联网技术目前已取得了重要进展，已建成一批以工作面智能化开采和数字化信息化管理系统为标志的先进煤矿，但是由于煤矿开采条件的复杂性和多样性，大多数智能化工作面还没有达到理想效果，数字化煤矿建设还处于初级起步阶段。结合工作实际，要建成智慧矿山，需要从以下5个方面进行探索与研究，真正实现煤矿企业智慧开采。

1 需研究应用基于透明地质信息精准智能开采系统

基于工作面三维地质透明化模型构建技术研究，将当前基于记忆截割的智能开采系统，升级为基于透明地质规划截割的智能开采系统（图1），实现由传统的记忆截割向三维空间感知和自动规划截割技术的跨越。应用模型CT切割技术，根据地质写实、钻探数据，建立智能开采工作面的三维静态地质模型，并利用雷达、惯导对设备姿态实时测量感知，最后通过大数据分析智能决策平台，实现对设备的精准控制、故障自诊断和对生产工艺的智能决策，最终实现基于工作面三维地质透明化的智能化开采。该技术已在我矿810工作面成功实施，目前正在进行工业试验，2020年9月15日已通过中国煤炭工业协会验收，达到国际领先水平。

2 需研究应用智慧煤矿物联网与装备技术

环境、设备状态的感知是实现智能决策、控制的先决条件，现有煤矿各类监控系统已实现飞跃

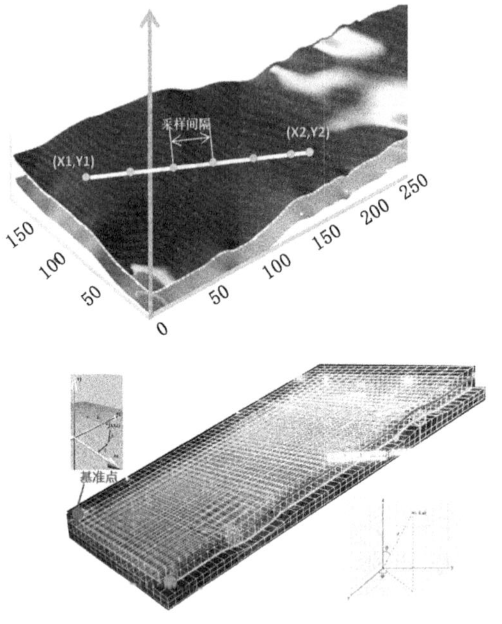

图 1　基于透明地质的大数据精准开采技术

式发展，实现了对于煤矿生产关键信息的基本感知，然而不同厂家的产品基于本企业标准生产，其数据接口与平台各异，数据独立进行处理，相互之间缺乏通信与融合，数据孤岛与数据碎片化现象严重，因而难以形成有效的数据分析模型与算法，分析结构也就缺乏准确性，难以指导生产。物联网技术旨在打破数据壁垒，实现设备之间、设备与环境之间、设备与人员之间的数据互联，最终实现万物互联，如图 2 所示。煤矿物联网技术在应用方面需要实现两个突破：① 建立井下位置服务与空间感知场，实现人员设备的准确定位；② 提供边缘计算与云计算服务，实现设备数据互联。

2.1　物联网位置服务

研究基于超宽带(UWB)定位技术，在采煤工作面复杂条件下，针对环境温度、不同介质条件下提高定位精度的纠偏算法，并通过惯导和激光雷达进行协同定位/定姿，最终构建协同定位平台。定位基站实现自组网功能，并针对该基站的走时和晶振误差进行自动补偿，实现对于人员、设备的位置、速度乃至加速度的定位计算，判定设备运行状况，避免碰撞、保证安全。

2.2　物联网云计算服务

基于分布式计算技术，建立综采工作面大数据计算框架，研发适用于专家分析决策的数据分析引擎，支持时序数据、空间数据、音视频数据、生产管理数据等多种类型，开发标准算法库，实现回归、聚类、分类等大数据分析。研究主流数据可视化工具，开发扩展接口，实现对外数据交互，从而为各设备控制节点提供边缘计算与云计算服务。

3　需研究应用巷道智能化快速掘进技术与装备

作为煤矿生产的重要前端环节，巷道掘进的主要难题是采掘失调问题，目前综掘支护以锚杆机为主，钻孔效率低、工序复杂、锚护时间长、机载钻机高精度定位困难，锚杆支护时间占巷道掘进时间的 60%，支护人员也占 60%以上，掘进工序及装备分散、辅助装备落后、工艺复杂，掘、锚工序

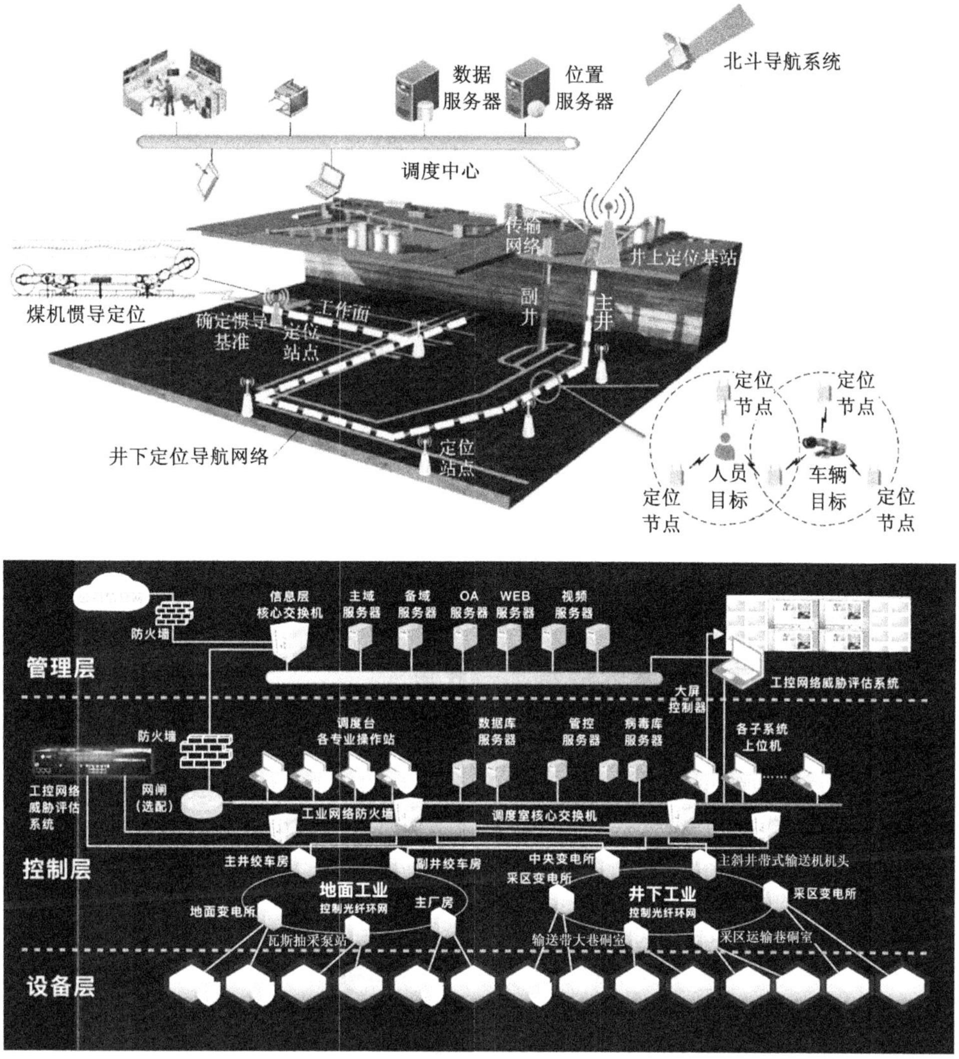

图 2 智慧煤矿物联网与装备技术

在掘进工作面有限空间交替作业致使掘进效率低，制约了掘进作业的快速化、机械化、智能化。煤矿智能掘进机器人系统见图 3。

要实现智能快速掘进，一是需要研究快速掘进工艺及成套装备系统：需将现有掘进机进行改造，在掘进的同时对顶板和巷帮进行打眼支护，提高单产单进水平；需研究工作面掘、支、锚、运系统和工作面辅助配套系统，实现巷道掘进工艺协调、快速推进，为巷道掘进提供保障；需研究成套装备与地质条件的适应性，进行巷道掘进装备的总体配套设计。二是需要研究掘进机组自主导航与自动成形自动化控制系统，包括掘锚机机身位姿检测及巷道三维扫描技术、断面自动成形截割控制技术、截割负载自动调节技术、设备远距离监测及遥控技术，实现掘进机的自动截割成形。三是需要研究掘进工作面数字化建设及远程集控：研究成套装备智能电控系统、中央控制系统、成套装备自主导航系统、设备姿态控制系统，研究防爆通信网络、数据采集、传输方式，实现掘进工作面截割过程的远程监控。

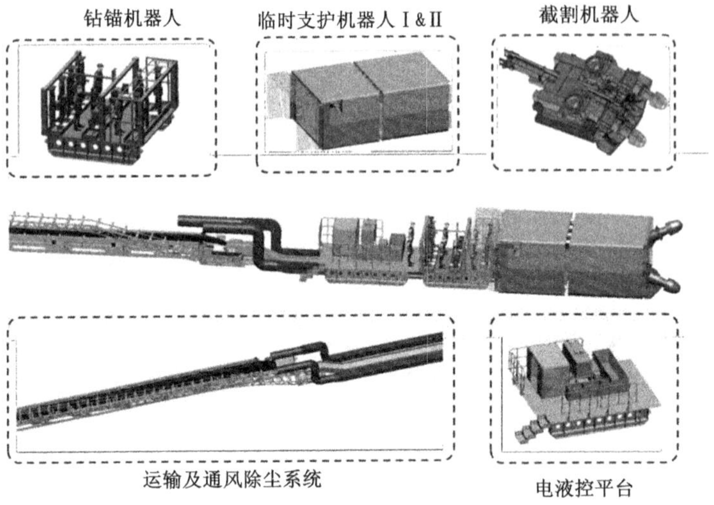

图3 煤矿智能掘进机器人系统

4 需研究应用智能化无人开采关键技术与装备

随着智能化无人开采的深入发展，更多的机械化、信息化的短板被补充完善，煤矿井下精准定位导航、图像智能识别、智能化控制等关键核心技术的应用将会越来越成熟。在地质条件日益复杂、生产环境要求日益提高、安全要求日益严格的大趋势下，智能化无人开采的需求将会越来越迫切。煤矿综采无人化技术架构见图4。

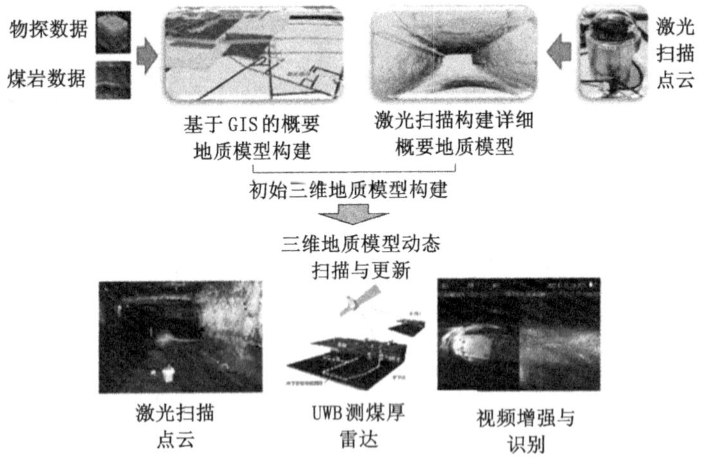

图4 煤矿综采无人化技术架构

煤矿智能化无人开采系统是要建立一个从开采准备、工艺规划到开采过程实时控制、设备管理直至远程监控服务的煤炭生产全过程无人或少人的智慧生产系统。目前针对智能化无人开采，主要有以下几个关键科技问题亟待解决：① 工作面有限空间内装备位姿及运动关系精确探测，达到在工作面生产过程中无巡检人员，工作面在无人操作、无人干预的情况下能保证工作面“三直两平两畅通”要求，且能保证带式输送机机尾拉移后与转载机搭接合适，并根据煤流量自动控制运输机与采煤机速度。② 低照度、高粉尘空间视频监控及图像识别复杂条件下超前巷道装备自动化技术。③ 工作面装备位姿检测及多信息驱动的三维场景实时再现技术，可将井下所有设备进行三维精确显示，可对设备进行智能计算与控制。④ 煤流及两巷辅助作业智能化系统研发，通过对工作面及运输巷输送带煤量的监测，能自动控制运输设备速度，减少能源消耗。⑤ 主运输系统智能巡检机器人系统（图 5），可实现无人值守，实时对带式输送机巷道及管缆线巡检和监测，对巷道顶底帮变形，胶带运输机跑偏，巷道内布置的电缆管路，巷道内布置的电气设备，巷道内的气体、温度，巷道内的输送机滚筒、托辊、输送带等数据状况巡检，并能进行智能故障诊断与处理。

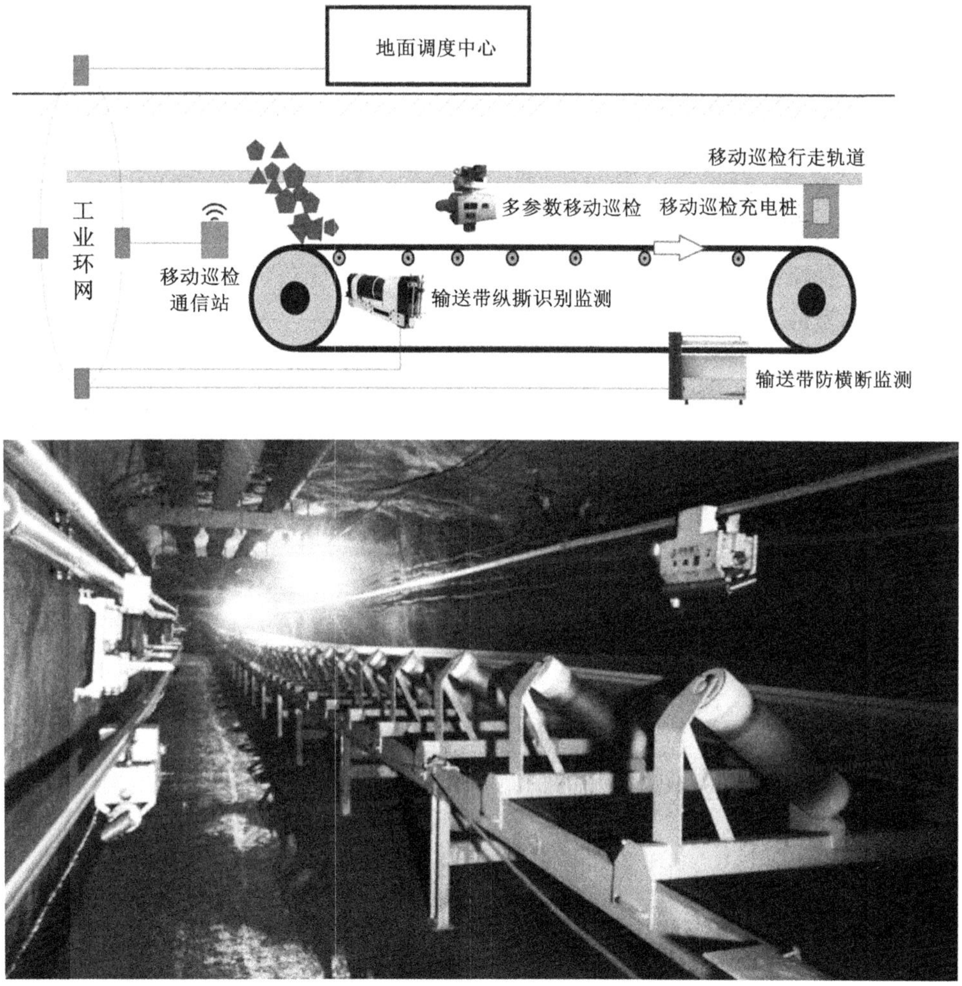

图 5　主运输系统智能巡检机器人系统

5　需研究应用煤矿机器人技术

实现煤矿“机器人巡检、无人化开采”目标的煤矿作业类机器人（重载防爆机器人）在其他领域尚无可借鉴的技术和产品，而具有煤矿安全监控、自主识别并消除故障功能的机器人属于极端复杂环境机器人，不但要有必备的感知检控功能，还要有可靠的防爆、运移、导航、避障、路径规划和抗颠覆等功能，因此须重点研究：① 井下机器人自适应阻抗力跟踪控制方法；② 井下机器人自我状态识别、避障和自主平衡；③ 井下长时可靠供电及自主寻径无线快速充电技术；④ 井下多机器人联合通信及协同控制平台。国家应急管理部发布了《煤矿机器人重点研发目录》(5类38种机器人)，引导企业大力发展和使用煤矿机器人并给予政策激励，目前，以智能化综采工作面系统装备组成的采煤机器人群已在多个煤矿应用，我矿已在一部皮带和三号变电所成功实施固定岗位机器人巡检、危险环境探测等，正在进行软件优化、调试，同时准备在1009工作面实施沿空留巷尾巷支护及支护搬运的机器人正在加工制造中。

6 结语

以上5个方面的技术研究将矿井所有数据(包括设备运行、智能化系统运行、监测监控数据等)进行整合、分析、决策并组态显示，实现矿井“机器人巡检、无人化开采”；输送系统无人值守、机器人巡检，工作面智能掘进与物料运输，建立企业私有云和大数据处理中心，实现全矿井生产全流程、多要素的自适应控制；重大灾害隐患实时监测、动态识别、有效预警、超前控制，全面实现生产要素和管理信息的数字化精准实时采集、网络化实时传输、可视化展现；实现采掘、运输、供电、供排水、“一通三防”及监测监控、洗选、调度等全部主要生产环节的智能决策和自动运行，达到“全矿井无人化作业”的目的。未来智慧矿山建设内容的框架见图6。

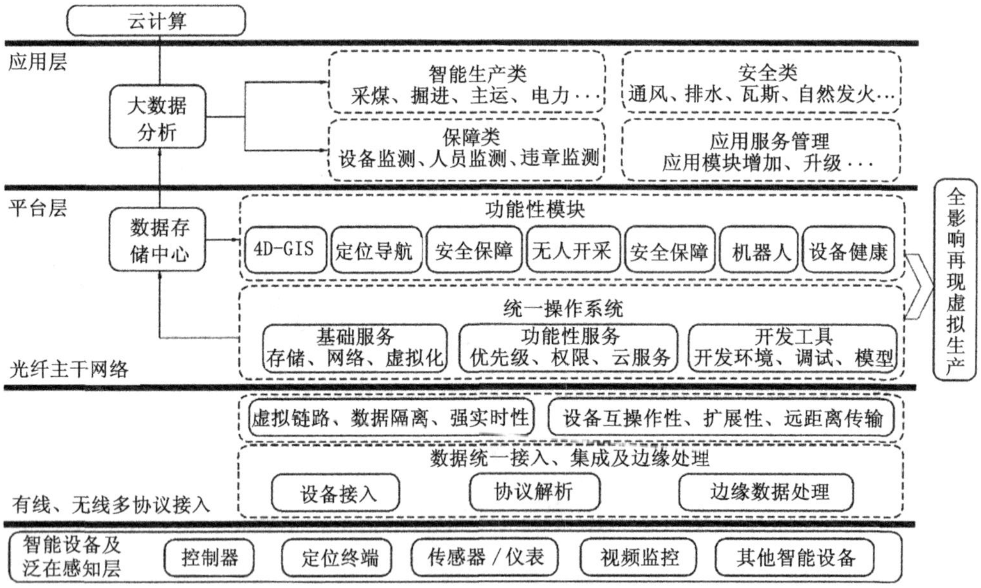

图6 智慧矿山建设内容框架

参考文献

[1] 丁恩杰，赵志凯.煤矿物联网研究现状及发展趋势[J].工矿自动化，2015，41(5)：1-5.

[2] 贺席兵.信息融合中多平台多传感器的时空对准研究[D].西安：西北工业大学，2001.

[3] 李首滨，黄曾华，王旭鸣，等.综采工作面装备远程控制技术进展报告[J].科技资讯，2016，14(12)：173-174.

[4] 吕鹏飞，何敏，陈晓晶，等.智慧矿山发展与展望[J].工矿自动化，2018，44(9)：84-88.
[5] 马宝.自动化综采工作面设备选型及参数优化研究[J].煤矿现代化，2015(6)：93-95.
[6] 毛善君，杨乃时，高彦清，等.煤矿分布式协同"一张图"系统的设计和关键技术[J].煤炭学报，2018，43(1)：280-286.
[7] 王国法，王虹，任怀伟，等.智慧煤矿 2025 情景目标和发展路径[J].煤炭学报，2018，43(2)：295-305.
[8] 王国法.煤矿综采自动化成套技术与装备创新和发展[J].煤炭科学技术，2013，41(11)：1-5，9.
[9] 王国法.庞义辉，马英.特厚煤层大采高综放自动化开采技术与装备[J].煤炭工程，2018，50(1)：1-6.
[10] 张东宝.煤巷智能快速掘进技术发展现状与关键技术[J].煤炭工程，2018，50(5)：56-59.
[11] 张震龙.不确定性推理与时空对准技术研究[D].西安：西北工业大学，2005.

红柳林选煤厂智能化建设应用

何坐楼[1],荣　东[2],李　乐[1]

(1.陕煤集团神木红柳林矿业有限公司,陕西 神木　719300;
2.平顶山中选自控系统有限公司,河南 平顶山　467000)

摘　要　本文通过对红柳林选煤厂的现状和存在问题的分析,结合智能化选煤厂的建设思路与架构,对红柳林选煤厂实施的智能化建设应用进行全面阐述,包括一网通网络平台建设、生产控制系统智能化建设、生产运维保障智能化建设、选煤厂智能化决策平台建设等方面的具体实践,突出了远程分合闸、设备在线诊断、智能视频分析、设备全生命周期管理、三维可视化、分析决策和移动终端等模块的技术亮点,并对人员优化、经济效益、社会效益等进行数据化的分析。

关键词　智能化选煤厂;信息化;智能控制;视频识别;大数据平台;选煤厂 MES;设备全生命周期

0　背景介绍

陕煤集团神木红柳林矿业有限公司选煤厂(以下简称红柳林选煤厂)位于陕西省榆林市神木市北部,是一家大型的国有股份制煤炭企业,始建于2009年10月,2010年12月建设完成,2011年12月正式投产。随着信息化、智能化、4G/5G网络与移动终端的发展,选煤厂目前的生产控制、运维辅助、信息化和智能化水平已不能满足高效生产的需要,在此背景下,红柳林选煤厂进行了全厂智能化建设。

1　存在的问题

红柳林选煤厂此前已经完成了生产监控、调度通信和视频监控等系统建设,实现了基本的生产系统集中控制和生产辅助。由于近年工业智能化的快速发展,红柳林选煤厂现有的生产技术水平已经落后于当前技术水平:

(1)生产自动化水平较低,只能简单地进行集中控制设备启停,各设备还需要设置岗位人员监护运行;

(2)全厂网络平台落后,控制系统采用同轴通信、视频系统采用模拟信号,且各个子系统网络分散,无法互联互通,无法与矿井网络、管理网络对接;

(3)传统模式的供配电系统全靠人工操作,无法远程监控,停送电管理制度落后;

(4)视频监控系统不完善,虽然早期改造将模拟摄像机更换为网络摄像机,但清晰度不够、监控数量不足以覆盖重要区域,且不具备智能分析、人脸识别、周界入侵检测等功能;

（5）设备运维落后，缺少设备状态在线监测、设备健康状态分析功能，没有完善的设备全生命周期管理系统，设备使用维护成本过高，设备综合效率低下；

（6）信息化与智能决策系统缺失，生产管理落后，所有信息传送依靠原始的报表，无法集成生产过程数据，无法形成趋势分析、智能决策。

2　一网通网络平台建设

2.1　生产控制网络改造

升级主站CPU，满足扩建系统的数据通信与负载能力，匹配智能化需求的控制算法数据的读取量和处理量；升级工控管理和模块；升级控制网络为光纤环路冗余实时以太网，采用专用工业网络设备，增强系统整体稳定性和实时性，保证较高的传输速率。

实现一键启车、故障报警、数据采集、趋势分析等功能，完善调度室上位机画面，并增加语音报警功能，通过Web形式发布数据信息、实现数据交互，充分满足选煤厂智能化管理的需求。

2.2　视频监控网络改造

采用全厂星形网络结构（图1），根据就近原则，采集视频监控并上传至集控室，实现控制系统与视频监控系统的联动控制、设备在线状态监测系统与控制系统的联动，实现生产管理与现场数据采集的有机结合。

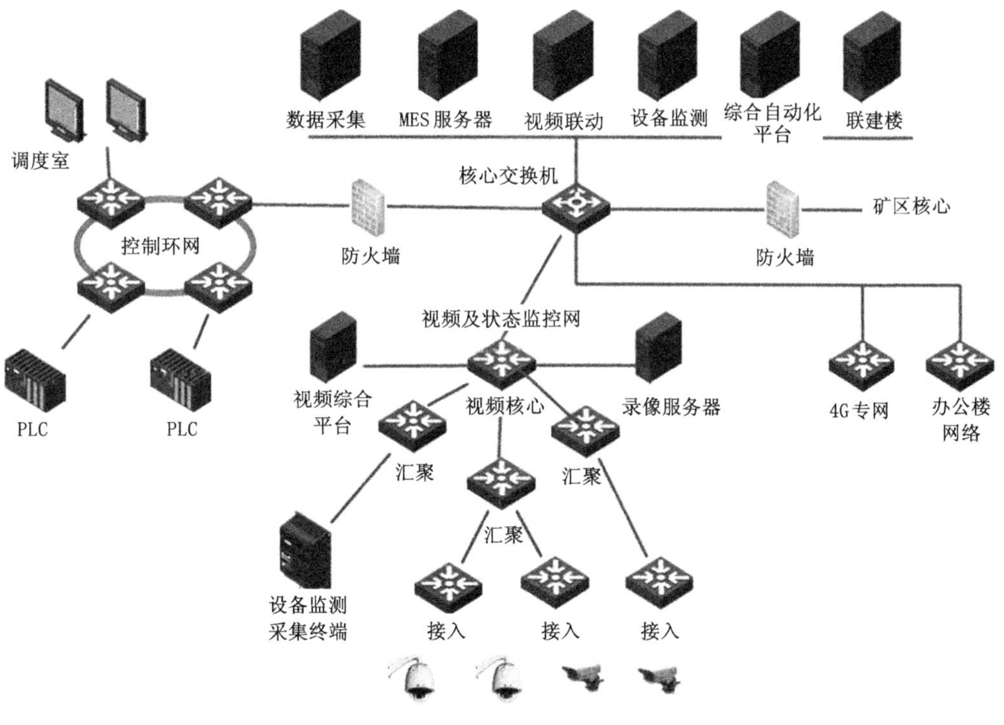

图1　网络结构

2.3　4G专网建设

在全厂建立4G无线网，通过建设1套McLTE宽带无线通信系统，实现红柳林选煤厂储煤场、筛分车间、主选车间、选煤厂办公区、四联仓、2号产品仓、2号转载点、产品缓冲仓、火车装车站等全厂区域的4G无线信号覆盖。岗位人员手持移动终端可以实现集群通信、视频监控、生产辅助监控监测、可视化移动办公等功能,实现全矿互联互通。

4G专网的建设,实现了与自动化控制网络、业务办公信息网络、无线专用通信网络的无缝对接;实现了将人员经纬度信息上传给人员定位系统;实现了承载与兼容移动控制系统、视频传输及信息管理系统等的调度和数据传输功能。

2.4 一网通综合网络平台建设

遵循数字化、高速化、智能化、标准化、安全可靠、易扩充升级的原则,红柳林选煤厂的智能化建设采用工业环网结构,包括控制通信环网、视频星形网、4G无线网络等。其中视频网主干链路采用千兆带宽,控制通信环网主干链路采用千兆带宽。在核心层采用千兆背板带宽的核心工业以太网聚合交换机,通过千兆链路将各交换设备连接到网络系统的核心层次,具备高冗余和高带宽性能。规划后的网络可以与矿井网络和现有办公网络无缝对接,同时预留与未来智慧化矿山建设能对接的网络接口,支持扩展功能。

2.5 数据中心机房建设

为打好智能化建设的基础,建立了网络系统稳定可靠运行的数据中心机房,包括配电区域、设备机柜及配套系统,其中配套系统包括新风系统、机房接地防雷系统、动力设备与环境监控系统、微模块机柜系统、消防区域等,满足了电子设备、智能管控系统对温度、湿度、电源质量、接地安全、洁净度、电磁场强度、屏蔽等的要求,为选煤厂的后台网络管理设备和应用服务器等设备提供了可靠、清洁的工作环境,为网络设备的稳定运行提供了可靠保障。

3 生产控制系统智能化建设

3.1 在线灰分、密度闭环控制

密度闭环控制系统,通过在入选原煤输送带301上安装在线测灰仪,根据原煤灰分调节洗选密度设定值;在精煤输送带701A上安装测灰仪,根据精煤灰分反馈调节洗选密度设定值,从而完成密度的闭环控制,实现密度在线动态自动调节,达到稳定介质密度的目的,保证洗选效果。

3.2 浓缩加药自动化

建立浓缩加药系统的网络通信系统,将浓缩加药控制系统引入全厂生产集控系统,实现加药系统的远程监控及数据采集。在药剂混料桶上增加液位计,在药剂管路上增加流量计,在浓缩池上增加浊度计,实时监控药剂桶的液位、加水量和煤泥水浓度的数据,进而便于药剂配比的计算与添加。建立浓缩机的网络通信,采集浓缩机的扭矩、提耙等参数,实现浓缩机的远程监控。通过将现有的自动加药机引入集控室控制,实现了自动配药、加药一体化、无人化,降低了工人劳动强度。

3.3 配煤专家系统

配煤专家系统是根据原料煤的特性以及用户对产品煤的要求,采用遗传算法,计算出可选的配煤方案。电气控制部分通过生产控制系统的皮带秤和灰分仪计算配比,进而控制给煤机自动完成配煤任务及过程监控,并最终实现定制化生产。

在红柳林选煤厂智能化工作过程中,配煤专家系统根据需求产品的灰分,自动计算配煤比例,再根据731输送带秤数据进而计算煤种放仓给煤机的频率，实现配煤的智能化控制。

4 生产运维保障智能化建设

4.1 流程化远程分合闸系统

流程化远程分合闸系统是将框架断路器、塑壳断路器的合分信号采集入PLC，并对塑壳断路器加装电动操作机构，使之通过PLC控制实现远程分合闸，从而实现选煤厂网络化配电闭环管理。流程化远程分合闸系统主要包括远程停送电监控系统、停送电申请移动操控平台、停送电网络审批模块、停送电权限管理模块、安全模块、控制与视频融合系统等模块。开发远程分合闸软件平台，建立设备的授权机制，针对每个设备控制进行授权，不会因为主站系统退出而受到影响，减少了操作人员，缩短了停送电时间。

4.2 设备健康在线诊断系统

设备健康在线诊断系统可针对红柳林选煤厂的关键设备和关键部位进行在线监测，实现对选煤厂主要生产设备的智能管控。通过读取设备相关的实时运行状态，判断设备状态变化趋势，诊断设备故障的发生部位和严重程度；通过读取设备检查或维修的结果，利用专用模块把数据传输到上位机进行分析整理，捕获设备运行的异常状况；通过诊断系统及时发出警报，提示设备的故障隐患和潜在异常，提高设备运行完好率，减少设备停机时间，降低维修成本，延长设备使用寿命；通过建立设备检修闭环管理系统平台，实现设备定时维护任务管理、设备巡检任务管理、隐患排查信息管理，实现设备检修、预警智能化，为生产安全提供保障。

4.3 智能视频系统

4.3.1 高清网络摄像机

高清网络摄像机可根据工艺要求和生产需要，增加布置人脸识别摄像机，记录人员的位置、出现时间及人员身份信息。规划巡检路线，检查巡检人员的巡检情况。根据人员出现的位置和时间，实现人员定位功能。

4.3.2 周界入侵检测

通过摄像机的移动侦测功能，对重要设备划设安全起车电子边界：当设备启动指令发出时，有人在禁止区域活动，相关摄像机有安全语音报警，则禁止设备启动；和配电室远程分合闸联动，送电前相关联设备摄像机检测电子边检内人员活动情况，确认能否送电；对通道、库房、磅房等重点区域，通过摄像机启用人像侦测，详细抓拍进出人员影像，并记录进出时间。

4.3.3 事件中心与视频联动

将视频监控系统与集控系统、设备健康在线监测系统等进行互联，在网络互通的基础上，开发部署智能化事件中心，对所有事件形成信息联动，实现当集控系统产生报警、设备状态监测异常、重点区域发生人员入侵等事件时，监控系统将设备的监控画面自动弹出在大屏幕的指定区域这一功能。该功能极大方便了调度人员第一时间掌握现场实景，及时做出判断并协调处理，提高了调度应急指挥效率。

4.3.4 基于人脸识别的巡岗系统

生产管理由定岗制更改为巡岗制，减少生产过程中的人员占用，提高生产效率。对全厂生产区域进行按流程划分责任区域，在各个重点位置安装人脸识别摄像机，并规划巡岗计划，对重点设备指定每日生产定期巡查时间,记录责任人员的巡岗情况。摄像机在巡查时间内监测到无相关责任人员活动记录则生成报警记录,以监督岗位巡查人员。

4.4 火灾监测系统

对各个配电室安装火灾报警监测装置。在原煤配电室、31配电室、32配电室、高压配电室、51配电室、72配电室、73配电室、74配电室、二号转载点配电室、缓冲仓下配电室分配安装感烟感温复合探测器。编写火灾报警程序,当某一配电室发生火灾时,感温感烟探测器发出报警信号给PLC,PLC再将报警信号传给集控室调度人员,做到及时发现火情,并做出相应的调度指令。

4.5 轨道机器人巡检系统

安装本安型智能轨道机器人,可以对本层的浅槽、振动筛等设备和周围环境进行全方位、长距离、多目标实时监测,具有多特征图像分析功能,可以通过通信平台向监控中心发送图像和运行状态信息。搭载智能火情预警装置、红外热成像装置、通信平台、监控中心和报警终端等,运行稳定可靠,达到延长巡检周期或取代人工巡检的目的。

4.6 智能语音报警系统

安装智能LED语音报警器,集成视频系统、生产控制系统、设备状态诊断系统、火灾报警系统等的报警事件,按类别、区域、报警等级发送至报警系统,报警器发出语音报警并显示报警相关信息,如控制系统设备报警、危险区域越界行为等。报警后台具备报警及提取详细信息、抓拍图片、存储视频等功能。

5 选煤厂智能化决策平台建设

5.1 大数据平台与多系统数据采集

建设基于实时数据库、关系数据库、文档数据库、视频录像磁盘阵列的综合大数据平台,对各个子系统数据进行多系统数据采集,形成实时、历史数据完备的数据中心,为数据分析与决策提供支持。

(1) 对生产控制系统、设备健康状态监测系统等高实时性子系统进行OPC数据采集,存储并长期归档;

(2) 对生产管理MES、设备全生命周期等业务系统数据,存储至关系数据库或文档数据库;

(3) 对视频监控系统进行录像存储到专用阵列,同时对视频事件、控制系统事件等报警产生时的可见区域进行抓拍、短时录像。

5.2 设备全生命周期管理系统

设备全生命周期管理系统,针对全厂主要设备资产建立管理台账,实现了对设备从采购、使用到报废的各个阶段的相关数据进行统一的管理,包括设备计划管理、设备采购管理、设备状态维护管理、设备资产管理。可以对设备的状态做出综合评定,为企业的固定资产统计、设备日常的保养维修提供可靠的决策依据。

5.3 三维可视化生产控制系统

建立三维可视化数据采集与监控系统,实现在三维环境下展示全厂生产状态。对厂区、楼层、设备等实体进行三维建模,利用虚拟现实技术结合选煤厂的结构、设备布局以及监测与控制的任务，呈现三维动画效果，并以缩放方式方便地观测被测控点的状态或参数，结合各个参数的性质分别以曲线、表格等形式进行实时显示、存储与历史数据调用。可以在浏览器或移动设备上浏览全厂生产状态，可自由在厂区、厂房内部行走漫游，也可以通过搜索的方式快速定位设备或区域。

5.4　生产综合管理 MES 系统

生产综合管理 MES 系统以生产控制系统、设备健康状态监测系统等数据为基础，建立生产调度、煤质管控、装运外销等管理模块，对选煤厂运维过程的各个维度进行综合管理，对生产数据和业务数据进行整合，进行采集、归档、梳理、查询、统计、分析，建立选煤厂运行过程数字孪生体系，结合选煤厂管理规程、制度，提出基于云服务技术的煤炭企业信息化解决方案，促进选煤厂管理的精细化、规范化、信息化，为领导决策、价值倍增、提高效率提供保障和服务，达到提升产品的核心竞争力的目的。

生产综合管理 MES 系统主要涵盖生产调度、煤质化验、运销管理、客户管理、物资管理、实时工况、安全管理、文档库、专家库等模块。

5.5　分析决策系统

选煤厂生产决策分析系统以选煤厂生产管理数据、选煤专家知识库为基础，开发各类选煤厂辅助生产决策工具，帮助选煤厂各级生产管理人员实现科学管理与决策。

(1) 生产数据分析：分析原煤、产品煤数量、质量变化趋势及分选效果等；

(2) 设备综合效能：分析设备分选效果、能耗、维护成本及综合效能；

(3) 工艺效果评价：分析浅槽、分级筛、旋流器、破碎机的工作效果对全厂工艺的影响；

(4) 经济效益分析：分析洗选成本、煤质定价、产品结构优化等数据，并提供周期经济效益分析报告。

5.6　企业管理座舱系统

基于生产大数据平台，开发部署选煤厂管理座舱(图 2)，集成控制系统、生产管理 MES 系统等信息，建立选煤厂管理 KPI 模型，开发管理座舱，将各 KPI 指标在管理座舱实时显示，使管理人员可以掌控全厂的管理状况。

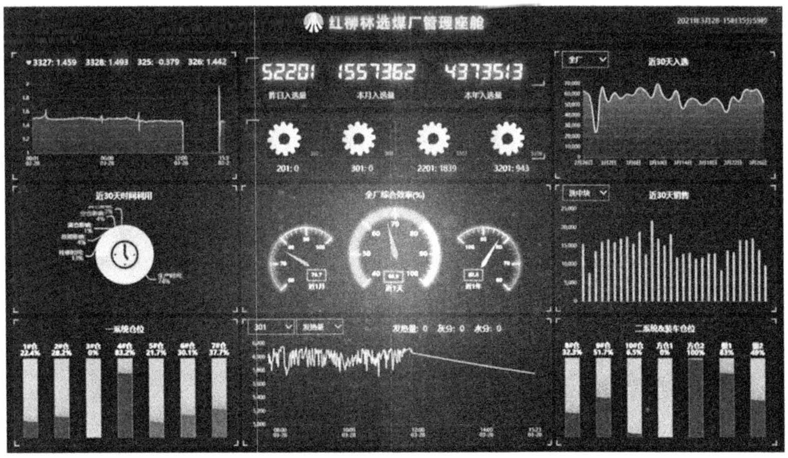

图 2　选煤厂管理座舱示意图

5.7 移动终端 APP 系统

基于4G专网及专用移动终端，开发基于安卓的APP系统和基于企业微信的选煤厂微信平台，集成所有生产、管理子系统及大数据平台历史数据，为生产管理人员提供实时数据展示、历史数据分析展示、视频播放集成、设备起停控制、设备健康状态监控、设备全生命周期管理、MES各模块等功能，同时建立生产管理业务流程消息、生产过程事件报警推送系统，帮助生产管理人员及时处理业务流程，及时发现和处理生产异常，达到高效管理、高效生产的目的。

6 应用效果

6.1 人员优化(见表1)

表1 人员优化

序号	系统	原有人数/人	现有人数/人	优化人数/人	优化率/%
1	筛分车间及运输系统	265	181	84	32
2	主选车间	147	95	52	35
	合计	412	276	136	33

6.2 经济效益

6.2.1 人工成本效益

节约人工成本：6万元/年×136人=816万元

智能化改造前人员效率：110.2 t/工

智能化改造后人员效率：152 t/工

增效：152−110.2=41.8 t/工

6.2.2 煤质经济效益

通过智能化配煤可以将产品质量提高，以煤质的发热量为基本参数，误差可控制在3%以内。

6.2.3 设备折旧经济效益

全厂对共计37台大型设备进行在线状态监测，材料成本约98万元。材料成本降低10%左右，每年按500万元的易损材料计算，共计节约材料成本约50万元。

7 结语

通过本次智能化建设，实现了减员增效、降低劳动强度、改善工作环境、降低能耗、安全高效生产；构建了高效、安全、节能、绿色、环保、舒适的人性化的厂房；实现了选煤厂固定岗位的“无人或少人值守，有人巡视”，达到管、控、监一体化的目的。

智能制造已逐渐成为未来发展的重大趋势和核心内容，红柳林选煤厂智能化建设的应用，解决了红柳林选煤厂的生产及管理方面的问题，提高了红柳林选煤厂的智能化水平，加快了企业发展方式的转变。利用工业智能化的先进技术，红柳林选煤厂实现了精益化管理和数字信息化管理，最终效益得到不断提升，也为煤炭行业的智能化建设提供了新的创新发展思路。

参考文献

[1] 成举炳.关于智能化选煤厂无线网络系统的研究与设计[J].煤炭加工与综合利用,2020(5):1-5.

[2] 郭崇涛.临涣选煤厂生产工艺优化的思考与实践[J].选煤技术,2019(1):97-102.

[3] 金晓宇,尉晓珑.智能配电管理系统在吕临选煤厂的应用[J].山西焦煤科技,2020,44(7):38-41.

[4] 李雨幕,王宇涵.选煤厂低压配电智能化改造[J].煤炭加工与综合利用,2021(1):24-26.

[5] 刘纯,李太友.从选煤厂智能化的实践看未来智能化的发展[J].选煤技术,2020(4):88-94.

[6] 刘克颜.当前选煤厂智能化建设的技术路线与内容[J].选煤技术,2020(6):86-90.

[7] 毛浩,郝强.张家峁智能化选煤厂的研究与设计[J].中国煤炭,2017(10):82-87.

[8] 孟祥伟.智能化洗煤厂探索及实践[J].内蒙古煤炭经济,2020(11):34-35.

[9] 潘祥生,陈晓晶.矿用智能巡检机器人关键技术研究[J].工矿自动化,2020,46(10):43-48.

[10] 王飞.矿井变电所机器人智能巡检系统设计[J].煤炭工程,2020,52(10):159-164.

[11] 王然风,高建川,付翔.智能化选煤厂架构及关键技术[J].工矿自动化,2019,45(7):28-32.

[12] 魏二强.新建选煤厂智能化系统规划的相关探讨[J].中国设备工程,2020(12):22-23.

[13] 杨大村.智能化选煤厂的建设思路及实践应用探讨[J].煤炭加工与综合利用,2020(11):49-51.

[14] 于海选,廖祥国,宋宝强,等.智能化新技术在选煤厂的应用[J].煤炭加工与综合利用,2021(2):47-49.

项目部高效运行的研究与应用

孙德琦

（陕西陕煤蒲白矿业有限公司煤矿运营公司，陕西 渭南 715517）

摘 要 本文以蒲白煤矿运营公司为实证案例，在探寻公司对项目部高效管理影响的关键因素基础上，进行项目部高效管理模式的建设与持续改进，总结出了一套较为成熟的管理模式，并循序进行了组织机构优化、制度规范建设、管理方法和程序改进。在公司现有项目部中实施运行之后，取得了较好的经济效益和社会效益，不仅避免了资源浪费，而且改变了传统项目部"诸侯割据"现象，使公司收入、利润等经营指标显著提升。

关键词 项目部；高效运行；提升；高效管理

0 引言

2015年，为了盘活闲置资源，陕西陕煤蒲白矿业有限公司煤矿运营公司正式组建。煤矿运营公司所提供的煤矿专业化服务毕竟是个新生事物，陕西陕煤集团公司内部并没有相关成熟经验可供借鉴。公司所属各项目部地理分布极为分散，远程管理难度较大，且工程项目的生产运营受到甲方矿井管理活动的严重制约。公司前期针对项目部的相关管理制度生搬硬套传统矿井，在生产经营计划、财务、人力资源管理等各方面出现了很多障碍与问题，管理效率不高。为解决现实中出现的问题，有效应对公司发展对管理效率提出的更高要求，亟须对项目部运行管理模式进行深入探索与研究。

1 项目部前期运行存在问题

公司组建之初，由于缺乏前期经验积累与可借鉴的标杆企业，组织设计采用了类似于原煤矿井的生产组织结构，项目部实质上被定位为成本中心。同时，公司及项目部两个层级的管理团队均处于磨合阶段，机构职能、制度尚需完善。且受公司接收人员来源构成、员工队伍的稳定性及凝聚力等诸多因素影响，公司及项目部相关生产与安全技术人员工作积极性不强，相关职能的发挥未能达到预期水平。加之前期尚处于市场开拓时期，内外因素共同作用下，项目部整体运行状况欠佳，存在诸多需要改进之处。以下就部分亟须解决的关键问题加以简单描述与分析。

1.1 公司及项目部内部管理体系存在不足

公司原来设立了4个部门及项目部，其中项目部2个、管理部2个（综合部、安全生产技术部）。实行三级管理模式，即总经理—部室—项目部各生产区队，各自向上级负责，部室直接对区队进行管理。各级管理人员由各关闭矿井分流人员组成，仍然保持传统煤矿行业区队长级管理意识及原煤矿井管理制度模式，随着公司业务不断扩充、发展，原有管理模式已远远不能适应项目部运行发展需要。

1.2 公司对项目部运行监管存在脱节现象

公司所属各项目部地理分布极为分散，前期针对项目部的相关管理制度生搬硬套传统矿井，往往停留在纸面上得不到有效的执行。受联络与沟通成本影响，公司对各项目部的日常管理只是采用报表、月检、工作分析会等传统手段，缺乏对项目部日常运行进行远程管理的必要手段。由于公司与项目部信息渠道不畅，工程现场信息与公司监管脱节，对于一线的工程信息不能及时搜集，也无法给予及时的技术指导与资源支持，客观上造成项目部在生产运营活动中，工程方案设计与技术管理等方面依赖于甲方矿井生产技术力量，无法真正实现项目部的科学、高效管理。

1.3 项目部人力资源接续不力

项目部一线的从业人员综合能力参差不齐，不能很好地控制项目管理目标。前期员工队伍构成较为复杂，主体源自关停矿井富余人员，部分是毕业不久的学生，部分则由劳务派遣人员构成。具有全面、系统项目部运行管理实践经验的全能人才很少，多是具有长期施工经验的一线生产与管理人员，但此类人员往往并不具备专业、系统的理论知识，更不注重精细化管理，其所拥有的经验，往往是长期从事相关专业的积累，有些经验并不那么合理，也存在经验“过期”的情况。严重依赖经验主义去管理，容易造成很多漏洞。其余一些工作不久的毕业生，虽然具备相关的专业理论知识，但在现场管理中，理论和实践存在较大偏差，这部分员工适应项目部工作尚需时日。至于项目部所聘用的一定数量的劳务派遣员工，这部分工作人员普遍存在自身专业素质、能力水平不达标现象。由于这部分员工来源复杂，在安全生产与工作稳定性方面存在一定问题。

1.4 项目部绩效考核与薪酬管理制度亟待完善

蒲白煤矿运营公司所提供的煤矿专业化服务毕竟是个新生事物，陕煤集团公司内部并没有相关成熟经验可供借鉴，对项目部的绩效管理、薪酬管理的相关制度尚不完善，没有有效区分建设型、生产型和混合型项目的不同规律与特征，无法进行科学有效的绩效考核和薪酬激励，一定程度上对项目部工作人员的工作积极性和稳定性造成了影响。

2 项目部高效运行管理的影响因素分析

在综合理论与现实分析的基础上，邀请行内专家和高校相关专家进行综合评判，得出了以下项目部高效管理的影响因素。

2.1 职责影响因素分析

前期，由于缺少同类可借鉴的管理制度，公司内部管理存在职责划分不清、项目部职责界定不明确等突出问题。各基层项目部掌握着工程项目的建设管理权，却对公司的盈亏不负责任，而公司经营者不享有工程项目具体管理权却要对企业的最终盈亏负责，这就极大地弱化了对项目部的制约，可能导致项目部盲目决策，不能对决策进行周详考虑。

2.2 人员配置影响分析

人是管理第一要素，对人力资源的配置失误可能导致整个项目的失败，因此人力资源配置成为公司对项目部管理的关键之一。项目部建立之初，公司尚未形成完善的人力资源管理体系。首先，项目部各区队人员的配置由项目部自行规划、配置，项目部经理往往根据经验和判断，或出于个人原因，对各区队的人员进行随意调配。同时，在管理方面也缺乏量化的经济核算分析，只是简单地以人工工资、福利等明显指标对人力成本进行核算，没有全面、系统地引入人力资本核算机制，对项目效益中人力资本的贡献缺少定性、定量的认识，从而不能根据核算的结果来优化项目人力资源配置结构。其次，公司总部对各项目部管理薄弱。项目部建立之初，公司对其人员配置管理方面缺乏有效、系统、科学的规划，对项目部管理人员只是简单提出要求及目标，尽量满足基层项目部的人员自主调配。

2.3 成本影响分析

成本控制是企业管理与项目管理最受关注的问题之一，项目部成本控制存在如下问题。

首先是项目管理成本高。各项目部地理分布较远，公司缺乏有效的项目部管理经验，造成各项目部经验成本较高。

其次是成本意识淡薄。成本意识淡薄这一问题主要发生于采用集权管理模式的公司。由于公司掌握了大部分决策权，项目部成了简单的生产单位，只对承揽的各项工期质量负责，因而对成本、资金运行等问题意识淡漠。实际调研发现，无论是放权还是集权，公司总部对成本控制非常重视，但实际的控制力度却不尽人意，不能做到全面、全过程系统控制，还停留在堵漏洞阶段。

3 项目部高效运行研究思路

在分析相关研究文献和行业现状基础上，通过与行业现行项目部管理模式的对比，结合项目部前期运行情况，采用专家讨论与评判的方法总结归纳影响项目部高效运行管理的主要因素。依据系统驱动分析理论及高效运行管理影响因素的分析结果，以蒲白煤矿运营公司为实证案例，系统总结项目部高效运行管理模式框架。项目部高效运行研究思路见图1。

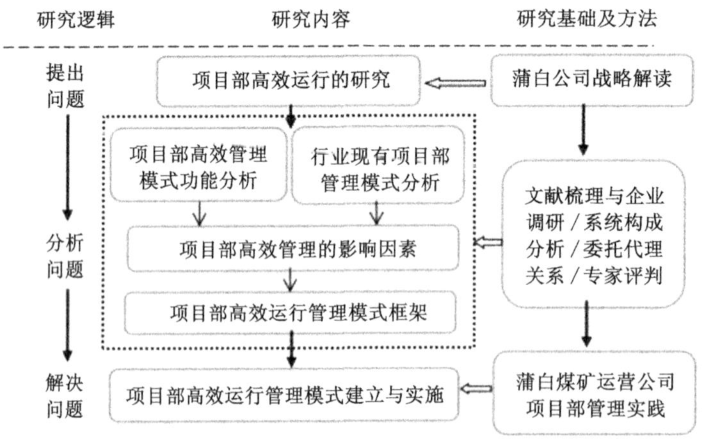

图1　项目部高效运行研究思路

3.1 明确项目部高效管理模式构建的角色定位

项目部高效管理模式中，公司与项目部角色不同、职责不同，其角色定位见图2。公司应当保有并适度强化组织激励、监管与服务职责，对项目部的运营活动进行组织制度层面的全面管控，帮助项目部协调外部关系，同时做好技术、资金、人力与其他生产资源配套服务，通过能动机制和优化机制的耦合来达到公司对项目部的高效管理。只有一个既相对独立于公司管理体系，自负盈亏、日常生产与管理高效自主，又沟通高效，便于公司组织、技术、安全监督及资源支持的项目部，才能真正发挥公司在人力资源与技术、管理经验方面的优势，并推进各项项目的高效运行，最终提升项目管理绩效，实现甲方、公司和项目部的共赢。

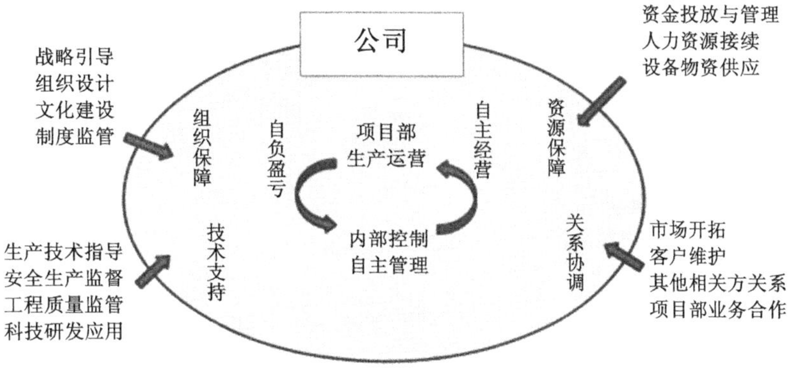

图 2　公司与项目部角色定位

3.2　概括项目部高效管理模式的内容构成

经过公司上下群策群力和不懈努力，项目部高效运行管理模式已初步形成、初见成效。项目部高效管理模式的内容构成，可分为四个层次：第一，核心层，体现企业近期战略布局及管理理念；第二，目标层，反映企业的内部角色及其功能定位；第三，方法层，明确企业在管理模式构建过程中的基本逻辑与工作方法；第四，制度层，将企业在管理模式实践中的成熟做法固化在制度当中，并形成有机系统。其高效管理模式的要素关系见图 3。

4　提升项目部高效运行的对策

4.1　优化组织结构

在新的组织设计当中，将公司定位为管理与服务中心，项目部定位为利润中心。调整后的管理层级结构为：执行董事—总经理/副总经理—职能部室/项目部—区队。强化了项目部自主管理与经营的职责。

公司层面设置了党群工作、生产技术、调度、安全检查管理、机电管理、企业管理、财务、人力资源管理、后勤服务等职能主管部门，协助管理与监督层管理下属 7 个项目部。组织机构的调整实现了对公司层的全面管理和对项目部的自主管理，生产性部室实现了特殊时期的重点管理，强化了公司的管理和服务职能。

为了保障项目部的运营决策及时性，公司大胆创新，做出了生产管理与技术服务职能前移的决策，总经理和副总经理、总工程师携生产技术管理、安全管理、机电设备管理等职能部门人员分驻项目部所在地进行一线管理，总部仅保留财务、人事社保等经营职能部门。这样，一方面公司为项目部提供了及时的技术服务与支持，保证了项目部管理决策的及时性和科学性；另一方面，又能够综合协调公司资源，实现资源的最大化利用。

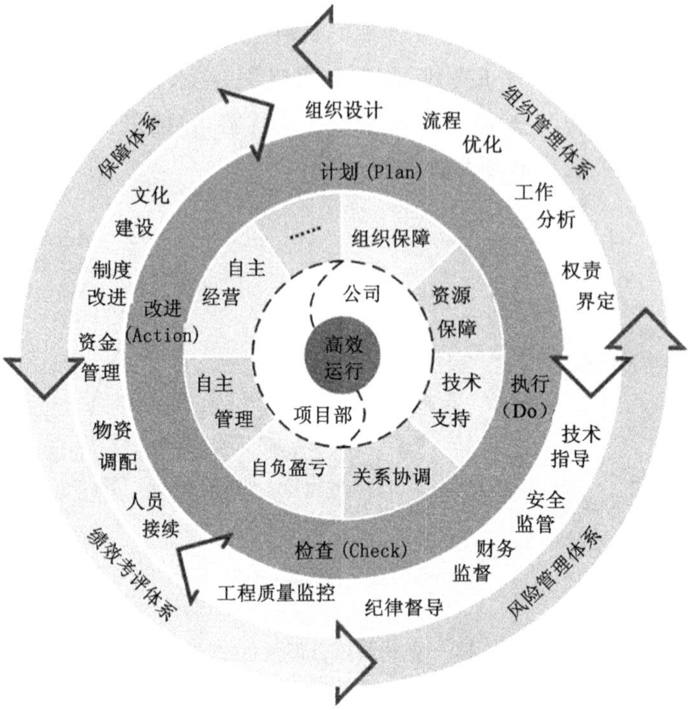

图3 项目部高效管理模式的要素关系图

4.2 完善岗位职能

项目部层面,主要工作重心是职能完善,增加了签证经理、政工督导员、劳资管理员、库管员和后勤管理员等岗位。

其中,签证经理岗位的设置,解决了项目部原来存在的由于结算时间、结算方式及合同条款差异等因素导致的工程项目回款率和结算率水平低下的问题,而且使得项目部的日常经济统计与分析成为可能。

设置政工督导员岗位,党群工作关口前移,使党群工作、廉政建设、信访、舆情监督与纪律检查等多项职能更好地融入项目部和区队管理当中,使党建工作更好地与安全生产工作相融合,利用政工督导制作为切入点,发挥政工督导员既是安全生产的监督员、政策法规的宣传员、不安全因素的信息员、职工矛盾的调解员又是党建工作的指导员作用,实现了项目部思想教育与群众协调工作的及时性与日常化,有效地稳定了员工队伍情绪、改善了干群关系。同时,也能够及时、全面地向公司传递项目部生产经营动态信息。

4.3 重构工作流程

公司以顾客满意为核心,充分考虑项目部人员、制度等各类影响因素,进行业务流程的重新构建。

流程重构后,经过公司生产技术部的介入与协调,后续工程项目在施工方案、工艺方面与甲方沟通后得到了合理调整,例如提高施工过程当中的通风合理性,减少项目部的机器占用,从而有效提升了生产的安全性与经济性。同时,项目部人员在生产技术部的督促下,提高了专业水平,形成了提前熟悉现场、掌握技术参数的良好工作习惯。现在,技术部人员编制技术措施的水平有了很大提升。

4.4 规范管理制度

公司先后颁布实施了生产经营管理制度、人员管理制度、工资发放制度、区队计件工资管理办法等20余项创新管理制度，修订完善了200余项管理制度，对各项目部的产值、工效、利润、工程质量、安全进行了有效管控。

工资考核模式的改革成效尤为显著。公司原有结算体系沿用蒲白老区原煤矿井工作业等级及工序综合定额核定进米单价，采用区队工资分配体系，与新区矿井生产水平及项目制管理有较大差距，无法激励员工工作积极性。煤矿运营公司在工资考核管理模式的改革过程中，完善了“161”工资管理体系，即1项基本工资、6个分项考核（产值、利润、工效、工程质量、机电管理、党建），1项安全考核，有效强化了干部职工的安全意识和项目部的综合管理能力。项目部采用了计件工资结算办法为主的薪酬管理体系，坚持按劳分配、多劳多得的分配原则，有效地激发了职工的工作热情。

4.5 深化预算管理

公司将按照“融入体系、稳步推进、做出特色”的总体思路，逐步推进全面预算管理。首先，建立健全全面预算制度与考核机制，修订预算管理制度、结算管理办法、期间费用管理办法等一系列制度。其次，建立定额数据库。根据业务性质，将定额按业务进行分类，并对租赁费、运输费等大的支出基础资料进行整理，形成了运营公司定额数据库。在此基础上，公司强化了月度考核。根据生产作业安排及相关定额标准，将全面预算的指标分解落实到月度全面预算，月度预算指标于每月月初下达到各项目部，并按月预算指标对各项目部进行全面考核。

5 结语

在系统分析煤矿专业化服务特点的基础上，针对项目部管理模式的策划与持续改进展开研究，4个具体研究目标均已实现：其一，总结归纳了影响项目部高效管理的主要影响因素；其二，策划并实施了项目部高效管理模式制度；其三，在蒲白煤矿运营公司进行了项目部高效管理模式的建设与持续改进；其四，总结了提升煤矿专业化服务水平的对策。

公司推行项目部高效管理模式后，生产运营状况持续改善，在生产计划完成、经营效益指标和员工收入水平等方面都有了明显的提升，同时对项目甲方矿井安全生产与经济效益水平提升起到了积极的推动作用。

参考文献

[1] 王涛.工程企业经营管理中如何推动单位项目部成本管理研究[J].企业论坛，2018(2)：104-105.

[2] 叶慧强，刘亚民.项目建设"三个项目部"管理体系构建[J].中国电力企业管理，2019(2)：44-45.

[3] 赵磊.煤矿生产经营服务模式研究[D].阜新：辽宁工程技术大学，2015.

[4] 周玉仓.Y项目部管理模式改进研究[D].北京：中国石油大学，2015.

2 人员安置和人才队伍建设

创新开展“走访转” 助推企业高质量转型发展

陈伟东

（徐州矿务集团有限公司，江苏 徐州 221000）

摘 要 近年来，徐矿集团党政办公室深入贯彻学习习近平总书记在中央和国家机关党的建设工作会议上的讲话精神和对党办工作重要讲话、指示批示精神，认真践行群众路线，紧紧围绕企业转型发展实际，创新开展具有徐矿特色的以“走进基层、走进职工、走进困难群体，访民情、访问题、访对策，转变作风、转换思路、转型发展”为内容的“走访转”活动，通过与职工交心、帮基层解困、为企业谋策，察民情、汇民智、解民忧、聚民心，切实将“走访转”活动内化于心、外化于行、固化于制，不断健全常态走访、及时反馈、长效整改、定期督导等制度，取得了一批具有一定典型意义的理论成果、实践成果和制度成果，有力推动了企业转型发展，助推企业走上了高质量发展良性轨道，走出了一条资源枯竭型企业转型重生的“徐矿之路”。

关键词 群众路线；“走访转”；调查研究；督促落实

0 引言

习近平总书记要求“大力弘扬密切联系群众的优良作风”“大兴调查研究之风”。近年来，徐矿集团党政办公室认真贯彻落实习近平总书记讲话精神，创新开展具有徐矿特色的“走访转”活动，积极探索国有企业党政办公室服务企业、服务基层、服务职工路径，改进了作风，提高了效率，增强了信心，激发了认同，凝聚了合力，为企业高质量发展提供了坚强保障。

徐矿集团党政办公室“走访转”的实践做法，既坚持了党的“从群众中来，到群众中去”“理论联系实际”“实事求是”的理念和工作方法，又契合了江苏省委、省政府提出的“大走访、大落实”的工作部署。“走”“访”“转”三者是不可分割的一个整体，其中“三走进”是前提和基础，是贯彻群众路线的具体体现，坚持从企业职工中来到职工中去，从而深入企业最基层，了解普通职工的期盼；“三访”是具体的工作方法，企业领导干部通过走访慰问、座谈交流、专题调研、个别谈话等多种形式广泛了解企情民意，问需职工、问计职工，多方征求意见建议；“三转”是最终目的，通过“走”和“访”的形式，查找制约企业发展的突出问题、干部职工反映强烈的问题，提出解决问题的有效对策，为进一步明晰企业发展定位与方向、路径与方法、措施与保障提供依据，切实改变工作作风、转换工作思路、实现转型发展。“走访转”的实践做法具有一定的典型性和普遍性，各行各业都可以借鉴运用，是徐矿在新时期贯彻群众路线的重要实践创新。

1 落实“先行先学”要求，在服务大局上努力走在前、作表率

“下之所以为，唯上是视。”党政办公室离公司党委最近，服务党委最直接，对机关党建具有重要风向标作用。我们坚持先学一步、真学真信、学以致用，切实增强“四个意识”、坚定“四个自信”、做到“两个维护”，努力把“走在前、作表率”的要求落到实处。

（1）以“深化学”增强“内驱力”。

始终坚持办公室政治机关定位，高度重视加强新思想学习，把个人自学与集体学习紧密结合，专题学习与专题调研相结合，理论学习与实际工作相结合，紧紧围绕集团公司中心工作，通过定期编发理论学习计划等制度性的理论学习和业余时间自觉使用“学习强国”平台学习，推动办公室系统党员干部坚持不懈用新思想武装头脑，持久深入地解放思想、统一思想，真正把新思想内化为素养、升华为信仰，自觉在思想上、行动上同以习近平同志为核心的党中央保持高度一致，坚决维护党中央权威，坚决维护习近平总书记的核心地位，坚决贯彻党中央决策部署，坚定把牢正确的政治方向、舆论导向和价值取向，培育绝对忠诚的政治品格、高度自觉的大局意识、极端负责的工作作风、无怨无悔的奉献精神和廉洁自律的道德操守。

（2）以“转化学”强化“基本功”。

坚持理论学习与办公室业务的统一，贯彻落实党支部工作条例要求和“三会一课”等制度，党建工作与业务工作“两手抓，两手都要硬”，把新思想的理论光芒映射到具体工作中，引导办公室系统党员干部身体力行、学以致用，努力转化为提升业务能力、推动事业发展的强大精神动力。坚持把干好本职工作放在首位，以走访慰问、座谈交流、专题调研、个别谈话的形式，广泛了解基层现状，体察职工诉求，引导办公室系统党员干部将思想和行动统一到上级决策部署上来，统一到企业战略定位和目标措施上来，高效完成公文流转、服务保障、协调沟通工作，以良好的服务意识杜绝工作拖延、质量粗糙，更好地服务领导、服务基层、服务职工、服务发展，将办公室独特的优势持续不断转化为企业生产经营的核心竞争力。

（3）以“内化学”增强“责任感”。

坚持理论学习务必理解消化、学深悟透，既知其然、更知其所以然，努力增强学习本领、落实本领、创新本领、协调本领，不断内化为把握规律、知行合一的行动自觉和担当作为、破解难题的工作能力。认真开展了办公室系统“走访转”活动，打破区域、地域限制，首次召开全集团办公室主任座谈会，征求到意见、建议70多条，每位同志对照查摆自身存在问题，有则改之无则加勉，干部职工履职尽责、无私奉献的精气神显著增强。注重加强制度建设，牵头修订完善了集团公司党委会、董事会、总经理办公会议事规则，严格执行“三重一大”决策制度，切实防范决策风险；对办公室督查督办、公文管理、会务服务、对外接待、信息调研、领导人员请销假管理等业务事项，重新制定或修订完善相关文件，提升了办公室业务工作的制度化、规范化水平。

2 大兴调查研究之风，在做好“三个服务”上坚定守初心、担使命

“上之为政，得下之情则治，不得下之情则乱。”我们积极倡导“坐在办公室都是问题，走进基层都是办法”，坚持需求导向、问题导向和效果导向，积极深入基层一线，大兴调查研究之风，从基层实践找到解决问题的金钥匙，服务基层、服务职工、服务发展，促进各项工作推陈出新、取得突破。

（1）在践行群众路线中“守初心”。

“有节无假，有假无闲”是办公室工作的写照，我们牢记为职工谋福祉、为企业谋发展的初心使命，发挥党政办公室联系各方面最广泛，承上启下、协调左右的中枢作用，广泛听民声、察民情、集民智，更好地把“初心之问”转化为“惠民之行”。坚持领导带头、以上率下、深入基层，将眼睛和耳朵延伸到基层，真正发挥暖人心、汇民智、聚众力作用，全方位提升境界水平和服务效能。深化“家”文化建设，努力改善办公条件，切实为干部职工办实事、做好事、解难事，下功夫把好事办好、把实事办实、把难事办成，让干部职工感受到真真切切的变化，善于发现工作中的快乐，不断提升职工幸福指数，引导党政办公室系统干部职工吃苦不怕苦、有难不叫难、有累不喊累，始终与企业同呼吸、共命运、心连心。

(2) 在信息报送中传播“正能量”。

把信息工作当作了解情况的重要“耳目”，指导推动工作的“助推器”，对上汇报工作、对外宣传形象的重要“窗口”，下发《关于加强和改进信息工作的通知》《进一步加强信息报送工作的通知》，就加强信息工作组织领导、落实信息工作责任、完善信息工作考核机制、畅通拓宽信息沟通渠道等做出明确规定。通过专门调研、基层报送等途径，积极采编报送了一批有意义、有价值、有分量的好信息，让徐矿好故事在更多载体讲述，让徐矿好声音在更广领域传播，让徐矿好形象在更高平台展示。作为江苏省属企业，我们积极与国务院国资委信息中心取得联系，首次开通了信息直报渠道，实现了向国务院国资委直接报送信息的突破，建立了徐矿集团在国家层面的展示平台；连续两年被中国煤炭工业协会、连续三年被江苏省国资委评为信息工作先进单位。央视新闻联播、新华网、人民网、《新华日报》等主流媒体和国务院国资委、江苏省国资委网站多次报道徐矿做法。

(3) 在服务保障中严格“讲规矩”。

坚持严字当头，强化规矩意识、制度意识、纪律意识，严格执行中央八项规定和江苏省委十项规定，推动规定精神对各领域的全覆盖。加强党政办公室人员廉洁从业教育，时刻树牢纪律高压线和警戒线，把纪律的螺丝拧得紧而又紧，树立党政办公室系统干部职工政治过硬、作风优良、清正廉洁的良好形象。根据集团公司和基层单位实际，研究出台《关于加强业务招待管理的通知》，细化明确了业务招待标准和纪律要求，业务招待进一步规范化。统筹协调筹备各类会议、重要接待、商务谈判等大型活动，进一步优化流程、节俭办会，切实把务实、高效、节俭的服务保障落到实处。

3　持续强化效果导向，积极打造平台全力抓落实、保兑现

习近平总书记反复强调崇尚实干、狠抓落实的重要性，“如果不沉下心来抓落实，再好的目标、再好的蓝图，也只是镜中花、水中月”。我们作为承担党委办公室、董事会办公室和公司办公室职能的“三办合一”机构，紧紧围绕参谋助手、督查督办、综合协调、服务保障等功能定位，注重加强制度建设和纪律建设，围绕“参”的职能，开展“查”的工作，强化“落”的要求，得到了“实”的效果。

(1) 搭建决策服务平台当好智囊。

高度重视发挥党政办公室参谋助手作用，主动站在全局的高度去看问题、出点子、拿方案，超前研究谋划，搭建服务平台，当好公司党委和主要领导的智囊团、参谋部。定期编发《决策参考》，转载发布国家、行业政策信息，整体、动态反映和总结各单位在安全生产、转型发展、党建思政等方面的好经验，为决策者提供科学决策信息和决策借鉴案例。围绕影响转型发展和干部职工关心的焦点热点问题，深入开展调查研究，撰写专题调研报告，形成了一批前瞻性强、针对性准、科学性高

的决策建议，解决了许多长期想解决而没有解决的难题，办成了许多过去想办而没有办成的大事：进行了关停单位档案管理有关情况的调研，全面开展抢救性修志续志工作，2019 年集团公司党政办公室荣获“煤炭工业第二轮修志先进集体”称号，2020 年获中国煤炭工业协会“档案管理先进单位”荣誉；开展了徐矿集团办公自动化系统的调研，制定下发了《徐矿集团信息化总体规划及三年计划(简版)》，启动新一轮企业信息化建设工作，新的协同办公平台、生产调度管理系统等实现上线运行。

(2) 搭建督查督办平台推动落实。

立足新形势新要求，成立了调研督查科，恢复了党政办公室督查督办职能，建立了党委会、董事会、总经理办公会决策督办常态化机制，由党政办公室统一跟踪调度督办党委会、董事会、总经理办公会决策落实情况。对公司重要会议、纪要定期督办，编发《重点工作督办情况》；对公司主要领导关于相关文件、某个专项工作的批示加强跟踪落实，编发《主要领导批示文件督办专报》。通过督查督办及时发现决策实施过程中的各种问题，认真分析原因，有针对性地采取得力措施，帮助督查对象解决问题，督促督办事项得到快速、准确、全面落实；对落实不力、执行不到位的严格考核，督促责任单位履职尽责，提高决策执行效率，确保公司重大决策事事有着落、件件有回音。

(3) 搭建阳光信访平台化解难题。

认真落实深入基层、深入职工的工作要求，健全完善职工诉求表达和矛盾纠纷多元化解机制，一线走访听实情、一线处访解问题、一线化解求满意，着力畅通信访渠道，排查信访隐患，解决信访难题，健全听取职工意见、回应职工诉求、解决职工问题的“阳光信访”工作机制。坚持“以职工为中心”，全力开展信访矛盾排查化解攻坚战工作，下大力化解信访积案、疑难复杂案件和历史遗留问题，依法维护职工群众合法权益，保障企业稳定，全集团信访维稳工作实现了进京赴宁“零上访”“零登记”，呈现出总量减少、结构向好、秩序平稳的良好态势，为建设国际化特大型省属能源集团创造了和谐稳定的社会环境。

4 发挥“五个中心”作用，展风采、树形象

将党政办公室定位为“五个中心”：一是参谋中心，当好“智囊团、参谋部”；二是“命令”中心，当好“传令兵、机要员”；三是信息中心，当好“千里眼、顺风耳”；四是协调中心，当好“服务员、后勤兵”；五是督办中心，当好“监督员、助推手”，不断提升办公室工作效能。

(1) 提高参谋助手能力。

提高站位，主动站在战略全局的高度去看问题、出点子、拿方案；拓展视野，在精通本职业务基础上，了解内外知识，明确有关知识，掌握相关知识，从而提高出谋献策的层次和能力；思维超前，不仅谋在点子上，参在要害处，还要把事情想到领导之前，做到领导之前。

(2) 提高统筹协调能力。

充分发挥办公室窗口作用，主动与政府、行业内兄弟单位、基层单位、机关部门加强联系，及时掌握上情、行情和企情，当好总调度、总调节，形成“相互帮助、相互配合、精诚合作”的良好工作局面。

(3) 提高督办落实能力。

把政策作为督查督办的生命线，严守按组织纪律办事的原则，综合采取专项督查、抽查检查、调研督查等多种形式抓准影响工作落实的薄弱环节和突出问题，敢于抓住不落实的事，追究不落

实的人，一抓到底，务求落实。

（4）提高服务保障能力。

坚持严字当头，强化规矩意识、制度意识、纪律意识，严格执行中央八项规定和江苏省委十项规定，树立办公室干部职工政治过硬、作风优良、清正廉洁的良好形象，切实把务实、高效、节俭的服务保障落到实处。

（5）提高开拓创新能力。

持续不断地加强思想建设、政治建设、组织建设、作风建设、纪律建设，培育深化战略思维、创新思维、辩证思维、底线思维，增强学习本领、落实本领、创新本领、协调本领，让上级放心，让基层单位和职工满意。

参考文献

[1] 陈大昊.大力提倡"马上就办"[J].求是，2021(3)：77.

[2] 娄勤俭.努力做到知其然、知其所以然、知其所以必然[N].人民日报，2020-11-27(9).

[3] 习近平.办公厅工作要做到"五个坚持"[J].秘书工作，2014(6)：4-8.

[4] 习近平.在中央和国家机关党的建设工作会议上的讲话[J].旗帜，2019(11)：5-8.

[5] 中共中央宣传部.习近平新时代中国特色社会主义思想学习纲要[M].北京：学习出版社，人民出版社，2019.

项目合同制用工在服务外包产业中的研究与应用

张加春

（徐州矿务集团有限公司，江苏 徐州 221000）

摘　要　本文以徐矿集团服务外包产业劳动用工方式为研究对象，介绍徐矿集团服务外包产业概况，从服务外包项目特点、国家化解煤炭过剩产能、规范劳务派遣用工、煤矿要求整体托管和服务外包产业面临的劳动用工问题五个方面分析项目合同制实施背景，阐述项目合同制用工的内涵和创新点，论述项目合同制用工在井下劳务派遣工、转隶甲方用工、招收分包用工和招收新职工四方面的应用。研究认为项目合同制用工符合《中华人民共和国劳动合同法》《中华人民共和国社会保险法》《煤矿整体托管安全管理办法（试行）》等法律法规，能够适应项目的不稳定性，可以减轻企业的成本压力，可以预防企业的法律风险，能够创造良好的经济效益、社会效益和间接效益。

关键词　项目合同制；服务外包；合同期限；社会保险；依法终止

1　徐矿集团服务外包产业概况

徐矿集团发展服务外包产业的最大意义在于破解了“矿关了、人怎么办”的重大难题，不是把人员作为包袱推向社会，造成社会负担；而是把人员作为资源主动走向社会，把“包袱”变成创效资源，把成熟劳动力变成高效生产力。发展服务外包产业是高质量发展走在全国行业前列的战略举措，是实施“一体两翼”战略布局的重要支撑，是经营模式的新探索、产业布局的新支撑、战略转型的新实践，更是让全体徐矿人有岗位、有收入、有尊严，都能过上好日子的现实需要。走好服务外包这条路，对于我国东部衰老矿区转型具有示范作用，对于我国煤炭工业发展具有推动价值，对于“一带一路”合作具有国际意义，这是一条可持续发展之路、轻资产运营之路、向产业高级化攀登之路，是徐矿集团从困境中走出来的一条成功之路。

2　项目合同制用工实施背景

2.1　服务外包项目特点

徐矿集团服务外包项目包括整体托管矿井、管理技术咨询服务和单项工程承包等。受国家法律法规、地方政府政策和甲方业主意愿等影响，服务外包项目普遍具有稳定性不高、盈利能力不强和法律风险较高等特点。服务外包项目的合同期限一般为3～5年，受各种因素影响，每年都会有新增项目,同时也会有退出项目。每当有新增项目的时候,就面临人员紧缺问题;每当有退出项目的时候,就面临人员富余的问题。项目的稳定性不高导致劳动用工的不确定性。因服务外包项目盈利能力不强,迫使服务外包项目必须尽可能地降低成本,尤其是降低劳动用工成本,徐矿集团项目合同制用工依法缴纳五险一金,原则上在项目所在地参保,可以为企业节省企业年金和一定的社保费用。随着社会和行业发展,国家和地方法律法规日益完善,对服务外包项目的要求也越来越高,在服务外包项目逐步规范化过程中,企业必须预防劳动用工等法律风险。

2.2 煤炭行业化解过剩产能

2016 年 2 月 1 日,国务院下发《关于煤炭行业化解过剩产能实现脱困发展的意见》(国发〔2016〕7 号),对煤炭去产能工作进行了全面部署。2016 年,江苏省政府在钢铁煤炭行业化解过剩产能和脱困发展工作部际联席会议签订了《江苏省煤炭行业化解过剩产能实现脱困发展目标责任书》,确定了全省煤炭行业化解过剩产能的目标任务。面对严峻的煤炭市场形势和巨大的安全生产压力,徐矿集团认真贯彻落实国家和江苏省委省政府去产能决策部署,下决心关闭淘汰落后产能,从源头上消除安全隐患、消灭亏损点。根据国务院《关于煤炭行业化解过剩产能实现脱困发展的意见》、人社部等七部委《关于在化解钢铁煤炭行业过剩产能实现脱困发展过程中做好职工安置工作的实施意见》(人社部发〔2016〕32 号)和江苏省人社厅等七部门《关于在化解过剩产能实现脱困发展过程中做好职工安置工作的实施意见》(苏人社发〔2016〕139 号),徐矿集团制定了《徐矿集团化解煤炭过剩产能关闭矿井人员分流安置办法》(徐矿司〔2016〕35 号),多渠道实施人员分流安置工作,六对关闭矿井 21 307 人全部分流安置,其中:办理内退 9 419 人,解除劳动合同 8 046 人,内部分流安置 3 842 人。内部分流安置职工占比仅为 18.03%。

2.3 规范劳务派遣用工

2020 年 9 月,国家煤矿安全监察局、人力资源和社会保障部、国家能源局、中华全国总工会四部门联合印发《关于进一步规范煤矿劳动用工　促进煤矿安全生产的指导意见》(煤安监行管〔2020〕38 号)(以下简称《意见》)。《意见》明确规定,要逐步取消井下劳务派遣用工。煤矿井下工作岗位是煤矿企业主营业务岗位,不得采用劳务派遣用工。各地区要摸清本辖区煤矿企业劳务派遣用工情况底数,制定详细计划,按照保安全、稳就业相关要求,在不影响煤矿安全生产和社会稳定的前提下,采取以转为劳动合同制用工为主的方式,有序将劳务派遣用工转为直接用工或实施转岗,推动煤矿企业在 2021 年年底前逐步取消井下劳务派遣用工。要严格控制非主营业务岗位劳务派遣用工。煤矿企业要按照《中华人民共和国劳动合同法》中劳务派遣只能在临时性、辅助性或者替代性的工作岗位上实施的规定,严格控制非主营业务岗位劳务派遣用工数量和用工比例,到 2021 年年底前,将比例控制在从业人员总数 10%以内,并且要将被派遣劳动者纳入统一管理和培训。2019 年 6 月,徐矿集团制定下发规范劳务派遣用工的通知,累计清退井下劳务派遣工 506 人。

2.4 煤矿整体托管

2019 年 12 月,国家煤矿安全监察局印发《煤矿整体托管安全管理办法(试行)》(煤安监行管〔2019〕47 号)(以下简称《办法》)。《办法》明确要求,煤矿托管必须采取整体托管方式,不得违规将采掘工作面或者井巷维修作业作为独立工程对外承包。整体托管应涵盖所有井下生产系统和地面调度室、安全监控室、提升机房、变电所、通风机房、压风机房、瓦斯抽放泵站等为煤炭生产直接服务的地面生产系统，以及所有生产活动。承托方井下施工队伍原则上应整建制调动，如需重新组建，自有员工占比不得低于 60%。使用承托方上级企业的其他队伍或托管煤矿原有施工队伍的，必须转隶或重新签订劳动合同。承托方整建制调动和重新组建的队伍都要实行统一管理，井下不得使用劳务派遣工。徐矿集团不得不清退井下劳务派遣工和外包队伍，不得不对承托方上级企业的其他队伍或托管煤矿原有施工队伍进行转隶或重新签订劳动合同。

2.5 服务外包产业面临的劳动用工问题

徐矿集团服务外包产业包括江苏矿业集团、张集矿、庞庄矿、三河尖矿、旗山矿、秦源煤业和张双楼煤矿等单位，江苏矿业集团属于工程施工总承包企业，张双楼煤矿属于生产矿井，其他单位都是去产能矿井，早已关井多年。目前服务外包产业共有 15 个服务外包项目，其中整体托管煤矿 12 个，部分托管(管理技术服务、掘进承包) 3 个，共有从业人员 8 248 人。受煤炭行业去产能、国家规范劳务派遣用工、煤矿实施整体托管和职工内退、退休自然减员等影响，以及面对煤矿招工日益困难的外部环境，服务外包产业劳动用工短缺压力逐年增大。但是，每当项目退出的时候，又面临人员无法安置的情况。如何解决服务外包产业劳动用工问题迫在眉睫，劳动用工问题也逐渐成了制约服务外包业务发展的关键问题。2019 年下半年以来，为了依法合规解决服务外包产业亟待解决的劳动用工问题，徐矿集团创新用工方式，在服务外包产业实行项目合同制用工，至今累计招收项目合同制职工 2 757 人，目前项目合同制用工共有 1 841 人，占在岗职工总数的 22.32%。

3 项目合同制用工基本内容

项目合同制用工旨在依据《中华人民共和国劳动合同法》《中华人民共和国社会保险法》《煤矿整体托管安全管理办法(试行)》等法律法规，通过管理创新，解放固化思想，打破常规思维，突破传统方式，以更加符合服务外包产业发展实际、更加符合劳动力市场供给情况的用工方式，更加灵活地解决服务外包产业面临的长期性用工紧缺、区域性暂时性人员富余等劳动用工问题。项目合同制用工以服务外包托管项目为基础，招录职工只能在托管项目使用，项目终止企业依法终止项目合同制职工劳动合同，不增加企业用工编制，不增加企业额外用工成本。劳动合同期限以完成托管项目业务为期限，不多次签订劳动合同，项目终止则劳动合同同步终止，减少劳动纠纷，防控用工风险。招收对象年龄可根据用工需要灵活调整，最大化解决企业转隶招录原使用劳务派遣、劳务分包用工人员问题，保障服务外包项目安全生产的稳定。企业依法依规在所在地缴纳社会保险和住房公积金，不实行企业年金、新工人房补和补充医疗保险制度，有效降低企业用工成本。

2019 年下半年以来，徐矿集团根据国家法律法规要求，结合服务外包产业实际发展需要，先后多次将井下派遣工转为项目合同制用工，对托管项目甲方用工转为项目合同制用工，将分包单位用工转为项目合同制用工，对新招录职工实行项目合同制用工，截至目前已经累计招录合同制用工 2 757 人。项目合同制用工能够适应项目的不稳定性，可以减轻企业的成本压力，预防企业的法律风险，已经成为解决服务外包产业用工问题的主要途径之一，项目合同制职工已经成为服务外包产业发展的中坚力量。

4 项目合同制用工实施渠道

4.1 井下派遣工转为项目合同制用工

2020 年 3 月，秦源煤业因规范劳动用工形式，清理井下劳务派遣工，以符合有关法律法规定，确保外出创业整体托管矿井稳步发展，请求批准秦源煤业井下劳务派遣工 83 人招聘为合同制职工。2020 年 4 月，徐矿集团根据国家煤监局《煤矿整体托管安全管理办法（试行）》关于托管煤矿井下用工规定和秦源煤业党新项目井下生产岗位实际用工需要，原则同意秦源煤业对井下自主使用的劳务派遣工招录为项目合同制职工。招录人员只能在党新项目井下生产岗位使用，实行项目合同制用工，劳动合同期限不超过项目托管期限。

4.2 甲方用工转为项目合同制用工

2020 年 3 月，旗山煤矿同山西泓翔煤业有限公司签订了三年整体托管协议，根据《煤矿整体托管安全管理办法（试行）》中“使用托管煤矿原有施工队伍的，必须转录或重新签订劳动合同”的规定，旗山煤矿请求录用甲方施工队伍 359 人，以满足生产需要。

2020 年 3 月，徐矿集团根据旗山煤矿关于《山西古县泓翔煤业有限公司整体托管可行性调研分析报告》和项目托管实际情况，同意旗山煤矿泓翔项目招录井下生产岗位人员 350 人，可招录泓翔煤业人员或面向社会招聘。按照“非必要不新招”原则，招录人员只能在泓翔项目使用，实行项目合同制用工，劳动合同期不超过项目托管期限。

4.3 分包单位用工转为项目合同制用工

2020 年 3 月，为了清理井下劳务派遣用工和分包单位用工，以符合《煤矿整体托管安全管理办法（试行）》要求，江苏矿业集团请求徐矿集团将其所属托管矿井井下劳务派遣工和分包单位用工 1 972 人转为劳动合同用工，其中：红石岩煤矿 290 人、东易煤矿 369 人、花草滩煤矿 450 人、丰源煤矿 110 人、鸿福煤矿 304 人、银宇煤矿 284 人、福巨源煤矿 165 人。

2020 年 4 月，徐矿集团根据国家煤监局《煤矿整体托管安全管理办法（试行）》关于托管煤矿井下用工规定，经研究原则同意江苏矿业集团对托管的红石岩煤矿、东易煤矿、花草滩煤矿、鸿福煤矿、银宇煤矿、福巨源煤矿井下使用的 1 862 名外部用工招录为项目合同制职工。招录人员只能在托管项目使用，实行项目合同制用工，劳动合同期限不超过项目托管期限。

4.4 新招录人员实行项目合同制用工

2020 年 9 月，江苏矿业集团因新疆地区疫情防控解封，新疆红山项目部进场，哈密、夏阔坦、中水、青岗坪等项目部补员，加之自然减员，请求招聘井下一线工人 300 人。

2020 年 9 月，徐矿集团根据江苏矿业集团托管项目实际用工需要，原则同意江苏矿业集团招收 300 名生产一线工人，其中矿建分公司 150 人、矿业分公司 120 人、安装分公司 30 人，招聘人员只能在井下生产岗位使用，实行项目合同制用工，劳动合同期限不超过项目托管期限。

5 项目合同制用工实施效果

5.1 经济效益

徐矿集团服务外包产业 2019 年营业总收入 21.56 亿元，利润 2.72 亿元，原煤产量 2 002 万 t，综合进尺 70 789 m，在岗职工期末人数 11 097 人，其中项目合同制职工 485 人，人均创收 19.43万元，人均创利 2.45 万元。根据 2019 年在岗职工期末人数保守估算，2019 年项目合同制职工累计创收 9 424 万元，累计创利 1 188 万元。2020 年因疫情影响，经济指标与 2019 年基本持平，营业总收入 21.28 亿元，利润 2.4 亿元，原煤产量 2 041 万 t，综合进尺 67 867 m，在岗职工期末人数 8 537 人，其中项目合同制职工 1 853 人，人均创收 24.93 万元，人均创利 2.81 万元，同比人均增加 0.36 万元，上涨 14.69%。根据 2020 年在岗职工期末人数保守估算，2020 年项目合同制职工累计创收 4.62 亿元，累计创利 5 207 万元。

5.2 社会效益

2020 年年初，突如其来的新冠肺炎疫情席卷神州大地，对社会经济生活的方方面面产生了重大影响。疫情对就业的冲击完全是外在的，冲击力度之大、影响之广在上百年的历史中也是绝无仅有的。就业是民生之本、财富之源。保住就业，才能守住基本民生底线。居民收入中，劳动报酬占比超过 70%，保就业就是保住千家万户的"饭碗"。新冠肺炎疫情发生以来，习近平总书记高度关注疫情对就业形势的影响，就统筹推进疫情防控和经济社会发展工作作出一系列重要指示，提出了全面强化稳就业举措的明确要求。国务院办公厅印发《关于应对新冠肺炎疫情影响强化稳就业举措的实施意见》(国办发〔2020〕6 号)，指出要深入贯彻习近平总书记关于统筹推进疫情防控和经济社会发展工作的重要指示精神，加快恢复和稳定就业。面对突如其来的新冠肺炎疫情及严峻的就业形势，徐矿集团坚决贯彻落实国家和省委稳就业政策，累计为 2 757 名项目合同制职工提供稳定就业岗位，主动履行社会责任，彰显了江苏国企担当，树立了江苏国企良好形象。

5.3 间接效益

近年来，徐矿集团管理水平不断优化升级，助力服务外包产业蓬勃发展。企业聚焦主业，聚力转型，确立了以煤电化产业为主体、以盘活存量资源和开发无形资源为两翼的"一体两翼"总路径。徐矿集团凭借人才、品牌、技术优势，大力发展以煤矿技术管理为主的服务外包产业，推进煤矿服务外包产业向优向强，助力企业走出一条关闭矿井重生路，成为传统煤企转型的"行业样本""全国典范"。徐矿集团通过实行项目合同制用工方式，招录了一大批优秀的产业工人，建立了一支高素质的职工队伍，给企业生产经营带来了空前活力，这是企业走可持续发展之路，提高企业以发展力、竞争力为主要内容的核心能力，在市场经济主战场上立于不败之地的有力保证，有力推动了服务外包产业各项工作稳步推进，经营效益逐年提升，打响了徐矿服务外包品牌。展望未来，徐矿服务外包品牌必将推动服务外包产业成为徐矿集团"一体两翼"布局中具有重要支撑作用的新经济增长极。

“四破四立”做好法治队伍建设大文章 全面带动法治西山建设

——西山煤电(集团)有限责任公司法律人才队伍建设的探索与实践

王晶莹

(西山煤电(集团)有限责任公司,山西 太原　030000)

摘　要　人力资源建设直接关系到企业发展。近年来,随着市场的发展,国有企业队伍建设出现了不少的问题,有的甚至因为人力资源储备不足或人才储备与主营业务不对路,严重影响了生产经营。本文以西山煤电法治人才队伍建设为研究对象,在全面搜集各方面资料的基础上,系统分析,精准提炼了西山煤电法治人才队伍建设的经验和做法,为其他国有企业人力资源建设提供有益借鉴。

关键词　破立;机制;思想

0　背景情况

“致天下之治者在人才”。古往今来,人才都是富国之本、兴邦大计。西山煤电(集团)有限责任公司(以下简称西山煤电)作为山西焦煤集团有限责任公司(以下简称山西焦煤)的核心子公司、全国最大的炼焦煤生产基地和全国首批循环经济试点单位,历来把人才建设作为强企之本,尤其是法治西山建设更是把着力点放在法治人才队伍建设上。改革开放以来,西山煤电树立了“以人为本,依法治企”的理念,率先设立法务机构,在企业困难时期仍选派一大批不同专业人员赴中国政法大学脱产培训,以培训人员为基础,从无到有,由小到大,健全完善了机构、制度、运行机制等。纵观西山煤电法治建设的历程,基础在人,关键也在人。

近些年来,随着优秀法律人员的退休和调出,面对外部民营企业以及律师事务所对法律人才的激烈争夺,西山煤电一边不断失血,一边又面临着招不来或留不住人的困境。法治人才队伍力量薄弱严重影响了法治西山的建设。而改革改制、资本运营、资源整合、收购兼并、融资托管产生了大量专业法律问题,且引发了一系列的法律风险。仅重大民事案件就有孝义德威与华润深国投信托公司、吕梁公司及四矿标的额达 20 多亿元的借款纠纷案件,拟联营煤矿与山西焦煤、西山煤电、西山股份三公司标的额达 8.2 亿元的不当得利纠纷案件以及西山多经(多种经营分公司)系列贸易纠纷案件。

山西焦煤和西山煤电在积极应对法律风险的同时,寻根溯源,深度思考,纠纷虽然显现在今天,实质上产生于昨天,根本在于法治人才队伍建设出现问题,如果不解决队伍问题,未来将会不断有纠纷出现;应该把工作的着力点和重心放到法治人才队伍建设这个根本上来,扶本固元,带动法治西山建设。

1 主要做法

坚持破立并举,以破为先,以立为主,四破四立,打造法治人才队伍建设新模式。

1.1 一破错误认识,立正确思想

坚持把解放思想作为西山法治人才队伍建设的第一道程序。

一是破除法治工具论的思想。

以党的主题教育活动为平台,坚持主题教育与系统工作相融合,推动法治专题学习进党课,每年至少两次以案释法,各级党政班子树立法治价值创造理念,树牢依法治企的理念。

二是破除西山法治领先的误区。

积极推动各级党政班子开展法治专题调研、对标学习,站在西山看全国,组织参观学习华为、腾讯、神华等先进企业,比出差距,看清不足,强化赶超意识,为西山法治人才队伍建设奠定高层基调。

三是破除经验主义。

以西山煤电2018年、2019年连续向外招收法律专业学生将近20名,留下不足1/3的惨痛教训,深刻认识到以西山煤电现有的薪资模式,大规模招收法务人才之路行不通,确立了以内部培养为主,打通行业壁垒,吸收内部其他系统优秀人才培养的思路。

四是破除被动等待的思想。

立足自我,主动出击,全面协调组织人事部门,以需求为导向,顶层设计,制订西山煤电法治人才队伍建设规划。积极争取,协调组织人事部门,增强法务系统在法治人才队伍建设上的建议权,为打通内部人才流动壁垒奠定基础。

1.2 二破系统壁垒,立流通渠道

西山多经、后勤、地面有不少有法学背景,不在法务岗的人才资源。关键是要打破人员流动壁垒,将人员引入法务系统培养。

一是破除法治系统人才内外流动壁垒。

积极协调西山煤电党政、组织人事部门,突破了井下人员不得向地面流动,区域公司人员不得向本部流动的原则,确立了只要通过考核,符合要求,就可以进入法务系统的优惠政策。

二是破除系统内子分公司人员流动壁垒。

建立完善子分公司之间法务系统内部调剂制度,西山煤电法律顾问处根据各单位法务人员实际情况,事前审批、事后报备,统一调配,以丰补歉,将前山矿区富余法务人员调剂到吕梁、临汾、兴县等区域公司,推进了各子分公司法务队伍协调健康发展。

三是破除合同业务员、诉讼人员、法律风险防控人员三支人才队伍流动壁垒。

建立三支人才队伍互通机制。以培养全才,独当一面的思路,实施合同业务员、诉讼人员、法律风险防控人员岗位流转,进行年度考核。在体制机制上为法务系统人员成才创造了条件,调动了他们的积极性,提升了法治人才队伍成长的上限。

1.3 三破零散格局,立统一平台

以系统思维,全面整合教育资源,构建平台,打造法治人才培养新模式。

一是打破师资力量、培训场所分散的状况。

牢固树立不求所有但求所用理念,全面梳理现有师资力量,以战略合作方式,建立高校、律所、培训机构、企业法律顾问四位一体的师资培训队伍。整合培训场所,坚持线上线下相结合的方式,在企业党校职工大学设立专业法治培训点,网上设立法治培训大课堂,2017 年成功举办司法考试培训班,12 名职工获得法律从业资格证。2018 年和 2019 年对 800 多名合同业务员进行了培训。

二是打破传统培训模式。

全面终止大水漫灌、一刀切的传统培训方式,因材施教、因人施教。针对法务系统外的广大干部职工,利用普法宣传系列活动,将宣传法治理念、培养法治精神、树立法治思维、养成法治工作习惯作为主要目标和任务,组织开展宣传。针对法务系统干部职工,以系统学习、专业研讨为主,以法律资格考试、焦煤系统职工技能竞赛为载体,组织开展培训。

三是打破学用割裂的培训方式。

坚持理论与实践相结合,建立案例研讨制度,精挑细选优秀案例,每季度组织研究。实施案件项目负责人制度,将案件处理权收归西山煤电层面,由西山煤电法律顾问处根据案件难易、复杂程度安排人员办理。复杂、疑难、影响重大的案件,以律所为主,配备法务人员;影响较大、难度较大的案件,由西山煤电法律顾问处安排法务人员办理;相对比较简单的案件由各单位法务人员办理,以实践操作提升素质。

1.4 四破粗放模式,立精准管理

一是打破平均主义、大锅饭。

坚持精神物质双激励的原则,完善激励机制。在精神激励上,坚持一个典型就是一面指引方向的旗帜,将 2017 年通过司法考试的人员和 2018 年在焦煤系统职工技能竞赛中获奖的人员作为两大典型,广泛宣传,调动了干部职工学法的积极性。在没有举办培训班的情况下,2018 年有 3 名同志自学成才,通过首届司法考试;2020 年又有 9 名同志通过司法考试。在物质激励上,在保证工资不变的前提下,按照避免损失额度提取效益奖励,根据法务人员贡献情况给予激励,缩小了和外部律师事务所的收入差距。

二是打破放养式管理。

建立法治人才培养库,搭建法治人才跟踪培养、成长历练平台,将通过司法考试的人员放在关键岗位、重点项目锻炼,磨炼其意志、增长其才干。建立结对培养机制,针对青年人才个性特点和分工情况,明确一名工作经验丰富的人员与其结成对子,帮助其尽快适应工作环境、提高业务能力。建立谈心谈话机制,定期与优秀人才开展谈心谈话,及时掌握其思想动态、工作情况,实现跟踪管理、全程关注。建立考核督查机制,定期到用人单位督查调研,根据在岗、在行、在状态等成长情况,准确匹配,量才使用,将持有法律从业资格证的人员全部放到了关键岗位,做到了把合适的人放到合适的岗位上。

通过采取各种手段,西山煤电法治人才队伍建设成效显著。目前,全西山煤电在岗法务人数 92 人,持律师证人数 44 人,持证比率达到 47.83%。西山煤电法律顾问处青年干部占到 80%以上,持律师证比率达到 75%,满足了法治西山煤电建设的需求。

通过法治人才队伍建设,全面带动了法治西山建设。

合同管理方面,2020 年,在合同份数与去年同比增加的情况下,合同质量和审签效率不仅没有下降,反而有了明显的提升,杜绝了未经审核带病流转现象。诉讼案件逐年下降,2020 年新发涉诉

案件60件，办结58件，涉案金额8.59亿元，避免或挽回损失6.66亿元。一大批重大民事案件得到有效处理，孝义德威与华润深国投信托公司、吕梁公司及四矿标的额达20多亿元的借款纠纷案件画上句号。拟联营煤矿与山西焦煤、西山煤电、西山股份三公司标的额达8.2亿元的不当得利纠纷案件发回重审，一审庭审结束，等待判决。多经系列贸易风险基本化解。西山集团与太重贸易、阳煤国贸的3 900万元、2 200万元的合同纠纷均胜诉且全部执行回款。非诉风险得到有效遏制。改革改制、兼并重组、涉煤贸易、“三供一业”移交、混合所有制改制、大集体改制、减少法人户数、医疗机构改革等重点工作，按照合规合法的要求，顺利有序推进。

2 经验启示

2.1 因地制宜、因时制宜制定政策方针

世界上没有两片相同的树叶，也没有包治百病的灵丹妙药。西山煤电在法治人才队伍建设上没有照搬照抄先进企业的方式方法，也没有采用简单粗暴的办法搞一刀切，而是立足实际，从实际出发，问诊施治。不论是在调查研究阶段，还是在政策制定、政策实施阶段，在找准问题、掌握问题实质的基础上，借鉴他人的好办法，采用拿来主义，结合实际，推陈出新，在不同的阶段施行不同的政策，取得了显著的效果。实践再次教育我们，管理者只有像良医一样，根据具体病症，因时因地采取不同的措施，才能实现目的，达到效果。

2.2 用好用活“千金买马骨”的策略

燕昭王通过“千金买马骨”招揽人才，聚集人才，才联合五国破齐。“千金买马骨”实质上是树立典型，发挥示范作用，起到广而告之的效果。西山煤电在法治人才建设上，很好地采用了“千金买马骨”策略，成功树立了两大典型。以两大典型为标杆，成功带动了非法务系统优秀人才学法、用法的积极性，有效吸引了非法务系统优秀人才进入法务系统。“千金买马骨”的成功实践，充分说明了提升管理水平，不仅要学西方，也要发掘中华民族优良的文化传统。用好中华民族优秀文化，能起到事半功倍的效果。

2.3 建立发现和培养“千里马”的机制

韩愈的《马说》告诉我们，千里马常有，而伯乐不常有。西山煤电法治人才队伍建设，再次证明了企业最不缺的是人才，关键缺的是发现人才的慧眼。不过韩愈把发现千里马的立足点放在了个人身上，既不长久，也带有很大的偶然性。我们在法治人才培养使用上着眼于建立发现和培养千里马的机制，避免了人存政举、人亡政息的弊端。这再次告诉我们，以制度推进企业建设，最持久，也最可行。

法务系统是个小系统，但小系统有大梦想，小系统有大期盼，小系统更有大气魄。虽然我们的工作还有不足，基础还很薄弱，对人才的吸引力还有欠缺，但我们对人才的渴求和呼唤，对人才的重视和关怀，为人才干事创业提供的平台与机遇都是前所未有的。我们将继续坚持破立并举的思路，做好法治队伍建设大文章，全面带动西山煤电持续健康发展。

国有企业“三供一业”分流员工安置现状及策略研究

王玥昕

（西山煤电（集团）有限责任公司公用事业分公司人力资源管理中心，山西 太原 030000）

摘 要 为了改变国有企业承担部分社会职能制约企业发展的局面，国家提出了“三供一业”分离移交政策，在本单位管理人员以及一线工作人员的努力及配合下，现已全面完成。本文首先对相关背景（包括企业基本情况、“三供一业”的意义）进行了简单叙述，其次阐述了国有企业“三供一业”分流员工安置现状，在此基础上，对国有企业“三供一业”分流员工安置的途径进行了探讨，希望能给相关工作者一定的启发。

关键词 国有企业；“三供一业”；分流员工；安置现状；策略研究

0 相关背景简述

0.1 单位基本情况

公用事业分公司隶属于西山煤电（集团）有限责任公司（以下简称“西山煤电”），是西山煤电的分公司，主要负责西山煤电后勤服务工作。公用事业分公司又下设多个二级单位，人力资源管理中心（以下简称中心）即为其中之一。中心成立于2018年10月，承担着公用事业分公司日常人事、劳资、团队输出等方面的管理以及外部人力资源市场的开发，输出团队的党、工、团、妇等组织建设、党风廉政建设、安全宣传教育、计划生育管理等工作。因“三供一业”分离移交，中心于2019年1月整建制地接收了各二级单位转岗职工950余人。

0.2 “三供一业”分离移交的重大意义

“三供一业”即供水、供电、供暖以及物业管理。对于大多数国有企业而言，这三项工作基本上是由本单位自行负责的，分离移交则是指国企将这一部分业务剥离，转而引入社会经营，由市政对此供水、供电、供暖以及物业管理进行统一管理。该政策涉及面广，又会触及一些员工的利益，在实践中具有一定的难度。但不可否认，该政策有着积极意义，值得推广。

首先，“三供一业”分离移交工作，是保障和改善国有企业广大职工群众生活的现实需要。在分离移交前，“三供一业”工作由本单位自行负责，难以形成规模化，经营效率不高，且会给企业带来较高的成本。分离移交后，“三供一业”将被纳入市政的统一管理，由专业人员负责，更有效地保障员工的用水、用电，让员工都能住上暖房子，享受到更贴心的物业服务。此外，激烈的市场环境将促使负责“三供一业”的单位不断提高服务水平，与时俱进，进而更好地满足人民群众对幸福生活的渴望。

其次，“三供一业”分离移交工作，是提升城市公共服务水平，建设环境友好型城市的客观要求。在分离移交前，各个国有企业分别经营着“三供一业”业务，通过分离移交，使得国有企业原有的供水、供电、供热及物业管理系统得到改造升级，移交给区域专业企业和经营运营机构，实现资源的统一分配，提高资源利用率，通过集中管理，提升城市公共服务水平。

再次，“三供一业”分离移交工作，是剥离国有企业办社会职能的重要内容，是加快国企改革发展步伐的有力举措。“三供一业”是国有企业的边缘业务，并不能够为企业带来一定的经济利益，但是，为了满足员工需求，企业不得不加大对“三供一业”的资金支持与管理力度。分离移交后，企业可以将更多的时间花费在对企业具有重要意义的战略决策与战略制定上，使企业轻装上阵，减少资金负担，推进国有企业这艘巨轮驶向更宽广的水域。

1 国有企业“三供一业”分流员工安置现状

对于国有企业“三供一业”分流员工主要采取内部消化和外部融合相结合的安置方式，保障现有员工就业与工作稳定，为员工争取最大化利益。现将中心“三供一业”分流员工安置工作现状介绍如下。

1.1 工作成就

(1) 增加岗位供给，为分流人员提供更多选择

在公用事业公司领导的支持与带领下，中心相关负责人积极与集团内、外各单位加强沟通协调，寻求工作岗位；与山西焦煤人力资源公司、西山煤电人力资源部密切联系，寻求支持和帮助；到太原综改示范区、蓝泰集团公司、北京航星永志等单位实地参观考察，为中心转岗分流人员多方寻求就业岗位、拓宽就业领域。截至目前，共有 352 名组织化外出人员服务于 11 家单位，2020 年转岗安置实现外部创收 10 189 864.1 元。

(2) 做好过渡期结束后返岗人员的安置工作

在 2020 年“三供一业”分离移交物业方面过渡期即将结束之际，为了职工后续工作的平稳过渡，一方面提前做好返岗人员的思想稳定工作，班子成员和相关负责人多次深入组织化外出职工队伍，和职工面对面进行交谈，针对过渡期结束后职工心中存在的疑惑进行一一解答，对组织化外出政策再次进行宣传，让职工安心工作，并对组织化外出职工是否继续服务于外派单位意向进行了摸底；另一方面，充分发挥服务职能，对返岗人员从年龄、性别、专业技能等方面进行分析，根据职工的实际情况积极为返岗人员和各单位搭建服务平台，进行岗位推荐。截至目前共安置返岗人员 138 人。2020 年集团下达转岗分流指标为 900 人，公司总计完成转岗分流指标 915 人，完成全年指标的 102%。

(3) 用活用好人员配置

持续服务好各二级单位，与他们一起分析现有岗位的季节性缺人、技能型缺人、结构性缺人等状况，并根据各二级单位目前的岗位空缺进行公开竞岗选聘。截至目前，中心共开展竞岗选聘达 10 余次，参与人员共计 260 余人。

1.2 工作中暴露出的问题

除上述成就，在分流员工的安置进程中仍然暴露出一些问题，主要表现为：

(1) 在长期的生产工作中，部分老员工兢兢业业，为集团作出了重要贡献。于集团而言，他们是不可缺少的财富；于员工而言，集团也是他们的精神支柱。他们对于企业有着深厚的荣誉情结，对企业的认可度与归属感非常强，加之员工年龄偏大，对于新岗位存在着胆怯心理，担心自身无法胜任岗位要求。

(2) 转岗后的级别、薪资等也是员工担心的主要问题，部分员工主观认为转岗意味着单位放弃了自己，意味着自身的努力付诸东流，具有一定的抵触心理。

(3) 还有部分员工担心企业的“三供一业”业务移交到社会，自身的收入将无法得到保障，工作前景无望。

2　国有企业“三供一业”分流员工安置的途径

“三供一业”分离移交是党的十八届三中全会以及《中共中央国务院关于深化国有企业改革的指导意见》作出的重要改革部署，具有积极意义，但在实行过程中会遇到较多障碍。为更好实现国有企业“三供一业”分流员工安置，可以采取如下措施。

2.1　科学合理地制定分流安置实施方案

分流安置实施方案是后续各项工作的指南，也决定了“三供一业”分离移交的效率，在分离移交前，必须结合本单位的实际情况、员工诉求、岗位要求与员工能力等因素统筹规划，综合分析。首先，由于分离移交涉及一大批企业员工，为争得员工的支持与认同，应当鼓励员工积极参与到实施方案的制定中来，鼓励员工表明自身的诉求，在摸清员工诉求后，对其进行更细致的分析与归纳，科学制定实施方案。其次，员工分流安置是一项繁杂的任务，为妥善安置员工，往往会拓宽就业渠道，为员工提供多种选择，一般而言，员工去向不同，其补助方案也有所不同。

2.2　做好“三供一业”分离移交和转岗安置工作中的思想稳定工作

思想态度决定行为作风，为真正发挥“三供一业”这一好政策的价值，必须将员工的思想稳定工作摆在首位。严格按照稳定包保方案中干部包保党员、党员包保职工的要求，形成一级包一级、一级负责一级的机制，真正把责任落实到人。坚持每周二信访“零”汇报制度，做到每周向公司信访部门上报信访隐患排查情况，对重点人员中心工作人员亲自走访，上门了解、协调，讲明转岗安置政策，做好他们的思想工作，并提供其他岗位安置建议。特别在近期过渡期结束，中心针对返岗人员的思想稳定状况，提早安排，班子成员和相关负责人多次深入职工队伍进行调研，积极宣传公司的相关政策，耐心细致地解答职工们的疑惑，为公司后勤改革的深入推进起到了积极的促进作用，同时也为公司的安全、稳定发展营造了健康和谐的氛围。

2.3　增强员工培训，强化员工适应能力

分流安置意味着员工将走向与之前完全不同的岗位，生疏与不熟练是普遍现象，为帮助员工更好地适应新环境，应当提前做好员工岗位培训，增强员工职业技能，降低员工入职前的焦虑与入职后的不适应。首先，在分流安置时，坚持人尽其才、物尽其用的基本原则，结合员工个人的诉求，为员工提供合理的岗位；其次，开设技能培训课程，为其讲解新岗位的主要工作内容、岗位职责，为进一步增强培训效果，可以在每节培训课程之后对员工的掌握情况进行一定的考核，对于考核不合格的员工进行再培训；最后，要重点引导员工树立“终身学习”的观念，改变消极被动接受组织安排的局面，强化岗位竞争，以竞争促进员工学习发展，提升自身的综合能力与素养，提升“三供一

业”员工转化的认同性。

2.4 完善激励机制，调动员工积极性

为了进一步盘活人力资源，调动员工积极性，实现多渠道创收、多方式转岗、多途径劳务输出，要完善一定的激励机制，免除员工后顾之忧，激发员工的工作干劲与热情。对于组织化外出创收者，原单位发放保底工资、代扣代缴各项社会保险。保底工资标准为：原单位原岗位基本工资，不能低于当年原单位所在地区最低工资标准；原享受的福利待遇不变；对于干部职工离岗带领职工创业者，公司保留原单位人事关系和岗位级别，带领职工创业的所有人员保底工资按原岗位基本薪酬发放（包括岗位工资＋保留工资＋年功工资）等。

3 结束语

总而言之，“三供一业”分离移交自提出后，已经有了成功经验，企业应当借鉴其他单位的变革经验，充分认识到“三供一业”分离移交的重要意义，结合本单位自身的情况不断摸索、不断完善方案，可以从科学合理地制定分流安置实施方案，做好“三供一业”分离移交和转岗安置工作中的思想稳定工作，增强员工培训、强化员工适应能力，完善激励机制、调动员工积极性等方面入手。希望本文提出的上述措施能够在实践中得到广泛应用，为国有企业“三供一业”分流员工安置工作提供一定的思路。

参考文献

[1] 窦文慧.广西“三供一业”分离移交政策执行问题研究[D].南宁：广西大学，2019.

[2] 胡新.规避监管风险 防止资产流失：浅谈国有控股上市公司“三供一业”移交的具体实施[J].今日财富，2018(9)：14-15.

[3] 曾雄军.“三供一业”分离移交国企员工分流安置途径初探[J].现代经济信息，2016(15)：32.

[4] 赵婷.浅析国企“三供一业”富余人员分流安置途径[J].人力资源，2019(8)：78.

从生产矿井水害防控中心到防治水工程公司的转型发展

王 哲

（霍州煤电集团云厦建筑工程有限公司防治水工程技术分公司，山西 霍州 031400）

摘 要 2019 年 4 月，在整合重组 A 矿原有防治水队伍力量、技术和设备的基础上，通过完善机构、整章建制、扩充人员等途径成立了××防治水工程技术分公司，笔者总结了一部分成功案例，供大家参考。

关键词 转型矿井防治水

0 引言

坚持以提升“矿井防治水专业化管理、科研技术、工程实践能力和水平”为抓手，以实现“全面承担集团公司探放水业务，逐步走出焦煤，走向全省”宏观愿景为努力方向，××防治水工程技术分公司以 H 集团下属矿井作为工程实践与建设的试验田，开展了“高承压矿井防水闸墙施工”“高承压裂隙发育松软底板区域治理加固改造”“长距离坚硬岩层顶板老空水疏放”等一系列施工难度大、技术水平高、综合效益明显的防治水工程。

1 公司基本情况

××防治水工程技术分公司成立于 2019 年 4 月，前身为 A 矿水害防控工程技术中心。公司改制成立前，主要承担 A 矿所有防治水和测量技术研究与应用等相关业务，同时对集团其他矿井开展技术和施工指导。A 矿生产时期，矿井正常涌水量稳定在 2 300 m^3/h，最大涌水量达 2 500 m^3/h，为山西省涌水最大的矿井，在多年与水害博弈的过程中，A 矿水害防控工程技术中心打造了一支技术过硬的专业化队伍，切实保障了矿井各时期的安全生产，成为同行学习的榜样。××防治水工程技术分公司在整合重组 A 矿原有防治水队伍力量、技术和设备的基础上，通过完善机构、整章建制、扩充人员等途径，实现了现代化、专业化管理，在矿井井壁注浆、底板注浆加固改造、导水构造超前探查及治理、大型贯通测量、防水闸墙（门）修筑等工程方面有着丰富的施工经验和成熟完善的施工工艺。

人员队伍方面，××防治水工程技术分公司现有 200 余名全部来自生产一线的业务能手，其中 3 名高级工程师、25 名工程师，为各类项目的开展提供了坚实的技术和人员力量保证。

公司拥有井下钻机 40 余台，包括煤炭科学研究总院西安研究院、重庆研究院等厂家生产的

ZDY3200S、ZDY4000S、ZDY1900S、ZDY1200S 型全液压坑道钻机，ZDY3000LG 型履带式钻机，2020 年购置重庆研究院 ZYWL-4000D 低开孔定向钻机两台，为长距离定向探测、注浆、瓦斯抽采等业务的拓展打下了坚实的基础；拥有镇江宝城注浆设备有限公司、河北铸诚工矿机械有限公司等单位生产的气动注浆泵、泥浆泵、单/双液注浆泵 30 余台，满足各类注浆堵水施工要求，成功完成相关工程项目 40 余项，并于 2020 年 8 月成功取得丙级测绘资质，为拓展测绘业务取得了法律保障。

2 公司转型产业链延伸及新产业培育实施背景

2015 年 8 月 5 日，国家安全生产监督管理总局、国家煤矿安全监察局在河北邢台冀中能源集团召开了全国煤矿水害防治现场会，黄玉治做了题为“积极推进煤矿实现‘五个转变’，努力构建水害防治‘七位一体’工作体系”的报告，该报告系统地介绍了煤矿防治水技术所取得的一系列新的成果，为井工煤矿防治水工作的开展指明了方向；2017 年，在全国煤矿水害防治工作电视电话会议上，黄玉治做了题为“科学施策，强化落实，有效防范遏制煤矿水害事故”的报告，深入分析了我国煤矿所面临的复杂形势、水害事故时有发生的根源所在，并提出了相关防范措施，为煤矿水害事故的预防、治理以及应急救援开出了“药方”。主要内容如下：

（1）近年来，全国煤矿水害防治工作取得了一定的成效，主要体现在以下七个方面：一是水害防治认识水平不断提高；二是水害防治法治水平不断提高；三是水害防治基础管理水平不断提高；四是水害防治技术研究水平不断提高；五是水害防治科技装备水平不断提高；六是水害事故应急处置水平不断提高；七是水害防治监管监察水平不断提高。这“七个提高”对于水害的预防起到了积极的作用。

（2）过去，煤矿企业把水作为灾害进行治理，浪费了水资源，破坏了地质和生态环境，造成地面沉陷，构筑物、农田、道路等破坏，河床干枯、地下水位不断下降、取水困难、地质灾害多发。随着国家“绿色发展”理念对煤矿生产提出要求，社会对环保意识的逐步增强，煤矿企业大力推广充填开采、保水开采等绿色开采技术，保护水资源，变害为利，建设生态矿山，实现煤炭工业安全发展、绿色发展、清洁发展。

（3）长期以来，国内煤炭企业对承压水上采煤所采取的煤层底板注浆加固和含水层改造，从空间上，均以单工作面进行；从时间上，均是在工作面形成后实施；从治理目标层来看，主要以煤系薄层灰岩含水层治理为主；从治理场地来看，主要以井下为主。区域超前治理技术内涵就是从以往的一面一治理扩展到采区、水平或相对独立的水文地质单元进行区域治理；施工场地从井下移至地面；治理目标层由薄层灰岩延伸到奥灰顶部；从时间上，注浆治理移动到掘进之前，实现“先治后掘”。治理目标是通过井上、下超前定向钻进，将钻探、注浆、异常区验证“三体合一”；建立井上对煤层底板实施区域超前注浆治理、井下掘前“条带”钻探验证和采前工作面底板全面补强的区域治理立体体系；地面区域超前治理是治本，掘前“条带”钻注和采面补强注浆是保障，从而为实现“不掘突水头、不采突水面”探索出一种新的有效途径。

3 煤矿防治水产业链延伸及新产业培育实施内涵

井工煤矿防治水工作具有管理难度大、施工技术性强、水患类别多样化等综合特点，其管理理念、施工技艺、防范措施等随着时代的发展也在不断改革和创新，最主要的改变体现在将“放水、排水、视水为害”提升到“治水、保水、高效率用水”的生态保护高度。

《煤矿防治水细则》(煤安监调查〔2018〕14 号)的实施，为新形势、新条件下的煤矿防治水工作提供了科学性、先进性、系统性、规范性的指导，究其核心思想，可总结为“防治水十六字基本原则”“七项防治水综合配套措施”“五大防治水转变理念”“七位一体水害防治工作体系”“八项强化防治水工作规定”，公司在初建时期就已经将“水害源头预防”“变措施防范为工程治理”“治水保水相结合”等先进理念应用到实际工程当中去，开展顶板淋水壁后注浆、导水陷落柱底板预注浆、底板薄弱带加固改造、局部小规模帷幕注浆、清污水分离排放等防治水工程 30 余项，成功解除了矿井生产时期不同阶段的水害威胁，为矿井的安全生产做好了保驾护航工作，公司成立后开始了一系列防治水工程和设施建设，正是对《煤矿防治水细则》核心思想的严格执行和认真贯彻的最直观体现。

4　产业链延伸及新产业培育的主要做法

4.1　管理研究和创新思路

(1) 以顶板淋水、井壁出水等各类围岩出水治理为基础，综合提高壁后注浆治理水平。

(2) 以底板渗水、陷落柱及断层出水、底板薄弱带治理为基础，综合提高预注浆治理水平。

(3) 以“黏土浆”逐步替代“水泥浆”，解决治理成本投入高的问题。

(4) 以“井上制浆、长距离管路输浆”替代井下制浆，解决职工劳动强度大、粉尘二次污染伤害、供浆量小的问题。

(5) 运用长距离定向钻进技术，解决钻孔利用效率低下问题，开展区域治理工程。

(6) 运用钻孔窥视技术，解决偏钻、终孔层位不明的技术问题。

(7) 全面提高防治水工程实施所带来的安全效益、经济效益、社会效益、环境保护效益。

4.2　项目实施成功案例

4.2.1　分散多通道出水点壁后注浆治理工程

H 集团 X 矿三采区外仓位于采区巷道末端，顶板为富水性较强的 K_2 灰岩，巷道掘进期间，在长约 60 m、宽约 3 m 的顶板范围内，分布着大小出水点 20 余个，总淋水量达 120 m^3/h，严重影响了后续工程的开展，工作场所环境恶劣。根据水质化验和示踪试验显示，水源除太灰水外，兼有奥灰水补充的可能性，且裂隙通道畅通，需要进行全面治理。××防治水工程技术分公司根据该工作面出水特点，采用“黏度低、粒径小、渗透性强”的双液化学浆作为堵水材料，以出水点为中心布置主孔，采取三花菱形布置辅助孔，终孔至含水层 5 m，终压至 7 MPa，累计施工钻孔 200 余个，水量最终降至 1 m^3/h 以下，彻底解决了该区段的顶板淋水问题。

H 集团 L 矿副斜井 30～100 m 范围存在不同程度的顶板淋水现象，水源为松散岩石孔隙水，总水量约为 18 m^3/h，每逢寒冷季节，淋水至轨道上形成冰柱，每次放车需要人工清理，一方面行人道湿滑易导致摔倒碰伤事故，另一方面严重影响了材料设备的运输安全。××防治水工程技术分公司根据实际情况，采用双液浆(水泥+水玻璃)作为堵水材料，采取梅花形布孔方式，施工钻孔 80 余个，累计注浆 300 余吨，辅助施工导水槽，彻底解决了顶板淋水问题。

4.2.2　长距离坚硬岩层顶板老空水疏放工程

H 集团 P 矿 9-106 工作面于 2019 年 2 月开始施工，矿井相关研究成果显示，工作面回采后导水裂隙带将连通上覆5号煤层202工作面采空区，根据测算，该采空区积水静储量约为31.5万m^3，水压达0.5 MPa。为保证9-106工作面回采安全，防止采空区积水对回采产生安全隐患，需对上部5号煤层采空区积水进行放水钻孔施工。

5号煤层与9号煤层平均层间距为50.6 m，岩层倾角平均为21°，因层间岩石以较为坚硬的灰岩、砂岩为主，积水储量、水压均较大，加之场地受限等原因，××防治水工程技术分公司经过反复研究后采取小倾角长钻进、多级套管安设、定期测斜防偏、分阶段放水等施钻措施，成功超前探放积水约35万m^3，其中第一阶段疏放水量12.6万m^3，积水标高由＋446 m降至＋431 m，第二阶段疏放水量13.5万m^3，积水标高由＋431 m降至＋408 m，第三阶段疏放水量8.9万m^3，积水标高由＋408 m降至＋385 m，工程施工达到了预期目的。

4.2.3 高承压矿井防水闸墙施工项目

H集团G矿开采＋80 m水平上组煤2号煤层，矿井奥灰水静水位长年稳定在＋520 m，属于带压开采矿井，平均带压在4 MPa左右。2019年4月，矿井为积极响应泉域保护政策需要封闭二采区。

封闭前，二采区涌水量达150 m^3/h，若采取涌水自流的方案，一方面需要投入一定数量的人员负责排水工作，另一方面需要定期投入排水设备，同时对井上污水的处理也带来了较大的压力，因此从安全生产、环境保护、经营管控三方面分析来看，采取涌水自流的方案是非常不理想的。××防治水工程技术分公司通过现场查勘地质条件，查清涌水来源，选择最佳位置修筑防水闸墙两道，墙体耐压达8 MPa，一方面实现了安全隔离开采，另一方面彻底解决了涌水排放问题。该安全设施投入后，经过测算，每年可节约电费、人工费、设备投入费、井上排污费等各项费用约433万元，安全效益、经济效益、社会效益、环保效益都较大。

4.2.4 高承压裂隙发育松软底板加固改造工程

H集团F煤业现开采5号煤层，根据勘探成果显示，该煤层102工作面底板多数岩石为软岩，围岩质量较差，稳定性也差，且工作面内部小型构造发育，垂向导水通道相对发育，部分区段奥灰带压达3.5 MPa，该矿井及相邻矿井××煤业在开采过程中均发生过底板突水现象，导致矿井数次停产停工，严重影响了企业的生存和发展。为确保采面安全开采，必须对煤层底板进行全方位注浆加固改造。××防治水工程技术分公司通过对“奥陶系灰岩顶部20 m范围”进行全方位地毯式的注浆加固改造，彻底改善并加强了底板下覆岩层的阻隔水性，提高了底板抗压抗破坏能力，为工作面的安全回采、杜绝底板灾害性突水事故的发生打下坚实的基础。

4.2.5 风氧化带边界确定地面勘探工程

H集团M矿井田东南部边界紧邻推测风氧化带，由于前期勘探程度不足，需要施工地面勘察孔对其影响范围及延伸区域开展进一步的探查确认，以便为矿井的采区布置及采掘衔接提供科学依据。××防治水工程技术分公司共施工井上勘察孔5个，勘探总进尺1 182 m，通过对测井成果、煤质取样成果等一系列资料进行全面研究，成功确定了风氧化带的范围及其延伸区域，为矿井的采掘部署提供了详尽的基础资料，也为杜绝大气降水和地表、地下水通过风化裂隙进入采场圈定了防范和治理的靶区。

4.2.6 松散型溶洞式导水陷落柱综合治理技术研究与应用项目

柳林县L煤矿8107工作面位于一采区，开采太原组8号煤，平均煤厚1.9 m，沿8号煤顶板掘进，设计方位149°32′，底板带压约0.77 MPa，2019年10月27日中班8107运输巷正常组织生产掘进至 618 m 时，工作面左帮出现一个空洞，揭露时空洞内已无积水，经地测科现场勘查，判定为陷落柱，短轴 9 m、长轴 13 m、空洞高 5.1 m，体积约 600 m^3，存在两处出水点（位于底板），涌水量为 20 m^3/h。根据矿井水文地质资料以及现场查勘分析得出，该空洞属于华北型煤系地层陷落柱的一部分，特殊的地质条件造成该陷落柱发育高度有限，仅发育至太原组煤层，未曾延伸至上覆山西组煤层。此种特殊的不良地质体需要引起高度重视，第一，此类陷落柱塌陷形成期间往往底板充填不密实，强行回采通过可能发生较为严重的突水或滞后突水事故，或者伴生着顶板“三带”的形成，可能连通上覆含水层甚至沟通地表季节性水源；第二，若空洞死水封闭性较好，没有外排途径，突然揭露，其积水及有害气体危害性极大。

××防治水工程技术分公司根据特殊情况制定了专门的研究治理方案，具体内容如下：分析矿井水文地质条件，现场查看导水陷落柱形态，制定初步治理方案→根据矿井水文地质条件，选择针对性强、实施效果好的物探手段，全方面、多层位分析物探异常区，对叠加区队深入研究，制定钻孔布孔方式，确定注浆实施工艺→根据矿井地层条件，采用经验公式法确定顶板“上三带”中垮落带以及导水裂隙带发育情况，确定顶板止水、防跑浆岩帽施工参数→根据矿井底板覆岩情况，采用经验公式法确定底板“下三带”中采后底板破坏深度，为底板安全岩帽施工提供施工参数→根据探查孔、注浆孔施工情况，确定底板富水区域、导水裂隙发育区域，为注浆参数的选择、确定提供施工参数，为检查孔的验证提供科学指导，形成严格的探查、治理、验证“三位一体”施工治理体系。

该工程主要完成了以下工作：① 两种物探手段布置 6 条测线；② 底板注浆孔、检查孔累计 24 个，进尺 1 150 m，下设套管 144 m；③ 顶板安全岩帽建造孔 6 个，注浆孔进尺 90 m；④ 导水陷落柱注高标号水泥干料约 2 500 t，波美度 42.5 的水玻璃约 65 t。

工程完成后，导水陷落柱涌水量由 20 m^3/h 降为 0，注浆封堵治理效果明显。

4.2.7 新增技术报告编制业务

2020 年，通过前期摸排、积极沟通，××防治水工程技术公司分共承揽 H 集团 X 煤业、D 矿、J 煤业三个矿井地质类型划分报告、隐蔽致灾地质因素普查报告编制等项目合计五项，2020 年 8 月 2 日一次性通过专家评审会验收。

2020 年 5 月完成《山西柳林 L 煤业 8107 运输巷工作面陷落柱注浆加固治理评估报告》，2020 年 9 月完成《山西柳林 G 煤业 9105 回风巷工作面 X8-1 陷落柱注浆加固治理评估报告》，均通过了业主单位外聘专家的审核验收。

2020 年 11 月完成《Q 矿 12102 机巷探放下伏 2103 工作面老空积水项目探放水报告》，为矿井的安全采掘活动提供了技术支撑。

2020 年 11 月完成《G 矿三采区辅助运输巷 F14 断层超前探查及注浆设计》，预计施工钻孔 32 个、总进尺 1 964 m，计划注水泥干料 2 000 t。

4.2.8 走出去，探索集团外部市场

××防治水工程技术分公司 2020 年积极响应上级公司加大外部创收号召，在满足驻矿项目部日常生产服务能力的情况下，从各项目部抽调精兵强将组建专业化注浆施工队伍，2020 年共承接外部施工项目三个，营业收入 200 余万元，具体情况如下：

柳林某集团 L 煤业 8107 运输巷工作面陷落柱注浆加固工程：施工钻孔 26 个，钻探进尺 1 237.25 m，注浆 2 538.5 t。

柳林某集团 G 煤业 9105 回风巷工作面陷落柱注浆加固工程：施工钻孔 18 个，钻探进尺 2 019 m，注

浆 1 409 t。

Q 矿老空积水探放工程：累计施工放水孔 4 个，钻探进尺 387 m，1# 钻孔终孔涌水量 62.5 m^3/h，2# 钻孔终孔涌水量 69 m^3/h，3# 钻孔终孔涌水量 26.14 m^3/h，4# 钻孔终孔涌水量 25 m^3/h，达到预期放水效果。

4.3 效益简述

注浆堵水治理工程保障了安全生产，杜绝了人员伤亡事故的发生，主要效益如下：

(1) 减少导水构造防隔水煤柱的留设，可提高资源回收，回收量在几千吨至数万吨不等，直接经济效益巨大。

(2) 避免了搬家倒面现象的出现，节约相关费用几十万元至数百万元不等。根据××防治水工程技术分公司多年来掌握的相关数据分析，矿井防排水费用中的排水电费、人工投入费、专项设备及材料投入费、井上治污费等相关费用巨大，每立方涌水从产生到达标排放的相关投入高达 1.5 万～2 万元/a，平均约 1.85 万元/a，也就是说，每封堵 100 m^3 的涌水，可节约相关费用约 185 万元/a。

2017 年 12 月 1 日，山西省人民政府以晋政发〔2017〕60 号文颁布实施了《山西省水资源税改革试点实施办法》，对井工矿井"疏干排水水资源税"的计提方法制定了明确的规定：安装取用水计量设施的矿井，一吨涌水自产生到达标排放，所需要交纳的水资源税至少为 10 512 元/a，也就是说，封堵治理 100 m^3 的涌水，一年至少少交纳水资源税约 105 万元。

2019 年至今，××防治水工程技术分公司所实施的防治水工程累计封堵涌水约 157 m^3，所建设的防治水设施拦截水量约 150 m^3，为建设单位节约各类费用约 891 万元/a。

5 结语

(1) ××防治水工程技术分公司所开展的一系列工程，始终坚持"安全与效益"相结合、"治水与保水"相结合的理念，理念贯彻与执行方面较为超前。各类防治水工程在保证工程质量和确保防治水达标煤量与生产准备以及回采煤量相平衡的前提下，充分考虑各类工程所带来的环境保护效益，把环境保护与安全放在同等重要的位置。

(2) 防治水各类工程建设方面，始终坚持"探查、分析、治理、验证、评价、定论"的"五位一体"施工治理体系，其中评价阶段，除按照行业标准规范规定进行评测论述外，尤其重视工程实施所带来的潜在效益评价，以导水陷落柱综合治理为例，除评价工程施工所带来的提高煤炭资源回收量、避免搬家倒面所产生的直接经济效益外，还将《山西省水资源税改革试点实施办法》（晋政发〔2017〕60 号）"保水、节水"理念融会在经济效益评价中，以实实在在的数据转变矿井常见的"重生产、轻水患"的落后思想，切实宣贯了防治水工作在新形势下的重要性。

关于李村煤矿智能综采工作面建设的若干构想

茹瑞鹏

（潞安化工集团李村煤矿，山西 长治　046299）

摘　要　煤炭是实现清洁高效利用的最经济、最可靠的能源，煤炭资源的智能、安全、高效开发与低碳、清洁、高效利用是实现我国煤炭工业高质量发展的核心技术支撑。基于我国煤矿智能化初级阶段的发展要求，潞安化工集团李村煤矿开展了煤矿智能化技术体系研究和工程建设，进行了智能化煤矿顶层设计研究，以“矿山即平台”的理念将智能化煤矿整体架构分为设备层、基础设施层、服务层与应用层，实现煤矿生产、安全、生态、保障的智能化闭环管理。针对潞安化工集团李村煤矿智能化工作面建设现状以及存在问题，对基于地质模型的煤矿“一张图”技术、智能大采高工作面视频分析系统应用以及时变多因素影响下综采设备自适应协同控制三方面进行了相关设想，为李村煤矿智能综采工作面建设提供了新思路与新方向。

关键词　智能工作面；一张图；视频分析；自适应协同

0　引言

煤炭是我国的基础能源和重要原料，为我国国民经济蓬勃发展提供了不竭动力，但是因煤炭行业生产环境恶劣、开采条件复杂，致使发展过程中呈现出了不协调、不平衡、不充分的矛盾。随着供给侧结构性改革的不断深入、高质量发展的不断推进、“四个革命、一个合作”能源安全新战略的不断实施，发展智慧煤矿成为煤炭工业发展的必由之路，而这也是煤炭工业高质量发展的核心技术支撑。

智能化煤矿是将物联网、云计算、大数据、人工智能、自动控制、移动互联网、智能装备等与煤炭开发技术和装备进行深度融合，形成全面自主感知、实时高效互联、智能分析决策、自主学习、动态预测预警、精准协同控制的煤矿智能系统，实现矿井地质保障、煤炭开采、巷道掘进、运输、通风、排水、供电、安全保障、分选、生产经营管理等全过程的安全高效智能运行。目前，我国煤矿智能化发展尚处于初级阶段，存在相关基础理论薄弱，核心关键技术瓶颈尚未取得突破，缺少煤矿智能化相关技术标准与规范，技术与装备研发滞后于企业发展需求，研发平台不健全，高端煤矿智能化人才匮乏等问题，制约了煤矿智能化的发展。因此，应理清发展思路，创新发展模式，加快推进煤矿智能化技术与装备标准体系建设，持续深入开展煤矿智能化基础理论与技术短板攻关，加强产学研用的协同创新，推动煤矿智能化人才队伍建设，提高煤矿智能化建设的综合保障能力。

煤矿智能装备是煤矿智能化的核心，煤矿智能化对装备适应性和可靠性的要求极高。煤机企业传统定型产品的大规模制造模式已不适应智能化煤矿的需要，而是普遍需要根据煤矿具体生产技术条件，不断创新研发适应性强、可靠性高的智能化成套产品和全生命周期服务。这就要求煤机企业具有强大而全面的技术研发能力、技术创新能力和产品质量保障能力。煤机企业需要从煤矿设计之初就介入到整个系统的建设中，从产品的研发、设计、制造到现场运行、使用维护、配件供应，再到最后的产品退出和再制造等，给煤矿客户提供全生命周期的技术支持，以数据为核心资源，推动煤矿智能化技术开发和应用模式创新，提高煤炭企业的核心竞争力。

1 李村煤矿智能化工作面建设现状

李村煤矿作为山西省智能化矿山建设示范矿井，智能化综采工作面建设走在潞安集团前列，李村煤矿第一个智能化综采工作面——1306 工作面于 2020 年 3 月开始调试，到 5 月完成了主要功能调试，实现了支架成组推溜、邻架操作，并能根据采煤机位置自动跟机拉架，以及在运输巷控制中心和地面调度中心对工作面设备进行远程控制。目前，该工作面设备已回撤安装至 1305 工作面，智能化设备同步安装完毕。

1.1 1305 智能化综采工作面现状

本套综采自动化系统主要由液压支架电液控制系统、视频监控系统、三机泵站集控系统、采煤机记忆割煤和惯性导航系统、智能煤流控制系统组成。

电液控制系统：目前工作面电液控制系统运行稳定，作业过程中，人工进行成组推溜和成组伸收护帮动作，提升了劳动效率和作业的安全性。自动控制系统在 1306 工作面调试过程中，已实现支架自动推溜和自动拉架、自动伸收护板作业功能。

视频监控系统：经过对省内外其他矿井的调研，对工作面视频布置进行调整，由原来的球机+枪机的布置方式改为全部安装球型摄像仪，1305 工作面共安装 26 台球型摄像仪(每六架一组)，球机摄像头能够 360°旋转，视频效果清晰，能够覆盖整个工作面，可以根据采煤机的运行位置自动切换跟机视频，实时监控采煤机的运行状态。

三机泵站集控系统：目前 1305 工作面光缆敷设完毕，还未进行调试，该系统在 1306 工作面调试过程中已实现地面调度中心、运输巷集控室对“三机”、泵站设备的集中控制，实现了泵站设备的远程控制。

采煤机记忆割煤和惯性导航系统：采煤机记忆割煤和惯性导航系统已安装完成，鉴于工作面地质条件较差，还未开始进行调试。

智能煤流控制系统：智能煤流控制系统基本完成设备安装，待工作面条件变好后，同工作面其他智能化设备一同进行调试运行。

1.2 1305 智能化综采工作面存在问题及解决方案

(1) 自动跟机支架拉不到位，有丢架现象。为解决上述问题，预设解决方案为：将支架推移千斤顶行程传感器数据偏差较大的千斤顶升井进行检修，更换行程传感器和密封，同时对自动跟机拉架程序进行修改，将原先拉架为时间判断条件修改为“行程+时间”的双重判断条件。

(2) 液压支架个别护帮板伸收不到位。护帮板伸收不到位的原因是护帮千斤顶出现串液，导致千斤顶动作缓慢。解决方案：加强检修质量，保证千斤顶完好，另外就是自动作业过程中，及时加强人工干预。

（3）自动跟机拉架时，煤壁片帮严重。为解决上述问题，预设解决方案为：对跟机程序进行修改，将原程序超前采煤机滚筒两组支架同时收护帮，改为超前采煤机滚筒四组支架收采煤机二级护帮，超前采煤机两组支架收采煤机一级护帮，且动作由两架动作改为单组支架动作；地质条件差时，煤墙顶板不好管理，采用超前支护管理顶板，无法采用自动跟机拉架，可在自动控制程序里单独使用自动收护帮，也能够很大程度地减小采煤机司机的劳动强度。

2 李村煤矿智能化工作面建设构想

2.1 基于地质模型的煤矿"一张图"技术

通过建立智能化煤矿空间数据库，将矿井的地理信息与采掘工程信息统一存储在空间数据库中，构建空间数据库的GIS"一张图"分布式协同一体化平台，实现井下采掘工程信息的自动图形处理与实时更新，利用GIS和BIM三维建模技术，实现主要采掘设备与地质环境信息的综合集成，如图1所示。

(a) 基于空间数据库的三维地质模型　　(b) 基于空间数据库的三维井巷工程

图1 基于地质模型的煤矿"一张图"

2.2 智能大采高工作面视频分析系统应用

目前，煤矿井下综采工作面的各种自动化和信息化类的系统对煤矿的安全生产起到了关键性保障作用，但是国内煤矿的应用现状基本上以监测为主，没有对监测的对象进行分析挖掘。

随着信息技术的发展，特别是图像处理技术的发展，智能数字图像处理技术在矿井中的应用已有较高水平。如美国通过对井下监控图像进行处理，已开发出井下矿车监控系统，可辨别矿车的里程、路线和时间以及矿车的货物种类、重量等；德国煤矿开采采用了"煤矿图像处理"技术，即使在不利条件下，也能正常对物体的"好"和"坏"进行区分。

结合李村煤矿1305综采工作面的实际需求，基于无线传输网络平台、视频智能分析平台，通过搭建UPU集群，对多路并发视频进行在线解析，实现在运输巷集控中心及地面调度中心实时展现生产环境画面和自动控制等功能，设计出一套适应于智能大采高综采工作面的视频分析系统。系统组成结构如图2所示。

（1）片帮报警智能视频识别

片帮事故本质上属于动态事件，片帮发生时，监控相机视野内的局部相邻像素会发生一致性运动，算法自动捕获和识别这样的运动，并以此为依据进行事故发生与否的判断。同时，由于井下环境的特殊性，前景和背景的纹理相似度较高，因此通过降噪、锐化算法将煤壁画面中相邻且具有

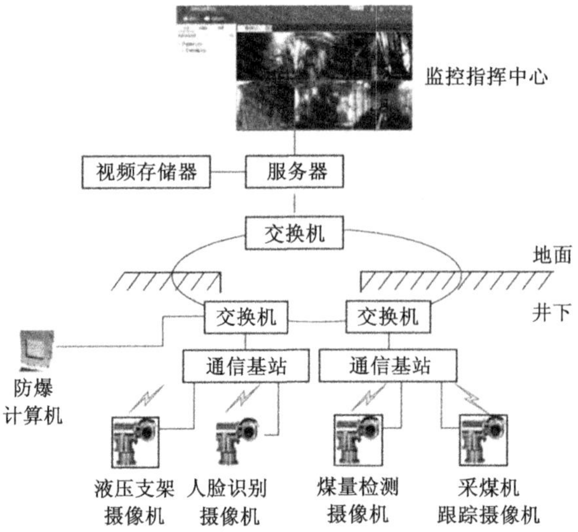

图 2　系统组成结构图

明显特征的群像素点作为特征点，在连续的图像帧中比对这些特征点间出现的相对运动，一定数量特征点出现的相对位移达到阈值可认为该区域的煤壁将产生片帮。当片帮面积大于 1.5 m^2 时，系统发出报警信息并显示实时画面。视频分析平台也可区分不同区域的片帮报警和同一区域的连续片帮报警。煤壁片帮分析界面如图 3 所示，护帮板下片帮分析界面如图 4 所示。

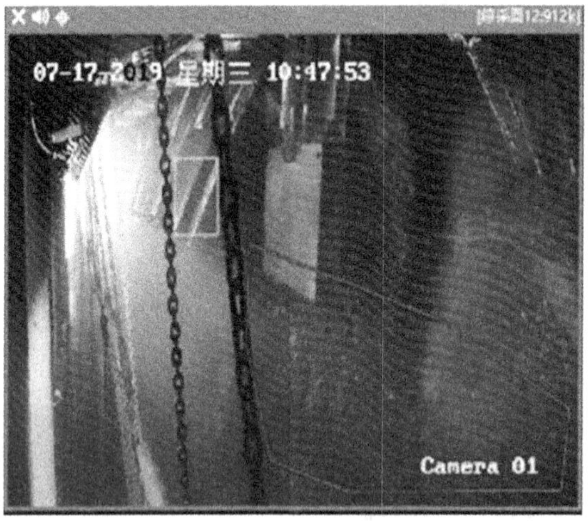

图 3　煤壁片帮分析界面

(2) 堆煤检测智能视频识别

通过分割算法得到煤堆的边界，从而计算煤堆在画面中的占比。根据实际场景教学标准，得到具体的量化阈值，当占比超出阈值时，生成堆煤报警信息。此解决方案和绊线检测结合使用，提高检测方法的稳定性和精确度。

在转载机与带式输送机搭接转载点、破碎机上方安装矿用摄像机采集带式输送机沿线视频，后端智能视频服务器分析并实现报警。用户可通过软件在视频图像上绘制方格，在视频上设置电

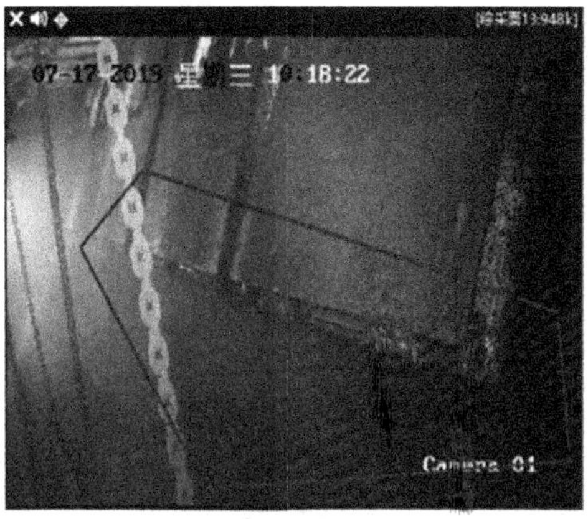

图 4　护帮板下片帮分析界面

子围栏，通过虚拟警戒线来判断是否堆煤。当煤块穿越警戒线(阈值设置为 70%)时，即产生堆煤报警信息。堆煤检测分析界面如图 5 所示。

图 5　堆煤检测分析界面

(3) 刮板输送机内大块煤视频识别

通过监控视频的智能识别技术，对刮板输送机内的煤量进行估算，并对大块煤进行智能识别。识别出的煤量分为 5 个等级，当煤量达到最高级和出现大块煤时，系统进行事件预警并将结果推送到智能决策平台；当发现直径大于刮板输送机宽度的大块煤时，发出预警信息，并弹窗上报智能决策平台。大块煤分析界面如图 6 所示。

2.3　时变多因素影响下综采设备自适应协同控制

智能化综采工作面是智能化煤矿建设的核心任务之一，经过 10 多年来的不懈努力，逐步攻克了综采工作面远程可视化采煤技术与装备难题，实现了“自动控制＋远程干预”的智能开采，即以采煤机记忆截割、液压支架自动跟机移架及可视化远程监控为基础，以生产系统智能化控制软件为核心，实现在地面(巷道)综合监控中心对综采设备的智能监测与集中控制，确保工作面割煤、推

图 6　大块煤分析界面

刮板输送机、移架、运输、灭尘等智能化运行，达到工作面连续、安全、高效开采。

综采工作面设备协同控制一直是制约工作面智能化开采的核心技术难题之一，由于工作面围岩信息、环境信息、人员信息等均时刻发生变化，难以实现多因素影响下综采设备的协同控制。针对这一问题，建立了时变多因素影响下综采设备群分布式控制模型，如图 7 所示，基于生产系统作用模型，以顶板沿工作面长度方向上应力场梯度变化为控制变量，不同区段采取不同的控制策略，实现液压支架的分布式协同控制。以液压支架分布式控制为基础，根据工作面割煤工艺要求，实现采煤机、刮板输送机等设备的协同控制。

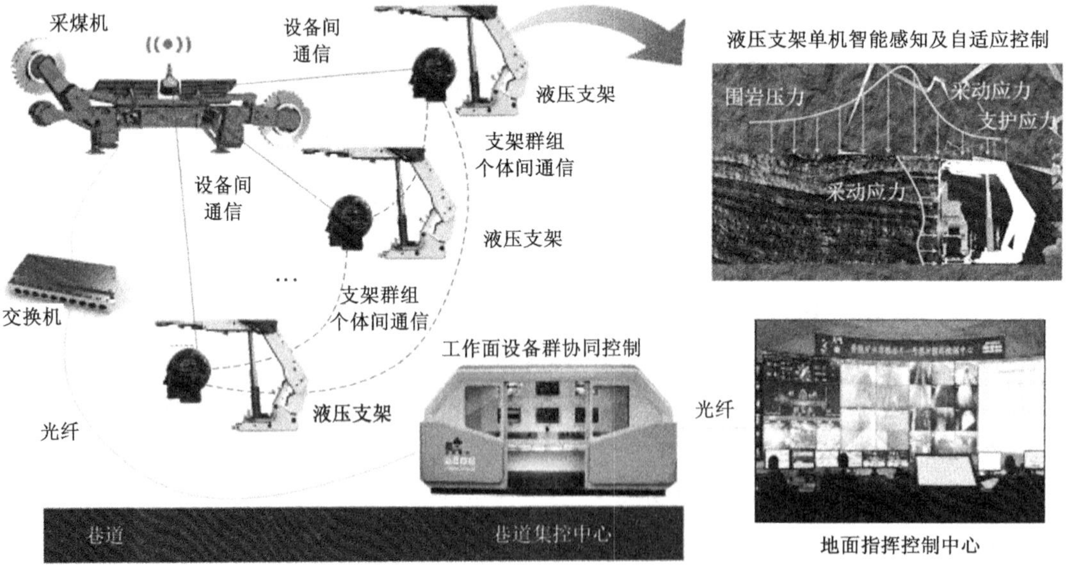

图 7　采场设备自适应协同控制

针对现有采煤机记忆截割难以适应煤层厚度、地质条件变化等问题，提出了综采工作面煤层厚度自适应截割控制方法。通过对工作面两侧巷道与开切眼在掘进过程中煤层厚度的实际揭露情况进行分析，在巷道与工作面交叉点位置，向煤层底板岩层内打基准点，并将该基准点作为坐标原点，采用差值算法获得煤层与顶板岩层的分界面、煤层与底板岩层的分界面，建立煤层与顶板岩层、底板岩层分界面地质预测模型，如图 8 所示。

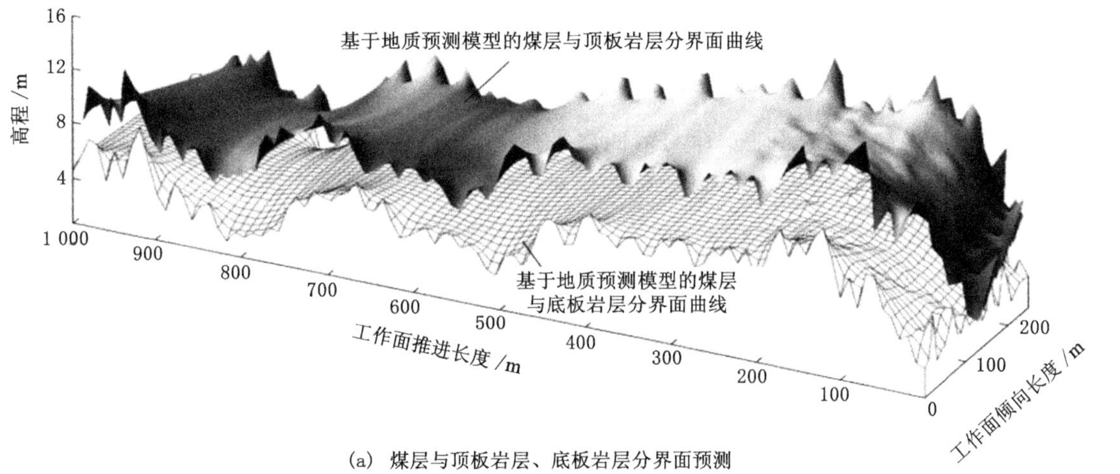

(a) 煤层与顶板岩层、底板岩层分界面预测

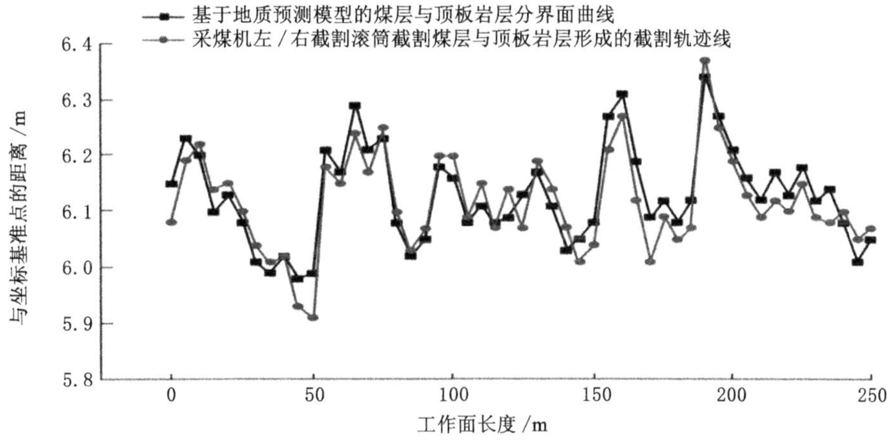

(b) 采煤机截割顶板轨迹线及煤层与顶板岩层分界面曲线

图 8 采煤机自适应截割控制方法

基于坐标基准点，建立综采工作面刮板输送机、采煤机、液压支架的三维空间模型，将地质预测模型与刮板输送机、采煤机、液压支架的三维空间模型进行坐标变换与坐标统一，实现综采装备与煤层、顶板岩层、底板岩层相对空间位置的统一数学表达。在工作面刮板输送机的刮板槽两端安装高程传感器，在刮板输送机的中间位置安装三向倾角传感器，基于刮板输送机的槽宽、槽长、高程监测结果、三向倾角监测结果可以计算得出刮板输送机单个刮板槽铺设在煤层底板岩层上的三维空间坐标，通过对刮板输送机所有刮板槽连接后形成的三维空间坐标进行差值计算，便可以得到整个刮板输送机铺设在底板岩层上形成的三维空间曲面，由于采煤机是在刮板输送机上行走，所以该三维空间曲面同时也是采煤机行走的轨迹面。

在采煤机上安装无线定位发射器，在刮板输送机的电缆槽内侧安装无线定位接收器，通过它们确定采煤机与刮板输送机的相对位置，获取刮板输送机铺设在底板岩层上形成的三维空间曲面，以及采煤机在三维空间曲面上行走截割煤层形成的截割轨迹线，对采煤机截割后的煤层与顶板岩层、底板岩层分界面进行煤岩识别，基于识别结果对上述煤层与顶板岩层、底板岩层分界面地质预测模型进行修正。根据地质预测模型修正结果，对采煤机下一刀煤的截割路径进行提前规划，实现基于煤层厚度自适应的采煤机自动截割控制。

3 结语

当前世界正处于第三次工业革命与第四次工业革命的历史交汇期，以人工智能、大数据、"互联网＋"为标志的新技术不断发展，煤矿智能化建设将开启煤炭行业的新基建。我国煤矿智能化建设尚处于初级阶段，虽然在井下水泵房、变电所、带式输送机运输系统等固定作业场所实现了无人值守远程操作，但赋存条件较复杂矿井的智能化采掘技术仍然有许多待解决的技术难题，单一功能的感知技术与装备难以满足井下需求，多传感集成感知技术与装备的可靠性仍较薄弱，移动边缘计算、数据提取、边缘计算安全等基础理论有待进一步突破，智能化理论、技术的可扩展性仍然有一定的局限性。把握数字化、网络化、智能化融合发展的契机，针对跨学科、跨领域、跨模态的智能开采技术与装备进行系统研究与实践，将是我国煤矿智能化发展的必由之路。

参考文献

[1] 陈刚.浅析煤矿工程采矿技术与安全思路构建[J].矿业装备，2020(5)：118-119.

[2] 程建远，刘文明，朱梦博，等.智能开采透明工作面地质模型梯级优化试验研究[J].煤炭科学技术，2020，48(7)：118-126.

[3] 郭金刚，李化敏，王祖洸，等.综采工作面智能化开采路径及关键技术[J].煤炭科学技术，2021，49(1)：128-138.

[4] 姜龙飞，毛善君，李梅，等.基于激光点云的割煤顶板线提取技术的研究[J].煤炭科学技术，2021：1-7.https：//kns.cnki.net/kcms/detail/11.2402.td.20210205.1733.002.html.

[5] 雷晓荣."孔-井-地"一体化智能钻进系统及关键技术[J].煤炭科学技术，2020，48(7)：274-281.

[6] 刘峰，曹文君，张建明，等.我国煤炭工业科技创新进展及"十四五"发展方向[J].煤炭学报，2021，46(1)：1-15.

[7] 毛明仓，张孝斌，张玉良.基于透明地质大数据智能精准开采技术研究[J].煤炭科学技术，2021，49(1)：286-293.

[8] 潘卫东，李新源，员明涛，等.基于顶煤运移跟踪仪的自动化放煤技术原理及应用[J].煤炭学报，2020，45(增刊1)：23-30.

[9] 彭苏萍.我国煤矿安全高效开采地质保障系统研究现状及展望[J].煤炭学报，2020，45(7)：2331-2345.

[10] 王凤桐.浅谈煤矿采矿技术与施工质量安全管理[J].中国石油和化工标准与质量，2021，41(1)：89-91.

[11] 王国法，任怀伟，庞义辉，等.煤矿智能化(初级阶段)技术体系研究与工程进展[J].煤炭科学技术，2020，48(7)：1-27.

[12] 王家臣，PENG S S，李杨.美国煤炭地下开采与自动化技术进展[J].煤炭学报，2021，46(1)：36-45.

[13] 袁亮,董书宁."煤炭安全高效绿色智能开采地质保障"专辑特邀主编致读者[J].煤炭学报,2020,45(7):2329-2330.

[14] 张建国,朱同功,杨党委.深部煤层智能化大采长综采工作面关键技术研究[J].煤炭科学技术,2020,48(7):62-72.

煤炭企业业务职能单位绩效考核体系建设研究
——以神东煤炭集团有限责任公司人力资源共享中心绩效考核体系优化设计为例

刘伟东,郝俊奇,郭　媛

(神东煤炭集团有限责任公司,陕西 榆林　719315)

摘　要　人力资源管理是企业管理的重要工作之一,绩效考核是人力资源管理的重要内容和关键环节。企业要想发展就要通过绩效考核来改进工作效果和提升工作效率。随着企业的快速发展和内外部环境不断变化,神东煤炭集团有限责任公司人力资源共享中心原有的绩效考核管理体系已经不能满足考核与激励的需要。如何完善健全中心绩效考核管理体系,激发员工工作积极性、提高管理效能,具有重要的现实意义。

关键词　绩效考核;关键绩效指标;体系设计

1　研究背景与意义

1.1　研究背景

绩效考核是实现企业目标的重要手段,通过考核可了解各项工作中存在的问题与不足,在绩效考核过程中及时提出有效的、有针对性的改进措施,进而促进组织目标的实现。

神东煤炭集团有限责任公司(以下简称神东公司)是国有大型能源企业,在能源改革不断发展的背景下,神东公司加大了对各单位的绩效考核,用以降本提效,促进企业健康发展。人力资源共享中心(以下简称中心)作为神东公司专业人力资源服务单位,与比较成熟的煤炭生产单位绩效考核体系相比,该单位自身的绩效考核工作基础比较薄弱,绩效考核发挥作用不强,考核促进提升的功能不明显,在实践过程中存在不少问题。绩效考核问题的存在导致了考核作用发挥不够,员工工作积极性不高,影响了该单位的整体绩效水平的提高。针对这些情况,中心需要对目前运行的绩效考核体系进行重新优化设计,让绩效考核管理体系更加符合工作需要,并加以有效实施。

1.2　研究意义

中心是神东公司专门从事社会保险、劳动关系等人力资源业务的职能单位。近年来,加强绩效考核管理已经纳入本单位的发展战略,单位领导希望通过考核,深化管理创新,发现工作中存在的实际问题,提高部门和个人的工作效率,从而带动中心整体绩效的提升。然而单位的绩效考核工作处于初级阶段,仍有不合理需要改进之处,在考核体系设计、考核标准建立、考核结果运用等方面都存在一定的问题，导致考核内容表面化、考核过程形式化、考核兑现效果差，绩效考核对提高工作效率、激发员工积极性、改善组织内部管理的作用小。如何有效开展绩效考核工作，设计出一套符合中心实际特点的绩效考核体系显得尤为重要。

2　中心绩效考核体系现状

2.1　绩效考核的对象、主体、周期

中心成立以来主要承担全公司“五险二金”业务、劳动关系业务、劳动定额定员写实业务、长假人员管理业务与离退休人员管理业务五大业务。中心从2013年开始实施内部绩效考核工作。单位的绩效考核管理工作起步晚，绩效考核建设进展缓慢，绩效考核管理体系基本上属于初级建设阶段，不论是体制建设还是考核指标选定等方面都存在着明显的不足，绩效考核促进中心各项业务的开展效果不明显。

中心现有绩效考核指标是根据公司下达的经营管控指标、主体责任等考核指标，结合单位自身实际业务与工作开展特点而设定的，各项考核指标分解责任落实到各部门进行考核。

考核对象：单位所有部门和员工。

考核主体：考核坚持“谁领导、谁负责”的考核原则，部门考核由中心绩效考核领导小组统一组织实施，部门内部考核由部门负责人组织开展。

考核周期：绩效考核领导小组每月对所有业务部门进行考核，部门内部也采用按月考核方式。

2.2　现有绩效考核指标内容

中心现行的部门绩效考核指标体系包括两部分内容，分别为核心业务考核指标和通用型考核指标，两者的考核比重均为50%，均衡考量。核心业务考核指标以部门主要业务指标的完成时限、完成质量为依据，每个部门有自己的核心业务考核指标；通用型考核指标以各部门和所有员工的日常工作标准为依据，所有部门共用一套通用型考核指标。现有考核指标与指标权重见表1。

表1　现有绩效考核指标类型与指标权重构成

考核指标名称	核心业务考核指标	通用型考核指标
指标权重	50%	50%

绩效考核指标与权重设定最初由绩效考核分管领导、绩效考核管理员与各部门负责人通过协商探讨共同完成。绩效考核指标自2013年开始运行后多年未进行修订，但是单位的部分业务职能、工作流程与岗位职责已经发生不同程度变化，目前考核指标已经不能完全满足中心的绩效考核管理需要。

2.3　现有绩效考核结果应用

中心现有绩效考核结果的应用简单、范围小。绩效考核结果兑现主要用于年度的奖惩，具体表现在考核结果与部门年度绩效奖金挂钩，考核结果与部门负责人年度考评挂钩，考核结果与评先选优、选拔任用挂钩。

3 绩效考核体系优化设计

3.1 绩效考核主体、考核对象、考核周期

考核主体:绩效考核主体依据“谁主管、谁考核”的原则设定,即部门由中心绩效考核领导小组考核、部门员工由所在部门负责人考核。

为了能够让考核更加公平、公正、公开,保证每月考核顺利进行,单位成立绩效考核领导小组。小组由 6 人组成。其中,中心领导 2 人(单位领导按月轮流参加 1 人,考核业务分管领导 1 人),绩效考核管理员 1 人,其余 3 人在各业务部门和退管所中轮流抽取。绩效考核领导小组组长由按月轮流参加的单位领导担任。具体考核领导小组职责分工明确,相互监督。

考核对象:中心绩效考核的对象为中心所有部门和在职员工。

考核周期:为更加准确、及时地反映工作完成情况,并做出有效评价,为下期工作提出有效指导,结合月发放工资情况,考核周期设定为月度考核,以增强考核的激励性和实用性。

3.2 绩效考核流程

如图 1 所示,中心绩效考核流程是一个有机整体,考核过程涉及考前准备、考核实施、考核反馈每个阶段,绩效考核不再仅仅是发现错误、进行奖惩的工具,而是服务于中心整体的发展战略,通过绩效考核发现问题、分析问题、解决问题,实现部门和员工的整体提升。

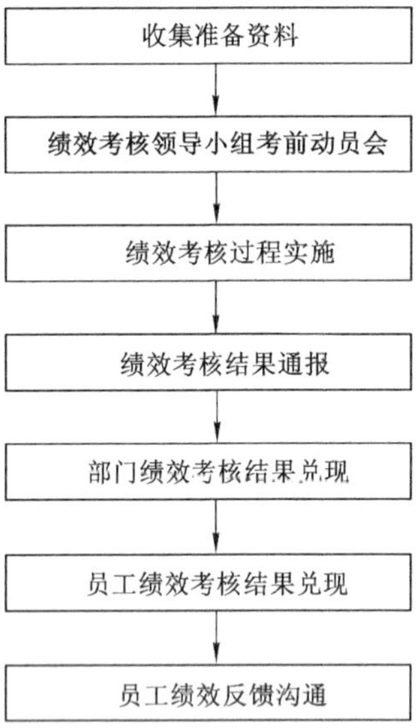

图 1　绩效考核流程

绩效考核的流程大致为:

(1) 收集准备资料。绩效考核管理员每月进行日常考核信息的记录与汇总,准备考核资料。

(2) 绩效考核领导小组考前动员会。在每月考核过程前,绩效考核领导小组组长主持召开考前动员会,强调考核注意事项和考核重点,布置落实本月考核重点内容和相关工作。

(3) 绩效考核过程实施。绩效考核领导小组对各部门核心业务指标、通用型指标、领导打分指标、督办任务指标等项目进行现场打分评价,并通过考核发现存在问题,提出合理化建议。

（4）绩效考核结果通报。绩效考核领导小组组长主持召开绩效考核通报会，通报本月考核结果，对存在争议扣分项目被考核者可以现场申诉，并对被考核者有疑义的考核内容进行解答。

（5）部门绩效考核结果兑现。绩效考核管理员将审定后的考核结果提交工资管理员，进行部门绩效奖金分配。

（6）员工绩效考核结果兑现。部门负责人根据当月部门考核得分情况，结合员工月度工作完成情况，进行员工绩效考核打分，并进行部门内部绩效工资二次分配兑现。

（7）员工绩效反馈沟通。部门负责人对本部门员工进行当月的绩效结果反馈沟通，说明存在问题，指明改正措施，明确下一步工作计划。

3.3　构建绩效考核体系

3.3.1　绩效考核体系构成

绩效考核体系由绩效考核指标体系和绩效考核评分体系组成。

（1）绩效考核指标体系

在确定绩效考核指标类型过程中，根据绩效考核体系的连续性保留了针对不同部门的核心业务考核指标、所有部门共用的通用型考核指标，并结合考核运行现状与调查问卷、专家访谈结果分析，新增加了领导打分考核指标与督办任务考核指标。所以，优化设计后的绩效考核指标类型共分为核心业务考核指标、通用型考核指标、领导打分考核指标、督办任务考核指标四方面。

（2）绩效考核评分体系

绩效考核评分体系包含控制过程评分、数量质量评分、时限评分三个维度，如表2所示。

表2　绩效考核评分体系

指标维度	主要指标
控制过程评分	以制度流程执行过程中需完成的工作转接等工作过程痕迹记录为依据
数量质量评分	以制度流程执行过程中需完成的数量与质量要求为依据
时限评分	以制度流程执行过程中完成的时间和效率要求为依据

3.3.2　关键绩效指标

关键绩效指标是由部门目标分解而来，要结合部门职能分析、工作岗位分析、工作流程梳理，进而确定每个岗位的关键绩效指标。关键绩效指标具体确定过程见图2。

（1）岗位工作分析

岗位工作分析是对具体的工作进行描述，为绩效考核工作提供翔实的第一手资料。岗位工作分析是一个全面、系统确认岗位工作性质和内容的过程，也是对岗位职责、工作内容、工作特性、岗位任务、工作要求应具备的资格条件所进行的分析和研究。

本文主要从以下三个方面进行岗位工作分析：一是对组织结构和部门职责进行分析；二是对工作内容、任务、职责以及员工承担本岗位任务应具备的资格条件进行系统分析与研究；三是对岗位人员要求进行分析。本文共对中心15个部门、46个岗位进行分析，建立具体岗位说明，并由此制定《人力资源共享中心岗位说明书》，详见表3。

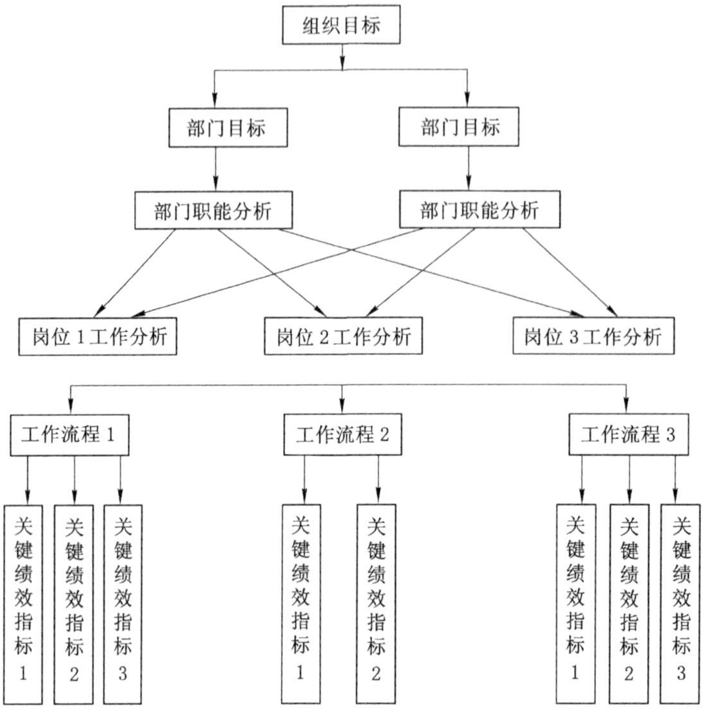

图 2　部门关键绩效指标确定过程

表 3　××岗位说明书

××岗位说明书				
一	岗位编码			
二	岗位标识			
1	岗位名称		所属职务序列	
2	所属单位		工作地点	
3	所属部门		岗位设置日期	
三	岗位设置目的			
四	工作关系（简要介绍该岗位的汇报关系）			
1	上级：	同级：	下属：	
五	主要职责、具体的工作内容与要求程度，并根据重要性进行排列			
序号	应负职责	履行的职责任务	是否标准职责	投入比
1				
2				
3				
4				
5				
六	任职条件（说明胜任该岗位所需要的基本条件）			

表 3(续)

序号	要素	具体描述	必要条件	期望条件
1	专业经验			
2	专业技术			
3	学历			
4	工作年限			
七	岗位特性(描述该岗位的特殊性,及与之匹配的技能)			
序号	子要素	具体描述	必要条件	所属要素
1	知识技能			
2	沟通难度			

(2) 工作流程梳理

明确固化工作流程,确定流程步骤与具体工作内容,规定工作时限、归纳工作过程,制作表单,匹配相关制度和系统,为绩效考核工作的顺利开展提供依据。考核人员可以遵循流程步骤,考察每一个步骤完成情况,实现过程管理。

共梳理中心所有岗位的 59 项工作业务流程(图 3 为劳动合同签订流程),明确岗位流程程序,用清晰易学的图形表达,并配备标准作业流程表,以明确流程内容、责任人与相关标准等内容。

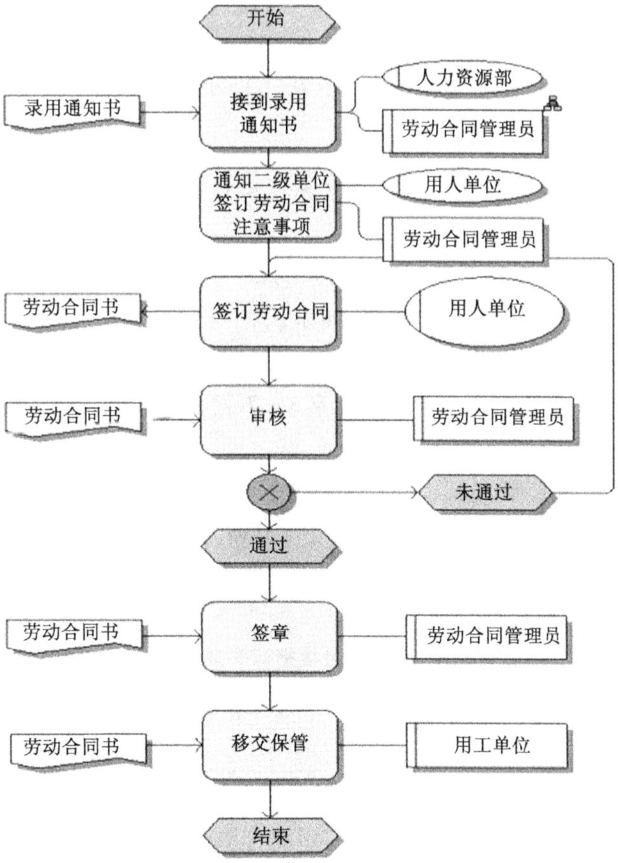

图 3 劳动合同签订流程图

标准作业流程表是对流程图的辅助和说明，说明流程名称、步骤名称、工作内容、责任部门/岗位、工作时限、相关表单等，对实现流程可视化、可控化，见表4。

表4　标准作业流程表

流程名称	××标准作业流程				
序号	步骤名称	工作内容	责任部门/岗位	工作时限	相关表单
1					

(3) 关键绩效指标的确定

由于被考核部门业务大类不同、考核指标繁多且复杂，不同类别人员对于考核内容与考核指标认识也不尽相同，因此，在绩效考核体系设计研究过程中邀请了绩效考核主管部门专家、同类型绩效考核专家、中心领导、部门负责人进行了访谈，让他们在明确本次绩效考核体系设计的思路和原则的前提下，掌握关键绩效指标确定方法，对每一项考核指标内容进行分析研究，发现缺漏项指标及时增补，对重叠或无意义指标内容进行删减，最终确定绩效考核指标内容。访谈法按照以下步骤进行：

第一步，专家认真阅读发放资料，不清楚或者有歧义的地方及时沟通，达成一致，确保专家明确中心绩效考核管理制度和关键绩效指标方法等内容。

第二步，召集专家探讨考核指标内容，明确绩效考核指标。在确定了一级考核指标的基础上，设定二级考核指标(考核业务大项)、三级考核指标(业务大项中具体考核项目)具体内容。

第三步，按照第二步骤，将每个部门、每项考核指标进行逐一讨论，增减、修订相关考核指标，确定每个部门的绩效考核指标内容。

第四步，专家对于选取后的考核指标根据重要性进行排序，任务重要的考核指标放在前面，明确考核指标重点。

第五步，按照中心整体考核指标的完整性、关联性，及时增补遗漏的考核指标，去掉与考核关联性小的指标，得到中心最终的绩效考核指标体系。

3.3.3　绩效考核指标权重计算

指标权重直接影响着最终绩效考核分数的呈现，不同的考核指标权重也反映着指标在工作内容与考核过程的重要程度与差异化要求。

3.3.3.1　一级考核指标权重计算

由于本次绩效考核体系优化设计为一级、二级、三级多层级考核指标结构，所以本文采用层次分析法确定各项考核指标权重。一级指标类型如表5所示。

表5　考核指标类型

考核指标名称	核心业务考核指标	领导打分考核指标	通用型考核指标	督办任务考核指标
代表字母	E1	E2	E3	加减分项

通过专家访谈法确定同一层次各指标的相对重要性来综合计算指标的权重系数，具体步骤如下。

(1) 构造判断矩阵

层次分析法在对指标的相对重要性进行评判时，引入了九分位的比例尺度，见表6。判断矩阵

A 中各元素 a_{ij} 为要素 i 与要素 j 重要性比较的结果。

表 6 相对重要性的比例尺度

甲指标比乙指标	极重要	很重要	重要	略重要	同等	略次要	次要	很次要	极次要
甲指标评价值	9	7	5	3	1	1/3	1/5	1/7	1/9
备注	取 8,6,4,2,1/2,1/4,1/6,1/8 为上述评价值的中间值								

用专家访谈法确定同一层次各指标的相对重要性，构造判断矩阵。

在判断矩阵 **A** 中，元素 $a_{ij}>0, a_{ii}=1, a_{ij}=1/a_{ji}$（其中 $i,j=1,2,\cdots,n$）。判断矩阵 **A** 是一个正交矩阵，对角线位置上的元素为 1，其两侧对称位置上的元素互为倒数。

(2) 权重及一致性检验的计算

将判断矩阵 **A** 的各行向量进行几何平均，然后归一化，得到的行向量就是权重向量。如表 7 所示，设 **A** 的最大特征根为 λ_{max}，其相应的特征向量为 **W**，则有 $\boldsymbol{AW}=\lambda_{max}\boldsymbol{W}$。层次分析法计算的过程如下：

① 判断矩阵每一行元素的乘积 M_i。

② 计算 M_i 的 n 次方根 W_i。

③ 对向量 $w=| W_1, W_2, \cdots, W_n |$ 归一化，$w_i = W_i / \sum_{i=1}^{n} W_i$ 即为指标权重。

④ 计算判断矩阵的最大特征根 $\lambda_{max} = \frac{1}{n}\sum_{i=1}^{n}\frac{(\boldsymbol{AW})_i}{w_i}$。

表 7 考核指标的判断矩阵、指标权重及一致性检验

A	E1	E2	E3	行之积 M_i	n 次方根 W_i	权重 w_i
E1	1	7	3	21	2.758 9	0.649
E2	1/7	1	1/5	1/35	0.305 7	0.072
E3	1/3	5	1	5/3	1.185 6	0.279
合计					4.250 2	1

$$\boldsymbol{AW}=\begin{bmatrix}1 & 7 & 3\\ 1/7 & 1 & 1/5\\ 1/3 & 5 & 1\end{bmatrix}\begin{bmatrix}0.649\\ 0.072\\ 0.279\end{bmatrix}=\begin{bmatrix}1.99\\ 0.22\\ 0.855\end{bmatrix}$$

⑤ 一致性检验。

层次分析法会受到人为主观判断和客观事物影响，为了保证数据的真实性、可靠性需对矩阵做一次性检验。引入检验指标 CI：

$$CI=\frac{\lambda_{max}-n}{n-1}=\frac{3.064\ 9-3}{2}=0.032\ 45$$

引入平均随机一致性指标 RI 值，判断矩阵是否具有满意的一致性，如表 8 所示。

表 8 平均随机一致性指标 *RI* 值

阶数	1	2	3	4	5	6	7	8	9
RI	0	0	0.52	0.89	1.12	1.26	1.36	1.41	1.46

查找平均随机一致性指标 RI，$n=3$，对应的 $RI=0.52$。

$\frac{CI}{RI}=\frac{0.032\ 45}{0.52}=0.062\ 4<0.1$，说明判断矩阵具有满意的一致性，所以一级考核指标的权重近似为 $w_E=(w_1,w_2,w_3)=(0.65,0.07,0.28)$。

考核指标类型与指标权重，如表 9 所示。

表 9　考核指标类型与指标权重

考核指标名称	核心业务考核指标	领导打分考核指标	通用型考核指标	督办任务考核指标
指标权重	0.65	0.07	0.28	加减分项

3.3.3.2　二级、三级指标权重计算

二级、三级指标权重计算与一级指标权重计算方法相同，本文不再进行赘述。

3.3.3.3　通用型考核指标

通用型考核指标按常用工作标准要求制定，所有业务部门均要按照相同的考核标准执行。通用型考核指标（一级指标）分值占总考核分数的 28%。

3.3.3.4　领导打分考核指标

部门分管领导对分管部门月度工作完成情况和完成质量、责任担当、内部管理、管理创新、临时督办任务等内容进行考核评价，领导打分考核指标（一级指标）分值占总考核分数的 7%。

劳动关系科绩效考核指标的一级、二级、三级指标权重如表 10 所示。其余科室计算方法相同，本文就不再进行详细论述。

表 10　劳动关系科绩效考核指标权重

一级指标及权重	二级指标及权重	三级指标及权重
核心业务考核指标 0.65	合同管理 0.58	合同文本规范 0.54、劳动合同签订 0.274、劳动合同续签 0.123、合同台账 0.063
	人事档案 0.31	建立员工档案 0.389、档案借阅查询 0.389、资料归档 0.153、档案系统 0.069
	劳动纠纷 0.11	劳动争议案件受理 0.389、案件跟踪 0.389、政策咨询解答 0.153、案卷整理归档 0.069
通用型考核指标 0.28	工作标准 0.48	规章制度 0.571、工作要求 0.286、业务流程 0.143
	工作纪律 0.26	内部考核 0.595、反馈沟通 0.277、服务评价 0.128
	党政工团 0.11	党建工作 0.682、纪检监察 0.236、工会工作 0.082
	日常业务 0.1	女工工作 0.429、团青工作 0.429、公文会议管理 0.142
	管理创新 0.05	精益管理 0.692、创领文化 0.308
领导打分考核指标 0.07	工作任务 0.652	结果评价 0.613、办事效率 0.387
	内部管理 0.218	过程监控 0.308、结果评价 0.692
	责任担当 0.130	责任意识 0.452、团队建设 0.548

3.3.3.5　督办任务考核指标

业务部门在工作中会承担不可预见、临时安排的紧急临时工作任务，需要限时整改的任务或者单位会议研究确认为督办的其他工作任务。针对这几种任务，需制定督办任务考核制度，具体考核指标见表 11。考核分值属于增减分项，具体为±1 分/项、±3 分/项封顶。

表 11 中心部门任务督办表

人力资源共享中心任务督办表		
督办任务	交办任务	
	具体承办要求	
	办理时限	
事前确认	主办部门负责人 （签字）	
	主办部门领导 （签字）	
实际办理情况		
结办确认	主办部门负责人 （签字）	
	主办部门领导 （签字）	
	中心主任 （签字）	
备注	1.此任务督办表主办部门、绩效考核领导小组各执一份。 2.督办任务得分将在中心月度工作会上由考核领导小组按照任务督办表的具体内容进行考核评定	

3.4 绩效考核结果的应用

绩效考核的结果可应用于：

（1）作为员工绩效持续改进的主要依据。

部门负责人随时收集员工日常工作绩效表现，对绩效考核结果进行分析，与员工共同商定绩效改进计划和措施并予以实施。通过考核，员工明确自己工作和技能中存在的不足，实现自我认知、改进、发展、提升。

（2）作为各部门薪酬二次分配、评先选优的主要依据。

采取“奖罚两头，触动中间”的绩效考评结果应用模式，适当的薪酬分配差距能够激发员工的工作热情，形成你追我赶的积极动态，部门制定与绩效考评结果相挂钩的薪酬二次分配及评先选优管理办法，真正体现“按劳分配，效率优先”的原则，督促员工上进提升，表现良好的员工得到实惠，实现多劳多得，充分体现考核的激励作用。

（3）作为对员工进行提升性培训的主要依据。

根据绩效考核结果，可分析影响员工绩效的主要原因，提出有针对性的培训需求，有效制订培训计划。通过培训弥补员工业务短板，提高员工综合素质，提升员工专业知识技能，促使员工能力与岗位职责相匹配。

3.5 绩效结果反馈沟通

针对调查问卷中反映出的部门绩效反馈沟通欠缺，部门负责人没有将有价值信息进行有效传递，员工也希望通过领导反馈得知自己工作的优缺点，提出下一步工作计划和改进建议。针对此种诉求，本文把绩效反馈沟通作为绩效考核过程的重要组成部分。为保证绩效反馈沟通能够严格执行，发挥其应有作用，将反馈沟通项目列入部门通用型考核标准，每月对完成情况进行考核，并设计中心员工绩效沟通反馈表，详见表12。

表12　中心员工绩效沟通反馈表

人力资源共享中心员工绩效沟通反馈表				
访谈人			考核期间	
部门		岗位		被访谈人
计划（本月目标及要求）	序号	工作重点	阶段目标	定量指标目标值
结果（完成情况评议）	序号	岗位职责履行	工作过程分析	工作结果说明
改进（改进计划及措施）	序号	存在不足	改进计划及措施	
评价及改进意见				

部门负责人签字：　　　　　　员工签字：　　　　　　时间：　年　月　日

4　中心新旧绩效考核体系对比

对比新旧绩效考核体系，发现新绩效考核体系优势明显，主要表现为新绩效考核体系考评内容更加具有完整性、新绩效考核体系考核指标设计更加具有可操作性、新绩效考核体系考评过程更加具有公平性、新绩效考核体系考核结果反馈沟通更加具有及时性、新绩效考核体系考核结果薪酬兑现更加具有激励性。为了可以更加直观地进行绩效考核体系优化前后差异对比，设计绩效考核体系优化设计前后对比表，见表13。

表13　绩效考核体系优化设计前后对比表

对比内容	优化设计前	优化设计后
指标类型与权重	核心业务考核指标（50%）、通用型考核指标（50%）	核心业务考核指标（65%）、通用型考核指标（28%）、领导打分指标（7%）、任务督办指标（加减分项）
业务指标确定	绩效考核管理员与部门负责人商讨确定	基于工作岗位分析、业务流程梳理、关键绩效指标的基础上确定
对部门考核实施主体	固定式，考核分管领导、绩效考核管理员	半固定式，考核分管领导、绩效考核管理员，轮流抽取人员
考核结果反馈	无、偶尔	月度
考核结果兑现周期	年度	月度
考核结果薪酬兑现	每月部门人均绩效薪酬不兑现	按照人均500元/月提取，进行绩效考核结果兑现

5 结论

绩效考核是绩效管理中的重要组成部分，是整个绩效管理体系的核心，制定一套符合企业自身特点的绩效考核管理模式显得尤为重要。本文通过分析神东公司人力资源共享中心绩效考核体系现状，发现其绩效考核体系存在的问题，重新优化设计出符合人力资源共享中心实际特点的绩效考核体系，优化后的绩效考核体系更加具有科学性、系统性、操作性。公司人力资源共享中心作为业务职能单位，现行考核体系存在不足，考核体系的优化设计具有一定的现实意义。

参考文献

[1] 曹红月.人力资源管理理论和实务[M].北京：对外经济贸易大学出版社，2015.
[2] 廖芳.HW公司中基层员工绩效考核体系优化研究[D].南昌：南昌大学，2012.
[3] 刘明.能源集团企业绩效考核体系研究探讨[D].广州：暨南大学，2015.
[4] 刘世泽.JZ银行绩效考核方案设计研究[D].哈尔滨：哈尔滨工程大学，2012.
[5] 娄芸.创建有效的绩效考核制度[J].嘉兴学院学报，2002，14(增刊1)：61-63.
[6] 王丹.国企绩效考核管理的现状与改进办法研究[J].现代商业，2011(8)：134-135.

浅谈国企转型人员安置及人才队伍建设

杨艳阁

（神东煤炭集团矿业服务公司，陕西 榆林 719315）

摘　要　新兴能源行业的兴起，使得传统能源的煤炭行业部分产能被替代，煤炭企业逐渐出现产能过剩的情况。作为传统煤炭能源行业的国企，为了让企业可持续发展，企业转型是较好的发展方向。作为拥有数万名员工的国企，任何一项改革创新波及的首先是人员，而企业转型，面临的首先问题是人员安置问题，而这一问题，往往也是企业领导较为头疼的问题。如果处理不好，会引起人员动荡，给企业带来负面影响及经济损失。同时，人才资源是第一资源，是企业的生命之源和命脉。企业需要提升竞争力和实现发展战略，就要重视人才队伍的建设和管理工作。本文主要从国企转型过程中人员的安置，以及人员安置存在的问题和解决措施，企业可持续发展的人才队伍建设的重要性和措施方面，提出几点看法。

关键词　国企转型；人员安置；人才队伍建设

1　国企转型人员安置的途径

随着社会的发展，环保意识的提升，清洁能源的改造，以及生产力的提高，煤炭行业作为一种传统能源的行业出现产能过剩的情况，而应对这种问题，企业转型才是企业更好发展的途径。国企转型过程涉及人员结构调整问题，企业需要对富余人员进行安置。企业转型过程中只有解决好人员安置问题，才能保障企业稳定有序发展。煤炭企业人员安置主要有以下几种途径。

（1）企业内部分流

煤炭企业转型过程中，因缩减产量矿井关闭或者撤销分支机构会出现工作人员闲置。对于富余人员首先可以考虑进行内部分流，如分流到新开矿井中，或分流到机构改革后人员不足的机构部门，或者分流到新兴板块行业。还可以通过与集团公司进行沟通交流，通过应聘的方式，转岗到集团公司内部其余子公司任职，有卓越业绩的管理人才还可以通过股份公司内部其他集团公司招聘的方式，到更大的平台施展才能。

（2）内部退养

企业可以挑选一批接近退休年龄且不适合一线工作的职工，执行内部退养的政策。内部退养政策要坚持以人为本、自愿原则，退养待遇合情合理，不至于使内部退养的人员存在生活方面的困难，同时企业工会也要对执行内部退养政策的职工多加慰问和安抚，并发放一定的福利。

（3）鼓励职工选择新的工作岗位

企业可以成立劳务派遣公司，为职工寻找新的岗位提供途径和资源。对于转型过程中的富余人员，不想从事本行业工作，想重新选择工作岗位的，可以对其进行岗位技能培训，参与社会单位招聘，寻找更好的就业机会。多一次选择多一次机会，未尝不是一件好事。

2 人员安置存在的问题及解决措施

2.1 人员安置存在的问题

（1）职工分流需要全盘筹划

企业转型过程中，一方面以前的部分业务板块可能面临压缩人员或者业务板块被取缔，造成一部分职工需要进行分流，而从事本专业工作长达数十年的职工，需要有相应的部门岗位进行安置，不管是转岗还是本岗位，都需要进行系统筹划，合理安排，既要使职工能充分发挥自己的管理水平和技能，又不给企业带来人力资源过剩的问题。同时在企业转型过程中，需要开拓新的市场，发展新的业务板块，这方面的人员安排除了招聘专业人员外，也需要充分利用本企业分流职工。如何将他们原有的技能与新业务新岗位衔接，也是需要人力资源部门着重研讨的工作。分流职工的安置，是一项非常重要且需要慎重的事情，工作量极大极繁杂。

（2）劳动关系处理较复杂

企业与员工的劳动关系错综复杂，正常退休、离职人员的劳务关系解除都需要一段漫长的时间进行档案的调动、“五险一金”的转移等。而企业转型过程中对富余人员的劳动关系的解除更是繁杂，同时也难保在劳务关系解除过程中出现索赔的经济纠纷。所以，劳务关系解除过程中，一定要依法合规，并尽量照顾离职员工的情绪，关注职工的利益和发展。

(3)转岗人员和退养人员的待遇问题

企业员工不同岗位不同级别一般都执行不同的薪资标准。富余人员进行转岗的，由于企业暂时性的岗位限制和缩减，可能存在转岗后级别降低的情况，因此企业转岗人员往往都会有情绪波动的情况。一般国企对这种转岗的薪酬待遇都会执行原岗位薪酬，以免转岗人员存在落差感。同时，对于内部退养人员，因几十年从事本行业的工作，接近退休年龄时，理论学习和新技能学习能力较弱，离开本行业也无法从事新的行业，即使走向其他工作岗位也只能从事一些基础性的低薪酬工作。虽然内部退养执行自愿原则，但内退后的收入明显缩减，甚至处于无薪酬状态，生活水平势必大打折扣，如若还存在较大开支的情况时，更是如履薄冰。

2.2 人员安置存在问题的解决措施

人员安置问题是多数领导头疼的问题，关系到民生质量和企业稳定，解决好人员安置问题，也是企业领导在国企转型过程中的头等大事。为了避免在人员安置过程中出现问题措手不及，可以从以下几个方面采取措施。

首先，可以设立人员安置管理中心，制定管理办法，定岗定职，责任到人。人员安置管理中心与人力资源部对接，对企业人员进行全面梳理，清点出富余人员。同时列出企业新增业务板块需新增人员清单。

其次，人员安置管理中心制定企业转型人员安置管理办法，并经董事会研讨决定后下发。人员安置管理中心与人力资源部通过对人员的初步侦查筛选，并通过面谈、电话访谈等多种方式，与需要安置人员进行交流沟通，了解他们的想法、思想动态及初步意向，根据企业转型人员安置管理办法结合员工意向，拟定人员安置初步计划，比如内部分流、转岗、内部退养等。计划拟定后报公司领导审核，并经职工本人同意后确定实施。对于个别不服从组织安排的职工，从多方面进行沟通交流和安抚，以人为本，协商解决好相关遗留问题。

再次，建立安置人员培训及奖励机制。对需要进行新岗位新技能培训的人员，企业应做好培训工作，可以由内部专家进行培训，也可以邀请外部专家进行培训。经过培训让员工更有自信走向新的岗位。同时建立奖励机制，对在服从企业安排和新岗位创能创效方面表现良好或者成绩卓越的，给予一定的奖励。

最后，人员安置管理中心还需要对安置人员进行一段时间的跟踪访谈，了解他们转岗或退养后的思想动态及发展情况，使员工确实感到家的温暖。对确需企业给予援助的人员，应及时给予帮助或反馈。

3 人才队伍建设的重要性

人才兴则企业兴，人才强则企业强。加强企业人才队伍建设，增强企业人才优势，无论对企业做强做大还是对企业转型，都非常重要。

(1) 迅速培育新进员工为企业输入新的血液

学生在高校学到的普遍是理论知识，工作技能实践较少。员工进入企业后，主要还是靠技能实践操作。如何将理论知识运用于实践中，如何迅速了解工作内容及工作要点，融入工作环境，如何迅速提升业务水平和实践能力，是企业需要考虑的问题。通过师带徒、业务培训等人才队伍建设的管理制度和体系，迅速培育新进员工，为企业增添新的人力资源。

(2) 企业提升竞争力的强有力手段

企业要想提升竞争力，关键靠人才。科技研发需要研发人才，技术难题攻关需要技术人才，企业经济效益评价需要财经人才，企业营销及文化宣传需要营销人才。企业的核心竞争力就是人才，只有培养好人才，运用好人才，不断提升企业软实力和硬实力，才能可靠实现企业战略，实现企业跨越式发展，让企业做强做大。特别是传统型企业在转型时，更需要专业性人才施展才能，攻坚克难，勇往直前，为企业开辟新的征程和道路。

(3) 企业要树立以人为本的理念

科学发展观的核心是以人为本，企业可持续发展的核心竞争力也是以人为本。煤炭企业打造"家"的文化理念，也是希望远在千里之外偏远地区的矿井工人体验到家的温暖，更好地完成企业项目、建设祖国家园。以人为本就是要尊重人权、理解人性、关心人情，并充分了解员工的需求，促进员工的全面发展，在更好地实现了人的价值的同时，实现双赢。以人为本，企业才能可持续发展，才能更好地增强企业凝聚力。企业要将以人为本落到实处，首先要通过人才队伍建设，关注青年干部成长，使员工感受到大家庭的温暖，感受到企业培养人才、重视人才、珍惜人才的文化气息，员工才会心甘情愿为企业贡献自己最大的价值。只有员工都紧密团结在以企业利益为核心的组织里，企业才会像一把利刃，所向披靡。

4 人才队伍建设措施

(1) 后备干部采用人才梯队建设

为了更好地培养选拔优秀的人才，公司中层以上后备干部可以采用台阶式的梯队建设的模式。从各业务板块精选优秀的年轻干部，建立后备人才库。人才库按照第一梯队、第二梯队、第三梯队的梯队方式建立。每一梯队从年龄、学历、职称、专业技能等各方面设立条件，符合条件的人员方可纳入后备人才干部备选范围。纳入中层以上后备人才库的名单，由公司中层以上的干部进行投票选举，最终经会议研究决定。对纳入中层以上后备干部人才库的人员，进行多种方式精心培养，不断提升其职业素养和业务水平，使其更好、更迅速地达到岗位提升要求。要求后备人才不断加强自身学习，提升业务水平，并定期进行总结，分析自身存在的不足之处及需要进一步提升的技能，以及后续拟采取的改进措施，将工作总结形成报告，报人力资源部备案。公司可以组织相关业务部门，对后备人才进行专业培训或组织后备人才到其他同行业单位进行对标学习，以迅速提升其业务水平，也可以采用网络学习方式对后备人才进行远程培训。为了让后备人才得到更全面的锻炼，可以让后备人才进行轮岗，通过不同岗位的实践，提升其对业务全面整体的把控性。领导也要定期找后备人才谈话，了解后备人才的思想动态及业务提升情况，体现领导对职工的人文关怀。同时对后备人才进行定期考核，考核合格的方可继续留在后备干部人才库，不合格的应该从人才库名单中移除。通过建立后备干部人才库，使优秀的年轻干部早日得到提拔任用。

(2)加强专家级人才队伍建设

人才是企业存亡的关键。作为传统企业，能否转型成功并立于不败之地，人才很重要，对专家级人才更要视若珍宝。企业应建立专家级人才库及其管理制度。评选专家级人才时，要采取公平、公开、公正的原则，同时要注重业绩、理论与实践相结合的原则。专家级人才要有一定的专业能力，同时也要定期考核，将业绩与薪酬挂钩，确保专家级人才的质量。专家级人才库可以按专业进行分类，如技术类、文宣类、财经类等。对于不同类型的专家设立不同的门槛，由公司组建专家级人才评选小组，小组成员由公司领导层及主要中层干部确定，通过公司评选小组进行评选并以会议研究公示名单的方式确定专家级人才库。能评选为专家级人才的，需要在本专业领域内有突出贡献或业绩，曾在一线生产实践中组织过大型的施工生产，或者参与过技术方案的编制，解决过关键难题，并取得显著效果；或者在新技术、新工艺方面有自己的成果，能努力钻研，运用自身的技能解决关键性难题，专业性较强，能迎难而上。对于评选出来的专家，采取聘任和考核制，按年度进行考核，对考核不称职的，可以进行解聘。对于聘任的专家，每月发放一定的专家费用。

(3) 加强业务人员培训

为了不断适应现行企业管理模式的改变，满足公司规模化发展的需求，进一步强化公司管理规范，提升业务人员水平，应加强对业务人员的培训，做到培训全面化、全员化。企业每年年初制订各部门培训计划，年末进行培训总结。培训可以采取多种方式，如公司各业务部门编制好课件，安排好课程，分业务口分批次组织业务人员到机关统一进行培训；也可以挑选入职一两年的新职员在机关进行轮流培训，培训期为两个月或三个月，经培训合格后即可派驻井区或分部担任业务骨干人员；还可以采取信息化网络的方式，由各业务部门录好网课，现场业务人员通过网课进行学习或通过师带徒的方式进行培训，由部门领导或骨干人员在工作实践中定期或不定期地对新进员工进行业务知识和实践操作培训，并做好培训记录。

(4) 培养国际市场综合人才

随着国力增强和创新性技术发展，拓宽业务、开拓国际市场已经成为一种趋势。然而面对国际市场的工作环境、语言环境、政治经济环境纷纭变幻及人力物力资源短缺等各种复杂的客观因素，煤炭企业更需要一批国际市场综合人才。这方面的人才除了直接招聘外，还需要企业内部培养。现在已经有不少的国企把市场拓展到海外，并通过海外平台开始培养一批国际市场综合人才。通过人才的培养、品牌的建立，迅速拓展海外市场。

人才队伍的建设要把握重点，平稳推进，使其阶梯式发展，而不要出现断崖式现象。只有整体提升企业全员的业务能力水平和职业素养，企业才有足够的人力资源，才能不断发展强大，永立不败之地。

参考文献

[1] 王静.我国煤炭产能退出最优规模与经济影响研究：基于 CCMS 仿真平台[D].徐州：中国矿业大学，2016.

[2] 尹蔚民.专业技术人才队伍建设与管理[J].中国劳动社会保障出版社，2012.

基于全面定额量化的薪酬管理改革在大型煤炭企业的探索实践

——以国能神东煤炭集团有限责任公司为例

郝熙春，杨慧，孙占朋

（国能神东煤炭集团有限责任公司，陕西 榆林 719000）

摘 要 国能神东煤炭集团有限责任公司在深入推进三项制度改革中，坚持问题导向和目标导向，重点突出效率提升和能力建设两个方面，以劳动价格杠杆驱动价值创造，不断夯实劳动定额标准、岗位薪酬标准、员工业绩衡量标准三大基础体系，做精、做实、做细绩效管理闭环，不断强化劳动定额与生产计划、资源配置、定员定编、劳动组织、科技创新、工效提升等领域多层次的深度融合，逐步探索构建高效运行的一体化信息平台，形成以全面定额量化管理为抓手的薪酬改革模式，推动工资收入能增能减机制的有效落地，并取得了良好的效果。本文以国能神东煤炭集团有限责任公司为例，对基于全面定额量化的薪酬管理改革进行深入探究，为其他煤炭企业推进薪酬管理改革提供实践指南。

关键词 全面定额量化；价值创造；管理闭环；岗位评价；能增能减

0 引言

定额管理，作为煤炭企业一种最为常用的管理方法，却在近年来的实际应用过程中令无数企业遇到了前所未有的苦恼。市场变化带来的生产方式变革、经济社会发展对员工个性的影响、法制不断健全引发的管理矛盾等，使传统的定额管理管理方法面临诸多新的挑战。

2013 年以来，煤炭行业增长放缓成为新常态，国家层面推动了供给侧结构性改革，煤炭去产能、降成本、补短板成为主基调，煤炭企业效益急速下滑，成本管控压力剧增，“三项制度”改革迎来新的挑战。面对微利与不断攀升的劳动力成本，如何使定额管理焕发新的活力，消除员工的不公平感，深化收入分配制度改革，激发员工的主动性和创造性，改善和提升人力资源管理效能，为企业创造更大的价值，成为煤炭企业管理层亟须解决的一项核心问题。国能神东煤炭集团有限责任公司（以下简称“神东公司”）实行的全面定额量化管理，在全国煤炭企业中开创了先例，通过推动工资收入能增能减机制的建设，激发组织和个体活力，有力推进了企业高质量健康发展。

1 管理内涵

1.1 基本概念

定额管理是关于定额制定、执行、协调、控制等一系列活动的总称。需要通过周密的调查研究，对企业生产经营活动进行科学分析，并计算各种耗费的数据，确定合理标准，以不断提高企业经营管理水平[1]。

量化指的是目标或任务具体明确，可以清晰度量。科学合理的定额标准体系是工作任务实现量化的基础和表现形式。对此，神东公司创新性地提出了采掘定额计件、辅助业务量化计件、工作量包干、岗位包干等薪酬结算分配方式。

1.2 基本内涵

全面定额量化管理的基本内涵即以标准为基，以精益为纲，激活个体，久久为功，构建和谐共赢的价值创造新机制。神东公司结合发展实际开展全面定额量化管理，建立劳动定额标准、绩效标准和岗位价值标准三大标准体系，以持续优化的精益思想为纲领，积极推行以全面量化包干结算分配为核心的劳动价格结算体系，从根本上解决分配关系对生产效率和激励效果的制约，形成以业绩贡献和价值创造为导向的弹性分配考核体系，同时将企业文化与定额量化理念有机融合，激发员工个体的价值创造能力，被动变主动，实现双效优先，从而消除无效劳动，降低人工成本，提高劳动效率，不断提升定额量化管理的科学化、精益化水平，最终达到员工和企业的利益共赢[2]。全面定额量化管理体系如图1所示。

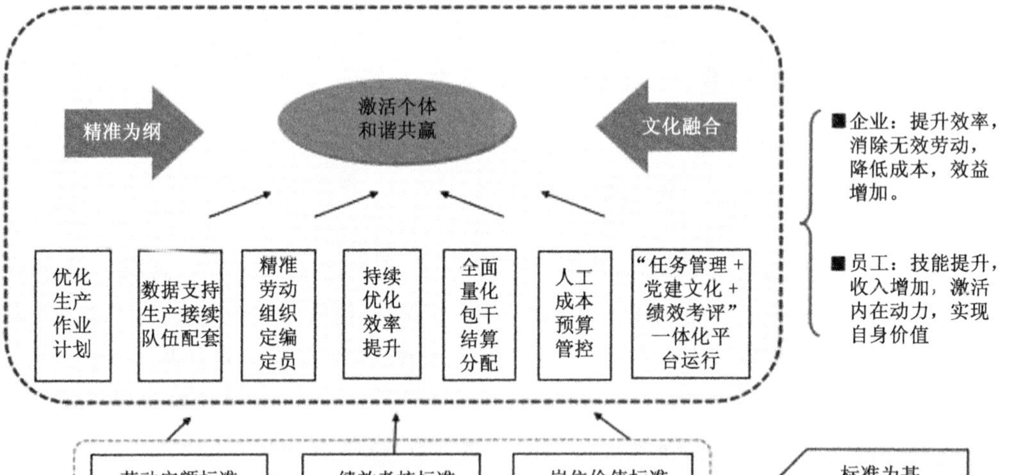

图1 全面定额量化管理体系

1.3 “11621”全面定额量化管理目标

第一个数字“1”：确定一个发展方向，即努力把神东公司定额管理体系打造成中国煤炭行业定额管理方面的一个标杆。

第二个数字“1”：构建一个标准体系，即逐步构建和完善一个适合神东公司的定额标准体系。

第三个数字“6”:实现定额管理体系在至少六个方面的应用。一是为公司提供生产作业计划编制、下达考核指标,提供数据支持;二是为公司生产接续、设备配套、队伍配置提供数据支持;三是为公司劳动定员、定编工作提供数据支持;四是为公司薪酬管理、员工绩效管理提供数据支持;五是为公司提升劳动效率、减员增效提供数据支持及合理化建议;六是为公司各基层单位实施计划管理、劳动组织、绩效考核、工资分配等提供参考依据,实现定额管理理念的落地和深入贯彻。

第四个数字“2”:构建两大管理信息系统,即建立定额标准信息系统和应用管理系统。一是依托信息化平台,实现劳动定额标准制定及修订的常态化和自动化;二是利用信息化手段,实现定额标准在薪酬结算与分配、用工组织、作业计划编制等多方面中的运用。

第五个数字“1”:打造一支富有战斗力、创造力、高素质的专业化队伍。

2 主要做法

2.1 建立劳动定额标准体系

神东公司落实定额管理工作,遵循集中管理与分级管理相结合的原则,自上而下着力构建“五层四级”劳动定额标准体系[3]。

(1) 建立公司层面的基础劳动定额标准和管理体系。

成立劳动定额定员写实大队,通过现场跟班写实,及时了解和掌握生产条件、工人操作熟练程度、工时利用情况、设备运行状态、材料(配件)供应等情况,对写实数据整理分析,并运用技术测定法、数据统计法、工作日写实法等,结合历史数据资料及有效工时利用情况拟订劳动定额标准。

公司逐步建立基础定额标准,开展典型定额研究,做到工时消耗设计依据充分;选取典型代表工种(如劳动强度大、工作环境差的工种等)进行专题研究,做好排序,尝试解决典型岗位工种工时消耗设计标准化,并持续开展工时利用率的研究。目前,神东公司已形成公司级劳动定额标准63 019项[4,5]。

(2) 构建“五层四级”劳动定额标准体系,不断夯实定额基础。

神东公司在公司层面劳动定额体系构建成熟的基础上,不断加强基层单位劳动定额体系建设工作,按照劳动定额体系建设目标,通过内部组织现场写实、经验研讨等方法陆续建立了矿级、区队级劳动定额标准。神东公司共形成矿级劳动定额标准 29 535 项,区队(班组)级劳动定额标准 152 586 项,逐步构建一个适应神东公司实际的横向到边、纵向到底的“五层四级”劳动定额标准体系。

2.2 建立岗位薪酬标准管理体系

神东公司通过工作分析,对岗位、任职资格体系进一步规范和梳理,将岗位与人才科学链接,根据业务需求设置组织机构和岗位,明确岗位的技能和资质要求,力求因岗设人、事择其人、专业对口、人岗匹配,打造了一套行业特色鲜明的岗位标准化管理体系,为实现个人与组织的同步提升奠定了基础。

同时,神东公司统一岗位设置。区分出基准岗、标准岗位与现有岗位三个层次,按业务系统统一了基层单位岗位设置,严格岗位编制。其中基准岗位为部门根据职能应设置的岗位最小数,共计2 438个;标准岗位为神东公司现有组织设置的最低标准岗位设置,共计 3 292 个;现有岗位为神东公司现有且在编制范围内根据分工确定的岗位,共计 3 932 个。

通过岗位价值评价，神东公司建立了以岗位价值为付薪依据的基本理念，截至目前对 2 132 个标准岗位进行分层分类的组织岗位评价，最终形成了 155 个标准薪酬区间。同时，对 25 家二级单位 283 个区队开展了岗位细分再评价工作，形成层次清晰、导向鲜明的薪级体系，有效保证了内部公平性和科学合理性，逐步构建了以岗位价值、专业技能、员工绩效为付薪要素的“3P”全面薪酬管理体系。

2.3 构建组织绩效与员工绩效双融合的绩效标准体系

员工绩效管理是企业经营管理的一项重要工作，是提升企业经营管理水平的重要抓手，是推动三项制度改革的重要基础，也是落实企业发展战略、不断提升员工能力素质的重要载体。目前，神东公司已形成了“公司—矿—区队—班组—员工”的“五级四层”考核体系，从组织绩效延伸到了员工绩效，实现了组织绩效与员工绩效管理的双融合。

以公司“一领三创”绩效考评体系为基础，结合员工岗位说明书中的工作职责及衡量标准，积极借鉴平衡计分卡（BSC）、目标管理法（MBO）等科学方法和手段，将组织目标分解落实，保证目标的连续性和一致性。明确每个岗位分解后得到的核心指标，即为每个岗位的关键业绩指标，将组织绩效有效落实分解到员工绩效。

2.4 加强协同配合，全面梳理，形成基层单位年度计划工作量清单

2016 年以来，神东公司通过多次矿井现场调研及组织专题研讨会，与业务部门、矿井单位共同完成矿井所有业务工作量清单梳理工作，共梳理包含采掘、辅助机运通等 4 大项、44 小项业务，为实行定额计件量化包干结算分配做好工作量确认准备工作。

其中，梳理形成采掘业务 2 项，主要包括综采、掘进业务；工作量包干业务 23 项，包括矿井排水、供电、胶带机运输等业务；辅助量化业务 9 项，包括砼底板、管路安装回撤、锚索补强、密闭施工等业务；岗位包干业务 9 项，包括机关、各区队管理岗位等。

2.5 创新定额成果应用，构建形成以全面量化包干结算分配为核心的劳动价格结算体系

在构建完善劳动定额体系和梳理完成矿井工作量清单的基础上，经过调研、研讨，神东公司形成了《矿井全面定额计件量化包干实施方案》，构建了完整的劳动价格结算体系，明确了公司层面全面定额量化包干结算规则。根据业务性质，将矿井业务分为四种结算类型，分别为：采掘定额计件、辅助业务量化计件、工作量包干、岗位包干。

（1）采掘定额计件总额测算

采掘定额计件总额测算适用于矿井综采、综放、巷道掘进、旺采等业务，以采掘定额为基础，结合采场条件、设备配套、采掘区队定员、产量、进尺等测算年度总额。根据各矿井已揭露和预测的采场条件及参数、设备配套、劳动组织、定员等参数测算各采掘面定额计划，结合计划任务量测算各采掘面生产饱和度及综采、掘进饱和度结算比例。根据综采、掘进饱和度结算比例，分别测算综采队、掘进队工资总额。

（2）辅助业务量化计件总额测算

辅助业务量化计件总额测算适用于砼底板、喷浆、密闭、管路安装回撤、缆线安装回撤、锚索补强支护、锚杆支护等业务，按照年初核定的计划任务量，结合劳动定额标准测算工数，按对应的工日单价测算年度总额。

（3）工作量包干总额测算

工作量包干总额测算适用于矿井机电队、运转队、通风队、车队等，具体包括胶带运输、排水、供电、车辆运输、瓦检、测风测尘、监测监控、仪器发放标校、主通风机、水处理、机修、零星工程等业务。以年初核定的工作量为基础，结合劳动定额标准、生产班次核定总工数，按对应的工日单价测算年度总额。

(4) 岗位包干总额测算

岗位包干总额测算适用于矿井机关管理人员、区队管理人员、保安等，按核定的岗位人数结合岗位薪酬标准和综采、掘进饱和度结算比例测算年度总额。

2.6 以精益为纲，成功发挥了定额管理在各项生产经营活动中的应用

神东公司全面定额管理体系以精益思想为纲领，充分实现了在各项经营活动中的应用，对企业价值创造起到了积极的作用[6]。

一是为公司提供生产作业计划编制、下达考核指标提供数据支持，公司生产管理部门严格参照定额水平确定各掘进区队进尺计划[7]。

二是不断加大新工艺、新设备的投入力度，减少井下施工人员数量，降低员工劳动强度，如推广应用掏槽机、掘进皮带集中控制、井下自动排水和变电所无人值守，推行数字矿山的建立及相应专业调度体系，实现了区域煤矿生产优化排程，构建了面向区域的现代化煤矿生产运营指挥体系，达到了减人增效、提高煤矿安全管理水平的目的[8]。

三是使公司劳动定员定编工作更加精准，各矿井、设备维修中心、皮带机公司、生产服务中心等都严格按劳动定额测算其定员。

四是促进公司薪酬管理、员工绩效管理工作持续优化。公司对所有矿井单位、设备维修中心、皮带机公司、地测公司等单位的工资结算、工效分析已按劳动定额进行。组织绩效考核指标中加入工效考核指标和单产单进水平考核指标等。

五是实现定额管理理念的落地和深入贯彻，扎实推进企业文化的管理和践行。定额管理体系与公司“创领”文化有机融合，形成独具特色的班组定额量化文化，得到了员工发自内心的情感认同、战略认同、文化认同，从而持续发挥最大创造力，实现个人和企业共同发展，最终实现“建设世界领先的清洁煤炭生产商”的组织发展目标。

3 取得效果

3.1 经济效益

(1) 全面定额量化管理工作的实施，使组织管理与员工绩效明显改善，增强了自上而下的人工成本管控意识，真正达到了企业增效、员工增收的双赢目的。公司每年直接经济效益在 8 254 万元以上，间接经济效益 5 亿元以上。

(2) 构建了自上而下、横向协同、内外关联、数据集成、管理闭环的信息化运行平台，极大地提升了管理和运营效率。

3.2 社会效益

(1) 彻底改变了煤矿企业靠系数分配的传统分配理念，在全国煤炭企业中首次提出并应用了以全面定额量化管理为基础的计件包干结算与分配制度，逐步取消了辅助、机关与一线挂钩的结算模式，实现了采掘、机电、运转、通风、矿务工程、车辆运输、机修等业务的全面计件量化包干结算

与分配。

(2) 扭转了管理者和员工的利益分配观，体现了价值创造和业绩贡献的核心理念。极大地提高了员工的生产积极性以及企业的管理效率，不断提升员工的工作效率和人均收入，得到了广大员工的拥护和支持。

(3) 进一步厘清了工作界限和分配关系，精准核定了劳动价值，推进三项制度改革不断走向深入。通过工作量梳理的细化和科学定额计件结算分配，进一步厘清各岗位的工作界限，准确核定各岗位饱和度，为人员能进能出、薪酬能升能降、干部能上能下等“三项制度”改革提供重要基础依据。

4 结语

为适应当前经济发展新形式，促进煤炭企业的高质量发展，煤炭企业必须对自身管理水平提出更高的要求。劳动定额量化管理作为各项管理工作的基础，是促进科学组织生产、提高劳动生产率的重要保障；是降低人工成本，提高经济效益的有力手段；是按劳分配、按件取酬，实现工资能增能减的重要途径。

全面定额量化管理只有起点，没有终点，只要企业存在一天，薪酬绩效管理就要开展一天，而且会不断地巩固和提升所取得的经验成果，与时俱进，持续改进，永无止境，止于至善。

参考文献

[1] 李云.劳动定额定员在煤矿人力资源管理中的应用[J].内蒙古煤炭经济，2019(24)：75，77.

[2] 黄文红.煤炭企业成本管控研究[J].中国市场，2019(10)：97-98.

[3] 曲立，尹洁林，郭钟泽.新态势下的劳动定额定员管理[J].中国人力资源社会保障，2020(5)：43-46.

[4] 宋明湘.煤炭企业材料成本管理初探[J].中国集体经济，2018(35)：72-73.

[5] 刘磊.自然资源统一调查劳动定额测定理论与方法[J].中国矿业，2020，29(S2)：18-20.

[6] 朱拴刚.煤炭生产精益化管理体系的研究与实践[J].陕西煤炭，2015，34(2)：132-135.

[7] 魏俊茹.作业管理法下的煤炭成本管控研究[J].环渤海经济瞭望，2018(7)：41-42.

[8] 王祯.精益生产对成本管理的影响[J].现代经济信息，2015(21)：233.

国有煤炭企业改革发展中对富余人员妥善分流安置的探讨
——以内蒙古大雁矿业集团有限责任公司为例

王玉荣，庞伟，杨峥

（内蒙古大雁矿业集团有限责任公司，内蒙古 呼伦贝尔　021122）

摘　要　去产能是本轮国有企业改革的重要任务之一，而人员分流安置是去产能任务的主要内容之一。本文以内蒙古大雁矿业集团有限责任公司为例，针对分流安置企业富余人员做了大量的探索和实践，取得良好成效，为相关企业在人员分流安置方面提供一定的参考。

关键词　国企改革；富余人员；分流安置

0　引言

国有企业是推进国家现代化、保障人民共同利益的重要力量，是党和国家事业发展的重要物质基础和政治基础。改革开放以来，国有企业取得的成就是突出的，但仍然存在一些亟待解决的突出矛盾和问题。因此，要继续推进国有企业改革，破除体制机制障碍，坚定不移地做强、做优、做大国有企业。随着国有煤炭企业改革的不断推进，一些经营困难企业、产能过剩企业、转型发展企业存在着大量富余人员问题，不仅严重地制约了企业发展，也影响了企业经济效益的提高。因此，国有煤炭企业如何安置好富余人员，增强企业活力，提升企业效率，已成为当前国有煤炭企业亟待解决的一大难题。

1　我国煤炭企业改革发展转型期富余人员分流安置概况

1.1　富余人员存在的原因

1.1.1　历史原因

作为一直依赖计划经济的煤炭企业，企业办社会现象普遍存在，尽管在2003年以后，绝大多数国有煤炭企业已经进行了主辅分离，把学校、公安等机构划归当地政府管理，但仍有部分企业办社会人员还没有真正与企业脱钩，企业还不能轻装上阵，成为企业发展的一大障碍。

1.1.2　体制原因

国有企业富余人员问题的产生，同传统就业体制有很大关系。在计划经济时期，国家承担着解决劳动就业的义务，囤积了大量劳动力，国有企业僵化的固定工制度使职工“能进不能出”，即使经济结构发生变化也难以进行调整，因此职工人数不断增长，而劳动生产率却增长缓慢或下降。长此以往，部分国有企业积累了越来越多的富余人员。

1.1.3 资源枯竭

许多国有大中型煤炭企业都是开采几十年的老煤矿，采储量越来越少，相关产业也受到严重的影响，不但无法吸纳剩余劳动力，自身的劳动力需求也急速下降，进而导致生产经营困难，富余职工增加。

1.1.4 科技进步

科学技术的不断进步，使得某些从事单一工种又没有其他技术的员工，已经不适应企业的生产发展。同时，员工的平均年龄偏大，文化水平普遍偏低，劳动技能单一，学习新知识、新技能的能力较低，不能胜任现行的工作，因而促进了企业中无效劳动力的形成。

1.2 国有煤炭企业妥善分流安置富余人员的意义

1.2.1 有利于保护离岗员工的切身利益

企业离岗员工也是企业员工的一份子，都曾经为企业贡献自己的力量，如果企业离岗员工得不到稳定安置，将严重影响员工个人和家庭生活，容易发生劳动争议和信访事件。切实有效地做好企业离岗员工的稳定安置工作，有利于维护员工的切身利益，提高其生活质量。

1.2.2 有利于维护企业稳定大局

在企业改革发展转型时期，处理好企业面临的各种内部矛盾，解决好企业富余人员的分流安置，将有利于企业改革发展和维护社会稳定大局。

1.2.3 有利于提高企业经济效益

企业机构臃肿、人员富余影响企业的经济效益，使投入的生产要素成本增加，无法达到各种生产要素实现最佳组合，也就无法获得最佳效益，难以从根本上转换经营机制，制约了企业的市场竞争能力。妥善分流安置企业富余人员，使企业人员结构精干，能有效降低生产要素成本，提升企业经济效益。

2 企业富余人员分流安置的措施

企业如何更好地解决员工分流安置，是企业的一项重要工作。减员提效，是提高经济效益的重要举措，但不能只把眼光放在做好“减法”上，更重要的是如何在“减”的同时，有效地做好“加法”。企业在改革发展转型期，要勇挑重担、因地制宜、妥善处理，积极主动地创造条件，拓宽员工分流安置渠道，这不仅有利于国家、有利于员工，更对企业持续、健康的发展至关重要。

(1) 分流

对人员的分流分为内部分流与外部分流；企业内部分流，包括把员工分流到本单位的其他岗位，或者分流到其他相关单位，或者成立新的有成长潜力的公司以开辟新的业务岗位；外部分流是与其他企业合作，将富余员工分流或者劳务派遣到有需求的其他单位。

(2) 内部退养和离岗待退

对于距离退休不足五年的职工和超过五年但接近法定退休年龄的员工考虑施行内部退养和离岗待退的制度，经过本人自愿申请、企业批准，可实行退出岗位，由企业发内部退养工资和生活费，并继续为其缴纳社会保险，待职工达到法定退休年龄时，再正式办理退休手续。实行内部退养和离岗待退可以缓解职工分流的压力和矛盾，是企业分流富余人员的一项重要举措。

(3) 清退临时性用工

清退临时性用工，空出岗位，为富余员工提供上岗机会。

(4) 加强职业培训

为企业的富余人员提供更多专业化的劳动技能和就业技能培训，促使富余人员更新观念，提高其就业技能，以适应新岗位的需求。

3　内蒙古大雁矿业集团有限责任公司富余人员分流安置实践

党的十八大以来，在习近平同志系列重要讲话精神和治国理政新理念新思想战略的指引下，国有企业改革取得重大进展，"1+N"文件顶层设计构建完成，重大改革举措落地见效。在适应、把握、引领经济发展新常态，着力推进供给侧改革中，国有企业牢牢把握稳中求进的工作总基调，坚持突出主业，大力发展实体经济，落实"三去一降一补"五大任务，深入开展瘦身健体、提质增效，大力进行重组整合，发展战略性新兴产业，化解过剩产能、处置"僵尸企业"有力促进了国民经济转型升级，为我国经济持续发展作出了积极贡献。

3.1　内蒙古大雁矿业集团有限责任公司现状

内蒙古大雁矿业集团有限责任公司(以下简称"大雁公司")是个老企业，从 1970 年建矿，开发建设已 50 余年，企业隶属关系历经了六次调整变化。公司现有两座煤炭生产矿井，总产能 810 万 t。2013 年在册员工 13 221 人，在岗员工 11 212 人。企业地处少数民族边疆地区，煤炭赋存条件差，历史包袱重，员工总量大，近年来企业持续亏损。2015 年，大雁公司被国务院国有资产监督管理委员会(以下简称"国资委")列为挂牌督导的"特困企业"，企业生产经营严重困难，现有煤炭产能和经济总量仅能有效安置 2 700～3 500 人，作为去产能的重要措施，人员分流势在必行。

3.2　大雁公司富余人员分流安置面临的主要困难

3.2.1　富余人员分布广

目前大雁公司富余人员的数量大约在 2 500 人，分布在 21 个基层单位的生产一线、生产辅助、后勤服务和各级机关，由于富余人员数量大、分布广，所以富余人员的分流安置任务艰巨。同时，在很短的时间内完成人员分流安置工作也不现实。

3.2.2　经济总量小，盈利能力弱

公司现有两个生产矿井，地质条件比较复杂，煤质较差，生产接续投入大，使得生产成本不断增加。"处僵治困"基础不稳，抗风险能力弱，极易"返僵返困"。由于企业"造血"功能不足，完成"处僵治困"任务非常困难，谋求稳定的"造血"途径是当前面临的最大难题。

3.2.3　富余人员多，疏解安置难

大雁公司连续几年逐步推进机构人员优化，使富余人员底数越来越清晰。企业现有煤炭产能和经济总量仅能有效安置 2 700～3 500 人，至少还有 2 500 多人需要重新长期稳定安置，富余人员中管理人员安置矛盾越来越突出，企业维稳压力大、负担重。

3.3　大雁公司富余人员分流安置主要措施

近年来，大雁公司立足实际，紧紧围绕国资委"处僵治困"工作部署，以深入推进供给侧结构性改革为主线，以"转机制、调结构、促转型、提效益"为目标，多措并举，深入推进"三项制度"改革，促进富余人员分流安置工作，破解老国企深层次困难，力求尽快实现改革脱困目标。

3.3.1 深化人事制度改革,“能上能下”常态化

(1) 构建扁平化管理模式,推进机构整合。以“减亏止血、瘦身健体”为目标,对经营性单位按照市场方向和盈利能力进行撤并,对费用性单位按照精简原则进行重组整合,处级建制由 39 个精简到 22 个,减少了 44%;基层单位由 21 个减少到 8 个,减少了 62%。扎实推进“压减”工作,“压减”法人单位 9 家,法人总数减少 64%。

(2) 强化机关管控。公司机关由三级管理变为二级管理,减少管理岗位设置,压缩管理层级,此举措有效解决了层次重叠、冗员多、组织机构运转效率低下等弊端。通过扁平化管理累计撤销科级建制 400 多个;推进总部机关化改革,公司机关瘦身,优化“压减”员工,有效改善了岗位设置不合理等管理现状。

(3) 推进员工队伍优化。通过竞争上岗激发活力,对部分改革动作幅度小、动作慢的单位主要负责人进行约谈,激发改革自主能动性。部分单位结合企业实际,自提“压减”方案,本着“三公”原则,扎实开展竞争上岗工作,完善选人用人机制,能者上,庸者下,实现 280 多名管理人员转操作岗,精简岗位 2 000 余个。人尽其才、能上能下、公平公正、充满生机与活力的选人用人新机制稳步构建,队伍优化逐渐向科、队、班组延伸,形成“能上能下”的动态管控新机制。

3.3.2 深化薪酬分配制度改革,“能增能减”制度化

(1) 打破“大锅饭”分配制度。为进一步发挥好薪酬分配的激励约束作用,调动广大员工价值创造的积极性,打破原有的“大锅饭”分配机制,将有限的工资向井下、工程建设、驻外施工等艰苦和价值创造岗位倾斜,真正做到了按岗定薪、岗变薪变的薪酬分配体系。普通在岗员工的工资差距达到 4.7 倍以上。

(2) 实行绩效薪酬挂钩联动。大雁公司结合“处僵治困”实际,研究制定全新的《经营指标考核办法》,明确价值创造导向和绩效目标的刚性,将人工成本作为变动成本,由各单位职工在全年工作中通过增加效益、降低成本“挣”出来,对于未完成考核利润指标的单位,按照逐级递减的原则,由工资进行补充,最高补充额比例为处级领导干部工资总额的 30%、科级管理人员的 15%、一般管理人员的 8%、操作岗位人员的 5%,切实将经营成果与每名职工收入直接挂钩,努力激发广大员工的价值创造积极性,由“等着发工资”向“主动挣工资”转变。

3.3.3 深化劳动用工制度改革,“能进能出”多样化

(1) 畅通人员退出渠道。大雁公司结合煤炭行业去产能和“处僵治困”相关政策,出台了《职工安置实施方案》,提出内部退养、离岗待退、停薪留职、协议解除劳动合同及处科级人员离岗休养措施,畅通了退出渠道,截至目前已实现离岗安置 3 557 人。

(2) 推进成建制转移安置。立足国家能源投资集团有限责任公司大的安置平台,以集团公司整体利益最大化为原则,以专业化服务为基础,积极推进专业技术队伍成建制划转,在集团公司内部,成建制转移安置员工 2 229 人,为广大员工赢得了更加广阔的发展平台。

(3) 激发富余人员转岗流动活力。为了解决老国企深化改革的“中梗阻”,进一步打造精干高效的用工模式,大雁公司结合实际统筹谋划,成立人才交流中心,对待岗、转岗员工进行统一管理。制定了《大雁公司转岗分流人员管理暂行办法》,鼓励各单位强化创效机制机构,结合业务实际精减人员,对各单位精干优化后的富余人员进行统一管理,探索建立了择优选调、公开竞聘、双向选择等规范有序的内部用工调配方式。实现了企业员工总数不增和盘活人力资源存量的双目标。

大雁公司始终将“处僵治困”作为重大政治任务,刀刃向内、自我加压,“处僵治困”成效显著。

机构大幅缩编，精简处级建制、基层单位、法人单位；精简处级管理人员、科级管理人员，推进成建制转移安置，畅通退出渠道。截至 2020 年末，大雁公司员工总数 8 093 人，较 2013 年减少5 128 人；在岗员工 3 856 人，较 2013 年减少 7 356 人。2020 年公司经营性亏损下降到 4 400 万元，同比减亏 2 亿元，为加快推进公司智能高质量发展奠定了基础。大雁公司全部职工期末人数对比情况(2012—2020 年)如图 1 所示。

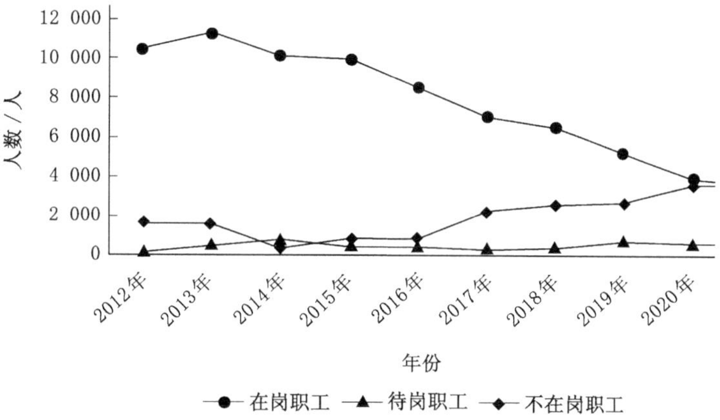

图 1　大雁公司全部职工期末人数对比情况表(2012—2020 年)

深化“三项制度”改革，是实现国企改革发展的重要保障，是增强企业活力、提升企业效率的重要举措。近年来，大雁公司创新发展，聚力攻坚，深入推进“三项制度”改革，促进员工分流安置，助力企业“处僵治困”。大雁公司以减亏止血、瘦身健体为目标，在深入推进“三项制度”改革的基础上，坚持稳中求进，持续深化内部机构改革，稳步构建精干高效的管理格局，为顺利完成改革脱困目标奠定了基础。

新时期三大人才工程建设的探索与实践

孔令武，蒋政金，杜晓东

（中煤新集能源股份有限公司，安徽 淮南 232002）

摘　要　加入中国中煤能源集团有限公司后，中煤新集能源股份有限公司煤电一体化战略更加清晰，开启了全新的发展模式，对人才工作提出了新的要求，如何打造科学完善的人才体系成为公司迫切要解决的课题。本文在系统分析人才体系建设现存问题的基础上，结合近几年中煤新集能源股份有限公司人才工程建设工作实践，重点从人才发展规划、职业发展通道、核心人才队伍建设、人力资源效能提升及人才培训开发五个方面进行阐述。通过实施系列人才工程改革举措，使人才发展规划更加科学，人才职业发展通道更加畅通，人才队伍充满活力，人力资源效能显著提升，三大人才体系融合发展，人才工作成效显著，形成了独具特色的人才培养模式，由此积累的人才工作经验对其他企业具有一定的指导和借鉴意义。

关键词　人才体系；职业发展；顶层设计；实践

0　引言

2004年，中煤新集能源股份有限公司（以下简称“新集公司”）通过实施人力资源改革，初步形成了管理、专业技术和技能三大人才体系，经过运行和完善，三大人才体系趋于成熟。2012年，煤炭市场发生巨变，对公司生产经营产生了深刻影响，公司人才体系建设亦遭受重创，公司用工总量减少10 000余人，减幅近50%，且以生产一线年轻职工为主，严重削弱了公司人才队伍的力量。2016年9月，新集公司划入中国中煤能源集团有限公司（简称“中煤集团公司”）管理，自此开启了新的发展历程，为促进公司实现高质量发展，人才体系改革迫在眉睫。如何构建新时期人才体系，成为新集公司人才队伍建设的重要课题。

1　新集公司人才工程建设存在的问题

1.1　缺乏人才发展规划

在新集公司发展的过程中，由于行业特点、发展需求、管理理念等多方面的原因，在人才发展方面缺乏系统的规划，公司人才队伍建设方向和目标不明确，与新时期企业发展要求不相适应。

1.2　职业发展通道不畅通

经多年完善与发展，新集公司的人才职业发展通道相对比较完善，但因受“四定（定岗位、定人、定职、定责）”职数限制，多数人无法通过此条通道实现人生价值。专业技术人才职业发展顶点为正高级工程师，技能人才职业发展顶点为高级技师，出现职业发展“天花板”，且横向转换较难，制约了人才职业发展。

1.3 人才队伍结构不科学

在年龄结构方面，30 岁以下的年轻人较少，仅占 9.79%，而 45 岁以上的人员较多，占比 34.81%，人才队伍活力不足。在素质结构方面，本科及以上学历的人员较少，仅占 12.83%，初中及以下学历的仍有 4 599 人，占比达 31.34%；中高级职称及高技能人才总量偏少，缺乏行业领军人才。

1.4 人才战略储备不足

在人口红利消退、人们就业观念转变、煤炭高校招生生源锐减等背景下，新集公司人才招聘日趋艰难，且退休人员数量逐年增加。同时，公司在人才战略储备方面稍显不足，部分专业甚至出现人才断档，成为制约公司未来高质量发展的重要因素。

2 新时期人才体系建设探索与实践

2.1 坚持目标引领，编制人才发展规划

加入中煤集团公司以来，新集公司开启了全新的发展，煤电一体化进程加速推进，对人才工作提出了新的要求。为向公司高质量发展提供人才保障，统筹人才发展，2018 年，新集公司邀请北京大学、中国矿业大学知名教授给予专业指导，组建项目团队，建立数据分析模型，以公司“345”产业发展规划和矿井生产接续计划为依据，结合公司实际，对未来五年人力资源需求、内外部供给、薪酬增长、产业发展趋势等进行科学预判，并对公司内部人力资源数量、结构、素质等情况进行系统盘点，客观梳理存在的问题[1]。综合考虑公司“四化”建设及煤电、煤智、煤链产业推进程度，开展专题调研，精准把握公司战略发展与人才需求趋势，科学编制公司未来五年人力资源规划、矿井十年人力资源规划，超前谋划各体系、各专业人才的培养与储备，制订关键岗位人才接续计划，并建立人才队伍接续预警机制，详细制定年度规划实施方案，促进规划落地实施。填补了公司人才发展规划的空白，绘就了人才发展路线图，为公司人才队伍建设指明了方向。

2.2 坚持顶层设计，重塑公司三大人才体系

针对公司人才体系建设过程中出现的人才发展通道不畅、职业发展瓶颈、专业技术人员储备不足等问题，新集公司从顶层设计入手，深挖问题根源，深入推进三大人才体系改革，破除职业发展壁垒，重塑新时期公司三大人才体系，为人才队伍建设提供制度保障，努力实现三大体系职业发展通道横向互通、纵向延展，引领新时期三大人才工程建设。

2.2.1 推进高技能人才与工程技术人才职业发展通道贯通

按照《关于在工程技术领域实现高技能人才与工程技术人才职业发展贯通的意见(试行)》及中煤集团公司相关规定，破除身份、学历、资历等障碍，突出品德、能力、业绩评价导向，建立体现技术和技能人才特点的评价机制，适时推进高技能人才与工程技术人才在职称和职业技能方面的互评，为优秀技能人才实现职业转换创造条件。

2.2.2 构建完善首席师评聘机制，拓展纵向职业发展通道

在专业技术体系中设置公司和二级单位两级首席师，在技能操作体系中设置首席技师、资深技师，提升高技能人才的待遇水平，首席师、首席技师年薪按照所在单位副总师年薪的 0.6～0.8 倍

系数兑现，资深技师在原有技能津贴的基础上，额外给予每月 2 000～2 500 元的专项激励。充分发挥高层次人才的引领作用，带动公司全体职工主动提升业务技能，促进公司领军型、拔尖型人才队伍建设。

2.2.3 推行专业技术“ABC”岗，强化专业技术人才储备和培养

坚持“控制 A 岗增量、消化 B 岗存量、设定 C 岗储量”原则，优化专业技术“ABC”岗设置，盘活现有专业技术人才，加大专业技术人才的储备和培养，保障专业技术人才科学接续。2018 年，新集公司对四对生产矿井及地勘公司初次申报的“ABC”岗人员进行审核，结合公司定员及申报人员资格条件，对首批符合条件的 357 人进行聘任批复，其中包括 A 岗 269 人，B 岗 81 人，C 岗 7 人。后期，因业务调整、人员变动等原因免聘 11 人，改聘、新聘 16 人。

2.2.4 推行区(队)长顾问制，大力培养青年大学生

构建区(队)长退出机制，对距退职年龄 3 年以内或因身体等其他原因无法正常履职的老队长，实施特殊政策，聘为队长顾问，保持政治待遇和经济待遇不变，充分发挥老队长的“传、帮、带”作用，尽心辅助青年大学生区(队)长，加大对青年大学生的培养，鼓励青年大学生扎根一线，练就本领，改善基层区队干部队伍结构，进一步筑牢公司人才发展根基。

2.3 坚持统筹施策，推进核心人才队伍建设

随着新集公司服务年限的延长，退休、退职人员逐年递增，近几年基本保持在 300 余人，预计到 2023 年将达到 500 余人，而人才招聘日趋困难，使人才队伍的建设与完善成为制约公司未来发展的关键因素。近几年，新集公司紧紧围绕人才队伍建设，创新工作思路，着力打造新时期核心人才队伍。

2.3.1 创新人才招聘模式，实施关键岗位人才补给

新集公司积极向中煤集团公司申请用工指标，早谋划、早启动，广泛发动组织，有选择地参加中煤集团公司招聘会，有针对性地组织专场宣讲会。在传统方式的基础上，借力社会中介机构，进一步拓宽招聘渠道，发挥信息互联网优势，实施“互联网＋招聘”模式，做好线上招聘；开通绿色招聘通道，实施“短平快”打法[2]，压缩招聘环节，从基层矿井抽调人员成立招聘工作小组，集中优势兵力，统筹开展招聘工作，全力以赴打好招聘攻坚战。2018 年以来，新集公司经不懈努力，克服了种种不利因素，截至目前，累计招录关键岗位员工 800 余人，为公司补充了宝贵的新鲜血液，缓解了用工紧张的局面，降低了人才接续断层的风险。

2.3.2 强化校企合作力度，实施人才战略储备

为破解人才招聘难题，新集公司前置招聘程序，实施“变招工为招生”人才战略工程。在与中煤职业技术学院合作的基础上，拓宽合作院校范围，加强与安徽能源技术学校、淮南职业技术学院等院校的合作，通过冠名“新集班”、实施助学计划等方式，由公司承担学生在校期间的学费、食宿费，与学生签订服务协议，超前储备煤矿主体专业、电力等专业人才，形成稳定可靠的人才供给渠道。公司已连续两年开办高技能人才储备班，未来还将继续开办。2021 年，首期高技能储备班将进入“收获期”，符合入职条件的约 120 人，将成为公司优质、稳定的人才供给来源。

2.3.3 实施职称评聘改革，完善人才评价体系

近几年，新集公司做了大量而细致的工作，大力推动职称评聘改革。在职称评审方面，取消职称评审与地方的关系，健全完善公司职称评审领导机构，申请设立工程、政工系列中级评审委员会，自主组织初、中级职称评审工作。在职称聘任方面，坚持专业对口、岗证相符的原则，结合公司

定编文件职数要求，对专业技术人员进行重新聘任。目前，新集公司职称评审程序日趋规范，人才评价机制不断完善。

2.3.4 完善技能鉴定机制，着力打造蓝领人才队伍

为彻底改变公司中、高级技能人才较少、无技能等级人员较多的现状，新集公司创新工作思路，以提升技能人才队伍素质为目标，以消灭无职业技能资格为重点，实施上门服务、分批鉴定，解决工学矛盾，注重工作实绩，灵活调整理论考核。依托技能大师（劳模）工作室、实操基地、技能大赛等载体，创新职业技能评价体系，成立技师协会，加大技术研讨交流，开展“名师带高徒”等活动，大力培养蓝领人才队伍。2018 年以来，新集公司累计培养技能人才 4 500 余人，中级及以上技能人才 1 829 人。目前，公司技能人才总量 9 040 人，其中高级及以上高技能人才占操作岗职工比例达到 25.4%。公司现已建成 13 个技能大师工作室，其中包括 6 个市级工作室、2 个省级工作室、5 个行业大师工作室，集聚了一大批高技能人才，进一步提升了公司技能人才培养的质量和水平，有力带动了公司技能人才队伍建设。

2.4 坚持精干高效，人力资源效能大幅提升

在公司迈向高质量发展的新时期，为进一步提升人才队伍效能，新集公司坚持瘦身健体，在用工总量控制、人力资源优化配置方面稳健发力，取得了积极、显著的成效。

2.4.1 持续压减用工总量

新集公司始终坚持精干高效的用工理念，持续开展人力资源优化工作。定期开展“四定”制度修订工作，优化组织机构，严控管理职数，促进扁平化管理，持续压减辅助后勤人员数量，着力提升人力资源效能，实施“机械化减人、自动化换人”。近几年，新集公司加快推进“四化”建设进程，掘锚一体机、液压钻车、卧底机等先进设备相继投入使用，煤矸分流系统、单轨吊运输系统等也得到普及应用，公司差异化弹性激励机制不断完善，实施单产单进、“金牌队长”等专项激励，职工工作热情高涨，生产效率大幅提升，为公司减人提效创造了积极的条件。2018 年以来，新集公司累计完成减员 2 600 余人，按照当年在岗职工人均工资测算，仅人工成本就节约 2 亿余元。

2.4.2 处置低效人力资源

在上轮煤炭市场危机期间，新集公司实施了待岗放假特殊政策，待岗放假人员一度达到 5 000 余人。当煤炭市场复苏时，公司果断安排待岗放假人员返岗，依法依规推进待岗放假人员处置，对拒不返岗的，依法解除劳动关系，截至目前，待岗放假人员已压减至 22 人，取得了积极进展，不算返岗人员在岗创效，每年仅人工成本就节约 2 200 万元。同时，新集公司严格劳动用工制度，规范病伤假管理，严厉打击“泡工伤”“泡病假”现象，对无故旷工时长达到公司规定的，及时告知并依法处置，提高人力资源效率和效能。

2.5 坚持对标提升，全面实施人才培训开发

为全面提升管技人员综合素养，满足公司高质量发展需要，近几年，新集公司深入贯彻落实“大培训”工作理念，全面实施素质提升专项活动。通过学历提升、内外部专项培训、严控人员准入等一系列措施的实施，职工综合素养不断提升，部分人员逐渐成长为公司新时期改革发展的主力军[3]，有力推动了公司创新创效、提质发展。

2.5.1 大力实施学历提升工程

在文化结构方面，对照中煤集团公司要求，大专及以上学历人员达到 35%以上，初中及以下文化程度人员降到 25%以下；矿长、副矿长、总工程师、副总工程师职务中大专及以上学历人员达到

100%,其中矿长、总工程师职务中本科及以上学历人员达到100%。新集公司制定三年素质提升计划,由公司教培委办公室和培训中心全面负责,依托二级单位培训办开展对标提升,努力达到中煤集团公司要求。

2.5.2　全面开展内部专项培训

按照要求计提和使用培训经费,扎实开展针对煤矿“三项岗位人员”和煤矿其他从业人员的安全培训工作,做到“应培尽培”,使安全培训参培率、合格率、持证上岗率达到100%。有效利用公司现有的师资、设备和场地,开展内部业务专项培训,全面开展党务、纪检、区队长、班组长等专项培训班。2018年以来,新集公司累计开办80余期业务专项培训班,参培人员2 000余人,职工业务技能不断提升。

2.5.3　坚持开展外部委托培训

加入中煤集团公司以来,新集公司依托中煤职业技术学院师资和平台,分层实施综合素质提升专项培训,持续开展高级职业经理人、青年(后备)干部综合素质提升、“乌金蓝领”等培训活动,培训期间坚持准军事化管理,参培人员700余人,形成了外培样板工程,使公司人才队伍综合素养大幅提升。

3　结论

综上所述,人才是公司实现高质量发展的决定性因素。一直以来,新集公司高度重视人才工作,通过近几年的管理创新及不懈探索实践,取得了一定的成效。但是,在未来随着设备升级,一线职工素质亟须迭代匹配,且关键岗位人才补给将更加艰难,人才工作将面临更大的挑战。下一步,新集公司必须创新人才工作思路,统筹关键岗位人才补给,不断提升人才素养,持续完善人才体系建设,为公司实现高质量发展提供可靠的人才支撑。

参考文献

[1] 朱荀.基于人才盘点的西北油田人才队伍建设机制研究[J].人才资源开发,2019(14):41-42.
[2] 李聪.H公司员工招聘管理优化研究[D].石家庄:河北经贸大学,2019.
[3] 彼得·德鲁克.管理的实践[M].齐若兰,译.北京:机械工业出版社,2006.

注重实操技能培训 强化人才队伍建设 助力煤炭行业安全高质量发展

黄学志

（永城煤电控股集团有限公司职工培训学校，河南 永城 476600）

摘　要　近年来，永成煤电控股集团有限公司把注重实操技能培训，强化人才队伍建设，全力提升全员综合安全素质当作事关企业发展的战略性任务。以实操基地建设为载体，创造性地开展员工实操技能培训，培养出了以全国人大代表、中华技能大奖获得者游弋为代表的一大批全国技术能手及煤炭行业技能大师，为企业自身实现安全发展，高质量发展及丰富煤矿职工教育教学做出了突出贡献。

关键词　实操技能培训；人才队伍建设；安全高质量发展

1 研究背景

1.1 存在问题

为适应企业持续安全和又好又快发展，必须不断提升职工素质。实现全员适应性、应急性、提高性的实操培训是提高煤矿职工安全操作、实现安全生产的有效途径。但一方面，传统的理论教学受到一定的局限影响，学员获得的多为理论知识，缺乏实践操作和感性认知。另一方面，由于受煤矿井下作业环境和安全事故隐患的限制，在井下现场进行实操培训易因学员的误操作造成不必要的事故隐患，不利于矿井安全生产，所以现场实操培训成为安全培训的“瓶颈”。

1.2 解决办法

为落实国家相关规定，提升煤矿企业员工技能，永城煤电控股集团有限公司职工培训学校（以下简称永煤职工培训学校）结合所属各矿井实际情况开展实操培训工作。主要包括以下几点：

（1）根据公司安全生产实际情况，永煤职工培训学校有针对性地制订实操培训计划，在公司下属各煤矿建立实操培训基地，定期组织开展实操培训的监管、指导、考核工作。

（2）各矿培训部门负责人、专（兼）职教师及具有丰富实践经验的技能师傅根据实操培训计划进行研究分析，结合实际工作，分岗位、分工种进行实操培训内容及考核标准的制定，由实操教师编写教案。

（3）在每期举办的实操培训期间，教师要采取科学有效的教学方式，做到目的明确、重点突出、有针对性。

(4) 实操培训结束后,由永煤职工培训学校、人力资源部及相关部室对学员进行综合考核评价。

(5) 永煤职工培训学校配合相关部室举办各类实操培训班,负责各项培训工作的落实与完成等。

2 实施内涵

本着"干什么,学什么;缺什么,补什么;学什么,考什么"的培训原则,永煤职工培训学校编制了煤矿职工岗位标准化操作规范、操作流程、操作考核标准、常见故障与处理方法等正向引导的培训教材,同时编制了违章操作引发实际事故案例的反面教材,运用"正反式教育"方法,使教学过程具有很强的实用性、针对性和可操作性,体现了教、学、考、用的有机结合。

其中,《特种作业人员安全技术培训考核管理规定》及《煤矿"三项岗位人员"安全生产培训大纲及考核要求》强调要加强对职工的实操培训,规范员工实操行为。为落实相关规定,提升员工技能,结合企业实际情况,永煤职工培训学校依托煤矿培训基地,以实际应用为导向,大力推行实操训练"一学一练一讨论"、实操培训"三先三后"、实操考核学员"三对一"、实操考核单位"三结合"、公司实操考核"三步走"等多种教学考核新模式,提升员工动手能力,实现理论与实践的对接,使职工的操作行为更加规范,实现由不会操作到熟能生巧的转变,促进了员工技能的提升及煤矿安全生产。因此,以上提及的各措施的实施内涵主要包括以下几点:

一是强化操作培训意识。本着让参培人员领悟操作本领的培训理念,以安全培训为切入点,以强化实操训练、观看安全展示及演示等多媒体教学方式为载体,以在线学习、在线考试、实地教学演练、深入现场实地观摩现场操作为手段,培养实用型和创新型人才。

二是优化技能培训手段。深化"培训服务于矿井安全生产管理,培训服务于员工技术水平提高"的培训理念;针对采煤、掘进、开拓、机电、运输、通风、监测、安装、防治水等系统的操作人员,开办特色班,利用员工实操培训基地平台,以现场讲解、操作示范演练、学员实际操作为手段,提高员工动手操作和解决实际问题的能力。

三是响应国家对安全培训工作的要求。通过现场指导、现场操作、现场打分、现场考核,将理论和实践融为一体,促进员工技术水平提高。

员工实操培训基地为员工搭建了成长舞台,在培养优秀员工、提升员工技能、服务企业发展方面具有长远的现实意义。通过煤矿实操培训工作的实施,公司技术工人的操作技能水平提升迅速。涌现出了一大批岗位技术能手、技能大师等,为安全生产起到了很好的以点带面的促进作用。

3 主要做法

3.1 加强实操基地建设,营造井下仿真工作环境

永城煤电控股集团有限公司(以下简称永煤集团)高度重视培训机构和实操基地的建设,每年按工资总额的1.5%～2.5%提取培训费用,专户储存,专款专用。按照"布局合理、功能完备、特点鲜明、优势互补,与安全生产需求相适应"的要求,公司不断加大投入力度,千方百计地营造仿真工作环境,建成采、掘、机、运、通、电等相关专业实操基地58处,满足了企业各类从业人员的现场实操需求。

3.2 出台实操培训考核办法和标准，规范实操培训管理

为切实加强实操培训管理，进一步规范员工操作行为，永煤集团按照“干什么，学什么；缺什么，补什么；学什么，考什么”的要求，制定了《永煤集团岗位工种实操培训管理和考核办法（试行）》，进一步规范了实操培训基地的使用管理，实操教师的选拔考核，实操培训计划的制定、实施和考核，使实操培训做到制度化、规范化；通过编制《岗位工种实操培训考核标准》，统一了实操培训的操作规范标准、操作流程、考核标准，使实操培训达到了有章可循、标准统一，提升了培训效果。

3.3 强化实操基地管理，统一协调实操教师

为提高实操培训资源利用率，优化实操教师管理，永煤集团实行基地统一管理，教师统一调配，培训课程统一安排，实操标准和考核标准的“五统一”。

永煤集团规定实操教师不受学历、职称、职位限制。由各矿所选拔的技术骨干、岗位能手、技师、高级技师等在岗位操作上有着熟练经验的技能人才，经培训部门考核合格后，下发实操培训教师聘任文件和证书。实操培训教师报永煤集团和永煤职工培训学校备案，以便统一协调安排。

3.4 创新实操培训方法，增强培训效果

（1）“一学一练一讨论”新形式

一学，即让员工学习。在实操过程中，由实操教师传授经验，强力灌输，保证学员必知必会，来提高他们的操作技能。一练，即让学员自己动手练习。每个实操培训班的人数控制在5～10人，人人都应亲自动手练习，直到每人都能独立熟练操作方可通过考核，以达到实操培训的实效性。一讨论，即分享感受。培训结束后，学员对本次培训的效果进行讨论，分享感受，以便更加牢固地掌握和巩固所学的知识。通过讨论，能够让实操教师更清晰地掌握培训班存在的优点和不足之处，以便在下次培训过程中加以改进。

（2）“三先三后”实操培训新模式

为提高实操培训效果，使实操培训更有针对性，实行先考核后培训、先理论后实操、先操作后维护的“三先三后”实操培训模式。这种模式让实操教师的教学更有针对性，让学员的学习更有侧重点，使其能将理论转换为实际能力，从操作者转变为维护保养者，有效提高了培训效果。

（3）角色模拟实操教学法

为激发员工学习热情，按照导师带徒模式，参照井下工作流程，实行角色模拟实操教学法，由学员模拟井下员工、教师模拟导师，通过相互的演练和讲解，提高了学员的学习兴趣，提升了学习效果。如：煤矿井下爆破工实操培训，由培训学员逐一模拟火药库管理员、班组长、瓦检员、考核教师等角色，使学员在不同的角色当中感受岗位价值，进而提升自己的工作标准。

（4）推行虚拟实操教学仪教学法

永煤集团从中国矿业大学引进了虚拟实操教学仪，该系统软件的成功研发，创新地将井下综采、综掘、主提升等设备的实操训练搬进教室，通过系统模拟将生产环境、机械设备工作状态、检修维护等综合展现出来，填补了永煤集团大型设备及主要工种无实操设备的空白。

虚拟系统软件包含真机操作注意事项、视频教学录像以及动漫形式的机械构造示意动画，将理论学习和模拟操作训练有效结合在一起，在操作过程中具备违规操作报警提示和智能纠偏功能，可以定向查看每个操作细节，有利于解决真机工作时因视角缺陷而造成的操作失误，使学员对

每个操作细节有更深入的了解。

3.5 搭建学习交流平台,促进共同提高

(1) 定期召开实操培训工作推进会和总结会。针对实操过程中出现的问题、难题,教学手段的完善,下一步的工作计划等进行探讨交流,积累实操培训经验,推动实操培训考核工作的全面开展。

(2) 定期召开实操培训教师研讨会。永城职工培训学校每季度组织本部各矿实操培训教师,开展培训教师研讨会。通过对各授课教师在教学方式、教学方法、实操教案编制、学员实操需求、实操考核等方面的交流探讨,不断改进实操教学方式、方法。

3.6 系列实操培训教材的编写与应用

为落实相关规定,提高员工技能水平,培训学校结合企业自身实际情况编写了系列实操培训教材,包括《煤矿特种作业人员岗位实操培训考核标准》《煤矿采掘及地质岗位实操教材》《煤矿通风及防突岗位实操教材》《煤矿机电及运输岗位实操教材》等。

系列实操培训教材的出版填补了我国煤矿岗位实操培训和考核标准的空白,是煤炭行业安全培训教育的一项重要管理创新成果,对于贯彻国家有关法律法规和相关大纲考核标准,提高煤矿安全实操培训质量,提升煤矿从业人员的安全技术素质,预防和减少煤矿事故,发挥着积极的引领作用。

3.7 实操培训考核体系教学片在培训中的实施与应用

永煤集团起草制作了煤矿 10 个类别、12 个岗位工种的实操教学片。实操教学片把实操培训教学和现场实操培训相结合,将文字、图像、视频、音乐等数字资源通过编排,整合在一个现场实物操作的过程中,将煤矿井上(下)10 个类别、12 个岗位工种的重点和难点,形象直观地表现出来。此教学片能够充分满足培养初级、中级、高级特种作业人员培训的需要,提高了特种作业人员的实操水平,形成了相对独立的影像教学模式,为永煤集团培育出更多的优秀人才发挥着重要作用。

4 实施效果

(1) 教师职责的明确提高了指导老师的责任心,规范了实操教学的方式、方法,便于系统管理。通过采用模块梯进式教学法,突出了上游学员对中下游学员的积极带动作用,让中下游学员自觉、自愿地发挥学习的主观能动性。

(2) 优化实操模式,提高了学习效率。学员在肯定自己实操能力的同时,也明确了自身的不足,通过按模块、分层次、分小组、分工种的学习模式,让所有学员都参与到主体学习中来,使学员学习的积极性和主动性明显提高。

(3) 解决了员工培训过程中“高分低能”的现象,实现了员工由不会操作到熟能生巧的转变,极大提升了职工操作水平。

(4) 促进教学形式的创新。高效的教学模式可以达到教与学的互动式发展,使教学变得简捷而又鲜活,促进学员对知识的理解,大大地提高了教学质量水平和取得显著的教学效果。

(5) 培养了复合型的人才。丰富的多媒体知识使得学习既有深度,又有广度。职工通过实际操作和观看实操纪录片,不仅有实操的训练和考核,又有理论知识的学习,丰富了职工的知识,为矿井培养复合型人才打下了基础。

(6) 对全面提升员工素质具有重要启迪意义。通过对员工态度的培养,对课程的开发,将“知识、技能、态度”作为员工应具备的主要素质,同时将心态培训作为企业员工培训之本,真正实现员工综合素质的提升。

5 结语

永煤集团紧密结合煤矿安全生产特点、行业安全培训现状以及国家对安全技术培训的有关要求,成功地实现了煤矿从业人员实操技能的提高和可视化教学,内容涵盖煤矿 8 个专业、12 个岗位工种。通过现场指导、现场操作、现场打分、现场考核,将理论和实践融为一体,促进技术水平的提高。员工实操培训基地的搭建为员工提供了成长舞台,对于提升员工技能,构建人才体系,服务企业高质量发展,具有长远的现实意义。

“工匠精神”引领下的高技能人才队伍建设在矿井转型发展中的实践与应用

宁兵，游弋，孙国栋

（永煤集团股份有限公司车集煤矿，河南 永城 476600）

摘　要　我国煤炭行业步入新常态后，迫切需要一大批师德高尚、理论知识深厚、实践技术技能较强的高素质专业化技能人才。因此，高技能人才资源已成为新的煤炭行业创新供给要素，具有“工匠精神”的技能人才在煤炭行业应用技术领域的绝对优势是不可替代的。永煤集团股份有限公司车集煤矿以“工匠精神”为引领，按照“以学习培训实现技能提升，以技术攻关实现潜能开发，以导师带徒实现人才化育，以经验交流实现资源共享，以创新创效实现人企双赢”的运行模式，为矿井发掘并培养了一大批创新型技能人才。

关键词　矿井转型发展；工匠精神；技能人才

1 “工匠精神”引领下的技能人才队伍创建背景

（1）煤炭行业高技能人才培养的需要

我国煤炭行业步入新常态后，迫切需要一大批师德高尚、理论知识深厚、实践技术技能较强的高素质专业化技能人才。因此，高技能人才资源已成为新的煤炭行业创新供给要素，具有“工匠精神”的技能人才队伍在煤炭行业应用技术领域的绝对优势是不可替代的。

（2）煤炭企业深化改革的需要

煤炭企业深化改革要以去产能、保供给、稳运行、调结构、促转型为重点，同时也要建立“练内功”的长效机制，练好“内功”要以创新发展为驱动，这就需要一批专业技能人才，围绕管理创新、技术创新、装备创新开展工作。因此，高素质的专业技能人才队伍是推动煤炭企业改革目标实现的重要保障。

（3）职工文化精神建设的需要

“工匠精神”是职工文化建设的灵魂和基础，缺少“工匠精神”的职工文化是没有方向的职工文化。习近平总书记指出“职工文化要健康文明、昂扬向上”，精益求精是对职工综合素质的最高要求。精益求精的“工匠精神”体现的是一种对工作和产品永不满足的积极向上的工作态度和精神追求，也是职工文化精神建设的需要。

（4）煤炭行业技能传承的需要

在培育“工匠精神”的过程中，“工匠精神”是煤炭企业技能传承的主要载体，不论在行业发展还是企业转型中，提供强大支撑的始终都是对工作执着、对产品负责、不断追求完美和极致的煤矿工匠们。

2 “工匠精神”引领下的高技能人才队伍建设基本内涵

“工匠精神”引领下的高技能人才队伍建设，应结合现代企业人才成长过程基本规律，通过示范作用、带动作用，实现隐性知识的传播和交流，从而推动人才培养、技艺传承和技术创新。此过程应具有5个方面的要素：

(1) 有技艺高超、品德高尚、在某一领域具有很高知名度与影响力的大师级的领军人物。

(2) 有相应的工作场地、设施和设备，能够满足技艺传授、技术攻关、创新工作的需要。大师工作室肩负人才培育、技术攻关、成果转化、技术交流等重任，只有配备良好的工作环境和先进的设施设备，才能发挥其应有的作用。

(3) 有自身特色，避免出现雷同化、同质化倾向，实现特色化、专业化运作，切实发挥技能大师工作室的作用。

(4) 实现与行业的无缝对接，既可以保证人才培育、技能创新、成果转化的针对性，也可以为行业技术交流提供平台和载体。

(5) 存在具有价值的研究项目和课题，为企业及产业发展解决实际技术难题，以高端人才带动企业职工技能水平整体提升，形成技能人才梯次发展的良好局面，推动经济社会创新转型发展。

3 “工匠精神”引领下的高技能人才队伍创建主要做法

3.1 创建思路

“工匠精神”引领下的高技能人才队伍创建的指导思想为“发扬‘工匠精神’，以有利于高技能领军人才有效发挥作用为基础，以技术攻关创新和高技能人才培养双赢为前提，充分发挥技能人才的积极性，推进高技能人才队伍建设”。主要思路为：

(1) 立标准，搭台子；定任务，立目标。

(2) 丰富导师带徒活动，完善技能人才的培养和激励人才辈出的机制，加强“绝技绝活”的传承。

(3) 铺开专业技能培训，开展技能比武大赛活动，全面提高技能水平。

(4) 围绕项目攻关和安全生产，积极开展技术技能的创新，加强创新成果的转化和应用。

(5) 发挥技能大师的示范引领作用，推进人才团队建设。

3.2 建设目标

(1) 构建高技能人才培养模式

以国家职业标准为依据，以岗位工作任务为导向，以综合职业能力培养为核心，以技能人才培养实训基地为平台，构建高技能人才培养模式。

(2) 开展技术攻关和创新

以项目的研究和产品的生产为切入点，开展技术攻关和技术创新，通过研究、解决产品生产过程中的技术难题，发挥技能大师在技术攻关、技艺传承、技术推广等方面的重要作用，同时积极推广具有特色的生产操作方法、技能革新成果等“绝技绝活”。

（3）发挥技能大师的领军作用

建设学习型的技能团队，充分发挥技能大师的领军作用，通过组织高级技师等优秀技能人才开展教学，在提高技术能手业务素养和教学能力的同时，提高青年技能人员的技能水平，建设由高水平内训师和青年骨干组成的实践教学经验丰富、团队协作、勇于创新的技能团队。

（4）强化实践能力和创新素质的培养

根据发展需要和岗位培养目标，围绕技能人员专业实践能力和创新能力的培养，建立科学的技能训练体系和培养机制，把技能竞赛、技术比武和高技能人才培养有机结合，着力探索高技能人才培养的新途径。

3.3 全力推进“工匠”培养工程

为弘扬工匠精神，进一步培养、选树高技能人才，充分发挥高技能人才在矿井安全发展中的模范带头作用，激发企业的创新活力和职工的创造潜能，打造一支与现代化矿井安全发展相适应的高技能领军队伍，永煤集团股份有限公司车集煤矿（以下简称车集煤矿）利用“游弋工作室”平台，每年在全矿各专业系统内培养、选树一批技能含量高、“绝技绝活”特色明显、影响力巨大的高技能人才，作为“车集工匠”。通过实施“大工匠带中工匠，中工匠培养小工匠”的梯队培养模式，让更多的能工巧匠脱颖而出，有为有位，所培养的内容包括“工匠精神”（品德、敬业度、严谨性）、岗位理论知识、岗位技能、创新能力等。

（1）“工匠精神”培育

“工匠精神”是一种对工作执着，对所做的事情和生产的产品精益求精、精雕细琢的精神。将培育和弘扬“工匠精神”作为重要抓手，采取灵活多样的方式和丰富多彩的活动，通过教育普及、典型引领、氛围营造等措施，在职工中塑造爱岗敬业、执着专注的职业操守，培养精益求精、勇于创新的职业精神，弘扬严谨踏实、追求卓越的职业品质，营造敬畏职业、崇尚匠心的职业氛围。通过重塑新时代的“工匠精神”，帮助更多职工树立“技术职工也能成才成名，一线职工也能成就职业梦想”的理念，将“工匠精神”物化为超凡的劳动技能，锻造与锤炼出更多的能工巧匠。

（2）技能提升培训

通过开展岗位培训、技能提升专项培训、技术竞赛、技能鉴定等多种形式，为职工切磋技艺、展示技能、培训锻炼、提升素质搭建有效平台，组织引导广大职工学技术、练本领、强作为。为充分发挥职工职业技能竞赛的激励作用，广泛开展技术练兵比武活动。注重技能竞赛的广泛性，对于矿级技能比武未能覆盖的岗位工种，矿级部门鼓励区队结合本单位的实际，积极组织开展单位内部的技能竞赛活动，并根据区队开展活动的规模和效果给予一定经费支持。通过两级技术比武活动的广泛开展，使全矿各专业系统领域和不同岗位的优秀技能人才得到锤炼和提升，助推职工技能登高和职业成长，拓展工匠成长通道。

（3）工匠名师带徒

在全矿范围内遴选，向目前已具备“车集大工匠”品质和技能的员工授予“车集工匠名师”称号，组织工匠名师与培育对象结成师徒对子，签订培养协议，形成“‘工匠名师’培育大工匠，大工匠带中工匠，中工匠带小工匠”的梯队培养模式。每一位培育对象应结合自身差距与单位实际情况、培育目标与要求，与导师共同制订培育实施计划，其内容包括：培育总目标与阶段目标、传授方式、培育内容、时间安排等。培育实施计划由办公室审批通过后，师徒双方严格按计划实施。通过“传、帮、带”的方式，对培育对象进行定期目标化培养，促进“工匠精神”薪火相传，推动职工技能登高，把名师个人的技术成就变成每位培育对象的职业技能，从而培育造就出更多的“车集工匠”。相关工作室应动态跟踪培育对象的进步情况、工作业绩，并定期进行对标检查和指导，为其能顺利完成培育计划，达到培育目标提供支持。

(4) 创新能力培养

车集煤矿以“游弋工作室”为依托，充分发挥工作室技能人才集聚优势和场地设施优势，通过开展创新知识培训、吸纳项目组参与研发、创新课题训练、创新实战等方式，使职工不但掌握创新的方式方法，并且能灵活地运用到实际工作当中，解决生产中的实际问题。通过开展“小发明、小创造、小革新、小建议、小设计”等“五小”竞赛和职工优秀成果奖评选、展览等活动，激励职工创新创造，使创新工作室成为创新人才的孵化器。

(5) “车集大工匠”的再培养

领导小组将加大对“车集大工匠”的再培养、再锻炼和再提升力度，通过各种渠道和方法，进一步发掘潜力、激发潜能、发挥作用，为其提供各类切磋技艺、交流经验、展示技能、提升素质、培训锻炼和研修深造的有效平台，帮助其获得更好、更长足、更全面的发展，使“车集大工匠”拥有更高的境界、更宽的视野、更博大的胸怀，为车集煤矿和两级公司的发展作出更大贡献。

(6) 开展技术交流

利用微信工作平台开设学习园地、维修技巧、技术革新等信息板块，并开展学习培训与技术交流活动，定期发布学习培训和技术交流内容，供成员及业内同行进行学习交流。以区队生产过程中出现的机电故障和事故为例，对此开展培训与技术研讨交流活动，从人员操作、技术设计和产品质量缺陷等多方面查找原因，通过加强现场管理、规范人员操作和技术创新等多种措施，促进问题的有效解决。

(7) 加强技术技能创新和成果转化

积极开展技术技能革新和创新成果、“绝技绝活”的总结推广，同时对于工作中的创新或研究突破等，应实施奖励机制。对于在技术技能岗位中做出重大贡献和重大技术突破的人员，应积极申报相关奖项及国家、省、市级技能工作室等。

(8) 积极宣传和成果展示

对于取得的技术技能创新成果、典型经验和相关荣誉，建立专门的展览室进行宣传和展示，可以制作影像片和幻灯片，加强对优秀技能人才和创新团队的宣传报道，为加强创新人才队伍建设营造良好的宣传氛围。

车集煤矿以“工匠精神”为引领，按照“以学习培训实现技能提升，以技术攻关实现潜能开发，以导师带徒实现人才化育，以经验交流实现资源共享，以创新创效实现人企双赢”的模式运行，充分发挥了大师级人物在创新工作中的引领带动作用，为矿井发掘并培养了一大批创新型技能人才，形成了创新型技能人才“培养—选拔—使用—输出”的良性循环机制，持续为矿井创新能力的建设、提升提供人才保障和智力支撑。

4 取得效果

(1) 创新成效显著

自创建高技能人才队伍以来，车集煤矿矿井技能人才已累计完成各类创新成果 1 463 项，获得专利授权 45 项，发表省部级论文 90 余篇，取得经济效益达 1.5 亿元，对于解决矿井安全生产中遇到的实际问题，以及对车集煤矿知识产权的保护做出了突出贡献。

（2）带动效应明显

为调动职工创新的积极性，车集煤矿推出了一批以职工姓名命名的创新成果，如“于金忠地质锤”“游弋钢丝绳全自动化除尘环”“孙金瑞感应式水幕控制系统”等，使创新者有名有利，从而激发和调动了广大职工的创新热情。广大干部员工参与自主创新工作的积极性明显提高，班组长、技师、技术工人主动针对生产现场实际进行自主创新，把制约企业安全生产的关键环节作为研究方向和重点，成果的科技含量显著提高，向生产现场应用的转化步伐明显加快。

（3）创新人才辈出

近年来，车集煤矿有70余人次在矿级以上的技术比武中获得名次，4名员工获得河南省“技术创新能手”称号，4名员工获得河南省“百名技术英杰”称号，游弋、陈国栋等7名员工获得河南省“五一劳动奖章”。2013年，陈国栋被中国煤炭工业协会授予全国“煤炭行业技能大师”称号。2015年，游弋被授予“全国劳动模范”荣誉称号；2016年，其被授予“中原大工匠”荣誉称号。

总之，“工匠精神”引领下的高技能人才队伍建设，不仅造就了游弋、陈国栋等一批金牌蓝领，而且在他们的品牌效应下，带动了一大批技术人才的快速成长，广大员工在助力企业发展的同时，也实现了自身价值，有力地促进了矿井的安全发展。

新经济背景下煤矿企业人力资源管理的优化策略

王　诚

（河南能源化工集团永煤公司城郊煤矿，河南 永城 476600）

摘　要　煤矿企业是我国的支柱产业之一，不仅给我国经济发展提供能源，也带动了相关产业的发展。人力资源作为煤矿企业发展的重要组成部分，对于企业经济效益的发展具有重要影响。基于此，本文对煤矿企业人力资源管理的现状以及新经济背景下煤矿企业人力资源管理的优化策略进行了分析。

关键词　新经济；煤矿企业；人力资源管理；优化策略

1　煤矿企业人力资源管理的现状分析

近年来，煤矿企业安全问题越来越多，引起了人们广泛关注，相关煤矿企业根据实际情况制定了相关改进策略，安全生产呈好转趋势。但是，相比于发达国家，我国煤矿企业人力资源管理依然存在较多问题，生产安全状况未达到理想状态。煤矿企业出现安全事故的原因是多方面的，有内在因素影响，也存在很多外在因素。煤矿井下作业环境较为恶劣，事故发生风险较大，但经分析发现，很多安全隐患来源于员工自身，如专业知识不足、操作水平低、安全意识薄弱等。煤矿企业人力资源管理的主要目标就是劳动安全管理，对员工安全作业情况进行优化。煤矿企业在进行人力资源管理时，管理途径较多，需要站在全局的角度上对相关问题进行分析，为煤矿企业选择合适的人力资源管理策略。在安全管理时，企业应做到以人为本，提高整体安全管理水平，将生产安全作为关键内容，避免出现安全事故。我国现在很多煤矿企业的不安全生产情况依然较为严重，因此，必须加强人力资源管理，制定合理的规范与制度，通过各种方式保证煤矿企业安全生产[1]。

2　新经济背景下煤矿企业人力资源管理的优化策略

2.1　改革创新人力资源管理模式

面对当前发展形势，我国煤矿企业并非陷入绝境，应在新形势发展背景下，积极迎合当前发展形势对企业各方面进行改革。其中，人力资源管理作为我国煤矿企业发展中的重要变革方向，应对各类管理手段进行革新后实现科学变革，以应对能源市场的变化。在黄金发展时期内，由于全球煤炭资源均处于高消耗水平阶段，故我国煤矿企业仅需通过增加基层劳动力人员，提升产能后便可获得较高生产效益。但在新经济发展中，绿色可再生能源已逐渐成为各类生产企业的主要能源供给选择，煤炭能源需求明显下降，从而使数量庞大的基层劳动力人员成为了限制煤矿企业发展转型的主要因素。对此，企业需将减少劳动力资源，提升效益创收作为煤矿企业人力资源管理的调整重点。在企业管理中，需加强企业内部的有效沟通，在明确各部门发展规划情况后，对其原有人力资源及储备资源进行调整，借助竞争上岗手段，实现企业内岗位流动，以刺激员工积极性，提升工作效率。在进行公司内岗位调动时，还可在对员工实际工作情况进行调查，明确不同员工的技能特点，根据其特长进行二次岗位调整，以实现对员工价值的最大化发挥。在进行岗位调动时，还需对各岗位职工职责予以详细划分，使其在工作中依据自身职责确保各项工作的有效完成[2]。

2.2 加强安全培训，降低煤矿风险

首先，企业要考虑到实际情况，如设备、环境、员工队伍等，在进行安全培训时，人力资源管理部门工作人员需要根据具体情况，对员工操作技能等方面展开培训。在此过程中，领导层需要对此加大关注力度，对安全培训工作情况进行监督，保证安全培训内容能满足煤矿安全需要。同时，领导层也应该提高自身安全意识，认识到煤矿安全与安全培训的关系，进而给予安全培训工作各方面的支持。安全培训的主要目的是提高煤矿工作人员安全意识，规范操作，减少违章操作所造成的安全事故。培训方式可以是集中讲课，也可通过举行特种作业操作培训、技能大赛等提高员工操作水平。技能大赛需要围绕同一工种进行，针对比赛结果，给予先进员工奖励，给予落后员工激励。在条件允许的情况下，还可以建立井下实训基地以开展安全培训。当前，随着相关规定的出台，煤矿企业还应建立完善的安全培训管理制度，增加安全培训经费。在进行一些专业性较强的安全技术培训时，需要与相关机构合作进行委托培训。新进人员需要进行多级安全教育，并且在保证各级合格的情况下才能上岗，同时，定期组织员工学习安全制度、安全知识等。

2.3 完善激励机制且提高薪资待遇

建立激励机制是激发员工创新精神和工作积极性的主要手段。煤矿企业若要解决人才流失问题和提高核心竞争力，应在重视人才及人力资源管理的基础上完善激励机制和薪酬待遇机制。在传统的人力资源管理模式中，激励机制的缺失或不完善，员工薪资待遇同社会发展的不适应等，导致了员工的积极性不高及创新能力低下，甚至发生“跳槽”现象，给煤矿企业发展带来了严重影响。为此，煤矿企业应创新管理体制，制定和完善人力资源管理制度体系，使其符合新时期的发展实际，且做好人才培养方略，制订科学有效的人力资源管理计划，深层次地了解当前人力资源管理部门所承担的责任，改变传统管理方式，利用好网络、自动化等现代信息技术，提高人力资源管理效率。

人才流失是煤矿企业的重大损失之一。所以，煤矿企业应深度分析人才流失原因，探讨影响人才流失的主要因素，从根本上制定和完善人才管理机制。当然，从煤矿企业员工流失的实际情况看，薪资待遇是导致人才流失的主要因素。为此，煤矿企业应适应新时期的发展趋势，不断提高员工薪资待遇水平。在制定薪资待遇时，企业不但要考虑通货膨胀因素，还要考虑提高生活质量的因素，将薪资待遇同员工工作绩效考核结果相结合，制定完善的薪资待遇制度及其执行制度，以确保制度执行的公平性和公正性[3]。

3 结语

综上所述，人力资源管理作为现代企业发展中的重要管理内容，是企业成本支出的主要方面，对于企业成本控制具有积极作用。人力资源是煤矿企业在新经济背景下实现转型发展的关键性资源类型，对企业实现有效转型发展意义重大。

参考文献

[1] 师俊.大数据时代煤矿企业人力资源绩效管理的创新研究[J].现代工业经济和信息化，2020，10(11)：111-112.
[2] 崔媛琳.新时期煤矿企业人力资源管理的创新策略研究[J].科技风，2020(31)：144-145.
[3] 郑东东.新形势下煤矿企业人力资源管理工作存在的问题及对策[J].河北企业，2020(8)：125-126.

煤炭行业现状分析及转型发展的策略研究

张桂山，杜继中

（河南焦煤能源有限公司中马村矿，河南 焦作 454005）

摘 要 自2013年至今，我国煤炭产业遭遇了前所未有的困境，例如资源枯竭、矿区及周边市区污染加剧、成本增加等，这些因素严重制约了企业快速、持续、健康的发展。与此同时，中国经济“新常态”也迫使煤炭企业不得不正视转型发展的重要性和紧迫性。因此，笔者以山西焦煤集团有限责任公司为例，结合公司的实际现状，为其转型发展提出了完善煤炭行业转型机制、煤电一体化进程、保护矿区生态环境、坚持创新驱动、自动化“智慧矿山”建设五大策略，为煤炭企业转型成功和可持续发展提供建议。

关键词 焦煤公司；转型发展；现状分析

0 引言

山西集煤集团有限责任公司（以下简称焦煤集团）作为有着120余年开采历史的老企业，人员多，产区远，设备陈旧，再加上长期超强度开采，导致其面临着资源枯竭、生产萎缩、社会负担沉重的困境。这些状况严重影响了企业的持续长远发展，也引发了职工工作的稳定性和一部分干部职工群体生存的根本性问题。在这种严峻形势下，全面推进焦煤集团转型升级，实现企业的可持续发展，是当前面临转型工作必须选择的道路。

1 煤炭行业现状分析

1.1 煤炭资源发展形势严峻

焦煤集团作为全国无烟煤生产的主要基地之一，已经有120余年的煤炭开采历史。作为有着百年历史的企业，如今面临的形式十分严峻，主要表现为以下三个方面：① 从宏观经济来看，国内经济转型压力加大，行业经济低位运行的态势仍将延续，在“创新、协调、绿色、开放、共享”的发展理念指引下，国家已经提出并推进能源革命，进一步加快能源技术创新，建设清洁低碳、安全高效的现代能源体系，推动煤炭等化石能源清洁高效利用，这将导致煤炭行业发展形势发生深刻变化；② 从煤炭行业来看，煤炭市场供大于求的态势短期内难以改变，煤炭行业长期低迷的态势将持续存在，使煤炭生产企业的发展受到阻碍，这将倒逼煤炭行业在国家政策的支持下加快“供给侧改革”的步伐[1]。煤炭行业依靠“上项目、铺摊子”增加投资、扩大规模的发展模式走已经到了尽头，逐步从追求“扩大产能、保障供给”转为“优化存量、控制增量、消化过剩、淘汰落后”。对于煤炭勘察设计企业来说,由过去“靠市场增量”转向“吃市场存量”,关注的重点由煤炭生产领域向煤炭建设领域转移;③ 当前经济形势下,在制定企业发展战略时,应充分体现企业在新常态形势下稳中求进,更加注重利用煤炭质量产生效益的要求[2]。稳中求进,稳在规模速度,进在质量效益;稳在持续发展,进在改革创新。要以“稳”应对经济下行风险,应对新常态的各种挑战。煤炭企业面对复杂多变的形势,应着力在提高发展质量上下功夫,在提升效益上下功夫,着力解决持续发展能力不足的问题,着力解决发展规模与发展效益不相匹配的问题。

1.2 焦煤集团煤炭主业方面

焦煤集团未来的发展面临以下几个困难:① 煤炭开采的难度不断加大。煤炭开采受到地质条件复杂、开采周期长、环保治理难度大等因素严重制约;② 转型任务迫切。焦煤集团旧矿井不断退出,新项目接替少,推进企业长远稳定发展的产业任务重、时间紧;③ 采掘工艺水平有待提升;④ 瓦斯治理难度进一步加大;⑤ 煤炭达标周期延长,达标煤量少;⑥ 采煤工作面接替紧张,存在极大的安全隐患。

1.3 环保压力冲击煤炭市场

近年来,全国各地出现了不同程度的雾霾现象,对此,各地方政府出台了相应的政策,比如煤炭污水排放限制、车辆限行、化工场地外迁、建筑工地暂定施工等。焦作市则将治理重点放在煤炭行业上,一方面,因为焦作市是个资源型城市;另一方面,焦作市的重工业主要以煤炭行业为主,再加上环保力度逐渐加大,对以煤炭为主的能源结构优化和调整,在未来的一段时间将是长期而艰巨的重点任务,从而尽快使得清洁能源在生产和生活中所占的比例不断上升,逐渐降低煤炭的使用比例[3]。除此之外,根据此前出台的“十三五”规划政策,2019 年国内煤炭消费的比重相较以前,虽然下降到 60%左右,但从目前的状况来看,以煤炭作为主体的资源还将继续占有大部分能源市场。总之,煤炭企业转型迫在眉睫。

1.4 焦煤公司其他方面

① 资金严重短缺。由于近年来亏损严重,企业“造血”功能严重不足,加之融资环境不容乐观,融资难、融资贵问题突出,资金缺口巨大。② 人员分流安置任务艰巨。矿井集中关闭退出后,需要分流安置的人员众多,且内部提供的岗位有限,人员安置难度极大。③ 涉法涉诉风险加大。随着产能退出、小煤矿关闭等政策的实施,企业的运行没有了经济支撑,违约欠付增多,职工欠薪的现象也时有发生,造成经济诉讼和劳动争议诉讼方面的法律风险加大。④ 部分产能退出企业存在职工股权,清偿一般为零,职工对此不能理解和支持,影响社会稳定。

2 煤炭行业转型发展策略

2.1 完善煤炭行业转型动力机制

想提高煤炭在市场上的竞争力,就必须对煤炭行业转型所依靠的动力机制进行完善。一是明确业务转型的方向,按照“围绕煤、延伸煤、做优煤、超越煤”的产业定位,以增值发展为核心,以精益管理为基础,构建可持续发展的现代产业体系[4]。二是加快企业经营管理制度的改革速度,完善和推广内部市场化以及双预控等制度的建设。三是在发展路径上,对内坚持转方式、调结构、促转型,着力破解传统产业偏重、产权结构单一、区域布局分散、发展后劲不足等瓶颈制约;对外坚持大开放、大合作、大协同,营造包容共赢的产业生态,提高企业开放发展水平。

2.2 加快推进煤电一体化进程

加快推进煤电一体化进程，目的就是让上下游煤炭企业实现共赢的发展局面，真正做到“煤电联动、互保共建”。鼓励煤电企业之间的联营与合作，积极改革原有的电价形成体系，让遵循环保政策的企业与相关的发电企业通过市场合作的方式来对最终的用电价格进行确定，推进煤电治理和运营的一体化[5]。鼓励煤炭企业同电力、冶金企业之间的重组，淘汰产能技术落后的企业，关闭非法的小煤窑和小矿井。对环保、优质、安全的大型煤矿企业要大力支持。

2.3 加大生态环境治理和保护力度

对矿区生态环境要加大治理和保护力度，将事后治理改造成事前预防，化被动为主动，积极开展环保测评的活动，依法整改和关闭不符合节能环保要求的矿区[6]。例如可以采用生态环境补偿体系，督促企业对因矿区过度开发引起的大气污染、水质污染、植被破坏等后果进行及时的补偿，并建立煤炭行业的可持续发展基金，从而更有效地保护矿区生态环境。

2.4 坚持创新驱动

(1) 技术创新方面。积极适应煤炭行业发展需求，加强高新技术开发和传统产业改造，利用技术储备增强煤炭清洁加工力度[7]；积极筹备成立矿山设备制造中心，利用此研发平台，加强输送、储运等系统中高端智能化装备的研发和制造，并选择合适的设计总包项目为试点，加快应用推广、打造新的经济增长点；加快设计手段的技术创新，其中，三维协同设计是工程设计领域的发展趋势，应该加大投入，加速推广应用。

(2) 深化组织结构方面。以压减层级和去行政化为抓手，深推管控体制改革，构建三级管控架构；按照“集团公司管资本、二级企业管资产、三级单位管生产”的功能定位，将生产经营和产业运营职能有序下放，将管理职能和资本经营职能有效整合[8]。通过推行“大部制、大车间、大区队”改革和权属企业分层分类管理，逐步淡化行政职级，建立以岗位管理为核心、以岗位等级体现管理层次、以岗位评价反映岗位价值、以岗位层级确定薪酬待遇的岗位管理体系，着力解决“同级不同层”的问题。

(3) 科技创新方面[9]。经过实践证明，焦煤集团只有依靠科技创新才能促进自身转型发展。焦煤集团应加大科技创新力度，提高煤矿资源开发利用率。对于企业研发能力的提升：一是需要加快产学研协同创新体系的构建，加强创新平台建设，着力在制度创新、体制创新、机制创新、运营模式创新和发展方式创新等方面寻求突破；二是需要加快实施科技创新团队和优秀人才的培养，抓好人才储备和后续培养工作，加强实践锻炼和能力提升，着力营造“鼓励创新、宽容失败”的全员创新创效氛围，满足企业转型发展需要；三是需要加快关键技术突破，以瓦斯治理、水害防治、支护改革、高产高效等为重点，着力抓好大直径定向长钻孔区段预抽、大采长大采高工作面开采、深井软岩巷道顶板支护、井上(下)千米定向钻机水害区域治理等重大关键技术的科研攻关，解决制约矿井发展的瓶颈问题。

2.5 加速推进自动化“智慧矿山”建设

一是加强引导、加大投入、集中研发，实现关键技术的重大突破。矿山采矿技术，经历了机械化阶段和数字化阶段，正在向智慧化方向迈进。只有实现了智慧化，实现了危险场所的无人值守，才能极大提高生产效率和安全水平，并从根本上实现本质安全矿山的目标[10]。尽管近年来在矿山智慧化方面，我国已经做了一些深入的工作，但没有形成系统性的、持续的创新能力，对于一些重大技术问题尚待突破。二是加强标准体系的研究和制定，为系统间的全面集成提供保障。加强智慧矿山标准体系的研究和制定，只有将矿山管理的各个系统进行有效集成，才能使矿山综合信息的全面数字化；只有将感知技术、传输技术、信息处理、智能计算、现代控制技术、现代信息管理等与现代采矿及矿物加工技术紧密相结合，构成矿山中人与人、人与物、物与物相联的网络，才能对环境状态与地质信息进行综合分析与趋势判断，实现灾害预警。在灾害突发时，才能准确标示灾害位置，智能、动态地计算和指示应急撤离路线，保障各类应急资源的合理调配和及时到位，提高救援效率。三是加强新一代信息技术的应用，提高安全保障程度。智慧矿山建设要重点加强矿井监控自动化、管理信息化改造，逐步实现矿井井下人员、设备、生产作业环境以及供电、排水、提升、运输、抽风、压风、采煤等主要安全生产环节信息的远程监测监控，重要机电硐室、主要带式输送机和泵房等的可视可控，建立煤矿安全生产管理信息系统，积极推进物联网、井下“5G”移动通信、井下无线移动可视系统等先进适应技术的应用，促进信息技术在煤矿安全生产领域的深度应用，提高安全保障程度。

3 公司转型过程中关注的问题

3.1 从机制上为转型发展护航

焦煤集团的转型发展要以顶层设计为战略思考，建议焦煤集团成立顶层设计工作研究办公室，根据各地面单位和关停矿井实际情况，进行统一部署和规划，从而达到“明确政策、操作有目标、风险好避免”的效果。同时，各工作组和基层单位要各自谋划和专注本专业和行业的发展，在人员配备上必须做到“专职、专业、专心”，齐心协力推进企业转型发展工作。

3.2 坚持分阶段促进转型

焦煤集团可将所属企业，按照“积极发展、保留、需要处置”三个种类进行划分：对于第一类积极发展企业，提出重点发展产品、领域、规划或重组意见；对于第二类保留企业，提出进行内部整合重组或逐步退出方案；对于第三类需要处置的企业，提出退出方案，包括但不限于进行混合所有制改造，由控股改为参股，解除参股改制单位托管关系，或关闭、注销、转让、划拨、破产等。

3.3 达到全员统一认识转型

习近平总书记指出，冲破思想观念的障碍，突破利益固化的藩篱，解放思想是首要的[11]。思想决定行动，思路决定出路，没有思想的先导，就不会有行动的跟进；思想上能否破冰，直接决定着行动上能否突围。解放思想是一个“总开关”，所谓“观念一改变，市场一大片”。在思想观念上的墨守成规、因循守旧、故步自封、抱残守缺，都是改革创新、转型发展的障碍，只有思想解放了、理念更新了，才能“拨开迷雾见月明”，才会“柳暗花明又一村”。

3.4 正确认识转型发展

以新发展理念为统领，进一步转变发展方式、优化经济结构、转换增长动力，实现质量变革、效率变革、动力变革，是十九大发出的号召，是中央、省委经济工作会议的要求，也是习近平新时代中国特色社会主义经济思想的应有之义[12]。就焦煤集团而言，三大变革是机遇，也是挑战，更是走好转型发展、实现新胜利的必由之路。所以，焦煤集团必须加快推动企业的转型升级、转型发展。

4 结语

焦煤集团作为有着120余年历史的煤炭企业，应该正确认识到，无论煤炭资源在不久的将来能否被其他能源所代替，都应结合当前历史发展的“换挡期”，保持清醒头脑，遇到严峻挑战的时候，需要沉着应对，把握得当，以扭转危局，开创新局；应对市场变局的时候，需要审时度势，内外兼修，见机而为，乘势而上；在作战略抉择、重大决策的时候，需要冷静观察，科学研判，谋定后动，精准施策。总之，在企业变革的过程中，既要看到发展的有利条件，抢抓机遇、乘势而上；又要正确认识发展中的困难和挑战，坚持不懈地走好转型发展的路，迈开迎接挑战的步伐，阔步前行，转型发展，勇往直前。通过转型发展，使焦煤集团成为主业突出、层级合理、定位准确、管控科学、具有核心竞争力的企业。

河南焦煤能源有限公司中马村矿就是在转型发展过程中的典型范例。这个企业通过全面实行契约化经营管理，推进信息化、数字化、自动化“智慧矿山”建设：针对采煤安装ZF4400/17/34型支架配合MG170/410-WD型无链电牵引采煤机，实现综采机械化开采；在掘进工作面装备EBZ260H型悬臂式综掘机，单头进尺月突破200 m；巷道采用“锚网索＋36U型钢＋喷浆＋壁后注浆”复合型大断面、强支护形式，提高了巷道支护强度和延长服务年限，夯实了安全基础。同时，对矿井综合信息系统进行再升级，真正实现信息采集全覆盖、数据资源全共享、统计分析全自动、人机状态全监控、生产过程全记录，生产调度中心可以通过系统数据即时分析设备运行情况，提前预知生产隐患问题，构建多层级、跨区域、多维度的现代化智慧矿山体系，全面提升矿井安全生产效率。据统计，通过转型的发展，河南焦煤能源有限公司中马村矿年产突破了70万t，创效6 000万元，取得了良好的经济效益和社会效益。

综上所述，时代发展的趋势是越来越注重环境的保护，尽量避免在能源的使用和消耗中产生的浪费和污染，这也是“绿色低碳、高效环保”政策的体现。煤炭行业想要摆脱当前的困境，就必须顺应时代的趋势，进行相应的改革和转型，做到化挑战为机遇，通过不懈努力取得革命性进步，真正让煤炭行业的可持续发展变为现实。

参考文献

[1] 高岭，唐建民.中国煤炭市场分析及发展战略思考[J].品牌，2015(2)：13-14.

[2] 曾繁华，彭中，陈曦.战略性新兴产业发展政策研究最新进展文献综述及评价[J].科学进步与对策，2013，30(14)：155-160.

[3]刘刚，等.战略性新兴产业发展的机制和路径：价值网络的视角[M].北京：中国财政经济出版社，2012：24-27.

[4] 王艳丽，王昌海.中国煤炭市场分析和煤炭可持续发展研究[J].黑龙江科技信息，2011(7)：110.

[5] 李妹.中国战略性新兴产业发展思路与对策[J].宏观经济研究，2012 (2)：50-55.

[6] 冯宗宪，冯涛，谈毅，等，中国高科技企业成长研究[M].北京：中国社会科学出版社，2011.

[7] 韩海山.我国煤炭企业人力资源面临的危机及对策[C]//中国煤炭学会经济管理专业委员会.第五届中国煤炭经济管理论坛暨2004年中国煤炭学会经济管理专业委员会年会论文集.2004.

[8] 吴镇定.我国煤炭企业的现状及发展战略[J].山西建筑，2005，31(2)：130-131.

[9] 冯春林.国内战略性新兴产业研究综述[J].经济纵横，2011(1)：110-112.

[10] 梁启东，宋帅官.辽宁煤炭行业转型发展研究[J].党政干部学刊，2017(5)：31-35.
[11] 楼新明.江苏：培育发展战略性新兴产业的举措与启示[J].今日科技，2010(9)：15-17.
[12] 吴先满.江苏发展战略性新兴产业的现状分析与对策研究[J].东南大学学报(哲学社会科学版)，2011，13(3)：37-42.

创新人才管理机制在国有煤炭企业中的应用

崔立峰

（焦作煤业(集团)有限责任公司，河南 焦作　454002）

摘　要　企业的发展，离不开人才支撑，尤其是煤炭企业，由于安全生产、人员工作环境和劳动强度的特殊性，对人才的选择和管理直接关系到企业能否获得持续、高效和高质量发展的动力。本文针对目前我国煤炭企业人才短缺、人员素质参差不齐等现状，对尽快建立人才的培养、使用、教育、激励、服务等机制进行了剖析。在此基础上，笔者还结合工作实际，认为必须加强对人才资源开发与管理，建立有效的人才使用机制和人才评价机制，才能实现进一步优化煤炭企业人才管理的目标。

关键词　煤炭企业；人才管理；培养机制

0　引言

党的十九大报告中指出：人才是实现民族振兴、赢得国际竞争主动的战略资源。实行更加积极、更加开放、更加有效的人才政策，以识才的慧眼、爱才的诚意、用才的胆识、容才的雅量、聚才的良方，把各方面优秀人才集聚到党和人民的伟大奋斗中来，努力形成人人渴望成才、人人努力成才、人人皆可成才、人人尽展其才的良好局面，让各类人才的创造活力竞相迸发。为此，针对目前我国煤炭企业人才短缺、人员素质参差不齐等现状，笔者认为有必要尽快建立人才的培养、使用、教育、激励、服务等机制，进一步加强对人才资源的开发与管理。

1　创新人才培养机制，打造成长平台，倡导有才尽举

企业要发展，人才是关键。随着社会主义现代化建设的不断发展，科技的不断进步，市场竞争愈来愈激烈，煤炭企业对人才素质的要求也愈来愈高，市场经济的竞争最终体现在人才的角逐上。因此，煤炭企业应从人才培养入手，深入推行职业生涯管理理念，通过制定系列措施，拓宽员工职业生涯发展通道，开发人力资源，最大限度地激发和调动员工的积极性。

这里所说的人才培养，就是指国有煤炭企业组织领导要根据每个人的个性特点、基本素质，积极创造条件，采取有效措施，引导、教育、锻炼员工，使其尽快成长、发展、成熟。人才培养机制，就是指企业在强化队伍建设和员工素质时，根据人才发展的不同需求，建立一套完善的人才培养组织调控系统，努力实现人才培养机制体系多元化，包括：① 培养制度多元化。根据煤炭企业发展的现状和前景，在年初制定培养计划和培养方案，组织部门牵头抓总，逐月考核落实，形成比较明确的培养目标体系。② 培养对象多元化。建立多层次人才梯队，形成一个初、中、高逐级提高的塔式

结构，通过实施经营管理人才、专业人才、技能人才和复合型人才四支队伍的建设，培养出一批高层管理人才、高水平工程技术人才以及高级技工。③ 培养方式多元化。人才培养应从一次性培养变为终身培养，积极开拓教育培训新思路。④ 培养内容多元化。既要重视理论知识、专业知识和现代技能的培养，又要重视思想政治素质、道德品质、现代企业理念教育，使每个人都树立正确的人生观、价值观、世界观，最终成为德才兼备、全面发展的复合型人才。

2 创新人才使用机制，打造竞争平台，力求才尽其用

人才工作"以用为本"是党的一项重要的理论创新。因此，煤炭企业应当在人才管理工作中始终贯彻执行"以用为本"的战略方针，充分认识用好、用活、用足人才，将调动和发挥各类专业技术人才作为人才管理工作中的核心与关键，使人才真正成为煤炭企业高质量发展的强大引擎。反之，如果不能要让各类专业技术人才在工作实践中发挥其不可替代的效能，不能合理地使用人才，不能培养和吸收更多的人才加入到企业的经济运行当中，那么就会造成人才资源的严重浪费。煤炭企业必须自觉把"以用为本"的人才发展方针落到实处，加快落实中央已出台的针对各项人才的引进、使用和激励政策，改变传统的人才观念，按照党的"以用为本"的人才发展方针，积极主动推进体制机制创新，特别是在人才的选拔任用、合理配置、激励保障等关键环节上要大胆创新，使人才使用工作能够进入到一个整体推进、优先发展的新阶段。要坚持"以用为本"的原则，搭建用人平台，把人才的素质能力与使用岗位的实际要求结合起来，力争把优秀人才都放在最合适的岗位，充分激活人才的最大潜能，为人才施展才能提供最大的舞台和空间。在人才工作实践中，煤炭企业及其组织人事部门都应当梳理和坚持"以用为本"的人才观，采取一切与之相对应的政策措施，从人才的优势、爱好、需求等角度出发，最大限度、最为合理地使用和激励人才。

在创新人才使用机制中，企业务必遵循"公开、平等、竞争、择优"的原则。一是公开选拔。建立各类人才储备库，制定灵活的人才使用流动政策，破除各种固有思想的限制和论资排辈等条框，如人才可在完成本职工作任务的前提下，兼职兼薪；不转关系，长期或定期、不定期地受聘单位工作，在企业内部形成"能者上、平者让、庸者下"的竞争模式，激发人才的工作主动性。二是平等竞争。树立和强化"人才出自竞争"的观念，按照"扁平化"管理模式，建立和健全良性循环的人才竞争机制，选拔各类人才一律实行竞争择优，形成竞争有序的人才发展态势。三是公正评价。人才评价是选人用人的主要标准，只要有一技之长，在本职工作上勤劳付出，为企业的发展做出了实实在在的贡献，都应视为有用之才。四是择优重用。注重使用与考核相结合，在用人时，把握"四不用、三优先、三鼓励"的原则，把权力授予德、能、勤、绩各方面均优秀的人员，同时也把职务、权利、责任、目标、待遇五位一体授给合适的人，使其感受到被尊重和重用。

3 创新人才教育机制，打造共享平台，促进才有所学

人才是实现民族振兴、赢得国际竞争主动的战略资源。用好用活人才这一战略资源，需要深化人才发展体制机制改革，实行更加积极、更加开放、更加有效的人才政策。习近平同志高度重视人才发展体制机制改革，强调"要着力破除体制机制障碍，向用人主体放权，为人才松绑，让人才创新创造活力充分迸发，使各方面人才各得其所、尽展其长"。深化人才发展体制机制改革，应积极探索构建人才的教育和共享机制，要防止出现对人才只讲使用不讲培育的情况；要形成学校教育、社会教育和家庭教育相互配合的机制，形成培养人才的合力；突出经济运行发展需求导向，积极与

高等院校建立合作，根据煤炭企业安全生产所需专业，与一些院校共同建立相应专业、类型的培训课程；统筹产业发展和人才培养开发规划，加强产业人才需求预测，有针对性地培养重点岗位、重要领域、战略性新兴专业技术人才；推动人才工作一体化发展，建立人才、项目、政策协同机制，打破企业之间、专业之间人才培养的藩篱，改进人才教育方式，共同开发人力资源；建立统一的人才工程项目信息管理平台，推动人才工程项目与各类科研、基地计划相衔接。

新时代，“共享”一词已成为社会热词，“共享”理念日益深入人心。在选人用人和人才教育方面，煤炭企业也应该树立人才共享理念，“不求所有、但求所用”，这是把人才这一战略资源充分用好的必然要求。树立人才共享理念应突出市场导向，充分发挥市场在人才资源配置中的决定性作用，同时更好发挥政府作用。用人主体要不唯地域引进人才，不求所有开发人才，不拘一格用好人才。因此，企业竞争越来越多地表现为人力资本的竞争，员工队伍的文化水平、专业素质高低直接影响着企业发展的现状和实际，煤炭企业要从战略的高度看待人才教育，将人才教育、人才共享与企业发展目标进行有机统一，完善教育体系，提升员工的创造力。一是思想重视，责任落实。高度重视人才培训教育工作，将其摆上重要位置，常抓不懈。明确人事部门负责人才的继续教育工作、队伍建设工作、等级考核工作，在企业内部形成制度化、规范化的人才开发和管理体系。二是开展继续教育。可立足于企业发展的需求和实际工作岗位的需要，制定出台员工后续学历教育管理办法，鼓励企业员工和中青年工程技术人员参加继续教育，不断提高本专业、本岗位的业务素质。三是将有潜质的工程技术人员分批送至高等院校深造，为赢得现代技术竞争奠定基础，储备人才。四是以“请进来，走出去”的形式对员工进行技能培训。可以在企业内部成立培训中心，并与大专院校签订长期的培训计划，聘请专业人士分批次对在岗人员进行轮训；对有发展前途的班组长、大精尖设备的操作者、技术骨干，也可派送到相应职业技术学院进行培训。五是开展“导师带徒”活动。本着“干什么、学什么”“缺什么、补什么”的原则，请技术人员、资深技师担任授课教师，针对不同工种的重点、难点及工作中易出现的问题，开展理论知识、现场操作等传经授艺活动，进一步促进理论知识与实践操作的有机融合，提高职工的综合素质和创新热情。六是开展岗位练兵和技术比武活动。将培育高素质的职工队伍作为企业发展的长久目标，使职工在比赛中得到锻炼和提高，营造出“比、学、赶、帮、超”的良好氛围。

4 创新人才激励机制，打造用开平台，达到才展其能

实行人才激励制度是煤炭企业管理中的一个重要措施。如何用人以及如何通过有效手段对人才进行激励，决定着煤炭企业创新力、创造力的发挥程度。美国人力资源学家梅奥提出：人是“社会人”，是复杂社会关系的成员，要调动其积极性，必须从社会、心理方面去努力。

人力资源是现代企业的战略性资源，也是影响煤炭企业发展的最关键的因素，激励机制运用的好坏在一定程度上决定了企业的兴衰。因此，国有煤炭企业应从满足人才自身实际需要出发，建立行政管理职务、专业技术职务、技工技能型人才开发管理机制，实行有效的激励方法和手段，让有真才实学、踏实做事的技术人才、技术工人，在专业技术通道中成长，享受与行政管理者一样的待遇和薪酬，调动整个人才队伍的积极性。为此，应做到以下几点：① 消除各种体制性障碍，打破人才使用的固定模式，建立灵活多样的管理方法，充分让人才开发与企业产品及各种制度相衔接，搭建一座人才管理和使用的平台；② 改革和完善现行各种手段，坚持将按劳分配与按生产要素分配相结合，采用年薪制和股权、期权等多种分配方式，鼓励优秀人才以专利、技术、管理等要素参

与分配等，敢于创新，追求高薪，创造高效益；③ 发挥政治激励作用，根据人才综合能力，量才使用，使其在实际工作中增长才干，锻炼提高。对具有领导才能、群众拥护的人才，经过人事部门考察合格后，及时晋升到领导岗位上来，为他们施展才能创造更加广阔的空间；④ 从人才市场发展的大局出发，积极探索新型人才开发的新路线，致力于企业人才管理可持续、信息化、跨越式发展，对企业人才资源进行整合，建立人才产业的多元股权结构和独立法人结构，打造人才经营的知名品牌，实现素质、能力、结构、业务的国际化，使企业经营体系强壮起来。

5 创新人才服务机制，打造发展平台，做到才尽其力

煤炭企业要在创新和优化人才服务机制上下功夫，增强人才的存在感、获得感、优越感，努力在企业内部构筑留才的“好环境”。要着力完善各类体制机制，改进方式方法，要坚持党管人才原则，构建党委统一领导，组织部门牵头抓总，相关部门各司其职、密切配合的人才工作格局，让党管人才原则贯彻人才工作始终。要制定精准的人才扶持政策，对各类人才分层分类管理，让人才引得进、留得住、用得好。要优化人才服务环境，营造尊才重才氛围，按照尊重劳动、尊重知识、尊重人才、尊重创造的“四个尊重”原则，进一步完善用人机制和使用机制，消除制约企业人才流动的政策性、体制性障碍的同时，不仅要重视“才”，还要尊重“人”，要在充分了解人才的心理需要、价值观的变化及自我实际需要的基础上，为人才提供有效服务。这需要企业人力资源管理部门的功能从纯管理型向服务并重型转变，同时也可依托企业技术部门，共同为企业人才服务，主要内容包括以下几点：一是积极营造人性化的发展环境。切实尊重人才成长的客观规律，创造一种“鼓励成功，宽容失败”的宽松氛围，为他们提供创业的机会、干事的舞台、发展的空间。二是积极营造人性化的企业环境。强化“人才资源是第一资源”的思想认识，动员企业力量关心人才工作、支持人才工作，积极营造一个“充实、高效、团结、协作”的企业环境，使人才充分享有实现自身价值的自豪感、贡献企业的成就感、得到企业承认和尊重的荣誉感。三是积极营造人性化的生活环境。满腔热情地关心人才，千方百计在解决其实际困难，努力为其营造一个居住舒心、出行放心、工作顺心的和谐环境，使每个人能够愉快地在企业这个大家庭中工作。四是积极营造人性化的工作环境。把人才队伍作为科学发展的生力军，通过吸引、保留、激励、发展员工，提升其工作热情和工作效率，使其个人始终处于最佳状态，不断提高业绩。

鹤煤公司以招聘、选聘人才，到培养、储备人才提升人才队伍建设

苗会明，秦冬冬，孟宪朝

（鹤壁煤业（集团）有限责任公司，河南 鹤壁 458030）

摘 要 近年来随着国内经济的复苏，国家对煤炭中小企业的整顿力度逐渐增强，煤炭企业对人才招聘和培养的需求有所加大，煤炭企业对人才招聘、培养的竞争也日益激烈。现代市场经济竞争不仅仅是企业管理水平、营销体系的竞争，更是企业人才的竞争。只有通过提高企业人才队伍的建设水平，才能推动企业发展。现代市场激烈竞争，加强了企业对人才的重视。现代企业市场竞争是企业人才的竞争、是企业人才储备的竞争、是企业人才培养的竞争。

人才队伍的建设是企业的根本，是企业长久发展的基础，采用科学的管理创新措施和实践方法，促进企业人才队伍建设发展，切实发挥企业人才在经营发展中的重要作用。本文秉着科学严谨的态度，结合河南能源化工集团有限公司管理上的创新和实践经验，并参考有关文献和资料，浅析从人才招聘、选聘，到人才培养、储备中好的做法。针对公司人才队伍建设的创新，如互联网招聘、“变招工为招生”、双导师带徒、技能“W”三通道、建立人才储备库等，进行详细深入的探讨。

关键词 互联网大数据；“变招工为招生”；双导师带徒；技能“W”三通道；人才储备库

1 利用互联网大数据，招聘人才

鹤壁煤业（集团）有限责任公司（以下简称“鹤煤公司”）人力资源部为了积极顺应煤炭行业经济发展形势的要求，打破传统招聘局面，进一步创新了招聘渠道。由于网络招聘具有传播范围广、查询方便、速度快、信息量大、成本低的优点，因此鹤煤公司与“前程无忧”网络平台合作，建立了“鹤煤公司前程无忧校园招聘网络平台”，形成了精准的网络招聘模式。从鹤煤公司发布校园招聘计划、招聘职位信息开始，求职人员在网上填写申请表或投递简历，人力部门对简历进行初步筛选，通知学生笔试、面试时间，确定录用意向等整个招聘环节都可以通过“前程无忧”网络平台进行。利用互联网招聘有以下优点：

（1）网络招聘平台发送招聘信息传播范围广、信息量大、方便随时随地阅读信息[1]。与传统的应聘方式相比，网络平台在线审阅、查找应聘信息、投递简历灵活性强，且网络招聘没有时间和地域的限制，可以随时在网上发布招聘、求职信息。

（2）网络及微信平台传播信息迅捷。传统的校园招聘从最初招聘计划下发，实施现场招聘，再到最终与大学生签约的整个过程需要较长的时间，而借助网络招聘平台就可以避免这个问题，从

鹤煤公司发布校园招聘计划到确定录用意向的整个招聘环节的时间缩短，大大提升了招聘效率。

(3) 鹤煤公司通过利用互联网与“前程无忧”网络平台合作，提升了企业品牌知名度。煤炭主体企业要生存、发展、在竞争中取得优势，就必须塑造良好的形象，努力提高企业自身的知名度，为企业创建利益[2]。

鹤煤公司借助“前程无忧”网络平台，向企业背景和企业文化提供了更有力的宣传渠道，使更多的应聘者和社会公众对鹤煤公司的背景文化有了更加深入的了解。

(4) 借助网络招聘，覆盖大学增多，具有筛选功能。互联网的覆盖是以往任何媒介都无法比拟的，网络招聘依托于互联网，达到了传统招聘方式无法获得的效果。鹤煤公司可以根据单位需要，在几万余人的网上人才库中筛选出最合适的人才。

(5) 网络招聘可视性强、时效性强、针对性强。网络不仅可以迅速、快捷地传递信息，而且还可以瞬间更新信息。无论是用人单位还是个人都能根据自己的条件在网上进行选择，减少了招聘和应聘过程中的盲目行为。相对于传统的校园招聘方式，通过网络招聘平台不仅能浏览文字、图片新闻，还能让求职者在掌上就能了解到鹤煤公司的企业文化及各个岗位、各个专业的需求信息，为他们提供了一个很好的平台，也增加了其对鹤煤公司的认同感。

(6) 网络平台招聘成本低。相对于传统的招聘方式，网络属于新兴大众媒体，招聘成本低，一台办公电脑和一部手机就能完成精准招聘。每年定期把当年的招聘计划及需求信息发布在“前程无忧”招聘平台上，只需要定期查看应聘者的信息，企业便可以与需求专业的求职者进行精准对接，最后确定录用人选。该平台从创建之初到现在，点击关注人数越来越多，而且在微信朋友圈转发量日益递增，对公司不仅起到了很好的宣传作用，也为公司吸引了很多人才，强化了人才保障机制。

2 变“招工为招生”，创新选聘机制

高素质的矿工有利于矿井的安全生产，是企业发展的根本。为提升一线从业人员整体素质，创新煤炭企业一线生产岗位从业人员使用机制，提高安全保障水平，鹤煤公司结合实际，充分发挥各用人单位、鹤壁能源化工职业学院的主体作用，采取校企联合的方式，充分利用和挖掘公司内部办学资源，“变招工为招生”，为鹤煤公司的安全稳定和可持续发展奠定良好基础。

为切实推进“变招工为招生”工作，鹤煤公司成立了“变招工为招生”工作领导小组，并根据河南能源化工集团有限公司批准的生产矿、厂用人计划，结合生源情况，采取不同的招生培养方式。同时以鹤壁能源化工职业学院为教育培训平台，推行以“招工即招生、入企即入校、企校双师联合培养”为主要内容的企业新型学徒制，采取“企校双制、工学一体、半工半读、工学交替”的教学模式，对学徒进行非全日制学籍注册，使学生在校学习到理论知识，在用人单位实践进行技能训练，同时使学生在就学期间得到相应的经济补助，破解了招生难、招工难的困局。

培训前，鹤煤公司、鹤煤能源化工职业学院、用人单位、聘用人员四方签订了专业定向培训就业协议书，明确培养内容、培训时间、相关待遇、服务期限等四方权利义务等内容。学生入企工作后公司积极争取职业技能培训补贴，为公司创造效益 80 余万元，同时为学生办理入职和各项社会保险手续。

学生在校理论学习期间，鹤壁能源化工职业学院加强管理，每班配备 2 名班主任，与学生同吃同住。在培训内容设置上，结合企业自身岗位需求和受训员工特点，设计个性化培训内容，重点突

出技能培训和实操培训，保证学习质量。同时，将出勤考核情况转用人单位，由用人单位向学生发放生活补贴100元/天。实习阶段，由各用人单位负责，采用“导师带徒”模式为每名学生配备一名指导师傅，切实保证学生能快速成才。学生学习并考核合格后，取得毕业证书和参加相关职业技能鉴定，达到合格标准后，取得相应职业资格证书。同时，在对学生的职业发展规划上，切实做好“感情留人、待遇留人、事业留人”，重点解决好“招得来、留得住、干得好”的问题。

3 畅通多渠道发展，培养人才

(1) 构建“W”型管理、技术、技能人才职业发展三通道

企业应改变单一的行政晋升模式，拓展为管理通道、技术通道和技能通道，让具有优秀管理才能的人员在管理通道中予以晋升，让理论水平高、技术能力强的人员在技术通道中体现价值，让善于钻研、技能熟练的人员在技能通道中成就梦想。每个通道都能晋升到较高层级，从而打破了只有担任行政职务才能发挥作用的旧观念[3-5]。

一是注重大学生选拔使用。积极开展岗位竞聘，对于综合素质高、业务能力强、发展潜力大的大学生要大胆使用，充分发挥大学生的专业优势和聪明才智。优化干部队伍知识结构，各部门领导班子，包括基层单位的生产区队、车间等，都要有相应年龄和学历专业结构互补的大学生。

二是拓宽技术职务、技能职务专业通道。要充分利用公司的管理、技术、技能“W”通道人才发展机制，确保与同级行政管理职务人员同地位、同价值、同发展。鼓励大学生淡化行政级别，积极参加本单位技术职务和技能职务评聘，拓宽自己的职业成长舞台。

(2) 创新见习制度，以更快适应工作环境

第一，见习期间实行“双导师带徒”制。大学生见习期开始两周内，结合所学专业，选择2名工作经验丰富、品行兼优、从事岗位专业对口的管理技术人员担任大学生导师，其中1名为所在单位领导班子成员。导师在对大学生进行业务指导的同时，应帮助大学生制定学习成长计划，同时签订《导师带徒协议书》。

第二，见习期实行轮岗制。大学生在入职后的前六个月进行轮岗见习，使大学生对所在单位的组织结构、运营模式、业务流程、岗位职责等有全面的了解，全面接触各项工作，积累工作经验。

第三，见习期实行定岗制。入职后六个月为定岗见习，把大学所学专业知识融入到工作中，升华为自身阅历和经验。拓展大学生专业水平，提高个人综合素质，帮助大学生端正就业态度，认知企业的优胜劣汰，培养竞争意识，避免好高骛远、不切实际，做到量能定位，为个人未来发展做好铺垫。让大学生能够在短时间内熟悉业务，勇于承担有关责任，成为“学历、素质、技能”一体化的“适应型”人才，在岗位上具有独当一面的能力。

(3) 加强职业技能培训，提高人才专业技术

第一，在着力宣传教育，深化职工思想认识上下功夫。紧密结合企业实际，有针对性地开展国情、企情、厂情教育，培养职工为国家、为企业做贡献的价值取向，全面提高职工的思想政治素质、组织管理能力、工作业务水平。

第二，在创新方式方法，激发职工在学技术、练功夫上下功夫。通过整理职工学历，职工档案及召开座谈会等形式，全方位调查职工技能培训需求，详细了解和掌握不同层面、不同知识结构的职工所拥有的技术程度、个人特长、知识积累、发展方向等情况，找准职工对技能培训的需求，制定技能培训计划，完善技能培训培训模式，做到技能培训形式多样化、技能培训对象层次化、技能培

训方法多元化、技能培训内容实用化，增强技能培训的针对性，确保技能培训工作贴近实际，取得实效。

第三，在畅通发展通道，搭建职工成才舞台上下功夫。坚持“唯才是举，用人所长”，和“能者上，庸者下”的原则，打破专业限制进行技术岗位竞聘，制定和落实选送优秀职工参加新技术、新工艺培训等激励措施，搭平台、压担子、促成长，为职工开辟成才快车道。

(4) 一般管理技术人员的增补

第一，建立公司管理专业技术人员花名册。管理专业技术人员是公司发展的重要人才支撑，起着举足轻重的作用，是企业发展的导航员。建立花名册，利于储备各类管理技术人才，如处级、科级领导等行政管理人才，高级工程师等技术人才，高级经济师、高级会计师等经营管理类人才，主任医师、高级讲师等医疗教育类人才。

第二，从车间、后勤等部门工勤岗位选拔能力卓越的人员到一般管理技术岗位。人员的晋升、招聘应与公司发展人才需求规划和各部门近5年的人员需求匹配，结合各个部门年度定员定编规划，通过定期或者不定期的内部晋升，经过筛选，选择适合公司各个部门岗位要求的人才。对于内部晋升、公开竞聘和考核晋升，采取定期(每年年初根据年度考核结果，统一实施晋升计划)和不定期(根据工作计划和需求，采取公开竞聘和考核晋升方式予以晋升)两种方式进行。

4 建立和完善人才库，加强人才储备

(1) 引进和培训人才，建立人才储备库

公司参与市场竞争，要生存、要发展都离不开稳定的人才队伍。因此在公司的发展战略上，做好人才战略管理是尤为重要的。

第一，人才储备的方向定位。包括行政管理方向，项目经理方向，财务管理方向，人力资源管理方向，工程师、技师管理方向，项目层管理人员(综合、生产、设施设备等)方向，其他方向。

第二，建立高级专家人才库。公司能否在市场上立足，除了要有良好的硬件设施、绝佳的市场机遇、高瞻远瞩的战略目光外，还需要优良的人才队伍，为此我们要进一步加大人才培养和储备的力度，把公司现有的高级专家人才按专业系列编排，创建人才库。

第二，对不同层次的人才分批进行培训。储备人员就是企业管理阶层的储备人才，对于不同的岗位、不同的专业技能可以制定不同的培训计划和方案，分别在线上线下对员工进行培训，提升专业技能。通过系列的培训和锻炼，以适合公司战略规划中的岗位发展要求，最终成为中层甚至高层管理人员。

第四，储备人才的引进渠道。储备人员的晋升、招聘是根据公司发展人才需求规划和各部门近5年的人员需求，结合各个部门年度定员定编规划，通过定期或者不定期的内部晋升、外部招聘，经过筛选，选择适合公司各个部门岗位要求的人才。

(2) 建立人才危机处理机制，减少企业人才流失

人才库的建立便于人才储备，为公司人才发展做出更大贡献，在岗位发挥更大作用。建立并有效维护公司人才库，既能为公司战略发展提前做好人才储备，也能缓解公司员工高流动带来的被动局面，使公司的主要业务得以顺畅和延续。

鹤煤公司建立人才预警机制，建立了和人才保持沟通通畅的专门渠道，了解人才的意愿和需求。在公司内部经常性地对企业员工的工作状态进行调查和分析，了解人才对企业环境的满意程

度，能够及时地发现和解决人才使用中的问题。平时要加强人才储备，形成人才的梯队性和层次性。在人才离职时，能迅速地找到合适的人才替补，将损失减到最低。

5 结语

鹤煤公司严格按照河南能源化工集团有限公司加快实施人才强企战略的理念，坚持以企业发展需要为导向，创新人才培训、培养方式，妥善解决引进人才与存量人才的管理和使用问题；搭建人才成长再生通道，充分发掘内部人才资源的整体优势；建立各层次人才后备库，严格选拔程序，完善后备人才锻炼和成长环境，确保人才引进和培育工作务实推进、成效显著。

参考文献

[1] 杨帆.互联网和大数据时代背景下企业的核心竞争力探索[J].现代经济信息，2016(12)：20.
[2] 吴敏娜，杨爽.我国企业网络招聘的优缺点分析[J].时代金融，2017(29)：174.
[3] 杨一.加强人才库建设的研究与实施[J].电脑知识与技术：学术与交流，2017(13)：117-118.
[4] 柴光宇.基于 ASP.NET 的校园招聘系统设计与实现[D].成都：电子科技大学，2014.
[5] 程英豪."W"型人才职业发展三通道构建[J].人力资源管理，2017，126(3)：35-36.

基于“互联网＋”煤炭企业职工安全培训模式的创新与实践

陈 芳

（中国平煤神马能源化工集团有限责任公司八矿职教中心，河南 平顶山 467099）

摘 要 随着煤炭企业现代化、信息化、智能化、机械化的发展，对煤炭企业干部职工队伍素质提出了更高的要求，加强煤炭企业干部职工的教育培训工作刻不容缓。目前煤矿企业干部职工安全培训多以讲授法为主要形式，该方法虽然适合知识与技能的传授，但没有全面考虑到培训的对象、目标、内容、环境等诸多主客观因素，导致培训质量不高。中国平煤神马能源化工集团有限责任公司在职工安全培训模式上做出了突破与创新，本文以集团下属单位八矿为例，通过对传统培训模式所存在问题的分析，就革除传统培训模式的弊端，探索“互联网＋”培训模式的价值所在，提高职工培训质量，提出有效对策。

关键词 互联网＋；安全培训；煤炭企业职工

0 引言

随着“大数据”处理、“智能”计算及信息高速传输技术的发展，网络信息技术不断驱动着当今社会的变革。“十三五”规划提出了“互联网教育”，为中国的教育培训模式开创了新的发展平台。

企业培训信息化带来的最大变革，在于员工学习的知识不再是几本参考书，而是将有关的专业知识进行整合，在数据库的支持下，知识体系被重新划分，学习内容将进行重组，学习与研究方法也发生了新的变化。学习更具有随意性，自主性，不受时间地点制约，学习内容也保持着及时、持续的更新[1]。

中国平煤神马能源化工集团有限责任公司（以下简称中国平煤神马集团）企业规模庞大，岗位复杂，人员众多，素质参差不齐，培训课程照搬传统教材，教学资源匮乏，师资力量疲弱，培训机构各自为战，管控难度大，职工安全素质提升缓慢。随着集团业务不断扩大，现有的职工业务技能远远达不到岗位的要求，需要职工坚持不断学习、时刻学习，因此，集团创新培训模式，实施“互联网＋”培训模式，推动每名职工自我成长，更好更快地更新知识结构，提升能力，从而为集团奠定坚实的人才基础，提升集团发展的创新力和生产力，为集团发展提供智力支持和经济增长点。

1 传统培训模式存在的问题

(1) 培训形式单一

中国平煤神马集团多数职工教育培训中心的培训方法以讲授法、案例法为主。单一的形式使培训内容显得不够生动，而且难以与现场操作产生有机的联系，不能引起职工的学习兴趣，不利于培训目标的实现。

(2) 培训课程设计单一、无可选性

传统的培训模式受师资、时间、场地以及其他条件的限制，很难满足学习者的要求。培训课程设计相对固定，针对性较弱，与生产实践结合不够。培训内容中所涉及的专业知识与平煤股份岗位实际不贴近，岗位实际操作技能讲授不多，职工文化程度普遍不高，这些原因导致员工对知识点的理解不到位，进而影响培训效果。

(3) 职工集中脱产学习时间有限

以中国平煤神马能源化工集团有限责任公司八矿（以下简称平煤股份八矿）为例，平煤股份八矿有 7 个在采采区，5 个在采工作面，4 个回采煤层，其中平煤股份己 15、戊 9、戊 10 煤层为突出煤层，6 大自然灾害（水、火、瓦斯、煤尘、顶板、地温）俱全，采掘一线职工工作强度大，个别工种集中在一个单位且人数较多，如遇取证、换证时间较为集中就会出现大量职工脱产培训，进而导致生产不能正常进行，实现全脱产培训难度较大。

(4) 职工试题练习、模拟考试机会有限

职工培训不论是专业技术知识更新还是各类工种初训、复训，培训结束后都要进行考试，考试及格才能被认定为培训合格。

多年以来，针对一般工种人员的培训考试环节不够流畅，多数采用纸质考试模式，需要职教员工去完成出卷、印卷、试卷排序、试卷装订、分类保管等工作，同时考试时还要安排多个教室、多个监考教师，工作繁琐，耗费了大量人力、物力和财力，效果也不够理想。特种作业人员培训结束后要进行微机考试，考试之前学员很少有机会进行试题练习、模拟考试，不能有效巩固学习内容以提高考试通过率。

2 "互联网+"培训模式

"互联网+"，顾名思义就是运用互联网把各个传统行业相互结合起来。通过学习与研究，笔者对"互联网+"作如下的理解：它是一种"对已有技术的整合与创新"，它将全方位的影响并改变人们的学习、生活和工作方式；它所产生的影响同样适用于教育培训工作，比如宣传教育培训新媒体建设、更新教育培训形式等方面；"互联网+"必将引发教育培训形式的巨大变化。

传统教育培训是一所学校、一位老师、一间教室，而"互联网+"教育培训是一张网、一个移动终端。它可以面向在校学生、职业教育、行业培训等多层次人群开放课程，可以使学员足不出户在家上课。以往只有课堂里才能接触到的课程，也可以通过手机、电脑等载体展示在学员面前[2]。

3 "互联网+"培训模式的实践

3.1 拓展在线课堂教学模式

"课程资源包"是"互联网+"课程的关键，由课程教材、课程学习指南、多媒体课件等媒体和材料组成，可以让学习者根据自己的时间进行线上自主学习，利用丰富精彩的课件使学员产生身临其境的感觉。

中国平煤神马集团改版升级了现有远程教育网站，搭建了在线学习平台，启用了远程教育在线课堂。在线课堂包括各岗位职工需要掌握的技能课程，并且及时推送收集到的行业里最好最新的学习资料，是一个学习资源丰富，集在线及移动终端学习为一体的网络培训平台。集团每名职工可以通过电脑或者智能手机充分利用“碎片化”空闲时间随时随地进行学习，彻底改变了原来单一的集中学习形式，使培训不再费时费力难以组织，有效提高了职工的学习效率。

“在线课堂”的开展有利于职工进一步提高学习能力、拓宽知识面、增强工作能力。集团将逐步建立健全“网络学习”管理机制，加大对专业技术类培训课程等学习资源的拓展和扩充，不断增强在线学习培训的灵活性、针对性和实效性，并逐步实现岗位培训与人才评价、绩效考核、选人用人、岗位晋升等相挂钩，满足新形势下各层次、各岗位职工自身成长的培训需求。

中国平煤神马集团各基层单位积极组织职工注册、使用“在线课堂”，受到了职工的欢迎，达到了良好的效果。中国平煤神马集团为职工创建的免费在线学习平台网站首页如图1所示。

图1　中国平煤神马集团为职工创建的免费在线学习平台网站首页

3.2　构建微信时时教育平台

“互联网＋”教育模式基本上打破了时空限制，利用网络资源和自由时间优势实现一对一线上授课，实现教育资源的平均分配。另外，根据学习的需要可以开展实时线上课程。由教师在服务端进行上课，各学员通过客户端进行实时听课，此种模式打破传统的集中上课形式，使得教室的概念更加地一般化。

如今，互联网已经走向移动终端，人们的交流越来越便捷，学习方式也越来越多样化。截至2021年3月，微信已经拥有将近10亿的用户。在此形势下，平煤股份八矿职教中心建立了“八矿安全培训”微信公众号，力求借助微信平台的力量，通过图文推送、视频传播等微信公众号功能，建立一个集学习交流为一体的互联网平台，全力推动平煤股份八矿平安和谐建设。

3.2.1 “八矿安全培训”微信公众号主体框架

“八矿安全培训”微信公众号主体框架如图2所示。

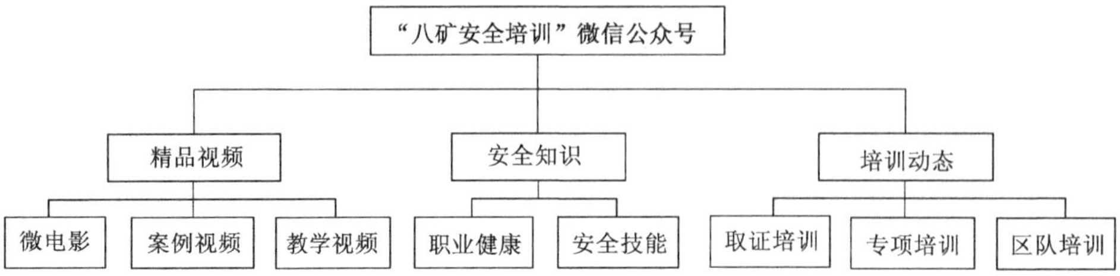

图2 “八矿安全培训”微信公众号主体框架

3.2.2 内容设计

为了方便广大职工学习查询,“八矿安全培训”微信公众号内容分为精品视频、安全知识、培训动态三个栏目。

(1) 精品视频栏目主要以视频的形式直观地展示与煤矿相关安全知识、事故案例等。

微电影:和煤矿工人有关的微电影。意在通过这些短小精悍的影片,表达出与安全培训相关的内容。

案例视频:此部分主要包括煤矿各种事故案例视频,意在通过对事故经过的重演,深度剖析其发生原因,对职工起到警示作用。

教学视频:此部分主要包括一些安全技能及安全知识培训视频,以及集团优秀教师对一些重点内容的讲解。意在可以让职工随时随地受到名师指点,挤出空余时间进行学习。

(2) 安全知识栏目以提高职工的操作技能为重点,以增强职工的安全意识为目标,通过对煤矿安全知识相关内容的推送,方便广大职工学习研究。

职业健康:煤矿井下作业环境复杂,条件恶劣,煤矿职工深受其苦。矽肺病等职业病已经令煤矿职工谈之色变。为了更好地宣传职业病防治知识,“八矿安全培训”微信公众号设立专栏,目的就是提高广大职工对煤矿职业病的重视程度,以保证煤矿职工的身体健康。

安全技能:包括安全知识和操作技能两个方面。安全知识主要以提高职工的安全意识为目的,操作技能主要以规范职工的岗位安全操作为目的。归根结底,都是为了保证广大职工的人身安全,保障安全生产。

(3) 培训动态栏目主要是推送各种培训信息。该栏目极大地方便了基层单位了解职教中心的培训计划,针对职教中心的培训计划及时调整区队的培训计划和送培人员。

取证培训:主要包括一般工种和特殊工种的取证培训计划。例如,平煤股份八矿职教中心准备于2021年3月份举办煤矿井下电气作业、煤矿防突作业取证班,那么这条信息将会在2月25日以前推送到此栏目,方便基层区队及时安排人员参加培训。

专项培训:推送近期专项培训开展情况,以及推送专项培训的一些相关内容,以方便基层区队及时安排培训计划,撰写培训教案。

区队培训:除定时推送一些区队培训需用内容之外,还会将职教中心对基层区队培训检查情况推送至此栏目,方便各个区队互相监督,互相促进。

3.2.3 平台推广

为了充分发挥“八矿安全培训”微信公众号的作用,平煤股分八矿职教中心进行了全方位、多角度的推广模式。月度培训例会上要求各个基层单位培训负责人必须关注公众号。在井口服务站、家属区等公告栏粘贴公众号二维码，请职工和家属扫码关注。

3.2.4　日常更新

为了保证“八矿安全培训”微信公众号的即时性和有效性，充分发挥其作用，让广大干部职工及职工家属都能在平台上获取自己想要的内容。平煤股份八矿职教中心安排专人对“八矿安全培训”微信公众号进行管理，定期进行更新，确保公众号正常运行。

3.2.5　达到效果

“八矿安全培训”微信公众号自2015年5月建立以来，一直致力于安全技能、安全知识、安全文化的传播，同时也方便了平煤股份八矿职教中心与基层单位之间的联系。截至2021年3月，已有1 000多名微信用户关注，推送各类消息4 000多条，方便了广大干部职工利用零碎时间进行学习、交流，得到了广大用户的一致好评。

3.3　创新多媒体练习系统

学习者可以利用互联网技术通过试题库测试、线上答疑等软件学习相关知识，能够有效地利用自由时间，使学习更有针对性。

中国平煤神马集团培训平台由平煤股份八矿和河南瑞欧软件有限公司依据中国矿业大学出版社出版的煤矿特种作业人员操作资格考试题库和煤矿特种作业人员安全资格培训考核教材整理开发的一款煤矿特种作业人员模拟练习、考试软件。培训平台可在手机、电脑、平板、数字电视等电子设备上，以特种作业试题的方式，直观明了地进行讲解，方便煤矿特种作业人员练习、考试。

整个培训平台由移动应用、管理门户和服务中心三部分组成，如图3所示。

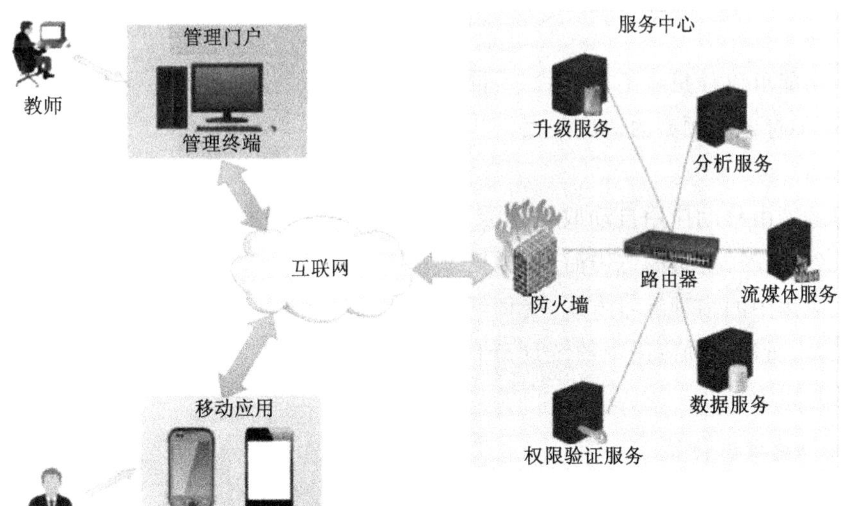

图3　培训平台的组成

3.3.1　习题练习构成

练习系统包括专项练习、题型练习、随机练习和错题练习在内的多种练习方式，使受训学员能够对相关知识点进行全面覆盖并有重点地进行练习。各类练习方式的习题构成如图4所示。

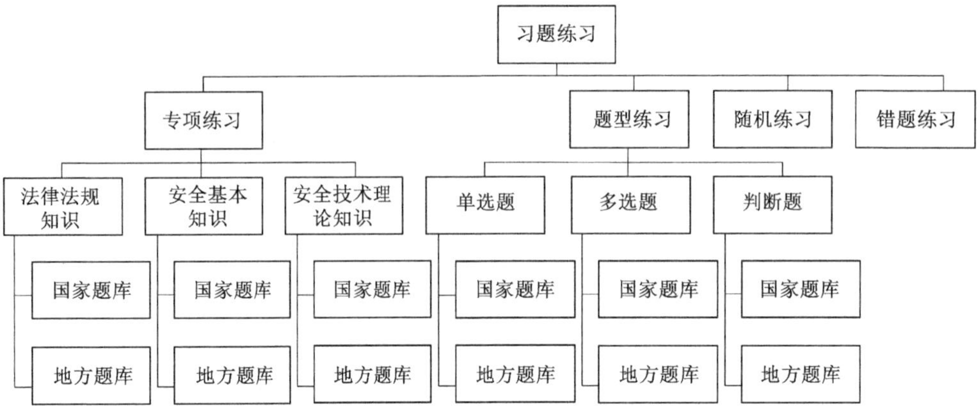

图4 各类练习方式的习题构成

3.3.2 专项练习

专项练习题库由法律法规知识、安全基本知识和安全技术理论知识三个科目习题构成，每个科目又分为国家题库和地方题库两种类别。受训学员可以选择某个专项进行该专项知识的针对性练习。

3.3.3 题型练习

题型练习题库由单选题、多选题和判断题三个题型习题构成，每个题型又分为国家题库和地方题库两种。受训学员可以针对某个题型进行练习，提高对各种题型的熟悉程度。

3.3.4 随机练习

随机练习功能可以随机从不同科目、不同题型中抽取习题进行练习。学员可通过随机练习提高应变能力，增加对各类题型的适应程度。

3.3.5 错题练习

错题练习题库由移动应用自动收藏记录的练习过程中出现的错题构成。该功能能够帮助受训学员有的放矢地安排宝贵的练习时间，提升学习效率。

通过移动应用中的多种练习方式，受训学员能够针对题库资源中的所有习题进行全面覆盖的练习和模拟考试；通过移动应用中的统计分析功能和错题收集功能，受训学员能够针对自身情况进行针对性的强化训练。

3.4 探索建设网络考试体系

3.4.1 特种作业人员模拟考试系统

特种作业人员模拟考试系统可按照正式考试的时长、流程、题型比例、国家/地方题库占比等要求随机生成初训和复训试卷。受训学员可通过模拟考试提高对考试过程的适应程度，并根据模拟考试成绩判断自身的不足之处，以增加针对性练习。模拟考试试卷构成如图5所示。

3.4.2 一般工种作业人员模拟考试系统

一般工种作业人员利用模拟考试系统进行考试时，步骤如下：

(1) 考试学员在登录时，输入正确的身份证号、姓名、考试类型后，可以成功登录，如图6所示。

(2) 进入考试界面，学员核对身份证号、考试工种、单位、姓名等。

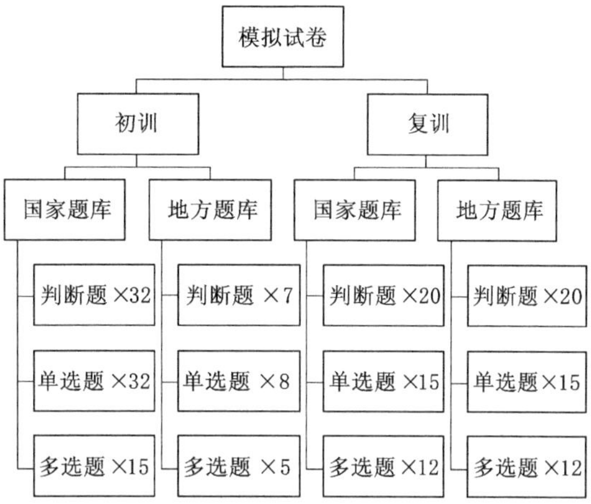

图5　模拟考试试卷构成

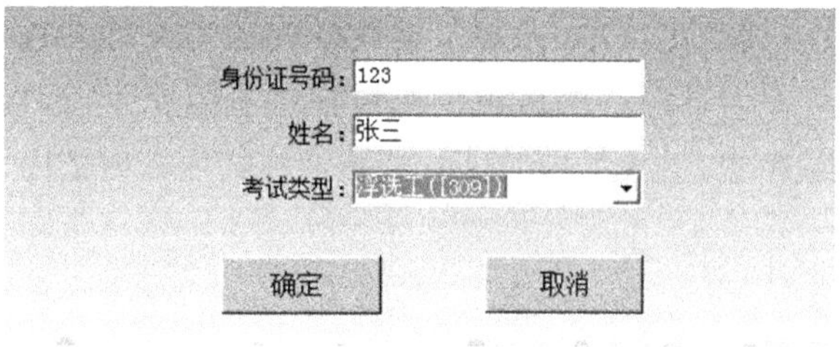

图6　考试系统登录界面

(3) 考试界面右上角有自动计时图标，显示离考试结束时间，提交时选择“完成答题”。提前提交答案时，系统将提示时间未到，是否确定提交，如图7所示。

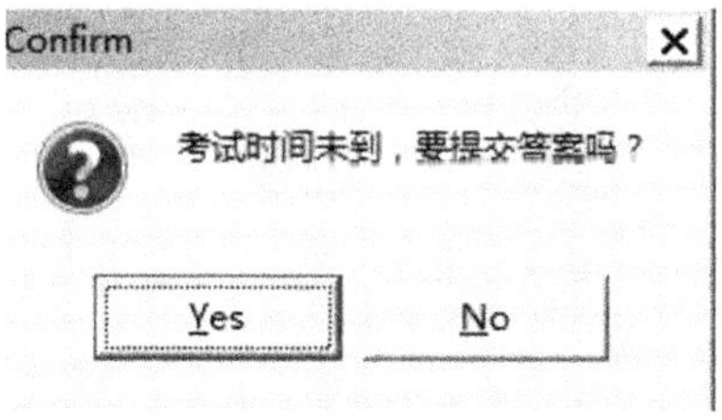

图7　考试系统提交答案界面

(4) 确定提交后，系统自动显示得分情况，如图8所示。

由于新系统的使用，以前的纸质考试更换为无纸化计算机考试，不但减少了教职员工的工作量，考试成本费用也得到了大幅度下降，实现了减人提效。由于在线考试系统的广泛运用，使得考试过程更加顺畅，既提高了职工培训的积极性，又提升了安全培训效率，使煤矿职工安全培训工作迈上了一个新台阶。

图 8　考试系统显示得分界面

4　结语

企业职工培训根据培训对象多元化的培训需求，充分发挥了“互联网＋”模式覆盖面广、机动灵活的特点，不仅打破职工教育培训的时间空间限制，而且使培训更具针对性，助力职工学习提质增效。参培职工可灵活安排个人的工作和学习时间，紧紧抓住零散时间，在繁忙的工作空隙挤出时间学习，大大缓解了工学矛盾，提高了学习效率。职工之间实现了时间上和空间上的学习互补，并通过交流沟通实现了学习成果的分享，体现了在线学习的交互性和连续性，从而加强了大家对知识点的理解记忆，巩固了学习效果。参培单位积极推进全员化学习，以量化形式促进单位和个人的学习成效，形成了有效覆盖，扩大了“互联网＋”培训模式的辐射范围。

参考文献

[1] 车明朝.互联网＋：职业教育面临的挑战与机遇[J].中国职业技术教育，2015(22)：37-45.
[2] 孔原.基于互联网思维的产教融合模式创新与实践[J].职教论坛，2015(8)：62-65.

多维度、多平台、分层次培训在人才教育培训中的应用研究

刘天印,段彩霞,白楠楠

(中国平煤神马能源化工集团有限责任公司二矿,河南 平顶山 467099)

摘 要 人才是企业兴盛之基、发展之本。如何更有效地培养出一批优秀的企业人才,提高人才队伍整体素质,是当前各个企业尤其是面临转型发展的企业亟须解决的问题。本文结合中国平煤神马能源化工集团有限责任公司二矿近几年职工培训在人才培养方面的一些实际做法,探讨职工教育培训在煤矿企业人才培养中的应用。多维度、多平台、分层次教育培训管理模式是中国平煤神马能源化工集团有限责任公司二矿勇于借鉴先进经验,不断探索创新,逐步形成的适合企业生产特点和员工特点的人才培养教育培训管理模式。它以多部门联合培训为基础,以网络教育、实训基地、“大师工作室”等为平台,针对不同层级人才采取不同教育培训课程编排。通过职工培训管理动态化、集约化、精细化和多样化培训方式,使得人才培养更具针对性、实效性。随着其不断完善和实施,该培训模式愈加完善,更具操作性和可复制性,为企业对短缺型人才特别是技能型人才的快速培养成长提供了可供参考的依据和方式。

关键词 人才培训;创新管理

0 引言

人才是企业兴盛之基、发展之本。根据《中共中央、国务院关于进一步加强人才工作的决定》,企业应以能力建设为核心,大力加强人才培养工作,改革教育培训的机制、内容和方法,加大教育培训力度。如何更有效地培养出一批优秀的企业人才,提高人才队伍整体素质,是当前各个企业尤其是面临转型发展的企业亟须解决的问题。近年来,中国平煤神马能源化工集团有限责任公司二矿(以下简称“平煤股份二矿”)领导班子审时度势,适时提出“科技兴矿、人才强矿”战略,将人才培养及高技能人才队伍的建设工作作为矿井可持续发展的重点工程,极大地缓解了矿井快速发展中的人才断层和缺口,为矿井实现跨越式发展奠定了坚实的基础。

1 多维度、多平台、分层次教育培训管理模式的实施背景

随着煤炭行业市场化进程的推进,企业高层管理者对员工培训的重要性有了越来越清晰的认识,并在员工培训管理方面做了许多工作,取得了一定的成绩。但由于历史原因,加上起步晚、员工层次低,在日常培训管理中仍存在一些有待改进的方面:

一是虽然对员工培训重要性的认识有了一定的提高,但行动与认识之间存在差距。重视培训的口号喊得响,但一旦遇到生产和培训有矛盾时,总是不自觉让培训为生产让路,宁愿在安全设施上多投入,也不愿在员工培训上投入。二是培训计划往往不考虑公司长远发展的需求,也没有顾及员工个人需求,培训计划的科学性有待提高。三是培训实施的形式繁多,但各种培训活动是零散的,没有明确的培训主旨,不能形成系统,无法达到整合的效果。四是一些煤炭企业认识到培训评估的重要性,实行培训抵押金制度等,但对于充分调动不同部门对培训的支持和配合,激发员工学习的原动力等,还有待进一步完善。

平煤股份二矿作为中国平煤神马能源化工集团有限责任公司(以下简称"中国平煤神马集团")第一对矿井,尽管在技术积累、人才培养上有较多的经验,但受社会外部环境发展、煤炭行业调整造成的人才流失以及技术创新需求不断增大等因素影响,同样面临着企业员工素质无法完全满足安全生产、技术进步、效益增长和科学管理的要求。平煤股份二矿敢于正视现状,勇于借鉴先进经验,不断探索创新,逐步形成了适合于企业生产特点和员工特点的多维度、多平台、分层次教育培训管理模式。

2 多维度、多平台、分层次教育培训管理模式的主要内涵

多维度、多平台、分层次教育培训管理模式是以多部门联合培训为基础,以网络教育、实训基地、"大师工作室"等为平台,实施的针对不同层级人才采取不同教育培训课程的一套职工培训管理模式。

多维度、多平台、分层次教育培训管理模式具有以下特点:

① 全员、全方位和全过程的"三全"培训;② 态度、知识和行为的"三层面"培训;③ 面向问题、面向煤矿和面向时代的"三面向"培训;④ 培训对象多层次、培训内容多样性、培训形式多样化、培训类型多样化的"四多"培训;⑤ 全员培训与重点提高相结合,组织培训与自我提高相结合的"两结合"培训。

3 实施多维度、多平台、分层次教育培训管理模式的主要做法

(1) 下基层,重调研,职工培训管理动态化

做好培训需求的前期调研和合理规划培训计划是做好职工安全培训的前提和基础。为了展开有效的教育培训,首先必须了解、明确职工的需求,从而明确培训的需求。对此,平煤股份二矿总结并提出了培训需求精细化动态管理,即随着外部环境的变化和企业的发展,在多层面、全方位的培训需求调查的基础上,结合企业人才成长培养规划和员工个人职业规划,进行动静相融的培训需求分析与诊断,形成组织需求管理、岗位需求管理和员工个人需求管理三层培训需求管理。在结合企业中长期人才培养计划的基础上,根据企业当年安全生产规划制定本年度培训计划,并根据每季度的培训需求调研适时调整培训需求计划,最后按照中国平煤神马集团年度培训计划制定和调整月度培训计划,并最终确定培训人员以及培训内容,进而根据培训需求确定培训教师、培训具体内容、培训配套设施等,实现培训需求的动态管理。

(2) 多部门,多维度,职工培训管理集约化

在过去实践中,职工每年需要参加的培训种类繁多,不仅要参加安全技能培训,还需要参加一些其他性质的培训,例如法律知识培训、企业文化培训、思想政治教育培训等。因为这些课程存在

着课程时间随机性强、时间跨度短等特点，而且与职工日常工作的关联不大，很多职工不愿意学习，认为学习这类知识无用，抵触情绪比较大。为解决职工培训只注重技能培训、培训内容单一枯燥的问题，平煤股份二矿职教中心联合组干科、纪委、文化办、安监科、信访办、法律事务所等部门实施联合培训计划，将企业人才培养计划、党员干部廉政教育、思想政治教育、全员企业文化教育、准军事化管理、和谐稳定教育、普法教育等穿插进安全知识技能培训教育教学中，使学员在提高安全知识技能的同时，又对企业文化、法律知识等有了进一步的了解，实现一次培训、多家授课，保证了培训内容的丰富。企业兼顾长短期培训规划，使学员能够多维度全方位受教育，提高了培训效率。通过走访了解，职工对这种培训形式比较满意，认为改变了过去培训内容单一枯燥的缺点，学习的积极性有了显著提高。

(3) 分层次，重实效，职工培训管理精细化

在过去的培训中，常常出现对于同样的学习内容，有的学员学习吃力，认为老师讲的知识太多太深；有的学员认为学习内容太肤浅，培训纯粹浪费时间的现象。在经过走访了解后，平煤股份二矿将培训从培训目的、培训对象、培训方式等方面分门别类，逐步细化。根据培训目的，划分为技能型培训、学历型培训、取证型培训；根据培训对象，划分为一般职工培训、班组长培训、技术人员培训、管理人员培训。一般职工培训进一步细化为普通岗位职工培训；特殊工种岗位职工培训、班组长培训进一步细化为大学生班组长培训、一般班组长培训；技术人员培训进一步细化为辅助技术员培训、技术员培训、技师培训；管理人员进一步细化为企业经营管理人员培训、企业后勤管理人员培训、企业政工管理人员培训、企业生产管理人员培训。

人员划分细化后，再根据不同人员的岗位需求结合企业中长期的人才培养计划，制定有针对性的培训授课计划。对于新进员工，侧重煤矿安全常识培训和岗位安全技能理论知识培训，同时安排企业文化、法律知识、准军事化管理、和谐稳定教育培训，使职工在了解掌握安全知识基本技能的同时，对企业的优秀传统文化、相关法律常识、企业和谐稳定等方面有足够了解，增强新进员工的企业归属感和集体荣誉感。对班组长的培训，根据个人规划和工作实际，着重安全技术知识、现场实操能力的培训，同时适当增加企业管理知识的相关内容，并积极为需要提升个人学历的职工开辟学习通道；对入矿大学生班组长的培训，考虑该群体理论知识丰富、现场实操经验不足的特点，充分利用“大师工作室”、战线技术交流会、实训基地等平台，注重其技术研究攻关、用理论结合生产实际开展“英雄冠名”小改小新方面的引导和培训；对于管理人员，在强化岗位技能知识培训的同时，鼓励职工利用网络平台系统学习企业管理相关知识，提升其管理水平。

(4) 多平台，多渠道，职工培训形式多样化

职工的需求了解了，培训的重点明确了，如何丰富培训形式，改变过去那种课堂填鸭式教学方式，成为职教战线老师们最为迫切需要解决的问题。平煤股份二矿在矿领导的大力支持下，勇于尝试、不断创新和丰富教学模式，使职工培训逐步形成以下几个特色：

一是传统教学模式和远程教育网络结合。职工培训最主要的一个特征就是为其补充新知识、提供新思路、了解前沿知识，更好地服务于工作需要。传统职工教育培训受限于自身条件，教学内容和生产实际往往存在一定程度的不吻合现象。在信息化社会的时代背景下，远程网络培训教育应运而生。自 2006 年煤炭工业协会远程教育网络开通之后，以其资源丰富、高效便捷、讲学练一体性迅速赢得煤炭企业的青睐。平煤股份二矿建成投运高标准数字化多媒体电教学习教室，启动了远程教育工作。煤炭远程教育网丰富的培训课程资源与企业现有培训资源相结合，有效弥补了

煤矿企业普遍存在的专业、工种培训资源不足的问题[1]。借助远程教育网络培训平台打破机构、单位、地域、时间的限制，让企业最优秀的教师、最好的教材、最实用的培训方法、最先进的培训技术等在更大范围内发挥作用，达到优质资源共享，对于提升煤炭企业培训资源质量、提高企业培训能力和水平、全面提升员工队伍素质具有重要现实意义和长远意义。煤炭企业远程教育网络培训平台丰富的教学资源，提升了学员兴趣，增强了学习针对性。利用多媒体课件的共享性、交互性以及其强有力的表现力，创设情景模式，吸引了职工的兴趣，提高了培训的质量[2]。同时，网络教育具有强大的容纳力，不同的职工由于层次、知识背景、个人兴趣、薄弱点等的不同，所需要的知识和技能也有所不同，不同专业、工种等资料的选择和网络课程的设置可以满足不同职工的需求，让职工的学习更具有主动权。

二是走出去与请进来相结合。平煤股份二矿从低瓦斯矿井直接升级为突出矿井后，防突人才紧缺，严重制约矿井安全生产，后积极与中国平煤神马集团协调争取，从集团其他传统高突矿井单位引进防突人才，同时选派本单位年轻、肯吃苦、素质高的一批技术人员至集团所属高突矿井单位实习一年，与所在单位防突职工同上同下，积极学习防突管理现场经验。多次组织安全生产管理人员至淮南矿业(集团)有限责任公司学习瓦斯防治经验，并邀请该集团防突专家到矿上讲授防突知识。

三是理论知识学习与实际操作相结合。改变过去授课只在课堂讲原理的方式，充分发挥实训基地、“大师工作室”、专业技术研究室作用，将课堂搬到操作现场，边讲理论边实践[3]。为进一步提高学习效果，平煤股份二矿不定期聘请历届中国平煤神马集团技术比武状元现场操作讲解，将理论和实际操作联系起来，培训效果明显提升。

四是学习培训与技术攻关相结合。改变过去一成不变的学习内容，将技术人员培训的学习深度和广度不断延伸，利用各战线的学习技术交流会、英雄冠名行动、小改小革、技术比武、学习工作室等平台，以解决生产实际遇到的问题为目标，通过查阅相关资料、交流讨论、研究制定模型、现场实践检验、不断校正完善等流程，实现了“学中干、干中学”的“问题导向型”学习培训方式，使得学员既增长了知识又解决了矿井生产遇到的实际问题。

4　多维度多平台分层次教育培训管理实施效果

随着平煤股份二矿“116”工程(着力打造100名优秀管理人才、100名优秀专业技术人才、600名优秀工人技术人才)的持续推进，多维度、多平台、分层次教育培训管理经过几年的不断实践逐步完善，该模式灵活应用精细化管理的思想，多层面、全方位调查培训需求，同时兼顾组织培训需求、岗位培训需求和员工个人培训需求，进行动静相融的培训需求精细化管理，并通过精细划分培训对象，精准确定培训内容，整合创新培训形式，实现了人才培训管理的订单化、差异化、持续化发展，许多大中专本科毕业生成为了生产骨干，一大批优秀人才走上了领导岗位，为矿井近年来不断实现新跨越、新发展提供了强有力的人才支撑。平煤股份二矿这座始建于1955年、设计年生产能力只有21万吨的平顶山地区开发最早的一对矿井、平顶山煤业(集团)有限责任公司(中国平煤神马集团前身)生产经营最为困难一度濒临破产清算的矿井重焕生机，矿井产能达到300万吨水平，各项经济指标屡创历史新高，跨入中国平煤神马集团骨干矿井行列。同时，平煤股份二矿还荣获了全国煤炭工业“五精”管理样板矿、国家一级安全质量标准化矿井、全国煤炭工业行业一级安全高效矿井、全国煤炭系统文明煤矿、全国煤炭系统企业文化示范矿、中国煤矿康居建设小康单位、河南省文明单位、河南省"五优"矿井、河南省省管国有企业"五好"基层党组织等多项荣誉称号，实现了跨越式发展。

参考文献

[1] 余善云.远程教育与高职教育融合发展研究[J].重庆科技学院学报(社会科学版)，2014(8)：157-160.

[2] 林淑贤.现代远程教育与高职教育结合的可行性探讨[J].广东农工商职业技术学院学报，2002(4)：26-30.

[3] 陈大凤，林宇，罗松.基于多维度定性定量分析的培训效果评估体系研究[J].中国电力教育，2012(9)：24-25.

关于国有企业人力资源管理中人才队伍建设存在的问题及建议的探讨

赵亮，于焕焕

（中国平煤神马能源化工集团有限责任公司四矿职教中心，河南 平顶山 467099）

摘　要　当今世界正面临着前所未有之大变革，中国平煤神马能源化工集团有限责任公司作为大型国有企业，体制改革创新更是迫在眉睫。在信息化大发展的今天，国有企业迫切需要借助信息化的手段，加快体制改革，形成强有力的高素质技术人才培养体系。国有企业人力资源管理工作发展建设成为了新时代新技术背景下一个重要的新课题，体制改革的创新有助于提高人力资源管理工作的效率和效力。本文梳理了我国企业人力资源管理人才队伍建设过程中存在的问题，针对国有企业人力资源管理的现状分析其人才队伍建设的必要性，详细探讨了国有企业人力资源管理人才队伍建设的总体思路。

关键词　国有企业；人力资源；体制改革；人才队伍建设；信息化建设

0　引言

当今世界正面临前所未有之大变革，而中国平煤神马能源化工集团有限责任公司（以下简称“平煤集团”）作为大型国有企业，更是在当前经济浪潮中面临着必须进行体制改革创新的境况。大型国有企业中普遍存在着人员冗余，岗位设置责任不明确，工作人员缺少工作积极性、工作热情度不高的情况，这样势必会影响工作效率。那么在推行变革过程中，高素质技术人才的培养，建设人才团队非常关键，所以人力资源管理的信息化建设就显得尤为重要。因此，在当前国有企业大变革的新形势下，只有做好国有企业的高级人才队伍规划建设，逐步建立清晰的管理体系，精心打造一支素质过硬的人才队伍，企业才能保持良好、快速的总体发展。

1　国有企业人才队伍建设中存在的问题

（1）人才队伍建设过程中职能定位不清晰

随着国有企业改革方案的不断深化和进一步发展，相应的国有企业整体结构将发生重大变化。原有企业结构长期固化，存在职能定位不明确、岗位职责混淆、面对紧急工作就会出现推诿扯皮等现象，影响了企业发展的工作效率，更严重阻碍了国有企业技术人才的建设和持续培养，无法在经济发展中发挥其应有的作用。

（2）企业的人才培养缺乏战略目标

在现代企业的进一步发展规划中，不少领导者缺乏战略规划的长期目标，阻碍了大型企业的长期总体发展。另外，人力资源管理信息化(Electronic Human Resource，简称 E-HR)是结合现代人力资源管理理念，以信息技术为支撑的新兴人力资源管理方式。改革开放以后，随着外国先进的企业管理理念以及实践经验的引入，我国企业也逐渐开始由传统的组织人事管理职能向现代企业人力资源管理职能转变。目前，我国企业正在积极融入人力资源信息化洪流，E-HR 建设在我国企业管理活动中势在必行[1]。

(3) 缺乏现代人才管理机制

国有企业人员众多，分类复杂，在信息化管理中，要面对巨大的并发业务处理和繁多的角色、岗位设置。信息化系统要能够支持海量数据的快速响应，同时还要应对多层次的权限分配。国有企业本身庞大的业务架构要求在其管理中应及时沟通信息和协调资源，项目管理复杂程度很高。而且在人力资源管理信息化建设的推进过程中，要改变的是整个国有企业人员所习惯的工作方法和思维模式，这无疑也加大了信息化管理系统本身的推广难度，因此需要人员之间的充分沟通和企业管理层的大力支持。一个高质量发展的现代企业要求人才具有较高的工作质量和专业技能，企业就要充分利用人力资源管理中的现代管理经验不断激发员工的积极性。但从实际上来看，中国的国有企业对人才的道德素质和专业核心技能的培养还没有给予足够的重视。

(4) 培训开发活动绩效评估和激励的机制不足

培训评估机制是管理人才队伍建设过程中促进建设的最关键环节。培训过程中的一系列活动的投资回报需要很长时间，使得大多数企业往往忽略了这一环节，导致培训活动在企业中发挥的作用明显受限制。此外，许多企业也缺乏必要的薪酬激励机制，使老员工难以主动、上进。

2 解决国企人才培养问题的具体对策

(1) 明确人力资源信息化建设目标和必要性

在信息化建设的过程中，首先要围绕促进国有企业发展的重要目标，以科学的发展理念来开展相关工作；结合国有企业发展战略和方针及企业实际情况，做好人力资源信息化建设和管理规划，为实现国有企业发展目标提供强有力的保障；突出人性化特点，以人为本，为企业员工提供一个科学、完善的发展体系，真正提高人力资源工作的有效性，实现国有企业和广大员工的共同发展，寻求双方共赢；充分认识到员工的价值，关注员工需求，通过人力资源的信息化建设，提高人力资源工作的有效性，协同企业员工建立企业归属感和集体荣誉感。

与其他类型企业相比，国有企业的整体规模较大，人员数量较多，职工结构较为复杂。目前，很多大型国有企业多级法人管理的主要模式对于基层员工的人力资源信息掌握不够明晰，企业的发展决策缺乏足够的信息支撑。同时，在人力资源管理工作中，相关数据量十分庞大，数据整理的许多环节以传统的工作方式进行显得效率低下，信息整合质量不高，难以为企业发展提供科学有力的依据[2]。人力资源工作效率低下的现状严重制约了人力资源管理水平的提升，现有人力资源工作模式越来越难以适应新形势下国有企业持续健康稳定发展的需求。因此，在现代社会信息化技术持续发展的形势下，国有企业的人力资源管理工作也应该关注并开展信息化建设，建立新的工作形式和工作思路。

(2) 规范人才培养制度，规范岗位职能定位

领导者可根据实际情况组织人员进行课程培训，在系统培训中加强员工的专业技术能力，还

可实施引进外部高端人才的策略。在培训和建立高端人才团队的过程中，让每个员工明确自身的主要职能，进行严格的岗位职责划分，让员工充分明确自身的岗位责任，以促进员工成长及企业整体发展的有序进行。

(3) 转变管理思维，充分调动员工积极性

国有企业成功实施人力资源管理系统，能否转变员工管理思维模式是关键。国有企业由于其本身规模庞大和历史特点，相当一部分员工思维固化，仍然采用以前长期沿用的传统管理手段，在学习新系统时会有很大难度，对于这种情况，就需要领导层从自身做起，加强宣传贯彻，以身作则，同时制定良好的奖惩措施，鼓励员工学习新系统，充分调动员工积极性。只有这样，才能有效利用好信息化管理系统，协调好时间、物质资源和人员之间的关系。

(4) 加强人力资源管理人才培训，提升信息化应用能力

人力资源信息化建设对人力资源相关工作人员提出了更高的要求，人力资源相关工作人员不仅要掌握人力资源相关业务技能，还要加强提升自身素质，具备一定的信息化应用能力[3]。

(5) 党管一切，真正使基层党组织在企业中发挥应有作用

党支部是企业管理的重要核心力量，大型企业只有依靠党支部的领导才能实现可持续发展。基层党支部可以将党的优势充分融入企业管理中，让企业建设出一支能打大仗、敢打硬仗，最终可以打胜仗的人才队伍。在基层党组织有效的指导下，充分发挥党员干部职工的领导和促进作用，为企业不断夯实技术基础。当企业遇到问题考验时，党员干部职工能够做到关键时刻冲锋在前的模范带头作用，给普通职工以精神和行动上的引领。

(6) 设立人才培养专项基金

企业需要划拨专项资金保障人才培养队伍。保证人才培养管理机构的高效运行，还可以对拔尖、突出人才进行奖励，激发企业多出人才、快出人才[4]。

(7) 创新构建现代人才队伍管理机制和管理方式

创新、突破、全面建设现代高端人才新型团队管理反馈机制和管理模式，是国有企业规划建设高级人才队伍的最重要保障。只有这样，国有企业才能建立起一支以市场化运作和信息化建设为导向的新型高级人才队伍，以及相应的管理体制和管理工作模式。此外，国有企业要深入科学研究，进一步完善优秀人才评价运行机制，对技术人才进行公平、公开、合理的评价和考核，大大提高其工作的积极性，进一步增强他们对企业自身的“主人翁”意识。

3 结语

人力资源作为国有企业重要的核心优质资源，在促进当前市场经济体制中发挥着越来越重要的作用，因此必须将高端人才的培养纳入国有企业的发展计划。在新时期，推进优秀人才队伍建设已成为国有企业的一部分，企业需要建立人员的系统培训体系，提高员工参与培训的积极性，有目的性地提高员工的个人素质，使新的技术人才队伍的规划和建设成为可能，并且有效而全面地进行下去。人力资源信息化管理经过多年的发展，已经基本形成了正常运行机制，在国有企业中的应用也非常普遍。一方面，构建高效的信息化管理平台，可以满足企业自身资源共享、信息互通的要求，同时还可以有效降低人力资源成本、减轻人力资源管理工作量、规范人力资源管理流程，为员工提供更优质的服务。国有企业历史悠久、规模庞大，在信息化管理中具有传统管理习惯难以改变，复杂程度高等特点，这就要求企业循序渐进，系统规划，对实施过程中的各个阶段进行引

导，及时处理实施中面临的各种问题，有效规避风险。对于国有企业的发展来说，一个良好的人力资源信息化管理平台，可以为企业提供战略支撑，帮助企业提升核心竞争力，奠定企业发展的坚实基础。同时，国有企业要积极地借鉴国内外企业管理人才队伍建设和日常管理运作的先进经验，努力构建一支真正适合于国有企业持续发展的新型技术人才队伍。

参考文献

[1] 刘园.国有企业人力资源信息化建设实践与思考[J].人力资源，2016(6)：54.

[2] 毛树珍.现代企业人力资源管理信息化问题分析[J].现代经济信息，2015(21)：110.

[3] 关一，朱丽.国有企业人力资源管理信息化实践、困境与对策分析[J].中外企业家，2015(7)：183-185，187.

[4] 胡琪琳.国有企业人力资源信息化建设实践与思考[J].经济师，2012(6)：231-232.

煤矿职工技能素质提升培训初探

贺　晴

（中国平煤神马能源化工集团有限责任公司十矿，河南 平顶山　467099）

内容提要　煤矿职工技能培训是保证现代化煤矿安全生产、实现职工自我完善发展的有效途径。中国平煤神马能源化工集团有限责任公司十矿根据上级要求，结合智能化矿山建设需要，强化宣传引领，实行各部门统筹协调，加强思想教育，引导职工岗位成才，拓展培训载体，坚持以“吸收、创新、超越”为原则，鼓励有学习意愿的职工积极参与，创新教学方式，实现教学效果大超越。接连打出“学、培、练、研、改、攻”组合拳，围绕煤矿智能化建设，设备更新、工艺革新、技术创新等方面，合理安排培训内容，加大智能化机组操控培训力度，搭建学习平台，提升职工技能。精心设计技能素质提升方案，创新培训方式，探索助推职工技能素质提升的有效途径，打造符合煤矿建设要求的劳动者队伍。

关键词　技能素质提升；煤矿职工；培训效果

0　引言

随着煤矿采深的增加和机械化程度的提高，企业对职工的技能素质要求越来越高。当前煤矿企业职工队伍的现状远远满足不了工作需要。2019 年 5 月 18 日，国务院办公厅印发了《职业技能提升行动方案（2019－2021 年）》，计划利用三年时间持续开展职业技能提升，提升劳动者职业技能和就业创业能力，建设知识型、技能型、创新型的劳动者大军。这无疑给煤矿企业带来了利好消息，但如何有效利用优势培训资源，实现煤矿职业技能培训质量与规模的“双提升”成为亟待解决的问题。

1　强化宣传引领，实行各部门统筹协调

中国平煤神马能源化工集团有限责任公司十矿（以下简称“平煤股份十矿”）是中国平煤神马能源化工集团有限责任公司骨干矿井之一，1964 年投产，经多次改扩建，核定生产能力 264 万 t/a。在中国平煤神马集团的科学决策和大力支持下，平煤股份十矿全面实施智能化改造，全力推进智慧矿山建设，迎难而上，克难攻坚，矿井转型升级驶入“快车道”，职工技能素质急需提升。国务院下发的技能提升方案无疑给该矿提供了技能人才培养的良机。矿党政领导十分重视，矿党委书记第一时间组织职教、安检、人事、工会、生产区等部门多次召开相关会议，贯彻上级决策部署，科学考证制定职业技能培训方案，完善相关制度，出台了《十矿职业技能提升培训专项方案》，要求各部门协调配合，精心组织，精准施策，积极推进，争取培养出智慧化矿山建设需要的知识型、技能型、

创新型职工队伍。真正实现“一键采煤，减人增效”，从而提高煤矿安全系数，减轻煤矿职工劳动强度，确保矿山长治久安。

2　加强思想教育，引导职工岗位成才

2019年3月份，中国平煤神马集团把平煤股份十矿作为工业互联网平台示范矿井和首个智能化综采工作面试点单位，全面启动“一张图”数据处理系统、可视化矿井和智能化综采工作面等方面的智能矿山建设工作。平煤股份十矿充分利用广播、电视、电子大屏、班前会等形式广泛宣传，在全矿范围招聘技能人才到智能化采面工作，劳动强度大大降低，工资待遇大幅度提升，这一举措激发了职工学技术的积极性。同时，平煤股份十矿职教中心下发技能提升培训班开班通知，区队职工踊跃报名，2019年7月，十矿技能提升培训班全面铺开，以提高职工安全素质和安全技能为核心，从思想上引导，让职工从心理上从“要我学”转变为“我要学”。

提高实操教师素质是搞好技能培训的关键，只有建立一支理论水平过硬、实践经验丰富、实操技能熟练、有高度责任心及高度安全意识的师资队伍，才能真正保证实操培训质量。推行实操教师资格培训考核制度，优化师资配置。对此，平煤股份十矿首先组织开展了教师授课技能考评活动，聘请兄弟单位教学实践经验丰富的老教师担任评委，采取理论及实操授课、技能展示、评委现场点评打分的方式进行考评，考评结果与教师绩效工资分配挂钩。通过开展教师授课技能考评活动，查找了教师授课“短板”，提升了教师授课技能水平。坚持教师深入井下、车间实践调研，每名教师每季度实践调研时间不低于一周，以了解安全生产的现状和存在的问题，掌握各专业的实操技能。针对自己的教学内容和学员情况改进教学方法，并撰写出不低于3 000字的调研报告。每季度进行考核评比，激励教师走专业化发展道路。

目前，平煤股份十矿职教中心现有高级培训师3名，高级技师1名，技师7名，讲师3名，助理讲师18名，实操考评员20名。三年来，有6名教师获得了省级优质课教师称号，3名教师讲授的课程获集团优质课一等奖。通过努力，打造了一支专业结构合理、素质优良、技术过硬、经验丰富、专兼结合的精干教师队伍，为提高职工与实操技能培训效果提供了强大师资保障。

3　拓展培训载体，助推职工技能提升

在技能培训工作开展前，平煤股份十矿职教中心领导班子多次召开专题会议，针对培训计划、培训工种、师资配置、课程安排、考核检验等环节进行了认真细致的商议，在原有办班程序的基础上实行指纹签到，全课程录像，理论实操并重，坚持以“吸收、创新、超越”为原则，鼓励有学习意愿的职工积极参与，创新教学方式，实行教学效果大超越。接连打出“学、培、练、研、改、攻”组合拳，围绕煤矿智能化建设、设备更新、工艺革新、技术创新等方面，合理安排培训内容，加大智能化机组操控培训力度。

3.1　明确培训需求，创新培训方式

在开展技能培训时，有效结合企业安全生产目标、企业规划、工作任务，分析矿井需求和职工岗位需求，有针对性地开展职工用得上、学得会、操作好的内容。培训方式的选择直接关系培训效果的优劣，技能培训方式需要符合技能培训目标，聘请采、掘、机、通、安全专业的工程技术骨干、技能大师帮助职工解决技术瓶颈，采用“理论与实操”相结合、技能与素质相结合、现场学与“视频学”

相结合、“一对一”结对学等模式，使职工在专业技术知识、职业卫生、应急避险、风险管控、现场急救等方面提升技能素质，培养矿井需要的复合型、专业型人才，收到了良好的培训效果。

3.2 开发学习平台，实现线上学习

开发利用“智慧十矿素质提升平台”，充分发挥手机、电脑等多媒体设备的优势，让职工可以利用闲暇公休、茶余饭后的时间在培训学习、模拟考试、挑战答题、知识竞赛等栏目中，学习专业选学岗位责任制、专业知识、应知应会、视频案例等内容，既巩固了学习内容，又拓宽了知识面，实现了学习常态化。矿上根据情况对每个月区队职工的参与情况、职工个人学习得分分别进行奖励。

3.3 建设实操基地，夯实技能实训基础

充分发挥现有实操基地作用，加强实操训练及实操考核。及时升级改造设施、设备。引进先进技术建设培训基地，充分利用“互联网+”技术，开发创新图画式模拟巷道，在地面实现井下工作面仿真操作。把基层单位的专业技术人员引进到实操教师行列，让他们参与到实操培训的教学中，把实操培训考核落到实处，规范职工作业行为，实现“让习惯符合标准，让标准成为习惯”。

3.4 搭建成长平台，鼓励职工创新攻关

广泛开展“技术比武”“技能竞赛”等活动，突出抓好煤矿井下特种作业和其他从业人员 28 个专业的竞技活动，对获得集团第一名的“技术状元”、第二名的“技术明星”分别给予每月 240 元、200 元，为期一年的奖励。对获得矿上竞技前五名的技术人员给予为期一年，每月 100～180 元的奖励。从工人技术专家中选拔优秀人才，创建了张玉伟、谢海燕、郭小广技能创新工作室，鼓励职工开展发明创造、技术革新活动。实行首席技师和首席专家竞聘活动，建立技能岗位评聘以及能力素质业绩、贡献相结合的收入分配机制。围绕井下重点工程，开展“我为企业发展献一策”，岗位练兵、实操技能训练等活动。

3.5 推行新型师徒模式，实行“一对一”精准帮扶

适应安全形势变化，结合煤矿生产实际，开展导师带徒活动，对入矿新员工进行定向培训。针对生产一线区队部分职工年龄偏大、文化程度偏低、安全技能操作水平较差的情况，实施“一对一”帮扶活动，由区队干部、工程技术人员、技师或班组长与落后职工签订帮扶协议，开展“一对一”精准帮扶，让职工在岗位上学习，在岗位上实践，在岗位上训练，在岗位上提高，彻底帮助职工解决在技术方面存在的问题。

3.6 坚持重心下移，技术人员送教到基层活动

为解决个别单位技术理论薄弱、技能人才匮乏的问题，结合各岗位及专业的需要，通过“二、五”学习日或班前班后会等形式，组织业务相关区、科室有实践经验的专业技术人员、技能大师等分专业、分批次进行“传经送宝”，解决专业技术问题，以提高职工技术水平，规范职工操作行为。

3.7 采用“订单式”培训，增强培训针对性

按照区队需求，对采煤、掘进、机电一线井下跟班电工、机电维护、电气作业人员，实行定向专业技能“订单式”培训，实操培训占每期学时的 75%左右。职工在掌握所用开关、减速机、电缆等设备的构造、工作原理及常见故障查找的基础上，重点学习动手处理故障。培训现场设立在综机工厂、开掘工厂、机修厂车间，由技能大师引导学员讨论怎样查找故障，如何动手修好。在探讨学习交流的过程中，使职工的操作技能水平大幅提升。

4 统筹谋划，构建激励约束机制

（1）没有惩罚的教育是不完整的教育。为了保证培训效果，平煤股份十矿制订了《关于进一步加强安全培训考核工作的通知》《关于开展“送技术下区队”“安全技能素质帮扶”活动的通知》《“三三三一”安全绩效考核》等制度，将培训纳入安全绩效考核中，并加大其在考核中的权重，调动区队搞好培训的积极性。通过建立激励约束机制，实现部门联动，提高各级领导的安全培训意识。让职工认识到，知识技能就是财富，形成人人重教育，人人提素质的良好氛围。

（2）强力推行“三挂钩”制度，即学员培训考核成绩与班主任、任课教师绩效工资挂钩，与学员本人和所在区队党政正职工资挂钩，从而形成“安全培训利益共同体”，为促进培训效果提升奠定了基础。脱产培训期间，职教中心在严格加强教学管理的同时，要求各送陪单位党政负责人签订《安全培训承诺书》备案，针对学员实施每天四签到制度，初培班缺课 2 天或发现培训期间有上岗入井者开除学籍，开除 1 人次对所在单位罚款 1 000 元，并对所在单位党政主要领导和本人进行处罚，责令重新参加培训。通过培训结业考核情况看，特种作业人员理论考试合格率由过去的平均 70%左右提高到了 95%以上。

（3）实行特种作业人员考核责任追究制度。新上岗人员或在岗特种作业人员要按照规定时间参加安全培训考核，经考核不合格的，可以安排补考一次。经补考仍不合格的，除不得从事本工种上岗作业外，还对本人罚款 500 元，2 人以上不及格对所在单位党政主要负责人各罚款 300 元。每个工种培训班及格率达不到 80%以上的，每低于一个百分点，对班主任和任课教师分别扣发当月绩效工资的 1%；及格率在 80%（含 80%）以上至 89%不奖不罚；及格率达到 90%及以上的，每高于一个百分点，对班主任和任课教师分别加发当月绩效工资的 1%。

5 严格流程管理，实施全过程监督

实行全脱产培训，做到有训必考、教考分离，理论实操双考核、双过关。注重培训过程监督和质量评估考核，把安全培训作为确保安全生产的重要保障，做到真脱产、真培训，不断提升职工实操技能。通过考核评价机制，帮助职工提升职业技能素质，做到人有其才、人尽其才、才尽其用、才有所值，充分发挥人才资源优势。筑好安全壁垒，干好本职工作，建好平安矿区，向着建设智慧、绿色、文化矿山的目标奋进。

关于煤矿人才队伍建设的探索与实践

吴玉军，谢金龙

（平顶山天安煤业股份有限公司十三矿，河南 平顶山 461700）

摘　要　人才是企业最重要的资源，谁拥有了一流的人才队伍、谁就能在竞争中立于不败之地。党的十九大报告要求“建设知识型、技能型、创新型劳动者大军”。为深入贯彻落实十九大精神，就要求企业主动适应新形势下高质量发展需求，努力建设打造一批高素质技能人才及管理人员。煤炭企业由于其特殊性，更加需要高素质、高技能的人才队伍作支撑，如何建立机制激励培养人才，是当前煤炭企业迫切需要解决的问题。只有建立科学合理的人才梯队，为企业发展提供持续的人才智力支持，才能为企业高质量发展提供根本保证。文章就以平顶山天安煤矿股份有限公司十三矿（以下简称“十三矿”）为例，谈一下十三矿人才队伍建设的一些探索与具体做法。

关键词　人才队伍；素质提升；精准培训；激励机制

1　煤矿人才队伍建设的重要性和必要性

2020 年 4 月，国务院安委会印发了《全国安全生产专项整治三年行动计划》，明确了 2 个专题实施方案、9 个专项整治实施方案。其中提出了健全完善企业安全生产管理制度，强化安全教育培训，坚持“管理、装备、素质、系统”四并重原则，规范用工管理、提高员工素质。这就更加体现了煤矿高素质人才的急需性和紧迫性。高素质的员工队伍是推动企业发展的先决条件，而加强人才队伍建设就必须把握住企业面临的新形势和新任务。任何工作，都需要组织人、发动人来完成，迎接挑战、战胜困难、完成任务的关键在人。结合目前平煤股份十三矿的实际来看，随着开采难度和开采深度的不断增加，顶板、瓦斯、水、火、煤尘以及冲击地压等灾害管理难度不断增加，势必给安全、生产和经营等带来一定影响。需要通过加强人才队伍建设，提升员工整体素质，挖掘人才潜能，努力提高工作的超前性、主动性，通过渐进式的抓巩固、抓深化、抓提升，推进企业发展目标实现。

2　目前人才队伍现状及存在问题

2.1　队伍结构不合理

从职工队伍结构上看，现有人员结构、质量与企业的发展要求有一定差距。中层管理人员普遍年龄偏大，45 岁以上管理人员占比 50%以上。部分专业技术人员紧缺，招聘困难，人才接续困难。高技能人才分布不均，地面和辅助单位人才多，一线单位人才少。十三矿目前总人数为 3 939

人，拥有大专以上学历职工仅仅占比不到20%（第一学历）。从职称结构上看，专业技术人员仅占矿井总人数的13.1%左右，特别是高级专业技术人员比例较低。一线员工的结构性矛盾表现为现有岗位亟须各种技术工种人员，尤其缺乏一线生产岗位亟须的机修工、仪表工、电工等特殊工种和技能等级人员，各工种技师、高级技师人员偏少，对广大员工钻研技术、提高技能的积极性带动面不广，技术技能的培训提高任务艰巨。

2.2　未形成一整套教育培训工作体系

十三矿成立了矿、战线、区队、班组四级教育培训工作体系，但是缺少横向连接，各战线能够调动的资源仅仅局限于其分管的部门，只能靠一个系统、一个部门唱"独角戏"，导致培训工作构不成体系、形不成合力，达不到预期效果。

2.3　职工培训教学方法有待进一步改进

当前职工安全培训普遍采取灌输式教学方式，常常是教师在课堂上讲，职工在下面听，至于职工能接受多少则很少过问。造成这种局面的原因，主要是培训目的不明确，煤矿职工素质参差不齐，工种繁杂、岗位众多，因人施教、因岗施教的培训难以组织。培训教学的安全技术理论知识与职工现场生产作业衔接不到位。煤矿职工培训时间短，任务重，种类多，在较短的时间内接受并且运用难度大，培训计划实施难，流于表面形式，最终导致了职工培训质量得不到有效提升。

2.4　激励约束机制作用发挥力度不大

虽然对职工的教育培训采取了一些激励措施，但尚未形成培训、考核、使用、待遇等一系列的激励机制，缺乏岗位竞争机制和较为明显的待遇差别，且对技术优秀的工人也没有予以适当的重用。职工竞争意识相对薄弱，仍习惯于过去的"大锅饭"，满足现状，缺乏危机感，对提高自身的职业技能素质的意识不强，缺乏主观能动性。

2.5　培训内容与实际生产脱节

现代化矿井建设日新月异，大量新设备、新材料、新技术、新工艺投入应用，新法规、新标准不断更新。但是安全培训教材滞后，培训内容不能及时覆盖前述新知识，不能有效地与本单位的实际生产相结合。培训重理论知识，轻技能实操实训。学员如果不能学到新技能，不能正确掌握安全操作要领，只会理论知识，这种培训就没有实际意义。

3　关于煤矿人才队伍建设的探索与实践

2018年以来，十三矿为推动管理人员、技术人员、技能人员三类人才队伍建设，为人才培养实施"四项助力"，为人才培养注入强心剂，努力解决目前管理能力不强、专业技术人员紧缺、职工整体素质不高等问题，目的在于培养造就一批高水平管理人才、科技创新带头人和高技能人才，以此带动更多的员工学技术、钻业务、求创新，为企业发展提供强有力的人才保障。

3.1　整合培训资源，实施"党管培训"新体系

通过调研员工队伍建设和教育培训存在的问题，充分认识到教育培训是一项系统工程，是打基础管长远的大事。党管培训可以充分发挥集中力量办大事的优势，通过党委对培训工作把关定调、牵头抓总、引领保障，可切实提高培训工作站位，树立培训工作权威，集中一切资源，发挥众志成城的政治优势，确保培训工作方向不偏、力度不减、质量不降、协调各方，以最大的合力产生最大

培训效力。

2019 年十三矿认真学习贯彻全国煤矿安全培训工作现场会精神，借鉴淮北煤业集团教育培训工作的先进经验。制定下发了《平煤股份十三矿党委　平煤股份十三矿关于进一步加强教育培训工作的意见》，明确提出了建立健全党委统一领导、党政齐抓共管、职责清晰、各负其责的教育培训管理体制，坚持党委牵头抓总，班子成员分工负责的责任体系，把职工教育培训中心作为培训工作的主管部门，把组织干部科、人力资源科、宣传科、工会、团委、安检科、业务科作为协管部门，形成党委"高举手"、班子成员"不缩手"、部门之间"手联手"的齐抓共管局面。

党委"高举手"：每年年初矿党委对培训工作进行全面部署，定期听取培训工作汇报，研究解决重大问题，尤其确保培训"机构、人员、经费、计划"落实到位。将培训工作纳入党委工作目标考核、基层党支部书记抓党建述职评议考核，一年一述职、一年一考核。

班子成员"不缩手"：班子成员按照"谁主管，谁负责"原则，工作职责管到哪里，培训职责延伸到哪里，坚决不当"局外人"；强推班子成员垂直培训，要求班子成员充分发挥专业优势，每年定期面对面地为分管范围的员工授课。

部门之间"手联手"：按照"管业务必须管培训"原则，明确每个部门的培训职责。职工教育培训中心负责培训工作的计划制定、日常管理、政策指导、督促检查；组织干部科和人力资源科负责三类人才队伍的素质能力培训，安检科负责各类安全培训，工会负责班组长和工匠大师培养、团委负责青工、导师带徒制的实施，其他职能部门负责对口业务培训，让各部门各尽其职，形成了抓好培训的强大合力。

3.2　引入"全员素质登高工程"平台，引领全员素质提升

2018 年，十三矿以提升职工综合素质，打造本质安全人为目标，创新打造"全员素质登高工程"平台，旨在不断强化全员安全培训和实操技能的提升，引领员工素质阶梯式成长，打造员工提升素质绿色通道，实现员工成长和企业安全可持续发展。

将全矿职工分为 A、B、C 三等，每年开展一次职工年度定级评定（全员参与），每季度组织一次升级评定。

（1）升级流程。十三矿每年 7 月份组织一次年度全员素质登高升级评定活动，所有技能人员级别全部重新评定，每年 1 月份、4 月份、10 月份组织季度升级评定，被评为 B 级工、C 级工的人员可申请季度升级。

（2）考核权重。理论考试 30%、实际操作技能 40%、综合评定 30%，综合成绩在 90 分以上的为 A 级工、70～90 分的为 B 级工，70 分以下的为 C 级工。

（3）相关待遇。物质奖励：A 级工按照井下直接单位、井下辅助单位、地面单位分别每月给予 500 元、300 元、200 元的津贴，B 级工按照直接单位、辅助单位、地面单位分别每月给予 300 元、200 元、100 元的津贴，C 级工不享受津贴。政治待遇：被评定为 A 级工的技能操作人员，才有资格聘任为班组长，是班组长的才有资格进入后备干部梯队。每年度矿劳动模范、"五好员工"从 A 级工中产生，若其符合入党条件，可优先作为党员培养对象。

（4）动态管理。对 A 级工、B 级工实行动态管理，对出现工伤事故、严重"三违"、越级上访、违反矿纪矿规以及区队出勤规定的，降为 C 级工，不予兑现津贴待遇。

表 1 为十三矿近 3 年来 A 级工、B 级工、C 级工数据统计及分析。

表1 近3年来A、B、C级工数据统计及分析

年份	考评总人数	A级工		B级工		C级工	
		人数	所占比例/%	人数	所占比例/%	人数	所占比例/%
2018	3 359	646	19.2	1 850	55.1	863	25.7
2019	3 164	682	21.5	1 732	54.7	750	23.7
2020	3 036	804	26.48	1 641	54.05	591	19.47

由表1可以看出，A级工人数在逐年增加，B级工、C级工人数在逐年减少。大部分职工在近些年来的素质登高模式运行过程中，思想观念已明显转变，通过自我提升素质的同时，又能拿津贴待遇。据统计测算，同岗位A级工年收入比B级工高8%～10%，比C级工高12%～15%，这个模式充分调动了职工学习的积极性，提高了职工自我学习能力，营造了全员学习、全员提高的氛围。

3.3 强化激励机制，让素质提升更有价值

十三矿学习借鉴淮北煤业集团先进经验做法，结合目前人才技能水平现状，提出"五项收购"原则，为职工提升素质技能注入强心剂。

(1) 技能水平收购。对十三矿员工提升技能等级和"导师带徒"培训成果进行收购，对于首次取得中级工、高级工、技师、高级技师的员工，分别给予1 000元、2 000元、3 000元、4 000元的一次性奖励。导师每带出1名中级工、高级工、技师，分别给予1 000元、2 000元、3 000元的一次性奖励；同时对技师和高级技师每月给予技能补贴，地面单位每月分别给予400元、600元的补贴、井下单位每月分别给予600元和800元的补贴，通过强有力的措施，让技能提升更有价值。

(2) 技术能力收购。对于生产现场疑难问题、技术革新、技术成果等方面进行明码标价，对有一定的创新性、实用性和效益性的成果给予重奖，作为单位和个人年度评先、职称考评、考核晋级等重要依据之一。

(3) 品牌教研成果收购。切实提高专兼职教师的综合素质，集团每年开展职教优质课、优秀教材、优秀论文评选活动，根据评选等级分别按3 000元、2 000元、1 000元收购。

(4) 培训工资收购。针对员工参加脱产培训期间的工资进行收购，考核合格的，工资按照其在单位正常出勤情况下的工资水平发放，考核不合格的，执行最低生活保障标准，通过此措施，给职工压力培训施加，避免职工"学不学一个样、学好学坏一个样"的思想。

(5) 学历收购。针对学历不达标的特种作业人员、班组长及以上管理人员进行学历教育，取得毕业证书的，对相关学费进行全额收购。目前十三矿三分之二以上都是45岁以下职工，这些都是我矿高质量发展的主力军，但是大专、本科以上学历的职工占比不到20%，学历提升显得尤为重要和急迫，要通过学历提升提高干部职工的综合能力，学历收购给员工注入一剂强心剂，解决员工的后顾之忧。

3.4 坚持效果导向，实施精准培训

3.4.1 *在培训对象上求"准"，力求针对性更强*

对不同岗位存在的技术难题进行梳理汇总，形成问题清单，充分调动优势资源，组织懂技术、有经验的技能大师、能工巧匠们进行技术难题"会诊"后，形成解决方案。定期对岗位操作能力弱、存在问题多的技能员工进行"技术扶贫"。以常见岗位理论研讨、设备故障排除以及工作中遇到的

技术难题攻关等作为主要内容，通过现场讲解、手把手教学等方式，实现岗位培训与实际工作无缝对接，促使职工的岗位技能技术快速提升。

3.4.2 在学习上求“新”，丰富载体拓内涵

将“互联网＋安全”融入职工工作、生活全过程。依托新媒体培训平台，利用信息化技术开展教学方法改革，推广应用VR虚拟现实技术、远程直播教学、多媒体教学、计算机和手机App在线学习等培训手段，让课堂更有感染力，提高员工学习兴趣，增加员工学习渠道。

3.4.3 在内容上求“实”，素质提升增实力

推行“干部上讲堂、培训到现场”培训模式，把讲堂与现场、课本与经验、理论与实践有机结合，通过开设小课堂、大课堂、专业课堂，促进业务培训到区队、到班组、到岗位。每月由战线矿长举办一次专业培训，重点对新技术、新工艺、新装备、新材料进行培训；对生产中出现的“难题”“三违”“返工活”进行剖析；对新技术、“金点子”进行分享；对上级部门的政策文件进行解读，使培训更加具有针对性。

4 十三矿人才队伍建设成效

4.1 人才队伍建设事业蓬勃发展

十三矿建立了技能大师工作室，王志鹏被评为集团首席技术专家，陈洪涛被评为集团首席技能大师，吴庆利被评为集团首席技能大师，先后获得集团劳动模范、先进工作者、青年创新创效标兵等荣誉称号。培养中级工占总数的20%以上；有30%的青年职工业务技能达到或超过高级工技能水平，培养出技师9人，高级技师1人；2018—2020年我矿参加集团职工技术比武获前十名人数分别为12人、9人、35人，我矿青年职工何波荣在全国煤炭行业职业技能竞赛中获二等奖，我矿职工王羊娃当选党的十九大代表：这些荣誉的获得，充分展示了十三矿员工的技能水平和精神风貌。

4.2 创新驱动硕果累累

2019年以来，十三矿所奖项与成果有：集团公司科技大会上荣获集团科技进步奖二等奖2项，三等奖4项；企业管理现代化创新成果奖三等奖1项；社科成果奖二等奖1项，三等奖1项；技术攻关协助成果奖一等奖1项；平煤股份十三矿计量QC小组荣获煤炭工业优秀QC小组；参与专利4项。同时十三矿评选出8个科技先进单位，10名科技标兵，60名科技先进个人，科技进步奖一、二、三等奖共54项，优秀作业规程6份，优秀图纸6份，年度优秀论文一、二、三等奖43篇等。

4.3 安全生产形势持续向好

2020年全年杜绝了重工伤和二级及以上非伤亡事故，“三违”和习惯性违章行为大幅减少，工伤总数同比下降9起，下降率达到23.6%。全年18次在集团专业排序中获得了前三名的好成绩，承办了集团机电运输安全生产标准化现场会。全年原煤生产210.2万t，超计划30.2万t，开掘进尺完成14 572 m，其中开拓进尺完成2 085 m，分别超计划572 m和85 m；尤其是5月份己$_{16\text{-}17}$-14060中抽巷掘进402 m，再次刷新了河南省岩巷综掘单进新水平。

职工教育培训工作对煤矿企业而言，是一项长期的、系统的工程，它和煤矿企业的发展紧密相连。面对高质量发展目标任务，应当高度重视煤矿企业职工的教育培训工作，通过采取各方面的措施，充分发挥党管培训的优势，切实提高教育培训质量，不断增强员工的综合素质，才能夯实煤矿安全生产基础，筑牢煤矿安全生产保障。

参考文献

[1] 蔡希宁.煤矿企业专业人才队伍建设问题分析[J].科技经济导刊,2017(13):245.
[2] 范廷芳.煤炭企业如何加强人才队伍建设和管理[J].现代工业经济和信息化,2012(16):33-34.

去产能背景下煤炭职工分流安置问题研究

——以平煤神马集团为例

王文杰

（中国平煤神马能源化工集团有限责任公司，河南 平顶山 467000）

摘　要　针对我国煤炭行业去产能的现状，文章对中国平煤神马能源化工集团有限责任公司（以下简称“平煤神马集团”）煤炭板块职工分流安置的现状进行了简要概括，分析了平煤神马集团内部和外部两种分流安置职工的方式，并从工作环境、职工素质、再就业培训等三个方面分析了影响煤炭职工分流安置的因素，最后提出了煤炭企业分流安置职工的相应对策，即创新企业内部分流安置方式、创新培训内容提高职工素质。

关键词　煤炭企业；分流安置；再就业培训

随着供给侧结构性改革的深化和煤炭产业“三去一补一降”去产能工作的推进，在执行去产能任务的过程中需要淘汰一批落后产能，关闭一批“僵尸”企业，兼并重组一批企业，于是劳动力作为重要的投入要素，在去产能过程中被大量释放出来，煤炭企业职工分流安置问题就成为去产能工作中不可回避的现实问题和关键任务。

1　平煤神马集团煤炭板块职工分流安置现状

平煤神马集团在煤炭板块职工分流安置工作中出台了一系列的措施和政策。2016 年 9 月，平煤神马集团出台《关于非煤单位安置煤矿转岗分流人员的意见》。意见指出，根据总体转岗分流任务，由非煤单位提供工作岗位安置 5 000 人，利用 3 年时间完成安置任务。2016 年安置 2 000 人，2017 年安置 2 000 人，2018 年安置 1 000 人。各单位具体任务按照安置任务占职工人数的比例确定。

2019 年 1 月，平煤神马集团印发《中国平煤神马集团人力资源十年规划（2019—2028 年）》，自 2019 年年始到 2028 年年末，通过 10 年的努力，预计减员 111 585 人，力争将从业人员总量控制在 10 万人以内。其中：从占比上看，煤矿及相关单位占累计减员总数的 80.9%，合计 90 238 人；从趋势上看，煤矿及相关单位减员占全部减员的比例为 2019—2021 年每年递增 3 个百分点，2022—2028 年每年递增 4 个百分点，呈逐年增长态势；煤矿及相关单位减员占全部减员的比例，由 2019 年的 64.2%增长至 2028 年的 98.2%。

2　煤炭企业职工分流安置的主要方式

煤炭企业在去产能背景环境下，对于职工分流安置工作主要从两个大的方向展开，具体概括为企业内部和外部两个分流安置途径。两项途径对于企业的稳健发展和职工的基本生活保障都能起到显著的效果。

2.1 内部分流安置方式

（1）原单位就业

原单位就业包括在原单位留守以及在改制后的新单位就业。在原单位留守职工的人数较少，主要是看管原企业资产，并协助相关部门处理各种破产清算工作；在改制后的单位就业是指原单位职工与改制后的新单位重新签订劳动合同，实现身份和工作岗位的转换。

（2）内部退养

内部退养主要针对煤炭企业中距离退休年龄 5 年之内的普通职工，本着自愿互利的原则，通过企业与职工进行协商，让这部分职工进行离岗休养，直到退休。

（3）内部转岗

内部转岗包括内部调剂、内部置换、劳务输出、新上项目安置等方式。内部调剂即根据关闭或改制企业所在企业集团其他单位岗位缺员情况，由所在企业集团协调职工整体内部流动，或组织需分流安置职工到缺员单位竞争上岗；内部置换是煤炭企业通过内部退养等方式清理出一些空余岗位，然后通过职工自由申请、竞争上岗的方式，安排需要分流安置的职工上岗；劳务输出是原单位与煤炭企业内外部用工单位进行洽谈，选派一定数量的职工到新单位进行就业，职工的劳动关系不变，工作单位和岗位发生变化；新上项目安置即由职工所在企业或该企业所在企业集团新建投资项目，通过竞争上岗等方式，合理安置符合岗位要求的富余人员。

（4）特殊疾病人员兜底安置

煤炭企业有部分职工患有特殊疾病的，这部分人员不符合因病退休或者 1～4 级工伤离岗条件，同时，企业又不能为其安排合适的工作岗位或者解除劳动合同。针对这部分人员，企业可以让他们进行离岗退养，直至退休。

2.2 外部分流安置方式

（1）退休退职

对符合退休条件的职工（正常工种和特殊工种），煤炭企业要帮助职工办理退休手续。对符合因病或者工伤退休的职工，经过权威部门的劳动能力鉴定，符合退休条件的，企业要及时为其办理退休。

（2）依法解除劳动合同

煤炭企业鼓励有能力的职工自愿与企业解除劳动合同，企业结算职工的工资，缴纳职工的各项社会保险费用，并积极帮助这部分职工办理档案以及各项社保转移手续。

（3）自主创业

所谓自主创业是针对部分有创业意愿，又不愿意放弃原有工作的职工，可以由其自愿申请，企业为其保留工作岗位，允许其离岗创业。自主创业的期限一般不得超过三年。在期限之内职工劳动关系仍然属于原单位，自主创业的职工社会保险与之前一样，由单位和个人承担。在协议期满之后，自主创业的职工可以申请返回原工作岗位。

（4）组织参与外部岗位招聘

煤炭企业可以承办专场招聘会，邀请一些用工企业来企业进行现场招聘，让用人单位和需要安置职工进行双向交流，企业也可以组织职工参加一些政府或者第三方单位组织的招聘会。

3　平煤神马集团煤炭板块职工分流安置主要方式

平煤神马集团在近年来的去产能过程中，综合运用转岗分流、内部退养、自谋职业、协理退休、外部就业、解除劳动合同等方式，成功实现了分流安置人员。据统计，2019—2020 年中国平煤神马集团煤矿及相关单位共计减员 14 535 人，预计 2021 年减员 6 986 人。

3.1　集团内部分流安置主要方式

（1）内部转岗分流

集团公司内部通过以下三种途径转岗分流：一是将集团新增岗位和其他空缺岗位的用工需求统一纳入集团内部招聘，不定期公布用工需求信息，供职工自主选择，实现再就业；二是集团人力资源部牵头组织单位间点对点协商进行余缺岗位调剂。三是根据集团产业发展布局规划，集团统一组织针对某一单位的优化配置。

（2）内部退养

内部退养指按照集团相关规定办理内部退养、退岗休息。其中，平煤股份所属各单位按照《关于印发＜平煤股份职工内部退养办法（试行）＞的通知》规定执行；2016—2018 年化解过剩产能关闭矿井按照《关于印发＜中国平煤神马集团化解过剩产能职工安置意见＞的通知》及《中国平煤神马集团调整化解过剩产能关闭矿井内部退养离岗休养职工待遇的意见》中的相关规定执行。

2020 年 12 月，集团综合办下发《关于 2020 年调整化解过剩产能关闭矿井内部退养离岗休养职工待遇的通知》，自 2020 年 1 月起，内部退养职工月生活费基数由原 1 352 元调整为 1 420 元；离岗休养职工月生活费基数由原 1 159 元调整为 1 217 元。

（3）自谋职业

自谋职业指按照集团相关规定，经本人申请并由单位同意，本人与单位就薪酬待遇、社会保险费负担等相关事宜与单位达成一致，并与单位签订协议，离开企业自谋职业。

按照《印发＜关于整顿劳动组织减人提效的若干措施＞的通知》《关于印发＜中国平煤神马集团化解过剩产能职工安置意见＞的通知》《关于加强劳动定员管理落实人员控制计划有关政策措施的通知》办理自谋职业的人员，到期后根据单位与个人签订的自谋职业协议约定办理。其中按照《关于加强劳动定员管理落实人员控制计划有关政策措施的通知》办理自谋职业的人员，除按文件规定所有社会保险费由个人负担外，住房公积金单位缴费部分和个人缴费部分也应由个人全部负担。

（4）协理退休

按照《中国平煤神马集团党委关于进一步加强集团所属单位管理的中层干部选拔任用工作的指导意见》第九条执行，即基层单位中层干部达到法定退休年龄前 5 年（以人事档案记载的出生月份为准），原则上不再担任现职，改任协理员，情况特殊的单位及人员达到法定退休年龄前 3 年，必须改任协理员。对现有协理员符合提前退休条件的，单位应研究制定适当政策，鼓励其办理退休手续。对于主动办理退休手续的，单位可采取给予补差形式保持其待遇不降低。

3.2　集团外部分流安置主要方式

（1）推荐到外部单位就业

鼓励单位与职工协商一致，签订相关协议，推荐职工到非集团所属企业就业。就业期间新录用企业应支付给职工的社会保险和薪酬一并直接支付给职工个人，原单位继续负责缴纳其各项社会保险费和住房公积金。鼓励职工协议期内或协议期满与原单位解除劳动合同，原单位除依法支付经济补偿外，可再以现金形式一次性支付给本人一年个人应缴纳的社会保险费和住房公积金。

(2) 解除合同

对于长期旷工和“两不找人员”，集团公司要求各单位要按照相关法律法规和企业规章制度，予以解除劳动合同。对主动与单位解除劳动合同的，单位可以以现金形式一次性支付给本人应负担的一年社会保险费和住房公积金，不支付经济补偿。对不主动与单位解除劳动合同的不在岗人员，各单位要严格按照《中国平煤神马集团劳动合同管理办法》中，关于劳动合同的解除和终止相关条款予以处理。

4 影响煤炭职工分流安置的因素分析

人员安置不是简单的裁员，是人力资源的再次优化组合，是实现现代企业制度应该必备的标准，而具体分析影响职工分流安置因素是煤炭企业成功去产能转型升级的重要工作。从我国煤炭职工的工作环境、职工素质、再就业培训等3个角度进行分析，为煤炭职工寻求可行的分流安置方式，消除去产能的关键性障碍。

4.1 工作环境分析

丰富的煤炭资源大多数分布在地理位置相对偏远的地区，由于受环境、交通、地域位置等各方不利条件的限制，煤炭职工的分流安置存在着很多的阻碍性因素。主要表现在以下两个方面：一是地区环境相对闭塞，大部分煤炭一线职工所能接收的新技术和新科技等新鲜事物有限，存在与企业发展的时代步伐严重脱轨现象；二是“信息不对称”现象，待安置职工大多数是一线的操作人员，在正常的工作期间只是服从上层管理者的领导，执行任务工作指令，过着“三班倒”的生活，基本上没有途径或机会发挥个人的创造性思维。

4.2 职工素质分析

由于煤炭企业工作环境的艰苦性和地域位置的偏僻性，煤炭行业很难从外地招聘到优秀的人才骨干，大多数是本地居民担任各个生产操作环节的职位，一线职工普遍存在学历低、技能单一的问题。在去产能过程中，伴随原有煤矿关闭与退出，原有职工赖以生存的技能和煤矿专有知识失去依附的基础，必然导致大量职工失业或者面临重新择业再就业的困难。而化解过剩产能导致的大批年龄较大且文化程度低、技能水平低的失业职工重新涌入劳动力市场，其个人能力往往与当前劳动力市场的需求不相匹配。

4.3 再就业培训分析

煤炭职工安置主要侧重于职业技能培训，往往忽视个人综合素质的提升。传统的就业观念更加重视经济效益，因此再就业培训的最终目的就是让职工掌握一技之长，能够快速上岗操作。这种培训理念缺乏引导性、综合性和长远性，忽略了重要的法律维权知识、人际交往技能、职工思想意识转变等知识的培训。伴随社会发展步伐的加快，各种职业技能竞争也愈演愈烈，简单的上岗操作培训即使能够解决当前就业的燃眉之急，但职工很快会再次被竞争激烈的市场二次淘汰。

5　煤炭职工分流安置的对策建议

5.1　创新企业内部分流安置方式

煤炭企业内部可以重新规划发展战略，充分利用自身所具备的丰富资源，挖掘更多的安置渠道，创造更多的就业岗位，缓解职工分流安置的压力。

例如《中国平煤神马集团关于2021年控制人员总量 优化人员结构 促进提高劳动效率的实施意见》中给出两点建议：① 鼓励单位之间开展共享用工。单位有用工需求时，鼓励职工富余的单位提供共享用工服务。单位间签订合作协议，明确双方的权利义务关系，合作协议中要约定调剂职工的数量、时间、工作地点、工作内容、休息、劳动保护条件、劳动报酬标准和支付时间与方式、食宿安排、可以退回职工的情形、职工发生工伤后的责任划分和补偿办法等。② 努力推动人力资源走向社会服务。多渠道搜集和掌握集团以外单位各类人力资源需求信息，宣传推介、展示集团人力资源实力，积极探索引进人力资源合作联营项目，组织整建制劳务输出等模式，拓展人力资源优化配置渠道，推动集团职工外出务工，更好实现自身价值。

5.2　创新培训内容提高职工素质

根据职工分流安置工作开展的需要，对部分有潜力的职工进行新的技能教育学习，这也是具备再就业条件的首要选择。但是对于职工技能的培训学习要具有灵活性，根据现在和未来几年人力资源市场的需求情况以及安置职工的年龄段、文化水平和求职意愿，提供有差异化培训。同时，还要加强职工的思想政治工作，转变待安置职工的就业观念，通过开展职业转换辅导的心理培训课程，摒弃“铁饭碗”的思想，树立正确的择业观和就业观，疏导安置职工消极的恐惧心理，增强其自信心与勇气，再次点燃他们创业或是再就业的激情，使其更加出色地融入现代社会。

在供给侧改革的大背景下，解决好煤炭职工安置问题是去产能工作的关键性环节。通过对煤炭职工分流安置方式的不断改进完善，从而更好地保障职工的个人权益，有效地缓解煤炭企业负担，推动煤炭企业的转型改革进程，促进煤炭行业稳健向前发展，维护社会的安全稳定。

参考文献

[1] 姚立根，张军荣.供给侧结构改革背景下煤炭企业职工安置对策研究[J].煤炭经济研究，2017，37(10)：22-29.

[2] 樊红光，周享.“去产能”下煤炭产业职工分流安置问题研究[J].煤炭经济研究，2017，37(10)：30-35.

[3] 刘新文.供给侧结构性改革背景下国有煤炭企业职工安置研究：以中国平煤神马集团为例[D].郑州：河南工业大学，2018.

[4] 秦思远.去产能过程中职工分流安置的有效探索：基于MG(HF)公司钢铁去产能的分析[J].宏观经济研究，2017(2)：152-156.

[5] 毛雅军.国有煤炭企业去产能过程中职工安置问题研究[J].煤炭经济研究，2017，37(5)：73-79.

[6] 解媛媛.山西省煤炭去产能人员安置成本研究[J].煤炭经济研究，2019，39(7)：56-60.

煤矿智能化高技能人才培养模式的创新与实践

李树伟，王培强，李创起

（平顶山工业职业技术学院，河南 平顶山 467033）

摘 要 围绕煤炭行业转型发展的战略目标，根据现代高等职业教育校企合作培育高端技能型人才的需求，为实现煤炭产业与高职专业对接，教学内容和企业岗位对接，平顶山工业职业技术学院（以下简称"职业学院"）从"三位一体"办学格局构建、产教融合推进、产业学院建设、新型现代学徒制创新、高技能人才培训基地建设、专业结构调整优化等方面进行了办学实践。针对煤炭行业智能化升级改造，创建了国内首个煤矿智能化开采技术人才培养基地，实践了智能化开采产教深度融合，推进了会企共建学校实践进程，对煤矿智能化开采高技能人才培养模式进行了创新和实践，通过教学设施升级改造、软件研发和教学实践，建成了具有鲜明高等职业教育特色的智能化采煤技术产学研联盟研学中心，更好地服务于行业产业转型升级。

关键词 校企合作；深度融合；煤矿智能化；高技能人才；培养模式

1 前言

随着我国煤炭行业供给侧结构性改革的需要，走绿色、安全、高效、智能化、可持续发展的现代化道路是必然的选择。煤炭行业加速推进信息化、智能化建设，"智能＋煤炭""互联网＋煤炭"将为行业转型升级赋能，而采掘机械装备智能化技术水平的提高，对采掘生产操作岗位人员的专业技能水平和专业知识水平的要求与日俱增。推进煤矿智能化开采建设是大势所趋，是煤炭行业顺应时代发展、加快煤炭生产技术变革的难得机遇，是破解当前煤矿安全生产突出矛盾、实现减人提效的现实需要，也是煤炭企业转型发展、高质量发展的必由之路。行业的转型发展、产业技术的升级改造，就必须有高素质专业技能人才做支撑，所以煤矿智能开采技术人才培养正是顺应煤炭行业发展，有着迫切的需求基础。智能化采煤技术能否推广应用，首先要看以操作岗位人员的综合素质和专业技术能力能否操控这些先进的机械装备。因此，急需高职院校加强煤矿智能化相关学科专业建设，推动多专业多学科交叉融合，培育一批具备矿业工程、软件工程、信息工程、机器人工程、人工智能等知识技能的复合型人才。

深化校企合作、产教融合，鼓励高校和企业合作创新煤矿智能化人才培养模式，共建示范性实习实践基地，搭建工科教师挂职锻炼平台。积极开展在职人员智能化和信息化培训，建立健全职业发展通道机制，优化知识型、技能型、管理型人才发展体系。随着智能化开采技术的推进，采掘一线人员退休、流失现象严重，并且煤矿招工有一定的难度，必然会影响到智能采掘工作面设备的常态化运转，将严重影响智慧矿山建设和无人工作面配套技术的推广应用。企业对掌握智慧矿山建设和无人工作面配套技术的高技能型人才的需求增加与人才资源短缺的矛盾更加突出，大部分煤炭企业转型升级后对掌握新技术、新工艺、新设备的人才需求得不到满足，重新定位煤炭类智能化开采高技能复合型人才的培养规格和目标已迫在眉睫，需要创新煤炭行业产业转型升级后的高技能人才培养模式。

2 创新智能化采煤高技能人才培养模式

在煤炭行业的产业转型升级背景下，煤矿智能化进程中急需的人才包括两类：高校培养的专业人才和智能化矿井建设急需的岗位技能操作工人。职业学院针对这两类人才的培养，以现场智能化采煤岗位需求为主线，积极探索智能化开采高技能人才培养新模式，通过全新的人才培养课程体系的构建丰富了培训教学手段。

2.1 高职院校智能化采煤高技能人才培养模式

在煤炭高职院校培养智能化采煤高技能人才，是一个系统的工程。根据长期培养煤炭类专业学生的教学实践和煤矿智能化采掘自动化岗位需求，完成了智能化采煤高技能人才培养方案，构建了“一综合平台四技术岗位群”课程体系，并在教学实施过程中，对课程体系进行了修改和完善，使其更加切合培养人才的实际，满足培养智能化采煤高技能人才的需求。

该培养模式以职业核心能力培养为主线，以培养高技能人才为目标，针对智能化采煤生产职业岗位群的要求，坚持重基础、强实践、提高职业能力和提升职业素养的指导思想，构建以职业核心能力培养为主线的“一综合平台四技术岗位群”课程体系，“一平台”指煤矿智能化采掘专业（岗位）群综合能力培养平台；“四技术岗位群”是指采掘机械设备使用与维护、采掘电气设备使用与维护、采掘自动化监测与控制和自动化采煤组织与管理四个技术方向。

为了便于实施教学，对专业核心能力与专业职业能力中应具备的理论知识和技能进行分解和归类，形成该专业的核心课程与课程体系。煤矿智能化采煤工作岗位需具备煤矿开采技术、电气自动化控制技术、矿山机械设备维护与检修、计算机远程控制技术等方面的综合专业知识，以学院煤矿类主体专业（包括煤矿开采、电气自动化控制、矿山机电等专业）学生为实施主体，不同专业的学生所学基础课基本相同，专业课的学习侧重点有所不同，根据四个专业的课程体系采用筛选法构建和确定煤矿智能化采掘专业的主干课程与课程体系。

为了满足专业教学计划实施要求，通过学历层次提高、工矿企业锻炼、国内外进修、交流培训和聘请企业兼职教师等多种途径方式培养和充实教师队伍，建成了一支专兼职教师 1∶1，既有较高智能化采掘技术理论水平，又有较强实践操作能力的“双师结构”专业教学团队。专职教师主要承担基础课教学和校内实践课教学任务；聘请工矿企业工程技术人员和能工巧匠为兼职教师，经过教师岗前培训，主要承担实践教学，并参与专业建设和教学改革。

2.2 煤矿智能开采职工培训体系

职业学院针对煤矿智能开采等高端产业，创新现代学徒制人才培养模式。学院与中国平煤神马能源化工集团有限公司（以下简称“中国平煤神马集团”）开展深度校企融合，实施“订单学徒制”人才培养，形成了“分段轮岗”新型现代学徒制人才培养模式，即以校企双主体育人，行业协会、职教集团指导，实行“学生＋学徒＋员工”三位一体的人才培养思路，实施分段定岗、轮岗、顶岗培养方式的现代学徒制人才培养模式，构建了“职业导向、课证融合、双线交织”课程体系，开发了一批基于智能开采岗位群工作任务的项目化课程、教材及教学资源，为企业培养了一批智能化开采高端技术技能人才，现已成为智能化技术骨干。同时，联合多家企业和职业院校，牵头成立了煤炭职教集团；联合中国煤炭教育协会、中国平煤神马集团、郑州煤矿机械集团股份有限公司成立了智能制造校企合作人才培养联盟，开展订单人才培养、定向协议培养、学徒制培养等现代新型学徒制人才培养模式。职业学院现已成为区域智能开采业内离不开、行业企业都认同的高端智能化开采技术技能人才培养基地。

和行业企业、职教集团、中国平煤神马集团共同开发培训课程体系，根据智能开采生产实际，以煤炭行业的最新技术为主线，按职业岗位需求将知识点、技能点、职业素养等进行模块化、碎片化处理，设计开发出18项模块化培训包，开发了《液压支架电液控系统使用与维护》《综采自动化控制系统使用与维护》《智能集成供液系统使用与维护》等10门活页式教材。针对学生、企业一线职工培训特点及培训需求，以培养学生、企业一线职工的综合技能为目标，以任务引领型培训为特征，定制培训包、灵活选择培训周期进行培训，突出职业技能培养，形成核心技能，获得劳动体验，贴近智能开采生产实际，使培训针对不同群体目标性更强，效率更高。

2.3 贯标“1＋X”证书制度，开发课证融通的模块化课程

围绕智能开采核心岗位群，引进企业新技术、新工艺、新规范，修订人才培养方案，以宽基础强化夯实“1”，以活模块优化“X”，牵头承担研制首个“1＋X”职业技能等级证书标准——《煤矿智能化开采 1＋X 技能等级标准》。对标技能等级证书开发专业核心课程，进行“课证融合”，从注重学生可持续发展能力的培养着手，整合通识教育课程、职业基础课程、专业群共享课程，搭建专业群共享课程平台，构建专业模块核心课程，根据本专业多元岗位的特性，融入多个职业技能等级证书，学生可根据个人职业生涯规划，选修不同的模块课程，考取不同的“X”认证证书。学校依据学生研修的课程，对其所考取的证书赋学分，实现“宽基础、活模块”学习模式，搭建了“人人成才、人人出彩”的专业教育平台。

3 建设智能采煤高技能人才培养基地

根据现代高等职业教育校企合作培育高端技能型人才需求，为实现煤炭产业与高职专业对接，教学内容和企业岗位对接，职业学院积极创建国内首个智能化开采技术人才培养基地，形成完善的采、掘、机、运、通、排和安全监测监控等生产系统，具备煤矿生产的基本条件，能够实景展示煤矿智能化生产过程；围绕煤矿智能化开采工作面升级改造，配套相关的教学培训设施、打造煤矿智能化开采技术人才培养平台；搭建智能矿山信息化技术研发平台，建设省级智能矿山重点实验室，推动智能矿山虚拟现实和信息化技术发展；通过硬件升级改造、软件研发和教学实践，建成了国内首个煤矿智能开采人才培养基地，为煤炭行业的发展和技术进步起到了引领示范作用。

3.1 实现了采煤全过程智能化开采

目前，职业学院建设的智能化开采工作面利用先进的网络技术、自动化控制技术、通信技术、计算机技术、视频技术等，并通过配备具有感知能力、记忆能力、学习能力和决策能力的采煤机设备、液压支架，以采煤机记忆截割、液压支架自动跟机、远程集中控制、视频监控为手段，通过“地面

安全生产指挥中心层、顺槽监控中心层、综采单机设备层”三级监控平台，实现综采工作面采煤全过程“有人安全巡视、无人跟机作业”的智能开采模式，树立学院在全国煤炭类院校（含本科院校）领先地位。

3.2 建立了智慧安全生产调度指挥中心

依据煤矿调度指挥中心所需的设备及系统进行配置，与智慧矿山实训基地巷道里安装的各种探头、传感器、分站以及传输信号电缆集成监测监控系统，装备智能综采设备控制系统，同时可申请调用集团调度中心各矿生产情况等相关信息。远程集中控制采煤机、液压支架等智能综采设备，对数据长距离传输和视频信号实时传送提出很大技术考验。远程集控的实现，真正落实了工作面减人提效的要求。

建立与集团标准规范体系相统一的工业互联网安全生产信息共享平台，融合 GIS 空间地理信息、大数据分析、移动互联等新技术，实现安全生产信息共享、业务协同、风险预警、安全诊断、大数据挖掘分析、科学决策等功能集成应用服务，实现了与集团调度中心各矿生产信息共享，突破了地域、时间、校企间的界限，真正实现化零为整、由散到聚、统筹全局的一体化教学培训模式，拓展了培训功能，提高了培训效果。

3.3 研发了 VR 智能矿井职工培训系统

以平顶山天安煤业股份有限公司十矿“一矿一区一面”的实际工作环境作为虚拟模拟场景，对矿井生产系统行三维实体建模，利用虚拟仿真技术实现人机交互界面操作，实现智能采掘装备的操作、维护、检测、拆装及安全生产知识演绎培训，研发一套基于虚拟现实技术的智能矿山培训系统。该系统主要由培训与考核管理、智能化采煤教学资源、综采综掘设备三维学习、智能采煤工作面多人协同交互操作、安全生产警示教育案例、VR 智慧矿山综合仿真体验六大模块组成，形成“一中心＋五子系统”的整体结构。

3.4 搭建了智能矿山信息化技术研发平台

通过校企深度融合，整合学院与企业的资源和人才技术优势，同时广泛引进相关领域的知名专家及其创新性成果，面向煤炭行业智能化和信息化发展的主方向，突出煤炭特色，推进两化融合，促进智能矿山建设。通过学校自身努力和企业的大力支持，先后建成了河南省智能矿山工程技术研究中心、平顶山市智能化采煤工程技术研究中心和中国平煤神马集团智能矿山重点实验室，搭建了“1 个重点实验室＋2 个工程技术中心”的智能矿山信息化技术研发平台。

3.5 打造了一支高水平专家团队

职业学院充分发挥企业办学优势，持续推进学校人力资源优化设置，形成“小行政大学院”人力资源格局，充分实现已有人力资源效用最大化。发挥中国平煤神马集团“千人专家库”效用，构建学校与集团公司人才互动流动机制，形成“固定岗＋流动岗”的教师岗位设置新局面，推进学校与集团公司专业人才互动流通。探索从中国平煤神马集团等企业具有 3 年以上工作经历并具有中级及以上职称的人员中和在职业技能大赛中获优异成绩的技术能手中聘用专业教师的新渠道。在煤矿智能化开采领域，以柔性人才管理方式，引进一批具有创新实践经验的企业家、高科技人才、高技能人才、能工巧匠等兼任学校专业课教师或实习指导教师，实现学校在智能化开采高层次人才队伍建设中的重大突破。目前建成了一支以学院名誉院长、中国工程院院士为专家团队总顾问，以中国平煤神马集团原副总经理、全国知名机电专家于励民、郑州煤矿机械集团股份有限公司副总经理高有进、中国平煤神马集团副总经理张建国为专家团队发展顾问，以及全国工匠大师程宏图，企业知名专家姚恩广、张工厂、郭晓广等 30 余人作为专家团队成员的专兼结合高水平专家团队。

4　结束语

通过煤矿智能化高技能人才培养模式的创新和实践，实现了三个方面的突破和创新。

(1) 实现了技术人才培养与煤矿智能化开采岗位群的零距离对接。职业学院教学矿井通过智能化升级改造，实现了煤矿智能开采工作面“有人安全巡视、无人跟机作业”的“智能开采”模式，使学生(学员)在学校的煤矿智能开采工作面就能体验煤矿智能开采工作面真实生产过程，使教学培训的内容与煤矿生产岗位零距离对接。构建了以职业核心能力培养为主线的“一综合平台四技术岗位群”群课程体系，通过实践教学证明，该体系培养出来的煤矿智能化开采高技能人才能够完全与煤矿智能开采岗位群对接。

(2) 实现了煤矿智能化开采技术人才培养基地教学培训手段的集成创新。通过智能采煤教学硬件和软件设施建设，形成了“现场实操、演练观摩、虚拟仿真”相融合的教学培训手段。利用煤矿智能开采工作面可以实现实际设备的跟机操作训练和集控中心的远程操作教学；利用煤矿智能教学矿井调度中心大屏直播煤矿智能开采工作面设备的操作演练教学，能够克服实际工作面狭窄、现场容纳学员少、场地使用效率低等不足。开发了 VR 虚拟现实教学培训平台，利用虚拟现实技术再现煤矿井下环境、设备、工艺流程，集技能培训与安全培训于一体，实现虚拟现实智能采掘设备的操作、维护、检测、拆装及安全生产知识演绎培训。

(3) 实现了煤矿智能开采技术人才培养基地“教学、培训、科研、职业技能考核、竞赛”五位一体功能的集成创新。打造的煤矿智能开采技术人才培养平台，既能满足本科、高职煤炭类专业的实习实训教学，又能实现煤矿企业智能开采技术的岗前操作培训、煤矿企业智能开采技术管理人员培训等，还可以利用基地进行教学实践的研究以及煤矿科技人员智能开采工艺的研究。此外，还可以进行煤矿智能开采技术相关工种技能鉴定、高职相关专业煤矿智能开采“1＋X”职业技能等级考核，以及煤矿企业职工、高职学生煤矿智能开采技能大赛。

参考文献

[1] 谢和平，王金华，王国法，等.煤炭革命新理念与煤炭科技发展构想[J].煤炭学报，2018，43(5)：1187-1197.

[2] 刘军，贾宏福，杨通，等.智能化开采条件下的煤矿安全专业人才培养模式[J].中国集体经济，2019，16(6)：113-114.

[3] 牛为华，庞春江，袁和金.面向智能技术的创新实践人才培养模式研究[J].教育教学论坛，2020(10)：61-62.

“校企融合、联动培训”，助力大型煤炭企业高质量转型发展

李新玉，曹昊举，朱艳艳

（平顶山工业职业技术学院，河南 平顶山 467033）

摘 要 围绕中国平煤神马能源化工集团有限责任公司（以下简称“中国平煤神马集团”）高质量转型发展的战略目标，为提升转岗人员岗位履职能力，尽快达到新岗位的任职资格要求，职业学院针对转岗人员基本情况和转岗岗位需求，进行培训需求调研、人岗匹配度分析、培训方案设计、培训方案实施、考核激励等，积极开展“万名矿工大转岗、百名教师进工厂、百名技师进课堂、千名学子进车间”的百千万工程，建设智能化教学矿井人才培养基地和煤化工高技能人才培训基地，创建校企融合产业学院和工匠学院，创新职工转岗培训模式，组建技能大师工作站，实施“互联网＋培训”，推行企业新型学徒制，加强专业化培训，加大转岗培训过程管控，提升转岗技能人才的培养质量，取得了卓有成效的培训效果。

关键词 校企融合；联动培训；转岗培训；培养新模式；高质量转型发展

围绕中国平煤神马集团高质量转型发展目标，以习近平新时代中国特色社会主义思想为指导，认真学习贯彻国家、省市、集团相关会议及文件精神，集团相关职能部门、平顶山工业职业技术学院（以下简称“职业学院”）以及相关企业聚智聚力聚慧，强化责任落实，注重求实求效，认真做好统筹协调工作，科学制订职工转岗、培训实施方案，针对转岗职工和产业升级紧缺人才实施精准培训，从而满足集团煤炭产业升级智能化技术人才需求和尼龙化工产业快速发展岗位技能人才需求，从高技术、高技能人才储备上助推集团高质量转型发展。

1 “校企融合、联动培训”的主要做法

为保证中国平煤神马集团职工转岗、精准培训的顺利实施，集团相关职能部门、职业学院及相关企业科学谋划、真抓实干、主动勇挑重担，通过政策激励引导、培训教学提升、考核奖惩约束，认真做好职工转岗、精准培训工作。原煤生产单位通过智能化技术改造、职工转岗分流，实现减员提效；尼龙化工企业通过接纳转岗职工，解决用工难题；职业学院作为集团主办的高职院校，充分发挥学院教育培训主阵地作用，充分利用学院的师资力量、实训条件、教学设施承担集团职工培训重任，积极牵头搭建校企联动培训平台，创新职工培训教学模式，和企业实现同频共振，做好职工转岗的中间培训环节，服务好集团高质量转型发展。

1.1 职工转岗实施的基本原则

(1) 严格执行相关法律、法规和集团相关制度。

(2) 严格定岗定员,杜绝因人设岗。

(3) 优先岗位安置,合理退出,确保安全生产及队伍稳定。

(4) 区别对待,合理确定各类转岗职工待遇。

1.2 转岗培训对象选定

中国平煤神马集团所属各单位(主要指原煤生产单位)因能源枯竭、产业升级优化调整等客观情况发生变化,经绩效考核和定编定员而产生的富余职工可转岗。转岗职工以及煤炭产业升级岗位紧缺人才由各单位统一组织到职业学院进行集中培训。

1.3 部门职责分工

(1) 集团人力资源部负责出台政策、起草文件,做好转岗培训统筹协调工作。

(2) 职业学院负责转岗职工、产业升级岗位紧缺人才的培训工作。

① 针对转岗职工和煤炭产业升级岗位紧缺人员,完成培训大纲、计划、内容、考核、档案等教学资料标准的编订和完善工作。

② 针对转岗职工和煤炭产业升级岗位紧缺人员,制定转岗培训教学过程管理制度,对培训学员严格管理、严格考勤、严格考核,注重培训教学质量。

③ 根据集团用工企业实际岗位需求以及转岗职工自身教育程度、文化素养、技能水平等实际情况,创新职工培训模式。

④ 为更好地为集团培训提供优质服务,职业学院应进一步完善教学实训条件,建设智能化教学实习矿井;进一步充实师资力量,组建技能大师工作站。进一步完善职工培训教学体系,实现培训管理的标准化、模块化、规范化。

(3) 原煤生产企业人力资源部负责做好职工转岗安置工作。对留用职工根据企业产业升级岗位需求,积极制定培训计划,分批次、分岗位组织到职业学院进行培训;对转岗职工切实做好思想工作,确保员工队伍稳定,维护集团正常生产经营秩序。

(4) 各用工单位人力资源部负责转岗职工的接纳工作,配合职业学院进行转岗职工的培训、考核工作,做好详细记录,对培训不合格转岗职工可提出不接纳意见,按规定审核并上报相关资料。

1.4 职工培训管理

(1) 制定培训内容

根据深入企业调研和尼龙科技公司、尼龙化工公司成熟的转岗培训经验,职工转岗培训内容主要包括三部分:一是公共基础课程,包括企业规章制度与员工手册、企业文化与职业道德、素质教育与自身修养、党性教育与时事政治、计算机应用基础知识、安全生产基础知识等六个方面;二是专业基础课程,根据用工企业不同的专业需求,组建班级进行专业基础知识培训;三是专业技能培训,由职业学院和用工企业结合用工企业操作岗位的实际需求,进行专业技能实操培训。对于煤炭产业升级岗位紧缺人员培训内容需跟企业转型升级紧密结合,根据具体的产业升级岗位制定培训内容。

(2) 确定培训模式

按照企业新型学徒制培养模式,职工转岗培训3至6个月,并经培训考核合格后,方可上岗,同时签订师傅带徒合同。上岗后,根据用人单位实际需求,按照工作岗位技术标准,再进行专业技术提升培训。煤炭产业升级岗位紧缺人员培训可采用成建制办班模式。

(3) 培训组织管理

实行“三严”管理。每一期培训班安排专职人员对学员进行严格考勤,日常管理坚持一天四次考勤制度(上午两次、下午两次),考勤结果和培训表现与参培职工本人在培训期间的生活费待遇挂钩;严格教师评价,坚持做好每期培训班学员对教师评价,评教学员不低于60%,评价结果作为下一期聘任和改进培训教学的依据,评价结果优秀的教师下一期优先聘任,评价结果低于80分的下一期不再聘任;严格档案管理,每期培训班结束后一周内对培训过程资料进行归档,做到“一期一档”,以备检查。

(4) 培训考核管理

转岗培训考核分为理论和技能两部分,由学院和企业共同组织考核,集团人力资源部监督。理论考核通过闭卷考试来实现,卷面成绩达到80分,视为合格;技能考核通过培训讲师问答形式来实现,必须结合现场实际操作,由对应归口的培训讲师把关,确认掌握了新岗位所有知识,视为合格。理论和技能考核全部合格才具备初步上岗资格,否则,就需要继续培训。

2 “校企融合、联动培训”的特色创新

集团相关职能部门、职业学院、相关企业应集思广益,通过成立职工转岗培训管理机构、出台职工转岗培训激励新政策、创新职工转岗培训新模式、组建技能大师工作站、建设智能化生产实训基地、创新实施“互联网+培训”,进一步完善职工转岗培训体系,拓展培训领域,创新培训形式,拓宽培训空间,逐步实现集团职工转岗培训的标准化、模块化、规范化管理。

2.1 制定职工转岗培训激励新政策

根据相关文件精神,制定职工转岗培训激励新政策。通过新政策的执行,逐步形成以集团为主导、劳动力在企业内部合理流动的新机制。

(1) 集团内部单位

各单位根据用人需求向集团人力资源部申请,经集团人力资源部审批后,由用人单位公开招聘,录用后签订劳动合同。培训期间学员待遇不低于原岗位工资标准,工资由用人单位发放。各用人单位严格按照集团人力资源部安排的转岗人员与职业学院直接对接,确保职工岗前培训落地、落实。

(2) 集团外部单位

转岗职工与单位协商一致,签订期限不超过3年的离岗协议,在离岗协议期内先由职业学院进行转岗培训,转岗培训期限原则上不得超过6个月。转岗培训期间待遇由原单位根据具体情况确定并支付。培训结束考核合格的员工,由单位推荐或自主选择到非集团所属企业就业。就业期间新录用企业应支付给员工的社会保险费和薪酬一并直接支付给员工个人,原单位继续负责缴纳其各项社会保险费和住房公积金。协议期满鼓励员工与原单位解除劳动合同,对于愿意解除劳动合同的职工除依法支付经济补偿外,可再以现金形式一次性直接支付给本人一年个人应缴纳的社会保险费和住房公积金。培训结束考核不合格或不到推荐企业就业也不自主选择外部企业就业的员工,原单位应将其纳入不在岗员工统一管理,不再支付任何待遇,各项社会保险费和住房公积金均由个人负担。

(3) 集团根据产业结构调整总体布局,以及企业经营和绩效考核情况,对原煤生产企业进行用

工核定，分发转岗指标任务。对不能按期完成转岗指标任务的企业，第 1 年给予警告，第 2 年集团通报批评，第 3 年压缩其工资指标。

（4）集团各单位需新增员工时，应优先在经过职业学院集中培训的职工中选录，对确实不能从内部流动解决人员需求并经公司批准的，方可对外招聘，否则公司不予审批新进员工，各单位也不得擅自在外录用新员工。

（5）集团人力资源部根据职业学院转岗培训具体实施结果，按照每人每天 100 元的培训费标准，给予职业学院补贴。

（6）职业学院按照统一规划、专款专用的原则，对集团下拨的培训资金进行专项使用管理。

2.2　创新职工转岗培训新模式

根据集团用工企业实际需求以及转岗职工自身教育程度、文化素养、技能水平等实际情况，针对不同行业、不同专业、不同层次、不同类型、不同岗位的“五不同”人员，实现培训过程模块化管理新模式。固定培训教学实施模块包括基础理论知识、安全生产知识、职业健康管理知识、应急救援知识等培训内容，针对这些内容编制培训教学大纲、教学计划、教学具体实施、教学考核、档案管理等，最终形成统一的培训教学实施方案、教学标准，形成共性的基础知识培训教学模块；根据“五不同”人员的行业（尼龙、化工、焦化等行业）、专业（煤化工、尼龙化工、氯碱化工、煤焦化、盐化、机械、电气等专业）、岗位（危化 16 个特殊工种、高低压电工、电气焊工等岗位），制定不同行业、专业、具体岗位的培训教学实施方案、教学标准，形成不同的专业技能培训教学模块。根据不同转岗培训需求，通过“基础知识＋专业技能培训教学模块”选择，快速形成切实可行的职工转岗培训教学实施方案。通过培训让每位学员牢固树立党性意识，牢记安全红线，掌握专业知识，熟练岗位操作，为确保集团安全生产打下坚实的基础。

2.3　组建技能大师工作站

职业学院在七矿校区大门东侧专门规划改造一栋楼组建技能大师工作站，建立机电、通风、综采、综掘、安全、化工六个专业技能大师工作室。建议集团出台政策，组织各生产单位技能大师调入技能大师工作站，形成一批集服务教学、培训、科研、师带徒为一体的技能大师工作站。一是通过组建各个专业技能大师工作室，促进集团优秀技能大师相互交流、相互促进、相互提高，形成合力，发挥团队效应，由单一的为本单位服务转变为整个集团服务，为集团发展发挥更大的作用。二是以专业技能大师为引领，实施“名师带徒”工程，实行“一对一、传帮带”，使技能人才快速成长，逐步培养一大批劳模、工匠、技能大师。三是技能大师深入矿区生产一线开展技术“帮扶”，解决实际工作中遇到的疑难杂症，发挥“轻骑兵”作用。四是技能大师团队要及时掌握先进生产工艺，进行科技攻关，积极参与集团智能化采煤工作面建设以及智能装备升级改造项目，做出成果，发挥“尖兵连”作用。

2.4　建设智能化生产实训基地，提升员工操作技能

随着集团产业升级，大力发展煤矿智能化装备，急需配套智能化设备技术操作人员。目前，职业学院建成的现代化教学实习矿井，可满足煤矿“采、掘、机、运、通、电”等工种实训教学要求。如果对接集团产业升级、智能化生产趋势的要求，围绕大师工作站建设需求，还需进一步完善实训条件，建设智能化生产工作面，建成行业领先、设备齐全、功能先进、能够支撑集团高质量转型发展的一流实训基地。同时开发工学结合实训项目，服务煤矿生产一线成建制技术技能培训，进一步提升学员的专业技术知识和实践操作能力，为集团智能化生产提供坚强的人才支撑。

2.5 创新实施“互联网＋培训”

创新实施“互联网＋培训”模式，针对不同层次、不同类型、不同岗位人员，开发网络直播课堂、手机微课堂，搭建教育培训“云”平台。将精品课程、绝技绝活、事故案例录制成教学视频，上传至教育培训“云”平台，推动培训工作由传统向现代转变、由单向向互动转变、由封闭向开放转变；引进VR虚拟现实技术，建立安全培训仿真平台，模拟井下各种事故、工况及险情，实现事故现场再现，让员工“亲历事故”“重返现场”，让员工亲身感受到违章作业的危害；利用3D技术建立煤矿生产各工种实训操作平台，通过实训平台实现设备模拟操作、维护保养、拆除组装、排除故障等各个步骤、各个环节操作，达到学练结合、学做合一，实现培训学习与技能考核一体化要求。

2.6 大力推行企业新型学徒制

根据集团高质量转型发展要求，积极落实百千万工程。针对“万名矿工大转岗”，校企共同制定新型学徒人才培养计划，签订培养协议和师徒合同。实施校企合作、工学交替教学模式，学员在校以理论知识学习为主，学员进企业以实践操作为主，以一学期为一个周期，交替进行。充分发挥技能大师工作室的引领作用，认真实施“百名技师上讲台”“百名教师进工厂”工程，培养一批高素质技术技能型人才，使“千名学子进车间”，达到“零距离”上岗，更好服务集团高质量转型发展。

3 “校企融合、联动培训”的实践效果

为使转岗职工尽快适应新的岗位要求，职业学院针对由集团原煤生产单位向煤化工、尼龙化工、新材料等行业转岗职工和原煤生产矿井智能化高技能岗位需求职工，开展相关转岗培训和智能化采掘岗位群技能提升培训。职业学院根据培训学员的实际情况，周密策划，精心设计，制定了详细的培训实施方案。针对转岗职工培训，通过聘请既有专业理论又有实际操作经验的教师任教，使转岗职工了解化工单元操作、应用化工、化工安全生产技术等一些基本知识，明确自己在各自岗位中的定位。同时，组织转岗学员到化工企业现场等进行跟班实习，值班人员结合生产实际进行岗位实操教学。通过转岗培训，转岗人员既了解了化工行业的基础知识，又掌握了化工生产工艺与操作技术，并且很快适应了新岗位，融入了新的工作环境，有效改善了车间结构性缺员问题。

总之，职业学院在转岗培训过程中，坚持以人为本，紧密结合企业发展和员工个人能力需要，在全面梳理岗位需求的基础上，以提升岗位适应能力为目标，创新培训模式，加大转岗培训过程管控，取得了卓有成效的培训效果。

4 结束语

职业学院通过开展转岗培训，使转岗人员分批到位，既储存了原有的技术人才力量，又保证了现有的正常经营活动，为集团质量转型发展的顺利推进和正常运行打下了基础，为中国平煤神马集团的持续发展提供了必要的人才支持。

参考文献

[1] 牛克洪.新常态下煤炭企业转型升级的深思考[J].煤炭经济研究，2017，37(3)：20-22.
[2] 姚西龙，STYVE，高燕桃.我国煤炭产业的转型发展研究[J].煤炭经济研究，2018，38(11)：11-16.
[3] 牛克洪.煤炭企业转型高质量发展的着力点研究[J].煤炭经济研究，2017，37(12)：57-62.

煤矿智能化人才队伍建设现状及研究

李何红

（陕西彬长矿业集团有限公司，陕西 咸阳　712000）

摘　要　习近平总书记强调，“发展是第一要务，人才是第一资源，创新是第一动力”。近年来随着煤矿智能化建设不断加速，智能化人才缺乏成为制约煤矿智能化建设的重要因素。积极探索人才素质提高与企业高质量发展相融合、员工队伍结构与智能化建设需求相匹配、人才培养机制与人才成长特点相配套的智能化人才队伍体系，对于智能化矿山建设的人力资源保障和智力支持具有重要的理论意义和实践价值。

关键词　智能化建设；人才队伍；培养模式

1　引言

党的十九大报告指出，中国特色社会主义进入了新时代，我国经济已由高速增长阶段转向高质量发展阶段。煤炭行业作为我国重要的传统能源行业，是我国国民经济的重要组成部分，且我国能源禀赋的特征决定了今后较长时期内煤炭仍是主要能源，煤炭行业经过40年改革创新，逐步由传统落后的生产方式向现代化、信息化、智能化方向转变；由规模、速度、粗放型向质量、效益、集约型转变；由劳动密集型向人才、技术密集型转变。为加快煤炭行业高质量发展和自动化、信息化、智能化水平提升，2020年3月国家发改委、工信部、能源局等8部委联合印发了《关于加快煤矿智能化发展的指导意见》，提出了煤矿智能化发展的三个阶段性目标：即到2021年，建成多种类型、不同模式的智能化示范煤矿；到2025年，大型煤矿和灾害严重煤矿基本实现智能化；到2035年，各类煤矿基本实现智能化，构建多产业链、多系统集成的煤矿智能化系统，建成智能感知、智能决策、自动执行的煤矿智能化体系。陕西省、山西省、山东省等煤炭大省相继出台了有关煤矿智能化建设的指导文件。总体而言，煤矿智能化建设目标明确，且呈加速增长态势，全国智能化工作面的数量，已从2015年仅有3个，发展到2018年80多个、2019年达到275个，2020年达494个。

随着煤矿智能化建设不断加速，智能化人才缺乏成为制约煤矿智能化建设的重要因素。煤炭院校没有及时开设智能化相关专业，加之煤矿工作环境艰苦、工资待遇低、职业发展受限，高校自动化控制相关专业学生毕业后大多不愿意到煤矿工作，而且相关岗位人员流动性大，造成技术人才难以储备，高素质自有队伍的组建工作进展缓慢。立足于现实、着眼于未来，积极探索人才素质提高与企业高质量发展相融合、员工队伍结构与智能化建设需求相匹配、人才培养机制与人才成长特点相配套的智能化人才队伍体系，对于智能化矿山建设的人力资源保障和智力支持具有重要的理论意义和实践价值。

2　煤矿智能化人才队伍现状及面临的问题

随着智能开采、智能运输、智能机电、智能监控、智能选煤等新技术不断应用创新，大量井下工人从繁重的体力劳动、危险恶劣的工作场所中解放出来，装备换人、技术换人、管理换人，井下“无人化、少人化”逐步成为现实。陕西彬长矿业集团有限公司（以下简称“彬长矿业公司”）2020 年建成了 5 个智能化开采工作面、3 个快速掘进工作面，井下排水、供电、压风系统等基本实现“无人值守、有人巡检”，智能化装备的安装、检修、使用、改造升级等对员工队伍素质技能提出了新的要求，人才队伍建设与智能化需求不匹配的问题日益突出：智能装备到位后，设备安装、联调及检修员工紧缺，操作检修人员都是从不同岗位抽调，岗位人员培养周期较长以及自有员工技术力量薄弱，部分设备故障还需厂家技术人员现场指导。矿井智能化人才队伍建设面临的问题，具体从以下几个方面进行分析。

（1）高素质人才招聘储备较为困难。一方面，高校智能化开采人才培养方面较为滞后。据了解，我国大部分高校智能采矿专业建设尚在探索阶段，2018 年中国矿业大学率先开展智能采矿专业建设，同年 9 月开设全国第一个智能采矿特色班，仅招收 29 人。也就是说，为智能化开采培养的高校人才最早要到 2022 年才能走出校园，煤炭高校相关专业设置与煤矿企业实际需求脱节较为严重；另一方面，高校煤炭专业生源减少且面向煤矿就业意向不高。2012—2016 年煤炭行业形势发展整体低迷，国家出台了《关于煤炭行业化解过剩产能实现脱困发展的意见》等系列政策文件，煤炭院校调整专业设置，减少煤炭相关专业招生。近年来尽管煤炭行业迎来新的高速发展，但由于煤炭行业艰苦和高危特点，报考煤炭专业、选择煤矿就业的毕业生较少。据了解，西安科技大学 2021 年采矿工程专业应届毕业生 100 余人，实际煤矿就业意向仅 30 余人；陕西能源职业技术学院煤矿开采技术、矿井通风与安全等涉煤专业招生下滑严重，部分专业仅有 20 余名学生，煤矿专业人才培养供给侧与需求侧不平衡的矛盾较为突出。

（2）部分煤矿企业人才流失较为严重。以彬长矿业公司为例：一方面，彬长矿区水、火、瓦斯、冲击地压等灾害俱全，多种灾害交织叠加，灾害治理难度大，员工井下工作时间长、劳动强度高，导致员工流失率较高。另一方面，煤矿地处偏远地区，远离城市，员工均住宿单身公寓，年轻员工婚姻、家庭和子女教育等问题随着企业发展和员工年龄增长逐渐突出，未婚员工找对象难、已婚的长期两地分居等问题，导致员工不能安心工作。人员流失率过高，不利于员工队伍稳定，也不利于员工队伍的长期培训和培养。同时，煤矿企业薪酬竞争力大幅减弱，也是人才流失的主要因素，目前城市就业机会明显较多、薪酬收入相差不大。2019 年陕西省社会平均工资较 2010 年增长了 130％，2019 年彬长矿业公司员工年人均收入较 2010 年增长了 35％。

（3）现有员工队伍结构与智能化需求不匹配。煤矿智能化开采技术是通信技术、计算机技术、电气工程技术、智能控制技术等多项技术的深度融合，传统煤矿企业员工尤其是采掘一线人员主要以初高中文化的熟练工为主，他们对于传统煤矿生产经验丰富，但缺乏专业的理论体系，接受智能化知识和技能培训的能力相对较差。具备专业知识的大学毕业生，由于学校缺乏智能化专业课程，走上工作岗位后需要较长时间的培训培养。同时，随着矿井“机械化、自动化、智能化、信息化”建设不断推进，矿井逐步实现远程集中控制及实时监测系统、智能电力监控等数据信息化和皮带运输、供电、排水、压风等自动化运行，采掘队伍大幅压缩、辅助人员大幅减少，员工队伍整体富余与智能化人才持续紧缺现象同时存在，员工队伍结构不平衡的问题突出。同时，部分员工对行业发展和企业生产经营形势认识不足，缺乏紧迫感、压力感和进取心，被动参加培训，学习提升意愿不强，培训提升效果较差。截至2020年年底，彬长矿业公司高中及以下学历员工占比达到36%，具有职业技能等级的员工占操作工人的29%，高级工及以上仅占3.4%，员工队伍整体素质与现代化智能矿山建设需求相差较大。

3 智能化人才队伍建设的主要措施

煤矿智能化建设是一个不断发展、不断提高的过程。智能化重塑了煤矿主要系统，包括开拓设计、地测、采掘、运通、洗选以及安全保障、生态保护、经营管理等各个环节。陕西煤业化工集团为推动智能化技术与煤炭产业融合发展，提升煤矿智能化水平，全面实现煤炭开采智能化、现场作业自动化、固定设施无人化和运行管理信息化，于2021年初制定了《关于加强煤矿智能化建设的实施意见》，计划2022年集团公司所属矿井采煤工作面全部实现智能化开采，生产辅助系统全部实现智能化运行，榆北、陕北、黄陵、彬长、蒲白新区全部建成“智慧矿区”。加强煤矿智能化人才队伍建设，更快地聚集一批技术创新、工作创效的适用性人才，强力推进新时期产业工人队伍建设，重点在人才队伍建设、人才培养使用和优化人才环境上下功夫，提高员工队伍整体学习能力、创新能力和实践能力，从体制机制上解决人才流失问题，促使人才接续走向良性循环。

（1）企校联动，推进智能化采矿学科建设。国家《关于加快煤矿智能化发展的指导意见》中指出，深化产教融合，鼓励高校和企业合作创新煤矿智能化人才培养模式，共建示范性实习实践基地，搭建工科教师挂职锻炼平台，面向产业急需共建现代产业学院。国家对煤矿智能开采人才队伍建设的顶层设计，有效促进了煤炭院校加快完善煤矿智能采矿专业设置，着力将采矿工程等传统优势专业升级为智能化采矿专业，优化煤矿开采技术、矿山机电技术、矿井通风与安全等专业课程体系，以传统采矿知识模块为基础，将物联网、人工智能、大数据及云计算等新知识融入了教学内容，并在实践层面深度对接矿山企业人才需求，努力构建以工业机器人技术专业为核心，涵盖机电一体化技术、电气自动化技术、机械设计与制造技术、物联网应用技术等专业的智能制造专业群。据了解，2020年中国矿业大学、安徽理工大学等高校计划向教育部和安徽省教育厅申请增设智能采矿工程和智能采矿科学与工程特设专业，智能采矿学科建设快速发展，学科体系建立完善，智能化开采人才培养进入新的阶段。

（2）自主培养，破解智能化人才供需矛盾。2019年国务院颁布了《国家职业教育改革实施方案》，从国家层面对职业教育进行顶层设计，对技术人才缺乏的煤炭企业具有重要意义。对于煤矿企业来说，应有效整合现有人才队伍，加强对员工的培训工作，确保智能化建设的人才需求。一是加强内部选拔培养，依靠企业内部技能大师和以师带徒进行“传帮带”。加大青工培养力度，积极与研发单位、设备生产厂家等设备技术供应单位签订技术培训协议，抽调生产骨干到设备厂家的生产现场系统实训，并以大中专及以上学历的青年员工为基础，选拔业务能力突出、专业技术强、日常工作表现优秀的生产骨干组成智能化人才储备队伍。二是加强企校合作办学，开展定向委托培养、在职员工技能培训，并积极与煤炭院校沟通，将自动化、信息化、智能化相关课程纳入培训日程。2018年以来彬长矿业公司实施“招工即招生、入企即入校”的“新型学徒制”技能人才培养模式，积极与陕西能源职业技术学院、铜川工业技师学院等煤炭院校合作，开展订单培养，招收高中毕业生定向委托培养600余人；开展技能、学历“双提升工程”，每年在现有员工队伍中招收高中及以下400人以上进行在职学历、技能提升培训；积极鼓励员工参加“百万扩招”等在职学历教育，提高现有员工队伍的综合素质。

(3) 深化改革，提高智能化人才薪酬待遇。2018年，国务院办公厅印发了《关于提高技术工人待遇的意见》，创新技能导向的激励机制，完善技术工人培养、评价、使用、激励、保障等措施。配强配全以总工程师为首的专业技术人才队伍，抓准入、抓教育、抓培训、抓养成，培育具有灾害防治和计算机网络技术的复合型专业人才，提高灾害防治队伍专业化水平。一是建立完善与煤矿智能化相匹配的岗位工种目录，培养与智能化装备工程师、智能化监控工程师、智能化巡视工程师等岗位配套的高端技术人才，并打通智能化技能人才与工程技术人才职业发展通道，拓宽智能化人才发展空间，提高智能化技能人才的待遇和地位。二是科学设计薪酬分配体系，解决好薪酬分配的内部公平性和外部竞争性问题。进一步完善"行政职务、技术职称、技能等级"多向薪酬通道，合理调控企业内部各类人员薪酬收入水平，并积极向高技能人才倾斜，确保员工的辛勤付出与实际收入相匹配。三是建立健全收入与效益同步增长机制，在企业经济效益提升的前提下，积极争取政策支持，稳步提高职工收入。强化薪酬分配的调动引导作用，让员工明确工作努力的方向，激励员工提高工作效率，提升自己的技能素质，适应企业的发展需要。

(4) 培训创新，促进智能化人才脱颖而出。健全完善培训制度，提供系统培训平台，彬长矿业公司建立了员工培训中心，通过全员考试、远程教育、专题讲座等多种途径，促进员工知识更新、专业技能和实用技能水平提升。持续开展"以师带徒"活动，充分发挥生产技术骨干的技术传、帮、带作用，并通过选拔优秀技能人才参加国家级、行业级职业技能大赛，开展专业技能大师命名、技能领军人才选拔、大师工作室创建等活动，肯定人才价值，激发人才动力，充分发挥技能大师的引领示范作用，带动整体技能水平提升。推进煤矿智能化建设管理日常化、考核制度化，同时搭建人才成长平台，为员工创造施展才能和价值的环境，合理规划员工岗位配置及使用，根据员工的专长和企业发展需要配置岗位人员，切实做到人岗匹配、人尽其才、才尽其用，避免人才浪费。积极推进培训智能化建设，改变传统、低效的培训管理模式，加快向科学化、系统化和数字化转型，整合人力资源主数据、安全监测监控和全员考试等系统，打通安全培训管理的信息壁垒，实现数据互联互通、集成共享，构建员工大数据，为精准培训提供依据。优化劳动组织，科学编制定员，理顺管理秩序，促进企业治理结构和治理方式的科学化，充分调动广大干部职工的创新积极性和主观能动性，引导员工积极投身煤矿智能化建设事业。

参考文献

[1] 万志军，屠世浩，徐营，等.智能采矿人才培养定位及课程体系的构建[J].煤炭高等教育，2019，37(5)：77-82.

[2] 王国法.加快煤矿智能化建设 推进煤炭行业高质量发展[J].中国煤炭，2021，47(1)：2-10.

智慧化矿山人才队伍建设研究

李 玮

（陕煤集团神木红柳林矿业有限公司，陕西 神木 719300）

摘 要 人才是企业发展的第一资源，员工队伍更是支撑企业高质量发展的根本基础。当前阶段是我国全面建成小康社会的决胜阶段，处于由高速度向高质量历史跨越的重要机遇期。人工智能、大数据与物联网等技术在煤炭企业加快应用，智慧矿山建设正在引领全球矿业新革命。当前红柳林矿业公司打造“行业第一，世界一流”现代煤炭企业的战略蓝图已经展开，千万吨级集群示范矿井的战略目标催人奋进，安全生产、经营管理等各项事业蹄疾步稳。围绕智慧矿山建设，公司加强外部环境研判，提出以打造一支数量精干、管理扁平、团队紧凑与素养全面的现代员工队伍为目标，重点实施紧缺员工吸纳、青年英才培养与高端人才引进三大工程，健全落实管理、专业技术、技能操作三大序列管理的“133”员工队伍建设战略思路，积极引领公司实现智慧化升级，有力助推公司高质量发展。

关键词 智慧化建设；人才建设；人才培养；职业发展

1 员工队伍建设的基础分析

1.1 基本现状

陕煤集团神木红柳林矿业有限公司（以下简称“红柳林矿业公司”）上下高度重视员工队伍建设，坚持“人才是第一资源，创新是第一动力，发展是第一要务”的核心发展理念。近年来，在员工队伍培养、选拔、交流、考核、激励等方面提出了一系列新理念、新举措与新办法，形成了“总量基本稳定，结构趋于合理；政策不断完善，通道加快通畅；培训丰富多样，素质普遍提升”的员工队伍建设新格局。

总量保持稳定，结构渐趋合理。截至2020年年底，红柳林矿业公司共有合同制员工1 320人，其中大专以上学历794人，占员工总数的60.15%；40岁以下员工910人，占员工总数的68.94%；操作岗位员工1 058人，占员工总数80.15%。从学历结构来看，大专以上学历员工成为相对主体，超过60%，高于全国煤炭行业“十三五”规划目标值(45%)15个百分点以上，人力资源开发潜力较大；从年龄结构来看，40岁以下中青年成为年龄结构的绝对主体，占到总人数的68%，大多数职工正处于干事创业的黄金年龄段，人力资源开发的可塑性较强；从专业结构来看，操作岗位人员为主体、专业技术人员与管理人员为支撑的格局已经形成，其中操作岗位员工1 058人，占员工总数的80.15%，专业技术人员147人，占员工总数的11.14%，管理人员115人，占员工总数的8.71%。

政策不断完善，通道基本通畅。公司先后出台了《人力资源管理办法》《薪酬管理办法》《员工教育培训管理办法》《"百十一"青年英才开发培养管理办法》《大学生轮岗管理办法》《岗位职级体系设置与管理规定》《管理与专业技术岗位公开竞聘实施方案》等一系列人才管理制度，推进了员工队伍管理工作的科学化与规范化，特别是建立健全了管理人员、专业技术人员、技能操作人员三条人才成长通道，畅通了员工的成长路径，薪酬分配向一线员工倾斜，管理和技术人员竞聘上岗，更好地为员工成长创造条件。

培训丰富多样，素质普遍提升。2019—2020 年，公司开展各类培训班 385 期，受训人数 28 819 人(次)，培训覆盖面不断扩大、强度明显提高。积极探索建设 VR 实训基地，创新开展体验式、互动式培训。加强机电业务人员等紧缺人才培训，加强与设备厂家合作，开展员工送厂培训与邀请厂家技术人员进企培训，逐步摆脱了对厂家的技术依赖；高度重视员工基础素质提升，从岗位职责、工作流程、岗位风险防控、常见故障处理等 9 个方面，编制了 54 个工种《员工岗位应知应会手册》，修编了 101 个岗位作业标准，员工操作规范化、标准化水平显著提升。

1.2 特色做法

公司立足强化基础管理，以现实问题为导向，在员工队伍建设过程中探索、践行出了一批高效实用的特色做法，对提高员工实战型素质、加强员工差异化激励、完善员工精细化考核起到了重要作用。

组织去厂家培训。为了提高员工的设备检修、维护水平，逐步摆脱对厂家的技术依赖，切实解决设备使用过程中遇到的实际问题和难点，让员工带着问题，有目的、有针对性地去厂家培训学习，2019—2020 年共组织十一批员工赴华宁组合开关、艾柯夫采煤机、华盛移变、中煤三机、三一重装综掘机、江苏常州自动化等厂家培训。赴厂家培训期间，公司员工与厂家员工同上班、同下班，掌握设备检修、维护流程和设备故障判断、排查、处理方法。培训结束后要求厂家对员工的培训效果进行考核，回公司后公司相关部门检查培训员工的学习笔记及其提交的培训学习心得体会，对其进行二次考核，考核合格后，予以报销全额培训费。同时，对能够迅速将所学知识运用到工作中的优秀学员予以奖励。

师带徒活动。公司每年有针对性地选择部分主要操作岗位开展师带徒活动，该活动秉着精选师傅、优选徒弟的原则，经过深度调研、精准考量，确定师、徒人选，优秀师傅搭配潜力徒弟，经过拜师大会确定师徒关系，带徒期限为一年，每带出一名合格徒弟奖励师傅 5 000～20 000 元，奖励徒弟 2 500～10 000 元。2019 年，针对综采区队 5 个工种培养熟练工 25 名，同时评选出优秀师傅 10 人，优秀徒弟 12 人，2020 年扩大工种范围，共结成 63 对师徒。同时，聘任 4 名"带徒名师"，享受部门正职待遇，在全公司形成了良好的学习氛围。

高学历人才培养。注重在生产经营管理的实践中锻炼技能，在培训辅导的过程中提升素质，储备满足智能化建设和系统优化所需的各类专业人才。对 2020 年新入职的一类本科和研究生执行轮岗制度，用一年时间分别在综采、掘进、通风、机电等核心区队轮岗，轮岗结束后根据个人特长一对一做好职业发展生涯规划，制定个人成长计划书。同时以创新项目和重点工程的实施为载体，以创客工厂和大师工作室为平台，大胆启用青年人才担任技术改造和科研项目的负责人和骨干力量，促进青年英才快速成长。

差异化薪酬管理。公司施行差异化薪酬管理，薪酬分配向采掘一线、关键技能操作岗位倾斜，技能操作人员岗位工资与技能等级挂钩，享受技能津贴，聘任专业技术人才担任技术职务，对技能大师工作室负责人享受部门(中心)正职薪酬待遇，工作室成员享受副主任科员薪酬待遇。全面推行包工、包岗、包薪制，公司对安全生产调度指挥中心机电队矿灯房自救器收发岗位，110 kV 变电所变电工岗位，机电修理厂维修电工、钳工、起重工、电焊工、车工岗位，胶带运输队顺槽带式输送机架回收岗位和人力资源部核算员岗位制定了包岗实施方案，并与员工签订了包岗协议。通过实行包工、包岗、包薪制，达到一岗多责、一人多职，充分体现“多劳多得，效益优先”的薪酬分配原则。

技能大师工作室。公司目前建立了两个大师工作室，一个是任保利技能大师工作室，另一个是凌鹏涛智能化大师工作室。公司以这两个大师工作室为平台，结合员工岗位技能薄弱点，开展了采煤机司机、矿井维修电工和综采维修电工等重要工种的培训，同时开展工作室成员带徒活动，目前带徒 30 多名，都在重要生产岗位。根据公司发展需要，正在筹建一个新的技能大师工作室，由 2020 年全国煤炭行业职业技能竞赛特等奖获得者李王平同志牵头组建，以工作室为平台，吸纳技能水平较高的员工，促进公司人才培养，有效解决生产技术难题。

员工 ABC 卡管理。公司将员工的个人考核与 ABC 三卡挂钩，A 卡是员工岗位工作完成任务考核卡，考核内容主要包括：任务完成、质量、安全生产标准化、设备设施管理、效益或成本、文明卫生、协作配合等，每班一张卡；B 卡是适合全体员工的当班行为规范考核卡，每人一张卡，基础分为 100 分/工，考核内容主要包括：应知应会、一岗双述、“6S”；C 卡是员工月综合素质评比卡，以员工当月出勤日任务完成情况和行为规范综合表现得分的汇总。每月根据 ABC 三卡的考核结果，将员工排序并按不同比例分为优秀员工(20%)、合格员工(70%)、潜力员工(10%)，形成月度“三工”转换制度。通过员工 ABC 卡管理考核，调动广大员工的工作积极性和主动性，真正实现了多劳多得、按劳分配的原则，也能够调控好采掘、井下辅助、地面工人的收入差距，将有限的工资指标用在刀刃上，发挥了工资激励的杠杆作用。

劳务工转工。为充分调动广大劳务派遣员工的工作积极性，进一步优化人力资源配置，加强公司队伍建设，经过细致选拔，向集团公司请示后将在公司一线岗位上综合素质好、表现优秀、业绩突出的劳务派遣工转为公司合同制员工。2020 年共转工 256 人，此项举措在员工队伍中引起很大反响，大大提高了劳务派遣工的工作动力，极大增强了公司员工队伍的稳定性和工作积极性。

1.3　主要问题

虽然公司在员工队伍建设方面开展了大量工作，取得了一定成绩，但也存在一些问题与短板。特别是在智慧矿山建设背景下，员工队伍建设新老问题交织，成为制约公司高质量发展的关键因素，具体将其归结为三个老问题与三个新问题。

(1) 老问题一：紧缺人才问题

在自动化、信息化、计算机编程、计算机网络、电气工程等专业的技术人才缺口还比较大，熟练工比较缺乏，再加上煤炭企业性质、工作环境等因素，对紧缺型人才的吸引力不强。

(2) 老问题二：人员梯队问题

新入职员工基础较差，短时间内难以上岗独立工作，各岗位技术熟练人数不足进一步影响了人才的梯度传帮带，员工队伍中存在新老断档的问题。

(3) 老问题三：人员流失问题

由于近年来周边矿井陆续投产，公司主动输出、被动流失的基层熟练工较多，特别是优秀的劳务派遣工流失严重，一定程度上也影响到了员工队伍的稳定与发展。

(4) 新问题一：员工的基本素质与智慧矿山建设不匹配

智慧矿山建设对员工的基本素质提出了更高要求，特别是在操作精准性、学习主动性与成长自主性等方面，但部分员工远达不到这些要求，缺乏正确的世界观、人生观、价值观，既没有苦干、实干的踏实作风，也没有勤学、巧学、善学的成长意志，更没有在智慧矿山的发展机遇中大干一场的毅力，与公司高质量快速发展脱节。

(5) 新问题二：员工的技术能力与智慧矿山建设不匹配

智慧矿山建设对员工的技术能力提出了明显挑战，面对数量增多、技术升级的智能设备，不少员工遇到了能力危机，“不会操作”“只会操作、不会维修”“只会基本操作，不会复杂操作”等问题层出不穷，工业编程控制等高技术工作更是吓退了一大批员工，制约着公司智慧矿山建设的快速推进。

(6) 新问题三：员工的发展视野与智慧矿山建设不匹配

智慧矿山建设对员工的发展视野提出了全新要求，技术变革日新月异，智慧矿山建设也在随着5G、物联网、大数据等新技术不断更新其发展内涵，可以预料在智慧矿山1.0落地后，还有2.0、3.0乃至更先进的方案版本出现，需要员工具备实时更新、放眼国际的现代视野，再也不能偏居一隅甚至固步自封。但不容否认，员工目前最缺乏的就是现代视野，把自己置身于智慧矿山建设的时代洪流以外，存在一种与自身无关的错觉，没有紧迫感、危机感，更缺乏参与感。

2 员工队伍建设的总体思考

2.1 指导思想

积极贯彻落实习近平新时代中国特色社会主义思想，围绕人才是第一资源的工作定位，塑造“适用为才、人尽其才、德才兼备”的人才理念，聚焦“正三观、强技能、提素质”三个重点方向，着力激活现有人才，有序引进外部人才，加快培养储备人才，打造公司现代智慧矿山人才管理能力的核心竞争力，助推早日实现“行业第一，世界一流”现代煤炭企业的目标。

2.2 基本原则

注重质量与减少数量相结合。未来的员工队伍必定以素质精、数量少为特点，统筹质量提升与数量减少两个方面，减人不减投入，把对人力资源的有限投入集中在高质量员工的培养中。

自主培养与借助外力相结合。未来的员工队伍的培养专业性、技术性不断提升，既需要公司立足发展实际加大自主培养力度，更需要借助外部专业力量提供有力支撑，形成开放性的人员培养体系。

突出技术与全面塑造相结合。未来的员工队伍以技术为核心，需要重点强化其业务水平与技术能力，但对其基本素养、发展视野，特别是正确三观教育、职业道德培养与务实工作作风依然不放松。

2.3 战略思路

立足智慧矿山建设的全新视角，推进公司员工队伍“133”战略思路。“1”是“一支队伍”：打造一支数量精干、管理扁平、团队紧凑与素养全面的现代员工队伍。第一个“3”是“三大工程”：重点实施紧缺员工吸纳工程、青年英才培养工程和高端人才引进工程。第二个“3”是“三条职业发展通道”：管理人员通道、专业技术人员通道和操作岗位人员通道。通过“133”战略思路，逐步提高员工质量、优化员工结构、改善员工成长环境，为公司高质量发展提供智力支撑。

2.4 建设目标

公司人员总量保持平稳，人员素质加快提高，人员结构进一步优化，人才培养、吸纳、引进取得显著成效，紧缺状况逐步改善，人才使用效能明显提高，成为引领企业高质量发展的关键因素。

员工素质大幅提高，结构进一步优化。到2025年，操作岗位中取得中级工及以上职业技能等级的员工达到80%以上；专业技术岗位中取得初级以上职称的员工占70%以上；管理岗位员工保持稳定，适当补充一批懂经营、会管理、懂技术、会操作的复合型人才。

人才培养、吸纳、引进三大工程逐步实施，紧缺型人才短缺现象逐步改善。到2025年，在采煤、机电、自动化、智能化等重点领域柔性引进紧缺型技能人才、创新型技术人才和领军人才累计达到30人以上。

人才培养与使用发挥实效，高、精、尖人才成果丰硕。到2025年，各类人才取得国家专利累计达到260项，在2020年的基础上每年递增20项，国家级、省部级科技进步奖3项，国家级管理创新成果力争突破1项。

3 员工队伍建设的三大工程

3.1 紧缺人才开发吸纳工程

随着智能设备、智能操作系统、智能管理系统的加快应用，现有人才队伍从质量和数量上已不能满足企业智能升级需要，急需在自动化、信息化、计算机编程、计算机网络、电气工程等重点领域开发和吸纳一批紧缺的技术、技能与管理人才。每年开发吸纳紧缺人才10人，到2025年，累计开发吸纳50人，自主培养人才比例达到60%以上。

3.2 青年英才培养开发培养工程

为确保人才不断层，保障人才有序接替，建设后备人才蓄水池，提升企业未来人才竞争力，在重点领域中开发培养一批进入企业满3年、35岁以下、高素质高潜质的优秀青年人才，实施“百十一”青年英才开发培养工程。每年选取100名青年员工，通过培养考核，每年从中评定10名青年英才，到2025年，累计培养50人。

3.3 高端创新型人才引进工程

随着管理科学化、经营精细化与生产智能化水平的不断提升，公司出现了一些靠自有人才队伍难以解决的管理和技术难题，影响和制约了公司的高质量发展，员工的成长成才也需要借助外部高水平智力资源，在智能技术应用与革新、智能重大项目实施等领域引进高端创新型的管理、技术和操作人才。通过“请高人、学名师、带精英”，形成高水平引进、高水平学习、高水平内化的知识循环，全面提高员工队伍的整体素养。公司计划每年引进高端创新型管理、技能和技术人才3人，到2025年，累计引进15人。

4 员工队伍建设的三条职业通道

为了提高员工管理的科学化水平，加快传统的干部、工人管理方式转变，推动职工身份管理向员工岗位管理转型，推行管理人员、专业技术人员、技能操作人员三类职业通道建设，强化人才成长和发展的体制保障，实现员工价值和企业价值的共同提升。

4.1 管理人员序列管理

管理人员的序列管理分为以下6个等级：

(1) 公司正职级；

(2) 公司副职级；

(3) 中层正职；

(4) 中层副职；

(5) 基层正职；

(6) 基层副职。

4.2 专业技术人员序列管理

专业技术人员的序列管理分为以下5个等级：

(1) 高级业务主管；

(2) 一级业务主管；

(3) 二级业务主管；

(4) 三级业务主管；

(5) 业务主办。

4.3 技能操作人员序列管理

技能操作人员序列管理分为以下5个等级：

(1) 高级技师；

(2) 技师；

(3) 高级工；

(4) 中级工；

(5) 初级工。

5 结语

随着智慧矿山建设的不断深入，员工队伍建设也将迎来一系列变化和挑战，在人员数量、管理方式、组织结构与能力素养方面需要与智慧矿山建设有机对接、精准匹配。打造一支数量精干、管理扁平、团队紧凑、素养全面的现代员工队伍，为实现公司二次腾飞提供强有力的人才保障。

参考文献

[1] 宫孙胜.山西煤炭企业人力资源管理现状及对策研究[D].北京：中国政法大学，2012.

[2] 梁顺霞.煤炭企业人力资源测评问题研究[D].北京：中国矿业大学(北京)，2011.

[3] 薛益民.煤炭企业培训问题研究：以LA公司为例[D].太原：山西财经大学，2009.

[4] 奚陈莲.煤炭企业员工培训体系建设与对策研究[J].煤炭经济研究，2017，37(1)：46-48.

[5] 樊建政.煤矿企业人力资源管理对策研究：以CSL煤矿为例[D].西安：陕西师范大学，2015.

关于应对老区人力资源不足及增强员工积极性的思考

任华余，闫宏斌

（陕西蒲白西固煤业有限责任公司，陕西 渭南　710016）

摘　要　随着全国普遍出现用工紧缺现象，职工队伍的稳定是企业发展的前提，对社会经济的发展、企业的兴衰都起着举足轻重的作用。文章分析了西固煤业公司员工队伍稳定的因素，提出了如何加强员工队伍建设的对策和建议，主要内容包括：加强员工思想政治教育；加大培训力度，提升员工文化素质；发挥薪酬激励作用等。

关键词　员工队伍建设；员工至上；教育培训；薪酬管理

陕西蒲白西固煤业有限责任公司（以下简称"西固煤业"）是蒲白矿务局（现蒲白矿业公司）与原白水县利群煤业有限责任公司整合组建的一家股份制企业，于2003年10月31日正式挂牌运行。矿井井田位于渭北石炭二叠系"黑腰带"腹部，地质构造复杂，多为贫瘦煤层。西固煤业成立18年来，经多次机械化改造，年产量从最初的15万t/a改造成如今的60万t/a，稳扎稳打连续实现了安全生产18周年无事故，长期领跑陕煤集团乃至西北地区安全周期最长矿井。在长期的发展过程中，公司始终坚持将企业发展成果惠及员工，员工人均年收益从改制初期的0.79万元增长到现今的年收入8.3万元，收入增长了约10倍，员工与企业共命运、同成长，生活幸福、安居乐业。近年来，随着西固煤业不断增速发展，公司煤炭资源濒临枯竭，可采储量不足十年，员工对公司后续的发展和生产生活信心不足，部分员工思想出现波动，员工流失成了制约西固煤业高质量发展的瓶颈问题和迫在眉睫需要解决的战略性问题。

随着全国普遍出现用工紧缺现象，加之，陕北能源基地薪酬待遇比渭北老区高，导致西固煤业一线"招工难、留人难"现象越来越突出，员工队伍知识含金量低、文化素质较差、年龄偏大、员工个体素质参差不齐，加之劳务派遣用工无固定性、无束缚性等原因，一定程度上影响着员工队伍的稳定。面对新的发展形势，要想谋划高质量转型发展，就必须建设一支团结、进取、懂理论、有技术、会操作的高素质员工队伍。因此，合理配置老区人力资源、发挥人力资源优势，提高员工队伍素质，稳定员工队伍已成为当务之急。

1　推出"三送"措施，提高员工对企业的认知度和亲和力

一是送政策，提高员工的心灵归属感。通过加强政策引导、思想教育和服务监督，集中组织管理人员、政工人员、广大党员深入生产一线，深入员工家庭，开展近距离谈心谈话，鼓励员工为企业

发展建言献策，激发员工的主人翁意识。积极向矿业公司争取，对生产一线符合条件的班组长、农协工进行身份转换，近年来由农协工转换为合同工人的有120余名，有力地激发了员工爱岗敬业、乐于奉献、勤于钻研的工作热情，员工的归属感更加强烈。二是送服务，切实做好员工的后勤保障工作。全面推行"一线工作法"，让所有管理资源向一线倾斜，党政主要领导亲自抓，深入基层、深入一线，帮助科室区队解决在生产生活中遇到的问题。明确各职能部门职责，各部门负责人直接参与一线的后勤保障服务，对一线工人真心相待，热诚服务，让广大员工真正感受到尊重和关爱。三是送关爱，提升员工幸福指数。通过定期举办"面对面"恳谈会、党政正职"接待日""两深入两贴近"等活动，面对面倾听员工心声，进一步畅通员工的诉求渠道，及时疏导和化解员工各类矛盾和问题，让员工切实感受到企业的关怀、组织的温暖。通过冬日"送温暖"、夏日"送清凉"、节日"送慰问"等活动拉近了领导与员工的距离，充分尊重员工劳动成果，倾力构建"亲如一家、和谐友善"的氛围，积极倡导快乐工作、幸福生活的工作理念。

此外，针对当前老区煤矿普遍存在的"招工难、留人难"现象，西固煤业加大企业对外宣传力度，树立企业良好形象，传播企业优秀文化，规划企业发展前景，增强企业的社会认知度和公信力；同时，做好对内形势宣传，向新招员工阐明企业优势，企业中长期发展规划，同员工一道绘制企业发展的宏伟蓝图，使员工自愿与企业融为一体，增强员工当家做主的荣誉感和归属感，企业与员工同努力、同进步，共享改革成果。

2 坚持"两个至上"的发展理念

在西固煤业18年的发展历程中，先后经历四任主要党政领导变更，始终保持安全"金字招牌"不丢，坚持人本治企的理念不变。一是坚持"安全至上"的安全发展理念，持续延长安全周期。西固煤业在陕煤集团所属的原煤生产矿井中体量最小，60万 t/a 的产量相比陕煤庞大的"煤炭帝国"来讲，可以忽略不计，但是西固煤业安全生产一直位列集团公司所属矿井安全周期第一位，多次受到集团公司的表彰和奖励，弥补了原煤产量小的弊端，成了西固煤业发展的独特优势和价值所在。西固煤业要想发展，就必须持续抓住"安全"这个金字招牌，不能有丝毫懈怠，要将安全作为生产、经营、发展的最基本前提和头等大事，持续推进安全周期实现7 000天、8 000天，成为陕煤集团不可缺少的一面鲜艳旗帜。二是坚持"职工至上"的企业发展宗旨，持续惠及职工。"一切为了发展、一切为了员工"是企业发展的核心要义，也是习近平新时代中国特色社会主义思想和十九大对于企业提出的主流观点。结合西固煤业长期以来的发展实际和经验来看，稳定的员工队伍是公司保持安全、高效、稳定发展的坚实基础，更是公司转型发展、拓展新天地的主力军和强大战斗力。所以，惠及员工发展成果不可忽略，在一定范围内增长员工工资、提升福利待遇，推行差异化薪酬管理，必须与企业发展战略同部署、同落实，让广大员工切实享受到企业发展带来的红利。

3 加大培训力度，提升职工基本素质和技能

员工的业务技能培训是企业生存发展的长期战略目标，也是员工不断获取知识、更新知识、提升技能、增强竞争能力和生存能力的平台和土壤，西固煤业公司长期以来始终树立"将企业办成学校"的思想，每年针对员工技能提升制定针对性的培训计划和方案，根据煤矿各工种的特殊性，尤其对技术含量要求高而技术人员又少的工种加大技术培训力度，延长培训学时，细化培训教案。通过全员考试系统中手机每日"班前练习"和培训站"每周一考"来增强员工专业知识的学习力度，

彻底改变员工队伍"金字塔"形的素质状况。同时,保障员工教育经费的全额投入和有效使用,把教育培训经费向采掘一线的技术工人和技术岗位人员倾斜,真正打造一支懂管理、高素质、高技能的煤矿员工队伍。

在此基础上,进一步加强企业文化建设,将安全文化建设作为煤矿文化建设的重中之重,突出培养员工的安全生产意识,提高员工的安全生产技能,实现企业经济效益、安全发展、人才战略共赢。

目前西固煤业新招采掘员工基本素质差,技术素质、技能水平低下。在一线员工的培养中,一是深入开展"师带徒",扎实做好"传、帮、带"工作。充分发挥采掘老工人和采掘技师的作用,在区队开展"师带徒""师徒结对""拜师学艺"等活动,实行"一带一""一带多",运用老工人较强的技术和实践经验,启发、带动新工和技术较差的员工,形成"比、学、赶、帮、超"的氛围,努力打造技术共享平台。二是重点抓好"四员两长"的培训,全面提升员工队伍骨干的素质。将"队干与队干、队干与班长、班长与师傅、师傅与师傅"结合起来,通过开展"技术比武""安全知识大讲堂""班前知识讲座""徒弟赛跑"等活动,赛出徒弟、赛出师傅、赛出队干,从而不断提升员工队伍管理素质和现场管理能力,真正达到师傅也能当班长,班长也能当队干的目的。通过一系列活动的开展,能够建立起一个采掘骨干后备人选库,逐步做到每个队伍有后备队干人选,每个班有后备带班骨干人选,使采掘队伍建设走上良性循环的轨道。

4 用好用活公司政策,发挥政策的激励作用

一是精神性激励。精神性激励是运用认可和赞赏,满足员工精神和事业上的追求,提供个人发展和晋升机会,给有专长的员工选择工种的机会,更好地发挥创造才能,对工作成绩优异的员工提供带薪进修、参加研讨班、学习新技术等机会,并对品德能力突出的提供晋升的机会。特别是对有较高层次需求的干部员工,精神性激励可以温暖人心,营造信任、和谐的气氛,使员工心情愉快,提高工作效率。二是物质性激励。物质性激励是煤炭行业员工最直接、最有效的激励方法,主要体现在员工薪酬体系上,因为它是最能改变职工衣、食、住、行等最基本的生存需求。制定和完善合理的工资奖金及津贴分配制度,与绩效考核紧密结合,加大力度使绩效考核向有技能、苦工种、累工种倾斜,用良好待遇留住人,使员工真正感受到苦有所值、苦有所向,获得与付出相对应的薪酬和待遇,只有这样才能增强企业的向心力和凝聚力。

5 培养选拔优秀人才,打造老区转型新高地

西固煤业经过十余年的精心发展,在不断的前行摸索中,已经形成了以安全文化为主导,独具特色、较为完善的企业文化体系。员工在长期的文化熏陶下,万众一心、众志成城,推动了西固煤业连续实现了安全生产18周年,其文化品牌和"12336"安全管理模式在陕煤集团影响较大,并多次受邀参与外省"矿长话安全"论坛,交流安全管理经验和文化体系。西固煤业深厚的文化体系已经成为其走向可持续发展的坚实基石,其中,十余年安全发展的核心要素就是员工队伍稳定、干部素质优良、全员执行力强。

近年来,西固煤业始终将政治素质高、岗位技能优、工作业绩好、协调能力强、廉洁自律佳等方面作为选人、用人、培养人的标准,先后有10余名同志走上集团公司、矿业公司和陕煤集团其他单位的领导岗位。西固煤业制定了选人用人、干部提拔工作实施方案,以德才兼备、以德为先、注重

业绩为用人导向，不断完善选人用人、轮岗交流、培养锻炼和考核评价等各项机制，拓宽干部遴选渠道，注重从基层一线培养选拔干部，让能干事、想干事、能干成事的人才脱颖而出，为他们施展才华、奉献企业创造平台。在选人用人方面，西固煤业公司严格按照选拔任用相关程序，遵守干部任免纪律要求，坚持群众路线与组织考察并举的原则，从德、能、勤、绩、廉五个方面全面考察干部的素质，不断提高干部选拔任用的科学性和合理性，切实落实好用科学的制度、民主的方法、良好的作风、严格的纪律管人用人。同时，西固煤业针对党支部建设和党员管理，要求各党支部负责人切实担负起本支部党建工作主要职责，加大对基层党员推荐、培养、纳新的考评力度，吸纳综合素质高、爱岗敬业、扎实能干的职工进入党组织，持续充实党员队伍。进一步深化党员干部评价体系和绩效管理体系，形成让“能者上，庸者下”的动态型的干部流动和晋升机制，鼓励先进，鞭策后进。

面对老区人力资源存在的不足和弊端，西固煤业将进一步加强组织关爱，增强人才培养力度，搭建员工成长平台，让广大员工切实感受到自身价值和发展前景，更加能够全心全意投入到企业转型发展的改革大潮中来，与企业命运同频共振。

3 生态修复与采煤沉陷区治理

试论我国废弃矿山循环转型发展之路

张会军[1,2,3],王　宏[1,2,3]

(1.煤炭科学研究总院,北京　100013;
2.中国煤炭科工集团北京土地整治与生态修复科技研究院有限公司,北京　100013;
3.煤炭行业矿区土地整治与生态修复工程研究中心,北京　100013)

摘　要　矿产资源的大规模开发为我国社会经济的快速发展做出了重大贡献,受历史多方面原因和开采技术水平等因素影响,资源开发对周边地质、生态和自然景观造成了不同程度的破坏,已成为严重制约当地经济持续发展的新"瓶颈"。通过对我国矿山废弃地的利用现状、治理难点、现有政策及典型成功生态修复案例的深入剖析,为我国矿山废弃地的综合治理与转型发展提供了参考和借鉴。

关键词　矿山废弃土地;采煤沉陷区;综合治理;生态修复;循环转型

1　引言

矿山废弃地是矿山开采完毕后留下的土地。我国矿山生态修复历史欠账多、问题积累多、现实矛盾多,且面临"旧账"未还、又欠"新账"的问题。据遥感调查监测数据,截至2018年年底,全国矿山开采占用损毁土地约5 400万亩[1亩=(10 000/15) m²]。其中,正在开采的矿山占用损毁土地约2 000万亩,历史遗留矿山占用损毁约3 400万亩。特别是煤炭矿山领域,我国90%以上的煤炭产量来自井工开采[1],因开采强度与规模的加大使采煤区地面塌陷严重。据统计,平均每采出10 kt原煤其土地沉陷面积为0.2 hm^2。目前沉陷面积已达135万hm^2,并以7万hm^2/a的速度递增[2]。采煤沉陷后,陆地生态环境变为水生生态环境,形成大面积采煤沉陷积水区[3],导致耕地减少、建(构)筑物损坏、植被破坏、水土流失及水气污染等问题。

2　我国废弃矿山土地利用现状

我国每年因采矿活动产生大量的废弃矿山,再加上历史遗留的一些废弃矿山,使得废弃矿山土地数目巨大。目前大多数矿山废弃地处于闲置或荒废状态,若按照因地制宜原则对废弃矿山进行综合治理与开发利用,拓展、延伸整合利用方式,可深入挖掘废弃矿山的社会经济效益。

当前我国废弃矿山土地在综合治理与开发利用中也面临一些问题:比如矿山废弃地地方政府配套政策不够健全和成熟,对废弃矿山土地开发活动缺少完备详尽的保障机制;由于历史原因,我国的废弃矿山还存在有主和无主2种情况,对于无主废弃矿山土地,投资者投资开发后土地使用权归谁所有,还是一个尚待商榷的问题[4];由于废弃矿山土地投资具有规模大、回收期长、存在权属风险等特点，我国一贯以政府投资为主的废弃矿山土地开发模式在财政紧张的地方难以完全实现，加之社会资金缺乏参与的积极性，造成我国废弃矿山土地利用投资资金一直不足，废弃矿山土地利用活动不能有效展开，也使得我国废弃矿山土地利用水平从总体上看不高，大量具有利用价值的废弃矿山土地被闲置。目前，西方发达国家通过立法建立了比较完善的矿山土地复垦制度，复垦率达到了50%以上，而我国矿山土地复垦率仅为12%左右，远远落后于其他国家，复垦任务艰巨[5]。

3 废弃矿山土地治理利用的必要性

自20世纪80年代以来，因我国历史政策的原因和矿产领域法律法规配套不健全，国内矿产资源开发一度呈现“多、小、散、乱”的局面，随着矿产资源规范整顿、高强度开发及部分地区日渐枯竭已成为当前矿产领域一系列问题的根源。

为解决上述开发导致的突出问题，推动产业升级，引导并促进资源高效开发利用，国务院于2005年8月出台了《国务院关于全面整顿和规范矿产资源开发秩序的通知》(国发〔2005〕28号)。为进一步规范各地矿产资源开发秩序，于2006年12月发布了《国务院办公厅转发国土资源部等部门对矿山资源开发进行整合的意见》(国办发〔2006〕108号)，国土资源部等十二部委于2009年9月制订了《关于进一步推进矿产资源开发整合工作的通知》(国土资发〔2009〕141号)。

在矿产资源整合过程中，前期矿山资源开发活动对生态环境的破坏依然没有得到有效整治。特别是许多露天废弃矿山不仅难以实现联动开发，而且还存在着滑坡、崩塌等地质灾害隐患，严重威胁周边居民生命财产安全。在我国划定的262个资源枯竭型城市中，由于资源耗尽或者矿山在大规模关闭之后，地区经济面临转型，开展废弃矿山生态环境治理和开发利用将是当地寻求循环发展的另一个方向。随着我国城镇化的加速推进，耕地和建设用地之间矛盾异常突出将成为不可回避的问题。开展废弃矿山治理可将已被破坏且荒废的工矿用地进行复垦或生态重建，使其恢复生产功能，发挥应有的使用价值，在一定程度上缓解用地压力。

4 废弃矿山土地利用存在的问题

(1) 废弃矿山土地权属复杂

现行矿业权中仅包括地下使用权，而不包括地表的使用权。要使用土地，就必须取得以地表为客体的土地使用权。在我国土地使用权与矿业权分属不同权利主体的情况下，难免会出现利益冲突。

(2) 法制体系不健全

我国目前没有一部关于矿区土地复垦的专门立法，有关矿区土地复垦的法律规定只散见于一些法律规定中，像《土地管理法》《矿产资源法》《环境保护法》等。正在实行的《土地复垦规定》只是国务院颁布的行政法规，关于土地复垦的规定比较笼统，没有明确规定破坏土地者的责任和义务，也没有规定土地复垦的标准和程序。此外，对于废弃矿山如何复垦、由谁复垦都不明确，管理监督、复垦后利益再分配和所有权等问题也没有相关条款规定，缺乏可操作性，不适应矿山土地复垦实际的需要[6]。

(3) 资金无可靠保障

土地复垦需要切实可行的措施来保障实施，除了用法律手段规定复垦责任人的复垦义务外，还要通过实施复垦保证金制度，确保土地复垦有充足的资金来源。我国矿山企业的复垦工作，主要落在生产建设的中后期，部分企业土地复垦意识淡薄，甚至还有一些企业逃避复垦义务。土地复垦的资金渠道无法保持通畅，这些都成为矿山土地复垦亟待解决的问题。

(4) 收益分配体系不完善

《土地复垦条例》第二十三条提出，对历史遗留损毁土地和自然灾害损毁土地，县级以上人民政府应当投入资金进行复垦，或者按照“谁投资，谁受益”的原则，吸引社会投资进行复垦。土地权利人明确的，可以采取扶持、优惠措施。但是条例没有对原则中的“受益”做出具体规定，也没有规定如何对权利人不明确的废弃矿山土地进行开发，以及采取何种形式对投资者进行扶持和鼓励，从而容易造成权属不清，引起权属利益纠纷，不利于调动社会各方面的积极性[7]。

(5) 技术研究不足

不同的矿种开发完毕后，所产生的废弃地在治理技术上各有不同，这使得废弃矿山土地需要进行多种技术开发，技术投入较大，导致很多企业不愿意进行这方面的研究。加上政府对废弃地技术研究的扶持政策不够完善。同时由于当前我国的矿山土地复垦技术相对落后，没有将各个矿区的实际情况与当地自然环境有机结合起来，缺乏相关理论指导，仅仅凭借单一的复垦方式开展土地修复工作，除此之外，我国大部分地区的复垦研究工作比较盲目，多围绕工程复垦技术展开展，没有与环境、经济、农业、生活等联系在一起，效率低下，土地资源得不到应有的价值[8]。

5 治理思路

对于矿山废弃地的治理而言，应以习近平生态文明思想为指引，以“创新、协调、绿色、开放、共享”五大发展理念为指导，始终坚持以人民为中心、以安全为根本、以生态为方向，秉承“山、水、林、田、湖、草是一个生命共同体”理念，以安全可靠、技术可行、经济合理、施工方便、利于环保为总的原则，具体思路如下：

(1) 依据地质环境条件的差异，遵循“宜山则山、宜水则水、宜田则田、宜林则林、宜园则园、宜地则地”的基本原则，因地制宜地实施地质环境综合治理工作。

(2) 积极增加耕地和可建设用地，促进土地资源保护。

(3) 坚持生态安全原则、持续利用与资源循环原则、自然原则、多样性原则，以最小的治理经费获得最大的防灾减灾效益和社会经济效益。

(4) 坚持人工干预与自然恢复相结合的生态重塑原则，将矿山地质环境恢复和生物群落的构建与区域生态环境发展相协调。

(5) 生态修复工程应处理好长远与当前、整体与局部的关系，将生态修复、盘活土地资源及后育产业经济积极转换为促进区域经济后续循环发展的新动能，并尽可能实现与原有经济结构协调统一发展。

6 治理模式及激励政策

为解决矿山生态修复历史欠账多、现实矛盾多、投入不足等突出问题，以“创新、协调、绿色、开放、共享”的发展理念为指导，并充分结合党的十九大关于“构建党委领导、政府主导、企业主体、社会组织和公众共同参与的现代环境治理体系”的要求，坚持“谁破坏、谁治理”“谁修复、谁受益”原则，通过政策激励，吸引各方投入，推行市场化运作，开展矿山生态修复和创新治理模式的实践工作，这将经济引领和带动我国矿山废弃地综合治理、生态修复工作示范向前发展。

2019 年 12 月 24 日，自然资源部印发了《自然资源部关于探索利用市场化方式推进矿山生态修复的意见》。《意见》的出台将矿山生态功能修复和后续资源开发利用、产业发展统筹考虑，明确了空间规划、用途管制、耕地保护、资源利用、权益处置等一系列激励政策。这些政策将更加有力引导、激励多元社会主体参与到废弃矿山的生态修复中来。自文件下发以来，各地积极开展矿山整合工作，在优化矿产开发布局、提高矿产资源开发利用水平、改善矿山安全生产状况和矿山生态环境方面取得了明显成效。截至当前，多个地区结合自身实际，因地制宜开展了多种形式的生态修复摸索实践，比较典型成功案例见表 1。

同时值得关注的是，2020 年 9 月 23 日，生态部办公厅、发改委办公厅、国开行办公厅联合发布《关于推荐生态环境导向的开发模式试点项目的通知》。开展生态环境导向的开发(EOD)模式试点，坚持生态优先，践行绿色发展理念，探索将生态环境治理项目与资源、产业开发项目有效融合，解决生态环境治理缺乏资金来源渠道、总体投入不足、环境效益难以转化为经济收益等瓶颈问题，推动实现生态环境资源化、产业经济绿色化，提升环保产业可持续发展能力，为我国生态环境治理与高质量发展指明了新的发展方向。

表 1　废弃矿山典型生态治理模式

项目名称	项目概况	运作模式	成功做法	项目成效	案例启示
山东威海市华夏城龙山生态修复	龙山区域历经 30 多年由 20 多家企业集中开发，区域内矿坑多达 44 处，被毁山体 3 767 亩，生态环境遭到严重损坏，地质灾害问题突出	政府引导、企业参与、多资本融合	一是引导社会资本投入，明确生态修复和产业发展的实施主体；二是因地制宜、分类施策，开展矿坑生态修复	恢复被毁山体近 4 000 亩，栽种各类树木 1 189万株，龙山区域植被覆盖率由 65%提高到 97%，生态环境得到大幅度提质改善，带动了周边生态产业和旅游业的发展	生态修复与产业发展、富民兴业相结合，将社会资本深度融入资源盘活与产业发展中，是“绿水青山就是金山银山”的生动实践
安徽淮北市绿金湖采煤塌陷地治理	朱庄—杨庄矿采煤沉陷区	采用政府和社会资本合作（PPP）模式，具体采取“投资-建设-养护-移交”一体化的政府购买服务方式。	开展“深改湖，浅造田，不深不浅种藕莲”“稳建厂，沉修路，半稳半沉栽上树”的综合治理模式	生态修复后，可集中释放可利用土地约 2.45万亩，形成连片水域面积 1.16 万亩，可种植面积达到 1 万亩，其中沿湖周边可出让建设用地约 8 000亩，带来巨大土地资源盘活社会红利	资源枯竭型城市因地制宜积极探索采煤塌陷地综合治理利用新方式，将政府与社会有效资源充分融合，不仅可以实现生态恢复治理，亦可破解当前发展难题，将潜在资源优势转换为循环发展的新优势

表 1(续)

项目名称	项目概况	运作模式	成功做法	项目成效	案例启示
云南大板桥矿山生态修复	大板桥矿经过 30 多年开采,损毁土地总面积约 2 707 亩,采深 104 m,形成 15 m 高的台阶 7 个,矿区东侧分布 1 个排土场,矿区地形地貌破坏严重	首先,将矿山开采固体废弃物回收循环利用,实现无废化生产;其次,通过土地复垦,实现复垦区域绿化苗木显著经济效益;最后,积极发展林下经济,种植中草药和养殖家畜等创收,为矿区地质环境的治理和生态修复提供资金支持,获得收益	一是引进民营企业,共同开展矿山生态修复;二是提高资源综合利用率,实现固体废弃物全部综合利用;三是种植苗木,发展林下经济	通过环境整治和生态修复,不仅完善了矿区基础设施,同时恢复治理面积约 1 922 亩,栽植绿化树木 137 余万株。在实践中探索出了残余资源分类利用模式	大板桥矿在消除地质灾害隐患、恢复生态的同时,通过复合利用残余资源、种植苗木、发展林下经济等方式,实现了多元化的循环利用发展,是经济开源节流并举的实践模式

6 结论

(1) 我废弃矿山复垦工作由于起步晚、历史欠账多,待复垦土地资源面积大、周期长,复垦工作仍任重道远;

(2) 不同废弃矿山土地复垦与生态修复需求具有多样性,因地制宜积极开展土地复垦、生态修复、土地资源转换开发及相关产业培育工作,特别是相关工艺、技术、模式的创新工作有待进一步完善与加强;

(3) 废弃矿山受历史因素影响,多数都存在“责、权、义”边界不清晰问题,建议有关主体、主管部门甚至当地政府在推动废弃矿山生态修复开发的新模式中发挥更大力度的导向作用;

(4) 随着我国主管机构配套政策的日趋完善及相关成功典型生态环境治理模式的不断推广,我国废弃矿山的土地复垦与生态修复的效率和水平有望得到大幅提高。

参考文献

[1] HU Z Q,XIAO W.Optimization of concurrent mining and rec-lamation plans for single coal seam: a case study in northern Anhui,China [J].Environmental earth sciences,2013,68(5):1247-1254.

[2] 胡振琪,多玲花,王晓彤.采煤沉陷地夹层式充填复垦原理与方法[J].煤炭学报,2018,43(1):198-206.

[3] 胡振琪,肖武,王培俊,等.试论井工煤矿边开采边复垦技术[J].煤炭学报,2013,38(2):301-307.

[4] 刘新,赵晓龙.矿山土地复垦存在的主要问题和对策[J].科技情报开发与经济,2007,17(31):228-229.

[5] 李永学.我国矿山土地复垦存在的问题及建议[J].西部能源,2014(5):83-84.
[6] 蓝楠,杨朝琦.美国矿山土地复垦制度对我国的启示[J].安全与环境工程,2010,17(4):101-104.
[7] 刘洋.我国矿地复垦存在的问题与对策[J].黑龙江省政法管理干部学院学报,2008(5):129-131.
[8] 黄应盟.简谈冶金矿山土地复垦形势与对策[J].企业研究,2014(4):167.

以循环经济制度为指引的矿业园区建设研究

杨慧丽

(1.华北科技学院,河北 廊坊　065201;
2.中国地质大学(北京)土地科学技术学院,北京　100083)

摘　要　矿业园区在循环经济机制引领下的建设是矿山绿色发展以及矿业产业链高质量延伸的重要突破口,文章在理清循环经济理论与矿业园区的关系的基础上,探索矿业园区建设的实践路径,分析矿业产业园区在企业链、供需链、空间链以及价值链的四维度互动关系中的协调对接及配套法律机制设计,同时依据矿业园区企业联系的纽带差异,将园区分为政府组织型与企业自建型两种运行模式。针对两种模式的不同适用情景,提出了矿业园区由多个生产环节相关企业协同合作的运行管理策略。综合运用规范分析法、产业价值链分析法以及案例分析法等研究方法进行研究,以期对循环经济制度指引下的矿业园区建设和运行提供有价值的参考。

关键词　矿业园区;循环经济;产业链

1　矿业园区的含义

通俗地讲,矿业园区即是企业与企业之间的经济循环,一般以少数大型矿业企业为核心向上下游延长产业链,汇聚产业链中的中小规模企业,在核心企业的带动下,园区内企业之间相互耦合、共享信息资源,物质能量得以流通循环。通常某一企业生产经营形成的废物成为另一企业的原料或动力,另一企业的剩余物又将供应于下一个对其有需求的企业,矿业园区内的工业废物和副产品如此循环往复,通过企业之间的交换形成闭合回路,即便最后仍有少量无法在循环中被消化的剩余物,也将其经过处理以对生命和环境无害的形式进行排放。在矿业园区的运行(图 1)中,产业链随着矿业园区建设的精细化加深而逐渐延伸(由 A1 变成 An)、增多(由 A 变成 N)。

同煤集团建成的塔山循环经济园区是矿业园区形态的范例,园区由"两矿十厂一条路"13 个项目聚合集成,以建设千万吨矿井为龙头,形成三条完整的产业链:"煤-电"产业链,清煤经铁路专线运至秦皇岛港下水销售,分选低热值煤和煤矸石输送到资源综合利用电厂发电,电厂产生的余热用于居民集中供热,另一部分原煤输送到坑口电厂发电;"煤-化工"产业链,原煤经过深加工生产甲醇,甲醇制烯烃;"煤-建材"产业链,将采煤伴生的煤矸石和坑口电厂排出的粉煤灰,作为水泥厂和煤矸石砖厂的原料。

建设矿业园区,一方面,通过矿产资源高效利用实现矿业用地在利用期的盘活;另一方面,基于园区建设一般呈现为企业之间、生产经营用地之间在地理位置上的汇聚,有利于多企业共用配套设施,减少行政办公、仓储、商服等区域的重复建设,集约利用土地。

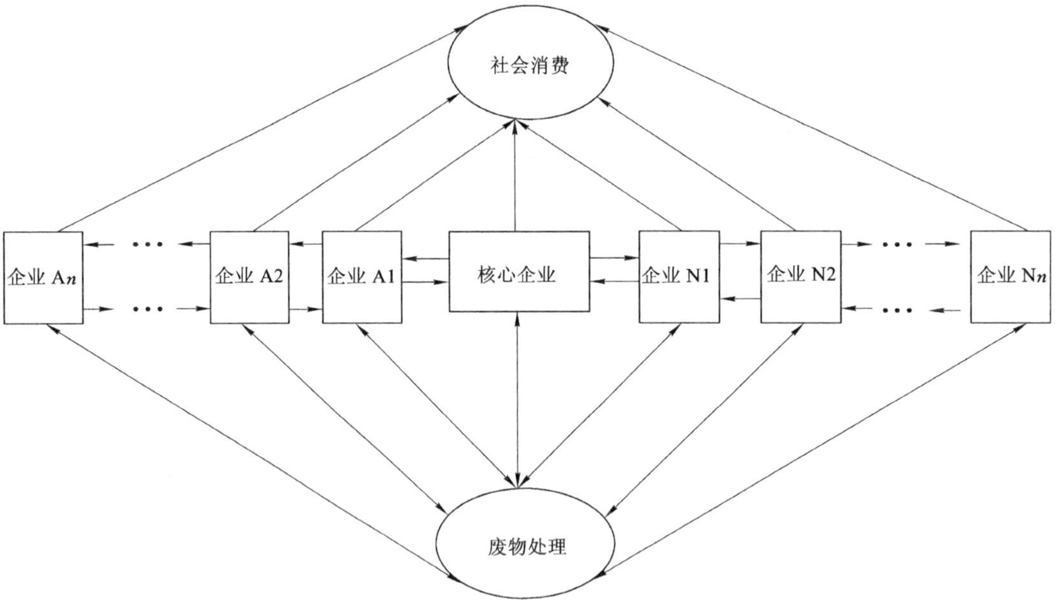

图1　矿业园区运行示意图

2　矿业园区与循环经济的关系

循环经济是指仿照自然界生态过程物质循环的方式，以“减量化、再使用、再循环”原则规划工业生产的系统，循环经济的系统可形成于不同层次：微观上，一个企业可以建立循环经济，资源物质的循环存在于生产工序之中，亦是绿色矿山建设的内容，主要依靠于科技创新，是低污染、低能源损耗的先进生产工艺、设备设施应用于矿业生产的过程，故微观上的循环经济更多的是技术层面的问题；中观上的循环经济即是矿业园区，是不同企业甚至相关联的不同产业的企业之间的经济循环，是产业体系的重塑、优化，须通过企业之间的合作来实现，主要依靠政策机制的引导与规划，故中观上的循环经济是制度层面的问题；宏观上，一定区域内生态、经济与社会的平衡发展被认为是大的循环经济，区域可以是县、市、省甚至国家，涉及的范围远远超出了特定产业、特定用途土地这一范畴，属于区域发展战略层面的问题(图2)。因此，本文从制度层面研究矿业用地盘活，对循环经济的探讨锁定矿业园区。

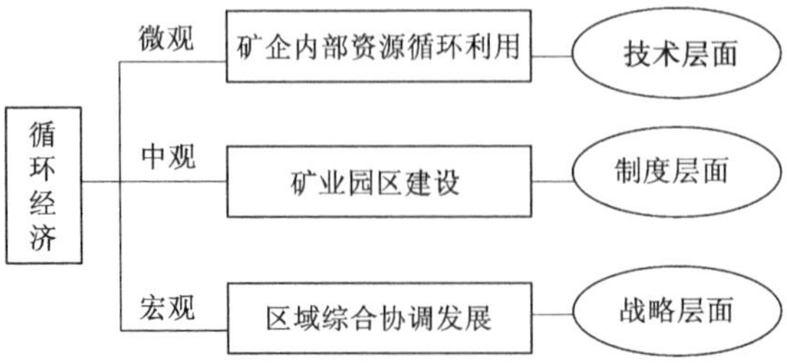

图2　循环经济的层次

3 矿业园区建设的实践路径

3.1 矿业园区构建的思路

(1)产业链构建

由上文对矿业园区的定义可知,园区建设就是以矿业生产为核心的产业链连接,在产业经济学中,产业链普遍被认为包含"价值链、企业链、供需链和空间链"四个维度,这四个维度在彼此对接、达至均衡状态时,产业链形成,因此各维度之间的对接机制呈现了矿业园区产业链构建的过程。产业链以价值链的实现为根本目的,作为经济循环系统的矿业园区,"减量化、再使用、再循环"的经济原则是产业价值链的核心。企业链是产业链构建的有形存在,即产业链的载体,园区的企业以矿业产业为中心,主要包括矿业技术研发企业、矿业生产企业及矿产品加工、销售企业等,同时向从事相关产业的企业拓展与辐射,如化工企业、电力企业及建筑企业等,相关企业进入矿业园区的意义在于促使矿业资源循环再利用。供需链以市场竞争的"无形之手"形成、优化产业链结构,园区企业为了适应供需链而展开竞争、变化组织形态,比如某一类终端矿产品受到消费者青睐,相应的供给增长,整个产业链上的企业,无论研发、生产、加工亦或销售都会向其倾斜,配套的相关产业也会以消化该矿产品剩余物质的企业为主。空间链是产业链的组织形态,园区是其中较普遍的一种组织形态。企业在一定的地域范围内汇聚,空间链决定了企业之间的物流成本、资源共享程度等,通常以紧密的空间布局为佳。

产业链的预期价值作为目标价值链,即"减量化、再使用、再循环",引导企业链、供需链和空间链的形成,同时在企业链、供需链和空间链的共同作用下,又会形成产业链的实际价值链,实际价值链与目标价值链之间的差距则是其他三个维度有待调整的空间。企业链、供需链和空间链之间相互作用、相互影响,三个维度之间无优先关系,旨在达到平衡、和谐的状态。假设"价值链 2"是预期价值链,"价值链 1"为实际价值链,在"价值链 2"的引导下,其他三个维度于相互作用之中发生正向调整,即企业链由 A1 调整至 A2,供需链由 B1 调整至 B2,空间链由 C1 调整至 C2(图 3)。

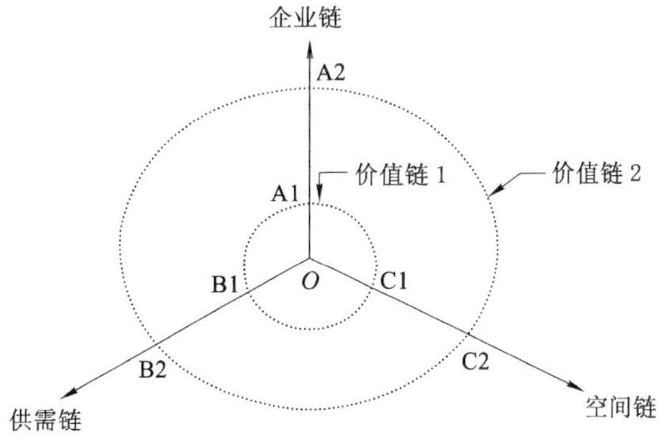

图 3 产业链的四维度关系

基于四个维度之间的上述关系,矿业园区产业链各维度的对接分为以下情况:

第一层次,矿业园区产业链的价值链与其他三个维度分别对接。"减量化、再使用、再循环"的目标价值链对于企业链而言,要求产业链上的每个企业都实施绿色生产经营行为,如绿色矿山建设,而工业废物通过在前后承接的企业间的流转,得到消化、再利用,企业链由此进一步延伸;对于供需链而言，矿业产品的绿色环保品质成为矿业市场上供需双方博弈的关键；对于空间链而言，资源的高效利用、污染的预防与治理等核心价值需要产业链在相对集中的空间完成，园区建设无疑是较优的选择。

第二层次，企业链、供需链和空间链分别两两对接。矿业企业链对绿色节能生产技术、工艺的改革与供需链在矿产资源枯竭、污染严重的背景下对健康、环保产品的追求相互对接；企业链的内部对接（企业之间关联性建立与调整）与空间链的建立与调整相对接，使企业的相对空间位置发生转移，如企业从园区外部各个地方搬入园区；空间链的对接产生了供需链对接，园区的配套半径以及与消费者的交通距离等与产品价格、时效等相互作用。

第三层次，企业链、供需链和空间链在各自内部完成对接调整。企业链中的各企业之间主要面临劳动分工（分别负责产业链中哪一环节工作）与交易关系（产业链中直接联系的企业之间如何约定双方的责、权、义）的对接；供需链体现市场竞争结构，根据市场的需求不同，供给情形也有差别，如市场对精细矿产品需求大时，供给的产业链以矿业纵向一体化的深加工为主，而供给链的横向扩展则适应多元产品类型的需求；空间链的内部对接则发生于不同空间的转换、调整中。

(2) 法律体系构建

我国在矿产资源、矿业用地领域不乏法律、政策，但是，作为一种新型的生产经营组织形态，矿业园区存在特殊的法律问题，在矿业园区产业链的构建过程中，必须重视出现的问题并有针对性地制定相应法律制度，应着重从园区规划、环境影响评价、园区矿业权准入及土地供给四个层面构建法律体系。

其一，矿业园区规划的法律制度。《中华人民共和国矿产资源法》对规划的原则性规定是“对矿产资源的勘查、开发进行统一规划、合理布局”。《矿产资源规划编制实施办法》进一步细化了编制实施程序，园区规划法律应在这一框架下对以下问题进行规定，改变目前矿业园区规划方案混乱的现状：矿业园区规划的目标与原则、规划编制主体与生效程序以及规划的主要内容，通常包括园区管理机构、园区企业的选择标准及主导产业发展规划、环境保护规划及建设、运行的保障体系等。

其二，矿业园区环境影响评价的法律制度。《中华人民共和国环境影响评价法》没有明确规定规划环评的审批机关，在矿区环评的规范中应综合评审主体与编制主体的行政管理关系以及评审所需专业能力后予以明确，同时根据园区主导矿业产业的差异设定不同的评审标准，加强环评与园区建设的适用性；《中华人民共和国环境影响评价法》和《规划环境影响评价条例》规定“应当在规划编制过程中组织进行环境影响评价”，然而在现实中的矿业园区建设中，多不进行环评或环评滞后于规划审批、完全流于形式，故须进一步强调环评应作为园区规划审批的前置程序，环评不通过，则矿业园区规划不通过，同时对未环评及滞后环评制定严格的处罚措施。

其三，矿业权准入矿业园区的法律制度。《探矿权采矿权转让管理办法》《矿业权出让转让管理暂行规定》等对矿业权的取得进行了详细规定，但矿业园区的矿业权准入有其特殊性：一是矿业园区有其特定的规划要求，对获得矿业权的标准与要求更高（如规模、资金、环保与科技水平等）、也更具体，如生产经营内容必须符合园区产业链的需求等；二是规划园区之内往往已经存在若干分散的矿业权，大多情况下园区建设要将分散的矿业权加以整合，集中于一个或少数几个核心矿业生产企业，以便实现规模生产，这需要重组若干矿企，难度大于单一矿业权转移。针对前述特殊性，矿业权准入园区的法律法规应从如下方面作出规定：一方面，无论是原有的矿业权，亦或新设的矿业权都需要符合园区对矿业权的审批要求，方可继续存续或取得。对于园区新设的矿业权，严格按照矿业园区对矿企规模、资金、技术、生态保护条件等方面的要求进行审核；对于园区建设前该地区已有的矿业权，统一进行换证管理，使其达到矿业园区的要求，对于不符合条件的，不再颁发采矿许可证；对于采矿许可证超期的，根据矿业园区的规划要求审查是否准予延续登记，对于不准予延续登记的，不再颁发采矿许可证。另一方面，针对园区范围内已有的矿业权，由政府组织重组各方企业协商，采取一揽子收购政策，一次性解决矿业园区占地范围内的全部矿业权的归属问题，同时简化收购程序、减少交易税费，为重组提供便利、创造条件。

其四，矿业园区土地供给的法律制度。矿业园区建设占地面积较大，除了部分已经由园区企业取得使用权的土地，为了引进关联企业、新建厂房、办公场地等，还须另行获取土地，同时土地的位置受限于园区规划，具有确定性。园区土地供给在当前严格控制新增建设用地的情况下，面临获取建设用地指标的难题，同时征补拆迁需要花费大量资金。为此，一则应将矿业园区用地纳入土地利用总体规划，实行年度用地计划单列，新增用地计划指标应当优先保障重点园区；二则地方政府应加大土地储备，为承接产业集聚项目提前做准备，同时对园区项目进行细致的规划构建，以便争取更多的用地指标；三则设立矿地复垦利用周转指标，组织拟入园的矿企对一定行政区域内零星分散需整合关闭或废弃的工矿存量土地进行复垦整治，以此置换园区内的建设用地，既节约用地指标，又优化用地布局。

3.2 矿业园区的运行与管理

矿业园区的运行由多个生产环节相关的企业协同合作，依据园区企业联系的纽带差异，主要形成政府组织型与企业自建型两种运行方式。目前，由于矿业企业市场化自我组织的能力有限，我国的矿业园区运行方式以前者为主。一方面，政府围绕蕴藏矿产资源的区域规划并新建矿业园区，引进矿业生产企业以及从事矿产品加工、销售等产业相关性强的其他企业；或者政府以现存的主要矿业生产区域为中心，设计、组织矿业园区并引进其他企业补充产业链上的空位。无论采用前述哪一种形式，园区内企业之间仅存在地理位置上的集中整合，虽具备了资源共享的条件，但如要实现真正意义上的循环矿业产业链，还须政府进行持续性的统筹、组织。政府有必要建立专门的矿业园区协调统筹委员会，该委员会可作为地方政府直属的事业单位，独立于国土、环保等职能部门，避免园区运行与政府管理的重叠，园区协调统筹委员会聘用具备园区管理经验、有矿业与环保等方面专业知识的人员开展工作，专门负责协调园区内企业之间业务衔接的商谈、合作签约，以及企业之间纠纷、分歧的处理，同时制定园区的各项运行制度，如公用设施的维护、园区环境保护等义务的分担及惩处奖励办法。与此同时，政府为了引进优秀企业入园，还可拨出园区土地出让收益用于提升园区的土地利用价值和基础设施建设，并提取一定比例用来补助迁入矿业园区的企业。另一方面，矿企以主要矿业生产区域为中心向四周辐射，通过入股参股的形式引入或整合产业链上的其他企业。由于矿业园区是通过股权关联形成的矿企集团，美国著名管理学家迈克尔·古尔德(Michael Goold)提出并受到普遍认同的企业集团管理模式可被用于园区管理，即财务管控模式、战略管控模式、运营管控模式(集权程度依次增高)。矿业园区初建时期，产业链相对较短、产业规模较小及结构单一，面临的外部环境尚不平稳，此时更倾向于选择集权程度较高的管理模式，随着产业园区的成长成熟，产业链不断延伸，单个企业的业务更趋于专业化，矿企集团的管理逐渐分权，园区内各个企业得以形成自身的源动力，故矿业园区通常需要经历由运营管控至战略管控，再到财务管控的发展过程(表1)。

表1 企业自建矿业园区(集团公司)的管理

模式	集权程度	集团功能定位	管理目标	管理细化程度
财务管控	低等	投资决策	资本价值最大化	极少干涉具体业务
战略管控	中等	战略、投资决策	战略控制、运营协调	控制核心管理层、重大投资与业务
运营管控	高等	经营、指标管理	经营活动统一与优化	干预具体业务运作

政府组织型矿业园区与企业自建型矿业园区因运营模式不同,各自具有优势与弊端(表2),只有扬长避短,方能实现园区效益最大化。同时,无论矿业园区的运行组织方式如何,都须遵循政府的行政管理,对矿业园区行使管理职能的部门较多,如国土部门、环保部门及矿业产业管理部门等,为了避免多部门管理可能出现的冲突、责权不清、效率低下等问题,可以成立矿业园区监督管理委员会,由当地的国土部门牵头,其他部门派员参加,负责监督和管理园区内各企业的生产经营状况、矿业园区的生态排污状况并进行定期考核;建立有效的园区企业淘汰规则,设立定期考评机制,就不按园区要求进行投资投产的用地,依法予以收回,相应企业予以清退;对于污染超标的企业予以罚款、暂停经营等处罚,对于环境保护较好的企业给予奖励。

表2 矿业园区运行方式对照

类型	操作模式	优势	劣势
政府组织型	政府按照规划招商引资入园,通过政策制度组织协调园区运行	政府社经管理经验有助于园区科学管理 政策扶持优势有助于园区聚集社会资金 政府特殊地位有助于建立园区内外协调机制,减少建设阻力	以行政手段为主,法律适用不足,易发生行政指导过细的问题,干预园区自主经营
企业自建型	核心矿企据产业结构发展延伸产业链,通过入股引进关联企业并组织园区运行	依照《中华人民共和国公司法》确立的公司股权治理机制,适应现代企业制度,易于确保园区内企业决策、执行协调一致、高效运转	园区关联企业经股权控制,易导致市场决策失误的连锁反应 依靠企业自主发展,存在生产成本高、产品市场竞争力小、公共设施不完善等问题

参考文献

[1] 汪学彬,孙呈鹏,杨沛,等.中国矿山绿色转型与区域发展不平衡性问题分析[J].中国地质灾害与防治学报,2021,32(1):135-140.

[2] 施文泼.构建稳定的低税费负担机制促进住房租赁市场发展[N].中国财经报,2021-02-23(008).

[3] 宫传凯.国内基础设施 REITs 基础资产发展探究[J].财会学习,2021(5):162-163.

[4] 商业与地产.2021年中国商业地产的七大趋势[J].城市开发,2021(2):30-32.

[5] 叶剑平,鲁筱.REITs 研究演化路径与前沿热点[J].中国房地产,2020(36):8-14.

[6] 佟帆.内蒙古绿色矿山建设存在的问题与建议[J].实践(思想理论版),2020(12):24-25.

[7] 陈培友,张琪,张颖慧.生态文明下煤炭企业绿色创新价值链模式研究:以神华集团为例[J].中国管理信息化,2020,23(21):100-103.

[8] 徐佳兰，黄陈诗．我国长租公寓市场发展的挑战和对策：以“万科泊寓”为例[J]．中国市场，2019(35)：59-60.
[9] 林起传．大田县矿产资源开发与环境保护的思考[J]．绿色科技，2016(14)：162-163.
[10] 江升．国家矿山公园综合产业模式及经济发展研究[D]．北京：中国地质大学(北京)，2014.
[11] 陶志蕊．我国煤炭业循环经济产业链的构建研究[D]．成都：四川省社会科学院，2012.

浅谈唐山市采煤沉陷区综合治理与环境保护

高新涛，马和平

（开滦能源化工股份有限公司，河北 唐山 063003）

摘 要 保护生态环境，实现可持续发展已成为二十一世纪的世界主题。煤炭和其他有用矿物的大规模开发和利用，既给人类社会带来巨大的经济效益和社会效益，也对人类生存环境产生一系列的消极影响。其中，开采沉陷对环境的影响就是一个重要的方面，解决这些生态环境问题和社会问题，已成为实现矿区可持续发展战略的重要课题，这关系到企业与地方的和谐发展。本文以地处河北唐山市的开滦煤矿为例，列举了采煤塌陷地生态环境综合治理的实例，提出了解决采煤塌陷地生态环境综合治理问题的对策，说明化不利因素为有利因素，实现矿区可持续发展是可行的。

关键词 采煤塌陷地；综合治理；开滦煤矿

1 前言

随着全球资源、环境和人口问题的日益突出，走可持续发展道路成为世界范围内共同主题。煤矿区域集煤炭资源开采、利用以及土地资源占用与破坏为一体，是资源、环境与人口矛盾相对集中显现的区域之一。近20年来，矿区土地复垦逐渐成为世界各采矿大国的热点研究课题。我国是一个以煤炭为主要能源的国家，煤炭在为国民经济发展做出巨大贡献的同时，也给矿区带来严重的景观生态破坏和社会问题。一方面，煤炭开采塌陷造成大量土地破坏，景观生态发生逆向演替，动植物种类和数量减少；另一方面，矿区固体废弃物的大量排放和堆积，造成土壤、水、大气和景观的污染。此外，煤炭开采塌陷造成大量村庄破坏和人口迁移，成为制约煤矿生产效益的技术难题。解决这些生态环境问题和社会问题，已成为实现矿区可持续发展战略的重要课题。本文以地处河北唐山市的开滦煤矿为例，列举了采煤塌陷地生态环境综合治理的实例，提出了解决采煤塌陷地生态环境综合治理问题的对策，说明化不利因素为有利因素，实现矿区可持续发展是可行的。

2 唐山概况

唐山煤炭资源大部分处于平原区耕地、村庄和河流下方，可采煤层厚、埋藏深，因井工方式进行地下煤炭资源的开采，导致采煤沉陷土地呈现范围广、深度大、积水严重的显著特征。因采煤沉陷，矿区生态环境遭受极大破坏，各类基础设施遭到损坏，耕地面积和农业产能大幅下降；部分地上建筑斑裂甚至倒塌，大量村庄、企业被迫搬迁，给矿区群众的生产生活造成极大困扰。距离市区较近的沉陷区成为煤矿矸石、城市建筑垃圾、生活垃圾的排放地，加之生产、生活污水的排放，矸石自然释放的一氧化碳和二氧化碳，以及灰尘的增多，对沉陷区及周边地区的生态环境和自然景观造成了极大的破坏，已经到了刻不容缓必须进行治理的程度。几年来，唐山市政府坚决贯彻习近平总书记“绿水青山就是金山银山”理念，以在新时代全面建设经济强省、美丽河北中担重任、挑大梁为己任，更好地贯彻服务矿区群众、服务产业振兴、服务科学发展的战略思想。在推动高质量发展的同时，时刻不忘环境治理，为实现“两个一百年”奋斗目标而努力。

3 综合治理原则

创新驱动，绿色发展。坚决贯彻“绿水青山就是金山银山”的绿色发展理念，本着因地制宜，宜农则农、宜林则林、宜渔则渔、宜建则建的原则，综合治理采煤塌陷区和市区生态环境。把人民群众的安全放在首位，加快沉降区域及周边地区基础设施和公共服务设施建设，改善城乡人居环境。用生态方式进行治理，可有效地提升环境质量，提高植被覆盖率，达到人和自然和谐共生，经济发展和自然环境治理相互促进。

4 综合治理目标

4.1 优先保障居民住房安全

在重点采煤沉陷区采取易地搬迁和修复等多种方式，推进沉陷区居民避险安置，切实保障人民群众生命财产安全。对存在重大地质灾害隐患的地区，按照群众自愿、合理选址、确保安全、有利发展的原则，采取集中安置和分散安置相结合的方式，积极稳妥实施易地避险搬迁。对地质情况相对稳定、具有转型发展条件的县（市、区），加快推进受损住宅等建筑的加固修复。

4.2 土地政策支持

编制国土空间规划时，统筹考虑采煤沉陷区治理实际，对采煤沉陷区居民避险搬迁安置区建设必需用地进行合理安排。对确实无法恢复原有用途的采煤沉陷区耕地、林草地统筹并据实核减。积极推进沉陷区土地复垦，对具备复垦条件的沉陷区建设用地，可按照城乡建设用地增减挂钩政策或工矿废弃地复垦政策实施复垦，腾退的建设用地指标优先由治理主体使用。按照“谁投资、谁受益”原则，通过依法依规赋予一定期限的自然资源资产使用权等激励机制，鼓励和支持市场主体出资开展采煤沉陷区治理并获得合理收益。新生沉陷防控措施全面完善，可持续发展能力显著增强，经济社会发展和生态环境保护相协调的格局基本形成。

4.3 居民居住条件和生态环境得到改善

居民住房安全得到全面保障，居民避险安置取得显著进展，安置区生产生活设施基本配套，配套条件生活条件明显改善。人民群众生命财产安全得到有效保障，居民就业率显著提高，收入水平显著提升，公共服务功能显著增强，社会保持和谐稳定。

恢复治理率大幅提升，损毁土地得到复垦利用，水、土、大气环境得到有效保护，重点地区生态功能得到提升，生态环境质量显著提升，历史遗留矿山地质环境问题得到有效解决。

5 开滦唐山矿采煤治理与地方发展和谐共赢

5.1 完成沉陷区村民搬迁工作

唐山矿位于唐山市中心，2012年唐山矿井下开采已经波及丰南区丰南镇东西王家河村，在村庄搬迁之前一直由唐山矿负责组织对老村址民房进行维修，对损坏严重的危房进行翻建避险。为了使居民住房安全得到全面保障，2012年唐山开滦煤矿利用丰南区组织城中村改造时机，将东西王家河村与其他7个村庄一同纳入政府城中村改造项目，截至2014年顺利完成了两个村的搬迁。新村址按照丰南区城镇发展规划要求，建设在丰南区中心城区，周边配套设施完善，村民的生活质量明显提高，村民过上了幸福生活。

5.2 老村址土地复垦

东西王家河老村址拆迁后，由唐山矿对老村址土地进行了生态复垦。东西王家河老村址区域为非积水采煤塌陷区，虽因开采下沉使地表凸凹不平，由于土层深厚，土壤肥沃，地下水资源丰富，土层并未发生较大改变，土壤养分状况变化不大，只要采取工程措施修复整平，并改进水利条件，即可恢复土地原有的使用价值。具体工程措施：一是土地平整工程，二是修复道路。

对东西王家河老村址土地进行复垦，达到了一举两得的效果。由于国家严控建设用地指标，土地指标成了搬迁的瓶颈，丰南区政府利用增减挂钩政策，对老村址建设用地进行了土地复垦，老村址宅基地变为耕地，用于置换搬迁建设用地指标，顺利解决了搬迁工作的难点问题。另一方面对东西王家河老村址土地复垦后，该老村址区域已经纳入大南湖景区范围，与唐山大南湖生态区紧密相连，又增加了休闲娱乐设施、文化场馆，给市民提供了休闲娱乐场地。

5.3 唐山大南湖治理效果

唐山市大南湖区域属于唐山矿老采空区范围，唐山市对南湖的修复建设是采煤沉陷区治理的有效典范。在唐山市人民政府和开滦煤矿的共同努力和团结协作下，对采煤塌陷区域进行了系统治理，建成了唐山南湖公园，原来杂乱无序、杂草丛生的积水坑得到了有效治理，原来的积水坑变成清新优美的南湖湖面，岸边曲径通幽，花草茂盛，林木葱郁，鸟语花香；水中鱼翔浅底，碧波泛舟，成为人们休闲憩息的好地方。大南湖公园的建成不仅使地质生态环境质量得到极大提升，大大改善了人居环境，也成了唐山市的“大空调”，城乡居民受益匪浅。据粗略统计，在已治理的南湖公园，每年入园人数已达300万，成为唐山市民家门口的“江南水乡”和旅游胜地，并且唐山市人民政府在南湖公园成功举办了2016年世界园艺博览会，使唐山整个城市在世界面前亮相。

(1) 城市运动绿地建设

根据城市近郊采煤沉陷区地形高低起伏、部分沉陷区常年或季节性积水、距离城市近等特点，将其开发为具有城市休闲、娱乐、锻炼等服务功能的城市运动绿地(图1)，既科学合理，又符合环保和可持续发展的精神。

建设的唐山南湖国际高尔夫球场是唐山唯一的一座锦标赛球场，是一个集城市绿地、国际标准高尔夫球场、五星级生态园林酒店、欧式度假村及大众健身娱乐设施为一体的生态项目。

(2) 休闲旅游设施构建

建设了凉亭、亲水廊道、儿童游乐场等设施(图2)。为了更好地为城市居民服务，还在一定的位置栽植姿态优美的孤赏树、浓荫的大乔木或栽植开敞的草坪，使游人能够深入绿地内部，融入绿

图 1

色之中，为游人提供一个亲近自然、散步、休闲娱乐绿色空间，体现人与自然的和谐共处。

图 2

(3) 度假设施建设

为了满足度假旅游式游客的需求(即相对于观光旅游而言，一种更高层次的旅游形式)，更强调安全、宁静的优美环境、丰富多彩的娱乐生活、增进身心健康的游憩设施和高品质的服务。

在项目区景点附近分别构建了木屋、紫天鹅庄、小别墅等不同层次的小型建筑(图 3)，兼顾景观与游客餐饮、住宿、娱乐等服务功能，满足游客消遣娱乐、康体健身、休憩疗养、放松身心的需求。

图 3

(4) 文化设施建设

建设了中心文化广场、地震遗址公园、博物馆、会议中心、体育中心等设施(图 4),形成多级公共文化设施网络。同时,积极组织开展各类文化活动,举办文化节,打造民间传统艺术。

图 4

6 如何做好矿山地质环境治理与环境保护工作

煤炭企业应积极配合当地政府做好矿山地质环境治理保护、土地复垦以及合理利用塌陷土地等工作,还城市绿色。煤炭工业要想得到生存和发展、控制环境污染,就必须紧紧依靠科技进步。在我国,科技进步缓慢严重制约着国民经济的发展,因此有必要从战略的高度上来研究和制定鼓励科技进步的政策,开拓环境保护的成功之路。如何解决煤炭与环境的关系问题涉及管理和工程技术两个方面。管理方面的问题要通过国家环保法规的健全、贯彻执行来解决;工程技术方面的问题,则需要通过研究开发新技术、筛选降污显著的生产工艺以及建立污染源治理设施来解决。根据开滦矿区采煤塌陷地对生态环境影响的特点,结合唐山市固体废弃物的处置,以及地表水系的治理,引用生态学原理,及当今最先进的塌陷区治理技术,对开滦矿区采煤塌陷地生态环境综合治理进行统一规划和设计,分区分期逐步进行实施,以求达到最佳的治理效益。

6.1 建立完善的法规

(1) 贯彻执行国家环保方面的法律、法规,认真贯彻新的固体废弃物污染环境防治法,把环境保护纳入煤炭生产总体规划中同步实施,结合煤炭产业、产品结构调整,推行清洁生产,推广先进开采工艺,发展煤炭深加工和综合利用。

(2) 做好保护生态环境、保护资源、节约能源示范工程的选点调查。建立矿井水资源化的示范工程;建立消灭矸石山的示范工程;建立矸石山综合利用示范工程;建立塌陷区土地复垦示范工程。

6.2 煤炭开采过程中的环境保护技术对策

(1) 切实做好环境规划。针对矿井开发所处的时期,分期分类做好煤矿的环境规划,对已采完报废煤矿,采取以治为主、结合控制的方针,防止污染继续扩散;对正在开采的煤矿,应采取以防为主,治与防相结合的方针;对正在建设中或被列入远景规划的煤矿,在设计时必须进行环境影响评价,制定相应的预防措施,采取以防为主的方针。

(2) 矿区复田造地势在必行。在完善目前复垦技术途径的同时,还应大力发展生态农业复垦与微生物复垦,以便在对破坏土地上建立一种多层次、多结构、多功能的集约经营管理的综合农业和生产体系，以最少的人工投入取得最大的经济、环境和社会效益。

（3）矿井水资源化。要在完善现有中和法及常用方法基础上，研究开发各类矿井水净化利用技术，如结合开滦煤矿塌陷区多的现状，开发推广湿地处理法、酸性水联合处理技术以及各种高效、复合无机高分子絮凝剂等，使矿井水从原来以达标排放为目的的治理方式，转变为以资源利用为目标的方式，并 形成配套技术，建立示范点。

（4）矸石山的综合治理。针对开滦煤矿老矸石山多、新矸石排放量大的特点，应继续大规模地开辟直接利用矸石的途径。对老矸石采取铺路筑基，回填塌陷区造地复田；在煤炭开采中推广有利于矸石推平复田的堆贮方法，边开采边复田，尽量减少矸石山数目。要根治矸石山污染，必须通过矸石的综合利用，把矸石看作一种资源，发展矸石电厂，回收矸石中的有用物质，利用矸石烧制各种建材，有效地消除矸石对土地的占用和对环境的污染。

7 结论

煤炭和其他有用矿物的大规模开发和利用，既给人类带来巨大的经济效益和社会效益，也对人类生存环境产生一系列的消极影响。煤炭工业发展趋势应该是煤炭资源的平衡生产和生态环境的良性循环，应该是在控制生态环境污染的同时，大力发展高科技含量、高附加值的项目和产品，以此提高煤炭工业的整体素质和综合竞争能力，在提高经济效益的同时要更加注重社会效益。通过分析唐山市对采煤深陷区综合治理的实例可知，煤炭企业要想与地方协调发展、和谐共生，就需要相关各方各司其职、互相配合，站在大局高度把握规律、找准路径、明确方向、研究方法，最终才能呈现出地方政府与企业协调发展互惠互利、老百姓在绿色环保的城市中安居乐业享受新时代幸福生活的场景。经过我们的共同努力，在以习近平同志为核心的党中央坚强领导下，我们一定会在具有中国特色社会主义伟大事业的道路上迈出坚实的一步，一定会实现人民富裕、生活幸福的小康社会，中国人民的生活一定会更加绚丽多彩！

平朔矿区露井联采绿色矿山建设实践应用

丁新启，牛国星，胡　超

（中煤平朔集团有限公司，山西 朔州　036006）

摘　要　为构建矿山生态修复与绿色发展生态产业链，近年来，中煤平朔集团有限公司（以下简称“中煤平朔集团”）主动承担社会责任，加强与科研院所合作，不断拓展和深化生态建设内容、层次，积极致力于土地复垦和生态恢复新技术、新方法的研制与应用，在对复垦土地综合开发利用、促进失地农民就业等方面进行了规划设计，为平朔矿区建设生态旅游矿区、绿色食品基地、打造和谐矿区提供了科学的指导依据。建矿以来，平朔集团累计投入绿化复垦资金23亿元，完成矿区及周边区域绿化面积6万余亩[1亩=(10 000/15) m^2]，完成井工塌陷区治理面积2万余亩，复垦土地6万亩，矿区土地复垦率达到60%以上，排土场植被覆盖率达到90%以上。“十三五”期间累计投入11.86亿元推进环保工程建设，集中开展矿区环境整治，环境质量得到明显改善，为积极打造“开放平朔、创新平朔、绿色平朔、阳光平朔、共享平朔”奠定基础。

关键词　生态修复；绿色发展；循环经济；绿色开采标准

1　前言

绿色矿山是矿山企业生态文明的具体表现，是社会形态向高层次发展的必然要求。党的十八大以来，习近平总书记多次强调，绿水青山就是金山银山，像保护眼睛一样保护生态环境，像对待生命一样对待生态环境。尤其是在《煤炭工业“十四五”高质量发展指导意见》提出的能源技术革命加速演进，非化石能源替代步伐加快，生态环境约束不断强化的大背景下，绿色低碳已经成为不可回避的使命，绿色矿山建设也成为人类文明发展的必然选择和总体趋势。

从传统意义上讲，煤炭资源的开采必然会对生态环境造成一定的影响，而作为以煤炭资源开发利用为主的特大型国有企业，中煤平朔集团履行社会责任，始终坚持把生态文明建设放在突出地位，不断加大生态环境治理的投入力度，不仅仅强调绿色开采和资源的集约，而且将人本关怀、生态的重建再生、循环利用与生态文化作为打造绿色矿山的重要内容和推动区域又好又快发展的重要支撑，促使绿色矿山建设与生态文化有机结合。

2　建设总则

中煤平朔集团作为中国煤炭工业发展标杆，是我国重要的动力煤基地和国家确立的晋西北亿吨级煤炭生产基地。而中煤平朔集团作为中煤集团的主力单位，在绿色矿山的建设进程中更是有着义不容辞的责任。为了提质增效和尽可能实现资源回收最大化，中煤平朔集团坚持规模效益和节能降耗并重，实现矿区煤炭资源绿色安全高效开采。并且，秉持“开放、创新、绿色、阳光、共享”的发展理念，近年来，中煤平朔集团在矿区长远规划方面，以创造性的思维和勇立潮头的勇气，结合矿区煤层赋存及现有采煤技术特点，坚持以循环经济理念指导产业开发，遵循“减量化、再利用、资源化”原则，坚持“高起点、高目标、高质量、高效率、高效益”，以技术创新为动力，综合开发利用煤炭及共伴生资源、废弃物、土地、水等资源，在做大做强煤炭主业的同时，不断推进废水集约化利用、低热值煤综合利用、高硫煤高效转化、灰渣综合利用、高端产品开发及生态产业发展，构建起“煤矸石—电—冶金—建材”“劣质高硫煤—煤化工”两条工业产业链和以土地复垦为主线的“农—林—牧—药—生态旅游”生态产业链，初步建立起企业循环经济发展模式。

近年来，中煤平朔集团始终把绿色开采与生态环保摆在全局工作的突出位置，坚持采矿与生态修复并重、复垦与生产同步，全力打造“绿水青山就是金山银山”的平朔实践版，致力于做矿山生态修复治理的行业标杆和典范。

3 露天板块

3.1 土地复垦

平朔矿区自然条件比较恶劣，气温低、风沙大、无霜期短，加之露天开采给原本脆弱的生态环境带来的破坏，使生态环境恢复与治理难度增加。平朔矿区露天矿环境保护及复垦工作始终坚持“预防为主，防治结合”的原则，在采矿设计中，坚持采、运、排、复“四同时”工艺，以土地复垦为基础，坚持对土场进行复垦绿化、重新造田工作，大力发展种植养殖业，宜林则林、宜草则草，通过与农林专业科研机构开展深度合作，探索研究塞北地区生态恢复的技术要领，归纳总结出本地区生态恢复的一般规律，制定科学的种植养殖方案，最终形成工业及生态旅游亮点。目前，在已复垦土地上开展了药材种植，并已对矿区和地方政府产生了相当的社会效益和良好的环境效益，具备了发展养殖业和木料加工业的良好条件。图 1 为露天矿到界土场复垦绿化效果图。

图 1　露天矿到界土场复垦绿化效果图

3.2 生态重建

多年来，平朔矿区露天矿通过对适生植物的选择、引种试验，并采用工程生物措施结合、种养结合等技术手段，在生态恢复重建中走出了一条可持续发展之路。

矿区绿化复垦工程的实施，经济、生态、社会效益显著，排土场、工业场地、铁路及其周围的生态环境得到根本改善，有利于矿区职工的身心健康，同时，相应的水土保持工程起到防洪排洪、拦泥拦沙、稳定边坡等作用，既保障矿山安全生产，又避免了对周边区域的影响，不仅使工业场区的植被得以恢复，而且及时使到界排土场恢复植被，使得区域生态环境得到了明显改善。

3.3 节能减排

根据国家相关法律法规，平朔矿区各露天矿对矿区环境进行了综合治理，通过采取多项环境保护措施，在资源开采过程中，缩短排弃运距、减少燃油消耗、降低碳排放，实现了节能降耗。采取了一系列行之有效的措施：

(1) 矸石处理。研究确定煤矸石综合利用后回填物减少条件下的生态恢复治理方案，平朔矿区产生矸石超 2 000 万 t/a，将其全部综合利用于发电和排土场复垦造地，有效降低了废弃矸石对环境的影响。

(2) 剥离土岩处理。目前安家岭矿已全部实现内排，剥离土岩经卡车运输至排土场排卸，降低了土岩对地面的占用，减小了排弃物对环境的破坏。

(3) 防尘及水处理。露天矿矿坑积水主要是大气降水，防排水工作主要集中在雨季。各露天矿主要采用坑下集水防排水系统进行汇集疏导，处理后的复用水用于矿区绿化浇水、防尘洒水等，综合利用率达到 100%。图 2 为矿区道路洒水抑制扬尘效果图。

图 2　矿区道路洒水抑制扬尘效果图

(4) 集中供热。矿区供暖全部实现集中供热，通过利用煤矸石电厂余热资源全面替代原有燃煤锅炉，在改善大气质量的同时，节约燃煤 15 万 t/a。

3.4 控制自燃

加强火区巡查，缩短煤层暴露周期。对于暂时不采区域预留一定厚度剥离物；对于已经着火区域，利用挖掘设备将火煤摊开，用洒水车进行灭火；对于揭露小窑空区采用红黏土进行覆盖，如有着火迹象，采用洒水车及时灭火；对于未揭露的封闭空区，采用三相泡沫进行灭火。

3.5 其他工作

(1) 采用地下运煤半连续工艺，实现原煤高效、全封闭运输

平朔矿区东露天矿从坑下原煤回采工作线至选煤厂的运输距离为 6 km，提升高度为 160 m，如果采用卡车运输，生产成本较高，同时卡车运输还会造成环境污染。采用地下原煤运输系统，大

幅度地降低运输成本和因卡车运输大量燃油对环境的污染，达到以电代油、保护环境、降低成本的目的。

（2）加大边角煤回收，资源利用率高

各露天矿积极开展陡帮开采研究，通过数值模拟分析边坡稳定性，结合“边坡时效”理论，调整端帮参数，通过合理留设顶底板平盘宽度，每年多回收大量端帮煤。对于薄煤层采取“分层分采、单独划分台阶”开采技术，将厚度在 1.5 m 以上的煤层基本全部回收；开采小窑采空区煤层时，采用“一次穿孔，分层开采”的作业方式，使用小设备对杂物进行分拣，采空区年回收杂煤数量客观。

4 井工板块

4.1 塌陷区域治理和复用

按照“谁开发、谁保护、谁破坏、谁治理”的原则，平朔矿区井工矿积极响应国家和地方政府政策，积极开展地表塌陷治理工作并取得了较好成绩。2019—2020 年井工矿完成生产期裂缝治理与采空区地表复垦面积共计 2 080 亩，为当地生态恢复打下了良好基础，在恢复和改善采煤沉陷区生态环境以及周边居民的生活、生产环境方面取得良好效果，目前平朔矿区各井工矿均能按照塌陷区治理计划有序推进土地治理工作。图 3 为平朔安家岭矿矿区图。

图 3 平朔安家岭矿矿区

4.2 优化工艺与设备节能

在矿井规划设计方面，平朔矿区各井工矿开拓井口尽量布置在资源储量中心，以保障电源、水源、运输系统短捷顺畅，避免或减少煤炭反向运输；通过合理划分井田开采水平和阶段，以及在条件允许时尽量加大采区或工作面尺寸，从而减少采区或工作面数量；开拓大巷尽量顺直布置在稳定岩层中，以减少大巷条数和运输环节；针对近距离煤层开采时采用联合布置，以达到节能降耗的目的。

此外，平朔矿区还根据矿井用电负荷，供电系统采用集中与分散相结合的补偿方式进行无功功率补偿，提高供电质量，减少电能损耗。

4.3 资源综合利用

平朔矿区先后制定并完成优质矿井水资源环保开发研究项目，开创清水水源、减少污水排放、分段控制分流的矿井水复用项目。项目的实施有效提升了矿井水质，开创水源，减少地面供水，减少地面污水处理，经无害化处理后的复用水一部分也用于办公及宿舍区卫生用水，真正做到生活污水零排放；同时坚持除建筑和铺装路面以外区域全部绿化，杜绝出现裸露黄土地面，对于绿化面积不够的场地要减少硬化路面以及建筑面积，确保绿化面积达标。做好绿化带的维护保养工作，出现绿化植物死亡等现象时要及时补种。

4.4 矸石充填

2018 年 5 月山西省推行“能源绿色开采”，平朔矿区小回沟煤业因其矸石返井项目被列为首批 5 家示范单位之一。矸石充填项目的推进开展是小回沟煤业开展节能减排、资源利用、保护环境等绿色开采工作的核心，以绿色生态助推小回沟煤业发展的理念为引导，积极践行绿色矿山建设。

5 绿色开采标准的制定

中煤平朔集团生态恢复实践为我国生态脆弱区绿色矿山建设、资源型城市产业转型提供了可借鉴的本土化模式，得到了各级的认可和肯定。2012 年，中煤平朔集团获得了中国环境保护领域最高社会性奖项——中华宝钢环境优秀奖；2017 年，中煤平朔集团与中国地质大学（北京）等单位联合申报的“黄土高原特大型煤矿区 30 年土地复垦与生态重建关键技术及应用”项目荣获国土资源部科学技术奖一等奖。国土资源部土地整治中心、中国地质大学（北京）等单位依托平朔矿区研究成果支撑了《土地复垦条例》、5 部行业标准、1 部企业标准的出台；建立了第一批国土资源部野外科学观测研究基地“矿区土地复垦一山西朔州野外基地”、国家级大学生校外实践教育基地；与中国地质大学（北京）战略合作成立了中国地质大学自然文化研究院平朔分院。

为贯彻落实国家和行业现行相关标准，加快建立矿山绿色开采标准体系，引导采矿工程绿色开采，推进建设“绿色中煤”，中煤平朔集团依据自身生态环保的发展要求，特制定了《矿井（露天）绿色开采标准》与《矿井（井工）绿色开采标准》两项企业内部标准。标准结合矿山开采生产工艺，吸取煤炭行业的先进开采技术和管理经验，从设计源头、生产过程、综合治理等几个采矿全生命周期综合评价，并结合企业自身的情况，尝试研究煤炭资源的绿色开采关键性工程技术问题，深入剖析煤炭资源绿色开采的时代意义、技术体系、技术目标等内容，以期构建适合自身企业的煤炭资源绿色开采的初步框架体系和技术路线，为推进实现绿色能源、低碳经济的发展目标，遵循因矿制宜的原则，实现矿产资源开放全过程的资源综合利用、节能减排、环境保护、土地复垦、企业文化和企地和谐等统筹兼顾和全面绿色发展。图 4 为中煤平朔集团制定的绿色开采标准照片。

6 矿区生态治理复垦绿化

一直以来，中煤平朔集团都在致力于平衡煤炭开采与环境保护。几代平朔人精心营造的复垦生态长廊，已成为朔州大地最为靓丽、最为壮观的一道风景线。但近年来由于排弃到界、土源缺乏、剥离土质等瓶颈制约，复垦工作进度相对滞后，这让平朔矿区生态修复治理任务变得十分艰巨。压力之下，中煤平朔集团从以下几个方面做好生态修复治理和复垦绿色。

图 4　中煤平朔集团制定的绿色开采标准照片

6.1　矿区生态修复治理

（1）全面提高政治站位，坚持生态蓝图绘到底。顶层设计，理念先行。中煤平朔集团向全体干部职工发出号召：在当前形势下，环境保护战略地位之高，发展责任之重，社会关注度之高前所未有，公司上下必须全面把握生态文明建设和环境保护的新理念、新思路、新举措，清醒认识生态环保工作面临的形势和自身存在的困难，切实增强生态文明建设的思想自觉和行动自觉；要充分认识到生态环境保护既是中煤平朔集团高质量发展的内在要求，更是企业长治久安的生存之基，应坚守生态环保底线不动摇，守护好企业高质量发展的绿色本底。通过召开生态环保专题会议、组织观摩交流活动、舆论引导等多种形式和手段，深入贯彻生态环保治理形势任务，教育引导广大干部职工争做生态文明的践行者，坚定了大家打赢生态环保攻坚战的勇气和信心，形成了锲而不舍、绵绵用力、久久为功、善作善成，一代接着一代干的绿色发展共识。图 5 为平朔矿区生态修复治理图。

图 5　平朔矿区生态修复治理图

（2）全面完善制度规划，坚持建设投入方向明。始终把制度建设摆在重要位置，生态环保建设机制日趋完善。相继出台了《生态环境保护管理办法》《生态恢复治理管理办法》《露天矿复垦考核实施细则》等制度，使生态环境治理实现了操作有程序、过程有监控、执行有主体、目标有考核、责任有追究。此外，还将复垦资金列入生产成本或建设项目总投资，建立起生态恢复治理资金保障机制，并逐步加大人力、物力、财力等方面投入。并在 2019 年，依法设立了平朔矿山环境治理恢复基金专户，为企业生态修复治理提供了持续、稳定的资金渠道和保障。

6.2 矿区复垦绿化

(1) 将复垦绿化作为矿区生态修复治理工作的重中之重。近年来，中煤平朔集团根据矿区复垦土地情况、土地属性，按照“地貌重塑、土壤重构、植被重建、景观重现、生物多样性重组与保护”工作思路，持续做好复垦绿化，实现“应复尽复、应绿尽绿”；大力发展绿色产业，实现生态资源永续利用，全力保持中煤平朔集团在矿山生态修复治理方面的行业领先地位，力争早日将平朔矿区建设成为全国生态文明示范矿区。

(2) 精工艺，全面提升复垦质量。坚持成熟运用“剥—运—排—造—复”一体化工艺，将“少占地、造好地、快复垦、利用好”的理念有效贯彻落实到土地复垦工作中去，切实改善了地貌特征，填埋了沟壑，控制了排土场水土流失，利于形成农田。现已开发的农田和苗圃地均达到当地耕地水平，彻底改善了矿区生态环境。现在，平朔矿区复垦后的土地形成了“田成方、林成网、路相通”的高标准景观农田，为后续生产还地及生态产业转型发展奠定了坚实基础。图 6 为平朔复垦绿化图。

图 6　平朔复垦绿化图

(3) 强科技，全面提升绿化成效。加强与科研院校合作，不断提升产学研结合层次，加大科技投入，围绕生态修复治理加强前沿技术攻关，在黄土高原地貌重塑与土壤重构方面进行了深入研究，构建了黄土高原先锋植被与适生植物“草、灌、乔”结合的立体植被生态恢复模式。遵照因地制宜、适地适树原则，发展大环境绿化，切实消灭矿区环境整治死角。经山西省生物研究所调查，平朔矿区现有各类植物 213 种、昆虫 600 余种、动物 30 余种。经有关专家评价，平朔矿区复垦区现有生态系统的生物多样性指标、生产力水平都优于原生态系统。平朔矿区的复垦实践证明，露天煤炭开采虽然对生态环境有很大的影响，但只要企业重视、投入到位，不仅可以恢复原地貌，甚至还能使生态环境优于原生态系统。

(4) 谋转型，全面提升生态效益。在加强生态环境治理的同时，中煤平朔集团积极探索复垦土地的循环利用，大力发展种植业、养殖业、旅游业等生态产业，为企业转型发展注入生机和活力。近年来，先后开展了牛、羊、鸡、猪养殖，土豆日光温室种植、食用菌栽培、中药材种植等试验，已投入上亿元发展现代农业，形成"复垦土地—现代生态农业"资源循环利用产业模式，让复垦土地转化为生产要素，进而获得良好环境效益、社会效益和经济效益。此外，大力发展生态旅游业，加快推进矿区景观、景点建设，切实发挥好旅游业的窗口效应和辐射带动作用，展示企业良好风貌，弘扬和传承平朔优秀文化。

绿色开采生态环境保护责重如山、行胜于言，使命光荣、考验重大。我们将坚定以习近平生态文明思想为指导，切实增强使命感、责任感和紧迫感，始终坚持生态优先、绿色发展，下大力气、用真功夫，全力建设平朔矿区生态屏障，坚决打赢生态修复治理攻坚战，筑牢维护生态安全的"绿色长城"，奋力谱写平朔矿区绿色开采新篇章。

参考文献

[1] 钱鸣高，许家林，缪协兴.煤矿绿色开采技术[J].中国矿业大学报，2003，32(4)：343-348.

[2] 张学民，张潆文.我国煤炭资源绿色开采及其建议[J].中国国土资源经济，2014，27(9)：25-28，43.

斜沟矿区生态环境综合治理技术研究

边俊奇

（山西西山晋兴能源有限责任公司斜沟煤矿，山西 吕梁 033602）

摘 要 为解决超大规模煤炭资源开采与脆弱生态环境保护之间的突出矛盾，以斜沟矿区井上井下生态环境为研究对象，研究了斜沟矿区煤矿高强度开采条件下对生态环境带来的破坏，提出了煤矿井上井下立体生态环境概念，包括煤矿井下生态环境、地表生态环境和矿区大气生态环境，开发了井上井下生态环境治理技术，并在斜沟矿区成功应用。结果表明：① 对煤矿井下通风、瓦斯、粉尘、采空区浮煤、水资源、矸石等进行综合治理，可构建一个良好的煤矿井下生态环境；② 利用地表生态系统的自我恢复能力，辅以人工措施，使遭到破坏的生态系统逐步恢复或使生态系统向良性循环方向发展，打造一个宜人的地表生态环境；③ 对分选装车外运粉尘、锅炉烟气、抽采瓦斯进行治理和利用，打造一个适宜的矿区大气生态环境。

关键词 地表生态；井下生态；大气生态；生态修复

1 引言

我国缺油少气富煤的能源资源特点以及煤炭资源具有可靠、价格低廉、可洁净利用等属性，决定了煤炭作为我国主体能源的地位短时间内难以改变，但按照生态文明建设的总体部署，煤炭开采、加工、利用面临的生态环境约束将日益增大[1-3]。煤炭作为传统能源，发展面临着“煤炭革命”的机遇与挑战。斜沟矿区地处黄土高原地带，生态环境脆弱，矿区建设初期，干旱少雨，多年平均降雨量 360 mm，年蒸发量 2 300 mm；原生植被种类单调，平均植被覆盖率仅 3%～11%，风蚀区面积占总面积的 70%，是国家级水土流失重点监督区与治理区。若采用传统的开采方式，将会导致矿区生态环境严重破坏：地貌、植被破坏，土地风蚀荒漠化趋势加重；地下水资源和生态系统破坏；水土流失、地表塌陷加剧；煤矸石地面堆积污染环境，空气质量恶化。

如何解决超大规模煤炭资源开采与脆弱生态环境保护之间的突出矛盾[4-7]，已有很多学者进行了研究探索。曹代勇等[8]从狭义和广义两方面论述了“绿色煤炭”概念，他认为，应用“绿色理念”开采煤炭和对煤炭进行“绿色加工”，以实现煤炭资源的绿色勘查、清洁开采和无污染使用。胡振琪[9]回顾总结了我国 30 年来在土地复垦与生态重建方面取得的成果，对露天矿、采煤沉陷区、煤矸石山等损毁土地复垦技术进行了反思，提出了系统的生态修复技术。邓念东[10]等为解决榆神矿区日益凸显的煤炭资源开采与脆弱的生态环境保护之间的矛盾，对榆神矿区保水采煤工程地质条件进行分区，实现榆神矿区“煤—水”双资源型矿井的科学开采。祁和刚等[11]认为我国大型矿区开发必须进一步强化绿色发展理念，将绿色环保理念全面落实到资源开发和循环转化的各个环节，要保持环保和发展同步。

很多学者仅研究了地表生态环境治理或者煤矿保水开采，具有一定的局限性，为此在总结提炼斜沟矿区15年多来煤矿开采和地表生态环境治理经验的基础上[12-13]，提出了煤矿井上井下立体生态环境治理技术，为煤炭绿色开采提供借鉴和参考。

2 煤矿井上井下立体生态环境

要解决大型矿区资源开采与脆弱生态环境保护之间的突出矛盾，需要有系统思维和井上井下立体全局观念[14]，故提出了大型矿区煤矿井上井下立体生态环境概念，包括：煤矿井下生态环境、地表生态环境和大气生态环境。斜沟矿区通过多年的研究和探索，逐渐形成了一个煤矿井上井下立体生态环境综合治理体系，如图1所示。

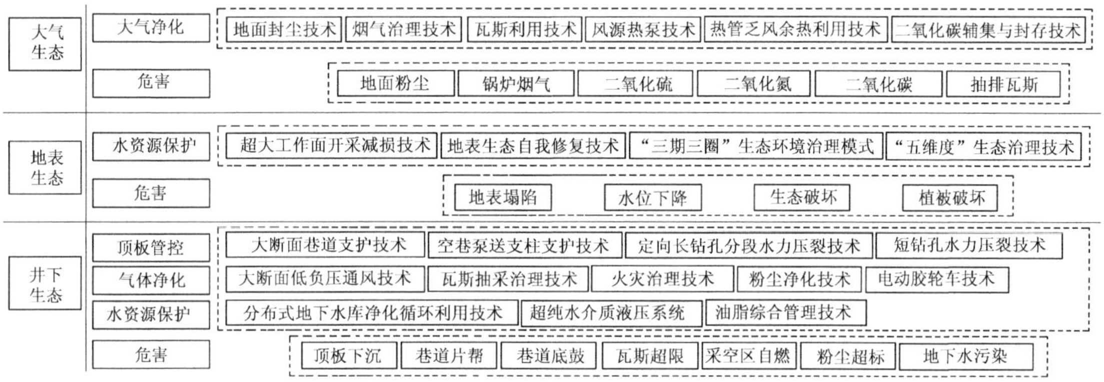

图1 煤矿井上井下立体生态环境治理体系

2.1 煤矿井下生态环境

煤炭的高强度开采势必会造成顶板下沉、片帮、底鼓、粉尘超标、采空区自燃、地下水污染等问题，严重破坏煤矿井下正常的生态环境，严重威胁井下工人的身体健康和生命安全。通过采取有效治理措施，构建一个作业空间安全、少粉尘的煤矿井下生态环境[15-17]。

2.2 地表生态环境

煤炭的大规模开采会造成地表塌陷、植被破坏、地下水位下降。通过研究超大工作面开采减损技术、生态修复技术、生态重建技术等，通过利用地表生态系统的自我恢复能力，辅以人工措施，使遭到破坏的地表生态系统逐步恢复或向良性循环方向发展。

2.3 大气生态环境

在煤矿开采过程中，会产生地面粉尘、锅炉烟气、二氧化硫、二氧化氮、抽排瓦斯等有害气体，如果排放到空气中将对矿区大气环境造成污染，通过采取封尘、瓦斯发电、热管乏风余热利用、风源热泵、烟气治理及二氧化碳捕捉封存等治理技术，打造一个空气清新的矿区大气生态环境。

3 煤矿井下生态环境治理技术

3.1 作业空间顶板管控技术

煤炭开采过程中易产生顶板下沉、片帮、底鼓、冒顶等问题，应强化设计，合理布局回采巷道，研究大断面巷道支护技术，回采巷道顶板，副帮均采用螺纹钢锚杆＋钢筋网＋锚索＋W 钢带支护，正帮采用玻璃钢锚杆＋双层塑料网支护，综采工作面超前支护采用大阻力、高强度液压支架进行支护，有效缓减了超前压力影响范围内顶板下沉、底鼓、片帮等现象。采用泵送支柱＋锚索补强支护技术，解决了综采工作面过大断面空巷难题。采取长、短钻孔分段水力压裂措施对上覆煤柱或坚硬顶板进行卸压治理，消除顶板应力集中问题，治理效果如图 2 所示。建立基于微震监测技术和电液控制技术的矿压大数据分析和预警平台，对采场和巷道顶板和围岩进行监测，制定有效的管控措施，解决了顶板下沉、片帮、冒顶问题，改善了作业环境。

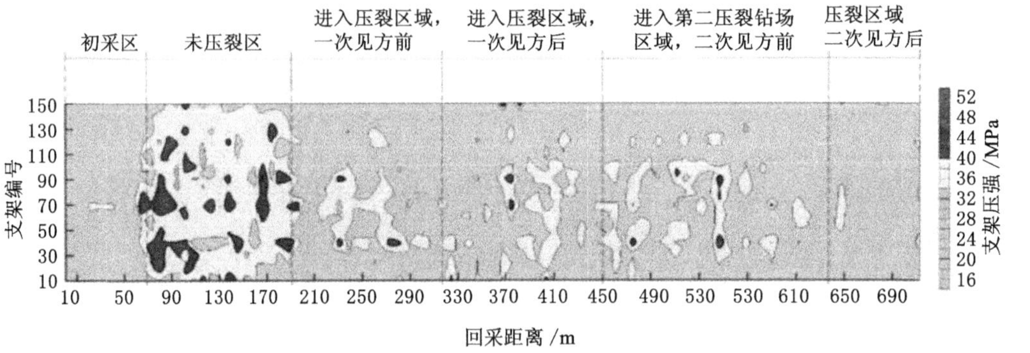

图 2　定向长钻孔分段水力压裂效

3.2 煤矿井下气体净化技术

煤矿井下瓦斯、粉尘、防爆车尾气、采空区涌出气体等构成了井下有害气体生态环境，需要采取有效净化治理措施，净化井下空气环境。

3.2.1 大断面、大风量、多通道、低负压通风技术

结合矿井开拓方式和高产、高效的开采特点，采用“大断面、大风量、多通道、低负压”的通风模式，多井筒进风、分区域回风，通风系统稳定可靠，风量充足有效，实现了降“压”减“漏”，矿井通风能力满足生产需求。采煤工作面多采用两进一回、一进一回的“U”形或三进一回的“Y”形通风方式。双巷掘进工作面采用全风压和局部通风机供风相结合的方式。单巷掘进工作面根据巷道长度选用相匹配的局部通风机供风；针对超大断面单巷超长距离掘进通风问题采用大功率局部通风机配大直径柔性风筒。

3.2.2 火灾治理技术

(1) 内因火灾防治技术。矿井开采的煤种多为气煤，挥发分高(32%～37%)，燃点低(270 ℃左右)，矿井多为浅埋深(30～230 m)、近水平(1°～8°)、近距离(10～58 m)煤层群开采，矿井井田面积大(82.647 7 km^2)，主要巷道沿煤层条带式布置，采高大(1.5～5.4 m)、采场空间大(300 m×5 000 m)、开采过程中地表裂隙(宽度 0.1～2.0 m)漏风，存在采空区自燃危险。采用大断面、大风

量、多通道、低负压的通风模式，从系统上实现降“压”减“漏”。坚持快掘、快安、快采、快撤、快闭的“五快”原则，以实现快速防火。采取少留顶煤、清理浮煤、井上井下堵漏、人工检测、束管监测等综合预防措施，并通过不断优化采掘部署方案，合理设计工作面巷道，采用切顶成巷、沿空留(掘)巷无煤柱开采技术，减少采空区遗煤，从源头上减小采空区遗煤自燃的概率。建成了井上井下预防性注浆防灭火系统。采取地面固定注浆站注浆、地面钻孔注浆和井下二次加压注浆相结合的方式，对工作面区段巷道及其300 m范围内重点区域实施预防性注浆，解决了依靠地面注浆站注浆受限的问题。

(2) 外因火灾防治技术。斜沟煤矿矿井采掘机械化程度高，电气设备多且功率大、电压等级高，井下电缆长度超过4 000 km，输送带长度超过700 km，无轨胶轮车100多台，井下热源和可燃物多，管理不善，易引发外因火灾。针对外因火灾主要从完善消防洒水系统、输送机保护系统和安全监控系统着手，确保各类保护措施齐全有效，重点加强电气保护、车辆防火和可燃物管理。不断完善运输巷、机电硐室、煤仓等重点防火区域的监控传感器设置，优化监测范围。采取局部区域风流调度措施，提高矿井系统抗灾能力。在矿井主运巷和回风大巷之间联巷安设远程自动控制风门，实现远程风流调度，缩小火灾气体波及范围。健全消防系统，完善消防装备，提高火灾防治综合能力。现已装备了1套地面固定注浆系统，5套井下移动注氮系统，5套束管监测系统，1套电缆感温火灾预警装置，安设带式输送机各类保护装置2 860处，敷设消防管路2 330 km，能够满足矿井防灭火需要。

3.2.3 粉尘净化技术

按照“以人为本、预防为主、防治结合”的方针和“源头治理、科学防治、严格管理、强化监督”的总体要求。从采、掘、破、装、运、分选、装车等产尘各环节抓起，采用通风排尘、注水减尘、封闭尘源、喷雾降尘、捕尘网捕尘、风机除尘、清理积尘、提高个体防护标准、开展职业健康教育培训和定期体检等措施，建成了从井下到地面、立体式、全方位综合防尘技术体系，如图3所示。在回采工作面，试验了云雾除尘、导矸槽减尘新技术，从源头上降低粉尘浓度。在10多个掘进工作面推广应用形成了“长压短抽”通风配合干式除尘风机的通风除尘技术，如图4所示，取得良好效果。综掘、掘锚工作面综合降尘率达95%，如图5(a)所示。综采工作面综合降尘率达70%以上，如图5(b)所示。

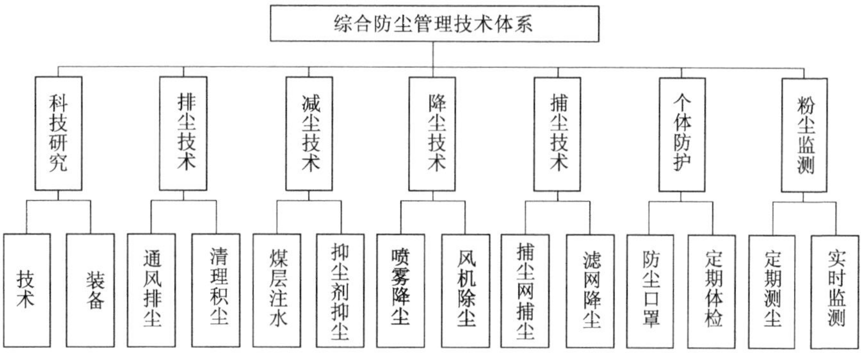

图3 综合防尘管理技术体系

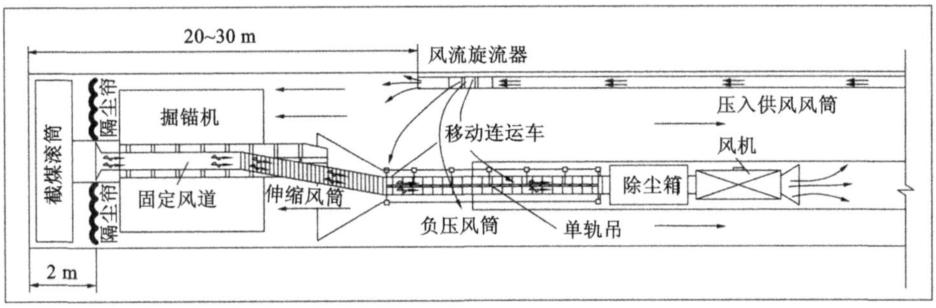

图 4　防尘效图

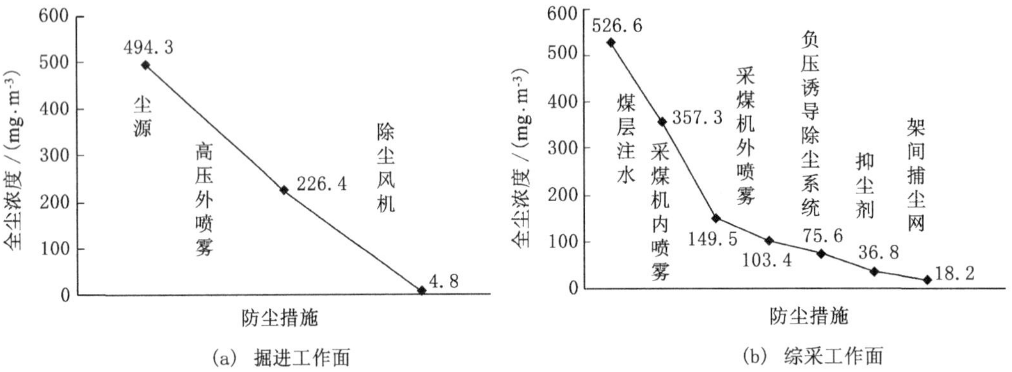

图 5　掘进工作面干式除尘示意图

3.2.4　无轨防爆电动胶轮车

传统的无轨胶轮防爆运输车以柴油机为动力，使用中存在“三高一低一难”(高污染、高噪声、高油耗、低寿命和难维护)等问题。斜沟煤矿组织研发了防爆电动无轨胶轮车，具有零排放、低能耗、低噪音、低故障、高寿命、易维护等优势，百公里能耗成本约 60 元，井下综合工况满载续航里程大于 95 km，出勤率高达 94%，能耗成本仅为同类型柴油车的 13%，杜绝了因使用柴油车辆带来的一氧化碳、氮氧化合物等有害气体对工人造成的伤害。据统计，1 年可减少二氧化碳排放 16 500 t，减少碳排放 4 500 t，减少一氧化碳排放 500 t，减少氮氧化合物排放 70 t。

3.3　矿井水资源保护利用技术

3.3.1　煤矿分布式地下水库净化循环利用技术

对煤矿采空区边界煤柱和回采巷道口进行密闭加固防渗改造，构筑人工坝体工程，建成了充分利用采空区空间储水、采空区矸石对水体的过滤净化、自然压差输水的煤矿分布式地下水库，具有井下供水、井下排水、矿井水处理、水灾防治、环境保护和节能减排 6 大功能。如斜沟煤矿利用 8# 煤和 13# 煤(2 层煤间距约 58 m)的采空区建成了具有立体空间网络的煤矿分布式地下水库工程系统，如图 6、图 7 所示，储水约 710.49 万 m^3。建设煤矿地下水库，化害为利、变废为宝，既解决了矿区供水问题，又减少了矿井水的外排量，保证了矿区的可持续发展。

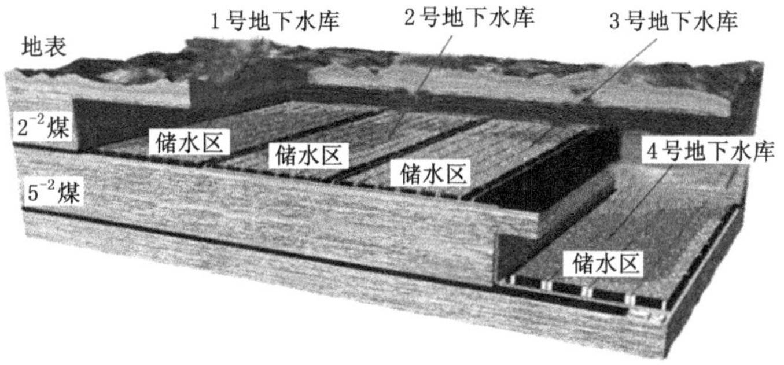

图6　斜沟煤矿分布式多层地下水库群示范工程

(a) 人工坝体

(b) 井下调水泵站

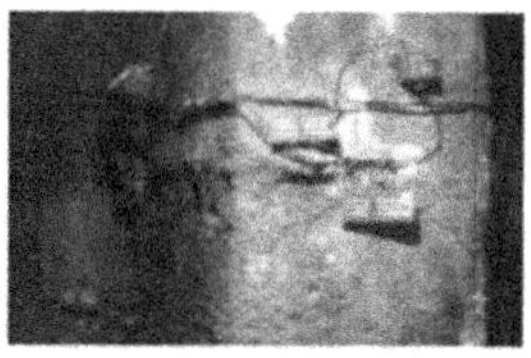
(c) 坝体监控传感器

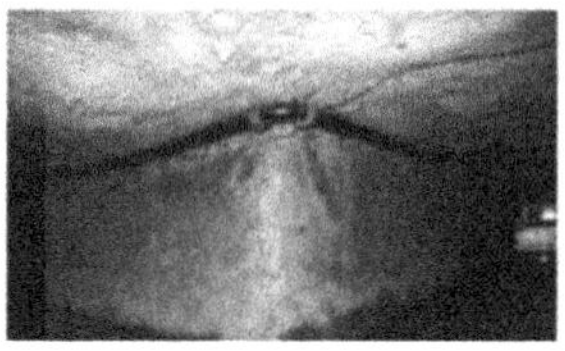
(d) 煤柱坝体

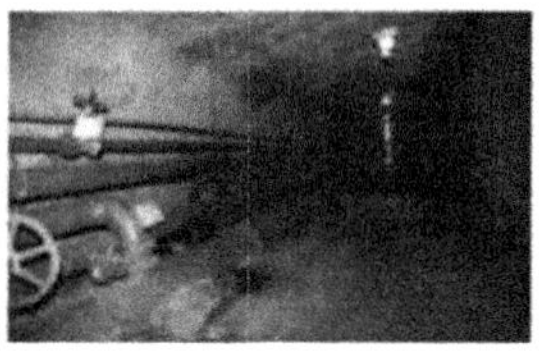
(e) 库间调水管道

(f) 水库安全监控中心

图7　斜沟煤矿分布式多层地下水库示意图

3.3.2　超纯水介质液压系统

为解决综采工作面液压支架乳化液对地下水的污染问题，开展煤矿综采纯水介质液压系统成套技术与装备研究。由于水的润滑能力和防锈性能较乳化液差很多，经过攻关解决了与水接触的零部件表面防锈难，密封表面易磨损导致高压水动密封难以及汽蚀与水锤冲击制约泵、阀的寿命的难题，形成了纯水制备工艺，装备及高效长距离纯水输送技术，智能供液动力系统，纯水液压支架，纯水“三机”（刮板输送机、转载机、破碎机），纯水自移机尾，及智能控制系统等关键技术。纯水介质自动化工作面装备系统组成如图8所示。矿用水源进入纯水制备装置，经过超滤、一二级反渗透和电去离子处理，生产出电阻率不小于15 MΩ·cm的纯水。产出的纯水通过纯水高压泵供给支架及自移机尾的液压系统。纯水制备工艺流程如图9所示。纯水介质液压系统在斜沟煤矿18505综采工作面成功应用，每年可减少乳化液消耗129.78 t，杜绝乳化液对地下水的污染，进一步提高了煤矿清洁生产水平。

3.3.3　井下油脂综合管理技术

为避免油脂对井下地下水造成污染，加强了设备润滑油脂管理。采用小桶分装分运油脂，便于运输和设备加注，在各作业点设置可视化专用油箱柜，放置专用加油器具，从源头上减少油脂污染。发明集中注油装置，实现井下设备集中自动化注油，减少跑冒滴漏。严格管控设备的点检、润滑，按“定点、定质、定量、定期、定人”五定原则管控润滑油脂，加强油脂取样和化验分析

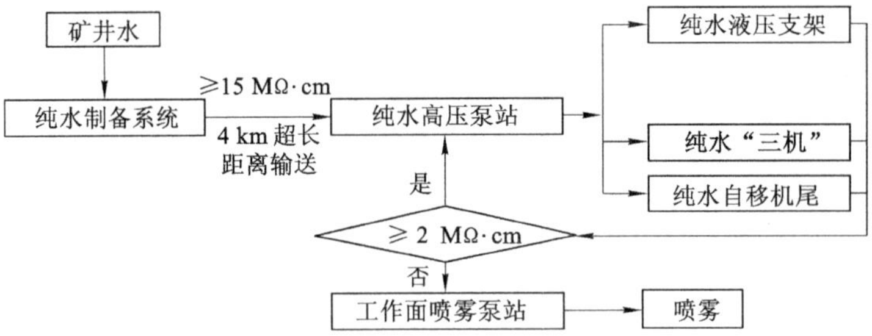

图8　纯水介质液压系统组成

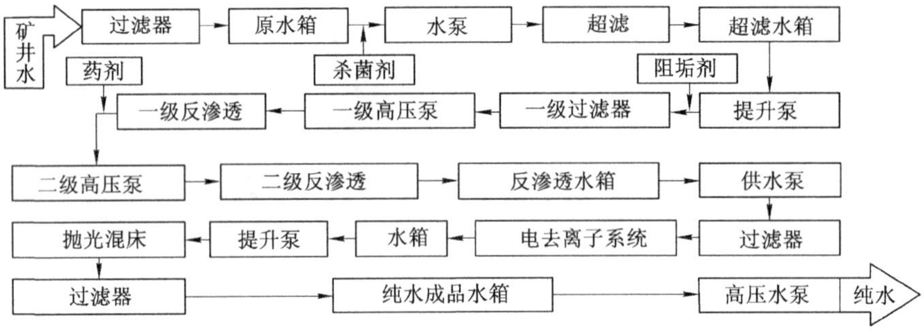

图9　纯水制备工艺流程

管理，实现设备的零渗液和零漏液。同时在井下设置分类垃圾箱，对各类固废及时回收，避免对环境造成污染。

4　矿区地表生态环境治理技术

4.1　超大工作面开采减损技术

煤炭开采导致岩层与地表塌陷是不可避免的，但可以通过改变塌陷方式，有效减轻煤炭开采对岩层与地表生态环境的影响。以煤层赋存条件为基础，布置了加长加宽综采工作面，研发了配套的采掘支护装备，使工作面的走向长度由2 000 m增加到6 000 m，宽度由200 m增加到450 m，采高由4 m增加至7 m。该技术减少了综采工作面布置数量、开采扰动次数和地表边缘裂缝数量，使均匀沉降区增加了40%以上，最大程度降低了煤炭开采对岩层与地表植被生态环境的破坏，如图10所示。

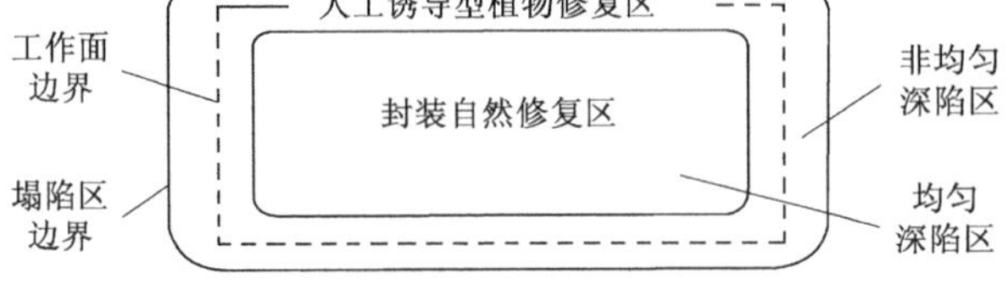

图10　综采工作面开采沉陷区修复

4.2　井下矸石处理技术

传统煤矿开采方式将产生大量的煤矸石，不仅压占土地，污染水源，而且易自燃产生烟尘和有害气体，对环境造成极大危害。斜沟煤矿创新了井下“分层开拓、无盘区划分、全煤巷布置、立交巷道平交化”的无岩巷布置技术，实现了从源头上减少矸石产出，吨煤出矸率由20%下降到5%。同时在井下采用废巷充填技术(利用废弃巷道作为充填空间)，贮矸硐室充填技术(在永久煤柱内开掘井下贮矸硐室，实现煤与矸石置换)，实现了矸石不升井。同时辅以地面矸石回填及矸石资源化利用(发电)，矿区建3座煤矸石热电厂，年处理煤矸石160万～200万t；剩余矸石采用分层堆放、分层覆土、封场复垦绿化等工艺将水土流失较为严重的沟壑改造为可永续利用的良田，避免了矸石山带来的环境污染。

4.3　地表生态自我修复技术

生态系统自我修复是指依靠生态系统的自我调节能力与自组织能力使其向有序方向进行演化，或者利用生态系统的自我恢复能力，辅以人工措施，使受损的生态系统逐步恢复或向良性循环方向发展。煤炭的开采活动，使地表生态受到了破坏，采用野外定点动态研究、遥感监测对比和根管定位监测方法，掌握了开采对地表生态的影响规律，对影响区域土壤和植物等的破坏程度分为轻度、中度和重度。采空区地表范围内，边界裂缝留存地表的时间会很长，原始地形地貌自修复能力比较差，需要辅助人工措施，采空区地表中部均匀沉降区产生的动态裂缝随着工作面推进经过一定周期能自动闭合修复，具有较强的自我修复能力。塌陷对植物的损伤程度依次为杨树最大、沙柳较小、沙蒿最小，3种植物的自修复周期依次为19个月、15个月、10个月。根据受损程度，采用自然恢复、人工与自然修复相结合、人工再造等不同的治理措施，通过现场跟踪观察，地表生态在采后2～3 a逐步恢复到采前状态。

4.4　“三期三圈”生态环境治理模式

面对大规模煤炭开采与脆弱生态环境保护的突出矛盾，斜沟煤矿摒弃了先开发后治理的传统做法，结合脆弱自然生态特征与大规模开采影响，创新“三期三圈”(采前防治期、采中控制期、采后营造期和外围防护圈、周边常绿圈、中心美化圈)水土保持、生态环境治理模式，如图11所示，走出了一条煤炭开采与生态环境协调治理的主动型绿色发展之路。

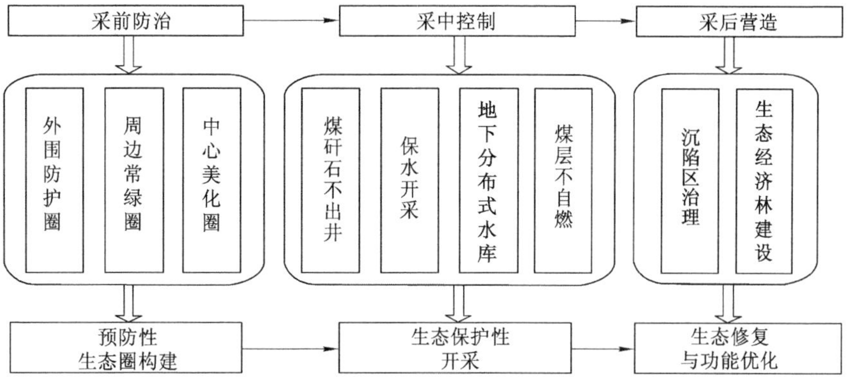

图11　回采“三期”治理体系

“三圈”按矿区生产与生态的空间特征划分：① 外围防护圈。针对矿区外围流动沙地，以优化草本为主、草灌结合的林分结构，打造了面积为 276 km^2 的生态防护林，建成了沙漠绿洲。② 周边常绿圈。针对矿井周边裸露高大山地，优化水土，建设了面积为 42 km^2 的周边常绿林与公路绿化带。③ 中心美化圈。针对生产生活环境，建设了森林化厂区、园林化小区，面积约为 12 km^2，绿地率达 40%以上，植被覆盖度达到了 80%以上，美化了矿区环境。

4.5 “五维度”生态治理技术

斜沟煤矿摒弃边生产边治理与先生产后治理的被动做法，探索出一条以“先治后采、治大采小、采治互动、以采促治、三方共赢”为特征的“五维度”水土保持生态环境建设架构。① 时间维度：在开采之前，控制性治理流动沙地面积 103 km^2；在开采时，及时修复了开采对地表局部生态环境的损伤。② 水平维度：对矿区进行大范围水土保持治理，面积达到 330 km^2，提升了区域整体保水功能，有效控制了开采扰动对矿区生态环境的影响。③ 垂直维度：针对煤炭开采中矿井水、矸石、煤尘 3 大主要环境影响因素，通过采空区过滤净化技术、煤矸置换技术、煤炭采装运全环节封闭技术，结合地面生态修复，有效保护了地表生态环境。④ 资金维度：开发建设之初，建立 0.45 元/t 专项资源用于水土保持工作，在全国煤炭系统中率先建立了水土保持资金长效保障机制。2009 年以来先后使用水土保持补偿费、地质环境与土地复垦保证金等治理费用，形成了以采煤业发展促进生态治理，以生态治理保障采煤业发展的良性循环局面。⑤ 地企维度：斜沟煤矿积极促成“政府推动、农民受益、企业履责”的治理思路，在生态治理的基础上，大力打造经济林，形成了良好的政府、农民、企业三方共赢局面。

5 矿区大气生态环境治理技术

5.1 地面封尘技术

对地面原煤仓、产品仓、装车塔等储装运环节采取全封闭防尘措施，确保了矿区环境清洁。外运煤炭采取固化封尘，车厢喷洒固化剂，每年减少风损 60 万 t，避免资源浪费的同时确保沿线环境清洁。

5.2 烟气治理技术

供热锅炉全部安装脱硫、脱硝、除尘设施，并配套安装烟气治理设施和在线监测设备，确保锅炉烟气的达标排放。在供热集中区启动了百里矿区清洁绿色供热项目，用电厂热源和新能源替换燃煤锅炉，构建全新“煤水电热”产业生态链；在供热相对独立区域新建高效煤粉锅炉，用电锅炉和天然气锅炉淘汰替换燃煤锅炉。先后淘汰、替换 41 台工业锅炉，提标改造 88 台，实现了全部达标排放，每年耗煤量降低 6.2 万 t，二氧化硫排放量减少 42 t，氮氧化合物排放量 38 t，烟尘排放量 91 t。

研发了二氧化碳捕集与封存技术。通过对煤直接液化项目中产生的烟气中的二氧化碳进行捕集、低温浓缩处理，采用罐车运往封存场地，并以高压将其注入指定储层中，封存于覆岩中 4 个不同层位，层位埋深分别为 1 690 m、1 907 m、2 196 m 以及 2 424 m。岩性以砂岩和灰岩为主，储盖层具有完整性高、渗透性低的特征。现已成功完成 3.02×10^5 t 二氧化碳封存，有效遏制温室气体增多，如图 12 所示。

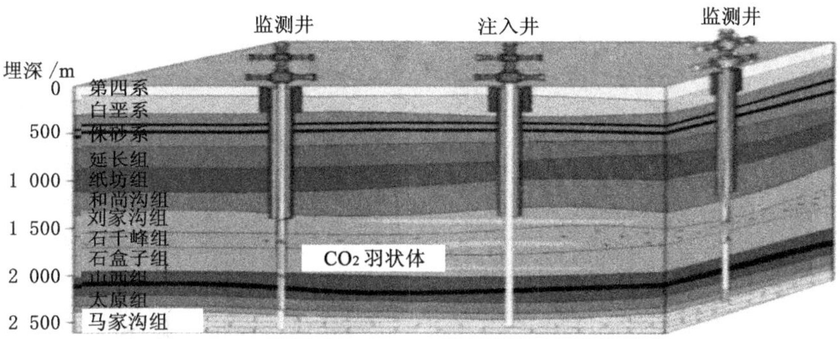

图 12　二氧化碳地质封存及监测示意图

5.3　节能减排技术

采用回风源热泵技术，提取矿井回风中的热能，替换井口加热的燃煤热风锅炉，冬季用于进风井井口防冻供热，避免了燃烧产生的烟尘、二氧化碳和二氧化硫等污染物排放。建成了石吉塔沟回风斜井回风源热泵系统示范工程，减少燃煤 3 600 t/a，减少二氧化碳排放量 9 360 t/a，减少二氧化硫排放量 72 t/a。依据热管高效换热原理，利用低温热管余热回收技术，替代传统的燃煤锅炉，解决了斜沟煤矿进风井的井口防冻问题。每年节省原煤消耗约 8 000 t，减排二氧化碳约 15 000 t，减排二氧化硫约 50 t，减排氮氧化物约 40 t。在矿区广泛应用太阳能路灯、太阳能浴水，在建筑物外表加装保温材料，树立节能就是减排的理念。

6　矿区环境治理效果

6.1　井下生态环境明显改善

井下生态环境的治理取得显著效果，有效减缓了顶板下沉、底鼓、片帮等现象；采煤工作面、掘进工作面粉尘浓度从原有的 526.6 mg/m^3、494.3 mg/m^3 分别降到 8.6 mg/m^3、4.8 mg/m^3 以下；高瓦斯矿井瓦斯抽采率达到 50%以上，实现了低瓦斯回采；无轨防爆电动胶轮车的推广，避免了柴油车辆尾气对工人造成的伤害，提高了井下的空气质量；减少了油脂、乳化液以及各种固废垃圾对地下水环境造成污染。

6.2　矿区地表生态环境良性发展

斜沟煤矿通过始终坚持产环保煤炭，建生态矿区理念和开发与治理并重的方针，累计投入生态环境治理资金 38 亿元，治理面积为 330 km^3；矿区植被覆盖率由开发初的 3%～11%提高到 64%；构建了“山、水、林、田、湖、草”的生态空间结构，植物群落从以油蒿为主的草本群落演替为以沙棘为主的灌草群落，使原有脆弱生态环境实现了正向演替；矿区风沙时间由 25 d 以上减少为 3～5 d，降雨量少且年内年际不均匀现象明显改善，逆转了原有脆弱生态环境退化方向，形成了良性的生态系统，在荒漠地区建成一片绿洲，如图 13 所示。

6.3　矿区大气质量明显提升

对斜沟矿区大气环境的治理，取得了明显效果，根据斜沟矿区空气质量指数(AQI)变化趋势(图 14)，可以看出空气中度及以上污染天气数量明显减少，杜绝了严重污染天气。

(a) 沉陷区生态建设初期

(b) 沉陷区生态建设效果

(c) 柳林基地治理中

(d) 柳林基地治理后

图 13　斜沟矿区生态治理前后对比

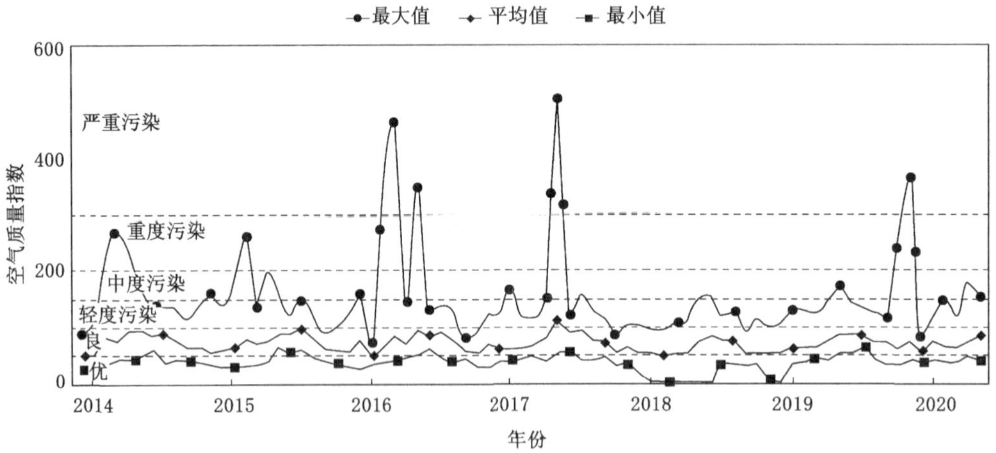

图 14　斜沟矿区空气质量指数(AQI)变化趋势

7　结论

(1) 提出了煤矿井下生态概念，从重构煤矿井下生态环境的角度，针对煤矿顶板下沉、片帮、底鼓、粉尘超标、采空区自燃、地下水污染等问题，并提出了治理技术。

(2) 提出了矿区地表生态概念，掌握并利用了地表生态自修复技术和超大工作面开采减损技术，创新了“三期三圈”水土保持生态环境防治模式，探索出一条以“先治后采、治大采小、采治互动、以采促治、三方共赢”为特征的主动型水土保持生态环境建设道路。

（3）提出了矿区大气生态概念，从矿区大气生态环境重构的角度，提出了锅炉烟气治理、地面粉尘治理和污染物治理技术，实现节能减排目的。

参考文献

[1] 王双明，段中会，马丽，等.西部煤炭绿色开发地质保障技术研究现状与发展趋势[J].煤炭科学技术，2019，47(2)：1-6.

[2] 李树志.我国采煤沉陷区治理实践与对策分析[J].煤炭科学技术，2019，47(1)：36-43.

[3] 文卓，皇甫玉辉，孙天竹，等.我国矿山土地复垦与生态修复存在的问题及建议[J].矿产勘查，2019，10(12)：3076-3078.

[4] 葛书红，王向荣.煤矿废弃地景观再生规划与设计策略探讨[J].北京林业大学学报(社会科学版)，2015，14(4)：45-53.

[5] 邓念东，杨佩，林平选，等.榆神矿区保水采煤工程地质条件分区研究[J].煤炭科学技术，2017，45(9)：167-174，200.

[6] 杨俊哲.神东矿区井上井下生态环境综合治理技术[J].煤炭科学技术，2020，48(9)：56-65.

[7] 杨俊哲，郑凯歌，赵继展，等.浅埋近距离上覆遗留煤柱应力集中灾害压裂治理技术研究[J].矿业安全与环保，2020，47(4)：82-87.

[8] 曹代勇，魏迎春，宁树正.绿色煤炭基础地质工作框架刍议[J].煤田地质与勘探，2018，46(3)：1-5.

[9] 胡振琪.我国土地复垦与生态修复30年：回顾、反思与展望[J].煤炭科学技术，2019，47(1)：25-35.

[10] 邓念东，杨佩，林平选，等.榆神矿区保水采煤工程地质条件分区研究[J].煤炭科学技术，2017(9)：167-174.

[11] 祁和刚，张农，李剑，等.煤矿“短充长采”科学开采模式研究[J].煤炭科学技术，2019，47(5)：1-11.

[12] 张小涛.高瓦斯突出煤层综采工作面注水降尘技术应用研究[J].煤炭科学技术，2019，47(1)：231-236.

[13] 程卫民，周刚，陈连军，等.我国煤矿粉尘防治理论与技术20年研究进展及展望[J].煤炭科学技术，2020，48(2)：1-20.

[14] 顾大钊，颜永国，张勇，等.煤矿地下水库煤柱动力响应与稳定性分析[J].煤炭学报，2016，41(7)：1589-1597.

[15] 王双明，申艳军，孙强，等.西部生态脆弱区煤炭减损开采地质保障科学问题及技术展望[J].采矿与岩层控制工程学报，2020，2(4)：5-19.

[16] 赵艳玲，李素萃，肖武.我国采煤沉陷领域研究现状可视化分析与展望[J].煤炭科学技术，2020，48(1)：202-210.

[17] 毕银丽，王瑾，冯颜博，等.菌根对干旱区采煤沉陷地紫穗槐根系修复的影响[J].煤炭学报，2014，39(8)：1758-1764.

屯兰矿矸石山综合治理工程的应用

王彦峰，邱加林

（山西焦煤集团有限责任公司屯兰矿，山西 太原 030200）

摘　要　煤矸石是采煤过程和洗煤过程中排放的固体废物，是一种在成煤过程中与煤层伴生的一种含碳量较低、比煤坚硬的黑灰色岩石。煤矸石包括巷道掘进过程中的掘进矸石、采掘过程中从顶板、底板及夹层里采出的矸石以及洗煤过程中挑出的洗矸石。屯兰矿年产原煤 350 万 t，产矸量约 70 万 t，排矸场包括南梁矸石场和周寨沟矸石场两部分。长久以来，因排矸引发的矿区周边生态系统破损和功能退化问题日益严重。一方面，煤矸石的粗放式管理占用了大量土地、造成了土地资源的严重浪费；另一方面，富含硫的矸石自燃会带来大气、水、土壤污染等一系列环境隐患，给区域环境质量改善和周边村镇带来较大的影响，亟待解决。本文总结了屯兰矿在煤矸石综合治理方面的成果，对类似煤矿具有一定的借鉴意义。

关键词　煤矸石；治理；生态恢复；自燃

1　概述

山西焦煤集团有限责任公司屯兰矿（以下简称“屯兰矿”）隶属山西焦煤集团公司西山煤电集团，是全国首批循环经济试点单位和国有重点煤矿。屯兰矿作为集团的核心企业对山西的经济发展和国家能源安全做出了巨大的贡献。

煤矸石的粗放堆放压占了大量土地，另外，煤矸石暴露在空气中极易发生酸化、自燃、扬尘等现象，易对矿区及其周边地区的大气、水体等造成严重污染。排矸场易发生滑坡、坍塌、泥石流等地质危害，产生生态破坏、景观破坏，引发社会问题，最终危害矿区的生态安全和人类健康。为了建立环境友好型煤炭企业，以煤炭资源可持续开发利用、保障当地生态环境、经济社会可持续发展为目标，促进西山煤炭业与环境的协调发展。屯兰矿投入大量资金进行矸石山生态恢复治理，截至目前，屯兰矿的矸石山综合治理工作已经取得了阶段性进展，排矸场生态环境得到了有效治理。

2　煤矸石治理工艺

2.1　屯兰矸石场概况

南梁矸石场位于矿区东侧深延沟内，总占地面积约 649 亩[1 亩＝(10 000/15) m^2]，共分为三期，一期购置农村荒沟 89 亩，二期利用南梁村和木瓜会居委会荒沟造地计 132.91 亩，三期利用南梁村荒沟 427.2 亩进行四荒治理，历年矸石堆存量约为 1 000 万 t。

周寨沟矸石场为东南—西北走向荒沟，占地面积约 720.1 亩。周寨沟矸石场于 2012 年 6 月开始运作，至今已排矸近 9 年，形成 13 个平台，矸石累计堆积量约 800 万 t。

2.2 屯兰矸石场治理措施

为了保证矸石山综合治理的最终成功，设计采用灭火措施、护坡措施与生态修复紧密结合的方法，并采取相应工程措施进行治理。

2.2.1 灭火工程

灭火防复燃：灭火施工的主要工艺包括温度勘察、挖除灭火、换填灭火、喷射注浆灭火、深孔注浆灭火等。根据温度勘测结果及现地情况，采用多种灭火方法系统结合的方式进行灭火施工。本次灭火工程采取由下往上、由外围区向核心区（低温区向高温区）逐步推进的方法进行灭火施工，灭火施工流程图见图 1。

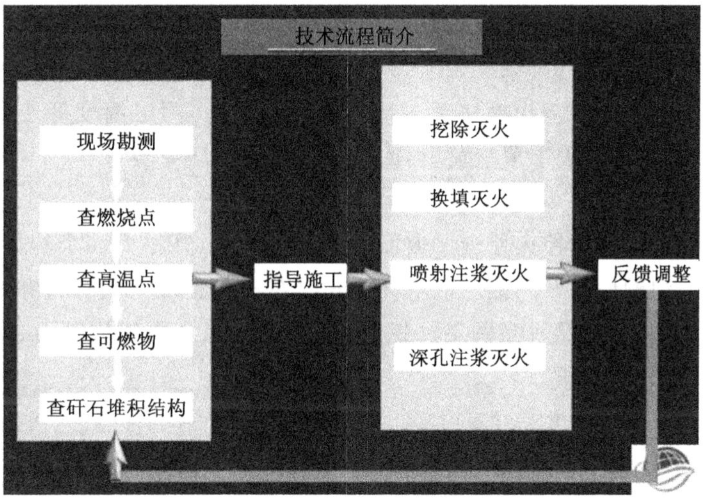

图 1 灭火施工流程图

2.2.1.1 温度勘察

灭火区域、深度的确定：在实施灭火工作前，需要探明燃烧区域的深度、范围，以便准确地进行灭火施工作业，从而做到有效、经济、彻底地扑灭矸石山自燃引火灾害。为确保安全，温度勘测首先利用手持式红外热像仪探测表层温度，然后进一步采用 WRNK 铠装热电偶多次测温，探测燃烧火区中心温度，确定燃烧中心，进行资料汇总。热电偶测温方法：打孔→热电偶插入孔中→等待 7～10 min→测温→记录

勘察方法：采用“品”字形测温法，对高温、燃烧区域进行测温，每隔 1.5 m 打孔测温，测温深度根据矸石山着火深度而定，测温孔分布成“品”字形，测温阶梯深度为 1.0 m（1 m、2.0 m、6.0 m 分别测温），坡面勘测要求每次测温打孔垂直于坡面，保证测温深度。测温打孔采用空压机加气动潜孔钻进行施工，测温孔布置示意图见图 2。

测温结束进行资料汇总，根据测温数据在地形图上绘制温度分布图，标注蓄热区、高温区、燃烧区区域范围，标注高温点。根据勘察的火点的深度、界限、温度变化及矸石粒径、孔隙率，结合现地条件实施相应灭火工艺。在灭火施工过程中对蓄热区进行长时间监测，对高温区、燃烧区进一步测温，指导并检验灭火施工。

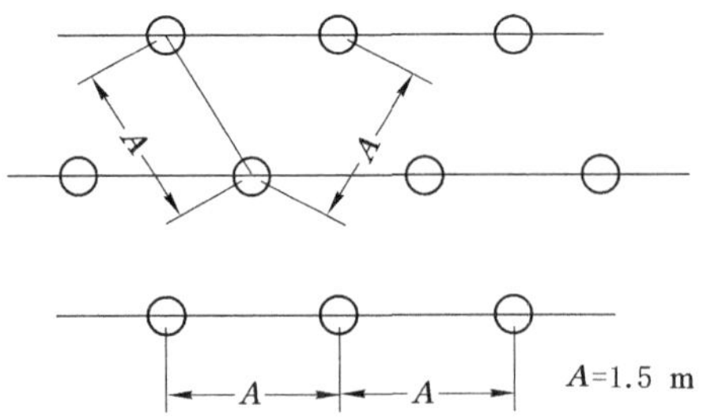

图 2　测温孔布置示意图

2.2.1.2　挖除法灭火施工技术

对燃烧部位呈点状、穴状，燃烧部位集中的区域采用挖除法挖除燃烧点火源和燃烧穴，开挖深度依据燃烧中心的深度确定，开挖完成后马上用液力喷射机将水、石灰、阻燃剂、黄土等配置的特制的浆液喷射到沟槽底部及两侧，以减少有害气体排出，保障施工安全进行。然后用高压泥浆泵将配料站配好的灭火浆液灌注至沟槽底部。待其不再下渗后，测定温度低于临界温度后用矸石、黄土与阻燃剂的混合物回填，表层覆盖黄土，回填过程分层碾压夯实。

2.2.1.3　换填灭火施工技术

换填灭火包括坡面整体防控火处理。坡面开挖分段进行，开挖完一个沟槽马上用液力喷播机将特制的浆液喷射到沟槽底面及两侧。回填 0.5 m 厚左右灰土及灭火材料并进行碾压，灰土比例为灰：土＞3：7，根据着火情况适当调整。挖出的矸石冷却后，中间用矸石、黄土混合物回填，表层覆盖黄土，回填过程分层碾压夯实。

2.2.1.4　喷射注浆灭火施工技术

粗砾堆积区孔隙丰富，大面积粗矸石间隙形成风门，充分的通风供氧会促使上部硫铁矿石氧化放热加剧，及时实施喷射注浆（特制的防火浆）封堵能有效阻止氧化反应的发生，可用鸭嘴喷枪直接喷射，以消除矸石间隙为准。在粗矸石层断面注浆相当于连续的深孔注浆效果，可以阻断空气通道，达到深孔注浆同样的灭火结果。喷射注浆主要施工区域为开挖的坡面。

2.2.1.5　深孔注浆灭火施工技术

深孔注浆点、线、面选择要探明、选准燃烧或高温核心点，充分考虑渗透深度，确定钻孔尺度和布局，注浆要有阻隔连续性。钻孔采用 YQ100E-70 型气动潜孔钻，孔径 85 mm，钻孔深度 250～600 cm；注浆管采用 80 mm 钢管，管长 300～600 cm，前端密布间距 50 mm 出浆孔，孔径 8 mm，呈梅花状布置。钻孔以六个为一组，组成双对位品字形，或以三个为一组，组成“一”字形，连续埋管同时注浆以期形成连续的封堵墙。注浆完成后待热蒸汽逐步消散气压减弱后封堵管孔，回填土层压实，防止形成隐性天窗。

2.2.2　矸石山护坡工程

矸石山山体的稳定与否直接关系到综合治理的成败，同时山体的稳定又保证灭火效果的持续与生态修复的成功。护坡工程主要包括：坡体分级、整理坡面、控制坡度，修建上山（施工）道路，修筑排水渠、急流槽及马道，修建柔性护坡等。

2.2.2.1　坡体削坡分级及道路修整

削坡：矸石山削坡分级总体坡度控制在 30°左右；覆土：削坡完成后，矸石山体表层覆盖矸石与黄土的混合物（含黄土约 75%），以利于植物生长，表层平均矸土混合物厚度为 0.8 m；整形：覆土完成后，进行坡面整形及施工道路修整。削坡整形后表层矸土混合压实，形成一个封闭良好的整体，山体稳定性良好，为植被恢复创造良好条件。坡面削坡分级坡度控制减小了矸石自然堆放坡度，这样既可以使矸石得到一定程度的压实，减小空隙率，又可以减轻冲刷侵蚀。坡体分级后留出斜面使坡面积水随坡面分级排出，如遇小雨，坡面雨水截留入渗，供植物生长；如遇大雨暴雨，积水沿斜面分级排出，可有效减少积水经由矸石的下渗量，减小矸石持水量，减弱或消除矸石山区的地下水污染。坡体分级示意图见图 3。

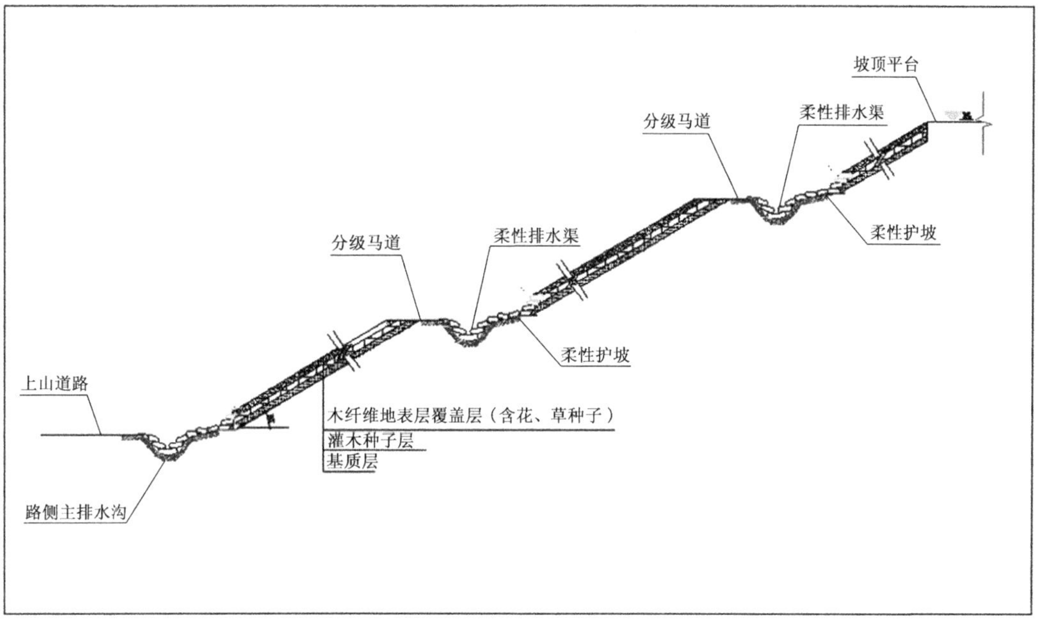

图 3　坡体分级示意图

2.2.2.2　排水系统

为了确保山体稳定，在对坡体进行削坡分级的基础上，还要做好整个坡体的排水系统，加快对径流的排导，减少冲刷、下渗，减轻对坡体的危害。坡体的排水系统包括坡面急流槽、马道柔性排水渠及道路排水。柔性排水系统均采用土工袋、土工膜等柔性材料，坡面排水系统与道路排水系统及原有排水系统相贯通。马道横向柔性排水渠：马道在前期可作为施工便道，之后建立排水渠，其余裸露地方进行植被恢复；矸石山经人工整形后，易发生沉降变形，如采用混凝土或浆砌石构筑排水渠，极易发生断裂。本方案采用土工膜加土工袋构筑柔性排水渠，见图 4。复合土工膜抗拉、抗撕裂、顶破等物理力学性能指标高，产品具有强度高，延伸性能较好，变形模量大，耐酸碱、抗腐蚀，耐老化等特点。土工袋装土压实，层层码放相互压实形成表层利于阻挡和拦截降水的台阶式坡面。此方案可有效保证坡面阻水能力，增加坡体持水能力，减小坡面径流量。

2.2.3　矸石山生态修复

针对矸石山存在的诸多植物生长限制因素（如矸石堆放区 pH 值偏低，植物必须营养元素极端缺乏，气候干旱少雨），根据矸石山植被恢复的成功实践，在矸石山植被恢复工程中按照立地条件分析与评价、基质改良技术、适宜树种选择与规划、植被恢复栽植技术、科学的抚育管理技术和植被恢复的监测与评价等“六阶段”技术模式，根据模式中各个环节之间的关系，适时有效地调整矸

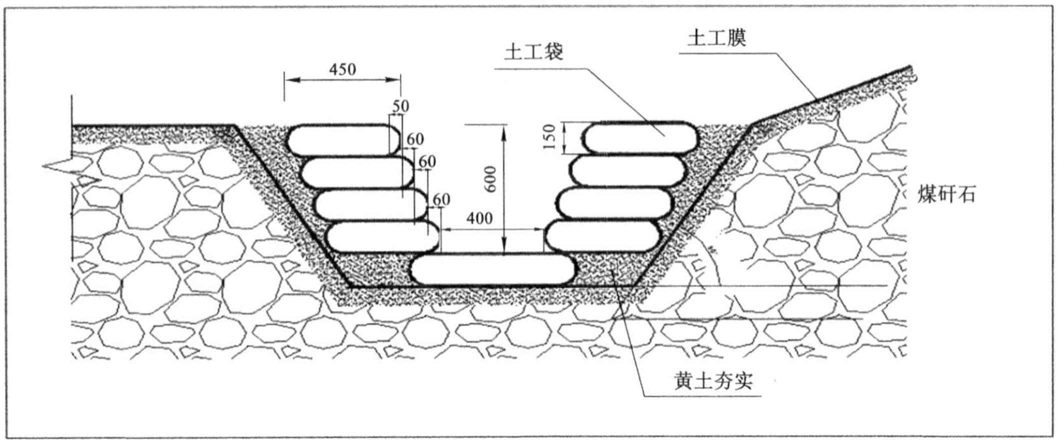

图 4　柔性排水渠示意图

石山植被恢复的工程技术和进度，可以使矸石山植被恢复按照规划设计的目标创建稳定的植物生态系统，使矸石山最终达到治理的效果。

2.2.3.1　立地条件分析与评价

立地条件是指与植物生长发育有关的所有环境因子的总称，是多种多样的气候条件、地貌地形、土壤、水文、生物、植被等因子的综合。矸石山表层风化物的颗粒粗、孔隙性较差，由此导致矸石山土壤的持水和供水能力极差，因此水分条件是限制植被恢复的主要因子。此外，矸石自燃造成 SO_2 等酸性气体释放，导致 pH 值偏低，矸石中含有 Pb、Cu、Hg、Cr 等重金属元素，矸石山区极度缺乏 N、P、K 等植物必需的营养元素，等等，这些都是限制植物生长的因子，均对植物生长构成威胁。

2.2.3.2　矸石山基质改良技术

如前所述，受矸石山地形地貌和表层土壤理化性质的限制，直接栽植植物很难成活，即使成活也难以养护管理，因此矸石山植被恢复工程前必须进行基质改良。矸石山的基质改良技术主要包括物理、化学和生物等改良措施。

2.2.3.3　适宜的植物规划

植物种类的选择一直是矸石山生态修复研究的重要内容。植物种类选择的适当与否是矸石山植被恢复成败的关键，树种的组成以及植被群落的组成和密度是创造良好生态环境的基础。

植物配置就是运用恢复生态学、景观生态学和植被群落理论等原理，对矸石山植被群落的组成、结构和密度等进行设计，创造适宜的植物生存空间，避免种间竞争。植被的群落组成根据多样性促进稳定性的原理，矸石山造林应尽量配置成混交林，以增加植物生态系统的物种多样性和层次结构，增强改善生态环境的功能；植被的群落结构应该模拟天然植被结构，实行乔灌草复层混交；植被的群落密度要坚持效益最优的原则，在树种的规划和配置时要充分重视种间关系，重视树种选择的景观效果，配置合理的密度，使之发挥最大的效益。

根据矸石山实际情况和植物配置的相关原理，确定适宜该地区种植的植物种为：油松、侧柏、臭椿、刺槐、山杏、柠条、榆树、紫穗槐、皂角、二色胡枝子、荆条、羊柴、二月兰、沙打旺、波斯菊、黑心菊、紫花苜蓿、黑麦草及高羊毛等。

2.2.3.4　矸石山植被恢复技术

在矸石山困难立地条件下，采用人为干扰措施，加速基础生态系统向目标生态系统的演替过程。矸石山植被恢复主要通过远程喷射播种植被恢复技术来实现。在坡脚处设置土工袋及植生袋护坡，以加固坡体。通过基质改良，创造适宜植物生长的土壤母质，以人工诱导的方式逐渐向自然演替的过程。本技术借助液力搅拌喷射机实现基质材料层、植物种子层及覆盖层的输送。基质材料根据植物生长特性选择合适配方，以形成恢复植物生长所需的营养土壤层；植物种的选择模拟植被自然演替规律，即由草灌、乔灌向森林化方向演替；倡导从种子开始的最自然的育林方式，而非人工方式的植树，不仅在矸石山坡体表层形成致密的植物群落，利用植物群落发达的主根进一步加固山体，实现自然演替的目标。

3　主要创新点

（1）将矸石山灭火、山体整形与生态修复工程进行有机整合。对于矸石山综合治理而言，彻底的灭火、防复燃是基础，山体整形与截排水布置是保障，生态重建是目标。具体实践中，需把灭火防复燃、山体整形和自然生态系统重建三个环节作为一个系统进行技术集成。三者相互增益、互相制约，缺一不可。同时，把构成各环节的具体实施技术作为二级子系统进行技术集成，将每个环节所包含的具体实施技术作为互相联系的整体，全面耦合、集成，形成有效的技术体系。

（2）将系统测温贯穿自燃矸石山治理的全过程。矸石山的火情十分复杂，探明矸石山火情是进行灭火防复燃的首要前提。矸石山火情的诊断主要是针对温度场进行探测和模拟，划分不同的着火区域和确定着火深度。提出了从表面到深层的逐步逼近式系统测温方法，在屯兰矿自燃矸石山灭火工程中取得良好的效果。

（3）采用集成工艺进行灭火防复燃处理，灭火彻底，防复燃效果稳定。从已有的理论和实践经验总结，认为矸石山灭火防自燃是一个系统工程，需要在认识矸石山火情的复杂性主要规律的基础上，结合实际系统测温、山体整形截排水布置、植被重建等工程，形成有针对性的组合措施，使其相辅相成，协同作用，从而达到有效灭火防自燃的目的。

（4）基于生态恢复学原理对矸石山进行生态修复过程进行高强度人为干预。矸石山生态系统极差，需要在人工干预下，达到期望的演替过程和方向，近自然生态系统重建理念是基于师法自然的思想，根据生态系统演替规律，把大气、土壤、水、动物、植物及微生物作为一个集成系统，通过人为定向干预加速生态系统重建。

（5）基于自适应管理原理对矸石山治理的过程进行精确控制。保证灭火防复燃、山体整形与生态修复过程合理有效。适应性管理主要是针对复杂开放系统的不确定性、动态性、非线性等特征，进行项目可持续管理的理念。由于矸石山是由若干相互联系的内外要素以一定的结构和形式构成的不断变化的复杂系统，不断地与周围的环境发生着物质、能量、信息的传递与交换，因此，项目在设计和施工中基于动态、开放适应性管理理念开展综合治理工作。

4　社会、经济效益

4.1　社会效益

通过实施规划设计的措施，可减轻水土资源的流失和破坏，使生态修复与经济发展协调进行，走上良性循环。

通过本项目的成功实施，完成项目治理各项既定目标，可产生较大的社会效益，主要表现为以下几个方面：

（1）增加美学、旅游价值，有利于当地群众身心健康，突显人与自然和谐相处；

（2）美丽山西、美丽西山，使生态修复与经济协调发展；

（3）改善矿山和地方政府、矿工和农民关系，促进社会安定；

（4）变废弃地为林地、耕地，为当地可持续发展奠定基础。

4.2 生态效益及环境影响分析

（1）项目区彻底灭火防复燃后，将明显改善项目区周边的大气、土壤、水质等指标，为京津冀及周边地区打赢"蓝天保卫战"做出贡献；

（2）基本控制项目区水土流失问题，涵养水源效果明显；

（3）重建一个稳定的生态系统，大大增加项目区的生物多样性水平；

（4）消除坍塌、滑坡、泥石流等地质灾害隐患，造福当地居民；

（5）改善当地局部小气候；

（6）消除项目实施前污染物排放对当地居民的健康伤害，提升当地农副产品的品质；

（7）把固废作为资源封存留于后代。

4.3 经济效益分析

矸石山综合治理属于矿山生态恢复项目，其直接经济效益不明显，主要体现在相对于传统治理方法投入少、使用寿命长，不会因为重复施工造成损失，其经济效益更多体现在环保、生态、社会等长远、可持续的间接经济效益方面。

5 推广应用情况及前景

煤矸石综合治理新模式将治理环节和每个环节下的各治理措施集成为一个系统，通盘考虑、全面组织，将施工与科学研究相结合，遵循 PDCA 科学程序，科学布局治理工序。针对矿区，在具体施工中引入了隔坡反台、柔性覆盖、近自然生态系统重建的技术理念，与常规矿区治理技术相比具有灭火效果持久不复燃、山体稳定和生态系统稳定的特点。

目前，煤矸石综合治理新模式在西山煤电集团屯兰矿已有实践，经过治理后的自燃煤矸石山体，山体温度恢复正常，山体稳定性增加，植物群落的多样性水平与当地自然山体趋于一致，矸石山的自燃风险得到了有效地控制，同时矿山表层土壤及矸石渗滤液中有毒、有害元素含量也大大降低，矸石山生态环境得到恢复，该模式对煤矸石的生态治理模式具有很好的借鉴意义。

参考文献

[1] 常婷.山西煤矿企业排矸场颗粒物排放规律分析[J].山西化工，2016(3)：110-113.

[2] 芦根玲，张博，王毅斌，等.屯兰矿煤矸石综合治理模式研究[J].现代矿业，2020(6)：209-212.

[3] 王亚文，王晓军，王兵，等.基于系统测温的矸石山自燃状况评估方法[J].煤矿安全，2017，48(9)：167-170，174.

[4] 宫有寿，李广强，王晓军，等.适应性管理下的自燃矸石山治理：以乌海美方矿为例[J].山西林业

科技,2016,45(1):1-4.
[5] 程功林,陈永春.煤矸石山的危害及植被生态重建途径探讨[J].煤田与地质勘探,2009,37(4):54-56.
[6] 康宁.矸石山综合治理工程应用实践[J].中国环保产业,2015(6):39-42.
[7] 安永兴,梁明武,赵平.煤矸石山综合治理技术模式与实践[J].中国水土保持科学,2012,10(1):98-102.

山西焦煤环保产业转型发展调查研究

薛国杰，刘丽强，罗永超

（西山煤电环保绿化分公司，山西 太原 030053）

摘 要 随着政府对环保问题的重视和环保政策的加强，煤炭开采带来的环境破坏及污染问题日渐突出，环保问题逐渐成为制约煤炭企业进一步发展壮大的主要问题。文章通过调研山西焦煤五个子公司环保现状，以西山煤电环保绿化分公司由林业向环保转型的成功实例，探究山西焦煤环保产业发展模式，以期为携手打造新焦煤环保领军企业、建设新焦煤环保产业科研平台、搭建新焦煤全产业链环保生态圈，加快环保专业服务公司与新焦煤发展总目标的匹配速度，提供参考价值。

关键词 环保产业；现状；转型发展

山西焦煤集团有限公司（以下简称“山西焦煤”）按照省属国资企业“六定”改革要求，以“聚焦主业、深化改革、全面变革、创新发展”为具体路径，进行资源重组、组织重构，而企业内部环保工作却仍一直依附于新焦煤主体产业，性质与所在企业同根同源，和环保产业链严重脱节，不仅观念落后、技术掉队，甚至多数在企业内被定性为“负利运作”，靠企业“补贴”存活，不具备行业竞争力。与国家绿色发展理念，与新焦煤加快建设具有全球竞争力的世界一流炼焦煤和焦化企业目标存在差异。西山煤电环保绿化分公司（以下简称“西山煤电”）具有矿井水综合治理与利用、煤矸石山综合治理与矿区生态修复治理、中高端植物种植与开发等多项发展环保产业的技术，但规模较小，未形成产业化运作，若能抓住新焦煤改革机遇，创新理念，主动对山西焦煤内部环保产业进行优化整合、集群发展，将会全面推动新焦煤环保产业智能化升级、精益化管理、高端化发展，开创新的经济增长点。

1 山西焦煤环保产业现状及存在的问题

1.1 矿井水及生活污水处理与利用

山西焦煤矿井水及生活污水处理厂共计 130 个，日处理能力为 50.97 万 t，中水复用量 5 306 万 t/a，处理水量 8 034 万 t/a，运营费用测算值 2.41 亿元/a。西山煤电共计 34 个污水处理厂，其中 19 个污水处理厂均委托西山煤电环保绿化分公司运营，其余污水处理厂由矿方自主运营或企业外部公司运营。汾西矿业共计 48 个污水处理厂，其中双柳、中兴、正令、和善 4 个污水处理厂由企业外部公司运营，其余 44 个污水处理厂均由本单位运营。霍州煤电共计 39 个污水处理厂，全部自主运营。华晋焦煤共计 8 个污水处理厂，其中吉宁矿矿井水和生活水处理厂由企业外部公司运营，其余均由本单位运营。山西焦化共 1 个污水处理厂，由企业外部公司运营。调研数据见表 1。

表1 山西焦煤污水处理厂现状调查表

名称	数量/个	处理能力/(t/a)	中水复用量/(万 t/a)	运营费用/(万元/a)
西山煤电	34	170 312	1 939	6 900
汾西矿业	48	138 124	1 048	5 000
霍州煤电	39	164 860	2 046	6 000
华晋焦煤	8	27 984	151	500
山西焦化	1	8 400	122	5 700
合计	130	509 680	5 306	24 100

注:运营费用为矿井水运营费用测算值,按照3元/t进行测算。由于生活污水处理厂即将移交,且生活污水水量较小,因此运营费用未测算;山西焦化运营费用是2019年的实际统计数据。

山西焦煤矿井水主要处理工艺:沉淀、过滤、膜法;生活水主要处理工艺:活性污泥法;焦化废水主要处理工艺:A2/O2+反渗透。目前,大部分污水处理厂设施设备陈旧,维护保养不专业,部分处于“大修大建”的状态,勉强维持运营,专业管理与技术人员欠缺,水处理成本较高,水资源化利用率较低,造成水资源浪费。西山煤电环保绿化分公司接管运营西山煤电所属19个污水处理厂,深入研究矿井水深度处理及水资源优化配置,通过技术改造弥补工艺缺陷,通过调查分析评价排水水质特征、产业分布、用水途径、用水需求,确定了就近便利、分片输水、集约优化、资源共享、分质利用的技术路线,减少了污水排放,节约了污水排放费用,一定程度缓解了矿区生产、生活用水紧张的局面,有利于矿区环境。

1.2 矸石山治理现状

山西焦煤矸石山共计113座,其中,西山煤电29座,汾西矿业49座,霍州煤电28座,华晋焦煤7座,占地规模共计1 245万 m^2,治理费用测算值共计5.6亿元。调研数据见表2。调研结果表明:山西焦煤矸石山堆体大多为自然倾倒形成,均不同程度存在先期排矸不合理,底部矸石颗粒较大,含硫量较高,未经系统综合治理或治理不彻底,存在自燃或复燃现象,对环境影响较大,政府环保压力较大。山西焦煤矸石场仍存在未进行分层覆土或护坡绿化、无截排水设施、坡面坡度较大、雨水冲刷严重、库容将满或已满、征地困难等问题,易导致泥石流、滑坡、汽爆等地质灾害的发生,存在安全隐患,亟须进行灭火治理、修建截排水设施、生态环境修复治理,消除安全隐患。推广实施煤矸石返井充填、土地复垦利用、生态修复治理将是煤企矸石山治理的一项重要任务。

表2 山西焦煤矸石山治理现状调查表

名称	数量/座	占地规模/万 m^2	治理费用/万元
西山煤电	29	482	22 000
汾西矿业	49	336	20 000
霍州煤电	28	379	12 000
华晋焦煤	7	48	2 000
山西焦化	—	—	—
合计	113	1245	56 000

注:治理费用按20元/t测算,包含煤矸石拉运费以及黄土覆盖、边坡治理、排水渠修建、绿化等费用,不包含矸石堆场占地费。

1.3 电厂(烟气)脱硫除硝现状

山西焦煤电厂(烟气)脱硫除硝设备共计19套,治理费用测算值共计3.887亿元/a,调研数据见表3。主要污染源均为锅炉烟气,污染物种类主要是烟粉尘、二氧化硫、氮氧化物。主要运行工艺:电袋除尘器+湿式电除尘器+炉内喷钙、石灰石/石膏湿法脱硫+SNCR、SCR联合技术脱硝,均能达标排放。其中,西山煤电30万kW以上机组环保设施由企业外部公司运营,其他均由本单位运营。

表3 山西焦煤电厂(烟气)脱硫除硝调查表

名称	数量/套	治理费用/(万元/a)	污染源
西山煤电	11	34 000	锅炉烟气
汾西矿业	2	2 000	锅炉烟气
霍州煤电	2	2 000	锅炉烟气
华晋焦煤	3	120	锅炉烟气
山西焦化	1	750	锅炉烟气
合计	19	38 870	

注:西山煤电的治理费用为11套脱硫除硝装置中30万kW以上机组每年委托运行费用和热电的运行费用;汾西矿业电厂、霍州煤电治理费用为每年材料、药剂、电费等;华晋焦煤治理费用由华晋焦煤提供;山西焦化1套电厂脱硫脱硝治理费用为2019年实际发生的费用。

其中,西山煤电古交西山发电有限公司仅2019年全年脱硫使用石灰石21.75万t,费用约1 630万元;脱硝使用尿素6 340 t,费用约1 268万元。

1.4 粉煤灰综合利用现状

山西焦煤粉煤灰库共计6座,年产生量共计380万t。其中,西山煤电粉煤灰库4座,粉煤灰产生量为320万t/a,粉煤灰年综合利用量为90万t,主要用于水泥建材、筑路等。调研数据见表4。西山煤电古交电厂2020年粉煤灰利用量为72.8万t,其中,12万t用于古交二环修路,56万t用于水泥搅拌站,4.8万t用于制作砌块砖,粉煤灰外销单价约8元/t,产值约450万元。汾西矿业由灵石县灵泉建材有限责任公司进行综合利用,年综合利用量为10万t。粉煤灰综合利用均存在利用率低,甚至未综合利用的现状,未来综合利用空间及收益较高。

表4 山西焦煤粉煤灰综合利用现状表

名称	数量/座	粉煤灰产生量/(万t/a)	年综合利用量/(万t/a)
西山煤电	4	320	90
汾西矿业	1	20	10
霍州煤电	1	20	—
华晋焦煤	—	—	—
山西焦化	—	—	—
合计	6	380	100

山西省国资国企改革以前所未有的力度加快推进,企业“六定”改革已基本成型,确保安全生

产与环保安全是一项重大政治任务，安全管理与环保管理工作并重，但目前部分环保管理制度并未得到充分的落实，有些只停留在口头上、文件上，具体体现在：山西焦煤环保产业运营管理多数依靠企业外部公司运营，其队伍素质水平参差不齐，且管理存在缺陷，面临瓶颈危机；本企业环保专业技术人员越来越少，对外部运营公司依赖越来越大，本企业抵御环保风险能力欠缺；原有环保设施设备陈旧、落后，后续环保资金投入不足，无法及时更新，部分环保设施设备勉强维持运行状态；环保资金保障得不到完全落实，相关环保资质申领受限，环保技术开发项目得不到充分开展等，极大影响了山西焦煤环保产业的发展，更与新焦煤建设国际一流企业目标相差甚远，严重不对称。

2 山西焦煤环保产业转型发展建议

本文通过对西山煤电环保绿化分公司近五年的成功转型发展模式进行研究，为山西焦煤环保产业转型发展提供参考。西山煤电环保绿化分公司前身为西山煤电林业处，成立于1972年，2016年11月30日，根据转型发展需要，成立西山煤电环保绿化分公司，进军环保产业，主营业务为矿井水处理运营、园林绿化及生态修复治理项目、中高端种植与开发。

2.1 主动出击，担当作为，有力推动转型发展

西山煤电环保绿化分公司根据“瞄准市场，转型发展，多头并举，稳步推进”的总体部署，主动作为，依托市场，实现污水处理、园林绿化及生态修复治理、中高端种植三条环保产业主线同步发展。面对资金短缺、环保专业技术人员缺乏、行业跨度大等困难，在两级集团公司的政策支持下，通过转变思想、技能培训、机制变革、党建引领等扎实工作，通过甲方到乙方的角色转变，以专业的管理和运营服务，赢得了集团公司及矿方的信任，有力推动公司转型发展。

2.2 践行契约，“放管”结合，管理水平有效提升

通过制定《契约化管理实施方案》，“放管”结合，建立经济、服务、安全、生产、环保、科研、党建等八项考核制度。充分运用激励和压力双重政策，按月度实行百分制考核，严格按照契约约定兑现。效率、效益、人均工资明显提高，任务、收入、利润指标明显上涨，干部职工工作积极性、主动性明显增强。

2.3 聚焦目标、关注质量，四化建设稳步推进

西山煤电环保绿化分公司按照“专业化运营，精益化管理，市场化运作，规模化发展”的四化建设目标，2020年全年处理矿井污水1 842.4万t，处理生活污水89.9万t，全部达标复用或排放。通过创新机制，打破身份壁垒和工种界限，采用“一人一卡”工作确认法。通过严格培训，考核上岗，采用“请进来，走出去”的方式，聘请大学教授和省内外技术人员授课，同时带领干部职工参观市污水厂、山西焦化污水处理厂，对标学习。通过编制环保专业题库，即考即取，严格奖惩。通过制定完善的考核细则，公司所有运营污水处理厂已全面建成放心污水处理厂，屯兰污水处理厂已建成标杆污水处理厂。

采取内部挖潜措施，在保证出水水质达标的前提下节支降耗。针对污水处理厂的工艺运行缺陷，制定合理化改造方案与矿方积极协调，鼓励人人参与，发挥创造力，完成技改20余项。通过安装无人值守监控系统、污泥回流系统、曝气系统、在线监测系统、自动加碱系统等自动化控制系统，既节约了人工，又降低了生产成本。通过与太原科技大学合作开发“污水处理数字信息管理系

统”,与太原理工大学合作科研项目“矿井水处理中聚丙烯酰胺PAM残量检测研究”,通过远程数据传输与药品单耗考核相结合,2020年1月至2020年10月,污水处理药剂总使用量较上年同比降低30%,节约成本300万元以上。

在园林绿化及生态修复治理项目中通过采用先进的柔性治理模式,坡面播撒草籽、坡面及马道种植绿植,提高了绿植成活率,增加了土地资源,马兰矿、镇城底矿、西曲矿等矸石山生态修复治理颇见成效,多次受到古交市政府的表扬,并多次接待上级领导的调研。

在中高端种植与开发中,油用牡丹项目2020年采收种子6 000余千克,实现销售额16.9万元。西山煤电环保绿化分公司充分发挥规模化优势,在筑牢安全环保的基础上,不断提升公司环保产业核心竞争力和环保专业品牌影响力,为拓展山西焦煤环保产业新业务打下坚实的基础。

2.4 加强党建,提升素质,生产经营紧密融合

西山煤电环保绿化分公司党总支以十九大精神为指针,以“十四五规划”为发展方向,深入贯彻落实两级集团公司党委会精神,扎实落实“党建+制度”建设,提高“四个”站位,充分发挥党建引领和战斗堡垒作用。紧密围绕公司“精益化管理”目标,不断提质增效,扎实推进公司水处理、环保配套及生态恢复项目技术创新工作,加速技术创新成果转化,生产经营紧密融合,为建设现代化环保企业提供有力支撑。

3 山西焦煤环保产业未来发展探索

面对当前环保产业发展现状,为迅速补齐发展短板,打破发展瓶颈,结合西山煤电环保绿化分公司有益尝试和对相关产业发展成功案例分析,提出以下措施。

3.1 以先进环保技术为依托,实现环保的产业化

在新焦煤政策支持和引导下,努力拓展矸石山等固废处理、水处理、大气、生态修复、绿色矿山建设等环保业务,通过技术研发创造对煤炭开采过程中形成的如煤矸石、粉煤灰、矿井水、其他伴生矿产资源等附加产品进行综合利用,使与之相关的资源、设备、技术等同步实现产业化运作。通过专业优势共享,筑牢环保红线,打通企业体制上的瓶颈、瞄准新焦煤在环保产业的发展方向,以科技创新为源头,打造新焦煤环保产业专业服务公司,提升环保产业集群发展力和竞争力。以产业链和创新链协同发展为途径,培育新模式,发展特色环保产业集群,带动区域经济转型,形成新焦煤环保产业创新经济集聚发展的新格局。

3.2 发挥煤企区块链优势,实现环保产业智能化

深入贯彻落实习近平总书记“四个革命、一个合作”能源安全新战略,坚持不断提升新焦煤环保产业的技术含量和自动化程度,加快推进煤炭行业供给侧结构性改革,推动智能化技术与煤企环保产业融合发展。围绕环保法律法规相关要求,坚持开展技术升级和技术改造,全面实现自动化控制。通过打造焦煤内部互联网大数据平台,构建焦煤环保产业区块链,利用智能化、互联网+、大数据、云计算、数字孪生等物联网技术,实现环保设计、采购、施工、运营全产业链的线上服务,推动企业融入“环保产业互联网+”管理,解决企业内部环保产业发展效率低、效益低、监管难、公众参与率低等问题,为企业缩短工期和降本增效,实现环保产业规模化和智能化发展,持续增强新焦煤环保产业核心竞争力。

3.3　以转型发展为契机，实现环保产业现代化

按照山西焦煤“三个三年三步走”发展战略和西山煤电“三个领先”发展目标，以转型发展为契机，积极参与企业混改，在企业内部推广和复制精益化管理和资本运作经验，对标一流、树一流标杆。推动体制革新升级、提升经营管理水平、盘活经营性资产、拓宽经营领域、优化资本结构，引入金融服务支持，充分发挥资源优势和保障优势，弥补企业业务单一且经营能力不足的缺陷，实现专业优势共享。快速拓展和完善环保产业多元化经营领域，推动环保企业相关资质的获取和在融资上市中实现盈利，提升企业在环保产业和业务领域的竞争实力，实现企业优势互补、协调发展。通过构建环保产业现代化管理体系，建立企业在环保产业市场化的激励和约束机制，发挥企业能动性，进一步盘活企业经营性资产，提升国有资产运营效率，降低企业经营管理中的风险，实现环保产业现代化管理。

安全生产和环保工作是煤炭企业生产经营中最重要的工作，为实现新焦煤国际一流发展建设目标，可以通过完善、复制环保行业成功转型经验，构建政策支持体系，以精益化管理强化低成本核心竞争力，以全方位全流程控制提升煤企生存能力，以环保产业集群发展获得更高标准的环保效益和经济效益，充分应对未来的机遇与挑战，实现新焦煤环保产业发展提档升级。

参考文献

[1] 赵建泽.以精益化管理推动高质量发展[N].山西日报，2020-01-20(009).

[2] 刘振欣.华丰煤矿环保产业化发展模式研究[D].青岛：山东科技大学，2008.

[3] 周学双，赵秋月.对我国煤炭利用与煤化工产业发展的环保思索[J].中国煤炭，2009，35(11)：106-109.

[4] 席旭东.矿区资源循环利用模式研究：矿区生态产业链结构设计[M].北京：煤炭工业出版社，2006.

[5] 曾贤刚.环保产业运营机制[M].北京：中国人民大学出版社，2005.

[6] 刘宇航，王小平.我国环保产业数字化升级驱动模式与对策[J].现代企业，2021(2)：74-75.

矸石山综合治理技术应用与研究

崔瑞军，马晓峰，连明洁

（山西汾西矿业（集团）有限责任公司柳湾煤矿，山西 孝义 032300）

摘 要 柳湾煤矿二号矸石山位于柳湾煤矿工业区南侧的一条荒山沟内，由于占地面积小、使用年限长，加上企业过去对矸石的处置缺乏专业设计理念，导致矸石顺坡倾倒、裸露堆放。长年露天堆放以及气候、土壤等原因，不仅有发生滑坡的危险，而且局部煤矸石也存在发热、自燃的现象，给周边群众及矸石山作业人员的日常生产、生活带来了一定的安全隐患。为此，柳湾煤矿开展了二号矸石山综合治理工程，通过开展坡体分级、整形削坡、柔性排水渠建设、马道设置、柔性护坡和急流槽修建、坡体覆土工程、温度勘察及灭火施工、植被恢复、灌溉工程和养护等措施，二号矸石山面貌得到了极大的改观，充分践行了绿色发展理念，将矸石山变成了风景优美的生态景观，实现了经济效益和生态效益相统一。

关键词 矸石山；综合治理；坡体工程；灭火；植被恢复

2020年我国煤炭产量39亿t，占能源消费总量的57.7%。据计算煤矸石排放量约占原煤产量的15%～20%，另据不完全统计，我国现存大小矸石山5 000余座，大量的矸石山不但浪费了土地资源，而且其自燃释放SO_2、H_2S、CO等有害气体和烟尘，雨季易发生滑坡、坍塌等灾害事故，造成不同程度的水土流失和生态破坏等问题，给周边群众及矸石山作业人员的日常生产、生活带来了负面影响。

1 工程概况

1.1 矸石山现状

柳湾煤矿二号矸石山位于柳湾煤矿工业区南边的一条荒山沟内，于1986年启用，使用年限长、占地面积小，矸石山的北面、南面、西面已经停止排矸，矸石堆放区约125 000 m^2，此区域已形成了南北两个坡面，北边坡面落差约100 m，南边坡面落差约40 m。图1所示为矸石山卫星地形图。

1.2 矸石山存在问题及治理必要性

1.2.1 安全问题

矸石排放场通过将矸石提升到地面，再由胶带运输至矸石山顶，平均起堆高度为20～100 m，其自然安息角绝大多数大于40°，一旦发生滑坡，必将对矸石山下侧的道路、附近村庄及周围环境带来严重的影响，容易造成人员伤亡及财产损失。

图 1 矸石山卫星地形图

1.2.2 环境问题

由于过去处置矸石时缺乏专业设计理念，导致矸石顺坡倾倒、露天堆放，造成了一定程度的污染，主要表现在以下几个方面：

(1) 水污染问题。由于矸石山启用时未采取防止雨水进入矸石山内部的措施，雨水下渗后形成淋溶水，造成周围水体污染。

(2) 大气污染问题。该矿煤矸石含硫量较高，自燃情况严重，可能会释放出有毒有害气体；同时矸石山堆裸露，大风天气表面起尘，对周围大气环境存在影响。

(3) 水土保持问题。本矸石山启用时未采取任何水土保持措施，松散堆填的矸石山受雨水侵蚀，极易发生滑坡、泥石流及其他水土流失危害。

(4) 生态及景观问题。矸石裸露松散堆填，形成了光秃、黑色、荒凉的矸石山环境，严重影响区域生态形象。

1.2.3 治理必要性

综合上述因素，柳湾煤矿决定对此区域矸石山进行综合治理。主要采取以下措施：

(1) 工程措施。在矸石山坡脚设置护坡工程，矸石山进行坡面整形，整形后覆土，坡面设置马道及排水渠，矸石山坡顶设置排水渠。

(2) 灭火措施。针对矸石燃烧分布区域，采取相对应的灭火措施，使其不再自燃，达到彻底灭火效果。

(3) 植被恢复措施。对矸石山坡面及坡顶进行植被恢复，使其表面形成自然更替的生态环境，提高山体的稳定性。

2 矸石山坡体工程

2.1 矸石山坡体整形

矸石山南北两面已达到排矸边界，所以需要削坡形成两处坡面。坡体分级后，积水可分级排出，若遇小雨，坡面可截留雨水入渗，供植物生长；若遇大雨暴雨，则能有效减少下渗量及矸石持水量，降低或消除对地下水的污染。

矸石山北坡分8级坡面(图2),斜坡坡度控制在30°左右,各坡面高差为12 m,边坡采用1∶1.5堆填;矸石山南坡分3级坡面,斜坡坡度控制在34°左右,各坡面高差为13 m,边坡采用1∶2.0堆填。为确保各平台与斜坡不会发生局部破坏,在斜坡坡脚处设置马道护坡。

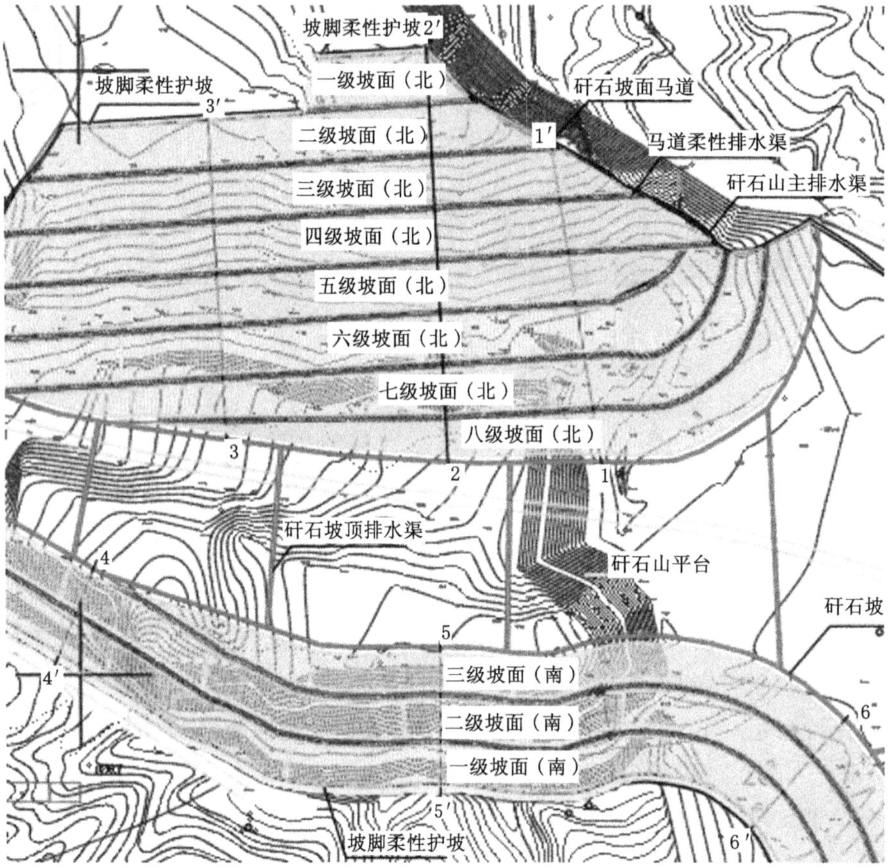

图2 坡体整形

2.2 矸石山坡面覆土

矸石化验结果显示,无机元素占0.012%~0.121%,有机物占0.4%~0.6%,营养含量极低,在这样的环境中,种植物是无法正常生长的。因此,需要覆土对坡体土壤进行改良,同时也可以隔绝矸石山的空气通道,避免自燃。

在对矸石山进行整理后,用推土机推平平台(马道)部分,再利用碾压、夯实等措施,分层铺设0.5 m厚的黄土层。

2.3 矸石山排水系统

为保持山体的稳定性,除了进行削坡分级之外,还需做好整个坡体的排水系统,通过加快排导径流,降低冲刷和下渗,减少对坡体的危害。

排水系统包括坡顶排水渠、坡面急流槽、坡面与山体连接处的主排水渠及马道柔性排水渠。

2.3.1 矸石山排水渠设计

在距矸石坡顶2 m处,设置矸石山坡顶排水渠,确保平台的积水顺利排走,减少对坡面的冲刷。主排水渠布置在矸石与原始山体接触的位置，以便于排走原始山体的汇水。

用混凝土、浆砌石构筑排水渠后，极易因为矸石山沉降和变形而出现断裂，柔性排水渠结构稳定，能有效控制沉降，如图 3 所示。

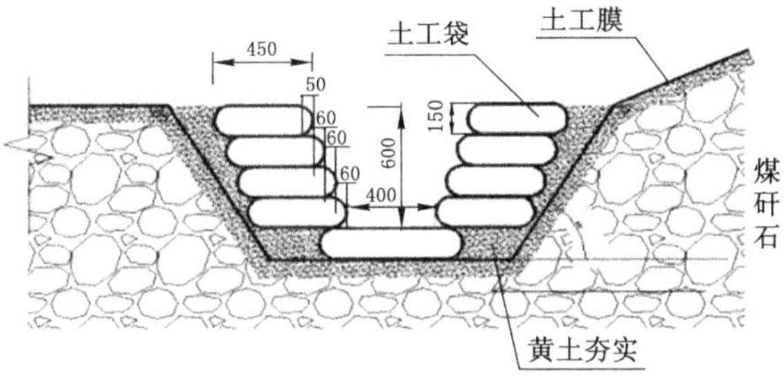

图 3 柔性排水渠设计图和施工图

2.3.2 马道排水渠

矸石山马道排水渠设置在马道和矸石坡面交汇处，距坡面 0.5 m，马道排水渠与急流槽相连通，采用梯形断面，土工膜加土工袋修筑，马道排水渠向矸石山两侧急流槽排水，在前期当作施工便道，最后建立排水渠。

2.3.3 急流槽

为及时排放坡顶、坡面的雨水，每隔 100 m 在坡面利用土工膜和土工袋构筑柔性急流槽，纵向急流槽与安设好的排水系统相连。

2.4 矸石山柔性护坡工程

为防止矸石山坡体滑坡，在矸石山坡脚及马道处采用柔性护坡对坡体进行治理。坡脚柔性护坡，高 2 m，总长 650 m，安设土工袋及植生袋，基础铺设两层植生袋以稳固基础，坡面处铺设一层。马道柔性护坡在坡面与马道连接位置，铺设 1.0 m 高土工袋及植生袋(图 4)，可减轻雨水冲刷、矸石山沉降和水土流失现象。

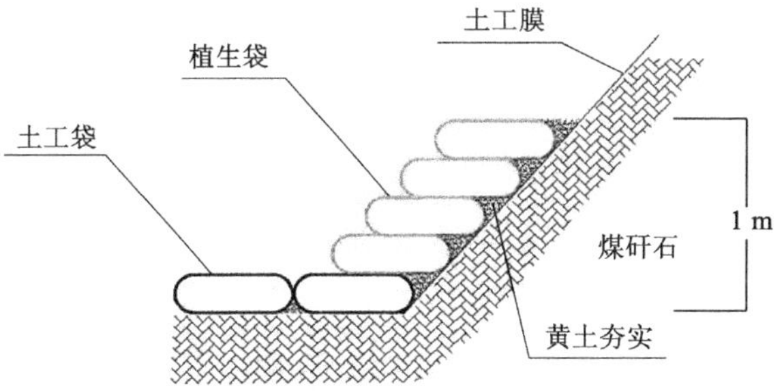

图 4 马道柔性护坡布置图

3 矸石山灭火工程

柳湾煤矿几十年来堆积形成了大面积的矸石山，矸石有多处自燃现象，造成周围空气质量恶化。根据现场勘查，采用灭火和工程施工相结合的方法，以达到灭火彻底、稳定矸石山山体的目的。

3.1 矸石山灭火施工

根据勘测和现场实际情况，在不同区域采取挖除灭火、开沟注浆、喷射注浆、深孔注浆四种灭火方法，按照从下到上、从外围到核心、从低温区到高温区逐步推进的方式进行灭火(图 5)。

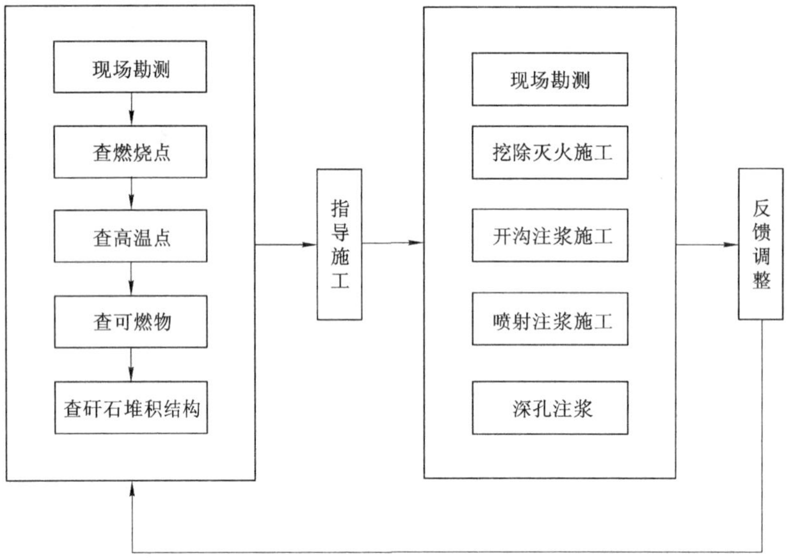

图 5 灭火施工流程图

3.1.1 温度勘察

在灭火作业前，要先探明燃烧区域及深度，使灭火施工高效、准确地进行。

为确保安全，首先使用手持式红外热像仪探测表层温度，然后采用 WRNK 式铠装热电偶多次探测燃烧火区中心温度，确定燃烧中心。对高温、燃烧区域进行测温时，测温孔呈“品”字形分布，每隔 1.5 m(图 6)采用空压机加气动潜孔钻进行打孔测温，深度按照矸石山着火深度来确定。

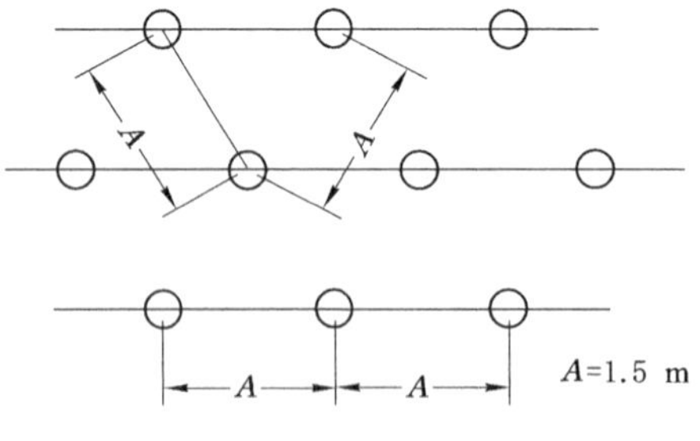

图 6 测温孔分布图

3.1.2 挖除法灭火施工

对燃烧部位集中以及呈点状、穴状的区域，可采用挖除法挖除灭火(图 7)。用水、石灰、黄土、阻燃剂等配置灭火浆液，根据燃烧深度确定开挖深度，开挖后立即将浆液喷射至沟槽底部及两侧，降低有害气体排出，确保施工安全，然后用高压泥浆泵将浆液灌注至沟槽底部，当其不再下渗且测温正常后，底层用灰土、阻燃剂等混合回填，中间层用矸石、黄土混合回填，表层覆盖黄土，回填时要碾压夯实。

图7　挖除法灭火施工

3.1.3　开沟(挖坑)注浆灭火施工

在呈带状分布燃烧的区域，可采用挖沟或挖坑注浆灭火(图8)。分段开挖，沟槽上口宽1.5 m，下口宽0.8 m，深1.5～2.5 m，开挖后马上注浆，迅速降温以防火情蔓延，当浆液不再下渗且测温达标后停止注浆。然后分层回填夯实，底层回填灰土、阻燃剂混合物，中层回填矸石和土的混合物，表层覆盖黄土。

图8　开沟(挖坑)注浆灭火施工

3.1.4　喷射注浆施工

喷射注浆施工如图9所示。

自然垂落堆积方式形成的锥形矸石山结构，产生了“烟囱效应”，容易发生自燃。实施喷射注浆灭火后，一是减少了矸石山下部砾石间隙的空气进入量，降低氧气供给量，使燃烧缺氧；二是减少了上部雨水入渗量，消除了氧化增热的诱因。通过封堵矸石缝隙，使矸石山断氧隔水，消除“烟囱效应”，达到了防火、控火的目的。

图 9　喷射注浆施工

3.1.5　深孔注浆灭火施工

深孔注浆重点要探明、选准燃烧核心点和高温核心点，在此基础上综合考虑渗透深度、钻孔深度、范围等。注浆要有阻隔性和连续性，防止因泥浆、石屑堵塞管道而影响注浆效果。如图 10 所示。

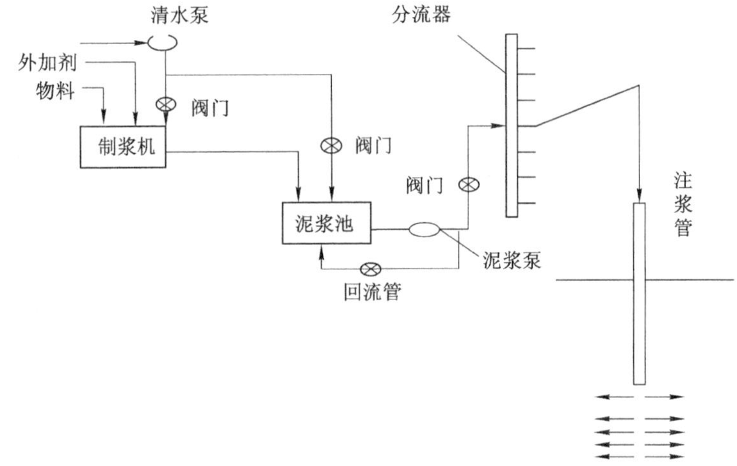

图 10　注浆灭火施工流程图

3.2　灭火施工安全措施

在实施灭火过程中必须时刻注意施工安全，因此要注意以下方面的问题：

(1) 施工人员上岗前首先要进行相关安全规程措施培训，严格按措施施工，严守安全纪律。

(2) 施工过程中施工人员必须佩戴防毒面具、安全帽等安全装备，以防有害气体中毒和其他安全风险。

(3) 每次施工前必须对当天的风向、风速，以及有毒气体的浓度实行实时监测，确保安全施工。

(4) 坡面施工要严格遵循坡面安全操作规程(系安全绳、佩戴安全帽等)。

（5）施工过程中非施工人员一律不得进入施工现场。

（6）文明施工，物资、材料、机械要按指定的位置堆放、停靠，临时设施要求堆放整齐，为安全施工创造便利条件。

4　矸石山植被恢复工程

由于二号矸石山为自燃的矸石山，在灭火的基础上，为更有效地减少污染，避免矸石山复燃，必须进行植被恢复。参考国内外矸石山植被恢复的成功经验，在矸石山植被恢复工程中采用了立地条件分析与评价、矸石山基质改良技术、科学适宜树种规划、适宜植被栽植恢复技术、植被抚育管理技术和植被恢复监测与评价这一“六阶段”技术模式（图 11）。

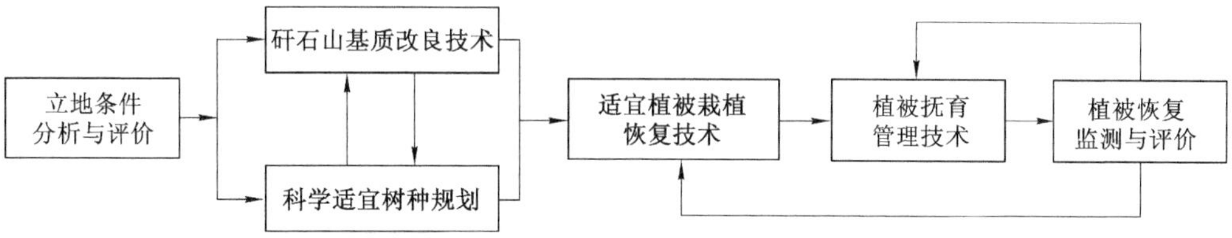

图 11　矸石山植被恢复六阶段技术模式流程图

4.1　矸石山基质改良

由于矸石山地形地貌以及表层土壤性质等原因，直接栽植的植物极难成活和进行养护管理，故在矸石山进行植被恢复工程之前，首先必须进行基质改良，包括物理、化学和生物等改良措施。物理改良，主要有平整土地、客土覆盖等；化学改良即通过加入化学物质改变矸石山的化学性质以及施用氮、磷、钾等肥料为矸石山增加土壤养分；生物改良则通过具有极端环境耐性的绿肥作物，固氮植物、微生物、菌根、真菌等来改良矸石山表面土壤理化性质。

4.2　适宜的植物选择

4.2.1　植物护坡的作用

草本植物须根多数分布在地下 0.5 m 以内，对提高表土层抗冲力和防水土流失十分明显，还能消除降水的击溅侵蚀，减少对坡面土体的侵蚀和冲刷，延缓径流汇集，增加入渗，提升坡面结构的稳定性。

4.2.2　植物选择

按照矸石山植被恢复与生态重建的目的来看，植物种类一般按照“适地适树”的原则，以乡土树种为主，既有利于矸石山的水土保持，又有利于土壤的改良，优先选择抗旱耐贫瘠植被。如图 12 所示。

按照以上条件分析，适宜该地区种植的植物种类有臭椿、榆树、山杏、山枣、火炬、柠条、紫穗槐、荆条、沙棘、二色胡枝子、沙打旺、紫花苜蓿、二月兰、黑心菊、波斯菊、黑麦草及高羊茅等。

4.3　矸石山植被恢复

考虑现场实际条件，采用远程喷射式播种技术来进行植被恢复。首先通过矸石浅层处理加大坡体表面密实度、降低盐分、改良土壤酸碱度、增加土壤有机肥等，改变矸石表层特性，提供适宜植物生长的环境，然后喷射灌木种子层及花草种子层，使矸石山快速绿化，生长出稳定的坡面植被层。

图 12　植物选择

4.4　植被后期养护

植物种植后一般来讲，第一年需要进行较高强度的管理，如灌溉、施肥、抚育等。若无特殊情况，此后可以逐年降低直至自然生长，以使其建立稳定自持的生态系统。后期养护的主要工作有土壤管理（灌溉、施肥等）、植被保护（防范病虫害、火灾和人畜破坏）等。

4.5　治理工程的监测与评价

植被监测是矸石山植被恢复中极为重要的一环，通过监测和评价，适时加强管理措施，才能使矸石山按照规划方向创建合适的生态系统。同时深入研究生态恢复的过程，对发展和完善植被恢复技术理论也有极大的帮助，能更有效地指导矸石山的生态重建工作。如图 13 所示。

图 13　二号矸石山综合治理前后对比

5　结语

通过以上综合治理，柳湾煤矿二号矸石山治理成果得到了上级部门及社会各界的一致肯定，多家媒体先后对矸石山和周边群众满意度进行了专题采访，均得到了积极的评价。柳湾煤矿通过践行绿色发展理念，打造了生态优良、矿地和谐，经济发展和生态环境保护协同共进的绿色矿山发展样板区，为类似条件下的矸石山综合治理，提供了可复制、可借鉴的经验。

参考文献

[1] 王继宇，罗斐文，张元娟，等.自燃矸石山生态复绿效果研究[J].山西科技，2020，35(5)：83-86.

[2] 李鹏波，胡振琪，吴军，等.煤矸石山植被恢复技术模式的研究[J].山东林业科技，2006(4)：13-15.

[3] 谷金锋.煤矿矸石山植被恢复机理研究：以鸡西市滴道矿区和城子河矿区为例[D].哈尔滨：东北林业大学，2004.

[4] 张伟元.矸石山多元化生态修复技术研究与应用[J].煤炭与化工，2020，43(9)：153-156.

[5] 张振文，刘东财，杨然景.煤矿矸石山浇注浆灭火研究[J].辽宁工程技术大学学报(自然科学版)，2002，21(3)：278-280.

[6] 李晓芳.浅谈阳煤集团矸石山治理经验[J].山西水土保持科技，2015(4)：31-32.

[7] 牛桠枫，周正朝.煤矸石山立地条件及复垦技术研究进展[J].环境保护科学，2015，41(5)：147-152.

[8] 刘杨晋.阳煤集团三矿矸石山地质环境恢复治理研究[D].徐州：中国矿业大学，2020.

[9] 康宁.矸石山综合治理工程应用实践[J].中国环保产业，2015(7)：39-42.

还生态旧账　建设绿色矿山
助推企业转型跨越发展

梁文明，李保文，刘向荣

（山西汾西矿业集团水峪公司，山西 孝义　032302）

摘　要　绿色矿山企业是一种环境影响小、资源开发利用程度高的现代化矿山建设发展模式，其核心是在矿山建设发展的整个生命周期中实现综合效益的最大化、环境影响的最小化、资源利用的最高效化，从而全面提升矿山企业的社会效益与经济效益。建设绿色矿山、加快煤炭企业转型发展是践行新时代企业可持续发展的必由之路，2015 年山西汾西矿业集团水峪公司（以下简称“水峪公司”）经理梁文明上任伊始就提出了“打造绿色环保企业，构建百年人文水峪”的奋斗目标，将“精益化、智能化、绿色化”的治企理念融入公司每个生产环节，经过五年多的攻坚克难、奋勇拼搏，水峪公司这座近六十年的老矿井通过改善环境质量，为企业转型发展打开了一条绿色通道。

关键词　生态建设；绿色矿山；转型发展

1　前言

2007 年，原国土资源部部长徐绍史在中国国际矿业大会上首次提出“坚持科学发展，推进绿色矿业”的要求。中国共产党第十八次中央委员会第五次全体会议也曾提出了“创新发展、协调发展、绿色发展、开放发展和共享发展”5 个绿色发展理念。“绿色发展”要求建设“安全、绿色、智能”的绿色矿山体系，绿色矿山的提出是社会主义市场经济条件下矿业经济发展规律在认识上的重要升华。煤炭资源的开采常伴随着地表塌陷、水土流失和水体污染等多种地质环境灾害，这些灾害对生态环境造成了严重破坏。据不完全统计，近年来我国耕地污染超标率高达 19.4%，破坏土地约 1.57 万 km^2；因采矿直接破坏的森林面积累计达 1.06 万 km^2；破坏草地面积 0.263 万 km^2；地下水位严重下降，耕地塌陷，草原退化，水土流失，土地沙化、石漠化，空气污染的问题非常严重。走矿业可持续发展之路，将成为我国实施可持续发展战略的必然选择。2018 年，中华人民共和国自然资源部发布了九大行业的《非金属矿行业绿色矿山建设规范》，水峪公司作为汾西矿业集团的主力矿井，更是践行“绿水青山就是金山银山”的发展理念，通过节能、环保的工艺和设备选择，以及公园型、尊重劳动者的建设、管理实践，在绿色矿山建设领域达到了先进水平，改变了人们对矿山的传统认知，树立了绿色矿山的典型，取得了良好的经济效益、文化效益和生态环境效益。

2020 年 10 月 27 日，水峪公司被山西省自然资源厅授予“山西省绿色矿山企业”荣誉称号，这一荣誉的取得是全矿上下多年来高度重视环保工作、狠抓治污减排、构建“园林式”矿区的集中体现。

2 绿色矿山企业的内涵

矿山资源是人类社会赖以生存和发展的重要物质基础，是一个国家得以繁荣富强的决定性因素之一，但它又是不可再生资源。随着经济建设的快速发展，对矿产资源的需求日益迫切，矿产资源的大量开采带来的生态环境问题逐渐突出，制约了矿业经济的发展。

绿色矿山是指在矿产资源开发全过程中，实施科学有序开采，对矿区及周边生态环境扰动进行有效控制，实现环境生态化、开采方式科学化、资源利用高效化、管理信息数字化和矿区社会和谐化。国内外学者对绿色矿山进行了研究，钱鸣高等认为绿色矿山这一理念包含了科学采矿的内涵，是既能最大限度地高效开采出矿产品，又能保证安全和环保并举的先进的开采技术；黄敬军等提出了矿山资源环境一体化、突出生态园林矿山、强化绿色理念的绿色矿山发展模式；胡建军阐明绿色矿山需根据资源状况、需求和矿山技术水平进行科学正确的规划，按科学、低耗、高效的原则，合理地开发利用矿产资源；刘玉强指出绿色矿山就是按照科学发展观的理念，科学、可持续地发展矿业，实现资源开发和环境保护协调发展。

矿山行业趋势必然受矿业各利益相关方影响和驱动，尤其是安全、环保方面的法规，将继续改变采矿设计和某些工作环节的操作方式，与此同时，世界各国对废物排放、职业健康、卫生方面的具体法规也会越来越多，“绿色矿山”自然是矿业发展的趋势之一。

绿色矿山是采矿业实施节能减排和可持续发展战略的重要环节，是循环经济的倡行者。绿色矿山就是要营造一个资源开发与生态保护协调发展的开采模式。绿色矿山作为一种新型的矿山发展模式，它将整体预防的环境战略用于矿山建设与生产的全过程，注重经济效益的同时兼顾环境保护。

综上所述，绿色矿山企业是一种环境影响小、资源开发利用程度高的现代化矿山建设发展模式，其核心是在矿山建设发展的整个生命周期中实现综合效益的最大化、环境影响的最小化、资源利用的最高效化，从而全面提升矿山企业的社会效益与经济效益。从某种程度上来说，建设绿色矿山是新时期矿山企业健康发展的全新思维与必由之路。

3 水峪公司绿色矿山建设管理

水峪公司在绿色矿山建设管理中始终把制度建设作为引领工作的抓手。多年来，水峪公司根据绿色矿山建设工作的新形势、新变化，不断修改完善各项规章制度，用制度管人，用标准管事，将修订审核的制度标准逐项落实兑现。为落实环保责任、推进绿色矿山建设工作有序发展，公司每年下发《水峪公司环境管理与考核实施方案》，紧紧围绕习近平总书记“绿水青山就是金山银山”的思想，认真落实集团公司下发的一系列文件，把绿色矿山的理念落实到具体的工作中。

为真抓实干，环境督察办公室坚持“日检查、周通报、月考核、季兑现”的考核办法，把环保工作纳入了三级管理的网络体系，对环保工作中检查出的问题在生产调度会上进行通报，对在环保工作中推诿扯皮的人予以经济处罚、纪委追责。

水峪公司还坚持召开环保月度工作会、环保工程协调会，由矿领导亲自安排，定项目、定时间、定责任人，逐项进行量化考核。积极协调上级环保部门争取环保资金，完善了环保工作体系，促进了环保与绿色矿山建设工作的有序正常开展。

水峪公司建立了以生态环境保护为目标的绿色矿山开采模式，包括了矿山大气污染治理、研石山治理、矿区污水治理、矿区环境绿化、沉陷区治理等一系列可持续发展的高效治理方法。

4 大气污染治理方面

水峪公司从建矿初始到现在一直采用燃煤蒸汽锅炉进行取暖，从建矿初期的坑口五台2吨蒸汽锅炉到20世纪90年代的四台大型蒸汽锅炉的使用，但这些采暖锅炉没有脱硫脱硝配套设施，致使矿区及周边地区长期遭受空气污染，人们怨声载道；中国共产党第十八次全国代表大会之后，国家对空气质量指标进一步严格管控，各地相继都出台了《大气污染防治行动计划》，淘汰落后燃煤锅炉迫在眉睫。2018年9月水峪公司领导毅然决定，将四台110吨燃煤锅炉拆除改为天然气锅炉，投资1 899.56万元在原木场院内重新建造一座工业用锅炉房，由机电区供电维修队负责运行，每年购买天然气费用高达6 000万元，虽然成本高了很多，但每年少向大自然排放二氧化硫166.84 t、烟尘52.97 t、氮氧化物93.89 t，大大减轻了对环境的污染，对环境的优化、改善起到了积极的作用。

5 矸石山治理方面

5.1 北矸石山生态治理

煤矸石是煤炭开采和分选过程中产生的尾矿，属于一般工业固体废物，随着水峪矿开采规模的不断扩大，煤矸石的产生量也随之增加。1998年水峪公司建设了坑口选煤厂，矸石量又随之增加了30%，因此矸石的处理成为阻碍生产发展的重要因素，建矿初期在井口以北200 m的荒沟内就建有矸石填埋场——北矸石山，20世纪70年代至90年代几乎没有矸石治理，矸石被倾倒在荒沟内任由风吹日晒，对自然环境造成了很大的破坏。进入21世纪，随着环保形势的逐步紧迫，矸石山的隐患逐渐显露，水峪公司开始安排专业队伍进行覆土灭火治理，但堆放方式和治理标准还很不规范。中国共产党第十八次全国代表大会以后，各级政府对工业固体废物堆场提出一系列严格要求，如必须分层堆放、分层碾压、分层覆土，排水设施、拦护设施健全，植被修复要以多元化的方式进行等。2018年，在国家政策的扶持下，公司领导果断做出决策，将北矸石山的生态治理列为公司当年的首要工程，在孝义市政府的协助下，公司申请国家补助资金986万元，并于2018年6月通过了北矸石山生态初步设计方案，工程概算投资3 467.76万元，由山西汾西建设有限公司中标并承揽此项工程建设。工程于2018年10月开工，2019年10月竣工，历时一年；修复复垦土地16.9万 m^2[约253亩，1亩=(10 000/15) m^2]，其中挖填土方量24.32万 m^3，种植各种乔木灌木34.27万株。经过生态恢复治理的北矸石山，远看层峦叠嶂、郁郁葱葱，近看鸟语花香、靓丽喜人，真正实现了公司领导们在北矸石山生态治理工程建设之初提出的“生态之山、绿色之山”的设想。

5.2 下堡矸石山治理

下堡矸石山是水峪公司外委的一座排矸场，为更好地执行《山西省生态环境治理三年行动计划的通知》文件要求，2019年公司开始规划治理下堡矸石山。工程位于孝义市下堡镇胡家窑村，2019年11月开工建设，2020年12月通过汾西集团公司的验收。经过这一年多对矸石场的科学生态修复建设，这座矸石山植被恢复生长，正常复垦土地106亩，栽种各类植被11.6万株，山顶绿树成荫、莺歌燕舞，沟底层层梯田、草肥树美，不仅当地的生态环境被修复了，矸石山周边乃至整个矿区的空气质量也有了极大的改善，达到了经济效益、环境效益齐头并进的效果。

6 污水治理方面

6.1 生活污水治理

20 世纪 80 年代，人们的环保意识还很淡薄，水峪公司率先在汾西矿务局建设了生活污水处理站，在吕梁地区开创了企业自备生活污水处理设施的先河，1988 年开始投资建设，1989 年建设完成，开始运行。为适应新的环保要求，2008 年水峪公司投资 427 万元对生活污水站进行了工艺改造，采用 A2/O 活性污泥法工艺，设计处理能力为 4 000 t/d。为了稳定达到《城镇污水处理厂污染物排放标准》(GB 18918—2002)一级标准的 A 标准，2011 年公司又投资 317.6 万元增建了一座深度处理车间，采用陶瓷膜活性污泥法工艺，外排水质稳定达到城镇一级标准的 A 标准。2017 年，国家提出国有企业的“三供一业”移交地方经营，同时要求生活污水外排必须达到地表水五类标准。2019 年，汾西矿业集团公司投资了 900 多万元对生活污水站进行了全面改造，改造后的生活污水站焕然一新，外排水质稳定达标。

6.2 矿井水治理

对于煤炭企业，地下开采必将产生大量的矿井水，由于它与煤炭相互伴生，水质遭受了污染，必须经过处理才能外排。煤炭开采对区域水资源的破坏主要体现在地下含水层、地表水系的破坏和污染。矿井污水的主要来源是在煤炭开采过程中的地下裂隙水、巷道涌水、矿井生产排出水；另外，井下生产过程中洒水、降尘、灭火灌浆、消防及液压设备产生的含煤尘废水经自流排出也是矿井污水的主要来源。依据国家环保政策和矿井建设要求，水峪公司于 2008 年 7 月，投资 898.6 万元开始建设矿井水处理站，选址在水峪公司北山上，2009 年开始运行。随着开采面积的进一步扩大，矿井水水质也在发生着变化，1 号井排出的矿井水颜色发黄且酸度很高，还含有很多二价铁，水质相当复杂，这在山西境内是不多见的；2 号井排出的矿井水偏中性，但煤岩粉含量大，颜色偏灰。面对如此复杂的水质，环保科多次组织专家进行试验论证，最终找到了解决办法。为此，从 2013 年至 2016 年，水峪公司对矿井水处理站进行了两次大的改造，第一次投资 860 万元采用陶瓷膜活性污泥法工艺处理，第二次投资 1 595 万元，采用“酸碱中和＋絮凝沉淀＋板框压滤”工艺进行处理。功夫不负有心人，经过不懈努力，矿井水处理工艺获得了成功；源源不断的清澈矿井水流入了热源泵厂、选煤厂、井下喷淋系统等处，剩余部分还为下游孝义市湿地公园补充了优质水源。2019 年 5 月，为达到国家新的外排标准(地表水Ⅲ类标准)，水峪公司投资 518.83 万元对矿井水站进行了第三次提标改造，选址在原工贸公司托辊厂院内，工程如期完工并已投入运行。经过这几年的改造，矿井水站依据现有的紧张环境依山而建，紧凑有序且功能强大。为充分利用好矿井水、节约水资源，公司今后将在职工浴室、公厕用水、喷淋浇灌等方面继续创新。

7 矿区环境绿化方面

7.1 南山公园

20 世纪七八十年代国家的环保政策主要侧重于造林绿化，1979 年 3 月 12 日是新中国的第一个植树节，水峪公司为此成立了植树领导组，选购了柳树、槐树、白杨等树种在矿区进行栽种。1983 年，水峪公司成立了绿化队，由环保科负责管理，下设五支队伍分布在五个社区进行植被维护和管理，从此水峪公司每年都要举行规模浩大的义务植树活动。1984 年，水峪公司决定建设“南山公园”，让吕梁山脉的这颗“明珠”亮起来，各单位职工群众响应号召，纷纷上山义务劳动，人们挖坑种树、修渠做坝，“南山公园”也名噪一时，引来全国各相关单位前来参观学习。1998 年，公司对孝午公路两侧分段进行绿化。2002 年，公司对寺沟小区进行了绿化改造；2003 年，公司对旺家垣小区进行了绿化改造；2004 年，公司对工村小区街心花园进行了改造；2006 年，公司组织职工群众在北矸石山进行义务植树活动；2009 年，公司对工村小区步行街进行了绿化改造。经过多年的建设，水峪公司矿区绿化取得显著效果，到处呈现出鸟语花香、小桥流水、亭台楼阁、绿树成荫的景象；1988 年，山西省煤炭局授予水峪矿“矿区绿化先进集体”称号；1997 年被煤炭工业部评为“造林绿化四十佳”单位；2001—2007 年，先后五次被山西省煤炭工业局授予“造林绿化先进集体”称号。经过几十年的精心栽培，水峪公司绿化率由建矿初期不足 3%，发展到现在的 51.7%。

7.2 储装运系统改造

建矿初期，水峪矿的储煤仓只有铁路专用线上容量为 2 000 t 的吊库仓，由于存量有限，原煤基本上都是落地存放，再加上装运车辆的抛洒碾压，整个工业区内外以及边边角角到处是“黑面子”“泥蛋子”，空气中飘荡的、工人们呼吸的、浑身粘的都是这“黑面面”。为了落实好习近平总书记提出的“绿水青山就是金山银山”的理念，2014 年，公司着手整治矿区环境质量，针对工业区脏乱差的问题，投资 560 万元对工业区地面进行了硬化。2017 年，依据山西省人民政府下发的《关于山西省污染防治攻坚三年行动计划的通知》，要求“三煤一泥不落地”，2018 年 7 月投资 3 300 万元，对储装运系统进行了升级改造，建有 3 000 t 的中煤仓两座、容量 4 000 t 的煤泥仓一座，4 000 t 外购精煤仓一座，配套设施有净胎系统一座，400 m^3 地面雨水收集池一座，储煤场地面全面硬化 16 000 m^2，该工程于 2019 年 6 月投入使用。如今的工业厂区见不到一块煤块，见不到一粒矸石，每天工业区有专用的清扫车洒扫，运输车辆有专用净胎设备冲洗，环境质量大为改观，矿工的工作环境显著改善，工人们的脸也不黑了，鼻子也能顺畅呼吸了，浅色的衣服也能往外穿了。

8 沉陷区治理方面

水峪公司作为一个开采半个多世纪的老矿井，地面沉陷时有发生，随之产生的是对水源植被等环境元素的破坏，2016 年山西省人民政府下发了《山西省采煤沉陷区综合治理地质环境治理专项工作方案（2016—2018 年）》，孝义市人民政府将水峪矿采区列为此次采煤沉陷区综合治理试点示范工程项目建设区，项目总概算 15 237.35 万元，共分为 9 个标段进行建设。工程建设内容有：地面塌陷填埋、削坡修挡墙、锚杆挂网、植物护坡、渣坝拦挡、排水渠修护、覆土平整、坡面绿化、植被恢复、道路硬化等措施，对沉陷区的地表进行彻底的修复，工程于 2019 年 3 月开工，经过一系列工程建设，地表的裂缝被填平，塌陷区域和自然发火区域进行了彻底处理，在此基础上覆植新土进行了植被恢复。如今再进入水峪采煤沉陷区，映入眼帘的是一层层梯田、一条条绿带、一汪汪清泉，曾经灰土深坑难回乡，如今青山绿水恋故园。

9 结语

采矿活动以非自然的方式影响环境，这不仅破坏了自然的衰变过程，而且与自然侵蚀过程相比，每天大量挖掘和使用煤炭资源造成的破坏更大。通过系统检查矿业对环境的影响并采取措施减轻这些影响，可以使其对环境的破坏程度降低。对于矿业企业发展而言，仅仅提高效率是无济于事的，取而代之的是对工业世界进行富有想象力的改造，是经济活动与支持经济活动的自然环境保持同步，这才是可持续发展之路。

水峪公司秉承以资源利用集约化、开采方式科学化、企业管理规范化、生产工艺环保化、矿山环境生态化的要求开发经营，坚持资源开发最大化、环境污染最小化的绿色矿山模式，对矿区取暖方式进行革新，建立生产生活污水处理系统，建设“南山公园”，同时，提高科技创新能力，鼓励员工积极创新，完成储装运系统改造。

绿色矿山建成后，水峪公司矿井的经济效益得到了大幅提升，形成了一个创新能力强、煤炭采出率高、污水零排放、粉尘污染小、矿区生态环境优美的现代化矿山。

参考文献

[1] 刘建兴.绿色矿山的概念内涵及其系统构成研究[J].中国矿业，2014，23(2)：51-54.

[2] 钱鸣高，缪协兴，许家林，等.论科学采矿[J].采矿与安全工程学报，2008，25(1)：1-10.

[3] 胡建军，刘恩伟.建设绿色矿山促进采矿业可持续发展[J].中国矿业，2012，21(增刊1)：60-61，87.

[4] 刘玉强.建设绿色矿山，发展绿色矿业是中国矿业发展的必由之路[J].中国矿业，2012，21(增刊1)：1-3.

[5] 乔繁盛，栗欣.绿色矿山建设工作的进展与成效[J].中国矿业，2012，21(6)：54-56，60.

潞安化工集团矿井充填开采的效益分析

四旭飞，万世文，杨吉军

（山西潞安化工集团有限公司，山西 长治 046204）

摘 要 结合山西潞安化工集团有限公司（以下简称“潞安化工集团”）所属生产矿井“三下”压煤情况及高河煤矿、司马煤矿已开展的充填开采实践，分析了充填开采在潞安矿区应用的必要性。根据潞安化工集团拟实施的充填开采计划，研究了未来 10 a 内充填开采的经济效益和社会效益。结果表明：① 潞安化工集团充填可释放的煤炭储量约为 1 590 Mt，具有良好的充填开采应用前景。② 先计划布置充填开采的高河煤矿、司马煤矿、常村煤矿、郭庄煤矿，充填开采总产量可以达到约 2.9 Mt/a，平均吨煤利润可以达到约 160 元；在 1.0～4.2 a 内可以完成投资成本回收，回收期短。③ 充填开采可以延长矿井服务年限，消耗矸石，保护环境。

关键词 潞安化工集团；充填开采；经济效益；社会效益

1 引言

充填开采作为控制地表沉降、提高煤炭采出率的重要方法，在我国煤炭开采中得到广泛的应用[1-3]。充填材料包括水砂充填材料[4]、高水充填材料[5]、膏体充填材料[6]等，膏体充填方法因其可以有效限制上覆岩层的运移变形，减小采场来压强度、频率和范围，在煤矿充填开采中应用十分广泛[3]。膏体充填材料主要由粉煤灰、煤矸石等固体废弃物组成，在充填开采过程中可以有效消耗固体废弃物，减少其堆放占地，有效保护环境[7-8]。

目前，充填开采因其具有水资源保护、地表建筑保护、灾害防护、废弃物消耗等方面的优势，在我国华东、华南、东北、山西、陕西、甘肃等地区的煤矿开采中均有应用[5,9]。然而，在经济效益分析方面，充填开采在金属矿山中的经济效益有学者开展了研究[10-11]，在煤矿应用中未见有人研究。因此，本文统计了潞安化工集团充填开采的经济效益数据，分析了采用充填开采的必要性，研究了在潞安矿区开展充填开采的经济效益和社会效益。

2 潞安化工集团充填开采现状

潞安化工集团所属各矿一直处于高质量发展、高效率开采的状态，伴随而来的是多数矿井不得不面临资源枯竭的现状。而“三下”压煤却严重制约开采，为解决这一现实问题，集团公司组织了多次到国内同类型矿井进行矿井增效和延长服务年限的调研活动，初步形成了采用充填开采工艺回收“三下”压煤、煤柱及边角煤柱资源的思路。为规范各矿充填开采工艺，形成充填技术集成和开采规模，编制了《潞安化工集团充填开采初步规划》。

2.1 “三下”压煤基本情况

截至2020年年底,集团公司所属生产矿井“三下”压煤基本情况为:压煤村庄有398个,压煤储量为2 079.42 Mt,其中具有搬迁价值的村庄有163个,可释放储量为990.00 Mt;235个村庄由于搬迁费用太高或生产系统已经封闭,部分压煤可以采取充填工艺有效释放,按50%折算的话,大约500.00 Mt。另各矿井有充填开采价值的残采煤柱、边角煤量估计为100.00 Mt,总共有1 590.00 Mt。表1所示为急需充填开采的矿井储量情况。

表1 急需充填开采的矿井储量情况

矿井名称	夏店煤矿	郭庄煤矿	高河煤矿	司马煤矿	常村煤矿
保有可采储量/Mt	4.4	12.1	65.8	25.3	71.0
充填释放储量/Mt	6.0	13.1	75.0	29.5	140.0

注:本表可释放储量仅为边角资源及村庄外围保安资源。

2.2 充填开采基本情况

2.2.1 高河煤矿

E1302充填面位于村庄保护煤柱内,长230 m,推进长度为430 m,如图1所示。高河煤矿矸石排放量约为1.32~1.65 Mt/a,矸石量充足。因此,利用煤矸石、粉煤灰作为主要充填材料,添加胶结料和水配制成膏状浆体后,利用充填泵及管路输送至井下采空区进行充填。其充填系统由地面充填站、管道输送系统及充填工作面3部分构成[12-13]。

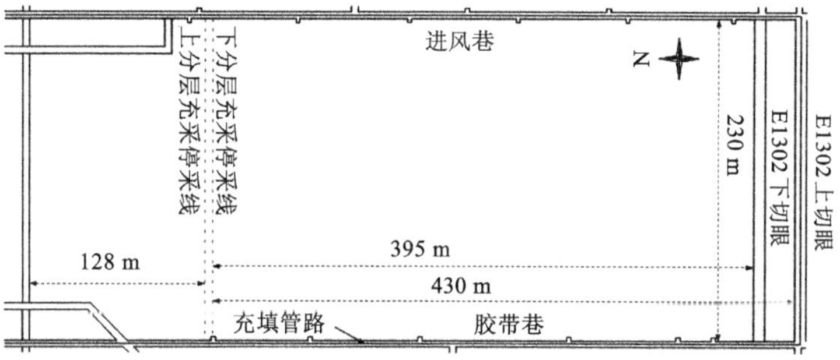

图1 高河煤矿充填开采概况[12]

2.2.2 司马煤矿

司马煤矿在1110工作面开展了高水材料充填开采,如图2所以。采用JCT-516高倍水快凝充填材料,选用2个JB-500型搅拌机及2NBB-62~300/7~2.5-22型泥浆泵。充填开采方法如下:仅在37#电塔所处位置开展充填开采,充填开采长度为90 m,宽度为54 m,高度为2.9 m,采用MG300/700-WD采煤机开采煤炭。充填开采区采用锚杆-网-槽钢锚索进行联合支护,移架后打设单体柱对采空区顶板进行管理。

2.3 充填开采的必要性

2.3.1 煤价提升之佳径

潞安化工集团的司马煤矿、五阳煤矿3#煤为贫煤、贫瘦煤,煤种体现最大经济价值的用途是作

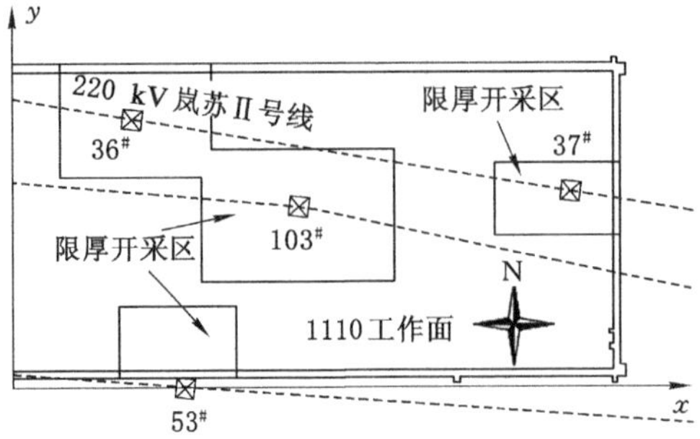

图2　司马煤矿充填开采概况

为配焦煤使用，而作为配焦煤最重要的一项指标是煤的黏结指数，高指数优质配焦煤与低指数动力煤差价在300元/t以上。充填开采可有效释放矿井内优质高黏指数的贫瘦煤，解决高指数配煤缺口，仅司马煤矿充填开采就可产生税前利润1.896亿元/a。

2.3.2　均衡产量，实现持续效益

高河煤矿、常村煤矿、王庄煤矿等按正常采掘衔接服务年限均不足10 a。以常村煤矿为例：目前7.0 Mt/a只能维持2 a，如降至6.0 Mt/a可维持3 a，如下降至4.0 Mt/a可维持10 a，这样产量和效益将大幅下滑。若采用充填开采补产0.5～1.2 Mt/a，则7.0 Mt/a可维持至2032年，届时常村煤矿将没有工作面可以布置。如采用充填开采工艺结合边角煤回收，每年可回采2.0 Mt，矿井能维持至2075年。各矿如能充分利用充填开采技术作为产量补充的手段，将能够有效延长矿井经济高效运转的持续时间，有效延长矿井整体服务年限，实现效益最大化。

2.3.3　经济效益和社会效益显著

充填开采可有效延续矿井服务年限。郭庄煤矿、夏店煤矿均面临资源枯竭、关闭矿井的现实困境，可以通过“三下”压煤的开采合理解决。仅郭庄煤矿经充填开采就可释放资源储量约13.09 Mt，矿井服务年限延长7 a以上；夏店煤矿经充填开采可释放资源储量约6.00 Mt，矿井服务年限延长6 a以上，经济效益和社会效益显著。

3　潞安化工集团充填开采经济效益分析

3.1　充填开采的经济效益分析

潞安化工集团部分煤矿前期的充填开采估算如表2所示，表2中投资为实际发生额，利润为2020年至2029年的平均数值，矿井矸石外排是近2年平均值，建站规模为100 Mt/a；第一年按0.4 Mt/a、第二年按0.8 Mt/a配采；吨煤完全成本为523元、直接成本为399元，较正常综采增加103.7元，建站规模为1.2 Mt/a、初期按2面4头布置。

表2　潞安化工集团部分煤矿的充填开采经济效益

矿井名称	高河煤矿	司马煤矿	常村煤矿	郭庄煤矿
投资估算/亿元	2.20	0.65	0.79	0.85
初期产能/(Mt/a)	1.2	0.4～0.8	0.5	0.4～0.8
吨煤成本/元	380.4	523.0	250.9	299.0

表 2(续)

矿井名称		高河煤矿	司马煤矿	常村煤矿	郭庄煤矿
吨煤售价/元		453	760	448	510
吨煤利润/元		72.6	237.0	197.2	211.0
置换优惠/亿元		0.48	0.16	0.20	0.16～0.32
配增利润	税前/亿元	0.87	0.95～1.90	0.82	0.84～1.69
矿井矸石	总量/(Mt/a)	168.5	49.9	1.2	0.323
	单价/(元/t)	43	17.05	32.2	30
	外排总费用/亿元	0.72	0.085	0.39	0.097
投资回收期/a		4.2	1.0	1.2	2.0

由表 2 可知，前期计划在高河煤矿、司马煤矿、常村煤矿、郭庄煤矿 4 个煤矿开展充填开采。高河煤矿、司马煤矿、常村煤矿、郭庄煤矿的总投资估算分别为 2.20 亿元、0.65 亿元、0.79 亿元和 0.85 亿元，投资回收期分别为 4.2 a、1.0 a、1.2 a 和 2.0 a，即最长在 4.2 a 以内可以完成投资成本回收。此后，高河煤矿、司马煤矿、常村煤矿、郭庄煤矿充填开采的吨煤利润分别为 72.6 元、237.0 元、197.2 元和 211.0 元，其中司马煤矿、常村煤矿和郭庄煤矿的吨煤利润均在 200 元左右，4 个煤矿充填开采的总产量可以达到约 2.9 Mt/a，平均吨煤利润可以达到约 180 元，具有良好的利润前景。

3.2　充填开采的社会效益分析

采用充填开采可以有效延长矿井服务年限，2.3 节中已经说明采用充填开采至少可以延长部分煤矿的服务年限 6～10 a 以上。对于司马煤矿来说，一采区及二采区东部建筑物保护煤柱压覆的高指数资源多达 14.45 Mt，若将该资源按 0.8 Mt/a 进行释放，可满足司马煤业配煤需求 18 a。因此，采用充填开采可以延长矿井服务年限，保证员工就业。此外，从产量和就业人数对比的角度来说，集团公司综放开采 1 Mt 煤所需人数约为 1 000 人，按初步规划 4 个煤矿充填开采的预计总产量可以达到 2.9 Mt/a，充填开采工艺复杂，所需人数必然大于综放开采，若按照 1 200 人/Mt 计算，4 个煤矿的充填开采可以提供约 600 人的就业机会。

根据目前高河煤矿充填开采的经验，充填材料中矸石占比至少可以达到 75%。若每年充填开采 2.9 Mt，则每年可以减少约 2.2 Mt 的矸石排放，降低矸石排放占地面积，有效保护环境。

此外，充填开采具有重要的科研价值，该方法可以降低采空区突水、顶板突水、瓦斯爆炸、有害气体突出、浮煤自燃等事故发生可能性，抑制煤层及顶底板的动力现象，提高矿井安全保障程度。潞安化工集团的研究成果可以为全省相似条件矿井的充填开采提供经验。

4　结论

(1) 潞安化工集团的充填可释放煤炭储量约为 1 590 Mt，具有良好的充填开采应用前景；

(2) 先计划布置充填开采的 4 个煤矿在 1.0～4.2 a 内可以完成投资成本回收，回收期短；

(3) 先计划布置充填开采的 4 个煤矿充填开采总产量可以达到 2.9 Mt/a，平均吨煤利润可以达到 180 元，具有良好的利润前景；

(4) 充填开采可以延长潞安化工集团矿井的服务年限，按照现有初步设计方案，可提供约 600 人的就业机会；

(5) 充填材料大部分由矸石组成，每年可以减小 2.2 Mt 的矸石排放，初步实现绿色开采，同时可以有效减低突水、瓦斯突出、浮煤自燃等事故发生的可能性。

参考文献

[1] 钱鸣高，许家林，缪协兴.煤矿绿色开采技术[J].中国矿业大学学报，2003，32(4)：5-10.

[2] 缪协兴，钱鸣高.中国煤炭资源绿色开采研究现状与展望[J].采矿与安全工程学报，2009，26(1)：1-14.

[3] 孙琦，张向东，杨逾.膏体充填开采胶结体的蠕变本构模型[J].煤炭学报，2013，38(6)：994-1000.

[4] 王立才.条带水砂充填开采工业广场煤柱[J].山东煤炭科技，2000(增刊 1)：135-137.

[5] 刘建功，李新旺，何团.我国煤矿充填开采应用现状与发展[J].煤炭学报，2020，45(1)：141-150.

[6] 陈绍杰，尹大伟，胡炳南，等.条带充填坚硬顶板与充填体组合系统力学特性试验研究[J].采矿与安全工程学报，2020，37(1)：110-117.

[7] 贾林刚，张华兴.长壁充填开采充填体稳定性研究[J].采矿与安全工程学报，2019，36(6)：1234-1239.

[8] 刘晓辉，吴爱祥，王洪江，等.深井矿山充填满管输送理论及应用[J].北京科技大学学报，2013，35(9)：1113-1118.

[9] 孙广京，王平，冯涛，等.深井矸石充填综采工作面覆岩活动规律研究[J].采矿与安全工程学报，2020，37(3)：562-570.

[10] 王辉镜.水平下向分层充填采矿法开采缓倾斜矿体的地压应力分析[J].铜业工程，2002(2)：40-41.

[11] 刘小力，高忠民，唐飞勇.磷石膏充填采矿技术应用及经济环境效益评价[J].武汉工程大学学报，2011，33(3)：107-110.

[12] 李春.高河能源 E1302 工作面分层充填开采技术分析[J].江西煤炭科技，2021(1)：12-15.

[13] 刘少兵.高河能源 ZC8500/22/40 型充填液压支架设计[J].煤，2020，29(6)：33-34.

郭庄煤矿3310工作面控制采空塌陷可行性研究

马紫日，秦卫兵，李朋红

（山西潞安郭庄煤业有限责任公司，山西 长治　046100）

摘　要　郭庄煤矿开采过程中地表移动变形活跃，若不采取减沉措施，采空区上方将出现明显的塌陷盆地，严重破坏地面建筑设施。为保障郭庄煤矿3310工作面“三下”压煤资源的安全高效开采，本文通过钻探、岩样测试、理论计算和数值模拟方法来论证覆岩离层注浆技术对控制地表沉陷的可行性。钻探成果表明，工作面上覆岩层的地层和水文地质条件均有利于开展离层注浆，数值模拟结果显示离层注浆技术可有效减轻地表下沉并保护地面建筑物。

关键词　采煤沉陷治理；新型覆岩离层注浆技术；关键层；离层发育；数值模拟

1　前言

郭庄煤矿位于山西省长治市屯留县路村乡西兴旺村—麟绛镇藕泽村一带，西距屯留县城1.5 km。其地理坐标为：东经112°54′30″～112°55′53″，北纬36°16′59″～36°20′28″，井田南北长6.40 km，东西宽2.01 km，井田面积为11.4 km^2。

郭庄煤矿3310工作面位于采区的西侧，开采山西组3#煤层，其埋深约为508～552 m，平均煤厚为5.99 m，设计采宽约240 m（含两巷），推进长度约为1 171 m，地质储量约236万t。3310工作面采用综采放顶煤一次采全高开采工艺，采放比约为1∶1，顶板管理采用全部垮落法，高抽巷距离3310工作面垂直距离为25～30 m。

郭庄煤矿2309工作面开采过程中开展了地表岩移观测，观测结果显示地表移动变形较为活跃，若不采取减沉措施采空区上方将出现明显的塌陷盆地。地面建筑设施的存在严重影响3310工作面的安全高效开采。3310工作面“三下”压覆资源区地表上方从北向南分布有东街村鱼塘、东盛物流市场、公交车站等建筑物（图1），走向长度为785 m，该区域预计影响涉及公交车站占地面积约78亩[1亩=(10 000/15)m^2]，东盛物流市场占地面积约为9万m^2，有鱼塘12个。经调研与测算，若不采取措施地面赔偿费用将高达9 840万元。同时，地面建筑物赔偿还将引发系列纠纷，严重影响企业正常生产。

离层注浆充填技术是从地面布置钻孔将充填料浆高压注入岩层移动变形过程中覆岩内形成的离层空间，从而对离层上覆岩层形成有效支撑作用来控制地表沉陷。相比于其他充填开采方式，其主要优势有不干扰井下正常生产；设备简单易于操作，投资少；治理与环保相结合，在控制地

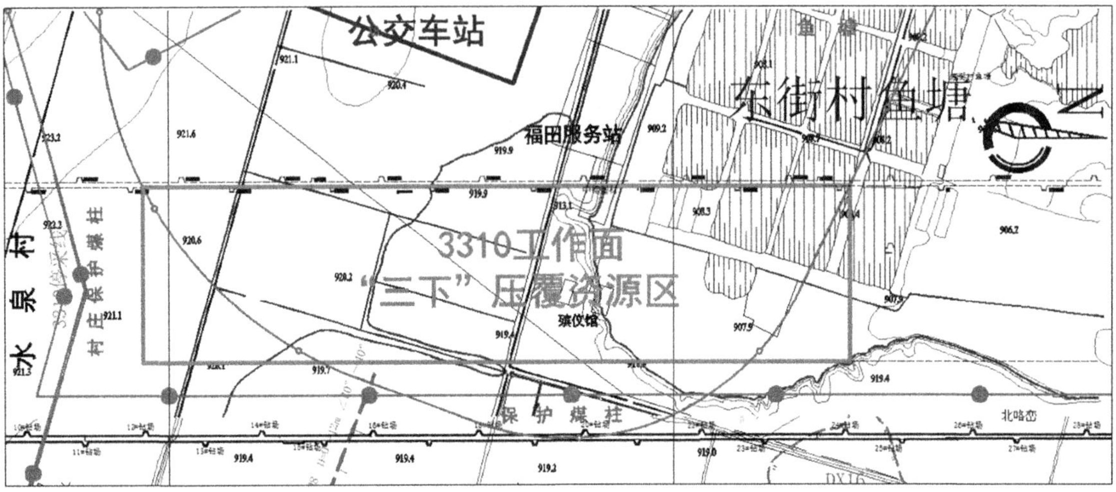

图 1　郭庄煤矿 3310 工作面地表建(构)筑物平面示意图

表沉陷的同时又为电厂粉煤灰找到地下存放场所;应用灵活,对局部压煤开采适用性强。

2　工作面上覆地层岩性特征

为充分掌握 3310 工作面地质条件及其他施工条件,在东盛物流市场、公交车站东侧影响区施工了勘查孔(GK01 孔),孔深 380.5 m,采用地质钻探、测井、岩芯编录和岩样测试等方法进行综合勘察。施工设备为 XY-44 型钻机 1 台,TBW250/40 型泥浆泵 1 台,配备动力为 100 马力(1 马力=735.498 75 W)的 4135 型柴油机和 A 字形 13 m 钻塔一副。

该孔钻所遇地层为深度为 64.00 m 的第四系地层和深度为 380.50 m、厚度为 316.50 m 的二叠系上石盒子组(未揭穿)地层,地层岩性主要以砂质泥岩、泥岩、粉砂岩、细粒砂岩、中粒砂岩和粗粒砂岩互层组成。上石盒子组地层为砂岩与泥岩互层,岩性差异较大,硬岩层与软岩层之间有利于形成离层空间,这是开展离层注浆控制地表塌陷的基本条件。

局部岩层中原生裂隙较发育,主要表现为纵向高角度节理裂隙。本孔在钻进过程中未穿见断层。裂隙的发育对离层注浆不利,易造成浆液漏失,注浆层位选择中应尽量避免该空间。简易水文观测结果显示消耗量基本保持在 0.01~0.18 m^3/h,水位为 0.00~17.87 m。煤田内各泥岩层的隔水性能较好,上下层的水力联系较弱,可有效防止离层注浆过程中浆液水的向下渗透。

综上所述,郭庄煤矿除局部构造裂隙发育外,地层和水文地质条件均有利于开展离层注浆。为精准确定注浆层位和深度以提高注浆减沉效果,对钻孔岩芯样品进行了抗压强度、抗拉强度、抗剪切强度、切线模量、块体密度、普氏硬度系数、变形参数和泊松比测试。

3　注浆充填参数

3.1　关键层层位判断

开展离层注浆的第一步应进行关键层的判断。根据勘察孔 GK01 的钻探成果及已有的 3173 钻孔资料,采用关键层判别方法判别关键层的层位,计算得到各关键层信息及其对应的工作面采宽，计算结果见表 1。单一关键层时，根据固支梁计算其破断距的计算公式为：

$$L_T = h_k\sqrt{\frac{2R_T}{q}}$$

式中，L_T 为关键层破断距，h_k 为关键层厚度，R_T 为关键层抗拉强度，q 为关键层承受载荷。

表 1 关键层详细信息一览表

序号	关键层	岩性	厚度/m	埋深/m	距煤层距离/m	关键层破断距/m
1	主关键层	砂岩组	27.3	154.10	368.90	32.13
2	亚关键层 4	砂岩组	9.79	181.40	341.60	24.26
3	亚关键层 3	砂岩组	9.40	259.10	263.90	20.26
4	亚关键层 2	砂岩组	11.49	281.10	241.90	22.15
5	亚关键层 1	粗粒砂岩	11.05	327.90	195.10	22.65

根据关键层破断距确定合理的注浆充填工作面采宽为：

$$W \leqslant L_k + 2H/\tan\theta$$

式中，W 为注浆充填工作面采宽，L_k 为关键层破断距，H_k 为关键层与工作面煤层间距，θ 为煤层上覆岩层断裂角，取 70°。计算得关键层极限垮距时对应的工作面采宽(表 2)。

表 2 工作面采宽计算

序号	关键层	岩性	厚度/m	埋深/m	距煤层距离/m	关键层破断距/m	对应的工作面采宽/m
1	主关键层	砂岩组	27.3	154.10	368.90	32.13	300
2	亚关键层 4	砂岩组	9.79	181.40	341.60	24.26	272
3	亚关键层 3	砂岩组	9.40	259.10	263.90	20.26	212
4	亚关键层 2	砂岩组	11.49	281.10	241.90	22.15	198
5	亚关键层 1	粗粒砂岩	11.05	327.90	195.10	22.65	164

隔离注浆充填开采的承载结构模型可等效为条带开采。隔离煤柱一方面可支撑煤柱上覆岩层重量及两侧采空区悬露岩层转移到煤柱上的部分重量，另一方面可防止煤柱上方关键层上下区段离层区贯通。

等效的条带采宽 e 和采宽 a 分别相当于充填承载区宽度 c(即压实区宽度)和隔离煤柱宽度 b，注采比为 K(注浆空间与开采空间的比值)，充填承载区宽度按照注采比确定，则充填承载区宽度 c 为：

$$c = K \cdot a$$

等效条带采宽 e 为：

$$e = (a - c)/2$$

进行上述等效之后，采宽 a、隔离煤柱宽度 b 满足下式：

$$\sigma_p \geqslant \gamma H\left(1 + \frac{e}{b}\right) - \frac{\gamma b^2}{4a}\cot\theta$$

式中，σ_p 为有效隔离煤柱强度，MPa；γ 为地层容重，N/m³；H 为煤层埋深，m；θ 为煤岩剪切角，取 15°。σ_p 按比涅乌斯基公式计算，见下式：

$$\sigma_p = \sigma_c \sqrt{D/0.9}(0.64 + 0.36b/M)^n$$

式中，σ_c 为煤试件单轴抗压强度，MPa；D 为煤试件尺寸（圆柱体试件的直径或立方体试件的边长），m；M 为煤层采高，m；n 为系数，煤柱宽高比大于 5 时取 1.4，反之取 1.0。

煤层单轴抗压强度取 10 MPa，计算可得安全煤柱宽度应不小于 57 m。

3.2 两带高度确定

据生产地质报告资料，3# 煤层基本顶以灰白色中厚层中粒或细粒砂岩为主，平均厚度为 6.10 m，砂岩平均抗压强度为 80.70 MPa，平均抗拉强度为 3.1 MPa，平均抗剪强度为 12.6 MPa，属于中硬-坚硬岩石。按照《煤矿防治水细则》要求，采用《建筑物、水体、铁路及主要井巷煤柱留设与压煤开采规范》(2017 年版)中的经验公式(表 3，表 4)计算求得 3# 煤层开采的垮落带高度为 23.46 m，裂隙带高度为 74.09 m，两带影响的累计高度为 97.55 m。

表 3　厚煤层分层开采的垮落带高度计算公式

覆岩岩性(单向抗压强度)/MPa	计算公式/m
坚硬(40～80)	$H_m = \dfrac{100\sum M}{2.1\sum M + 16} \pm 2.5$
中硬(20～40)	$H_m = \dfrac{100\sum M}{4.7\sum M + 19} \pm 2.2$
软弱(10～20)	$H_m = \dfrac{100\sum M}{6.2\sum M + 32} \pm 1.5$
极软弱(<10)	$H_m = \dfrac{100\sum M}{7.0\sum M + 63} \pm 1.2$

表 4　厚煤层分层开采的裂隙带高度计算公式

覆岩岩性(单向抗压强度)/MPa	计算公式/m
坚硬(40～80)	$H_l = \dfrac{100\sum M}{1.2\sum M + 2.0} \pm 8.9$
中硬(20～40)	$H_l = \dfrac{100\sum M}{1.6\sum M + 3.6} \pm 5.6$
软弱(10～20)	$H_l = \dfrac{100\sum M}{3.1\sum M + 5.0} \pm 4.0$
极软弱(<10)	$H_l = \dfrac{100\sum M}{5.0\sum M + 8.0} \pm 3.0$

根据郭庄煤矿 2309 工作面绛河下开采试验可知，裂缝带高度采厚比约为 19.96 倍，采厚取 5.99 m，得出裂隙带高度为 119.56 m。

3.3 注浆层位确定

按照注浆层位确定原则，首先，注浆层位应位于关键层下方离层区内，故5个关键层下离层均可作为备选层位。其次，为防止注浆时离层区与裂隙带之间贯通，注浆层位需位于裂缝带上部，且需要留设5倍煤层采高左右的围护带厚度，即29.95 m(5×5.99 m=29.95 m)。因此，3310工作面覆岩离层注浆层位应在距煤层顶板149.51 m(119.56 m+29.95 m=149.51 m)以上。再次，注浆层位不宜过浅，也不宜距煤层过近。距煤层越远，离层发育范围越小，注浆空间越小，注浆向下压实越不充分，还容易顶穿上部地层，产生跑浆、冒浆。以我国学者范学理等为代表总结的经验，一般情况下注浆层位应超过0.3倍煤层埋深。参照GK01孔附近煤层埋深，取529 m，则注浆层位埋深应大于158.7 m为宜。主关键层埋深为154.1 m，因此主关键层下不适宜作为注浆层位。

通过以上分析可知亚关键层1、2、3、4均满足注浆要求。同时考虑关键层岩性、厚度以及煤层距离，并结合夏店煤矿和王庄煤矿实施的离层注浆工程经验可知，为确保达到理想的注浆效果，应在注浆层位上方选定合适层位进行二次补强注浆，且补强注浆目标关键层位下方应存在较厚的低强度软岩以便进行射孔。为确保一次注浆量及注浆效果，应在主注浆层位下方安全范围内选定合适层位作为次要注浆层位以作为保障。因此，通过综合分析和比选最终选择亚关键层2作为主要注浆层位，亚关键层1作为次要注浆层位，亚关键层3作为二次注浆补强层位，注浆层位示意图如图2所示。高抽巷距离3310工作面垂直距离为25～30 m，位于3#煤层裂缝带内，因此注浆充填不会对高抽巷产生影响。

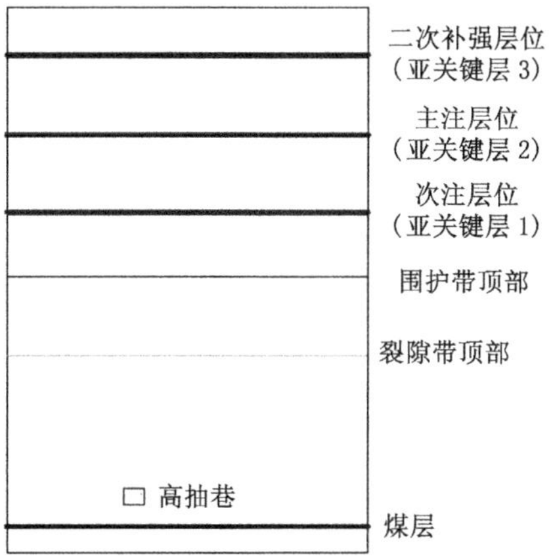

图2 注浆层位示意图

3.4 工作面宽度及煤柱宽度确定

根据上述计算，主注浆层位亚关键层2所对应的工作面安全采宽应不大于198 m，安全煤柱宽度应不小于57 m。基于当前回采巷道开拓情况，工作面宽度与煤柱宽度之和应为235 m(回风巷设计宽度为5 m)，因此，工作面宽度和煤柱宽度应相应按照同比例进行缩小，缩小后的工作面宽度分别为170 m、180 m和190 m，此时计算得到的煤柱最小宽度分别为54 m、55 m和56 m，最终取工作面采宽为180 m、煤柱宽度为55 m即可满足当前采场的尺寸要求。

3.5 注浆区域确定

根据前述计算确定工作面安全生产宽度为180 m，注浆区域推进长度为785 m。工作面采厚取 5.99 m，煤层密度取 1.40 t/m^3。经计算可得，注浆区域共计释放“三下”煤炭资源 118 万 t。

4 注浆充填控制沉陷效果模拟

为研究郭庄煤矿 3310 工作面开采过程中覆岩的下沉垮落，离层发育规律与地表下沉特征，以及离层注浆对地表下沉的控制效果，采用 UDEC(universal distinct element code)软件进行了模拟分析。UDEC 软件是一种基于非连续体模拟离散单元法的数值计算程序。

3310 工作面基岩上覆约 70 m 的风砂土层。根据采煤工作面覆岩关键层理论，风砂层为松软岩层，与下伏基岩表面运动一致，故模型只模拟了基岩段的变形运动。模型的节理划分方式为硬岩层按理论破断步距设置断裂节理以分析其断裂引起的上覆岩层的下沉运动，其他软岩层只设水平层理，不设垂直各倾斜节理。

根据计算模型的实际赋存条件，本计算模型的边界条件如下：

(1) 上部边界条件。与上覆黏土的重力($\sum \gamma h$) 有关。为研究方便，载荷的分布形式简化为均布载荷，上部边界条件为应力边界条件，即 $\sum \gamma h = 0.2$ MPa。

(2) 下部边界条件。本模型的下部边界条件为底板，简化为位移边界条件，在 x 方向可以运动，y 方向为固定铰支座，即 $v=0$。

(3) 两侧边界条件：本模型的两侧边界条件均为实体煤岩体，简化为位移边界条件，在 y 方向可以运动，x 方向为固定铰支座，即 $u=0$；

模型中岩体、节理变形破坏模型均为摩尔-库仑模型。数值模拟中各煤岩层块及裂隙面力学参数如表 5 和表 6 所示。

表 5　煤岩块体力学参数

岩层性质	密度 d/(g/cm^3)	体积模量 K/GPa	剪切模量 G/GPa	内摩擦角 f/(°)	内聚力 C/MPa	抗拉强度 t/MPa
煤	1 400	7.50	2.81	14	31.3	0.4
泥岩	2 300	4.32	2.85	12.5	31.3	0.2
泥砂	2 350	6.65	4.00	15	37.5	0.3
细砂	2 600	10.20	6.41	20	130	2
中砂	2 550	5.87	3.03	17	108	1.2
粗砂	2 500	4.00	2.00	20	50	1
粉砂	2 650	7.85	4.48	25	45	0.36

表 6　煤岩体节理面力学参数

岩层性质	法向刚度 J_{kn}/GPa	切向刚度 J_{ks}/GPa	黏结力 J_c/N	摩擦角 J_f/(°)	抗拉强度 J_t/MPa
煤	1.5	0.5	0	6	0
泥岩	1.4	0.8	0	10	0
泥砂	1	0.3	0	10	0
细砂	0.8	0.1	0	3	0

表 6(续)

岩层性质	法向刚度 J_{kn}/GPa	切向刚度 J_{ks}/GPa	黏结力 J_c/N	摩擦角 J_f/(°)	抗拉强度 J_t/MPa
中砂	0.8	0.1	0	3	0
粗砂	2	0.5	0	6	0
粉砂	2	0.5	0	6	0

模拟分析的工作面注浆充填开采前后的覆岩下沉变形规律和地表沉陷变形特征如图 3 和图 4 所示。离层注浆充填前,煤柱应力集中程度较高,说明上覆岩层重量主要由煤柱承载,随着采场范围的不断扩大,上覆岩层依次破断,直至主关键层发生破断,从而引起地表沉降。离层注浆充填后,在高压浆体和覆岩的自重作用下,在工作面中部形成充填压实区,且注浆充填后的煤柱应力集中程度降低,在煤柱和充填压实体的共同承载下,可保持主关键层不发生破断,进而有效控制地表下沉。

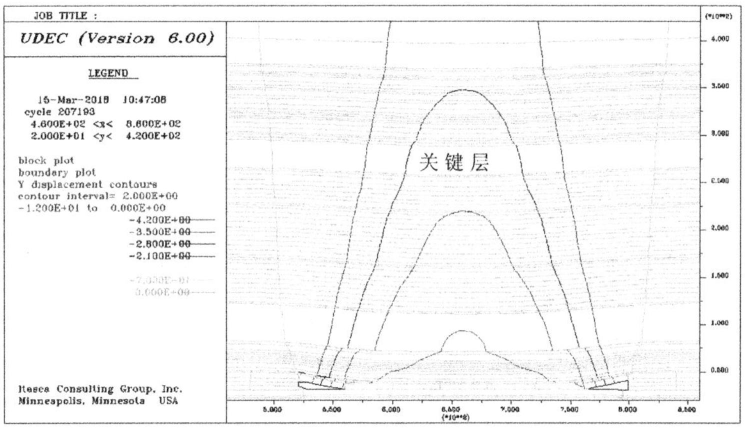

图 3 不充填工作面覆岩下沉变形规律示意图

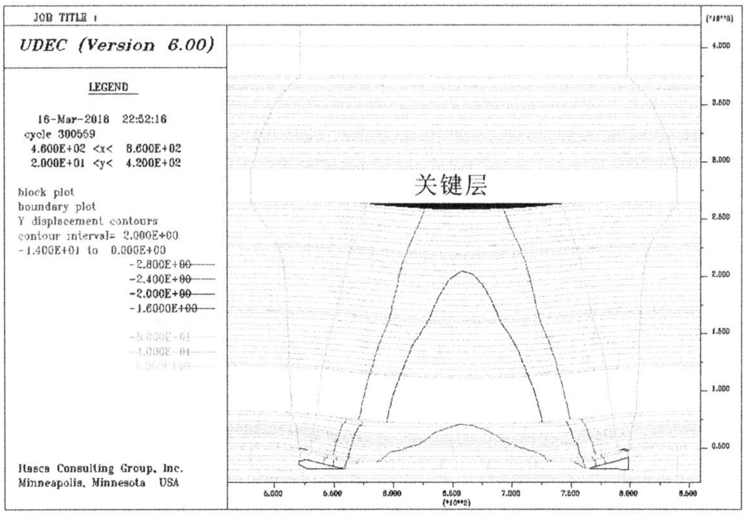

图 4 充填工作面覆岩下沉变形特征示意图

依次回采 3309、3310 工作面后，3310 工作面上覆岩层离层区不进行充填，地表下沉规律见图 5。

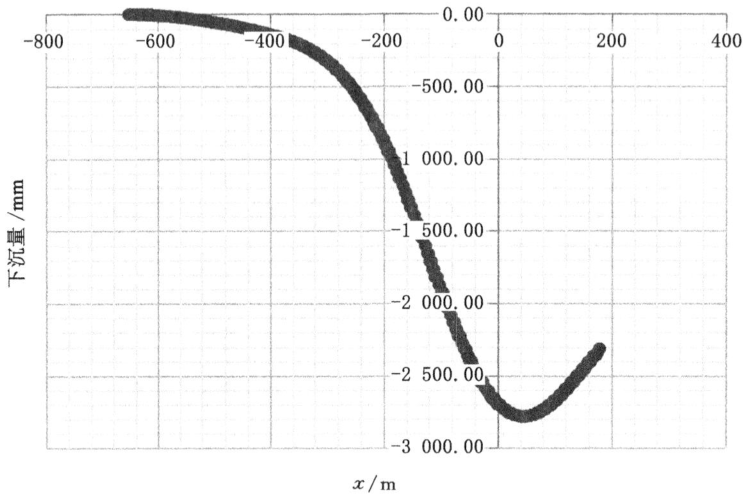

图 5　未注浆的地表下沉情况

依次回采 3309、3310 工作面后，3310 工作面上覆岩层离层区进行充填，地表移动变形规律见图 6。

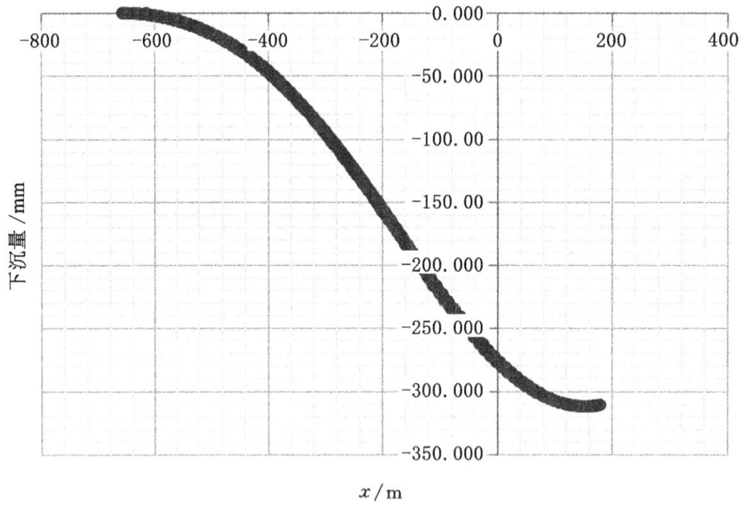

图 6　离层注浆后的地表下沉情况

根据数值模拟结果可得到离层区是否充填对地表移动变形的影响(表 7)。由此可见注浆充填显著减轻了地表变形。通过覆岩离层注浆可使地表建筑物损坏程度达到《建筑物、水体、铁路及主要井巷煤柱留设与压煤开采规范》(2017 年版)中的Ⅲ级保护标准。因此，从保护地表建筑物的角度看，开采 3310 工作面时进行覆岩离层注浆可对地表建筑物进行有效保护。

表 7 数值模拟得到的地表移动指标值

条件		下沉量/mm	倾斜/(mm/m)	曲率/(10^{-3}/m)	水平移动/mm	水平变形/(mm/m)
不注浆	最大值	3 411	61.2	5	520.5	10.5
	建筑物处	650	30	2.8	400	10.5
注浆	建筑物处	170	1.3	0.004	37	0.27

5 结论

本文结合郭庄煤矿地质条件对离层注浆充填技术方案进行了详细论证，确定了充填工作面宽度为 180 m，煤柱宽度为 55 m。依据 GK01 孔钻探成果确定亚关键层 2 可作为主要注浆层位，亚关键层 1 可作为次要注浆层位，亚关键层 3 可作为二次注浆补强层位。注浆层位埋深为 249.7～338 m，位于二叠系上石盒子组。数值模拟结果表明，实施覆岩离层注浆工程可有效减少地表下沉，使地表建筑物满足保护需求，确保矿井安全高效开采，可释放“三下”煤炭资源量约 118 万 t。实施离层注浆充填开采具有巨大的社会、生态和经济意义，为郭庄煤矿建设低成本、高产高效矿井提供了实践依据，因此具有可行性。

参考文献

[1] 甘满光.一侧采空条件下隔离注浆充填减沉效果影响因素研究[D].徐州：中国矿业大学，2017.
[2] 于佳佳.采宽对覆岩隔离注浆充填沉陷控制效果的影响研究[D].徐州：中国矿业大学，2016.

煤矿采终后转型为专用地下水库技术研究

李瑞群

(国家能源集团神东煤炭集团公司生产管理部,陕西 神木 719315)

摘　要　为了保护我国西部矿区的生态环境,对稀缺的水资源进行储存和利用,神东矿区将井下采空区作为矿井水储存、净化和利用的空间,建成了煤矿地下水库,实现了矿井水资源的保护和循环利用。为了继续保护和利用水资源,在矿井资源回收完毕后,采取继续保留和改进矿井部分生产系统,将其作为专用地下水库继续使用,从而发挥矿井对水资源储存、净化和利用的作用。本文针对煤矿采终后,将矿井改造为专用地下水库的方案和应用效果进行介绍。

关键词　矿井采终;地下水库;改造方案;运行使用

1　引言

为了保护西部矿区相对脆弱的生态环境,特别是保护宝贵的矿井水资源,神东矿区利用采空区矸石的净化作用和储存空间,创造性地发明了煤矿地下水库技术,地下水库的建成发挥了巨大的作用,既保证了矿井正常生产用水,又提供了部分地面生产生活用水。但煤炭资源毕竟是有限的,在矿井资源回收完毕后,如果对矿井进行封闭,那么矿井地下水库将无法继续使用,矿井也将无法发挥对西部矿井水资源保护和生态环境保护的作用,无形中造成了很大的浪费。如果矿井在资源回收完毕后,保留必需的生产系统,保持地下水库的运行,将废弃的矿井继续作为水资源储存和净化的工厂,同时扩大地下水库的净化范围,将地面污水也注入地下水库,形成地面和井下一体化的地下水库运行模式,这对于继续发挥煤矿地下水库对水资源的保护利用作用具有重要意义。

2　神东矿区地下水库建设及应用情况

2.1　煤矿地下水库的概念

利用煤柱和人工坝体将井下采空区形成封闭的空间对矿井水进行储存,将矿井水注入采空区,矿井水流动过程中利用采空区矸石实现对矿井水的净化,使其净化为清水,同时在地面和井下建设相应的抽采与回灌工程,实现矿井水的抽采利用与回灌储存,这一整套系统称为煤矿地下水库[1-2],如图1所示。

2.2　地下水库的建设条件

煤矿建设地下水库要充分考虑对水资源进行保护的价值以及矿井是否具备建设地下水库的技术条件,主要需符合以下条件:

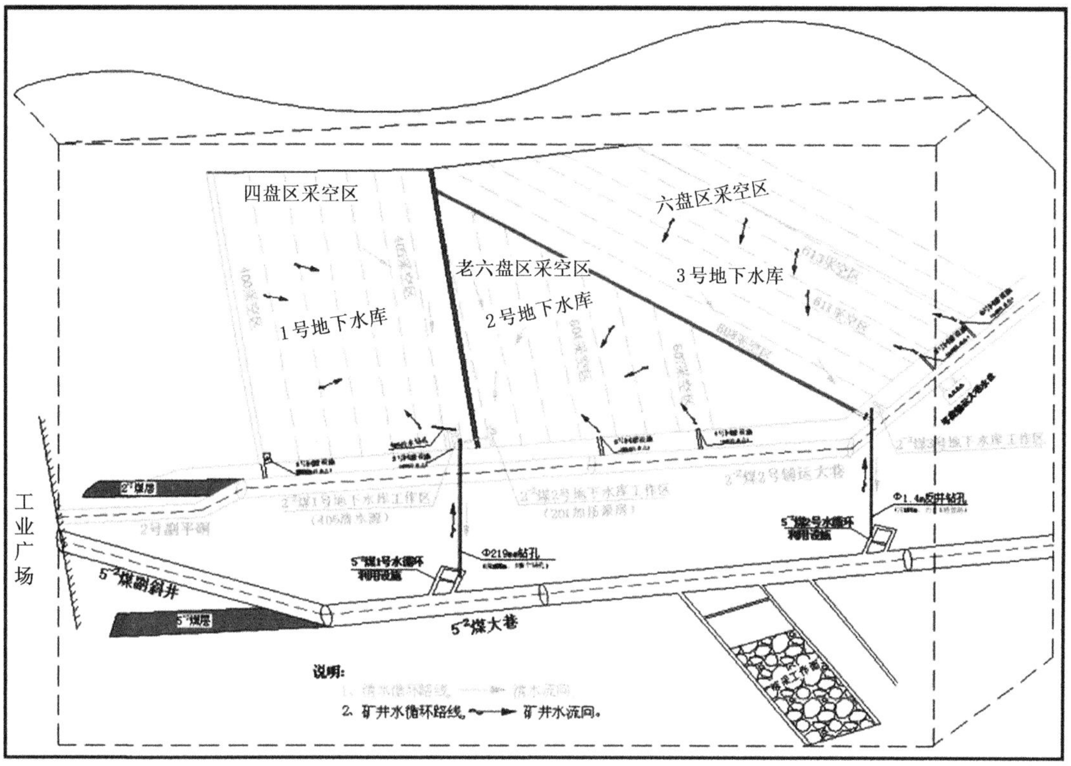

图 1 煤矿地下水库示意图

(1) 矿井必须位于水资源缺乏的地区,采用地下水库技术对于水资源保护和生态环境保护的价值大。

(2) 矿井水文地质类型必须为简单或中等。在这种条件下,矿井地下水库的应用和管理相对更加容易,如果矿井水文地质类型为复杂或极复杂,就增大了矿井水害管控的难度,不利于地下水库的使用和管理。

(3) 矿井必须采用全部垮落法管理顶板。由于地下水库的核心原理是利用采空区的矸石对矿井水进行过滤和储存,因此工作面顶板必须采用全部垮落法进行管理,这样才能形成采空区矸石和采空区储水空间,顶板控制不是采用全部垮落法的矿井则不适合建设地下水库。

(4) 煤层倾角不宜过大。一般倾角不大于 6°,倾角越小越有利于建设地下水库。

2.3 地下水库建设核心技术

煤矿地下水库建设的核心技术主要包含水库选址、坝体构筑、库容确定、水体调运、水位监测等等,经过多年的建设和发展形成了规划设计、建设、运行和监控技术为主要内容的地下水库核心技术,实现了清污分流、分质供水、分类利用。地下水库建设关键技术如表 1 所列。

表 1　煤矿地下水库建设关键技术

序号	涉及方面	关键核心技术
1	地下水库规划与设计	1.煤矿开采地下水运移与裂隙演化规律； 2.煤矿地下水库选址技术； 3.煤矿地下水库库容确定技术
2	地下水库建设	1.煤矿地下水库筑坝技术； 2.煤矿地下水库防渗技术
3	地下水库运行	1.煤矿地下水库库间协调技术； 2.煤矿地下水库水体入库技术； 3.煤矿地下水库库水调出技术
4	地下水库监控	1.煤矿地下水库应急保障技术； 2.煤矿地下水库安全保障技术； 3.煤矿地下水库安全智能控制技术

2.4　神东矿区地下水库建设情况

国家能源集团神东煤炭集团公司(以下简称“神东公司”)于 1998 年开始在大柳塔井 22601 综采采空区进行储水试验，将生产过程中产生的污水注入 22601 采空区进行沉淀、过滤后用于矿井生产用水，不再从地面供水，形成了地下水库建设的雏形。经过不断的实践和探索，到 2007 年采空区储水方案已基本成熟、完善，大部分矿井将生产过程中产生的污水注入综采采空区进行储存复用。采空区复用水根据水质情况，有的直接作为矿井生产、地表灌溉用水，有的经简单处理后作为工业、生活和灌溉用水，有的经深度处理后作为饮用水。截至 2020 年年底，神东公司 11 个矿井共有 15 个储水采空区，储水面积 1 563.0 万 m^2。通过采空区对矿井水的储存和调蓄，解决了矿区水资源短缺的问题，实现了矿井均衡排水，达到了绿色开采和节能减排。近年来，矿井水利用量占到矿区总用水量的 95%以上。2010—2019 年，神东公司矿井水储水利用累计节约污水处理费和工业用水费约 19.3 亿元，创造了巨大的经济效益和社会效益。

3　煤矿专用地下水库改造建设和安全管理

3.1　矿井开采结束后的变化

煤矿开采结束后，井下所有的采掘活动及相关保障系统终止运行，矿井的地层运动也停止，井下涌水量趋于稳定，矿井开采结束后带来的主要变化如下。

3.1.1　地质方面的变化

矿井开采结束后，由于井下没有新的采掘作业场所产生，也不再产生对含水层和岩层的破坏，矿井涌水量趋于稳定。同时由于采掘作业的停止，井下也不再有污水产生，井下涌水为清水，这也使得煤矿地下水库闲置出更大的处理能力，为利用地下水库处理地面污水提供了基础。

3.1.2　井下主要生产系统方面的变化

在矿井开采结束后，如果矿井直接关闭，那么所有生产系统均不再使用，处于停用状态。但是如果考虑到地下水库的改造和继续使用，那么矿井部分系统仍需要保留。例如主运系统完全不再需要，可以进行拆除，但是通风系统、辅助运输系统、供排水系统和供电系统将继续保留，但系统能力将有大幅的缩减。

3.2 矿井开采结束后地下水库的改造建设和运行

如果矿井作为专门使用的地下水库运行,需要在原有巷道和生产系统的基础上进行一定的改造建设,同时在运行过程中要保证所需系统的正常运行,这些系统主要包括通风系统、供排水系统、供电系统、辅助运输系统。

3.2.1 巷道封闭

由于矿井作为专用地下水库进行使用,为了简化管理,方便维护,尽量将不用的巷道进行封闭,保留的巷道仅为矿井的大巷和地下水库工作区使用的巷道。

(1) 需要建设地下水库的要采用人工坝体对采空区进行封闭,人工坝体的施工位置在地下水库整体规划时就提前规划好位置,在封闭时直接采用。

(2) 对于不需要施工人工坝体的普通密闭,为了保证地下水库之间储水的通畅,避免形成阶梯水库,通常在普通密闭埋设返水管。

(3) 在人工坝体施工时,坝体的位置要在距离联巷口 5～6 m 的地方,一旦人工坝体需要加固时还有加固的空间。

3.2.2 通风系统

地下水库运行期间,由于没有采掘工作面,也就没有井下污染和有害气体的产生,随着采掘活动的结束,仅需要在矿井主要大巷和地下水库工作区域提供作业人员用风量即可,因此井下通风量大幅度减小,矿井主要通风机需要更换为小型通风机。矿井作为专用地下水库使用时的通风系统如图 2 所示。

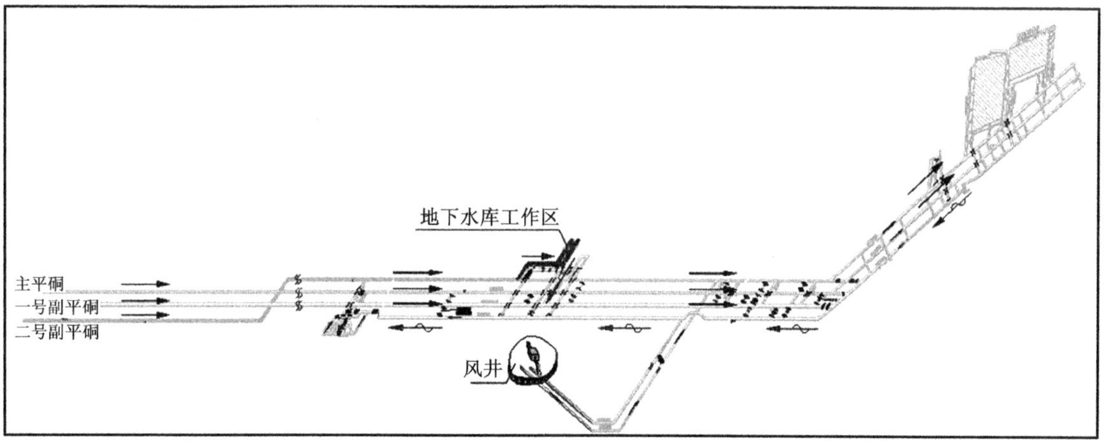

图 2 通风系统示意图

3.2.3 供排水系统

在矿井作为专用地下水库使用后,井下的供排水系统将成为最关键的生产系统之一,为了保证专用地下水库的运行,原有的供排水系统要进行一定的改造,以往供采掘活动使用的供排水管路需全部拆除,对保证地下水库运行的供排水系统进行改造,确保井下供排水系统的能力能够满足清水和污水的循环使用。为了保证矿井抗灾能力,井下主要排水泵房仍然保留。

(1) 取水和回灌管路

通过地下水库净化后的清水，可利用管路在地势较低处的坝体进行引流取用，如此可实现“清水自流”，管路布设应与坝体施工同时进行。同理，来自采掘面的污水也由管路在地势较高处引流注入水库中。其中，无论取水或回灌管路，都应在管路与取用/回灌水源之间布设中转水仓。如图3所示为煤矿地下水库的取水和回灌管路布设照片[3-6]。

(a) 清水取用管路　　(b) 污水回灌管路

图3　煤矿地下水库取水和回灌管路布设照片

(2) 同一水平库间管道建设

为实现水库整体运行安全，通过对原有井下供排水管道进行改造升级，将同一水平的不同地下水库相互连通(图4)，以实现库间水量调配和突发情况下的水体紧急调运，保障煤矿地下水库坝体安全。

图4　同一水平地下水库库间连通管道

(3) 上下水平煤层通道建设

开采不同水平煤层时，为实现上下煤层的地下水库库间连通便利，研发出上下层水库间大垂距(超过100 m)、高压差(超过1 MPa)和高贯通精度的大口径钻进技术(图5)，以便于上下煤层的取水和污水回灌。

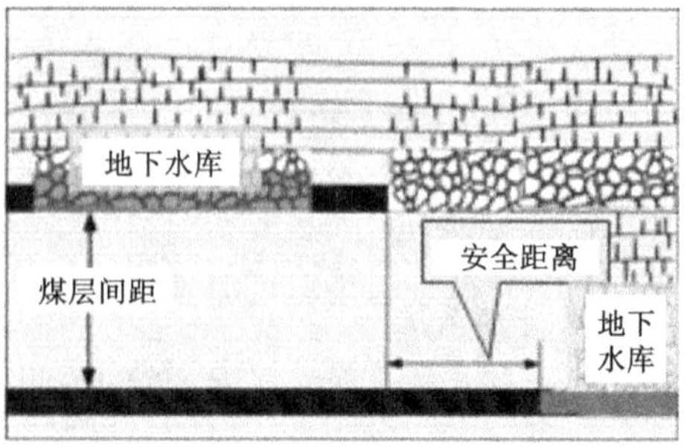

图5　不同水平地下水库库间垂直管道建设

(4) 地面管路系统与井下管路系统对接

在矿井作为专用地下水库使用后，其处理的污水将主要来自地面，即实现地面污水注入井下地下水库，经地下水库净化和储存，再将清水供到地面进行应用。为了保证这一系统的正常运转，需要将地面管路系统和井下管路系统进行对接，形成井上下的立体循环系统[7-11]。煤矿地下水库立体循环系统模型如图 6 所示。

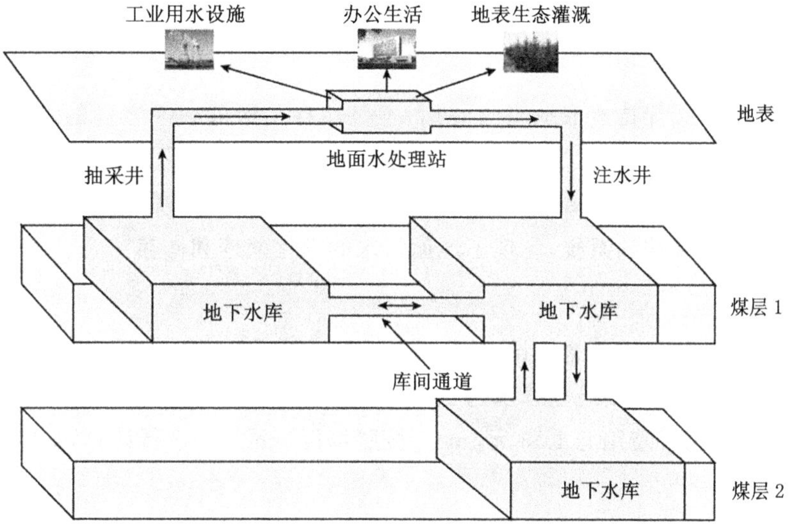

图 6　煤矿地下水库立体循环系统模型图

3.2.4　供电系统

井下供电系统主要是保证供排水系统的电力。矿井仍然必须采用双回路供电，确保供排水系统的可靠运行。

3.2.5　辅助运输系统

辅助运输系统主要是保证大巷和地下水库工作区域的辅助运输，在原有的辅助运输系统的基础上无须再进行特殊的改造，神东矿区的辅助运输系统仍然采用无轨胶轮车辅助运输系统。

4　地下水库的安全设施建设和安全管理

在作为专用地下水库进行使用后，地下水库的储存量加大，安全管理也更加重要，为了保证专用地下水库的安全，需要建设配套的安全设施并加强相应的安全管理，主要包括以下方面：

(1) 在地下水库关键部位的水仓要安设防灾大泵，并且水泵和开关设施要尽可能安设得高一些，一般为 1 m 以上。

(2) 与地下水库相连通的所有巷道要全部掌握清楚，不能有遗漏，全部封闭严实，特别是位于地下水库最高水位标高以下的各个人工坝体必须加固可靠，强度足够，以预防水灾。

(3) 人工坝体上的所有引水管路阀门都要布置保护设施，以防车辆撞坏时，水管无法关闭而造成水灾。

(4) 在已存水的采空区周围附近，如果有正在生产的小煤窑，要告知小煤窑不能越界开采，以防水淹小窑。

(5) 定期对井下采空区水位、人工坝体和煤柱坝体进行巡检，发现异常及时采取有效措施进行处理。

(6) 井下必须安装水位监测系统，实时掌握水位情况，设置警戒水位，当超过警戒水位时应及时泄放或者在水库间进行调动，确保水库安全。

5 效益分析

5.1 生态效益

矿井回采完毕后继续保持地下水库的应用，不仅储存了西部矿区宝贵的水资源，而且由于井下矿井污水不再产生，可以富余出大量净化能力对地面污水进行净化处理。经地下水库处理的矿井水可以分为直接供地面使用的清水和需进一步经地面深度污水厂处理的污水，这样地下水库和地面污水厂形成一整套衔接的系统，实现了地面污水的净化处理和储存。

5.2 经济效益

煤矿地下水库的费用主要包含建设费用和运行费用，其中建设费用主要包含人工坝体建设和管路建设的费用，运行费用主要是供排水的电费，经过测算地下水库的建设费用为 1.04 元/m^3，运行费用为 0.09 元/m^3，合计费用为 1.13 元/m^3。按照水价 3 元/m^3 进行计算，采用地下水库技术可实现经济效益 1.87 元/m^3。

6 结论与展望

神东公司经过多年的实践与总结，形成了一套高效建设与安全运行地下水库的关键技术，包括水库选址、坝体建设、污水回灌和清水取用管网布置等，解决了矿井的供排水、污水处理、水灾防治和环境保护等问题。在矿井回采完毕后，继续将矿井作为专用地下水库使用，可实现地面污水的净化和循环利用，取得巨大的生态效益和经济效益，对我国西部煤炭的安全、高效、绿色开发具有重大意义。

参考文献

[1] 顾大钊，李庭，李井峰，等.我国煤矿矿井水处理技术现状与展望[J].煤炭科学技术，2021，49(1)：11-18.

[2] 张村，韩鹏华，王方田，等.采动水浸作用下矿井地下水库残留煤柱稳定性[J].中国矿业大学学报，2021，50(2)：220-227，247.

[3] 杨夺，王文才.煤矿地下水库坝体结构防渗技术研究现状[J].内蒙古科技大学学报，2020，39(4)：405-408.

[4] 樊帆，刘臣毅，徐建生.煤矿地下水库人工坝体稳定性分析[J].煤炭工程，2020，52(11)：120-125.

[5] 汪北方，武力，张晶，等.煤矿地下水库煤岩变形特性的尺寸效应试验[J/OL].采矿与安全工程学报，2021：1-10[2021-04-06].https://doi.org/10.13545/j.cnki.jmse.2020.0357.

[6] 姚西龙，葛帅帅，郭枝，等.废弃煤炭井巷抽水储能的全生命周期成本研究[J].中国矿业，2020，29(10)：50-56，65.

[7] 黄永军.神东矿区李家壕地下水库人工坝体稳定性研究[J].现代矿业，2020(9)：58-61，103.

[8] 杜明泽，李宏杰，李文，等.煤矿区场地地下水污染防控技术研究进展及发展方向[J].金属矿山，2020(9)：1-14.

[9] 杨俊哲.神东矿区井上井下生态环境综合治理技术[J].煤炭科学技术，2020，48(9)：56-65.

[10] 孔军峰，武书泉，张宗鲜，等.复杂地质条件下煤矿地下水库建设研究[J].煤炭技术，2020，39(9)：149-152.

[11] 樊龙斌.乌兰木伦煤矿矿井水综合利用工程技术研究[J].煤炭科学技术，2017，45(增刊2)：42-44.

伊敏露天矿生态修复技术探索研究

张 波，李文超，李 伟

（华能伊敏煤电有限责任公司露天矿，内蒙古 呼伦贝尔 021000）

摘 要 随着露天煤矿生产能力不断扩大，露天煤矿排土场面积不断增长，矿山绿化越来越受到人们的重视。在矿山绿化过程中，露天矿排土场的复垦绿化技术十分关键。本文对伊敏露天矿的复垦绿化技术进行了详细阐述及分析探讨，总结伊敏露天矿排土场复垦绿化技术方案：选择排土场种植物种—建立土壤重构技术标准—实施水土保持工程措施—管护生态修复成果—进行生态修复探索研究，得出伊敏露天矿生态修复模式。伊敏露天矿生态修复模式的得出在提高露天煤矿复垦绿化效率方面具有重要作用，对矿山生态修复具有借鉴意义。

关键词 伊敏露天矿；生态修复；土壤重构技术；水土保持工程措施；植被养护措施

1 引言

伊敏露天矿隶属华能伊敏煤电有限责任公司，现设计年产量 2 700 万 t，主产褐煤，已形成绿化区 730 hm^2，其中沙棘林地 300 hm^2，可复垦区域复垦率达到 100%。矿区地处呼伦贝尔草原，属于中温带半干旱大陆性季风气候，气温年、日较差大，年平均气温 −2.4 ℃，极端最高气温 37.3 ℃，极端最低气温 −39.9 ℃，无霜期 110 d，冻冰期为 9 月下旬至翌年 4 月下旬，平均结冰日数 245.2 d，平均结冰深度 3.235 m[1]。

我国露天煤矿随着生产工艺不断改进，产量不断增加，剥离量不断增长，排土场面积不断扩大，排土场复垦绿化任务更加严峻。为贯彻国家法律法规、合理利用土地资源、建设绿水青山，建立一整套排土场生态修复技术模式十分关键。因此，本文通过分析研究伊敏露天矿多年来的生态修复技术措施，得出一套伊敏露天矿生态修复技术模式，为露天煤矿生态修复提供保证，为国家生态修复、环境保护事业贡献力量。

2 分析方法与技术路线

本文通过资料收集、现场实践、实验研究，采用列举分析法对伊敏露天矿生态修复的发展过程进行剖析，总结伊敏露天矿绿化植被选择、覆土、水土保持工程、植被养护等复垦绿化技术措施，得出伊敏露天矿生态修复技术模式。具体技术路线如图 1 所示。

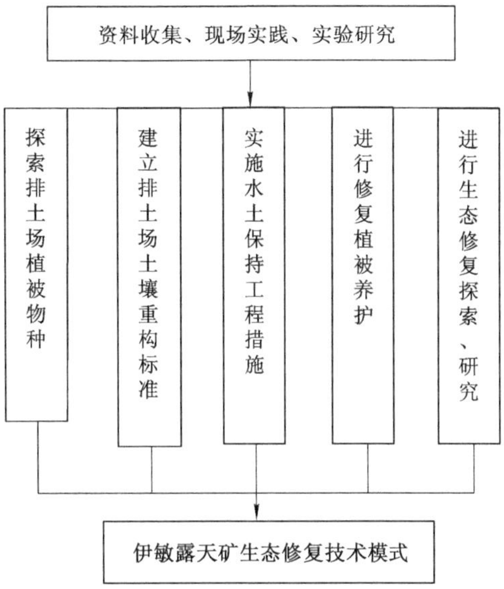

图 1　伊敏露天矿生态修复技术路线

3　探索过程

3.1　探索排土场绿化种植物种

伊敏露天矿在高寒、无霜期短、土壤贫瘠等不利于植被生长的自然条件下，结合生态演替规律及因地制宜原则，不断探索排土场最适宜生长物种和种植方式。1997 年、1998 年排土场复垦绿化时种植人工草(外购披碱草)，由于其适应能力差，几年后就被本地区的草本植物替代。2002 年在排土场种植苜蓿，由于牲畜啃食严重、自身环境适应能力差，三年退化殆尽。2006 年在排土场栽植榆树、黄槐、丁香，栽植后难以适应本地区高寒、降水少、土壤贫瘠的环境，大量枯死。2009 年，伊敏露天矿总结以往复垦绿化植被选择经验教训，在排土场顶部采用本地区的披碱草、羊草等进行混播，在排土场边坡采用成活率高、生长速度快、耐寒、耐旱、耐贫瘠、具有固氮效果的沙棘(株行距 3 m×5 m)与披碱草混交栽植:排土场坡面到界、修坡、覆土后种植披碱草籽，种完草的第二年栽植沙棘。2018 年以后因种植的草本植被种类单一，排土场坡面所栽沙棘郁闭前出现植被覆盖度下降现象。2019 年，伊敏露天矿将第一年只种植披碱草种子改为混播一年生多年生草本植被，第二年栽植沙棘，伊敏露天矿排土场边坡已形成沙棘林地 300 hm^2。伊敏露天矿排土场复垦绿化效果如图 2 所示。

3.2　建立土壤重构标准

(1) 岩土资源高效利用。草原地区地表薄薄的一层第四系腐殖土是极其珍贵的，是草原生态保护的基础。伊敏露天矿在剥离过程中，对地表腐殖土进行单独回收和存放，作为绿化覆土，最大程度地实现了土的循环，为矿区生态重建提供了基础保障。伊敏露天矿开采的剥离物原土层从地表向下一般为腐殖土、黄土、沙子、泥岩。根据剥离物原有土层结构，在剥离排土过程中将泥岩排在排土场的最底层，在将近地表时排弃沙子，沙子上部覆盖腐殖土(排沙厚度不低于 0.4 m，排腐殖土厚度不低于 0.3 m)(详见图 2)，为植被后期生长提供透水、透气环境，有利于植被对水分和养分

图 2　伊敏露天矿排土场复垦绿化效果

的吸收，为生物栖息提供土层条件。2017 年至今内排土场排弃时，地表以下形成泥岩隔水层，将采坑与伊敏河完全阻隔，目前伊敏河与采坑之间水位已恢复至原自然水位，南露天水位也上升了 10 m。

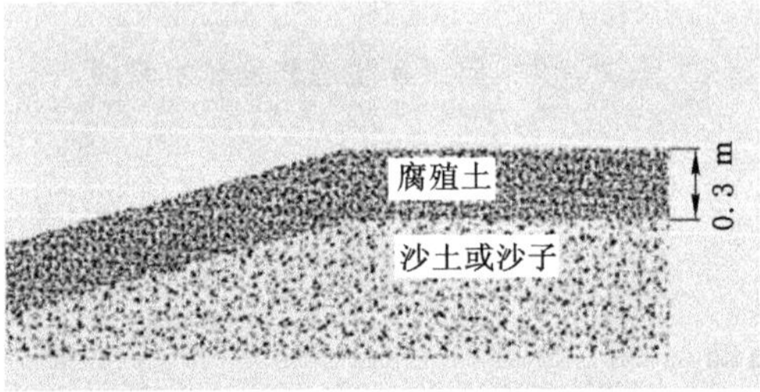

图 3　排土场覆土时土层技术标准

(2) 土壤肥力技术标准。近年来，由于覆盖的表土肥力低、土壤(pH 为 6.8～9.1)盐碱性较大，难以满足植被生长要求，伊敏露天矿利用农家肥对表土进行改良后再进行植被种植。覆土前需要进行农家肥发酵。农家肥发酵过程如下：在伊敏露天矿境内选取一处堆放位置，堆放位置要较干燥、平坦、运输方便；发酵堆宽 80 m，高 2.6 m，发酵堆长以农家肥数量而定，堆前将地面表土推至一旁，将地面碾压平整；首先铺垫一层 0.2 m 厚的腐殖土(或黄土)，其次铺垫 1 m 厚的农家肥，以此类推，腐殖土(或黄土)与农家肥交叉铺垫；发酵堆顶部修成凹槽，凹槽可以留存降雨，有助于农家肥发酵；发酵堆共堆置 2 m 厚农家肥和 0.6 m 厚腐殖土(或黄土)；在发酵堆周围用腐殖土修筑 1.5 m 高的挡土埂，防止发酵堆被降水冲刷或遭受牲畜践踏。发酵堆立面结构如图 4 所示。覆土时将发酵后的农家肥与土壤混合覆盖于绿化地表。

伊敏露天矿在土壤改良方面从土层、土质、土壤孔隙等多层次考虑[2-3]，以改善植被生境为原则，使植被生长所需的水、肥、气三大条件得到充分满足[4]，使土壤涵养水分能力增强、土壤肥力和孔隙度增加，植被根系呼吸环境改善，植被成活率及生长效果显著提高。

3.3　实施水土保持工程措施

伊敏露天矿在植被种植前对边坡进行放坡、修整，防止大气降水冲刷边坡，使边坡更加稳定，保水保土，为植被恢复提供基础保障[5-6]。

(1) 放坡。坡面放缓至 12°～15°，坡底要衔接规整，排土场边坡拐角处放坡要圆滑过渡。放坡覆土后坡顶上部距离坡顶线 5 m 处用比较黏重的堆积物修筑挡水埂，挡水埂高 1.5 m，底宽 3～

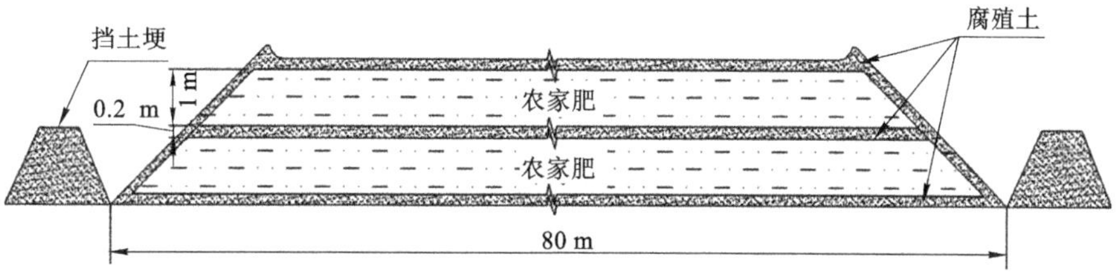

图 4 发酵堆立面结构示意图

4 m，顶厚 1～1.5 m，机械压实后覆盖腐殖土或沙子（厚度不低于 0.1 m），坡面、挡墙、放坡等处连接要平滑规整，可种植植被。挡水埂与平盘边缘反坡搭接，平盘反坡为从挡水埂向内延伸 10 m。如图 5 所示。

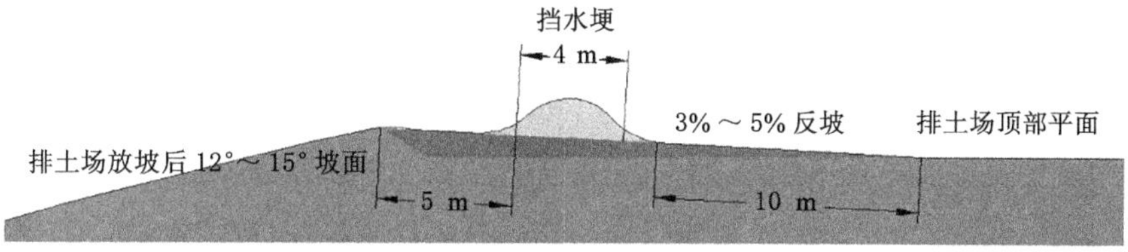

图 5 坡顶挡水埂及反坡示意

（2）坡面修整包含修建排水沟槽。挖建排水沟槽可有效缓解雨水冲刷和滑坡，它包括各层排土场平盘上近边坡部位，沿坡脚线挖掘的、非连续的集水沟槽和边坡上的排水沟。一般集水沟沿坡脚线挖掘，中心线距坡脚线 2.5～3 m，宽度 1.5 m，在延长方向每挖掘 5 m，间隔 1.5～2 m 再行挖掘，避免贯通，防止冲蚀，深度依容积测算。排水沟与坡面等高线方向呈 45°，以便拦截坡面汇水将其引致坡底。沿坡面低洼处挖倒梯形沟槽，上口宽 2 m，深 1 m，下口宽 1 m；在坡面铺粒径为 10～30 cm 的砾石，砾石沿倒梯形沟槽表面积铺平，在砾石表面覆盖水泥砂浆，使水泥砂浆充分渗入砾石缝隙后，用水泥砂浆找平，确保倒梯形沟槽表面平滑，待固结后可抗击来水冲刷。排水沟上端来水入口处抬起 0.5 m，铺设碎石、覆盖水泥砂浆（向上游及两侧扇形延展 2 m），缓冲上游来水。排水沟入口点均取平盘汇水最低点。集排水沟槽如图 6 所示。

3.4 修复植被养护措施

（1）植被灌溉。根据区块不同特点采用不同的灌溉方式，如采用喷灌、微喷等方式对草本植被进行灌溉，采用种植穴“漫灌”方式对乔灌木进行灌溉，部分水源未定、地势满足要求区域采用自动化喷淋灌溉方式。水源均来自露天开采疏干水及采坑底板明排水，既实现了水资源的高效利用，又满足了植被对水分的需求，同时又融入了科技化元素。

（2）沙棘间伐。为保护恢复后的绿化植被，周期性地对排土场植被恢复区进行现场观察。沙棘适应能力强、生长速度快，伊敏露天矿栽植多年的边坡沙棘防护林由于生长过密，部分出现枯死现象。经过研究分析及现场实践，对生长过密的沙棘林地进行间伐[7]，即待秋季落叶后对枯死株、病株进行砍伐，为沙棘萌蘖更新提供条件，保证沙棘最终成活率。

（3）围栏封育。草原区生态恢复在养管方面有一个长期存在的问题，即牧民的牛马对刚刚恢复的脆弱区植被啃食践踏严重，同时对灌溉设施进行持续的破坏。对此，伊敏露天矿对于新植被

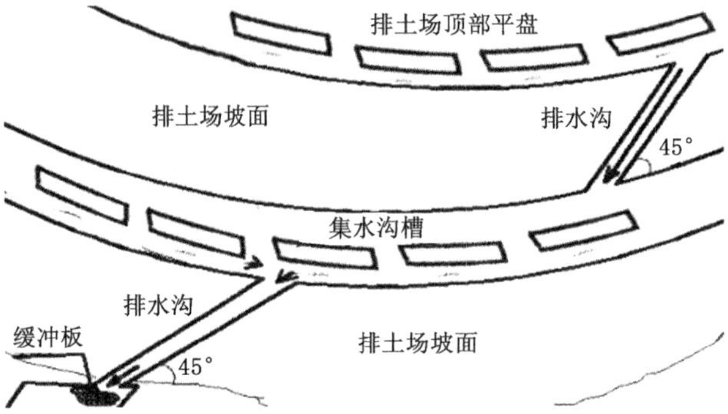

图 6　集排水沟槽示意图

区域采用设置围栏等方式进行封育，使植被平安渡过生长脆弱期，提升植被恢复效果。

3.5　生态恢复探索、研究

3.5.1　借助调研拓宽生态恢复知识

由于在植被恢复方面受到植被恢复领域的认可，中国地质大学（北京）、东北大学、内蒙古大学等各大院校学者，自然资源部门人员，神华宝日希勒能源有限公司一号露天矿（原宝日希勒露天矿）、霍林河露天煤矿等各大煤矿人员以及新华社等各大新闻媒体相继到伊敏露天矿进行绿色矿山建设考察、调研以及宣传报道伊敏露天矿的生态恢复模式，在间接给予部分伊敏露天矿土壤、植被相关数据的同时，也创造了经验交流的机会。同时，伊敏露天矿到扎鲁特旗扎哈淖尔露天矿、霍林河南露天煤矿、霍林河北露天煤矿、东明露天矿、神宝露天矿、北京园博园等地学习矿山修复、生态景观修复经验，充分了解了考察单位从设计研究到施工总结、人员配置等各个方面的效果及取得的成绩，并对比自身现状进行了总结分析，得出了在生态修复方面与其他矿山存在的差距，以不断研究改进、创新。

3.5.2　进行联合研究探索高效恢复措施

2014—2018 年，中国华能集团清洁能源技术研究院有限公司在伊敏露天矿排土场顶部做过 600 m^2 的小型试验区，主要进行菌根菌改良土壤试验和苜蓿、披碱草在不同土壤上的种植试验，经过观察得出：利用黄土、沙子混合农家肥可以达到利用腐殖土种植植被的 60% 的效果，为伊敏露天矿解决腐殖土短缺问题创造了条件，目前正在推广应用；打垄种植区有助于蓄水保水，但对植被覆盖度有影响，目前只在小部分较陡坡面推广使用。

3.5.3　伊敏露天矿自主研究探索

（1）沙棘育苗研究。伊敏露天矿结合自身绿化植被需求，于 2015 年开展了沙棘种子室内育苗，并取得成功。但在 2017 年开展的野外沙棘种子育苗试验中发现室外温度、湿度对沙棘种子发育影响较大，种子不仅发芽率相比室内大大降低，而且后期小苗生长也较为困难。室外试验以失败告终，但同时得出沙壤土、背风处有助于沙棘生长的结论。

（2）高陡边坡无纺布袋绿化研究。2016 年，伊敏露天矿在二号破碎站坡面等处进行了高陡边坡无纺布袋绿化试验，种植面积 3 000 m^2，取得了良好的绿化效果。由于单位面积投入费用较高，故只用于无法放坡区域的绿化工作，2020 年在南帮出入沟两侧开展 4 800 m^2 的高陡边坡绿化工作。

(3) 绿化抑尘带。2017 年开始，收集内业及室外资料，深入研究，在北排土场东侧坡面开展了 30 余万平方米的绿化防尘带试验，坡底种植乔木、坡面灌草结合种植植被，完成北排土场东侧坡面植被重建工作，绿化防尘带既吸附扬尘，又提升了伊敏露天矿整体绿化效果。2020 年，伊敏露天矿在矿山公路与采坑之间进行分层植被带恢复，已形成了相对完整的植被恢复景观，即采坑、正在排弃的排土场、已恢复植被的排土场、乔灌草等绿化植被带、主干道路等层层相连的景观。恢复过程中，还将矿区内的低洼自然地貌修复成湿地景观。从居民区望去是一片绿地，看不到露天开采的痕迹，实现了“开矿不见矿，矿在美中藏”。

(4) 水体景观带。2019 年开始，伊敏露天矿对矿区周边废弃地进行调查研究，通过边治理边研究美化的方式，调动员工自愿对低洼地清理平整、修建坝体、绿化美化、重建生物群落等，建成水体景观带一处：清理平整 10 万 m^2，修建坝体 2 000 m，绿化种植草本植被 6 万 m^2，并在水体周围种植了芦苇、格桑花、柳树、兴安杜鹃等，栽植灌木 1 700 丛，栽植乔木 900 株，设置循环水泵 1 处，宣传轮胎标识 2 处，最终形成了空气清新、环境优美、景观怡人的水体景观带，吸引了鸥鹭、灰鹤、麻鸭等大量野生动物。现计划在排土场周围简单修几处小型水体，真正实现绿水青山。

(5) 植被恢复研究。2020 年，伊敏露天矿申请了高寒草原区露天矿本土植被驯化研究项目，项目主要通过对本地气候、土壤、植被进行详细调查分析及同纬度地区植被收集，寻找最适宜伊敏露天矿排土场的植被物种、土壤重构方式及植被种植模式，项目研究期三年，现已形成初步研究报告，正在进行现场实践论证，后续将继续推进本土植被驯化及土壤再造研究相关项目，深入开展土壤、植被、水质、气候调查收集，有针对性地开展土壤再造、植被种植、物种搭配、水土保持措施布设试验，得出精准的伊敏露天矿植被恢复技术路线和具体施工工艺，以指导伊敏露天矿绿化工程施工。

4 结果分析

多年来，伊敏露天矿在生态修复过程中总结经验、探索新技术。从“选择种植植被”到“改良植被根系生境”，再到“改善植被生长的外部环境”，最后到“养护植被”，多层次探索研究，最终得出伊敏露天矿初步生态修复模式：以因地制宜为原则，探索绿化物种选择；以改善植被根系生境为原则，建立土壤重构技术标准；以实现生态和谐为原则，实施水土保持工程措施；以保护植被恢复成果为原则，养护复垦绿化植被；以生态修复最大化为原则，不断研究开展生态修复新举措。

伊敏露天矿生态修复模式使矿区周边草原生态系统由单一草本植物草原提升为灌(沙棘)草草原，不仅有效遏制了环境恶化，而且吸引动物回迁[8]，增加了物种多样性，提高了草原生态系统的自我修复能力，产生了可观的生态效益。排土场复垦绿化的高效实施，避免了复垦资金的二次投入，绿色植被恢复避免了大量扬尘产生，降低了粉尘治理资金投入，产生了不容忽视的经济效益。伊敏露天矿生态修复模式，不仅成功地为职工和矿区周边居民提供了美好的生活环境，而且通过从牧民点购置粪肥、排土场沙棘果供人们采摘等为地方牧民及居民提供了福利，促进了企地和谐。

5 结论

伊敏露天矿生态修复模式中的“五大原则”具有矿山绿化多变性和适应性，在矿山环境修复绿化过程中需要结合矿山实际情况实施。伊敏露天矿生态修复模式在伊敏露天矿的实施产生了良好的生态效益、经济效益和社会效益，对矿山修复具有借鉴意义，对恢复矿山为“青山”具有重要作用。

建议生态修复工作与快速的科技发展相结合，将土壤监测、植被监测、样方采集、植被碳汇功能、大数据采集等融入生态修复过程中，实现生态修复智能化、高质量化与高效化。

参考文献

[1] 王喜贤，李文超，孙涛.伊敏露天矿西帮淤泥区治理方法[J].露天采矿技术，2015(7)：24-26.

[2] 王秀秀，李宪杰.平庄西露天矿排土场的土地复垦[J].露天采矿技术，2008(增)：78-80.

[3] 范军富，刘志斌.海州露天煤矿排土场土壤理化特性及改良措施的研究[J].露天采矿技术，2005(5)：75-77.

[4] 黄昌勇，徐建明.土壤学[M].3 版.北京：中国农业出版社，2010.

[5] 赵彦合，杨文忠，刘永刚.露天采矿引起的生态环境破坏及防治[C]//中国煤炭协会露天开采专业委员会.第五届露天矿开采专业科技学术研讨会论文集.武夷山：2013：436-441.

[6] 潘德成，吴祥云，张丹丹.植物根系对露天矿排土场边坡抗冲性的影响[J].水土保持应用技术，2010(3)：3-5.

[7] 魏金发.露天矿开采后土地复垦方式探讨[J].煤炭科学技术，2013，41(增)：384-385，389.

[8] 李文超，李继，李希耀，等.伊敏露天矿复垦绿化技术研究[J].露天采矿技术，2016，31(6)：94-96.

大明采煤沉陷区地质环境治理和土地复垦实践

苑剑锋，刘敬陶，张新成

（铁法煤业（集团）有限责任公司建设公司矿建工程分公司，辽宁 调兵山 112700）

摘 要 大明煤矿去产能关闭后，工业广场周边遗留的采煤沉陷坑、堆煤场、矸石山等占用大量土地，污染矿区环境。通过利用矸石山矸石回填采煤沉陷坑，对矿区地质环境进行治理和土地复垦，消灭了矸石山这一重大污染源，释放了煤矸石压占的土地，使因煤炭开采而破坏的土地基本得到恢复，矿区生态环境得到根本改善，对集团公司其他矿井消除废弃矸石山地质灾害的威胁，恢复矿区生态环境具有借鉴意义。

关键词 环境治理；土地复垦

1 引言

辽宁省调兵山市是一座因煤而兴的资源型城市，是东北重要的煤炭工业基地。大明煤矿始建于 1958 年 5 月，是铁法煤业（集团）有限责任公司（以下简称“铁煤集团”）建井最早的矿井，开采历史达 58 年之久，2016 年 10 月进行了退出产能停产封闭。由于煤炭资源的开采，在地下形成采空区的同时，地表土地沉陷形成大量采煤沉陷坑。沉陷坑的形成致使部分农田凸凹不平，农田耕作条件遭到破坏，一遇雨季排水不畅，形成内涝，沉陷坑周边耕地大幅减产，甚至绝收。大明煤矿停产封闭后遗留有矸石山 2 座，矸石山周边有煤矸石加工、煤泥堆积等厂点 20 家。矸石山和煤矸石加工、煤泥堆积厂点不仅占用大量土地，还对周边环境造成极大影响。如何做好废弃矸石山的堆积占地污染是煤炭企业可持续发展中亟待解决的问题。

开展矿山地质环境治理和土地复垦是国家为有效保护耕地资源，恢复矿区生态和保障经济发展而开展的一项事业，是建立与社会主义市场经济相适应的现代化农业的新要求，是形成合理、高效、集约的土地利用结构，以适应社会经济发展对土地的需求。

为认真贯彻落实全国生态环境保护大会精神，努力践行绿水青山就是金山银山的发展理念，集团公司下发了《铁能公司依法清理、治理、管理矸石山及周边环境工作实施方案》，全面依法开展对矸石山及周边环境的清理、治理、管理工作。按照《关于下达 2018 年度生产矿山地质环境治理和土地复垦任务的通知》（辽国土资项〔2018〕15 号）、《关于转发省国土资源厅关于下达 2018 年度生产矿山地质环境治理和土地复垦任务的通知》（铁国土资〔2018〕37 号）精神，2018 年全省计划重点治理和复垦生产矿山总面积 10 083.6 亩，其中铁煤集团 2018 年度地质环境治理和土地复垦面积232.8亩。铁岭市国土资源局下发《关于限期开展2017年度新增矿山恢复治理工作的紧急通知》,铁岭市2017年度新增矿山破坏面积382.8亩,其中铁煤集团晓南矿新增破坏面积56.55亩。由此,铁煤集团2018年度治理总面积为289.35亩。

为贯彻落实上述通知和集团公司相关配套文件要求,确保矿山地质环境治理和土地复垦工作目标如期实现,集团公司与省国土资源部门签订了地质环境治理和土地复垦责任书。自2018年4月开始,先后由大兴矿、房地产管理中心进行2018年度矿山地质环境治理和土地复垦工作。由于复垦选址困难、施工难度大、任务重等诸多原因,复垦工作一直处于停滞状态。2018年9月,经集团公司研究决定,改由大明矿业发展分公司完成2018年度矿山地质环境治理和土地复垦任务。大明采煤沉陷区地质环境治理和土地复垦项目正是在这样的背景下提出的。

2 复垦区概况

复垦区分布在大明煤矿(立井)的工业广场周边,总面积292.65亩,地类有旱地、草地、坑塘水面、采矿用地。其中旱地38.7亩,草地9.9亩,坑塘水面12.9亩,采矿用地231.15亩。

复垦治理区开采深度为－150～－800 m,根据采煤引起的地表移动持续时间(根据国内外研究成果结合“三下”采煤规程计算缓倾斜煤层开采地表移动的持续时间),可以确定复垦治理区已经达到稳沉。复垦治理区内主要地质环境问题是采煤沉陷区和大明煤矿退出产能后遗留矸石山占压对地形地貌的破坏及对当地环境的影响。

3 恢复治理的基本思路

对于大明采煤沉陷区地质环境治理和土地复垦而言,贯彻省政府和省国土资源厅相关文件的精神,科学合理地利用资金,改善矿山及其周围的生态环境,消除地质灾害隐患,促进沿线经济的可持续发展和社会和谐发展是主要目的。通过地质环境治理和土地复垦,消灭大明立井矸石山,使矿区生态环境得到根本改善,完成建设用地与农用土地的使用性质的转变,对煤矿固体废弃物利用与地下开采沉陷土地复垦技术、井工矿井采煤沉陷区地貌重塑、土壤重构和植被恢复技术进行探索,为集团公司土地复垦综合治理摸索出一条切实可行的经验是关键。

沉陷区地质环境治理和土地复垦以符合集团公司土地利用总体规划、经济可行、技术合理、施工方便、综合效益最佳为总体原则,具体思路如下:

采用矸石回填覆土造地的方式将煤矸石回填到沉陷区域,再将剥离出来的表土分层回填到矸石层上,分层压实,最后通过机械碾压平整。充填矸石来源于大明煤矿立井历年煤炭开采堆积在工业广场的矸石山的煤矸石。

(1) 根据地质环境条件的差异,遵循“宜耕则耕、宜林则林”的原则开展沉陷区地质环境治理和土地复垦工作,体现土地利用的因地制宜。同时,大明地区以耕地为主,耕地资源保护形势十分紧张,为实现粮食生产安全,复垦土地应当优先用于农用地。

(2) 坚持技术上可行、经济上合理、运行上安全的原则,以最小的治理经费获得最大的地质环境治理和土地复垦效果。

(3) 坚持矿山生态系统恢复与采煤沉陷区地貌重塑、土壤重构和植被恢复原则,做好矿山地质环境恢复和生物群落的恢复与重建,并与当地生态环境相协调。

(4) 坚持符合总体规划,并与其他规划相协调的原则,处理好长远与当前、整体与局部的关系,促进经济效益、社会效益和环境效益的协调统一发展。

4 大明采煤沉陷区地貌重塑、土壤重构和植被恢复研究

4.1 稳沉时间的确定

随着煤炭资源的开采与利用，煤层上覆岩层原始力学结构发生剧烈变化，产生位移，其移动轨迹自煤层顶板，自下而上出现冒落、离层、断裂，形成“三带”。煤层上覆岩层变形移动大致有 4 个主要阶段，即初始、活跃以及衰退和稳定阶段。其中初始期和活跃期，一般为变形移动总时间的 60％～70％。根据国内外研究成果，依照“三下”采煤规程，缓倾斜煤层开采地表移动的持续时间可按下式计算：

$$T_{总}=2.5H_0$$

式中，$T_{总}$ 为地表总移动时间，d；H_0 为采深，m。

大明煤矿立井开采标高为－30～－300 m，复垦范围内开采最近时间为 2015 年 2 月 10 日至 2015 年 11 月 18 日开采的工业广场煤柱三段(16-1 煤)，开采深度为 110～150 m。经计算，复垦区工业广场煤柱三段地表总移动时间为 1 年左右，时至复垦治理时间已经 3 年之久，所以已经达到稳沉阶段。

4.2 采煤塌陷区的治理

4.2.1 表土剥离

表土剥离是对复垦区熟化土壤予以剥离，在合适的地方贮存和养护管理，再将表土铺于充填土地上。表土剥离采用“即剥即用”的方法，整个区域分为两块，一块土方开挖堆放在另一块土方上，待这一块土方回填后，再开挖、回填另一块土方。远距离采用翻斗车运输。

4.2.2 矸石挖掘、运输、回填

在拆除废弃翻矸架的基础上，用钢钎探测，检查是否有明火及有毒有害气体。确认安全后，挖掘机修建上山坡道，每 10 m 一个台阶、宽度 2 m，形成边坡坡度不大于 42°的阶梯边坡。将矸石山顶部矸石施工至 42°以下的缓坡后，再使用挖掘机放坡采掘，采用自卸汽车进行运输。

对设计标高以下的回填矸石进行分层压实回填，分层压实厚度不大于 500 mm。回填碾压过程中派专职人员指挥车辆合理卸车，同时合理调整挖掘机和装载机的施工作业顺序，为压路机提供最佳的工作面，每步铺设厚度达到 500 mm 时立即推平碾压，为下道工序提供便利。回填的矸石利用推土机、反铲挖机配合自卸汽车向填方区运输。

4.2.3 表土回覆

由底部回填煤矸石至设计标高下 300 mm，然后回填 300 mm 种植土至设计标高。土方回填分层回填，并分层碾压夯实，土方回填时应采用 20T 振动压路机分层碾压回填，每层碾压不得少于静压 5 遍，然后弱振碾压 5 遍，以消除回填土的前期固结沉降。每层回填厚度不大于 1 000 mm。种植土不需要碾压夯实，保持虚铺。

4.3 地貌重塑、土壤重构和植被恢复

地貌重塑是大明采煤沉陷区地质环境治理和复垦过程中的重要环节，植树造林无疑是较好的选择，一是能起到很好的治理环境及加固风沙的作用，二是可以有效解决采煤沉陷区地质环境问题。

依据现场实际情况，划分为A、B、C、D、E、F 6块区域，如图1所示。

A区位于工业广场东南部，面积为187.58亩，为大明煤矿（立井）的工业广场，复垦为杨树林地。B区位于工业广场南部，面积为11.42亩，此地为原选煤厂，复垦为灌木林地。C区位于工业广场南部，面积为1.9亩，原为工业广场南部一处柏油路，已荒废数年，复垦为杨树林地。D区位于工业广场西南部，面积为9.78亩，受采煤沉陷影响已变为一片沉陷荒草地，复垦为杨树林地。E区位于矿区西南部，面积为12.77亩，为荒废的陡坎坑塘，且无防护措施存在安全隐患，复垦为柳树林地。F区位于矿区西南部，面积为69.16亩，由于采煤引起大范围沉陷，复垦为玉米地。

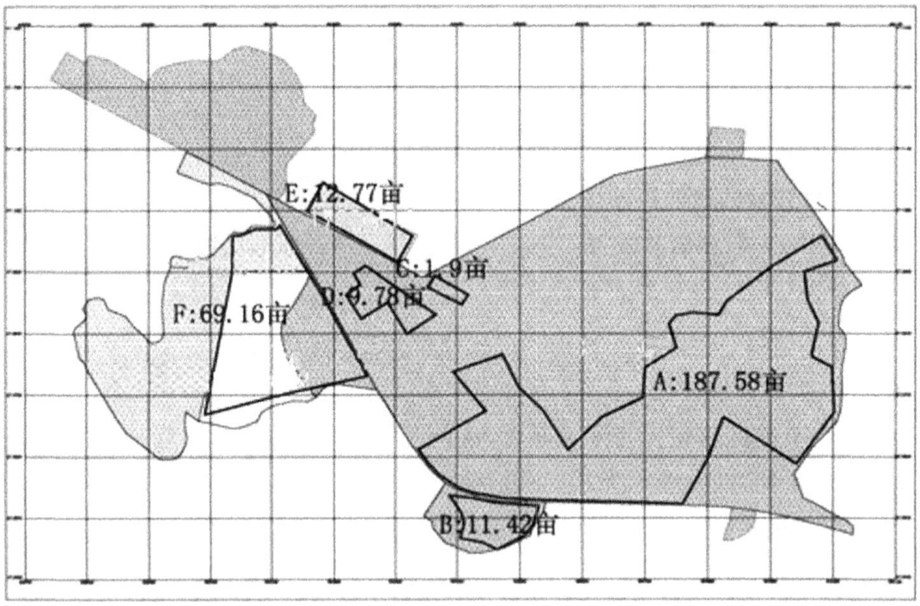

图1　复垦区平面示意图

5　矿山地质环境治理与复垦成效

随着大明采煤塌陷区地貌重建、矸石清理填埋、土地复垦、植草绿化等工程的完工，消灭了大明立井矸石山，使煤矸石污染防治与生态修复及利用工作有序开展，矿区生态环境得到了根本改善，促进了大明煤矿周边经济的可持续发展和社会和谐发展。

5.1　消灭矸石山释放压占土地

通过利用矸石山煤矸石回填采煤沉陷坑，消灭矸石山堆积煤矸石18万m^3，释放矸石山压占土地23.7亩，彻底消除了矸石山这一重大污染源，解决了矸石山压占土地及环境污染问题。矸石山治理前后对比见图2。

5.2　采煤沉陷坑土地重塑

采煤沉陷坑通过进行表土剥离、矸石山回填、表土回填覆盖，重塑了因采煤沉陷的土地233.04亩，采煤沉陷坑生态恢复前后对比见图3。

图 2 复垦前后工业广场对比图

图 3 采煤沉陷坑生态恢复前后对比图

5.3 煤矸石厂点得到有效治理

非法进行煤矸石加工的厂点，占用土地资源，污染矿区环境，通过煤矸石厂点清理，清运了煤矸石 1.1 万 m^3，恢复土地 11.42 亩，煤矸石厂点恢复前后对比见图 4。

图 4 煤矸石厂点恢复前后对比图

5.4 废弃的鱼塘得到有效治理

原有的鱼塘因自然环境影响，处于半干涸状态，既养不了鱼，又种不了庄稼，通过煤矸石回填土地复垦，恢复土地 12.77 亩，废弃的鱼塘恢复前后对比见图 5。

5.5 废弃的道路恢复成林地

大明煤矿去产能关闭后，工业广场外一条沙石路已经废弃，通过对这条道路进行复垦植树，恢复土地 1.9 亩，道路复垦前后对比见图 6。

图 5　废弃的鱼塘恢复前后对比图

图 6　废弃的道路植树前后对比图

6　效益分析

6.1　社会环境效益

大明采煤沉陷区地质环境治理与复垦项目的实施，使因煤炭开采而破坏的土地基本得到恢复，使因采矿活动对土地资源的压占得到改善，消除了项目区及周围地质灾害隐患，为农、林业生产规模化、集约化创造了良好的条件，推进了大明煤矿矸石山及周边环境的清理、治理、管理工作，使公司土地内所有违规私营厂点全部清除，使矸石山周边环境、生产、生活秩序得到根本转变，化解了企业与村民之间的社会矛盾。消灭了大明立井矸石山，使煤矸石污染防治与生态修复及利用工作有序开展，矿区生态环境得到根本改善，促进大明煤矿周边经济的可持续发展和社会和谐发展，对营造一个安全、环保的生存环境，促进矿区和谐建设具有重要的社会意义。

6.2　经济效益

通过大明采煤沉陷区地质环境治理与复垦项目的实施，完成土地整理面积 294.02 亩，其中树木种植面积 224.9 亩，耕地复垦面积 69.12 亩。每年产生直接经济效益 33.8 万元，每年为企业节约税金 88.25 万元，经济效益十分显著。

7　结束语

采煤塌陷区内地质灾害的发育过程与生态环境的破坏状况并不是相互独立的，而是相辅相成、相互促进的。生态环境的破坏和地质灾害的发生往往同时存在，生态环境的破坏可以直接或间接导致地质灾害的发生，地质灾害的发生又会严重加剧生态环境的破坏。在对采煤塌陷区进行治理过程中，需要综合考虑地质灾害治理、生态环境恢复、经济转型发展以及社会需求等诸多因素。

在大明采煤沉陷区地质环境治理与复垦项目的实施过程中，综合考虑了采煤沉陷区地质灾害治理、生态环境恢复等因素，工程治理方案与生态环境恢复方案相互耦合、共同作用，形成了一套完整的综合治理方案，对于今后集团公司停产封闭矿井，消除废弃矸石山地质灾害的威胁，恢复矿区生态环境提供了新的思路和方法，对于促进矿区可持续发展和和谐建设具有重要的社会意义。

铁煤集团采煤沉陷区土地综合治理问题研究

汪军箭[1]，申东顺[1]，孙晓波[2]

（1.铁法煤业（集团）有限责任公司采煤沉陷区综合治理办公室，辽宁 调兵山 112700；
2.铁法煤业（集团）有限责任公司规划发展运营部，辽宁 调兵山 112700）

摘 要 铁煤集团持续大规模的煤炭开采引发当地一系列的土地、社会、生态、环境问题。随着国家对土地综合治理的日益重视，铁煤集团采煤沉陷区土地综合治理工作日益紧迫和必要。本文通过对铁煤集团采煤沉陷区现状解析及存在问题研究，提出了铁煤集团采煤沉陷区土地综合治理的相关对策及建议，对推动铁煤集团采煤沉陷区土地综合治理工作具有一定的借鉴和指导意义。

关键词 煤炭开采；采煤沉陷区；综合治理

1 引言

土地复垦治理是指在生产建设过程中对挖损、塌陷、压占等造成破坏的土地采取整治措施，使其恢复到可供利用状态的活动[1]。铁法煤业（集团）有限责任公司（以下简称“铁煤集团”）作为辽宁国有大型煤矿企业，是全省重要的煤炭生产基地，是一个以煤炭生产为主业，跨行业、跨区域、多元发展的现代化企业集团，煤炭储量22.6亿t，占辽宁省煤炭储量的1/3，目前每年平均产煤量在1 700万t左右。截至2020年年末，铁煤集团本部有煤矿9座，分别为大明煤矿（已闭坑）、晓明煤矿、小青煤矿、大隆煤矿、大兴煤矿、晓南煤矿、小康煤矿、大平煤矿、大强煤矿，可开采储量7.3亿t。上述大多数矿区的含煤层均处于地下深层和多层，采煤方式以多煤层复合式开采为主，加之开采时间长、强度逐年加大，经过60多年的大量开采，各采矿区大量地表严重沉陷，形成了近百个采煤沉陷坑，最大沉陷深度可达13 m以上，导致地表大量耕地丧失耕作能力，当地生态环境持续恶化。土地下沉造成的地表沉降、地表裂缝及沉陷坑，使得沉陷区土地地貌发生很大改变，严重地影响到地表附属物、建（构）筑物的安全[2]，同时造成农作物生长发育不良、产量低，严重影响了土地的生产功能，加剧了当地的人地矛盾，引发了一系列的社会问题。

2 铁煤集团概况

铁煤集团位于辽宁省调兵山市境内，成立于1999年10月，其前身为铁法矿务局。矿区本部由铁法、康平、康北3个煤田组成，井田面积共计263.71 km^2，其中铁法矿区占地面积150.34 km^2、康平矿区58.97 km^2、康北矿区54.40 km^2。自1958年建矿以来，已累计生产原煤6.4亿t，缴纳税费264亿元，实现利润75亿元。截至2020年年末，企业资产总额近330亿元，在册职工3.2万余人。

2020 年，生产原煤 2 542 万 t，其中本埠完成 1 680 万 t，域外完成 862 万 t，实现营业收入 94 亿元，利润 3 亿元，上缴税费 18 亿元以上。连续多年跻身中国企业 500 强、中国煤炭工业 100 强和辽宁省 100 强企业行列。

矿区经过 60 多年煤炭资源的大量开采，截至 2020 年年末，造成沉陷面积达 99.3 km^2，其中常年积水及农田绝收等重点沉陷区约为 14.2 km^2、一般采煤沉陷区约为 22.33 km^2，每年因持续采煤而造成沉陷的面积在 0.67 km^2 以上。2020 年，铁煤集团采煤沉陷区直接受损青苗补偿影响面积近 5.5 万亩，青苗补偿费用 3 786 万元。而且铁煤集团因各方面因素影响，采煤沉陷区治理工作起步较晚，生态治理方面历史欠账多、问题积累多、现实矛盾多，大面积的土地沉陷严重影响当地群众生产生活。随着资源的长期开采，煤炭资源也将逐渐枯竭，如不重视土地治理工作，铁煤集团采煤沉陷区也将最终成为全国采煤沉陷比较严重、经济衰竭的“矿竭城衰”的资源型矿区[3]。

3 铁煤集团自然状况

3.1 地理、交通条件

铁煤集团铁法矿区位于辽宁省沈阳市以北，地跨调兵山、康平、法库三市、县，地理坐标为东经 122°56′49″～123°40′47″，北纬 42°20′16″～42°49′48″。铁煤集团距沈阳市 103 km，距铁岭市 35 km，距法库县城 15 km，距康平县城 43.5 km。矿区内公路交通十分便利，以铁煤集团所在地调兵山市为中心至各矿及辽北各县城均有公路相通。此外，矿区专用铁路线连通各矿井，并与国铁接轨，可通往全国各地，交通条件便利。

3.2 地形地貌

位于辽河平原东部，地势西高东低，全区海拔＋65～＋104 m，地表高差 39 m，地形坡度 1%～3%，为低山丘陵、平原地貌类型。土地利用类型以耕地为主，土壤为棕壤土和草甸土。境内南面有辽河一级支流王河从西向东流过，北有洋河汇入总排水干渠再排入王河。

3.3 气候条件

矿区多风少雨，春旱冬寒，属大陆性气候，一般春、秋、冬三季多风。春季多西南风，风力最大 8～9 级，小至 2～3 级。降雨量较少，降雨集中在 7、8、9 三个月，平均降雨量为 500～600 mm，最大达 1 009.11 mm，年蒸发量为 1 700 mm。年平均气温为 7 ℃左右，最高气温为 33.3 ℃，最低气温为 −32.1 ℃。结冻期从本年 10 月末至次年 4 月初，最大冻结深度为 1.40 m。本区光照条件较好，平均年日照时数为 2 786.6 h。

4 铁煤集团采煤沉陷区现状

煤炭资源的大规模开发在促进地方经济发展的同时，也造成这一地区大面积土地沉陷，土地资源破坏严重，已经对矿区的社会、经济和生态环境等方面造成严重的破坏和极为不利的影响[4]。主要表现在以下方面：

一是耕地面积减少，土地破坏严重。采煤沉陷最直接的破坏是对土地资源的破坏，沉陷形成地表积水区、坡地和裂缝，造成土壤养分流失，土地质量下降，耕地减产甚至无法耕种。

二是生态环境恶化。煤炭开采对当地的土地资源造成很大破坏的同时，对矿区生态和自然环境也造成很大影响。主要表现在积水区、沉陷坑和地裂缝等改变了区域内地貌，原本平整的土地因为沉陷而变得坑坑洼洼，高低不平。其次煤矿矸石山对矿区生态环境产生很多危害，主要体现在煤矸石山高出地面几十米，占用耕地，表面植被很难生长，景象荒芜；矸石山在自然条件下风化产生微小颗粒，易随风四处飘散，同时释放大量的二氧化硫和氟化物等有害气体，污染当地生态环境；矸石山受雨水淋溶释放出 Pb、Cr、Zn 等有毒有害物质，污染矿区的土壤、河流和地下水。这些都对矿区的生态环境造成了严重影响[5]。

三是影响社会稳定。采煤沉陷使矿区农民失地较多，农村失地人员就业困难，严重影响当地社会稳定。随着煤炭资源的不断开采，沉陷面积也日益扩大，搬迁的村庄和村民、失地农民也日益增多，由此产生的一系列矛盾和问题还会随之增多，大大增加了社会的不安定因素[6]。

5 采煤沉陷区治理措施

铁煤集团根据采煤沉陷区出现的地质灾害情况，结合多年来的实践经验，有针对性地制定了相应措施，从而达到高效复垦耕地的目的。

5.1 沉陷区土源保护措施

一是表土层剥离保护。表土层剥离保护规划区域主要包括未积水治理区域、水深不超过 1 m的积水区、预计沉陷积水区域。预先剥离的表层土壤就近堆放在拟治理区周围，或覆盖于矸石或粉煤灰充填治理区上作为耕作层土壤，实现表层熟土资源的保护和利用。

二是客土土源保护。对暂未积水但在不久的未来开采沉陷深度较大的积水区，预先进行取土作为附近治理施工区的客土土源，既减少了取土难度，保护了土源，又能解决部分充填区土源不足问题。

三是未稳沉区耕地保护。对于未稳沉区域，短时间内无法及时治理的，为避免沉陷区的水土流失，维持基本的耕地土壤肥力水平，可采取在预计沉陷较大的中心区域开挖养殖水面、疏通排水沟等临时措施，减少沉陷区耕地受损面积和程度，提高耕地利用率。待这些区域最终稳沉后，再采取复垦治理措施完成治理工作。

5.2 裂缝充填措施

煤炭开采会造成井田内地表沉陷，部分地区会产生宽窄不一的裂缝。根据裂缝发育程度采取不同治理措施。对于轻微裂缝区，在自然环境下，会自行愈合，不必采取治理措施；对于中、重度裂缝区，可根据实际情况选用人工或机械的方式进行矸石填充，填充夯实完毕后再进行土地平整工程，最后回填覆盖表土。

6 沉陷区综合治理方式

铁煤集团结合企业实际情况，根据《中华人民共和国土地管理法》《土地复垦条例》等相关法律法规中的有关规定，按照“谁破坏、谁治理”的原则，制定相应的中长期治理规划。企业依照本身可承受能力，积极探索沉陷地治理的新技术和新工艺，按照先易后难的原则，分期分批地进行治理，逐步将沉陷区建成可持续发展的“绿水青山”式新型和谐矿区。

6.1 坡地平整

对采煤沉陷未积水的斜坡沉陷区土地，治理时主要采取坡地平整的土地治理措施，即采取内部平整、修缮排水系统的方法恢复耕种条件。通过田块平整、农田水利设施修缮和道路维修后，沉陷土地基本可以达到原有土地生产力水平。

6.2　挖深垫浅

对沉陷较浅的沉陷缓坡区的土地，治理时主要采取挖深垫浅的方式。通过机械作业，从采煤沉陷积水较深的区域取土，回填在周围积水较浅区域[7]，通过抬高沉陷较浅区域的地表标高，避免积水危害。沉陷积水较深的区域通过深挖形成鱼塘，鱼塘坡上植树，成为可耕地与鱼塘相间的农田区。

6.3　充填法

铁煤集团矿区在煤炭开采前，地形地貌较为平缓，随着开采的进行，采煤沉陷土地面积逐渐增大、积水坑逐渐增多，复垦耕地时标高必须要高于积水面，为保证复垦治理后积水不会影响到农作物的正常生长，必须对沉陷坑进行回填，因此，复垦治理时在缺乏大量充填物料的情况下，为了尽可能多地治理成耕地，充分利用煤矸石或粉煤灰充填沉陷坑是一种有效的土地治理措施[8]。利用煤矸石、粉煤灰充填沉陷积水区，达到设计的高程后再把耕作层铺垫在上面，形成可耕作土地。

6.4　生态养殖旅游观光

对平均深度超过 3 m 以上并且已形成一定规模的大面积沉陷坑区域，例如康平矿区，企业可联合政府部门申报国家复垦治理项目，申请国家治理资金。在企业资金许可的情况下，企业也可沿周边修路并加以绿化、美化，重点投入资金发展养殖业，在坑内养殖高附加值水产，把沉陷区治理成生态旅游示范基地，达到采煤和科技养殖、旅游观光和谐发展，实现当地农民增产增收[9]。

7　采煤沉陷区治理效益分析

7.1　经济效益

按照铁煤集团中长期规划，铁煤集团预计复垦治理面积 9 603.29 hm^2，投入复垦治理资金 93 875.6 万元，采煤沉陷区经过综合治理后，经济效益将会非常显著。主要分为以下阶段实施：2021—2025 年将治理采煤沉陷地面积 138.57 hm^2，其中复垦耕地 112.04 hm^2、养殖水面 14.64 hm^2、林草地 11.89 hm^2，每公顷复垦耕地年纯收入以 0.6 万元计，每公顷养殖水面年纯收入以 0.8 万元计，每公顷林草地年纯收入以 0.3 万元计，则治理后每年所带来的经济收入可以达到 82.5 万元；2026—2037 年，预计治理沉陷区面积为 9 464.71 hm^2，其中复垦耕地 6 815.12 hm^2、养殖水面 1 962.08 hm^2、林草地 687.51 hm^2，治理后每年所带来的经济收入可达 5 865 万元；预计到 2037 年各矿区全部闭坑后，通过采煤沉陷地综合治理工程，共治理沉陷地 9 603.29 hm^2，治理后每年将会给矿区带来 5 947.5 万元经济收入，矿区人民生活水平和居住环境进一步提高。

投资收益率＝新增年纯收入/项目总投资×100％

＝5 947.5/93 875.6×100％

＝6.34％

投资回收期＝1/投资收益率 ≈15.8(年)

复垦治理后每年增加收入 5 947.5 万元，静态投资回收期预计约为 15.8 年。

7.2　社会效益

铁煤集团矿区土地复垦治理工作具有很高的社会效益。首先，通过土地复垦，合理调整土地利用结构和方向，能够增加耕地面积，保护人类赖以生存的土地资源，保障农业的持续、健康、稳定发展。其次，土地复垦治理后的土地重新回到农民手中，将彻底解决农民的失地问题，减少矿区人地矛盾，促进矿区和谐和社会稳定，为当地社会经济的可持续发展打下牢固的基础。

7.3 生态效益

通过对铁煤集团矿区采煤沉陷地的治理，利用煤矸石、粉煤灰充填复垦，不仅增加了复垦耕地数量和质量，也解决了煤矸石及粉煤灰占用耕地以及对矿区大气、土壤、水体等生态环境的影响，矿区生态环境将明显改善；通过对采煤沉陷地复垦治理，沟渠的防洪、排涝、抗旱能力得到加强，水土流失得到有效控制；通过对常年积水区的综合治理，建立水产养殖、生态观光旅游于一体的高效农业经济园区，在改善人民生活质量的同时，也提高了人民生态环境保护的意识，生态环境效益显著[10]。

8 结语

铁煤集团沉陷地治理面积大、全部复垦治理总费用高，资金问题一直是制约采煤沉陷地治理的关键问题，必须调动各方面的积极性，形成国家、企业和社会多渠道投入机制，因地制宜地开展采煤沉陷区土地治理工作，逐步探索出符合铁煤集团自身实际情况的采煤沉陷区综合治理和矿区绿色生态发展之路。

参考文献

[1] 刘新，赵晓龙.矿山土地复垦存在的主要问题和对策[J].科技情报开发与经济，2007，17(31)：228-229.

[2] 黄忠伦.煤矿开采对土地资源的破坏及对策研究[J].内蒙古煤炭经济，2018(1)：92，94.

[3] 陈俊，任会斌.中西部资源枯竭城市转型“双困”[J].瞭望，2016(29)：48-49.

[4] 陈建刚.煤矿开采对生态环境的影响与防治对策[J].煤炭经济研究，2015，35(3)：42-44.

[5] 何振嘉.矸石山对生态环境的影响及对策研究[J].煤炭技术，2020，39(3)：37-38.

[6] 张美微，邓蓉蓉，汪佳.开采沉陷对矿区土地的影响及治理[J].陕西煤炭，2011，30(3)：20-21.

[7] 梁洪有，陈俊杰.煤矿开采对土地资源的破坏及对策研究[J].煤炭技术，2006，25(6)：1-3.

[8] 董江.煤矿开采沉陷充填开采技术应用分析[J].能源与节能，2018(5)：137-138.

[9] 陈伟.生态农业观光模式下淮南采煤沉陷区综合治理研究[J].安徽林业科技，2016，42(4)：28-31，37.

[10] 刘子梅.淮北市利用煤矿塌陷水域进行水产养殖的经验[J].河北渔业，2011(11)：21，53，58.

新能源发电与采煤沉陷区生态治理的有机结合

王雪波，李海波，刘　君

（铁法煤业（集团）有限责任公司热电厂，辽宁 调兵山　112700）

摘　要　为了减少碳排放，恢复采煤沉陷区生态环境，提出利用采煤沉陷区建设光伏电站开发太阳能资源，改良土地发展农业种植，改造池塘进行水产养殖，统筹考虑风光、风光储等综合性能源开发模式。研究结果表明：利用采煤沉陷区建设新能源电站可促进地方经济发展，修复沉陷区生态环境，在采煤沉陷区发展光伏发电与农业、渔业、林业等非能源领域的综合利用成为新的发展趋势。

关键词　新能源；采煤沉陷区；光伏发电；生态治理；碳减排

1　开发利用新能源资源符合能源产业发展方向

当前，全球性的能源短缺、环境污染、气候变暖正日益严重地困扰着人类社会，寻求绿色替代能源，发展低碳经济，促进和实现可持续发展已成为世界各国面临的共同选择。太阳能、风能是大自然赋予人类取之不尽、用之不竭的洁净绿色可再生能源，世界各国、各地区都将太阳能资源利用作为国家或地区可持续发展战略的重要内容。

我国是世界上最大的煤炭生产和消费国，所消耗能源中将近76%由煤炭供给，这种过度依赖化石燃料的能源结构已经造成了很大的环境、经济和社会负面影响。大量的煤炭开采、运输和燃烧，对我国的环境已经造成了极大的破坏。

2020年9月22日，国家主席习近平在第七十五届联合国大会一般性辩论上发表重要讲话强调，中国将提高国家自主贡献力度，采取更加有力的政策和措施，二氧化碳排放力争于2030年前达到峰值，努力争取2060年前实现碳中和。2020年12月12日，国家主席习近平在气候雄心峰会上通过视频发表题为《继往开来，开启全球应对气候变化新征程》的重要讲话，宣布中国国家自主贡献一系列新举措。习近平在峰会上强调，到2030年，中国单位国内生产总值二氧化碳排放将比2005年下降65%以上，非化石能源占一次能源消费比重将达到25%左右，森林蓄积量将比2005年增加60亿 m^3，风电、太阳能发电总装机容量将达到12亿kW以上。

2021年2月22日，《国务院关于加快建立健全绿色低碳循环发展经济体系的指导意见》（国发〔2021〕4号）指出：提升可再生能源利用比例，大力推动风电、光伏发电发展。无论从国家还是从辽宁省“十四五”规划方向来看，煤炭、火电等传统能源将逐步转变为储备与调峰能源，辽宁省为响应国家对新能源开发的号召，提出了“十四五”末新能源装机占装机容量一半的要求。

综上所述，新能源电站的开发对煤炭企业的节能减排、综合降耗、能源结构调整、企业转型等具备重大意义且具备基本条件。

2 采煤沉陷区场址具备建设并网风光、光伏电站的条件

调兵山市位于辽宁省北部，全年日照 2 700 h，根据收集到的场址区域 Meteonorm 太阳辐射数据，经 Meteonorm 统计数据分析，场址多年平均水平太阳辐照量为 4 862.88 MJ/m^2，场址各月平均水平太阳辐照量为 173.88～604.08 MJ/m^2。其中，5—6 月较高，均高于 550 MJ/m^2，5 月最高，为 604.08 MJ/m^2；11 月至次年 1 月较低，均在 250 MJ/m^2 以下，12 月最低，为 173.88 MJ/m^2。最大月与最小月辐照量相差 430.2 MJ/m^2，年内变化幅度较大。

根据《太阳能资源评估方法》(QX/T 89—2018)对光伏电站太阳能资源丰富程度和稳定度进行评价。根据分析结果，场址区域多年太阳水平辐照量为 5 406.48 MJ/m^2，等级属于 B 类“很丰富”，水平面总辐照量稳定度为 0.349，太阳能资源稳定度等级属于 C 类“一般”，太阳能资源具有一定的开发前景。

调兵山市大明镇铁煤集团大明稳沉区，场址距离调兵山市 11 km，项目附近有 G505 国道，交通极为便利。稳沉区占地面积 4 427 亩，由于煤炭开采形成许多不规则的塌陷坑，多数坑内积水，周边地形平坦，周围无高大建筑物遮挡，场址周边无重大灰尘污染源，区域构造稳定性好，开发建设条件优越，并网条件好，是建设太阳能光伏电站较为适宜的站址；另外，建设光伏项目，将生态修复与光伏电站相结合，使得该区域土地能得到充分、科学的利用。项目场址现状如图 1 所示。

图 1　光伏发电项目及敏感限制性因素分布示意图

3 采煤沉陷区可再生能源发电建设规模

考虑项目场址土地属性以及地表地貌情况，项目采用农渔光互补复合模式进行光伏项目开发，对项目场址划分为农光互补、渔光互补两大区域，实现光伏发电、生态治理、农业渔业综合发展

为一体的复合光伏项目，将大明采煤稳沉区光伏项目打造成集农渔光为一体的示范项目，促进地方生态效益、经济效益与旅游效益的并重发展。

利用大明稳沉区（占地总面积 9 834 亩，其中沉陷区 4 200 亩），建设 300 MW 光伏发电示范项目，总装机容量 325.201 5 MW。设计安装 596 700 块 545 W 单晶硅单面光伏组件。采用分块发电、集中并网方案，将系统分成 85 个 3.15 MW 光伏发电单元，每个发电单元与 1 台容量为 3 150 kV·A 的 35/0.8 kV 双绕组箱式变压器连接，双绕组箱式变压器分接 15 台 225 kW 型的组串式逆变器。每台逆变器接入 18 个回路，每个直流回路由 26 块光伏组件串联而成。

逆变器输出的交流电接至箱式变压器低压侧，将电压从 800 V 升至 35 kV。光伏电站的电能通过 17 回 35 kV 集电线路电缆汇集至 220 kV 升压站。220 kV 升压站安装 2 台容量为 150 MV·A的 220/35 kV 主变压器。新能源发电项目采用分块发电、集中并网的形式，项目所发电量全额上网消纳，光伏电站就近以 1 回 220 kV 架空线接入附近 220 kV 变电站。采用计算机监控系统，实现“无人值守”。继电保护和安全自动装置配置满足电网要求。

按照装机规模 300 MW 进行发电量测算，实际装机 325.201 5 MW，预计电站首年发电量为 47 493 万 kW·h，首年等效满负荷利用小时数为 1 460 h，25 年运营期内平均年发电量为 43 986 万 kW·h，年等效满负荷利用小时数为 1 353 h。根据稳沉区土地地籍等条件，可马上开发装机容量为 140 MW。

采煤沉陷区生态治理光伏发电项目建设工期为 18 个月，准备期 1 个月。

参考目前中等市场价格和设备制造厂家价格，综合考虑规划场址的地形、施工条件、交通条件、接入电网、装机规模等因素，经初步估算，本项目静态投资 117 037 万元，单位千瓦静态投资为 3 599 元。

利用太阳能光伏发电无污染、零排放的特点，与高科技农业大棚有机结合，既具有发电能力，又能为农作物提供适宜的生长环境。增高支架光伏方案通过技术合理抬高光伏支架的高度，利用机械平整清理该地块，同时采用多种方法对该地块进行土地改良，使该地块在土地改良后，可用于种植耐阴农作物，实现一地两用，既能得到光伏发电，又能实现农业种植的绿色高产（图 2）。

图 2　农业光伏大棚

对场区低洼地池塘进行标准化池塘改造，利用养殖鱼塘水面建设光伏发电系统，水下部分通过现代设施渔业的组装配套，建设成为水上产出清洁能源、水下产出优质水产品的“先环保、后渔光，现代渔业＋光伏发电”的渔光一体项目（图 3）。

图 3　渔光一体

统筹考虑风光、风光储等综合性能源开发模式，进一步提高资源利用率。

建设采煤稳沉区生态治理光伏项目，在目前技术经济水平的条件下，通过科学、系统的生态修复工程和长期的生态抚育措施，使被破坏的、受损的环境功能逐步恢复，使之生态环境自身可持续良性发展，逐步形成自我维持的繁衍生态平衡体系。采煤沉陷区生态修复、土地复垦，以改良土壤、保持水土为目的，达到生态系统结构优化，恢复草地、林地和耕地，因地制宜，遵循自然界群落演替规律并进行人为干扰，加快土地复垦，尽快恢复原有生态功能。

项目整体建成后，达到区域经济效益一流、社会效益一流、生态效益一流的精品工程，实现地区生态环境协调发展和企业健康可持续发展双赢局面。

4　新能源发电技术经济和社会效益分析

按照装机规模 300 MW 进行财务测算，工程建设总工期 18 个月，工程静态投资 117 037 万元。项目运营期按 25 年计算，预计本项目运营期内平均年上网电量为 43 986 万 kW・h，年等效满负荷利用小时数为 1 353 h。

资金筹措方式按资本金占总投资 30%，国内银行贷款占 70%计算，并考虑 15 年借款还贷期。

本项目光伏电站运行期电价按辽宁省脱硫火电电价 0.374 9 元/(kW・h)测算，项目全部投资财务内部收益率(所得税前)为 7.36%，项目全部投资财务内部收益率(所得税后)为 6.45%，资本金财务内部收益率为 9.51%，投资回收期(所得税后)为 12.53 年，总投资收益(ROI)为 4.06%，投资利税率为 2.91%，资本金净利润率(ROE)为 10.46%，总体来看财务可行。

300 MW 光伏发电项目全部建成投产后，每年平均提供约 43 986 万 kW・h 清洁电能，如以火电为替代电源，按火电每度电耗标准煤 306.4 g，每年可节约标准煤 13.47 万 t，减排 SO_2 3 315.9 t，CO 约 45.76 t，C_nH_m 18.69 t，NO_2 1 879.1 t，CO_2 40.64 万 t，助推碳中和目标，减少灰渣排放量 5.28 万 t，可见光伏项目减少多种大气污染物和灰渣的排放，缓解环境保护压力，节能和环保效益显著。

光伏电站的生产过程是将当地的太阳能转变为电能的过程，不需要消耗其他常规能源，不产生气体、液体、固体废弃物等方面的污染物，也不会产生大的噪声污染。节能效益主要体现在电站运行时不需要消耗其他常规能源，环境效益主要体现在不排放任何有害气体和不消耗水资源。建设光伏电站可以减少化石资源的消耗，有利于缓解环境保护压力，实现经济与环境的协调发展，项目节能和环保效益显著。

5　新能源发电技术治理采煤沉陷区的优势

5.1　优化能源结构

随着近年来社会经济发展的电力需求，其能源发展也面临着环境保护和节能减排的压力。清洁可再生能源的开发，不仅有利于适当缓解局部地区的能源短缺危机，而且由于其显著的减排效益，有利于环境保护，也有利于推动装备制造业的快速发展，促进国民经济的健康持续发展。适时建设新能源电站，不仅可作为地区能源供应的有效补充，也有利于能源结构优化调整。

5.2　促进产业结构调整

新能源项目的开发建设将会快速带动新能源设备制造、工程施工、电网配套建设、电站运行管理等全产业链多方面的发展；为当地建筑业、建材业和交通运输业及其他相关产业发展提供了机遇，也为农村劳动力提供了就业机会；促进当地第三产业的快速发展，为当地提供了就业机会和增加收入的来源。同时，随着城镇化进程的加快，服务业、信息业等第三产业将迅速发展，产业结构将得到进一步优化和升级。

5.3　带动地方经济发展

新能源项目开发建设可促进当地财政收入的稳步增长。在工程建设期，按照国家有关财政税收法律法规，以建筑安装工程为征税对象的营业税、城市维护建设税、教育费附加的全部及其他一些税种的部分税收收入，交工程所在地地方税务部门，从而为地方财政收入带来新的增长点。同时，由于工程建设所需的水泥、钢材、木材、油料以及施工用电、用水等均主要从当地县市或其他地方相关企业采购和运输，将促进这些企业的发展，进而必然带动当地地方财政的增加。

此外，建设单位与个人消费能够带动当地第二、三产业的发展，相应产生的税收收入的一部分留给当地财政，从而增强地方经济和社会发展的财力。如在采煤沉陷区发展光伏产业，发展集约化养殖和转产就业，可有效解决居民搬迁后生活来源及生态环境治理难题，增加贫困人口就业，带动第三产业发展，实现民生改善，有利于有效化解社会矛盾，推进生态文明建设，进一步支撑巩固脱贫攻坚成果，助力乡村振兴。

同时，工程建设投产后，发电环节所缴增值税款部分留给地方财政，以及其他税种的全部或者部分税收收入留给地方财政，成为地方财政收入的稳定来源。项目建设所带来的地方财政收入的增加将进一步促进周边人口的致富，减轻地方财政负担，壮大地方经济实力和发展后劲，从而也进一步促进地方财政收入的增长。

项目的建设将有利于吸引高级人才，为当地带来专业化、高素质的建设队伍。同时，项目建设和运营过程中，也将为当地带来一定的就业岗位和机会，为致富奔小康提供多渠道的助力。

新能源的开发符合可持续发展的原则和国家能源发展政策方针，高度契合辽宁省、铁岭市“十四五”可再生能源发展的要求，有利于缓解环境保护压力，具有较高的社会效益和环境效益。项目开发结合地形特色，克服不均匀沉降特点，与多种渔农形式相结合，大大提高了场区土地利用率；

光伏电站方案采用先进性技术设备，技术指标均满足我国领跑基地建设要求。

6 结论

利用采煤沉陷区建设新能源电站可促进地方经济发展和当地旅游业的发展，电站建设会带动地区相关产业如建材、交通、设备制造业的发展，对扩大就业和发展第三产业将起到促进作用，从而带动和促进地区国民经济的全面发展和社会进步。

新能源建设项目将为地方开辟新的经济增长点，对拉动地方经济的发展，加快实现小康社会起到积极作用。太阳能光伏阵列本身也可以成为一道风景，为当地增加一个旅游景点，促进当地旅游业的发展，且具有良好的示范条件，让公众认识和接受光伏发电技术。

以光伏发电＋生态治理＋综合模式等发展为目的，结合采煤稳沉区治理，实现光伏发电站与农业、渔业配套有机结合，创造新的经济增长模式。

太阳能、风能等清洁能源发电以其清洁、可持续、安全等显著优势，已成为关注重点，分布式新能源电站建成后，与当地电网联网运行，可有效缓解地方电网的供需矛盾，促进地区经济可持续发展。

因此，大力开发太阳能、风能等可再生能源利用技术是保证地区能源供应安全、可持续发展和改善生态环境的必然选择。

随着我国改善能源结构建设进程不断加快，“十四五”期间，光伏发电与其他能源品种及其他行业的耦合性将进一步增强。在采煤沉陷区发展光伏发电与农业、渔业、林业等非能源领域的综合利用成为发展趋势。

如何做好新时期采煤沉陷区
征地搬迁及生态修复治理工作

倪井喜，李 翔，梁修华

（中煤新集能源股份有限公司，安徽 淮南 232000）

摘 要 新时期征地搬迁及沉陷区生态修复治理关系到群众的切身利益，关系到矿区发展和社会和谐稳定。如何兼顾企业安全发展，协调平衡好矿区和政府、群众之间的关系，是煤矿企业当前面临的一个现实而又突出的问题。中煤新集能源股份有限公司板集煤矿以构建和谐矿区为目标，坚持维护权益、保持稳定、共谋发展的基本原则，在实施征地搬迁、生态修复治理方面，认真落实“先搬后采”，积极探索“未塌先治”工作，切实维护人民群众生命财产安全，创新“先搬后采、未塌先治”新模式；同时在搬迁新址安置上取得了新成果，做到了时间短、效率高，切实维护人民群众利益，实现群众搬得出，住得稳。

关键词 征地搬迁；塌陷治理；新模式；新举措

1 引言

中煤新集能源股份有限公司板集煤矿是公司三次创业建设过程中第二对在建矿井。在建设过程中，板集煤矿经历了两次停建，一次是因自然灾害停建，一次是响应国家降产能停建，可谓历经艰难。板集煤矿职工没有被磨难所压倒，依托中煤集团央企坚强后盾，很快复工复产，紧紧依靠地方政府，创新村庄搬迁安置及塌陷治理“先搬后采、未塌先治”新模式，为矿井顺利投产提供了安全保障。要做到“未塌先治”首先必须做到“先搬后采”，在板集煤矿首采面搬迁过程中，不断创新征地搬迁工作方法，做到了“未采先搬、未搬先建”，将征地搬迁与新农村建设有机结合，互补共赢，着力探索“统一规划、统一建设、统一置换、提前搬迁”的新模式，在构建和谐矿区的同时，也为地方经济发展带来了机遇，实现了地矿和谐共赢。

2 创新村庄搬迁“未采先搬、未搬先建”新模式

2.1 首采区搬迁村庄的概况

首采区村庄搬迁涉及利辛县胡集镇秦寨村苏庄、姜老万庄、姜楼、郭圩、大李庄、小李庄、小姜庄，新矿社区陈庄、牛山庄，板集村姜侯庄等 10 个自然庄，总计 1 474 户、人口 4 656 人，分两期进行搬迁安置。首期苏庄、姜老万庄、姜楼、郭圩、大李庄、小李庄、小姜庄等 7 个自然庄搬迁于 2011 年

启动，共计 857 户 3 106 人搬迁安置在新建的秦寨社区。后期因初步设计变更，首采工作面调整，增加新矿社区陈庄、牛山庄，板集村姜侯庄等 3 个自然庄 617 户 1 550 人，安置在秦寨社区以东新张集乡境内。

2.2 地矿统筹，探索出塌陷区村庄搬迁与新农村建设的新路子

煤矿企业塌陷村庄搬迁问题关系民生和社会稳定，处理不好，会成为威胁当地和煤矿企业发展的不稳定因素。为破解这个难题，板集煤矿创新思路，提出了地矿统筹发展，把村庄搬迁与新农村建设很好地结合起来，兼顾了农民、地方、企业利益，变工农利益摩擦为利益和谐，真正做到了“未塌先搬、未搬先建”的村庄搬迁安置新模式。

2.2.1 搬迁程序的创新，有效地控制了抢建

原来的搬迁程序是先告知政府需搬迁的范围→政府下发公告→成立联合工作组→搬迁调查→签订搬迁补偿协议→支付启动资金→新村新址的规划、选址、设计→征地→新村建设→搬迁；而板集煤矿的搬迁程序是先告知政府需搬迁的范围→新村新址的规划、选址、设计→征地→新村建设→政府下发公告→搬迁调查→签订协议支付费用→启动搬迁。板集煤矿是在新村建设快要完工时才开始告知，从告知到启动搬迁中间时间很短，从时间上没有给村民留下抢建的机会，有效地控制了村民抢建现象的发生，不但减少了搬迁工作的阻力，破解了地矿控建难题，而且为企业节省了搬迁费用。

2.2.2 地矿双方密切配合，与新农村建设有机结合

为了做好村庄搬迁，地矿双方高度重视，密切配合，两家抽调人员，成立了以县主要领导为组长、县分管领导为副组长的搬迁安置领导小组，下设现场工作组，由胡集镇主要领导和矿分管领导担任工作组组长。实行现场办公，办公地点设在板集矿内，小组成员由镇、村、矿抽调人员组成，吃住在矿内，统一领导、统一行动，工作组成员每天召开碰头会，通报当前工作进展，研究解决工作中出现的问题，大大提高了工作效率。

在新村规划选址时期，板集煤矿先不谈塌陷搬迁，而是考虑拟搬迁的村庄在新农村建设中规划在什么地方，就选址在什么地方(只要不压覆矿产资源)。这样既符合地方规划，又符合民意，减少了征地阻力。新村新址确定后，地矿双方有关人员一起到周边矿区搬迁安置点进行户型、面积等调研，回来后进行民意调查，综合考虑后进行小区设计，充分考虑村民们的生产生活需要，既以人为本，又兼顾发展，小区内设有医院、学校、休闲中心、集贸市场等配套工程，公共设施齐全，道路交通顺畅，居住条件相当不错，是周边村民向往的地方。

2.2.3 未搬先建，多渠道筹资，实现统建

因为板集煤矿实行先征地后搬迁政策，所以只支付了征地的费用，为什么在矿上未支付搬迁费用的情况下，安置小区就基本建成了呢？建设资金的来源又在哪里？第一，地方政府将新农村开发建设与安置新区建设结合起来；第二，在征地费用中，除支付给农民的土地补偿款之外的其他费用一律用在新村建设上；第三，为了能够做好安置区的建设工作，真正做到未搬先建，地矿双方在新村选址征地时由政府出资多征地 200 亩，将这 200 亩土地市场拍卖的收益反哺小区的建设；第四，充分利用国家支持廉租房建设等扶持政策，申请省级“以奖代补”资金，将上级的财政补贴用于小区建设；第五，承包小区建设的开发商先期垫付一部分资金等。这样由政府牵头多方筹资进行统建，在企业没有出资的情况下实现了未搬迁先建设，创新了搬迁安置新模式。

首期新村建设一户一宅共 103 栋 316 套，总面积 51 122.5 m^2，后期采取村民自建方式建了

541 套，共安置了 857 户 3 106 人；还有 5 层的廉租房 7 栋，为 260 套，安置了部分鳏寡老人及贫困人员，使每个村民都能搬得出、住得稳。公建配套设施建设齐全，包括医院、学校、休闲中心、集贸市场等配套工程。

2.3 力推人口补偿，有效控制抢建

抢搭抢建始终是困扰和制约塌陷区村庄搬迁进度的一个主要因素，也是破坏社会稳定、引发地矿矛盾的罪魁祸首。为了控制抢搭抢建现象，地矿双方早思考，早筹划，除了上述改变搬迁程序，从时间上不留抢建的机会之外，板集煤矿还积极推行人口补偿，有效地遏制了长期以来采煤塌陷区搬迁抢建现象。

2.3.1 人口补偿定义

人口补偿是指被安置人员属于本集体经济组织成员，且属当地公安机关在籍常住人口的搬迁户，搬迁户的补偿费用＝搬迁人口数×人均补偿面积×单位面积补偿标准。这种补偿的特点是计算补偿费用以人口数为基数。

2.3.2 人口补偿方案得到政府认可

对于是执行人口补偿还是据实补偿，地矿两家在初期也是争论不休。政府认为据实补偿执行起来矛盾要少，群众的家产按照文件的标准有多少赔偿多少，群众不会对政府有意见，而且政府的操作程序简单，责任小。为了能够让政府接受人口补偿方案，板集煤矿带着地方政府有关人员到周边矿井进行考查，调研时他们看到塌陷区拟搬迁村庄最显著的特征是：村庄内没有空宅基地了，以前凡是有空地的地方，现在都被村民建上了楼房（抢建），而且楼房质量差，存在很大的安全隐患。这样对地方政府来说有很大的风险，一是社会资源的一种浪费，因为建好不久还要拆除，人、材、物都是浪费；二是存在严重的安全隐患，由于是抢建的，根本不讲质量，也不是为了供人居住，所以安全风险很大；三是影响整体搬迁，既然村民投入本钱建好了，不补偿肯定拆迁不了，给予补偿其他人心里不平衡，影响整体搬迁。发生抢建的主要原因是执行据实补偿，村民想通过抢建得到额外补偿。通过走访、调研、分析、讨论和对周边地市相关文件的学习、比较，政府终于接受了人口补偿的方案。

2.3.3 多种方式宣传教育，使群众接受人口补偿

板集煤矿就推行人口补偿同政府达成一致认识后，地矿双方着手制定宣传教育方案。

一是召开搬迁安置领导小组和现场工作组全体会议，集体学习讨论人口补偿的有关文件；二是召开搬迁涉及的村队干部和群众代表全体会议，逐条宣传解释文件条款；三是以自然庄为单位召开群众大会，与会人员每人一份《搬迁宣传手册》，广泛宣传有关政策；四是利用宣传车、张贴宣传标语、村村通广播等宣传媒体，积极主动造势，以丰富多彩的形式宣传搬迁补偿政策，阐述搬迁工作的目的、意义和法律依据、权利义务以及补偿的依据、标准、形式。由于宣传及时到位，搬迁的目的、意义、人口补偿方案等老百姓关注的焦点问题深入人心，取得了农户的理解和信任，也为搬迁工作营造了良好的社会氛围。

由于地方政府和群众对人口补偿政策的接受，群众从自身利益出发不再抢搭抢建了，加上板集煤矿在搬迁程序上又没有给村民抢建留下太多的时间，所以首期搬迁的 7 个自然庄没有发生抢搭抢建现象。

板集煤矿首采区村庄搬迁与地方新农村建设有机结合，同时又推行了人口补偿政策，不但符合国家政策要求，实现了真正意义上的“未采先搬、未搬先建”，而且控制了抢建，治理了环境，解决了征迁工作难题，节约了大量的费用和社会资源。

3 临时过渡安置与永久安置相结合，创新“先搬后采”新举措

板集煤矿复工后，按中煤新集能源股份有限公司要求对矿井进行了优化设计，变更了初步设计，调整了首采工作面。首采工作面调整比原设计增加了 2 个搬迁村庄 481 户 1 202 人，分别是利辛县胡集镇新矿社区陈庄及板集村姜侯庄。因受矿井投产时间限制，如采取首期“未搬先建”模式，时间较紧，不利于搬迁工作开展。板集煤矿与胡集镇政府反复研究讨论，并派人到周边矿井调研，为兼顾矿井安全生产和塌陷区人民群众利益，确定采取临时过渡性安置和永久安置相结合的办法，即由胡集镇政府选择首期未分配的廉租房及公租房来安置上述 2 个庄的搬迁户，胡集镇与矿签订临时过渡安置协议，由板集煤矿出房租费，胡集镇负责安置，作为过渡期临时安置。同时新村安置用地建设同步进行，待房屋建好后，村民再搬入安置区。板集煤矿采取一次性支付村民一年半的房租费，如提前安置房租费仍归村民所有。实行临时过渡安置与永久安置相结合，充分考虑到群众利益，得到了村民的大力支持，搬迁进展顺利。2019 年启动搬迁，2020 年年底基本完成了全部搬迁，创新了“先搬后采”新举措，保证了矿井按期投产。

4 积极探索“未塌先治”生态修复治理新模式

4.1 超前谋划，积极与地方政府对接，确定“未塌先治”治理模式

中煤新集能源股份有限公司在板集煤矿建设初期就确定把板集煤矿打造成“未塌先治”示范矿井，具体做法是先期在首采面塌陷区中心位置租用 1 000 亩地进行表土剥离，提前进行治理，实现“未塌先治”。要做到“未塌先治”，首先必须征得地方政府的支持，公司和矿积极与地方政府进行对接，把国家产业政策、国内塌陷治理先进经验及未来治理效果向地方政府进行汇报，得到了当地政府的大力支持。

4.2 因地制宜，规划先行

2015 年，板集煤矿委托国投新集安徽设计研究院编制了《板集煤矿首采塌陷区治理规划方案》，规划期为 2015—2024 年。2019 年，委托煤炭工业合肥设计研究院对规划方案重新进行了编制，规划期为 2019—2028 年。治理规划面积为 66.67 hm^2，采取挖深垫浅、土地平整、矸石回填、农光互补、渔光互补等生态修复治理措施，规划区内土地复垦率达到 100%，总投资费用预算为 4 516.3 万元。

4.2.1 治理规划方案的编制原则

源头控制、预防与复垦相结合。坚持“预防为主、防治结合”的原则，使土地资源破坏面积和程度控制在最小范围和最低限度。

统一规划，统筹安排。依据当地的土地利用总体规划及矿区生产规划，对复垦区进行合理规划，做到土地复垦与生产统一规划，统筹安排。

因地制宜，优先用于农用地。按照“因地制宜、综合利用”的原则，依据矿区所在地的土地利用总体规划，合理确定复垦土地用途，宜农则农、宜林则林、宜牧则牧、宜建则建。

基础设施配套建设。综合治理工作要与社区基础设施配套建设相结合，与整治环境相结合，与社区建设相结合，与完善住房保障体系相结合。供电、供热、给排水、燃气、道路、通信、有线电视、绿化、照明等基础设施要同步建设到位。

4.2.2 沉陷地治理规划分区设计

(1) 休闲娱乐区(Ⅰ区)。

休闲区域主要分为农家乐区域(5.0 hm^2)和生态菜园区域(12.99 hm^2)。农家乐交由当地农民进行经营管理,新矿社区居民在休息时可以到规划区内休闲散步或进行农家乐旅游,增加农民就业机会和收入的同时,也为社区居民提供一个休闲娱乐的场所。

(2) 经济苗圃区规划(Ⅱ区)。

规划在原有耕地上进行苗圃种植,主要种植果树、法国梧桐、女贞等。沉陷区治理过程中,也能够利用此处树木作为土地复垦中的护田林,种植的果树可以增加农民收入,女贞等可移植到矿区内部绿化工厂。

(3) 生态养殖区(Ⅲ区)。

沉陷较深,且与怀涡河相连,有充分的补充水,适宜开展生态养殖,同时充分利用苗圃区空间,进行家禽散养,从而增加经济效益,充分利用土地,并根据当地养殖特点推广黄牛及大棚鸭养殖。

4.3 地矿共建,实现互惠互赢

《板集煤矿首采塌陷区治理规划方案》编制后,板集煤矿积极与当地政府进行沟通,由当地政府及社会参与共同开发塌陷治理工程,成立公司制或农业合作社形式,鼓励失地农民参股投资,引入社会资金,以达到地矿共建,收益共享,风险共担。同时用工以失地农民为主,保障塌陷区农民搬得出、住得稳、收入有保障,让失地农民成为亦工亦农的新型现代农民。

5 结论

随着社会经济的发展和政府职能的转变以及国家相关政策的不断调整和群众法律意识的不断增强,煤矿企业的征地搬迁及生态修复治理工作越来越艰巨。面对复杂的地矿关系形势,中煤新集能源股份有限公司板集煤矿与时俱进,及时调整工作思路,积极与地方政府沟通协调,主动参与研究新农村建设及塌陷区修复利用等民生工程,最大限度地取得了地方政府的理解和支持,实现了“先搬后采、未塌先治”新模式,保持了矿区周边环境的和谐稳定。

永煤公司采煤塌陷区综合治理模式探索

王宏飞

(河南能源化工集团永煤公司企管部,河南 郑州 450000)

摘　要　河南能源化工集团永煤公司在原有土地复垦复耕模式的基础上,因地制宜,按照“宜农则农、宜林则林、宜园则园、宜渔则渔”的治理原则,高标准、高质量、高效率推进采煤塌陷区治理工作,为当地百姓创出了一条生态致富路,建设性地在塌陷区进行水稻水产养殖探索。通过水稻水产养殖的形式,不仅取得了经济效益,同时也加快了生态环境治理,缓解了矿区地企关系、人企关系,为矿区稳定提供了保障。

关键词　永煤;塌陷区;综合治理

1　引言

河南能源化工集团永煤公司(以下简称“永煤公司”)所在地永城市地下蕴含着丰富的煤炭资源,已查明储量51亿t,含煤面积达1 300 km^2,约占全市国土面积的70%,是一座典型的因煤而兴、因煤而盛的资源型城市,是全国六大无烟煤基地之一、全国七大煤化工基地之一。作为资源型城市,煤炭开采为永城市经济、社会发展做出突出贡献的同时,也造成了一系列问题,最为直观的就是土地大面积沉陷。采煤塌陷区综合治理,既是一项刻不容缓的地质灾害治理的环保工程,又是一项保障民生的暖心工程。但塌陷区治理资金投入大,治理难度大,受历史欠账影响,塌陷区塌陷面积将继续增加,对一个县级市来说,加快塌陷区治理刻不容缓。因此,加快对塌陷区综合治理模式的探索很有必要,下面对永煤公司在永夏矿区的综合治理模式进行简要介绍。

2　永煤公司塌陷区概况

2.1、采煤塌陷区的基本情况

永煤公司煤炭开采形成的地面沉陷和地裂缝等隐患,主要分布于正在开采的陈四楼煤矿、车集煤矿、城郊煤矿、新桥煤矿和顺和煤矿。受采煤塌陷区影响,村民房屋墙壁出现了不同程度的损坏,成了“危房”,村民的生产生活受到严重影响。

近年来,煤矿开采强度高、速度快,永城矿区土地沉陷十分严重,采煤沉陷已成为当前最突出、最紧迫的生态环境问题。截至2020年年底,永煤公司矿区采煤塌陷区面积约为119.45 km^2,涉及全市12个乡镇、245个自然村、38 606户、94 176人。据估算,井田全部采完后,沉陷面积将达437 km^2,占全市土地面积的20.9%,其中耕地占47.5%,达38万亩。

2.2　塌陷区治理利用现状

永煤公司按照“先搬迁、后塌陷”的原则，提前对原来散乱的村庄集中治理，打造一批集居住、休闲、娱乐、商贸为一体的综合性小区，进行集中安置，彻底改变了原来采煤塌陷区生态环境脏乱差、处处是危房、人们生活在“水深火热”之中的局面，代之以布局合理、配套齐全、环境优美的现代化安置社区。

土地复垦主要通过原地复垦、固体充填、超前复垦等模式对塌陷地进行综合治理，截至目前，已复垦农用土地4.5万亩。治理达标的土地，主要归还给原所有者进行耕种。复垦形成的坑塘，由企业统一按照耕地年产值进行一次性补偿后，交原村民管理使用。但综合治理水域的利用存在一个产权归属的问题：如果说属于一家一户，但每家的面积很小，治理后形成的水面难以确界；如果说是集体所有的话，那么由谁来进行经营管理呢？甚至有的还跨村甚至跨乡镇，所以经常见到的情况是治理后的塌陷区利用率严重不足，未能充分发挥集约利用效益。

随着政府、企业、社会多元融合治理模式的不断深入推进，永煤公司在塌陷区治理上做到了既还“旧账”又添“新绿”，耕地面积非但不减少，反而净增加了鱼塘养殖用地、建设用地面积，实现了采煤塌陷区综合治理和经济创收的双赢，并陆续建成了陈四楼煤矿张大庄、城郊煤矿刘岗、日月湖、还金湖生态园等一批农业产业采煤塌陷区综合治理示范区。

2.3　塌陷区治理资金来源

一是矿山环境恢复治理保证金。按照“企业所有、政府监管、专户储存、专款专用”的要求，由永煤公司矿井申报，永城市地质矿产局核定保证金缴存数额，永煤公司向指定专户缴存采煤塌陷区环境恢复治理保证金。二是申报项目资金。永城市地矿局积极协助永煤公司申请国家专项治理项目资金，申请的中央和省财政地质灾害治理项目资金有效保证了采煤塌陷区综合治理工作的持续开展。

3　塌陷区治理新型模式探索

3.1　依托地方政府，强力推进

永煤公司与永城市政府以科学发展观为指导，以永城发展大局为统揽，以关注民生、科学规划为原则，采取切实有效的措施，强力推进矿区间采煤塌陷区综合治理复垦工程。

一是提高认识，加强组织。永煤公司成立专业复垦公司，统一协调、负责矿区塌陷治理。根据矿区的地理位置及塌陷区的实际情况，经与永城市商定，按照“谁造成塌陷，谁复垦治理”的原则，资金由永煤公司在矿山环境恢复治理保证金中提供；把治理工程纳入城市总体规划建设，科学安排使用整理出的土地、水面等资源，改善采煤塌陷区的生态环境，开辟塌陷区多种生产经营渠道，解决塌陷区群众的就业、居住和增收等民生问题。

二是科学规划，严谨操作。科学规划是搞好塌陷区治理复垦的根本保证，永煤公司多次组织人员外出学习考察外地塌陷区治理的做法经验，聘请规划、水利、景观设计、土地整治、地质、环保等方面的专家，对塌陷区治理复垦工程进行实地考察论证，对区域范围、塌陷深度、稳沉时间等进行准确测量和测算，从多个方面对塌陷区治理的可行性进行科学论证，形成可行性研究报告，然后与地方政府一起实施。

三是借鉴经验，创新模式。① 总结自己的经验。多年来，永煤公司在采煤塌陷区综合治理中，根据永城市塌陷区的特点,因地制宜,采取多种科学的土地复垦模式,取得了显著成效。② 学习外地的成功经验。多次组织人员“走出去”学习考察外地塌陷区治理复垦的先进经验和做法。③ 因地制宜,创新模式。永城市新老城区间因采煤产生了大面积土地沉陷,形成了永宿路南、北两侧水域湿地,这也造就了永城建设山水生态城的独特优势。根据特殊地理位置和水资源比较丰富的实际现状,借鉴淮北利用塌陷区水资源建设山水生态城市的成功模式,经反复论证,创新采煤沉陷区综合治理模式,建设永城市日月湖风景区,打造成高端生态休闲旅游区和现代服务业集聚区,目前日月湖已形成水面 6 000 余亩,湿地 8 660 亩,道路 18 km 里,园林绿化 5 283 亩,共建设 6 座景观桥梁,种植各类树木 36.9 万棵,被水利部评选为国家水利风景区。

四是执行政策,积极补偿。对塌陷区群众的补偿,凡是地方政府政策规定的,永煤公司都完全落实到位。政策没有明确要求、群众反映合理的部分,我们积极想办法解决,坚持群众利益最大化。无论是耕地补偿、房屋补偿,还是附属物补偿,全部按政策足额补偿。

五是诚心为民,做好安置。对塌陷区群众搬迁安置问题,永煤公司与地方政府强化诚心为民思想,出台优惠政策,在新城区专门兴建了高标准居住小区,作为塌陷区居民安置点,切实解决了群众住房问题。

3.2 创新模式,立足长远谋发展

为深入贯彻落实习近平生态文明思想,公司牢固树立并认真践行“绿水青山就是金山银山”理念,按照“宜农则农、宜林则林、宜园则园、宜渔则渔”的治理原则,高标准、高质量、高效率推进采煤塌陷区治理工作,为当地百姓创出了一条生态致富路。下面介绍永煤公司积极探索的采煤塌陷区水稻、水产种养殖模式。

第一,播撒“思想种子”。

生态优先、绿色发展,一直是公司对塌陷区治理的指导思想。按照习近平总书记关于“三农”工作的重要论述和关于粮食安全生产的重要指示精神,公司将提高采煤塌陷区土地综合利用率定为新目标,大力发展绿色农业,进一步激活释放“生态红利”,探索开拓实现生态效益、经济效益和社会效益“三赢”的好路子,进一步助力乡村振兴和地方经济发展。为此,公司领导班子成员带队赴省农科院考察交流,就种植项目申报、种植模式、科技合作等事宜进行了讨论和交流,并多次邀请相关农业专家和技术人员来永城现场调研指导。经深度调研分析,永城市地处黄淮平原,地下水位浅,因煤矿开采地面沉陷易形成积水或季节性积水,且与纬度相近、气候接近的地区对比,也利于水稻种植。同时,永城拥有大量富硒土地,一旦水稻试验种植成功,通过农业结构调整和品牌运作,将极大提高土地收益。公司不等不靠、主动作为,采取多种途径和方法向当地村民传递“致富经”。疫情期间,通过永城信息港、永城论坛等网站发布采煤塌陷区水稻种植信息,并经多次与有关乡镇政府、村委沟通协调,选取了高庄镇、侯岭乡、十八里镇等群众基础相对较好的三个区域,试验性开展水稻、莲藕种植及水产养殖等工作。在永城市委、市政府和有关乡镇政府的支持下,克服疫情重大影响,土地平整、沟渠开挖等各项工作如期开展。

第二,培育“精神壮苗”。

2020 年 5 月,高庄镇张黄庄村试验区全部采用直播水稻种植,却陡遇天气干旱,部分稻秧干枯;6 月,永城市出现连续降雨,无法正常排水,侯岭乡化庄村部分水稻受淹……刚播下的种子,未及长成壮苗,就遭遇各种挫折打击,损失惨重,当地干部和村民质疑声一片。

为摸清摸准情况,复垦公司下乡进村,深入田间地头,实地排查分析问题根源。经过多次实地

调研分析确认，三个种植区均为第一年试种，且土地平整、沟渠开挖受疫情影响，施工时间仓促，水利设施不完善，导致了之前遭遇的损失。为尽力帮助种植户挽回损失，提升经济效益，敢于担当、勇于拼搏的永煤人提出了一系列科学举措。如稻秧干枯部分，改成插秧水稻，这一干就挽回了50余亩；小部分水稻受淹，趁“天时”，改成种植莲藕增加收入；同时认真做好品种选用、育苗、机械使用、肥料等投入产出记录，探索一整套科学的示范种植经验方法。通过一系列科学举措的有力实施，永城采煤塌陷区“鱼米之乡”的雏形快速健康成长起来。

第三，收获“金色喜悦”。

据初步统计，2020 年，高庄镇插秧种植水稻 52.13 亩，预计亩产 1 200 斤，直播种植水稻 53.59 亩，预计亩产 1 000 斤；侯岭乡采取简单挖深垫浅模式开展水稻、莲藕种植，种植水稻 58 亩，预计亩产水稻 800 斤，种植莲藕 53.8 亩，预计亩产莲藕 3 000 斤；十八里镇采取类似传统复垦模式开展水稻种植和水产养殖，水稻种植 42.71 亩，预计亩产水稻 1 000 斤，水产养殖 44.45 亩，主要养殖鲤鱼、黑鱼等，捕获期预计亩产可达 5 000 斤。据目前规划，按照以“山清水秀”为目标，以“民富市强”为追求，永煤公司将持续加大塌陷区土地综合利用，构建适宜当地的农业种养殖模式，打造“稻渔空间综合体”，努力实现农民、企业、社会多方共赢局面。2021 年，城厢乡等乡镇也将推广开展 500～1 000 亩大规模水稻种植和水产养殖。

4 探索塌陷区治理新型模式的意义

对矿区采煤塌陷区进行治理，打造成为集综合开发、蓄水防洪、多种经营、生态环保等于一体的综合开发区，对于开拓城市空间，丰富城市生态环境，积极解决民生问题，加快地方城市发展，具有重要意义：

(1) 有利于加快新老城区一体化建设。新老城区间塌陷区治理复垦工程能够直接连接新老城区，拓展城市空间，提升城市品位。同时，在城区规划范围内安置塌陷区群众，促使农民转化成为市民，可以扩充城区面积和城市人口，提高城镇化率，将有力地加快东西城区一体化，推进城市化进程。

(2) 有利于形成新的经济增长点。治理后，塌陷区形成近 6 km^2 的水面，可蓄水 5 000 万 m^3，做到蓄水排洪相结合，为工农业发展用水提供充足水源，为永城经济发展提供良好的条件。优越的地理位置，优美的生态环境，加上优惠的政策，将更好地招商引资创建项目，形成新的经济增长点。

(3) 有利于解决民生问题。通过治理复垦，让群众得到了合理的补偿、安置，住上了城市的好房子，并可以为塌陷区居民在务农、经商、服务等方面提供很多就业岗位，为塌陷区居民的生活提供实力保障，将有效地解决大量的民生问题。

(4) 有利于建设生态城市。永城作为全省生态城市建设第一个试点城市，把实施复垦工程作为生态城市建设的重要组成部分，将把生态城市建设提高到了一个新的水平，进一步树立了城市的良好形象，永煤公司也为此做出了巨大贡献。

5 存在的困难

(1) 部分群众从个人利益出发，只想从政府、企业拿到青苗补偿及其他补偿，不愿意接收已经完成治理和复耕的土地、鱼塘，对治理和复耕支持不够，影响塌陷区治理顺利开展。

（2）矿山环境恢复治理保证金不能充分利用，大量资金闲置，且使用时手续烦琐。

（3）受近年来煤炭行业困难影响，塌陷治理费用提取不足，塌陷治理资金严重不足，已严重影响后期治理和地方关系协调，对稳定工作也带来一定的影响。

6　塌陷区发展生态经济的几点建议

（1）树立生态科学发展观，地企结合，构建多元化产业体系。在塌陷区的治理上，按照土地复垦、环境恢复、生态保护、以人为本的原则，“宜农则农、宜林则林、宜园则园、宜渔则渔”，发展多元产业体系，走生态建设之路，重点发展生态旅游业和生态农业。

（2）找准定位，科学规划。建议根据塌陷区的实际和矿井分布状况、地质状况、开采情况，抓紧制定采煤塌陷区综合整治和生态经济发展规划方案，并纳入城市全域规划内容，以确保治理和生态经济发展规划方案能依规有序落实。

（3）进一步完善政府对塌陷区综合治理的监督约束机制和综合协调机制，按照“政府主导、企业参与、市场运作、合作开发”的生态修复和产业发展思路，以“谁治理、谁受益”方式，引导社会资本投入塌陷地治理。

地震槽波勘探技术的应用与思考

李松营，姚小帅，张万鹏

（河南能源化工集团研究总院有限公司，河南 郑州 450018）

摘 要 本文介绍了地震槽波勘探技术在煤厚定量化探测，断层、陷落柱、采空区精准定位，地应力集中区、瓦斯富集区探查预测以及区域性探测等方面的应用实例，并结合我国煤矿现状与今后发展趋势，就其独特优势，服务智能化煤矿建设、智能化灾害防治、安全高效生产以及技术改进方向、“地震槽波＋物探技术”等方面提出了认识。指出：地震槽波勘探技术是开展透明地质工作的有效工具，在隐蔽致灾地质因素探查、区域性勘探以及智能化煤矿建设等方面具有积极作用，是最有发展前途的矿井物探技术之一。

关键词 地震槽波；煤厚定量化探测；智能化煤矿；隐蔽致灾地质因素

1 引言

我国煤炭生产以井工开采为主。我国井工煤矿大致可分为两类：一类煤层赋存稳定，一井一面，工作面走向长度达数千米，切眼长度达数百米，已经实现或正在进行智能化建设；另一类煤层赋存稳定性差，或灾害严重，为了安全、生存和发展，也必须走智能化灾害防治、智能化煤炭开采之路。查明隐蔽致灾地质因素和煤层赋存条件等是顺利实现智能化灾害防治和智能化煤炭开采的前提和关键，井下物探扮演着重要角色，其中地震槽波勘探技术以其独特优势发挥着越来越重要的作用。

槽波是一种只在煤层中传播的导波，具有传播距离长、携带煤层及顶底板信息多、能量强、频散特征明显等优点。1955 年，Evison 在新西兰首次于煤层中激发和记录到了槽波[1]；1963 年，德国 Krey 从理论和实践上证明了煤层中槽波的存在，并指出了其应用价值[2]；20 世纪 80 年代，德国、英国、澳大利亚等国家先后把地震槽波技术投入实践应用，在构造等方面取得了较好的探测效果。我国在 1977 年就引进了地震槽波勘探技术，也做了较多的科研和实践工作[3-5]。由于设备笨重、操作烦琐、专业性强、解译难度大以及受煤炭市场疲软等因素影响，该项技术长期处于停滞状态。2010 年以来，滕吉文院士带领“两国五方”科研团队（中科院地质与地球物理研究所、义马煤业集团股份有限公司、中国地震局地质研究所、中科院地理科学与资源研究所、德国 DMT 公司）联合攻关，在国家自然科学基金重点项目（41130419）的支持下，利用义马煤业集团股份有限公司首家引进的德国 DMT 公司生产的 SUMMIT-Ⅱ EX 型国际最先进的地震槽波仪，在最复杂地质条件矿区开展试验，对比数学物理模拟成果，在煤厚定量化探测，断层、陷落柱、采空区精准定位以及冲击地压矿井工作面高应力区、双突矿井瓦斯富集区等方面取得了突破性或探索性重大成果[6-11]，并推动了地震槽波勘探技术再次兴起。中煤科工集团西安研究院有限公司还研制了国产设备，在便携化、无线化等方面进行了有益探索。地震槽波技术在国内已经成为井下物探技术研究和应用的热点，在煤矿安全高效生产和智能化建设方面发挥着积极作用。

2 应用实例

2.1 煤厚定量化探测

2.1.1 工作面概况

某煤矿 15200 工作面走向长 1 054 m，倾向宽 225 m，煤层厚 0.2～7.8 m、平均 2.2 m，变异系数 73%，属极不稳定煤层。由于工作面内部煤厚变化情况不清，先期回采的 320 m 遇到厚度小于 1.5 m 薄煤区时多次凭经验改造，造成约 600 m 改造巷报废。

2.1.2 地震槽波勘探

将工作面被中巷、联络巷分割成的 3 个区段作为 3 个测区（A 测区、B 测区、C 测区）进行了槽波透射法探测（图 1）。在该工作面所采集的槽波质量欠佳，震相清晰、频散曲线连续的槽波数据只占 26%。为取得 1.5 m 厚度煤层的最好分辨效果（图 2），选用 185 Hz 槽波频率，分别对 A 测区筛选出来的 301 道槽波数据计算群速度，再采用 CT 层析成像方法，获取 15200 工作面 A 测区 185 Hz 频率下槽波的速度分布图（图 3）。结合巷道揭露的实际煤层厚度信息和槽波层析成像获取的速度图，采用 4 阶多项式所拟合的“波速-煤厚”关系曲线，将 1 250 m/s 波速等值线拟定为 1.5 m煤厚等值线，圈出了厚度小于 1.5 m 的薄煤区（图 4）。

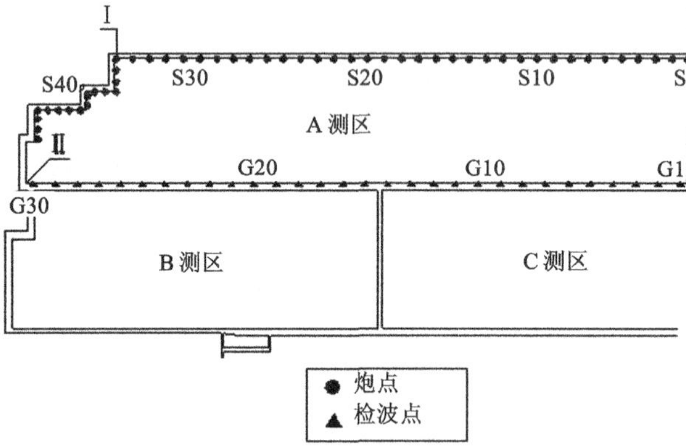

图 1　工作面 A 测区槽波观测系统布置图

2.1.3 勘探效果

该采煤工作面现已回采结束，根据收集的 A 测区 120 个实测煤厚资料，其中 101 个符合预测成果，19 个虽略有出入，但偏差均不足 0.5 m，预测准确率达 84%；若允许偏差±0.2 m，则预测准确率可达 96%。

2.1.4 效益分析

地震槽波勘探之前，20 个月回采了 320 m，月推进 16 m，报废探巷 600 m；之后，24 个月回采超过 600 m，月推进 25 m，提高 56%，没有 1 m 废巷，月产量提高 3 200 t，原煤发热量提高 0.62 MJ/kg，经估算，直接经济效益 1 688 万元，综合经济效益 6 000 万元以上。

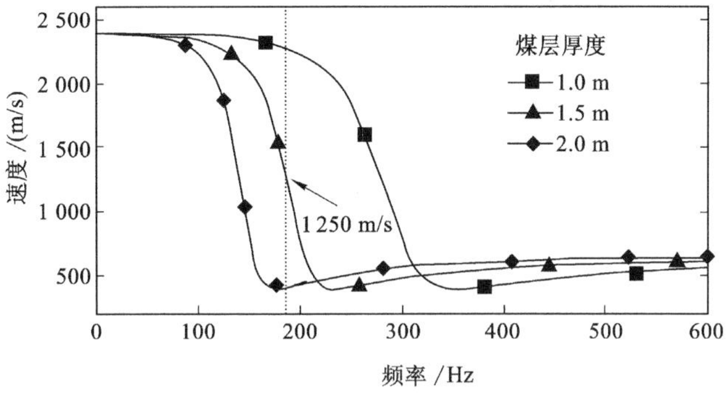

图 2 Love 型槽波频散曲线

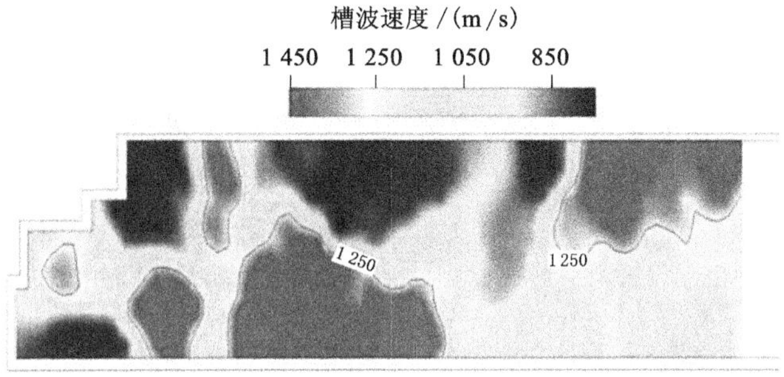

图 3 15200 工作面槽波速度图像

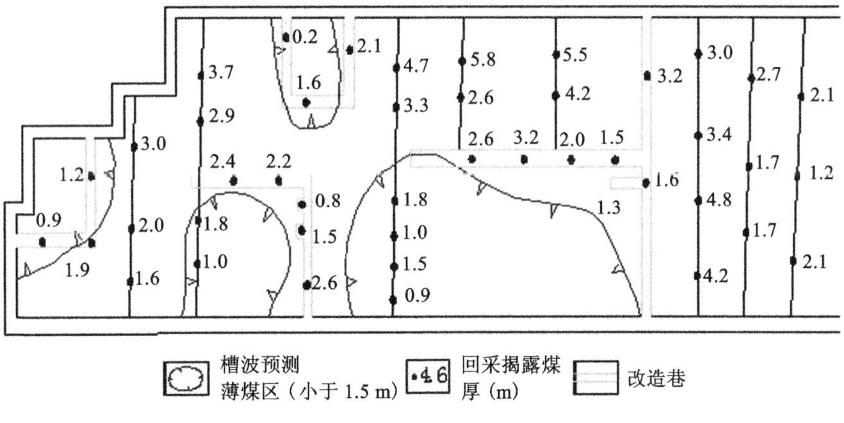

图 4 预测煤厚与实际揭露情况对比图

2.2 断层、陷落柱、采空区定位

2.2.1 断层

某煤矿 11100 工作面与三维地震预测断层 F12 相邻，呈近平行关系。采用槽波地震反射法对 F12 断层进行探测，提取 350～550 Hz 的高频槽波埃里震相，选取 1 100 m/s 为最佳的动校正速度，通过包络、共中心点叠加，得到反射叠加剖面，其中强反射震相推测为断层发育位置(图 5)。经钻孔查证，断层的实际位置与槽波勘探预测成果偏差不足 5 m。

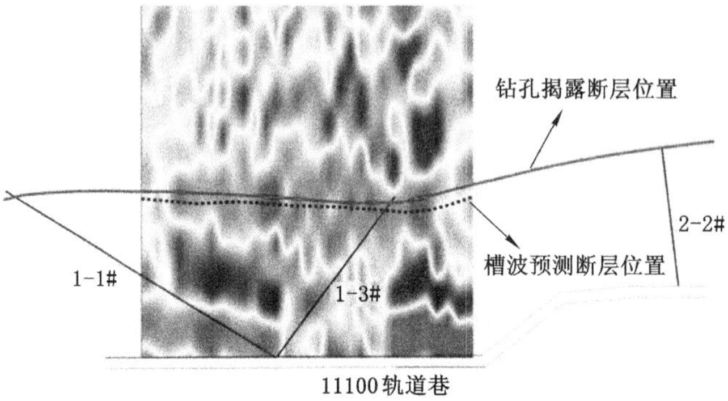

图 5　槽波预测断层与钻孔揭露情况对照图

2.2.2　陷落柱

对某煤矿 5308 采煤工作面里段 600 m 的陷落柱发育情况进行了地震槽波透射法探测，通过层析成像绘制了测区槽波速度分布图，将 1 个明显的低速区预测为长轴 90 m、短轴 48 m 的椭圆形陷落柱(图 6)。经开采验证，实际揭露的陷落柱长轴 98 m、短轴 52 m，与预测的大小、位置基本相符。

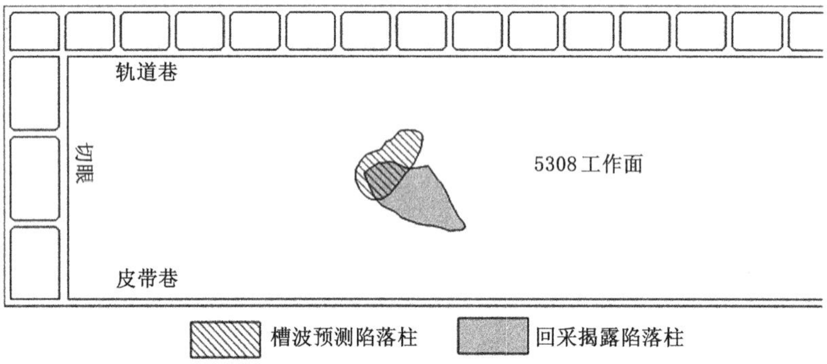

图 6　预测陷落柱与实际情况对照图

2.2.3　采空区

山西某煤矿井田内存在大面积位置不详的小窑采空区，小窑水是该矿的主要水灾隐患，其相邻的王家岭煤矿曾因小窑水突出造成特别重大的人员死亡事故。该矿 32111 工作面内部存在疑似老空区，位置和积水情况不明。采用透射波法与反射波法相结合，通过波场分析分别识别了波场异常区(图 7)，建议该矿将该异常区的叠加区域作为探查老空水工作的重点。在该矿施工的数十个探水钻孔中，有 5 个钻孔探查到老空区积水。5 个出水钻孔，全部位于槽波探测异常区内或处于异常区边缘地带，其中 3 个在所厘定的波场异常的综合异常区；1 个处于反射异常区，也靠近叠加异常区；另 1 个靠近叠加异常区(图 7)。

2.3　灾害风险探查

2.3.1　冲击地压矿井工作面地应力集中区

某冲击地压矿井 12230 采煤工作面平均埋深达 550 m，具有冲击地压危险性。工作面里段

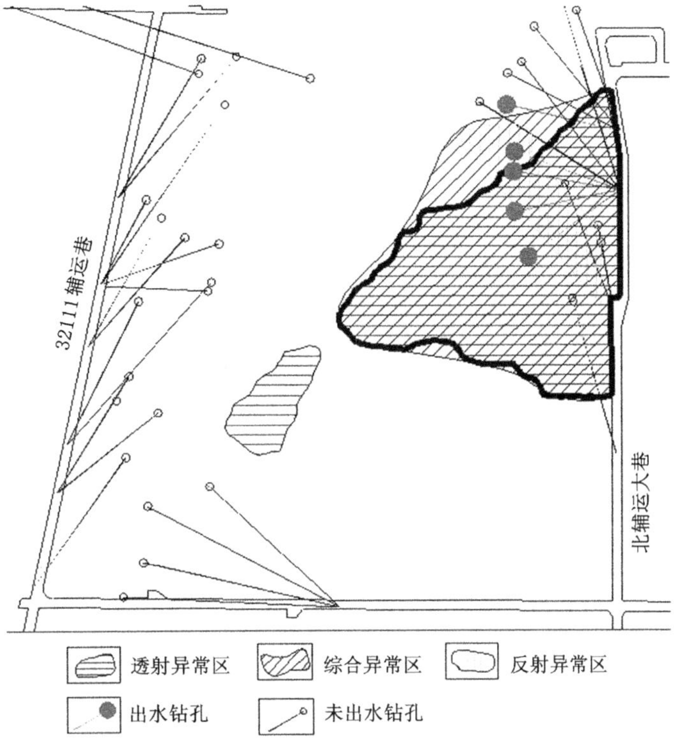

图 7 槽波探测采空区与验证钻孔分布图

400 m 为勘探试验区。利用相同震源，分别用 SUMMIT-Ⅱ EX 型槽波地震仪采集槽波和纵波、PASAT 地应力探测仪采集纵波进行探查试验。在上巷设计炮点 40 个，间距 15 m；下巷设计 SUMMIT-Ⅱ EX 型槽波地震仪检波点 25 个，间距 15 m，孔深 2 m；紧邻布置 PASAT 地应力探测仪检波点 24 个，间距 15 m，检波器与巷壁锚杆通过螺丝连接。逐个激发上巷炮点，两套仪器在下巷同时接收地震信号。经过数据处理、反演和层析成像，分别刻画了 PASAT 型纵波波速图（图 8）、SUMMIT 纵波波速图（图 9）和 SUMMIT 槽波速度图（图 10）。成像结果对比表明：三者的高速区域不尽相同，但有较高的相似度，存在较大重叠部分（图 11）。重叠区域位于下巷切眼口向外 130～190 m 范围内，向工作面内部延伸 37 m，推断为工作面的应力集中区。重叠区发育有一条 8.5 m 落差的正断层，而断层及其附近通常亦是应力集中区；该区段施工钻孔时，煤、岩粉量大，易缩孔。上述探测结果表明：

（1）通过地震槽波探查冲击地压矿井采煤工作面应力集中区，能够预测冲击地压发生的高风险区域。

（2）将地震槽波与纵波相结合用于探查采煤工作面应力集中区时，能够取得更好的预测效果。

2.3.2 煤与瓦斯突出矿井工作面瓦斯富集区

采用地震槽波透射法对所选取的 6 个采煤工作面进行瓦斯富集区探测试验，对比、分析、反演求得的槽波速度等值线图与实测瓦斯含量等值线图（图 12）发现：槽波波速与瓦斯含量的变化存在相关性，如：

（1）当煤层稳定时，槽波速度高的区段，瓦斯含量一般较高；

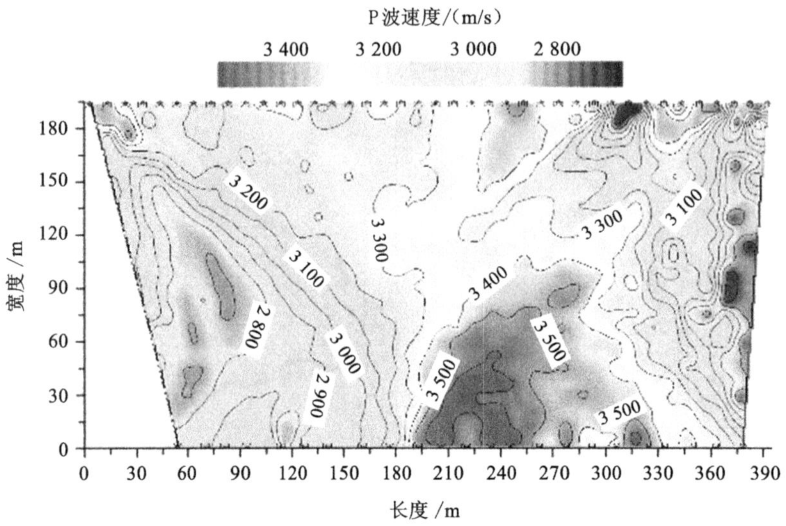

图 8　PASAT 纵波等速线图

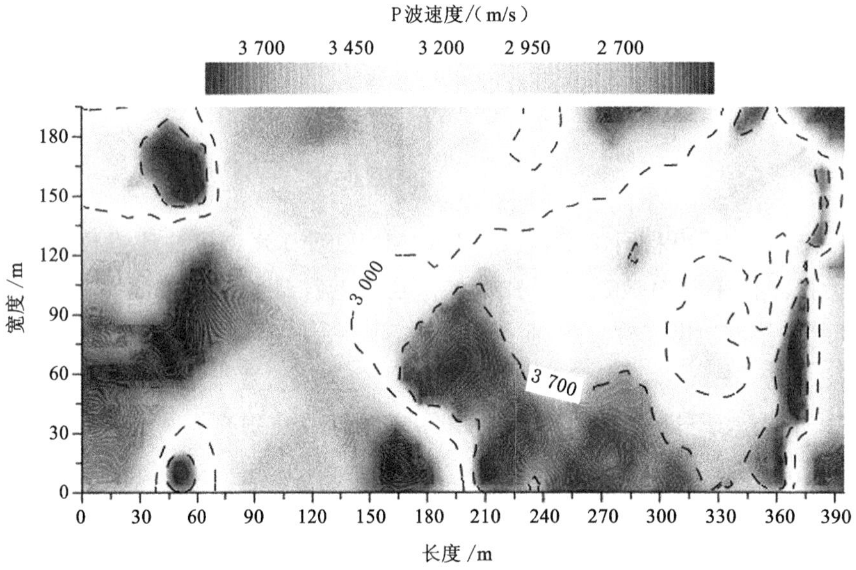

图 9　SUMMIT 纵波等速线图

(2) 槽波速度急剧变化带及高、低速相间分布的区段，瓦斯含量一般较高；

(3) 高速区域所包围的低速区域瓦斯含量亦较高。

2.4　区域性探测

利用某煤矿 12 采区回风上山煤巷与 12010 工作面已掘出的皮带巷，采用地震槽波透射法探测，对设计的 12010 工作面和 12030 工作面所形成的小区域进行煤层厚度与断层发育情况探测。结合已揭露地质信息，预测了厚度小于 1.5 m 的薄煤区(图 13)。根据预测成果，该矿设计了 12010 工作面和 12030 工作面。当 12010 工作面构成后，为了与小区域探测效果作对比，又进行地震槽波透射法勘探，再次预测了厚度小于 1.5 m 的薄煤区(图 14)。两次探测，均没有发现断层。12010 工

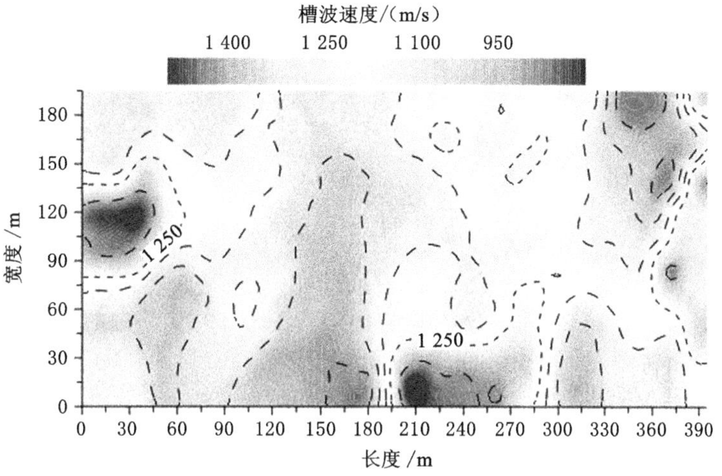

图 10 SUMMIT 槽波等速线图

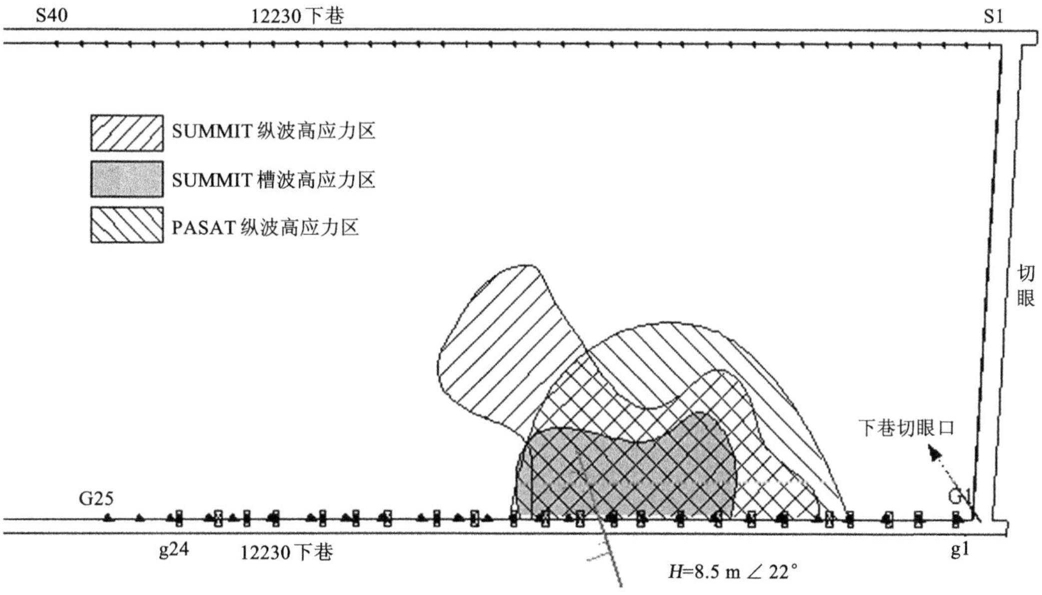

图 11 应力集中区预测成果图

作面现已回采结束，与实际情况对比，区域性探测和单个工作面探测结果大体一致，与实际采掘揭露情况基本符合。

3 有关思考

(1) 煤炭作为我国的主体能源，其地位在相当长的时期难以撼动。我国原煤生产以地下开采为主，井工煤炭产量占世界大部分，而开采条件远比世界其他国家复杂。查明开采地质条件是安全高效生产的前提，而物探是查明地质条件的重要手段之一。矿井物探技术具有成本低、施工快

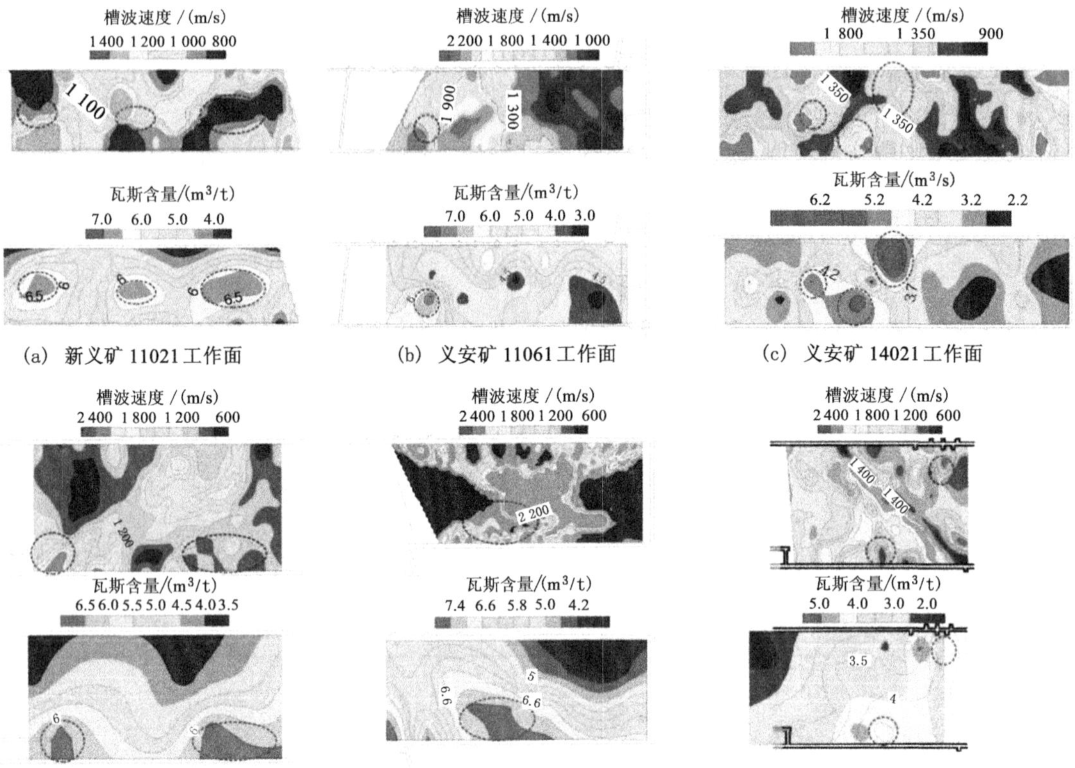

(a) 新义矿 11021 工作面　(b) 义安矿 11061 工作面　(c) 义安矿 14021 工作面

(d) 新义矿 12041 工作面　(e) 新义矿 12031 工作面　(f) 新义矿 12011 工作面

图 12　采煤工作面槽波速度与瓦斯含量对照图

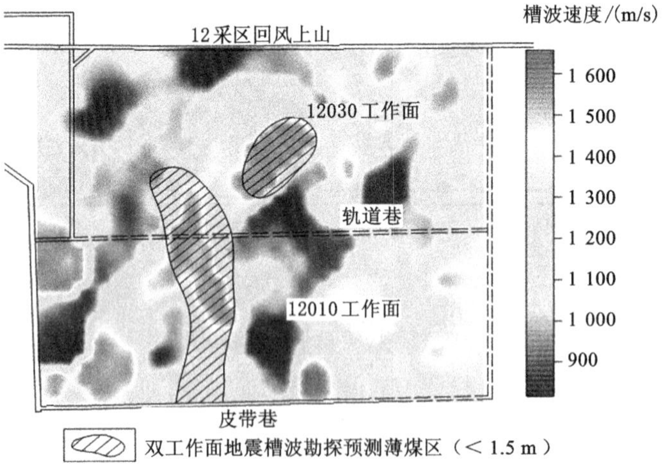

图 13　双工作面槽波探测成果图

以及体积效应明显等优势，在今后煤矿建设和生产中将发挥越来越重要的作用。矿井地质工作离不开物探，物探对矿井地质工作起积极的助推作用。地震槽波勘探技术，由于槽波传播距离长、频散特征明显、携带信息丰富、勘探原理清晰而具有独特优势，是最有发展前途的矿井物探技术之一。

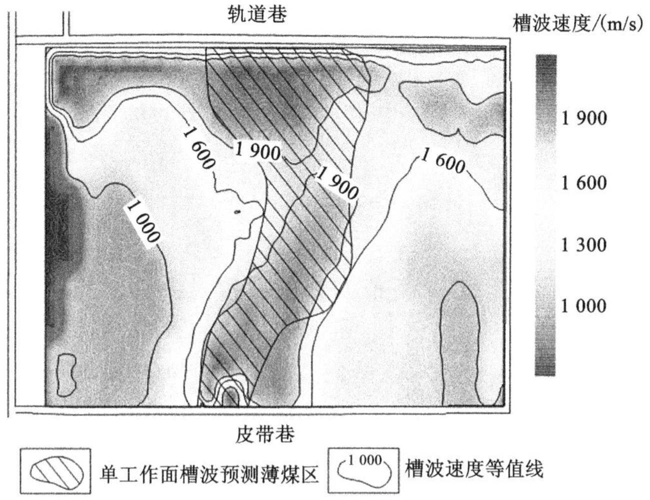

图 14　单个工作面槽波探测成果图

(2) 在“十四五”末期，我国拟建成 1 000 座以上智能化生产煤矿。智能化生产以精细地质、透明地质为前提，倾向长度数百米的超大型工作面，现有多数物探手段因有效探测距离较小而无能为力，无法全覆盖勘探；而地震槽波勘探技术探测距离大，能够区域性探测，并密织射线，精准控制“靶区”。地震槽波勘探技术可以助力智能化生产煤矿建设。

(3) 与国外煤矿相比，我国以井工煤矿为主，矿井地质条件复杂，普遍存在煤层稳定性较差、地质构造多、自然灾害严重等问题。地震槽波勘探技术在定量化探测煤厚，精准定位断层、陷落柱、采空区，解译地应力集中区、瓦斯富集区等方面效果良好。地震槽波勘探技术对矿井灾害防治以及今后的灾害智能化防治具有积极作用。

(4) 地震槽波勘探技术设备笨重、施工烦琐、解译复杂、专业性强，槽波所包含的丰富信息现仍未充分利用，其在设备便携化、操作简单化、解译智能化、通信无线化以及进一步发掘利用槽波所包含信息等方面还有较大的提升发展空间。

(5) 辅以其他物探手段，开展综合物探，形成“地震槽波＋物探技术”，可以取得更好的勘探效果，更好地服务于煤矿安全高效生产和智能化建设。

4　结论

(1) 地震槽波勘探技术可以实现煤厚定量化探测以及断层、陷落柱、采空区等的精准定位，可以探查地应力集中区，对探查瓦斯富集区也有一定效果，是探查矿井隐蔽致灾地质因素的最有效物探手段之一。

(2) 地震槽波勘探技术探测距离长，可以进行区域性探测。

(3) 地震槽波勘探技术是开展透明地质工作的有效工具，对煤矿安全高效生产、智能化建设有积极作用，是最有发展前途的矿井物探技术之一。

(4) 我国巨大的煤炭生产规模、复杂的地质条件和强大的经济科技实力决定了地震槽波勘探等物探技术今后的发展中心在中国。

参考文献

[1] EVISON F F. A coal seam as a guide for seismic energy[J]. Nature, 1955, 176(4495): 1224-1225.

[2] KREY T C. Channel waves as a tool of applied geophysics in coal mining[J]. Geophysics, 1963, 28(5): 701-714.

[3] 姬广忠,程建远,朱培民.煤层 Love 型槽波数值模拟及其频散特征分析[J].煤炭科学技术,2011,39(6):106-109.

[4] 程建远,李淅龙,张广忠,等.煤矿井下地震勘探技术应用现状与发展展望[J].勘探地球物理进展,2009,32(2):96-100.

[5] 杨真,冯涛,WANG S G.0.9 m 薄煤层 SH 型槽波频散特征及波形模式[J].地球物理学报,2010,53(2):442-449.

[6] 王伟,高星,李松营,等.槽波层析成像方法在煤田勘探中的应用:以河南义马矿区为例[J].地球物理学报,2012,55(3):1054-1062.

[7] 皮娇龙,滕吉文,杨辉,等.地震槽波动力学特征物理-数学模拟及应用进展[J].地球物理学进展,2013,28(2):958-974.

[8] 廉洁,李松营,王伟,等.槽波地震勘探技术在义马矿区的应用[J].煤炭科学技术,2015,43(12):162-165.

[9] 李松营,廉洁,滕吉文,等.基于槽波透射法的采煤工作面煤厚解释技术[J].煤炭学报,2017,42(3):719-725.

[10] 李松营,廉洁,姚小帅,等.槽波地震勘探应用技术[M].北京:煤炭工业出版社,2016.

[11] TENG J W, LI S Y, JIA M K, et al. Research and application of in-seam seismic survey technology for disaster-causing potential geology anomalous body in coal seam[J]. Acta Geologica Sinica-English Edition, 2020, 94(1): 10-26.

煤炭行业绿色矿山建设与环境恢复治理

付艳艳

（河南能源义马煤业集团股份有限公司石壕煤矿，河南 三门峡 472300）

摘　要　随着科学技术迅速发展，我国煤矿行业的发展也有了提高。“绿色矿山”概念在中国最早出现于2007年，中国国际矿业大会上首次提出了“发展绿色矿业”的倡议，要求转变传统意义上以单纯消耗矿产资源、牺牲生态环境为代价和高耗能为特点的开发利用方式，实现资源合理开发利用与环境保护协调发展。2010年8月13日，国土资源部印发《关于贯彻落实全国矿产资源规划 发展绿色矿业建设绿色矿山工作的指导意见》（国土资发〔2010〕119号），并随文附带了《国家级绿色矿山基本条件》，这是第一份以官方文件的形式对绿色矿山建设提出明确要求的通知，从依法办矿、规范管理、综合利用、技术创新、节能减排、环境保护、土地复垦、社区和谐、企业文化九大方面对绿色矿山的基本条件进行了规定，为绿色矿山建设和国家级绿色矿山评选提供了明确的技术指导。2017年3月22日，国土资源部等六部委联合下发了《关于加快建设绿色矿山的实施意见》，明确将绿色矿山建设上升为国家行为，全面推进绿色矿山建设工作，并重申到2020年基本形成绿色矿山建设新格局的目标。随着人口的不断增加，土地、能源、环境的有限性日益引起各方重视。对矿山进行环境保护与综合治理，越来越被认为是人们在可持续发展下资源开发模式的一种理性选择。

关键词　煤炭行业；绿色矿山；环境保护与恢复治理；展望

1　引言

矿产资源是社会建设的重要物质基础，是推动人类社会文明进步的重要引擎。然而，长期的大规模资源开发引发了一系列环境问题，如水土流失、土壤污染、水体污染、大气污染和地质灾害等。当前，随着自然资源的大量消耗和矿产开发造成的环境污染日益加剧，急需探索一种健康可持续的矿业发展新模式。本文通过总结国外发达国家在矿山生态环境治理中的先进经验，以习近平生态文明思想为指导，结合现阶段我国的生态文明建设现状，系统总结了我国绿色矿山的建设成效，并针对建设中存在的不足提出意见和建议，以达到健全矿业发展体系、推动绿色矿业快速高质量发展的目的。

2　绿色矿山建设基本内涵及现状

随着时代和社会的进步，绿色矿山的内涵不断发展丰富，很多学者提出了自己的看法和主张，为推动绿色矿山建设奠定了宝贵的理论基础。有的学者认为绿色矿山是对传统矿业的变革，通过集约节约综合利用，实施绿色清洁生产，将改变传统矿业“傻大粗黑”形象。有的学者认为绿色矿山在着力于科学、有序、合理开发利用矿产资源的过程中，需要对其产生的污染、矿山地质灾害、生态破坏失衡等最大限度地予以恢复治理。有的学者认为绿色矿山要通过科学的设计、先进合理的措施，确保矿山全生命周期始终与周边环境协调共生，符合社会可持续发展要求。还有的学者认为绿色矿山要坚持科学有序开采、高效利用和低排放的原则，逐步实现以资源高效循环利用为特征的矿物全组分利用，把矿山开采等经济活动对自然环境的影响降低到尽可能小的程度。更多的学者认为绿色矿山除了要注重环保、低碳，还要考虑安全、和谐等更多更深层次的因素，建设过程要开展全要素全流程管理。综上，绿色矿山是涵盖矿山开采、安全、生产、管理、环保、资源利用、科技创新、社区和谐、企业文化等全产业链深层次的“绿色”。

中国的煤炭资源丰富，煤矿产区分布众多，中部、西部、北部等地蕴含着丰富的煤炭资源，各大、中、小煤矿企业林立。在绿色矿山建设过程中，煤矿企业作为实施主体，在生态环境保护和资源开发过程中起到重要作用。为了进一步实现绿色矿山建设工作，2016 年年底前，国土资源部接连确定四批国家级绿色矿山试点单位，共 229 家国家级绿色煤矿企业，以更好地构建绿色矿山建设体系，在全国范围内形成统一布局，带动煤炭行业的绿色健康发展。同时，《国家级绿色矿山试点单位验收办法(试行)》等文件颁布，全国各地区地质勘探局、自然资源和规划局等纷纷响应，积极参与到绿色矿山建设工程中，煤炭行业绿色矿山建设工作成果显著，但是在具体执行过程中仍然存在一些问题需要解决。

3 矿山环境保护与恢复治理

3.1 矿山生态环境恢复治理对象

我国拥有丰富的矿产资源，开采企业也相对较多，开采破坏耕地和建设用地，导致地质灾害发生，水环境遭受破坏。在开采矿山时各种废气、粉尘、废渣排放，导致大气污染和酸雨，破坏生态系统平衡，致使水土流失和土地荒漠化。2017 年，全国矿山开采数量已经超过 100 亿 t，对生态环境造成严重破坏，矿山开采区的山体崩塌、滑坡、泥石流、地面塌陷等地质灾害发生概率远远高于普通区域。矿山地质环境保护与恢复治理方案因地制宜、因害设防，采取拦、排、护、整、填、植等方面的综合治理措施对矿山地质环境进行治理。矿山地质环境保护与治理恢复的任务区内地质环境保护的主要对象是：① 矿山活动可能影响到的矿区居民；② 拟建的工业广场和排土场；③ 新建和修缮的矿区道路；④ 区内土地、植被以及水源地。任务是针对不同保护对象因地制宜地制定相应的保护措施，并加以落实。对已产生的地质环境问题与灾害隐患进行治理的任务是：① 对采矿影响范围内原来私人滥挖滥采所留下的废弃矿坑进行治理(包括对废弃的建筑物和矿井进行拆除、填埋、平整，土地复垦，植树恢复等)；② 对现存的塌陷区、地裂缝、崩塌、滑坡、危岩等进行治理(包括塌陷坑填埋、裂缝黏土充填、危岩加固、排除崩塌产物、滑坡削坡减载、修建排水沟等)。对地质环境问题与灾害隐患进行治理的任务是：① 工业广场和排土场的综合治理(削坡、挡土墙、排水沟、地面防渗等)；② 塌陷区的土地复垦；③ 塌陷区与地裂缝的及时回填、防渗和可能诱发的其他地质灾害，如滑坡、崩塌和泥石流等的治理；④ 开挖露天采场综合治理(削坡、挡土墙、排水沟、地貌整治与植被恢复等)。建立矿山地质环境监测系统，对矿山地质环境问题与地质灾害进行监测和及时预警(设置警示牌、加强地面巡视、设置地面位移监测点等)。

3.2 矿山生态环境恢复治理原则

虽然各地各部门都积极采取各项治理措施恢复矿山生态环境，但是目前依旧存在很多问题，必须坚持以下几个原则对矿山生态环境进行恢复治理：坚持预防为主、防治结合，在保护中开发、在开发中保护的原则；坚持依靠科技进步，发展循环经济，建设绿色矿业的原则；矿产资源的开发应推行安全第一、因地制宜、统筹规划、突出重点、分段实施的原则；坚持经济效益服从社会效益、环境效益的原则；矿山地质环境保护与治理恢复应贯彻以人为本，人与自然和谐发展的原则；坚持谁开发谁保护、谁破坏谁治理、谁投资谁受益的原则。矿山地质环境保护与治理恢复的目标是矿区废渣堆、废弃地得到综合整治，使矿山土地和生态恢复率达到95%；保护好水源地，不影响当地水源地供水，不影响当地村民正常生产、生活用水；现存和可能引发的地质灾害及隐患得到有效防治，避免造成巨大经济损失和人员伤亡，确保重点和次重点防治区村民地质环境基本不受影响。

4 煤炭行业绿色矿山建设优化措施

4.1 政策法规框架初步建立

现阶段，我国已出台了一系列政策法规，如《矿山地质环境保护规定》《国家绿色矿山建设规范》《矿产资源节约与综合利用鼓励、限制和淘汰技术目录》《关于加快建设绿色矿山的实施意见》等，用于推动绿色矿业发展，为明确绿色矿山建设的总体要求、健全国家绿色矿山建设标准体系和规范绿色矿山管理制度指明了方向。同时，各地方也积极响应国家部署，部分省份在省级规划中明确了绿色矿山建设目标、制订了绿色矿山建设规划。不仅如此，随着2018年全国9个行业的绿色矿山建设规范行业标准发布实施后，安徽、广西、湖南、海南、山东等省份已经出台了地方标准。同时，各地还因地制宜地制定了省级绿色矿山建设指南、量化评估体系、评估办法、验收标准或核查指南等。另外，部分省份还以管理体系入手，分别从出让、设计、监管等方面进行了措施创新，例如浙江建设了“互联网＋绿色矿山”数字化移动监管平台，重庆建立了合同约束机制等。

4.2 加强日常运营环境管理

一是矿业公司应完善环保因素识别和建档工作，制订相应的环境监测计划。通过内部自身和外部第三方的系统性审核，充分识别和建立矿业公司污水、废气、固体废物、危险废物、厂界噪声排放和水土保持、矿山地质环境保护以及土地复垦的管理清单建档工作，特别是危险废物和一般工业固废的全面识别，以及水土保持、矿山地质环境保护和土地复垦措施和监测的要求，并作为矿山日常运营管理的指导工具。二是根据环保因素识别档案，建立定期巡查和更新制度。一方面，确保各项环境许可要求的措施能够得到有效的落实，例如各环保因素的监测指标和频次、危废贮存设施建设和现场运营管理的合规性等；另一方面，定期更新相关法规，并按照法规要求更新相关环保因素识别档案和制度。

4.3 全面落实绿色矿山优惠措施

各级地方政府尽快制定条理清晰的优惠条款，包括优惠类别、条件、时限和内容，向达到绿色矿山条件的企业实行政策倾斜，鼓励优秀企业做大做强，具体包括：① 对各省、市矿产资源规划中实行总量调控的矿种，优先对绿色矿山和绿色矿业示范区投放开采指标和采矿权，并确保绿色矿山或绿色矿业发展示范区内的矿产资源优先进行开发及利用。② 对已获得“绿色矿山”称号或建设成果显著的矿山，建立行政审批绿色通道，专事专办，随到随办。③ 对绿色矿山建设成果显著及绿色矿业发展示范区内的优秀项目给予用地指标、物质及精神奖励，例如在新增用地方面可依法通过协议出让、租赁或先租后让等方式优先保障。④ 修订完善与绿色矿山相关的各项税收优惠，如所得税、增值税和设备购置税等。同时加强对新建、改建、扩建绿色矿山的信贷支持，设立绿色矿山专项基金，最大限度地保障绿色矿山资金充足，带动矿山企业进行绿色矿山建设。

5 结语

绿色矿山建设过程中的矿山生态环境整体保护、系统修复、综合治理，是探索矿业发展方式转变的新途径，需要各部门协同，促使矿山开发利用方案、环境影响评价报告书、水土保持方案、矿山地质环境保护与恢复治理方案、土地复垦方案的有效衔接和落实。绿色矿山建设应遵循“山水林田湖草是生命共同体”的理念，将矿山生态环境、资源环境、经济环境和人文环境联结成一个有机的系统，促进生态环境和谐统一，推进绿色矿山的建设。改善该区的人居环境和旅游环境，对恢复当地农民土地以及恢复乡镇整体形象有着深远意义，环境效益非常显著。

参考文献

[1] 桂华强.绿色矿山建设的生态环境保护及治理探析[J].内蒙古煤炭经济，2019(15)：182-183.

[2] 孙升林，潘树仁，吴国强，等.煤炭绿色矿山标准体系建设现状与展望[J].中国煤炭地质，2017，29(12)：1-4，43.

[3] 赵爱军，高忠咏，马建青，等.人工生态恢复技术在三江源区矿山环境治理工作中的应用[J].青海环境，2009，19(2)：58-60.

浅谈采煤沉陷区塌陷土地的修复

张书明，石　强，杨利民

（河南能源化工集团鹤煤公司后勤服务中心，河南 鹤壁　458000）

摘　要　采煤沉陷区综合治理是一项复杂的系统工程，涉及村庄搬迁、生态恢复、土地复垦、地灾防治等，本文结合关闭退出矿井采煤沉陷综合治理，在丘陵地区采煤沉陷区土地修复方面做出了一些探索。

河南能源化工集团鹤煤公司分别于2016年、2018年对双祥分公司、五环分公司实行了关闭退出。涉及村民耕地受损的土地修复、青苗补偿问题日益突出，工农关系紧张，不稳定因素增大。用三年赔青费一次性终结补偿代替受损耕地修复，解决了工农纠纷，使政府服务企业、服务村民工作落到实处，为以后政企工作和农村工作赢得了主动，达到了政府满意、企业满意、农民满意的“三赢”效果。

关键词　去产能；关闭退出；一次性终结补偿；土地修复

1　单位简介

河南能源化工集团鹤煤公司（以下简称“鹤煤公司”）位于河南省北部鹤壁市境内，交通便利，经济地理位置十分优越，沉陷区范围内多为丘陵地貌。鹤煤公司有8对矿井[双祥分公司、三矿、中泰公司、五矿（后改名五环分公司）、六矿、八矿、九矿和十矿]，矿区总面积82 km^2，资源储量67 817.76万t，可采储量27 013.79万t，矿区核定生产能力7.15 Mt/a，服务年限37.8 a。为响应国家去产能要求，分别于2016年、2018年对双祥分公司、五环分公司实行了关闭退出。

2　实施背景

2016—2018年，鹤煤公司按照国家政策分别对双祥分公司、五环分公司实行了关闭退出。

受双祥分公司、五环分公司采煤影响的村庄共有13个，2017年和2018年，双祥分公司和五环分公司利用2年时间，对受损村庄民房及生产建（构）筑物进行了治理安置。

在双祥分公司、五环分公司对周边各村民房和建（构）筑物治理接近尾声时，各村（社区）对采煤沉陷区受损土地如何解决反映越来越强烈，地方各级政府有关部门也十分关注，普遍担心双祥分公司、五环分公司关闭退出后各村（社区）受损土地没人管，工农关系处理没有头绪，村民诉求无解，从而造成村民聚集群访不稳定。村（社区）两委工作被动，市、区、乡工作被动，工农关系紧张。

鹤煤公司高度重视，及时与市、区、乡和相关村庄进行沟通，强调采煤沉陷区受损土地是采煤塌陷区综合治理的一部分，企业会按照相关政策规定纳入治理范围，并着手采煤沉陷区受损土地清查工作。

经现场调查，鹤煤公司双祥分公司、五环分公司井田分别位于鹤山区和山城区，共涉及13个行政村，分别为杨庄村、南街村、东街村、孙圣沟村、东头村、西街村、岗坡村、罗村（前、中、后罗村）、马庄村、元泉村、肥泉村、东窑头、陈家湾，共涉及4 521户、18 084人，总耕地面积6 836亩。

根据原国土资源部办公厅《关于做好矿山地质环境保护与土地复垦方案编报有关工作的通知》（国土资规〔2016〕21号）、原河南省国土资源厅《关于矿山土地复垦方案和地质环境保护与恢复治理方案合并编制有关问题的通知》（豫国土资发〔2015〕4号）相关文件规定，按照“谁破坏谁复垦”的原则，生产建设单位是受损土地复垦的义务人。复垦工作应在各级有关国土资源管理部门的督促指导下委托具备省级以上有关部门核发的乙级以上水土保持、生态环境工程等规划设计资质或具有从事土地复垦规划设计业绩的单位设计，并由具备相应资质的施工单位实施土地复垦。

鹤壁市人民政府《关于印发鹤壁市采煤沉陷区安置补偿办法的通知》（鹤政〔2014〕14号）第五章第二十条要求：“土地复垦由采煤企业对受损土地进行复垦补偿，补偿数额以复垦实际发生的费用为参照，由村、企双方协商或经相关部门协调解决。受损土地由村委会负责复垦，区、乡工农关系办公室负责监督，市、区工农关系办公室负责组织有关部门进行验收。”

按照原国土资源部和原省国土资源厅关于土地复垦精神，鹤煤公司委托具备资质的河南卓越建设工程有限公司编制了矿山地质环境保护和土地复垦方案。

鹤壁矿区属多山、丘陵地貌，沉陷特征以裂缝为主，局部塌陷成坑，地形地貌变化不大。耕地受损表象大致归为三类：第一类为小裂缝、小沉降，少量滑坡，历年来村（社区）对耕地受损的小裂缝、小沉降已及时修复，双祥分公司、五环分公司每年也按耕地受损、农作物减产等情况支付了青苗补偿，该类土地数量占80%左右。第二类裂缝较大，但因受山地、丘陵地形影响，自然高差较大、错落明显，同标高地块较小，耕地受损可比性不大，简单填充修复即可，该类土地约占19%。第三类为塌陷成坑需要复垦的土地，这类土地共有两处16亩。

因此，结合鹤壁矿区的塌陷特征，考虑到方案编制的经济性、合理性和可操作性，在复垦方案合编时需复垦的耕地只选取了受损类型典型、受损程度严重、表象明显的地块，数量不多，但必须进行工程复垦。土地复垦方案完成后，将按照方案设计和鹤煤公司有关工程管理规定组织工程施工。

综上，在取得市、区、乡政府和复垦方案编制单位支持的前提下，实事求是、因地制宜地理出了受采煤沉陷影响土地的治理修复思路，即现场定损，复垦与三年一次性赔青相结合的治理方法。

3 实施过程

由于双祥分公司、五环分公司按去产能政策要求已经关闭退出，故本着切合实际、便于操作、还地于民、彻底解决问题的原则，鹤煤公司指导两个分公司依靠政府，慎重谋划，细致工作，深入各相关村（社区）两委和村民中，对受损土地解决办法进行摸底、引导。

经过深入细致的工作，各村（社区）两委以及绝大多数村（社区）居民普遍接受企业三年一次性赔青（青苗补偿）的耕地受损解决模式。

对于工程土地复垦治理模式，他们认为土地受损小，修复难度不大，复垦方案操作程序太复杂，太耽误农事，且大多数受损土地在每年的耕作时已进行了修复。

对于较大的裂缝，工程复垦必要性并不大，通过简单填充即可达到修复效果，同时村民可以一次拿到往年三倍的赔青，加之工程费用只能用于工程，村（社区）两委、村（社区）居民并未得到经济方面的实惠，因此，村民普遍倾向于三年一次性赔青的方式。

经多次与鹤山区政府、山城区政府、市工农办汇报、沟通，并经市工农办组织会议研究，同意企业提出的用三年赔青费一次性终结补偿代替受损耕地复垦，对两处塌陷成坑的土地按照复垦方案进行复垦，彻底解决村采煤沉陷区土地修复问题。

2017 年至 2018 年 9 月，双祥分公司、五环分公司分别对各自受采煤影响的村庄进行了现场勘查，定损二类土地 848.06 亩，其中双祥分公司 237.06 亩，五环分公司 611 亩；三类土地 16 亩，其中双祥分公司 9 亩，五环分公司 7 亩。共计 864.06 亩。

根据鹤政〔2014〕14 号补偿标准，结合现场勘查定损结果，鹤煤公司后勤服务中心及有关部门共同与鹤山区政府、山城区政府、市工农办及 13 个行政村（社区）两委协商，达成甲方对乙方受损土地一次性终结赔青补偿，明确补偿款用于受损土地复耕，不得挪作他用。这样农民既可自行复垦，也不耽误农事，复垦耕种两不误。2017 年 6 月和 2020 年 2 月，双祥分公司、五环分公司分别与各自受采煤影响到耕地的行政村（社区）签订了一次性终结协议，共计金额 843.8 万元。同时对两处面积约 16 亩塌陷成坑的土地按方案进行了复垦，复垦费用近 10 万元。

4　实施效果

4.1　企业节约成本

如按 2018 年 9 月河南卓越建设工程有限公司设计的土地复垦方案，估算土地复垦总投资为 1 806.62 万元；而采用三年赔青费一次性终结补偿新的经济模式，一次性补偿 843.8 万元，单此一项就为企业节省耕地复垦治理成本 962.82 万元。

4.2　农民满意

由于大多数受损土地在每年的耕作时已拿到补偿，进行了修复，工程复垦必要性并不大，加之工程费用只能用于工程，复垦工程完成验收合格后三年才能恢复耕种，太耽误农事，对于靠土地生养的农民不太实际。所以，新的治理模式不但给农民带来了实实在在的经济利益，还为农民在耕地劳作上争取了宝贵时间，创造了早耕种、早受益的有利条件。

4.3　工农关系和谐

通过用三年赔青费一次性终结补偿的耕地修复经济模式，最大程度上保障了农民的切身利益，稳定了村民情绪，消除了信访隐患，解决了村（社区）两委工作被动和市、区、乡工作被动，缓和了工农关系紧张，又维护了鹤煤公司、双祥分公司、五环分公司的信访稳定和安全生产秩序。本级政府对村两委和村民受损有了解决办法，对以后农村工作有了基础。政府服务企业、服务村民工作落到实处，保持了和谐的工农关系。

鹤煤公司在采煤沉陷区受损土地修复上，从经济性、合理性和可操作性出发，本着因地制宜、切合实际、便于操作、彻底解决问题的原则，通过大量细致的工作，探索出了丘陵地区采煤沉陷受损土地现场定损，三年一次性赔青＋局部复垦的土地修复的路子，取得了政府满意、企业满意、农民满意的“三赢”效果，不仅使企业节省了成本，农民得到了实惠，和谐了工农关系，同时也为丘陵地区采煤沉陷区土地修复做出了有益的尝试。

黄陵矿区建北煤矿生态环境影响与治理修复技术分析

李玉鹏，张　文，王宏涛

（陕西煤业集团黄陵建庄矿业有限公司，陕西 延安　727307）

摘　要　随着矿山开发和利用，生态环境问题成为制约矿山企业提高生产效率、营造企业形象的重要因素。黄陵矿区生态环境问题因不同生产条件、自然条件而有较大差异，本文根据黄陵矿区建北煤矿在生态环境方面的问题及治理修复情况，对该区域现状生态环境问题类型、治理方式和效果进行了阐述和分析，提出了治理修复建议。

关键词　黄陵矿区；建北煤矿；生态治理修复

1　引言

黄陵矿区位于陕西省黄陇煤田北部，北起葫芦河，南至建庄，东起店头镇、张村驿以东，西至陕、甘交界，属黄陵县、富县管辖，面积 1 374 km^2。矿区地处陕北高原南部，西高东低，西部山峦起伏、沟壑纵横，为林区，属侵蚀构造地；西南洪善寺梁为本区制高点，标高 1 845.6 m，沮水河最低，在店头镇附近，标高 920 m，相对高差为 925.6 m。黄陵矿区煤炭储量丰富，地质储量 20 亿 t，可采储量 15 亿 t，地质构造简单，埋藏较浅，矿区已形成了超过 2 000 万 t/a 的煤炭生产能力。

矿产资源的开发引发了一系列矿山地质环境问题和土地占用损害问题，区域生态环境一定程度上遭受到破坏并趋于恶化。随着国家生态文明建设持续深入开展，矿山生态修复逐渐成为全国范围相关企业业务布局的重要内容。黄陵矿区从煤层赋存、地形地貌到区域自然环境都不同于全国甚至陕西省内其他矿区，煤矿资源开采引发的生态环境问题与治理修复技术方法也不同于其他地区。作为黄陵矿区主体矿山企业之一的陕西煤业集团黄陵建庄矿业有限公司建北煤矿（以下简称“建北煤矿”），分析明确生态环境影响、探讨具有针对性的生态环境修复技术、建设和发展绿色矿山是企业责任担当的重要体现，也是生产实际中亟待解决的问题。

2　建北煤矿生态环境问题分析

2.1　矿山概况

建北煤矿位于国家规划的黄陵矿区西南部，地处延安市黄陵县西南部的店头镇境内，行政区划属黄陵县店头镇管辖，1998 年 6 月开始建设开发，通过系列调整改造，2020 年矿区范围生产规模达到 500 万 t/a，矿区在原建北煤矿和原新村井田的基础上以 4-2 煤层可采范围由 70 个拐点圈定，矿区面积 48.152 4 km^2，开采标高从＋980 m 至＋700 m，主采煤层为 4-2 煤层，煤层厚度 2.8～8.2 m，平均厚度 5.5 m，平均采高 4.5 m，形成采空区面积约 6.80 km^2。矿权范围设置见图 1。

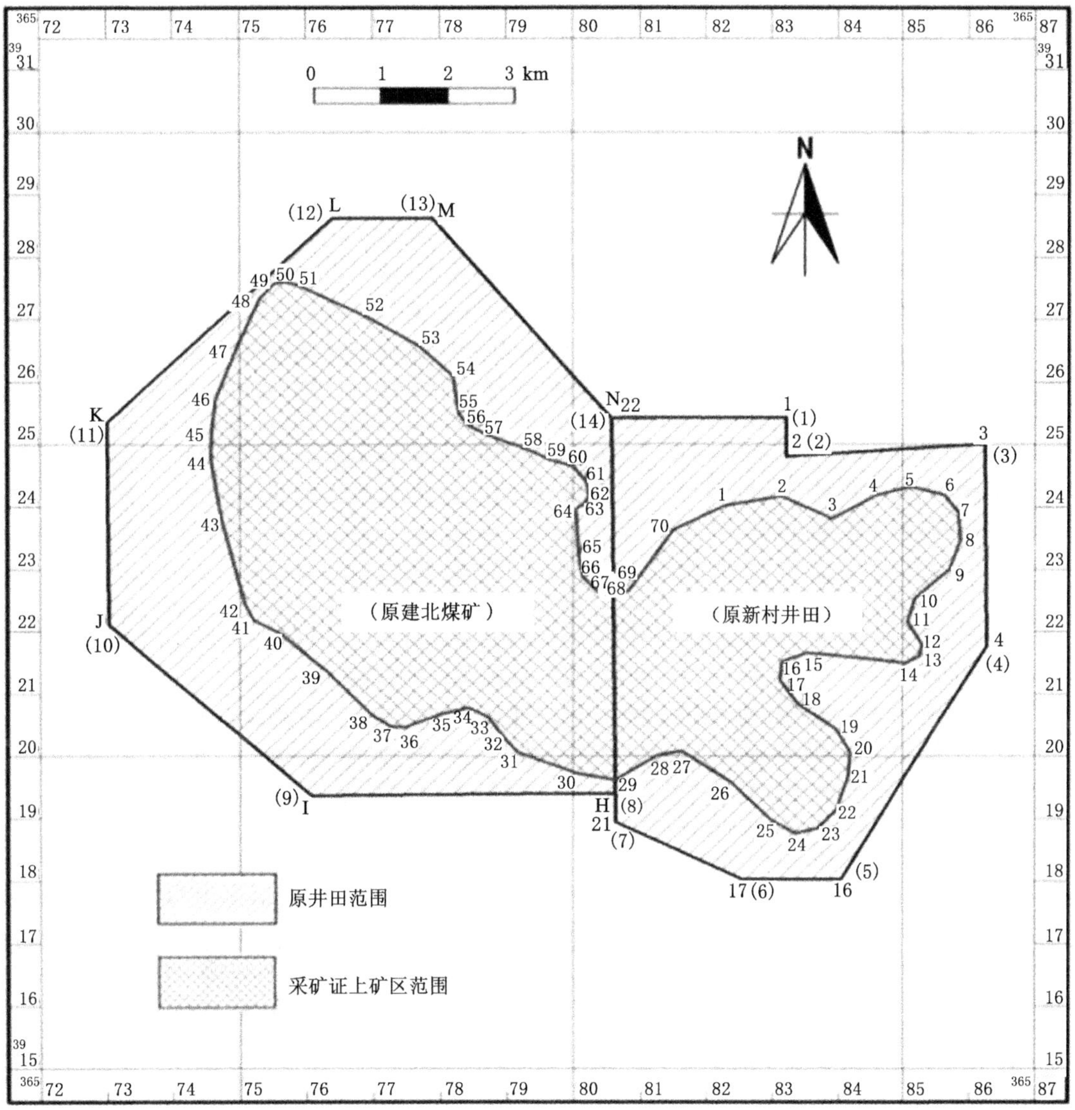

图 1　矿权范围设置图

2.2　生态环境问题

矿山企业生态环境问题主要由煤矿地面工程建设、井下开采生产引发，集中体现在山体开挖引发的滑坡（边坡）、塌陷及地裂缝等地质灾害、含水层破坏、土地资源压占及水土环境污染方面。

2.2.1　地质灾害

根据《陕西煤业集团黄陵建庄矿业有限公司建北煤矿矿山地质环境保护与治理恢复方案》，由于煤矿工业场地设施建设，场地周边因滑坡削坡形成高边坡 2 处；煤矿井下开采引发地面塌陷及裂缝。

(1) 主斜井边坡:2010 年,工业场地的修建对其主斜井西侧的山体滑坡进行了削坡,形成了长约 500 m、高 4～10 m 的土质高边坡。山坡坡脚开挖,使坡脚土体产生了扰动,存在山体滑坡安全隐患,威胁矿井工业场地人员及采矿设备。

(2) 2 号水处理站边坡:2019 年,为实施建设 2 号水处理站,对场地西北侧的山体滑坡进行了削方,形成了长约 120 m、高 20 m 的土质高边坡,对坡体下方的场地及设施造成威胁。

(3) 地面塌陷及裂缝:建北煤矿开采煤层为 4-2 煤层,采用长壁综采一次采全高采煤法,平均采高 5.5 m,开采深度 500～650 m,采深采厚比为 71.8～97.7。根据巡查,采空区存在塌陷裂缝,宽 0.2～10 cm,裂缝延伸长约数百米,对局部地形完整性造成破坏,个别林木造成倾斜。

2.2.2 含水层破坏

建北煤矿自建矿以来只开采了 4-2 煤层,共开采了 3 个盘区。煤层开采使顶板冒落、导水裂隙带成为矿井充水的主要途径。根据《建筑物、水体、铁路及主要井巷煤柱留设与压煤开采规范》计算及生产过程观测,煤层开采破坏直罗组下部孔隙含水层及延安组中部承压含水层结构,使其成为矿井的直接充水含水层,影响程度严重;开采后导水裂隙带最大高度为 77.62 m,裂隙发育最高可达直罗组下段中部,与白垩系下统洛河组地层仍有相当的距离,且受其下部砂泥岩互层的阻隔,因此一般情况下煤层开采对洛河组砂岩含水层(区域具有供水意义的含水层)及上部的环河砂岩裂隙潜水和第四系潜水影响较轻。

2.2.3 土地资源压占损毁

建北煤矿建设及生产对土地资源的影响主要是地面工程、排矸场压占以及弃渣临时堆置对土地的暂时性压占损毁。

建北煤矿地面工程包括工业场地、初期风井、建庄川风井,共计占地 25.70 hm^2。地面工程建设占用土地资源的同时,破坏和改变了局部原生地形地貌景观,造成局部区域生态系统在空间分布上的不连续性。建北煤矿生产期间井下掘进矸石量较少,排在井下废弃的联络巷道内,不出井;地面分选系统的矸石量约 23.88 万 t/a,交由黄陵县茂峰煤炭有限公司煤矸石综合利用项目作为原料使用。煤矿建井期间排矸场位于工业场地北部,占地约 2.65 hm^2,局部覆土后用于生产材料堆放,未复垦。工业场地东门外靠近河沟一侧弃渣堆置,占地约 1.2 hm^2,破坏原有草地植被,影响区域生态环境的同时给企业形象造成了不好的影响。

2.2.4 水土环境污染

矿山企业水土环境污染主要为企业生活污水、矿井水排放引发的水土环境的污染问题。

建北煤矿工业场地生产、生活污水主要来自办公洗排水、食堂洗涤水、澡堂洗浴水、职工公寓排水以及洗衣房排水等,主要污染物为 COD、BOD_5、SS 等,生产、生活污水的排放量约为 650 m^3/d。工业场地建有一座生活污水处理站,规模为 1 200 m^3/d,处理后的废水用于选煤厂补充水等,不外排。建北煤矿矿井水主要是各含水层的涌水和少量井下生产废水,水量较大、污染物较单一,主要污染物为 SS、COD、石油类等。工业场地设处理规模 7 200 m^3/d 矿井水处理站 1 座,采用混凝、沉淀、气浮、过滤等工艺。矿井水经矿井水处理站处理达标后,部分回用于选煤厂、井下消防洒水,剩余 3 235.0～3 300.0 m^3/d 排至新村川,可能对区域水环境造成影响。

建北煤矿土环境污染物主要有采煤及选煤厂产生的矸石、污水处理站污泥、废机油和生活垃圾等。建北煤矿自建矿以来,矸石堆弃于主井工业场地西北侧崖窑沟,现该矸石场已经局部覆土平整为材料堆场;废机油在场内危险废物库暂存,定期交由延安洁润环保有限责任公司处置;生活垃圾储存于垃圾储存箱，有专人每天收集和集中分拣处理后，运往环卫部门指定的垃圾处置场地进行处置。

综上所述，建北煤矿主要生态环境问题为矿山建设引发的边坡地质灾害、井下开采引发的地面塌陷及裂缝、含水层结构破坏以及土地资源的压占损毁，煤矿水土环境污染基本已得到控制和治理。

3　建北煤矿生态治理修复工作开展情况

3.1　政策落实

2015 年 3 月 24 日，中共中央政治局召开会议，审议通过《关于加快推进生态文明建设的意见》，同年 4 月 25 日，以中发〔2015〕12 号文发布，这是继党的十八大和十八届三中、四中全会对生态文明建设作出顶层设计后，把"坚持绿水青山就是金山银山"写进中央文件，成为推进中国生态文明建设的指导思想，是中央对生态文明建设的一次全面部署。

2017 年 3 月 22 日，国土资源部、财政部、环境保护部、国家质量监督检验检疫总局、中国银行业监督管理委员会、中国证券监督管理委员会联合发布了《关于加快建设绿色矿山的实施意见》（国土资规〔2017〕4 号）；陕西省国土资源厅发布了《陕西省国土资源厅关于贯彻落实〈关于加快建设绿色矿山的实施意见〉重要任务工作方案》（陕国土资发〔2017〕59 号）、《关于做好矿山地质环境保护与土地复垦方案编报有关工作的通知》（陕国土资环发〔2017〕11 号）。在此背景下，建北煤矿正式树立了绿色发展理念，规范管理，在矿山的设计、建设中推进科技创新，落实节约资源、节能减排、保护环境、促进矿区和谐等各项措施，加强企业文化建设，努力做到矿山建设和绿色矿山建设同步进行、同步验收，主要对矿区绿化环境、矿山地质环境保护、土地复垦、科技提升、企业和谐关系建设等五方面进行重点建设，建成高标准的绿色矿山企业。2019 年 4 月委托编制了《陕西煤业集团黄陵建庄矿业有限公司建北煤矿矿山地质环境保护与土地复垦工作 2019—2020 年度实施计划》，进一步明确了矿山地质环境治理与土地复垦实施具体工作，落实政策要求的同时在技术文件的指导下开展了治理工作；同时成立了由矿长为组长的绿色矿山建设工作机构和矿山地质环境与土地复垦基金工作机构，领导小组由地测管理部、生产技术部、机电管理部、质检中心、安全监察部、财务经营部、综合办公室等部门成员组成。

3.2　生态修复工程及效果分析

针对现有的生态环境问题，建北煤矿统一协调、分步实施，对地质灾害、含水层破坏及土地压占损毁等重点问题开展了治理和修复工作。

3.2.1　地质灾害治理

3.2.1.1　主斜井边坡治理工程

主斜井西侧的山体是在工业场地建设期间开挖形成的长约 500 m、高 4～10 m 的土质高边坡，坡脚开挖使坡脚土体产生了扰动，存在滑坡隐患，威胁人员及采矿设备。煤矿采取挡土墙＋格构＋锚喷护坡的措施实施综合治理，初期处于基本稳定状态，后期由于雨水冲刷，局部有 2 处出现喷浆层破损、坡面软化现象。2017 年采取钢网固定、锚喷支护的方式进行了补充治理，现状基本稳定，治理效果良好，评估危险性小。主斜井边坡治理效果见图 2。

3.2.1.2　2 号矿井水处理站边坡治理

2 号矿井水处理站西北侧边坡由场地开挖削方形成，威胁下方的 2 号矿井水处理站及其他建

图 2　主斜井边坡治理效果

(构)筑物。煤矿在施工期间先行刷坡开挖,开挖高度 27 m,分两个台阶三个里面削方,台子宽 2 m,立面刷坡坡度 1∶0.3,继而采用骨架护坡的方式加固坡面。现状基本稳定,治理效果良好,评估危险性小。结合地形地貌景观影响,需进一步完善坡面绿化工作。削坡后边坡效果见图 3,支护后边坡效果见图 4。

图 3　2 号水处理站边坡削坡后效果

3.2.1.3　采空区地面塌陷治理

建北煤矿地处陕北黄土高原南部的中山丘陵地带,区内山峦起伏,沟壑纵横,地形复杂,植被发育,森林茂密,基岩仅在较大沟谷出露,其余均被第四系黄土覆盖。矿区范围内年平均降水量 600 mm 左右,林地覆盖度较高,以乔林地为主,主要树种为以油松林、侧柏林为主的针叶林,以油松林、辽东栎树林、侧柏林为主的针阔叶混交林,以辽东栎树林为主的阔叶林。煤矿井下开采引发地面塌陷规律不同于其他地区,山体塌陷变形形成地裂缝区域一般位于林地区内,无法开展工程器械治理。为减少林区工程扰动,建北煤矿采取人工巡查方式发现裂缝发育区域,对产生的地裂缝实施充填工作,以降低地面塌陷对地表林草植被的影响。

图 4 2号水处理站边坡削坡治理效果

3.2.2 含水层监测工程

根据水文地质条件，建北煤矿开采破坏直罗组下部孔隙含水层及延安组中部承压含水层结构，使其成为矿井的直接充水含水层；导水裂隙带发育最高可达直罗组下段中部，一般情况下煤层开采对洛河组砂岩含水层及上部的环河砂岩裂隙潜水和第四系潜水影响较轻。结合煤矿井下生产属性，无法规避直罗组下部孔隙含水层及延安组中部承压含水层结构的情况，建北煤矿将防治重点放在洛河组砂岩含水层及上部的环河砂岩裂隙潜水和第四系潜水含水层上面，根据《陕西省矿山地下水监测井建设要求》实施完成了监测井(JZB1-610632-011、JZB2-610632-012)钻探及观测工作，在确保安全生产的同时，关注目标含水层的影响情况，最大程度保护地下含水层。水文动态监测井施工情况见图 5。

图 5 水文动态监测井施工

3.2.3 土地复垦工程

建北煤矿地面工程永久设施压占土地资源，将在煤矿服务期满后按政策要求实施复垦，恢复为原地类。现状排矸场已局部覆土，用于生产材料堆放，为进一步优化场区管理，提升排矸场区域生态环境，煤矿正在实施综合治理工作，对排矸场区域实施规划设计，在满足生产布局要求的同时，增加绿化和休闲区域，进一步体现生态文明建设要求。对于场区西门外临时渣场堆置区，已完成复垦工作，将区域杂乱的弃渣场复垦为绿草红花的休闲区，提升生态环境的同时提高了企业形象。复垦效果见图 6。

图 6　压占土地复垦效果

4　生态治理修复工作经验

4.1　严格贯彻落实主管部门文件精神

根据《生态文明体制改革总体方案》，国家坚持激励和约束并举，既要形成支持绿色发展、循环发展、低碳发展的利益导向机制，又要坚持源头严防、过程严管、损害严惩、责任追究，形成对各类市场主体的有效约束，逐步实现市场化、法治化、制度化。作为矿山企业，应严格落实自然资源部门、生态环境部门相关的政策精神，按照技术规范要求统一部署、分步实施，重点治理矿山企业建设和生产活动引发的地质灾害、土地损毁等问题。

4.2　建立强有力的组织保障

为了保证生态修复治理工作的顺利开展和有力推进，煤矿必须建立有力的组织领导体系，成立由矿长为主要负责人的组织工作机构，统一调配相关部室，责任到人，落实到事。

领导小组应统筹矿山地质环境治理与土地复垦工作，与管理绿色矿山建设统一协调，制定矿山生态影响防治工作规划和计划，按照规划确定的目标任务，有序推进生态治理修复工作，打造绿色矿山企业。

4.3　必须提供充足的资金保障

矿山企业生态环境治理修复工作，重点落脚在矿山地质环境治理、土地复垦及其他相关工作，防治措施落实到位离不开充足的资金保障。自然资源主管部门在矿山地质环境治理与土地复垦、绿色矿山建设方面均要求煤矿企业落实专项资金，矿山企业应按规定计提，并按照“企业提取、政府监管、专款专用、确保需要、规范使用”的原则进行管理。

4.4　积极寻求技术支持和保障

生态修复工作是一项具备技术要求的工作，需积极寻求具有专业资质的技术单位对实施项目开展勘察、设计，要求施工单位选派有经验的技术人员组成施工部，按照指挥部的统一部署和设计要求开展工作，同时委托专业监理单位对施工全过程实施监理。实施过程中严格按照项目合同、项目设计书和有关规范、标准执行，技术管理到位，认真、及时、全面地检查、验收，发现技术质量问题严格按照有关技术要求及时纠正；在自检自查的同时进行互检互查，及时解决难点及技术问题。资料整理过程中，严格执行校对、审核制度，做到质量层层把关，关键工序和突出问题聘请专家指导，并接受主管单位和其他有关部门的监督、检查和指导。

5 存在的问题和建议

5.1 存在问题

(1) 矿山企业前期对于生态治理修复工作重视程度不足，将工作重点一直放在了建设和生产运营方面，对于矿山地质环境与土地复垦工作、生态环境治理修复工作没有给予足够重视，导致在建设初期引发了系列生态环境治理难题，防治措施不到位。

(2) 矿山企业对生态治理修复工作重视程度的不足，导致在建设、生产、运营等过程中在人员配给方面显得技术力量不足，未设置专职机构或人员负责相关工作，配套技术保障力量欠缺。

5.2 建议

5.2.1 建议进一步落实鼓励政策

生态治理修复工作对于矿山企业来说一般是附属工作，企业在落实生产运营指标的同时完成生态修复治理工作的动力和压力不足，建议企业管理部门、行业主管部门能够进一步提高和落实鼓励政策，加大对于完成相关工作企业的鼓励措施，提高矿山企业工作积极性。

5.2.2 建议“多规合一”政策管理

生态修复治理工作涉及的范围比较广泛，包括矿山地质环境治理、土地复垦、水土环境污染治理等多方面，同样的工作在很多情况下受到自然资源管理部门、生态环境管理部门及水利主管部门的多重管理，在立项、实施、验收等多个环节涉及多重管理问题，管理部门的不同导致验收标准的差异，实际工作推进存在问题。建议主管部门推行和实施“多规合一”管理措施，可有效缩短工作程序，更直接、更便捷地完成相关治理修复的实际工作。

浅埋煤层开采地表沉陷规律研究及治理方案

刘　飞，郑旭鹤，马　亮，侯　伟

（陕煤集团神木红柳林矿业有限公司，陕西 神木　719300）

摘　要　浅埋煤层的开采很容易导致黄土梁峁沟谷地貌发生剧烈移动变形，为了研究在开采影响范围内浅埋煤层的开采对黄土梁峁沟谷地貌移动变形的影响，现以陕煤集团神木红柳林矿业有限公司南一盘区5-2煤层15210工作面的上部地表为研究对象，对地表观测数据进行理论分析，求取黄土梁峁沟谷地貌浅埋煤层一次采全高地表岩移参数，分析地表移动变形规律，并针对地表沉陷提出治理方案，为今后该条件下煤层开采地表移动变形规律研究及治理提供科学依据。

关键词　黄土梁峁沟谷地貌；岩移参数；地表沉陷

1　引言

黄土沟壑地区主要分布在我国黄河中游和黄土高原地区，黄土特殊的力学性质和复杂的沟壑地形导致地表受到地下采动影响，发生移动变形而呈现异常特征[1-2]。黄土沟壑区包括平地、斜坡、陡崖等各种地形要素[3]。黄土高原地区气候较干，降水集中，植被尤其是能够加强沟壑地形强度的植被缺乏，黄土自身的湿陷性在雨水的冲刷等影响下会发生变化，稳定性较差[4]。地形支离破碎、沟壑纵横，地表相对高差大，浅表岩石风化破坏严重，节理裂隙发育。由于煤层埋藏较浅，在开采条件下，开采范围影响内的地表不仅会产生地裂缝，而且地表下沉剧烈，坡体容易失稳导致滑坡等现象[5]。现以陕煤集团神木红柳林矿业有限公司为工程实例，研究南一盘区5-2煤层15210工作面开采对地表移动变形的影响。

2　地质采矿条件及矿区观测线布置

2.1　地质采矿条件

红柳林井田位于陕北黄土高原北部，毛乌素沙漠南缘，属丘陵区。东部为黄土梁峁沟谷地貌，西部为波状沙丘地，地势开阔，梁峁区及沙丘区植被覆盖良好，主要以沙柳、沙蒿、柠条、沙打旺等为主。地势总体呈西高东低、中部高南北低的特点，最高处位于井田西部双树一带，标高+1 333.50 m，最低处位于东南角敖包沟一带，标高+1 090.00 m左右，最大高差243.50 m，一般标高+1 200 m左右。红柳林煤矿南一盘区15210工作面为5-2煤层中第10个一次性采全高综采工作面，倾向长354 m，走向长1 600 m，煤层厚6.2～7.67 m，平均厚6.88 m，平均采深139 m，为近水平煤层。

2.2　矿区观测线布置

为了能够使观测线有效地控制开采影响半盆地，结合该工作面上方地表实际情况，设计布设两条观测线：沿 15210 工作面中心位置走向方向布置一条走向观测线(Z 线)，布置 24 个测点，测点间距 10 m，测线长度 230 m；沿山丘倾斜方向布置一条东西走向观测线(Y 线)，布置 26 个测点，测点间距 10 m，测线长度 250 m。经连续 3 个月观测得到地表移动和变形规律的资料，通过对观测结果的分析、研究，取得了一次采全高地表(过沟)岩移技术参数，如图 1 所示。

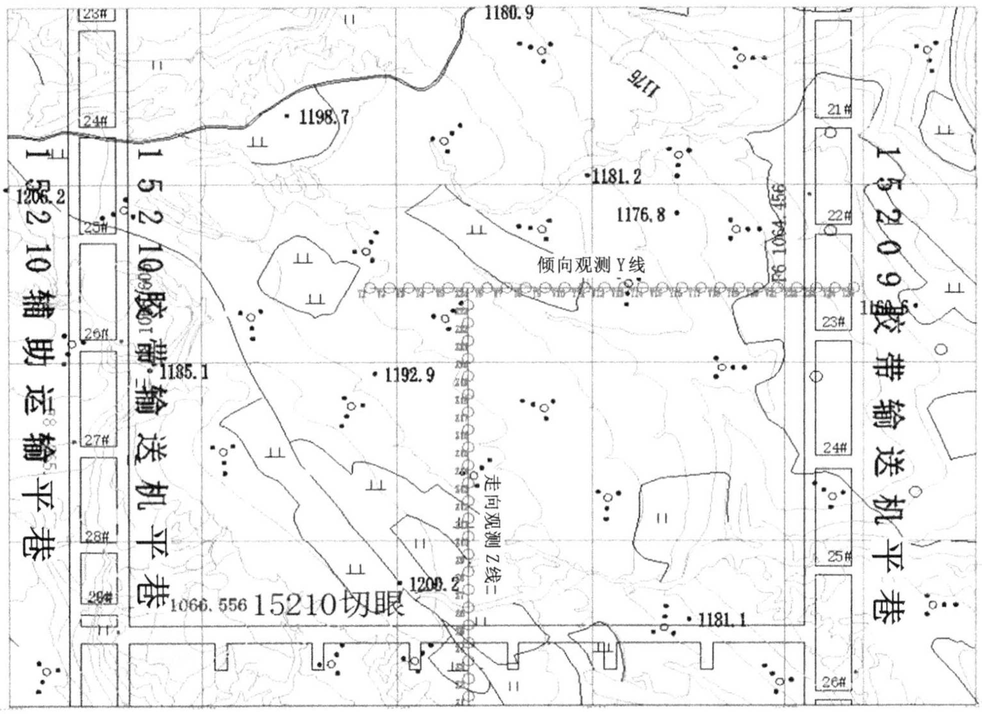

图 1　15210 工作面开采地表观测线布置

3　实测岩移参数分析

3.1　超前影响角

为了掌握工作面推进过程中前方地表开始下沉的位置，了解采动地表动态的影响情况，需要确定开采超前影响角。一般将工作面前方地表开始移动的点与当时工作面的连线和水平线在矿柱一侧的夹角称为超前影响角，计算公式为：

$$\omega = \operatorname{arccot} \frac{l}{H_0}$$

式中　l——超前影响距，m；

H_0——开采区的平均采深，m。

由于 15210 工作面地表地形总体为南高北低，地表下沉值在此基础上表现为南部低而北部渐低的变化趋势，故地表开始下沉以观测的下沉值达到或大于 20 mm 为标准。由 15210 工作面的走向观测线的移动变形图可知，当回采到 20 m 时，开切眼附近上方地表的 Z7 点发生 23 mm 的下沉，该点距离工作面水平距离为 22.2 m，由此计算 ω 为：

$$\omega = \operatorname{arccot}\frac{22.2}{139} = 80.9^{\circ}$$

3.2 最大下沉速度滞后角、最大下沉速度的确定

地表最大下沉一般发生在工作面推过该点以后，通常以最大下沉速度点滞后工作面的距离 L 及最大下沉速度滞后角来描述，其关系为：

$$\Phi = \operatorname{arccot}\frac{L}{H_0}$$

式中 L——最大下沉速度点滞后工作面的距离，m；

H_0——开采区的平均采深，m；

Φ——最大下沉速度滞后角，(°)。

经过计算，15210 工作面最大下沉速度滞后角 $\Phi = 74.5^{\circ}$。

地表点的下沉速度计算公式为：

$$v_n = \frac{\Delta w_n}{t}$$

式中 Δw_n——地表 n 点在两次观测中得到的下沉差，mm；

t——两次观测的间隔时间，d。

根据观测数据分析，Z8 点在达到充分采动后，最大下沉量为 3 300 mm，最大下沉速度为 440.5 mm/d，而 Z8 点的最大水平位移速度和最小水平位移速度分别为 268.5 mm/d 和 −2.6 mm/d，如图 2 所示。

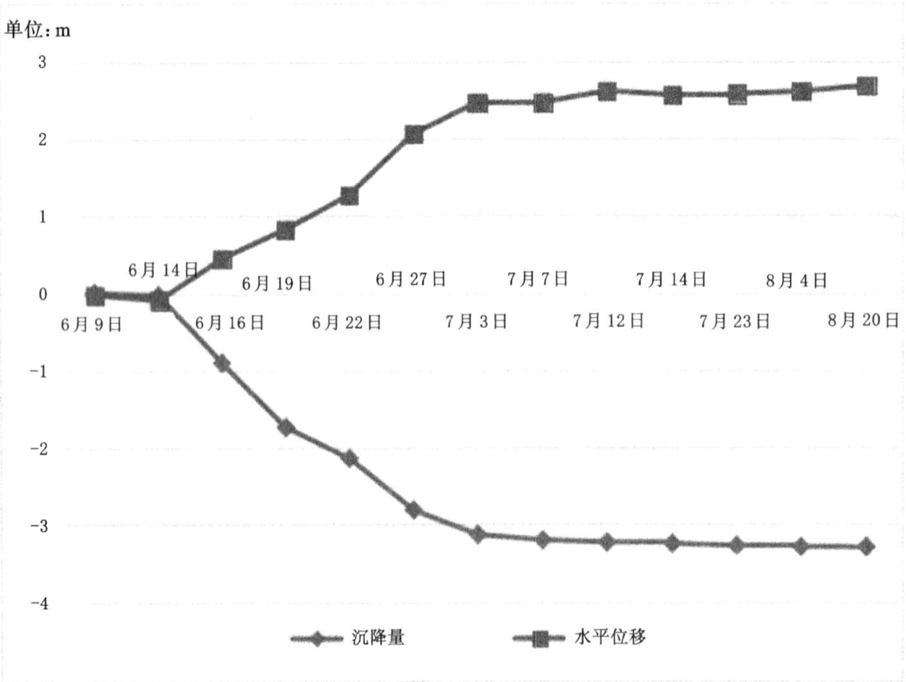

图 2 Z8 点沉降量和水平位移曲线

4 地表沉陷分析及治理方案

4.1 地表沉陷分析

当15210工作面开采完毕后，在观测线前部均出现数条裂缝，其中在Z8点处出现了3.3 m的台阶裂缝，造成较大台阶裂缝的原因主要有：① 受地表下沉盆地的拉伸作用；② 受坡体的滑移作用。地表裂缝的分布情况表明：

(1) 采空区地表裂缝基本与工作面的走向和倾向方向平行；

(2) 在山坡顶部裂缝较多且裂缝长度与宽度较大；

(3) 在坡底位置裂缝较少，且裂缝较小；

(4) 地表裂缝与坡体沟壑的展布有关，一般坡体上的裂缝较集中，且地表下沉量大，而沟壑区沟谷处的裂缝较少。

从地表裂缝的分布特征可知，地表裂缝也与地形变化有关，山脚位置由于受挤压，导致裂缝宽度较小且裂缝长度较短；而在山坡顶部，受拉伸变形的影响较大，导致裂缝宽度较大且裂缝长度较长。如图3所示。

图3 15210工作面地表沉陷图

4.2 治理方案

15210工作面开采范围对地表沉陷有着很大影响，为了确保绿色开采，对于地表的保护显得非常重要[6-8]，根据地表塌陷情况，可采用以下方法对地表塌陷区进行处理。

4.2.1 沟道塌冒区防护治理方法

沟道塌冒区破坏严重，大部分位置直接与采空区连通，如果考虑从地面注浆充填处理，不仅难度很大，而且充填采空区的空间范围相当大，从经济、井下生产安全等方面考虑都不可行。分析沟道塌冒区的破坏类型，选用干式沙土碾压夯实方法处置地表裂缝、塌冒区，结合在沟道筑人工河道导水方式防止沟道洪水进入采空区。

4.2.2 沟坡大裂缝充填治理方法

沟坡大裂缝的及时充填处理是减小井下工作面漏风和采空区遗煤发火的关键环节，也是防止山坡上裂缝在雨水的侵蚀冲刷作用下发生山体滑移灾害和减少水土流失的有效方法。沟坡上大部分为草地或农耕土地，可以采取先剥离表层腐殖土，然后用取土充填裂缝，有条件时形成梯田状，最后覆以表层腐殖土的土地复垦方法，达到综合治理的目的。

5 结论

（1）通过实测数据，在黄土梁峁沟谷地貌浅埋煤层一次采全高条件下，获得了超前影响角、最大下沉速度、最大下沉速度滞后角岩移参数以及变化规律。

（2）通过对实测数据进行理论分析，确定了黄土梁峁沟谷地貌地表移动变形的最大值以及地表最大下沉量及速度，在达到充分采动时，地表最大下沉值基本稳定。

（3）对采空区塌陷治理可采用沟道塌冒区防护治理方法和沟坡大裂缝充填治理方法，减小井下工作面漏风和采空区遗煤发火等风险，达到绿色开采的目的。

参考文献

[1] 刘辉.西部黄土沟壑区采动地裂缝发育规律及治理技术研究[D].徐州：中国矿业大学，2014.

[2] 徐祝贺，朱润生，何文瑞，等.厚松散层浅埋煤层大工作面开采沉陷模型研究[J].采矿与安全工程学报，2020，37(2)：264-271.

[3] 王业显，谭志祥，邓喀中，等.黄土沟壑地形对地表移动变形影响分析[J].煤矿开采，2014，19(1)：80-82.

[4] 汤伏全，黄韩，孙学阳，等.黄土沟壑区开采沉陷对地形因子的影响研究[J].干旱区资源与环境，2016，30(5)：124-128.

[5] 赵兵朝，刘宾，王建文，等.柠条塔煤矿叠置开采地表岩移参数分析[J].煤矿安全，2016，47(9)：213-216.

[6] 王栋毅，李夕兵，黎崇金，等.地下采矿引起地表塌陷机理研究[J].矿冶工程，2020，40(1)：16-21.

[7] 白如鸿.榆阳区地方煤矿采空区现状调查[J].陕西煤炭，2016，35(3)：31-33.

[8] 黄庆享.煤炭资源绿色开采[J].陕西煤炭，2008，27(1)：18-21.

神木红柳林煤矿立体生态修复治理示范

刘 裕

（陕煤集团神木红柳林矿业有限公司，陕西 神木 719300）

摘 要 我国西北干旱、半干旱风沙区水资源极其匮乏、生态环境极端脆弱，煤炭开采沉陷区又进一步破坏了生态环境。本文以神木红柳林煤矿立体生态修复示范为例，研究神木红柳林矿区地形地貌、气象、水文、植被和土壤等，在此基础上分析矿区的生态恢复治理模式，结合神木红柳林煤矿采煤沉陷区实际状况，探讨了神木红柳林煤矿立体生态修复示范园的“一环三区多组团”景观模式，并研究了相应的十大功能布局分区。神木红柳林煤矿立体生态修复示范园可为西北干旱、半干旱风沙区采煤沉陷区生态恢复治理提供一定的借鉴。

关键词 神木红柳林煤矿；采煤沉陷区；生态恢复治理；综合治理模式

1 引言

煤炭作为我国一次能源消费的主体，2020年占我国能源消费的比重近60%，立足于能源安全战略要求，煤炭在我国能源体系中的主体地位和压舱石作用在很长一段时间内不会改变。我国作为煤炭生产和消费的大国，煤炭的开发、加工和利用在促进社会经济发展的同时，也不可避免地带来了一系列生态环境问题，尤其是西部干旱、半干旱区，因其地理位置与气候原因等现实，水资源十分匮乏，生态环境十分脆弱，随着国家煤炭开采战略重心西移及集群化、高强度的开采方式，西部矿区的地表生态环境呈现出强烈扰动的态势，使本已脆弱的生态环境日趋退化。因此，西部煤炭资源开发引发的生态环境约束依旧是不可回避的现实问题，也是社会各界关注的焦点和热点，特别是大规模的煤炭开采引起地表沉陷，对生态环境的影响不容乐观，持续的生态环境恶化随着时间不断累加将造成不可逆转的破坏。位于国家级陕北高端能源化工基地核心区的神木市既是我国重点建设的大型煤炭基地，也是生态脆弱、水土流失严重地区。已有研究表明，处于西部干旱、半干旱风沙区腹地的神府煤田，以其煤炭资源赋存条件和开采条件好，机械化综放开采程度高，具有显著的高产、高效、高强度的开采特点等著称，而其采煤沉陷主要特征为煤炭开采造成地下水径流破坏、地下潜水位下降和地表水减少，引起地表干旱、水土流失、荒漠化和植被枯萎等，以水资源破坏和生态环境破坏为主要破坏类型[1]。长期以来各级政府与煤矿企业投入了大量的人力、精力和资金开展采煤沉陷区生态修复综合治理工作的探索与实践，取得了卓有成效的效果，也积累了丰富的经验。但是，采煤沉陷生态恢复治理片面强调土地整治目标以及植被恢复的相关目标，未从宏观上考虑矿区生态恢复与区域环境的协调，对执行与实现矿区绿色和谐发展、资源协调开发利用、集约化城镇发展的国家战略目标尚有差距，特别是党的十八大将生态文明建设上升到国家层面以后，遵循“山水林田湖草是生命共同体”理念，统筹规划，促进行政监管的社会性与生态系统的自然性契合还有不足。因此，为确保采煤沉陷治理工作延续生态文明建设理念的落地生根，切实践行习近平总书记关于“绿水青山就是金山银山”的生态文明思想，推进采煤沉陷区综合治理，选择明确的总体治理思路，推广先进治理技术，总结成功的综合治理模式非常有必要。

2 神木红柳林煤矿沉陷区概况

神木市位于陕北黄土高原北端、毛乌素沙漠东南缘的黄土丘陵与沙漠过渡区，主要地貌类型为风沙地貌、黄土梁峁和河谷等地貌单元，其中风沙地貌面积约 114 km^2，地势总体呈西高东低、中部高南北低的特点，最大高差 243.50 m，一般标高 1 200 m。神木市为半干旱大陆性气候，年平均气温 8.90 ℃；最热为 7 月，极端最高气温 38.9 ℃，平均 23.9 ℃；最冷为 1 月，极端最低气温 −28.1 ℃，平均 −9.90 ℃；年平均无霜期 169 天。神木市 2010—2019 年年最大降水量为 632.4 mm，最小为305.9 mm，多年平均降水量 435.925 mm，多年日最大降水量 136.3 mm；年内降水量变化较大，主要集中在 7—9 月，占全年降水量的 69%，尤以 8 月最多，约为全年降水量的 1/4，并多以暴雨形式出现，年际降水量变化亦较大，每 2～3 年为一个丰水年；受退耕还林生态改善和极端气候影响，降水量呈增大趋势，但没超过历史最高；降水量由南向北递减，南部沙峁、贺家川等多雨区年均降水 420～450 mm，北部尔林兔、中鸡、大柳塔等少雨区年均降水 350 mm，相差约 100 mm，其余地区均在 400 mm 左右。本区盛行偏西和西北风，全年平均大风日数 14 d，最大风速大于 25 m/s。年平均沙尘暴为 11 次，最多可达 22 次，且有恶化的趋势。本区所在位置属黄河一级支流窟野河流域，西部边界大致为窟野河与秃尾河的分水岭，中东部近东西向分水岭将地表水划分为南、北两个流域，其中南部的麻家塔河流和北部的常家沟河流为窟野河支流，均为常年流水，北部常家沟流量为 46.20 L/s，南部边界附近的东西向麻家塔河流量一般为 500 L/s，于神木县城北部注入窟野河内。芦草沟为麻家塔河的最大支流，为常年性流水，流量一般为 144 L/s，区内其他沟流均属季节性，流量随季节变化明显。因区内地处黄土高原北端、毛乌素沙漠南缘的过渡地带，植被稀少，局部被半固定沙丘覆盖，水土流失严重、土地贫瘠，已处于荒漠和半荒漠化之中，区内植被类型主要为沙蒿、沙柳灌丛和长芒草草丛，其中沙蒿、沙柳灌丛广泛分布于西部的芦草沟周边地区，东部的拾拉塔界一带也有较大面积的分布；长芒草草丛主要分布于东部的肯铁令河周边及其以东地区和北部的前伙盘、吃开沟周边。农业植被分布面积较小，分布于麻家塔沟、芦草沟、毛驴滩及肯铁令河沿岸的阶地，为一年一熟，主要种类有糜子、谷、高粱、玉米等。根据实地调查，红柳林井田区域土壤类型主要有风沙土、栗钙土、粗骨土、潮土等，以风沙土为主。风沙土结构松散，土粒维持性差，质地为中、细砂，肥力极低。

神木红柳林煤矿位于陕西省神木县城以西约 15 km 处，地理坐标为东经 110°10′21″～110°24′15″，北纬 38°53′13″～38°57′30″，南北宽约 8 km，东西长约 20 km，面积约 138.4 km^2，开采标高1 180～987 m，煤矿范围内可采煤层为 2-2、3-1、4-2、4-3、4-4、5-2 等 6 层煤。红柳林煤矿批准生产规模为 1 200 万 t/a，属大型煤矿，采用走向长壁与倾斜长壁相结合采煤法，全部垮落法管理顶板，2011 年 1 月26 日矿井建成试运行，2011 年 12 月通过了国家能源局综合验收，剩余服务年限 79.0 年，已形成采空区面积 22.25 km^2。近年来，红柳林煤矿致力于绿色、可持续发展，加大投资力度，狠抓生态修复，全面提升矿井发展质量，积极推进绿色矿山建设，成功入选 2020 年全国绿色矿山名录。神木红柳林煤矿立体生态修复示范园位于红柳林煤矿皮带走廊南侧、水泥路以西、活动板房以东、现状土路以北，总面积247.04亩，其中场地内已平整场地为建设用地，场平面积158.41亩；未平整场地为林草地，未场平面积88.63亩。地势东北高、西南低。

3　神木红柳林煤矿立体生态修复示范园思路

采煤沉陷区生态恢复是指将因煤炭开采而破坏的生态系统，通过施加人工的力量，在土地复垦的基础上，通过生物技术改良破坏的土壤结构，种植适宜的植被改善生态环境或通过人工造景等恢复塌陷区的生态环境，在更高程度上建立一种与周围环境和景观协调发展的生态系统[2]。生态修复的目的在于通过提高采煤塌陷区土地、水域资源的利用率，促进经济效益、社会效益和生态效益协调统一，实现区域的可持续发展，因此，采煤沉陷区以实现资源的高效利用和循环利用为目标，以保证可持续发展为前提，通过生态系统和经济系统互相影响、互相作用而产生的复合系统形成共同作用的力量，促进生态和经济共同发展，实现不同产业的企业之间经济活动中内在经济技术关联关系的链条式拓展和延伸。前人开展矿区生态恢复模式研究已初见成效，以潞安矿区为例，不同条件下采矿沉陷区相应的生态恢复模式主要有集约化农业生态恢复模式，矸石充填农林复垦和生态重建模式，水土保持型生态模式，农林鱼禽生态恢复模式，动态塌陷区林(果)、草、牧生态恢复与重建模式，矿区废弃地林灌草生态修复与重建模式，果草林生态恢复模式，生态家园建设模式，湿地景观与生态旅游模式等九大类[3]；针对采煤沉陷区大面积水体提出了桑基农业模式、旅游娱乐模式和动态开发利用模式等生态修复模式[4]；对于生态脆弱区煤矿，地貌重塑、植被恢复及生境再造等土地复垦与生态重建是生态恢复的核心[5]；连云港新浦磷矿闭坑矿山生态恢复结合城市规划，以建设生态旅游、商务会议、观光休闲的生态城区为未来发展方向[6]；生态文明视角下采煤沉陷地的生态修复策略主要有湿地生态涵养模式、新型农业综合发展模式、生态工业园区模式、生态休闲旅游模式以及城乡建设发展模式等[7]。生态修复落实绿色引领高质量发展，生态修复原则是自然生态、经济生态、社会生态和复合生态等原则的统一，最终实现生态效益、经济效益和社会效益结合的最佳化[8-9]。

神木红柳林煤矿立体生态修复示范园生态恢复治理体现了矿区生态恢复模式的复合化，以自然、生态、可持续思想为指导，通过雨水收集的雨水花园、立体五感的互动体验、可持续的生态恢复以及全龄段的运动休闲，从自然、生态和人文等多方面，充分融入沉陷区环境特征、生态特征、景观特征和文化特征，实现沉陷区生态、文化、美学和社会经济等多元再生价值[10]，打造具有沉陷区特色的生态恢复治理示范区。神木红柳林煤矿立体生态修复示范园以“一环三区多组团”景观骨架构筑，既可以体现环的易达性，又兼顾功能分区和组团序列[11]，具体以园区主园路为生态景观纽带，串联整个场地；以南北两翼片区各自特点结合项目场地，打造三大片区各有特色的业态内容，其中园区中心位置打造草原景观、雨水花园的景观，现有未场平的林草地打造林果采摘景观，南侧片区打造运动、休闲、科普的景观，并划分为多重业态内容相融合的功能片区；围绕三大片区，植入各类业态、文化元素、服务节点，片区间功能复合衔接，形成链式循环的架构。

4　神木红柳林煤矿立体生态修复示范园布局

地表植被是生态系统中不可或缺的重要组成部分之一，其类型、分布和群落演替等特征可以直接反映生态环境的健康程度，不仅是生态系统中重要的物质循环，也是生态系统中能量流动的中枢系统[12]。因此，植被建设既是生态建设的重要内容，也是采煤矿区生态修复的主要措施。针对西部干旱、半干旱风积沙开采沉陷区，运用植物学、生态学等学科原理，并结合矿区地貌特点和水土保持要求开展植被建设，以人工种植的快速方式，通过对造林树种的引进和筛选，充分发挥生态系统的土壤与水分效率，使移栽树种形成的植物群落既满足生物多样性，又考虑生态系统的短期快速恢复与长期持续稳定，从而达到防护效益与群落适应性的相统一。神木红柳林煤矿皮带走廊南侧沉陷区生态恢复治理示范区的功能分区布局如图 1 所示，具体分述如下：

图 1　神木红柳林煤矿皮带走廊南侧沉陷区生态恢复治理示范区的功能分区布局图

(1) 入口景观。入口景观以丰富地被凸显层次关系，通过小台地解决入口自身存在的区域高差问题，同时，充分利用现状长势较好的乔灌植被。

(2) 疏林草地。疏林草地是“草”文化结合使用功能的空间和景观双体验，以片植疏林达到林荫效果，通过孤植大型乔木的形成实现观赏效果。

(3) 活力运动场。活力运动场以生态材质设施为主，满足儿童户外活动需求，同时也是一种新型生态景观。活力运动场可以围绕儿童活动，开展一系列儿童运动赛事，同时也为厂区家庭儿童提供娱乐场地。

(4) 户外会客厅。草坡地形中融入嵌草台地，可以增加场地的趣味性与体验性，承重草坪替代传统硬质广场，可以满足公共建筑周边举行活动、集散人群的需求，同时也是企业生态会客的一种新模式，包括演绎会展、科普宣教、户外露营、运动健身等。

(5) 立体生态修复育苗基地。共有 15 座大棚占地 16 余亩，棚内为采煤沉陷区立体生态修复繁育种苗，驯化适合在本区域内栽植的各类植被。在棚内果蔬种植满足矿区日常需求的同时，也可以在盛产旺季举行采摘活动，增加社会效益与经济效益。

(6) 雨水花园。以雨水花园促进海绵城市建设[13]，而绿地是最有价值的海绵体，可实现雨水的渗、滞、蓄、净、用、排。生态透水铺装使丰水期与枯水期呈现两种自然效果。雨水花园是模拟自然生境的一种微缩景观，通过对乡土植被、观赏草等植被的组合搭配，形成与自然状态贴近的效果，其生态价值远远高于常规园林模式。

(7) 自耕体验。特色种植园区可以举办种植田认领活动，满足城市人群回归田野，体验种植乐趣的需求。分类分区种植道地药材、可食用植物、水生植物、观赏作物，而特色植物种植则以乡土植物为主，针对具有生态价值、科研价值、经济价值的植被进行展示种植。

(8) 自然花海。自然花海以乡土花卉种植为主，通过丰富的地形变化与不同种类的花卉呈现出一步一景的效果，同时，自然花海中的景观盒子是集合观景与休憩的生态构筑物。

(9) 缀花草地。主要通过种植丛生乔灌木增加草地的观赏性。

(10) 亲子采摘。林果种植作为重要的经济体系，通过对现状林草地的合理规划，选择适宜当地生长的林果可以带动当地农户经济。同时在盛产期间也可以举行采摘活动，增加农户二次收益。

参考文献

[1] 程爱国，潘海洋.我国采煤沉陷治理存在的突出问题和综合治理模式探讨[J].中国煤炭地质，2020，32(9)：93-98.

[2] 杨惠.采煤塌陷区生态修复工程效益评估及提升策略研究：以淮南市谢家集区生态修复工程为例[D].淮南：安徽理工大学，2020.

[3] 王锐，王世东，陈秋计，等.采煤沉陷区土地生态恢复模式研究：以潞安矿区为例[J].湖南农业科学，2009(10)：61-63.

[4] 贾善明.采煤沉陷区的生态恢复研究[J].科技信息(科学教研)，2008(21)：326.

[5] 谭杰.煤炭矿区生态修复发展现状及问题探讨[J].能源环境保护，2018，32(5)：45-47.

[6] 牛明远，胡顺发，唐建华.闭坑矿山地灾治理及生态修复新思路探讨[J].化工矿物与加工，2019(1)：60-62.

[7] 孙法印，王吉业.生态文明视角下采煤沉陷地的生态修复策略研究[J].枣庄学院学报，2020，37(5)：98-104.

[8] 武智勇，尹鹏星，郭巾巾，等.承德鹰手营子矿区土壤生态修复技术探讨[J].河北民族师范学院学报，2020，40(4)：122-128.

[9] 汤银锁.矿山地质灾害区的生态恢复治理研究[D].唐山：华北理工大学，2020.

[10] 曹莹.临沂罗庄大芦湖采矿沉陷区景观规划设计[D].北京：清华大学，2019.

[11] 孙译远.地下开采型煤矿废弃地景观规划设计研究：以济南金星郊野公园为例[D].济南：山东建筑大学，2018.

[12] 郭洋楠.半干旱草原煤矿沉陷区复垦植被土壤微生物多样性及特征[D].呼和浩特：内蒙古大学，2020.

[13] 孙娟绒.御河流域山西段生态修复与保护对策[J].华北水利水电大学学报(社会科学版)，2016，32(5)：20-23.

浅谈采空区塌陷及治理方式现状

高帅帅

（陕西小保当矿业有限公司，陕西 榆林 719000）

摘　要　随着煤炭资源的大量开采，沉陷区的面积也急剧增加，给当地民众的生活带来了严重的影响，为降低沉陷区对当地社会经济和人民生活的影响，许多学者对此进行了大量的研究。本文总结了我国治理沉陷区的方式，主要为土地复垦技术、发展接替续代产业和水资源再利用技术等，同时针对现存在问题提出了合理化的建议，旨在为沉陷区的治理提供一定的参考价值。

关键词　采煤沉陷区；治理模式；治理建议

1　引言

当今社会的快速发展对能源的需求急剧增加，虽然煤炭在一次能源中所占的比例呈下降趋势，但是对煤炭的需求仍然居高不下，2010—2020 年我国原煤产量如图 1 所示。煤炭的大量开采和运输，给当地的大气、地表水、植被以及生态环境造成了严重的破坏，而且在开采过后形成了大量的采空区，随着时间的推移，采空区出现不同程度的沉降甚至塌陷，使本就脆弱的生态更加雪上加霜。

采空区的塌陷及环境恶化的问题成为制约当地发展的一个重要原因，也成为相关部门关注的问题。与此同时，随着社会的发展，“绿水青山就是金山银山”和“发展决不以牺牲环境为代价”的理念深入人心。所以，预防采空区塌陷及其治理成为亟待解决的问题。

2　采空区塌陷现状及危害

2.1　采空区塌陷现状

我国煤炭开采主要以井工为主，原煤的 95％以上都是由井工矿井生产，且大多采用长壁采煤法，全陷落法处理顶板。随着开采规模扩大和开采速度加快，塌陷区面积急剧增加。据统计，我国资源型城市共计 262 座，而且呈现北多南少、西多东少的态势，采煤沉陷区的面积达到 20 000 km^2，分布在 20 多个省市 150 个县区，以每年 210 km^2 的速度增长，且每年由于煤炭开采形成的塌陷区占全国塌陷区的 10％，而复垦利用面积则特别低，仅为 20％左右，呈现出面积大、速度快和复垦率低的特点。

随着社会经济及科技的迅速发展，采掘设备的研发得到了很好的发展，矿井的开采规模也逐渐扩大，我国具有一定规模的矿井有 100 多座，而采煤沉陷区超过 4 000 km^2 的矿井达到 70％，在

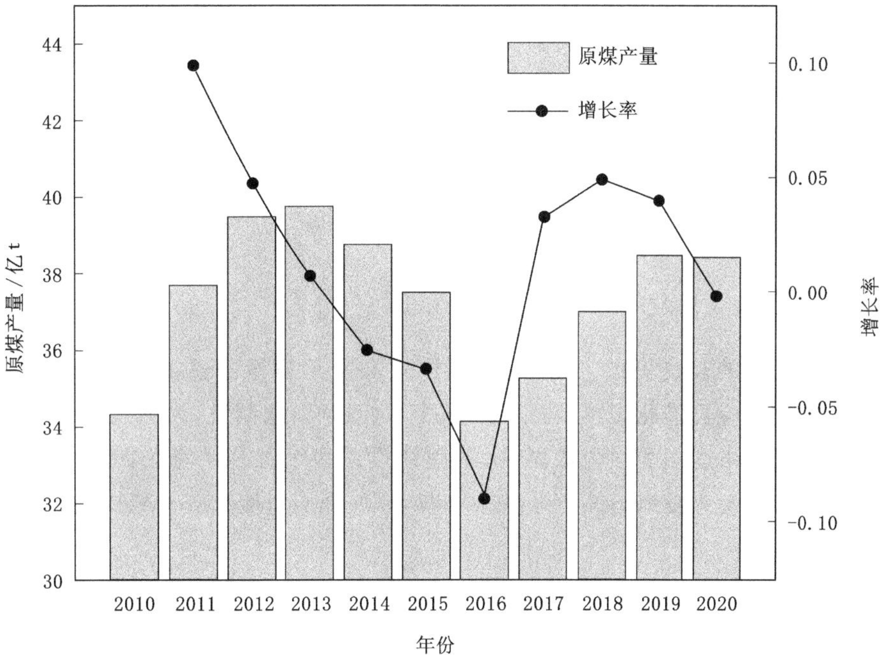

图1 2010—2020年我国原煤产量

沉陷区生活的居民达到2 000多万人。因此,采煤沉陷区的治理刻不容缓。

2.2 沉陷区的危害

采空区沉陷会对当地的地形地貌、气候条件、地下含水层及水土流失产生较大的影响。发生沉陷后,地面会出现成群性、线性延伸、方向性强的裂缝,导致地表耕地被破坏,耕地面积减少[1],当有较多槽形洼地时会聚集大量的积水,致使地表的水系也遭到破坏,进一步加剧水土流失和环境污染,大量良田荒废,大量农民失地待业,建筑物也遭受不同程度的破损,人们不得不搬离家园,同时给煤矿的安全生产遗留一定的隐患。比如我国老矿区黄淮中部地区的地势比较平坦,所以地下的潜水位较高,煤矿的沉陷区潜水位随着地面的下沉而上升,大多地方潜水位与地面标高相同甚至接近地表,在雨季到来时会有大面积的积水,尤其是淮北地区,常年积水的地区占塌陷地区的比例达30%以上;晋陕蒙地区气候干旱少雨,降水量少,植被覆盖率较低,生态系统脆弱,沉陷区的出现且快速增加进一步加剧土地荒漠化;在高原高寒的山区,采空区沉陷后当地的地貌景观、植被遭受严重的破坏,形成大量不稳定的边坡,对当地的生活造成较大的影响。

3 沉陷区的治理模式

沉陷区对当地的经济及人们的生活产生了很大的影响,甚至成为制约当地发展的重要一环,本着因地制宜、综合治理、顺应自然、尊重自然的原则,对沉陷区的治理采用土地复垦技术、土壤修复技术和景观技术等,以实现经济发展与环境保护双赢的局面。

3.1 土地复垦

采空区的沉陷导致地形地貌破坏、水土流失和耕地面积大大减少,恢复耕地面积、保护环境成为治理区的首要任务。

土地复垦分为工程复垦和生物复垦[2]。工程复垦遵循因地制宜的原则，采用挖深垫浅、充填复垦和依山就势等技术。如在高原高寒地区采用引水代填、依山就势的技术，依照“地质＋生态”“自然恢复＋工程治理”的治理方式。生物复垦技术采用关键层再造，用菌肥、微生物活化剂、增加有机质和腐殖质等增加土壤肥力，为植物的生长提供必需的营养物质，如陕西[3-4]、江西[5]和黄河流域[6-7]等地用微生物对当地土壤有机质、腐殖质和植物生长周期进行改善。土地模式也在广泛应用，既可以治理沉陷区又改善土质增加耕地面积，一举两得，为当地的可持续发展注入了源源不断的活力。

3.2 发展接替续代产业

随着当今社会经济的高速发展，人们对生活方式和生活质量的追求也发生了翻天覆地的变化，更加注重精神追求，应当借此东风，在治理沉陷区的同时因地制宜，大力发展第三产业，开发矿区旅游。如延安黄陵一带建设了红色旅游区，淮南建设了多个湿地生态公园和生态公园，徐州市在治理沉陷区的过程中大力发展第三产业和接替产业，促进了当地经济平稳快速可持续发展。

3.3 水资源再利用技术

水资源的治理及再利用也是治理沉陷区中举足轻重的一环，在治理过程中对水质进行检测，然后分类致用，如用于农业灌溉、水产养殖、开发湿地公园以及引水代填等。淮南等地在治理污水过程中，致力于打造生态公园、人工湖泊、湿地公园等，不但减少了沉陷区污水对环境的危害，同时使水资源循环再利用，大大缓解了当地的用水情况，也使人们闲暇之时有地可练、有地可玩，提高了人们的幸福指数。

4 沉陷区治理建议

4.1 完善落实政策，主动担责

近年我国从国家到地方分别出台了若干环境治理方面的法律条例和规定，但是企业自主承担治理的较少，所以有关单位应尽快制定并完善符合当地配套的土地政策，加强监管机制的建设。大多矿山企业认为绿色发展就是绿化工程，偏离了绿色发展的理念，因此矿山企业应高度重视国家绿色发展的理念，从本质上建设绿色矿山，自主承担矿区生态修复和绿色矿山建设责任。

4.2 科技创新，共建绿色矿山

矿山开发有地质勘探、矿山设计、矿山生产和闭矿 4 个阶段，在当今科技迅速发展的时代，我们应在每个阶段都考虑生态修复。在地质勘探过程对可能产生的生态影响进行预判，应用新技术尽量减少生态损害并且及时进行修复，将开采后进行生态修复的费用也纳入开采成本，为后续一系列的开采设计提供科学依据；在矿山设计阶段不仅要考虑煤炭开发利用的最佳方案，同时也要将生态修复方案纳入矿山设计中，编制边采边修、上下治理的设计方案，明确开采范围和保护范围等；在矿山生产阶段，在边开采边修复的同时，应用新技术对开采产生的“三废”（废水、废气、废渣）及地表沉陷等进行及时处理，并建立定期的修复计划和验收制度，监测对生态破坏和修复的动态变化，实现绿色效益和经济效益的最大化；闭矿阶段也是生态修复的收尾阶段，分析前期修复过程中存在的问题，制订具有可行性、全面性和精准性的修复方案，保证闭矿后的生态环境仍然可以与当地生态系统相适应，可持续发展。总言之，在新理念新思想指引下，应用新技术最小化矿山开采中各个阶段对环境的影响。

4.3 合理布局,协同发展

矿山开采造成大量沉陷区,甚至频繁出现塌陷地震,对当地生态环境造成了严重的破坏,应合理布局,让煤矿开采与生态环境这一对矛盾逐渐互惠互利。针对这一问题,国家和当地政府出台了一系列的政策和法律法规,矿山企业在开采过程中应科学地评估煤炭开采+生态修复对当地环境的影响,要分区、分地、分矿,针对不同的地域环境、地形地貌进行科学的论证,形成“一地一策、一矿一策、一坑一策”,最小化对环境造成的破坏,实现共同发展。

参考文献

[1] 杨晓玉,苏立宁.采煤沉陷区综合治理研究综述与展望[J].企业科技与发展,2019(5):183-185,188.

[2] 孔改红,李富平.采煤沉陷区环境保护与治理研究[J].河北煤炭,2006(1):4-5.

[3] 杜善周,毕银丽,吴王燕,等.丛枝菌根对矿区环境修复的生态效应[J].农业工程学报,2008,24(4):113-116.

[4] 杜善周,毕银丽,王义,等.丛枝菌根对神东煤矿区塌陷地的修复作用与生态效应[J].科技导报,2010,28(7):41-44.

[5] 古浩成,孙国元.赣南稀土废矿污染及治理行为研究[J].河南科技,2016(3):81-83.

[6] 王学刚,王光辉,刘金生.矿区重金属污染土壤的修复技术研究现状[J].工业安全与环保,2010,36(4):29-31.

[7] 彭苏萍,毕银丽.黄河流域煤矿区生态环境修复关键技术与战略思考[J].煤炭学报,2020,45(4):1211-1221.

绿色矿山建设——矿井废水综合利用

王天龙

（陕西建新煤化有限责任公司，陕西 延安 727300）

摘　要　为避免矿井废水排放给环境造成污染和解决矿区水资源日益短缺的问题，矿井废水综合利用具有重大意义，本文介绍了煤矿矿井废水经净化后作为水源用于矿区生产和生活用水的过程。

关键词　矿井废水；深度处理；综合利用

1　引言

我国煤矿矿井废水处理与回用研究起步较晚，且处理率较低。近几年，经过各环保领域有关专家的积极研究和探索，研究出了一套矿井水处理和合理利用的有效方法，使得矿井水处理后可达排放标准，且能满足工业用水要求。

煤矿矿井水既是一种具有行业特点的污染源，又是一种宝贵的水资源。目前我国很多煤矿一方面严重缺水，另一方面将矿井水不经处理直接外排，造成大量水资源浪费，并且污染环境。因此，将煤矿矿井水处理后作为煤矿工业用水或生活用水，不仅解决了矿区缺水问题，而且充分利用了矿井水资源，节省了地下水资源，具有明显的经济效益、环境效益和社会效益。

矿井水悬浮物的主要成分是粒径极为细小的煤粉和岩尘，靠自然沉淀去除是困难的。目前，对于矿化度不高而悬浮物含量较高的矿井水有较成熟可行的处理措施，一般采用混凝、沉淀（或浮升）以及过滤、消毒等工序处理后，其出水水质即能达到生产使用和生活饮用标准的要求。对高矿化度矿井水除采用反渗透传统工艺去除悬浮物和消毒外，其关键工序就是脱盐。

2　水处理脱盐技术

2.1　目前常见的传统水处理脱盐技术

目前去除污水中的固体悬浮物和杀菌消毒已有十分成熟的技术，但是广泛使用的脱盐技术还存在很大的缺点，如闪蒸法能耗非常大（>5 ℃/t）；离子交换法需要大量的离子交换树脂，运行费用高，而且在再生过程中会带来二次污染；反渗透、电渗析等方法在实际应用中也有这样或那样的不足。

2.2　电容去离子脱盐技术

电容去离子（capacitive de-ionization，CDI）技术是一种低成本、低能耗、高效率和无污染的很有潜力的脱盐技术。这项技术利用溶液与电极界面形成的双电层来吸附水中离子。充电时外加直流电压(<2 V),通过静电力将液体中的离子吸附在正负电极上,吸附达到饱和时,通过短接(电极短路)或反接(加反向电压),吸附的离子便发生脱附,使电极得到再生。

电容去离子和目前主流的反渗透、电渗析脱盐技术参数比较如表1所列。

表1 反渗透、电渗析和电容去离子技术参数比较

指标	反渗透	电渗析	电容去离子
处理后水的电导率	>1 μS/cm	<1 μS/cm	<1 μS/cm
能耗	2~4 ℃/t	>5 ℃/t	<1 ℃/t
水利用率	50%~75%	40%~60%	80%~90%
供电	220 V、380 V 交流	一般为大于30 V直流	1.2~2 V直流
缺点	需高压泵,易结垢,加药清洗,再生带来二次污染,运行成本高	耗电,电解水产生气体	

由表1可见,电容去离子技术是一种很有潜力的最新脱盐技术,具有成本低、效率高、无污染、寿命长、操作简单等优点,是高矿化度废水处理的更好选择。

2.3 光电催化水处理技术

光电催化(PEC)水处理技术是通过施加电场,使电极与电解质界面上的电荷转移而加速反应的一种催化作用,包括沉积、聚合、氧化还原和分解反应。通过电容极板表面的催化材料施加电场或光照,阳极催化材料吸收电能或光能后在其表面形成电子空穴对,与水体内的氧气反应后形成高活性氧、氢氧根等,可将水体内的有机物氧化分解成无机物,氯根、硫酸根离子等分解氧化为次氯酸、氯气、二氧化硫等。在电场作用下,阴极表面则会沉积出钙、镁、硫等固体。采用光电共同作用,可有效去除水中钙、镁离子,并氧化分解有机物和氯离子等,降低水的COD、色度、浊度、pH及氨氮、磷、氰化物浓度等。

总之,在传统脱盐技术不稳定的前提下,PEC(光电催化)+石英砂过滤器+低压反渗透+CDI(电容去离子)水处理系统可应用于各类水的净化。本系统具有低能耗、无二次污染(不用化学试剂)、寿命长、可靠性及自动化控制程度高、运行费用低等突出优点,对各种污水都可进行净化处理,做到循环利用,是水处理领域具有革命性变化的新技术应用。

3 项目开展可行性分析

2010年8月,建新矿井开始试生产,井下机械和洒尘用水是处理过的矿井水。处理过的矿井水矿物质(主要是盐分)含量相对较高,虽然清澈透亮,但腐蚀性大。综采设备长期使用这种高矿化度水,对综采支架的阀组和缸体产生腐蚀损坏,综采支架初撑力降低,不能正常拉伸运转,影响到生产,威胁到安全。另外,自建矿以来职工的生活用水一直是雨水和地表水,虽然经过过滤和消毒处理,但还是达不到国家饮用水标准,人们长期饮用影响身体健康。

为了解决综采机械设备用水安全和矿区职工饮用水安全,2011年6月,公司决定建一座2×65 m^3纯净水处理车间,采用"预处理+反渗透装置"水处理工艺,将处理过的矿井水作为原水,用反渗透法再深度加工,出水水质达到纯生活饮用水要求。

净化水处理经过两年多的生产运行，问题和缺陷逐步显现出来：膜严重老化，膜出水率不足20%，全矿每天水量缺口700 m^3，不能满足生产生活需要；水质不达标，特别是氯离子含量高，对设备腐蚀严重，降低了设备的使用寿命，增加了运营成本；水质达不到饮用水标准，影响员工身体健康。这些问题严重制约着公司生产效率、生活条件和生产安全性，影响着公司的健康发展，必须尽快系统解决。

3.1 主要目标

水质达到生活饮用水标准和乳化液用水标准，水量满足生产生活需要，采用反渗透膜RO处理后，出水80 m^3/h，出水率约为70%，每天产水1 920 m^3，达到生活用水标准，其中1 200 m^3 用于生活用水，其他720 m^3 采用电容去离子技术进一步制备为纯水。CDI出水率为80%，即出纯水25 m^3/h，每天水量600 m^3，满足井下设备用水。

3.2 进出水水质

(1) 进水水质指标如表2所列。

表2 进水水质指标

项目	溶解性总固体浓度 TDS/(mg/L)	氯化物浓度 /(mg/L)	硫酸盐浓度 /(mg/L)	总硬度/(mg/L)	pH
进水	9 697	1 887	1 315	1 021	7.65

(2) 生活用水水质指标如表3所列。

表3 生活用水水质指标

项目	溶解性总固体浓度 TDS/(mg/L)	氯化物浓度 /(mg/L)	硫酸盐浓度 /(mg/L)	总硬度/(mg/L)	pH
出水	≤1 000	≤200	≤200	≤400	6.5～8.5

(3) 乳化液用水水质指标。根据矿井生产需要，生活用水经深度处理后作为井下用水，纯水出水规模为25 m^3/h，出水水质指标如表4所列。

表4 乳化液用水水质指标

项目	溶解性总固体浓度 TDS/(mg/L)	氯化物浓度 /(mg/L)	硫酸盐浓度 /(mg/L)	总硬度/(mg/L)	pH
出水	≤ 200	≤ 50	≤ 50	≤ 50	6.5～8.5

3.3 工艺简介

3.3.1 处理工艺流程

采用PEC(光电催化)＋石英砂过滤器＋低压反渗透＋CDI(电容去离子)工艺。

3.3.2 PEC 系统

低压反渗透膜在本项目中是主体处理工艺，但其有着严格的进水条件，需要在前端增加预处理设施，而原有的多介质过滤器和活性炭过滤器已经不能满足现有水质的处理要求，因此本系统在前端增加了 PEC（光电催化）处理系统，光催化原理如图 1 所示。

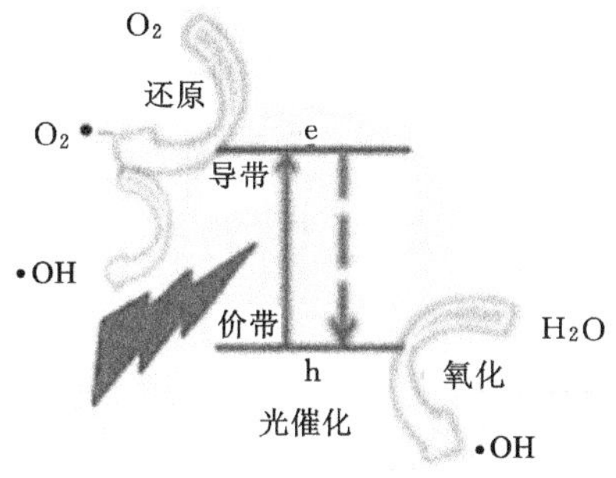

图 1 光催化原理图

纳米光催化材料吸收光能后在其表面形成电子空穴对，与水体内的氧气反应后形成高活性氧，从而将水体内的有机物氧化分解成无机物（水＋二氧化碳）。采用光电共同作用，可有效去除水中钙、镁离子，并氧化分解有机物和氯离子等。

3.3.3 过滤系统

本项目采用两台石英砂过滤器处理 PEC 的出水，作用是去除来水中的悬浮物以及少量 PEC 产生的絮体物质。

3.3.4 低压反渗透膜

因膜间隙略大于传统反渗透膜，为 0.9 μm，其过水量及处理能力也优于传统反渗透膜，不宜堵塞，除盐效率高，使用寿命长，而且还解决了传统膜能耗高的问题，与传统工艺相比可节能 30%以上。

3.3.5 CDI 系统

本项目前段 PEC＋石英砂过滤器＋低压反渗透膜后的出水已经达到矿区生活用水要求，可供给矿区沐浴、绿化、冲厕等，但是未达到井下用水标准，因此需要在系统后增加深度处理设施，即 CDI 系统，用于针对性地降低水中的氯离子及其他金属盐离子等。CDI 的工作原理如图 2 所示。

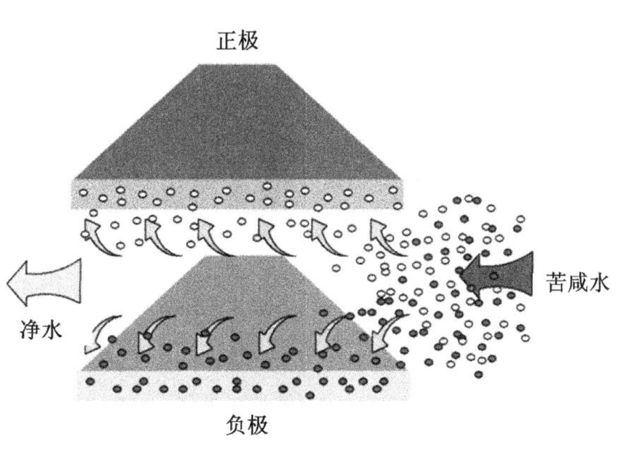

图 2 CDI 的工作原理

3.4 设计方案

按每小时处理水量为 120 t，其中采用 PEC 和 RO 膜制生活用水 80 t/h（指标：TDS＜1 000 mg/L，总硬度不大于 400 mg/L，氯化物浓度不大于 200 mg/L，硫酸盐浓度不大于 200 mg/L）；再采用 CDI 制得纯净水 25 t/h，供井下用水（指标：TDS≤200 mg/L，总硬度不大于 50 mg/L，氯化物浓度不大于 50 mg/L，硫酸盐浓度不大于 50 mg/L）。

入水（清水池水）TDS 为 4 400 mg/L，经光电催化 PEC 和多介质过滤后为 3 500 mg/L，且有效降低了水的硬度、碱度和氯根离子浓度。采用反渗透膜 RO（出水 80 m^3/h）处理后，达到生活用水标准，出水率约为 70％，然后采用电容去离子 CDI 进一步制备为纯水，CDI 出水率为 80％，即出纯水 25 m^3/h。

因实际的进水水质含盐量较高（如 TDS 为 4 500 mg/L），为确保回用水的水质，配备 CDI 去离子系统。经过光电催化后，水中的大部分钙、镁等离子已去除，剩余的离子主要为钠离子、氯离子等，可采用 CDI 系统，使水中的钠离子、氯离子含量（电导率）降低，以确保回用水的水质达到要求。

4 效益分析

4.1 矿产资源高效开发与合理利用

矿井废水综合利用率从之前的 50％提高到 85％，彻底解决了矿井用水难题。

4.2 科技成果

采用新型纳米材料制备的绿色环保节能的光电水处理技术（包括电容去离子 CDI 和光电催化净化 PEC 技术）可应用于各类水处理领域，如高纯水（半导体、生物医药行业废水）、工业污水、生活污水、养殖场污水、湖泊河道污水等的净化。本技术具有低能耗、无试剂、寿命长、可靠性及自动化控制程度高、运行费用低等突出优点，对各种污水净化处理可做到循环利用和零排放，是水处理领域具有革命性变化的新技术应用。

4.3 提升生活饮用水安全

水质从之前的地表水Ⅳ标准达到生活饮用水标准（指标见表 3）。

4.4 提高生产安全性

水质达到乳化液用水标准（指标见表 4）。

4.5 经济效益

水质达到乳化液用水标准，降低了水对管道、设备的腐蚀程度，每年节约管道更换、液压支架和其他设备检修费用上千万元。

5 结论

综上所述，电容去离子 CDI 和光电催化净化 PEC 技术在煤矿行业的推广符合国家技术产品发展政策。设备运行相对稳定，故障率低，出水稳定，能达到饮用水标准。作为当今最先进的除盐技术，利用 PEC（光电催化）＋石英砂过滤器＋低压反渗透＋CDI（电容去离子）技术对水进行处理，除盐率在 97％以上。该工艺工作量小，维护量极小，实行自动操作，人员配备较少，操作管理方便。本项目实施之后，矿井废水的回用率达到 85％以上，极大限度地减少了对周围水体及环境的污染，每年将节约大量的生产用水，并且出水质量高。此技术在煤矿领域将逐步推广，为打造绿色环保的标准化矿井贡献力量。

参考文献

[1] 中华人民共和国卫生部，中国国家标准化管理委员会.生活饮用水卫生标准：GB 5749—2006[S].北京：中国标准出版社，2007.

[2] 熊智淳，孙卓，潘丽坤，等.一种高效液流式膜电容脱盐装置：CN102249380A[P].2011-11-23.

[3] 王文中，孙松美.一种光电催化装置及光电催化方法：CN103920442A[P].2014-07-16.

徐州矿务集团有限公司简介

徐州矿务集团有限公司(简称“徐矿集团”)是具有139年历史的百年企业,是中国民族工业的启蒙。作为华东地区重要的能源供应基地,徐矿集团跻身煤炭企业全球竞争力30强、能源企业全球竞争力500强、中国大企业500强。徐矿集团在1970年以前隶属于原煤炭工业部,后为保障江苏能源供应划归江苏省政府管理;1998年经省政府批准改制为国有独资公司,是江苏省政府授权的国有资产投资主体,集煤炭、电力、煤化工、矿业工程、煤矿装备、能源服务外包于一体,拥有分公司18家、全资及控股子公司36家,在职职工4万人,总资产500亿元。

徐矿集团有着辉煌的历史和纯正的红色基因。1882年,左宗棠命人在徐州利国开办了全国最早的煤矿之一,也即徐矿集团的前身——徐州利国驿煤铁矿务总局,开启了我国煤炭工业化开采的先河;1928年,在徐矿成立了江苏企业第一个党支部——中共贾汪特别党支部;抗美援朝期间徐矿矿工自觉集资捐献“贾汪矿工号”战斗机;20世纪70年代徐矿进入全国十大千万吨大局,80年代进入全国百强企业行列。一百多年来,徐矿集团创造过多项全国第一,为江苏经济社会发展做出过重要贡献,曾涌现出“王进喜”式的“矿山铁人”陆金龙、张建设等老一批全国劳模,多次受到毛主席和周总理的亲切接见。

徐矿集团有着坚定的报国之志和为民情怀,以服务江苏能源保障、融入地方发展、让全体徐矿人都能过上好日子为使命,聚焦煤电化核心主体产业,聚力土地及铁路存量资源和品牌技术无形资源开发,布局了六大能源基地,拥有煤炭资源量66亿t,自有和服务外包煤炭产量5 000万t,电力权益装机容量1 024万kW,2.1万人走出去到“一带一路”沿线国家和富煤省份开展能源服务外包。2017年以来,新的领导班子坚持党的领导、紧紧依靠职工,凝心聚力、稳中求进,累计实现经营性现金净流入超147亿元,实际创造经营利润100亿元,上缴税费102亿元,迈入了高质量发展良性轨道,长期遗留的历史问题基本化解,走出了一条资源枯竭型企业转型重生之路。

“十四五”期间,徐矿集团将认真贯彻落实习近平新时代中国特色社会主义思想和党的十九届五中全会精神,立足新发展阶段、贯彻新发展理念、构建新发展格局,按照国企改革三年行动和对标世界一流管理提升行动要求,坚持“五满”理念总引领,实施“一体两翼”总路径,推进“六大基地”总布局,构建“四链协同”新格局,强化“科技资本”双驱动,加快建设“五强”新徐矿,努力打造全国“三区典范”、争创全国“五个一流”,全面开启“徐矿之治”新征程,奋力实现百年徐矿强起来的历史性跨越,为江苏争当表率、争做示范、走在前列贡献徐矿力量!

百年徐矿,业兴家旺!